Entscheidungen der Verfassungsgerichte der Länder
Baden-Württemberg, Berlin, Brandenburg, Bremen, Hamburg, Hessen,
Mecklenburg-Vorpommern, Saarland, Sachsen, Sachsen-Anhalt, Thüringen

Entscheidungen der Verfassungsgerichte der Länder

Baden-Württemberg, Berlin, Brandenburg, Bremen, Hamburg, Hessen, Mecklenburg-Vorpommern, Saarland, Sachsen, Sachsen-Anhalt, Thüringen

Herausgegeben
von den Mitgliedern der Gerichte

1999

Walter de Gruyter · Berlin · New York

Entscheidungen der Verfassungsgerichte der Länder

Baden-Württemberg, Berlin, Brandenburg, Bremen, Hamburg, Hessen, Mecklenburg-Vorpommern, Saarland, Sachsen, Sachsen-Anhalt, Thüringen

LVerfGE

6. Band
1. 1. bis 30. 6. 1997

1999

Walter de Gruyter · Berlin · New York

Zitierweise

Für die Zitierung dieser Sammlung wird die Abkürzung LVerfGE empfohlen,
z. B. LVerfGE 1,70 (= Band 1 Seite 70)

∞ Gedruckt auf säurefreiem Papier, das die US-ANSI-Norm über Haltbarkeit erfüllt.

Die Deutsche Bibliothek – CIP-Einheitsaufnahme

Entscheidungen der Verfassungsgerichte der Länder = LVerfGE / hrsg.
von den Mitgliedern der Gerichte. – Berlin ; New York : de Gruyter
Bd. 6. Baden-Württemberg, Berlin, Brandenburg, Bremen, Hamburg,
Hessen, Mecklenburg-Vorpommern, Saarland, Sachsen, Sachsen-Anhalt,
Thüringen : 1. 1. bis 30. 6. 1997. – 1999
ISBN 3-11-016225-3

© Copyright 1999 by Walter de Gruyter GmbH & Co. KG, D-10785 Berlin
Dieses Werk einschließlich aller seiner Teile ist urheberrechtlich geschützt. Jede Verwertung außerhalb der engen Grenzen des Urheberrechtsgesetzes ist ohne Zustimmung des Verlages unzulässig und strafbar. Das gilt insbesondere für Vervielfältigungen, Übersetzungen, Mikroverfilmungen und die Einspeicherung und Verarbeitung in elektronischen Systemen.
Printed in Germany
Satz und Druck: Arthur Collignon GmbH, Berlin
Buchbinderische Verarbeitung: Lüderitz & Bauer-GmbH, Berlin

Inhalt

Entscheidungen des Staatsgerichtshofs für das Land Baden-Württemberg   Seite

Nr. 1	30. 5. 97 GR 1/97	Beitrittserklärungen als Zulässigkeitsvoraussetzung für eine Wahlanfechtung vor dem Staatsgerichtshof	3

Entscheidungen des Gemeinsamen Gerichts der Länder Berlin und Brandenburg

Nr. 1	16. 1. 97 GemGer 1/96	Abstimmungsprüfungsverfahren, Unterstützung des Einspruchs durch 100 Abstimmungsberechtigte	11
Nr. 2	16. 1. 97 GemGer 2/96	Rügefähige Fehler im Abstimmungsprüfungsverfahren	15

Entscheidungen des Verfassungsgerichtshofs des Landes Berlin

Nr. 1	28. 1. 97 114/96	Überprüfung einer zivilrechtlichen Entscheidung am Maßstab des Grundrechts auf rechtliches Gehör; fehlende Ausschöpfung prozessualer Möglichkeiten, sich Gehör zu verschaffen	19
Nr. 2	13. 2. 97 53/96	Überprüfung einer Asylrechtsentscheidung am Maßstab des Grundrechts auf rechtliches Gehör; Ablehnung eines Vertagungsantrags, Notwendigkeit persönlicher Anwesenheit des anwaltlich vertretenen Klägers verneint	22
Nr. 3	17. 3. 97 82/95	Wahlprüfungsverfahren; Überprüfung der 5 v. H.-Sperrklausel bei den Wahlen zum Abgeordnetenhaus	28
Nr. 4	17. 3. 97 90/95	Wahlprüfungsverfahren, Überprüfung der 5 v. H.-Sperrklausel bei den Wahlen zu den Bezirksverordnetenversammlungen; verfassungsrechtliche Stellung der Bezirke und Bezirksverordnetenversammlungen	32

Nr. 5	17. 3. 97 21/96	Überprüfung eines zivilrechtlichen Urteils; Verletzung des Grundrechts auf rechtliches Gehör durch fehlerhafte Anwendung von Präklusionsvorschriften und unzulässige Amtsprüfung einer Prozeßvollmacht; Überraschungsentscheidung . .	52
Nr. 6	17. 3. 97 4/97	Überprüfung einer finanzgerichtlichen Entscheidung am Grundrecht auf den gesetzlichen Richter; Entscheidung durch Berichterstatter im vorbereitenden Verfahren nach mündlicher Verhandlung vor dem Senat	63
Nr. 7	8. 4. 97 78/96	Organstreitverfahren, Zulässigkeitsvoraussetzungen; zum Begriff der Anleihe und des Kredits; Vorfinanzierung von Zins- und Tilgungsleistungen aus öffentlichen Baudarlehen durch Investitionsbank Berlin	66
Nr. 8	22. 5. 97 34/97	Überprüfung einer zivilrechtlichen Entscheidung am Maßstab des Grundrechts auf rechtliches Gehör	80
Nr. 9	26. 6. 97 8/97	Anforderungen an die Zulässigkeit einer Verfassungsbeschwerde; „Verletzung eines Berliner Rechts"; Rüge einer Verletzung des Gleichheitsgrundsatzes und des rechtlichen Gehörs unter Hinweis auf Art. 3 Abs. 1 und Art. 103 Abs. 1 GG	83

Entscheidungen des Verfassungsgerichts des Landes Brandenburg

Nr. 1	20. 2. 1997 VfGBbg 30/96	Keine unmittelbare Anrufung des Landesverfassungsgerichts bei Behinderung der Bewerbung um Ehrenrichteramt	91
Nr. 2	20. 2. 1997 VfGBbg 45/96	Verkürzte Begründung „zu Protokoll" gemäß § 495a ZPO und Willkürverbot	96
Nr. 3	20. 3. 1997 VfGBbg 6/95	Gegenstandswertfestsetzung im Verfahren der kommunalen Verfassungsbeschwerde	100
Nr. 4	20. 3. 1997 VfGBbg 4/97 EA	Einstweilige Anordnung und Vorwegnahme der Hauptsache. Zur Folgenabwägung, wenn sich die Verfassungsbeschwerde in der Hauptsache mittelbar gegen ein Gesetz richtet	101
Nr. 5	20. 3. 1997 VfGBbg 48/96	Zulässigkeitsvoraussetzungen bei einer Verfassungsbeschwerde unmittelbar gegen ein Gesetz (hier: Brandenburgisches Polizeigesetz)	108

Inhalt VII

| Nr. 6 | 15. 5. 1997
VfGBbg 4/97
6/97 | Zur Frage einer sofortigen Sachentscheidung nach § 45 Abs. 2 Satz 2 VerfGGBbg bei landesverfassungs-/bundesverfassungsrechtlicher Gemengelage; Auslagenerstattung nach Hauptsacheerledigung. . . . | 111 |

Entscheidungen des Staatsgerichtshofs der Freien Hansestadt Bremen

| Nr. 1 | 17. 6. 1997
St 7/96 | Prüfung der Zulässigkeit von Volksbegehren für Gesetze zur Unterrichtsversorgung, Schulraum und Lernmittelfreiheit . . . . | 123 |

Entscheidungen des Verfassungsgerichts der Freien und Hansestadt Hamburg

| Nr. 1 | 23. 6. 97
HVerfG 1/96 | Organstreitverfahren, Abgeordnetendiäten, Funktionszulagen für bestimmte Abgeordnete, formalisierter Gleichheitssatz, landesverfassungsrechtliche Ausgestaltung des Entgeltanspruchs . . . . . | 157 |

Entscheidungen des Staatsgerichtshofs des Landes Hessen

| Nr. 1 | 16. 4. 97
P. St. 1202 | Entscheidung des Staatsgerichtshofs des Landes Hessen in einem abstrakten Normenkontrollverfahren über die Vereinbarkeit des Hessischen Gleichberechtigungsgesetzes mit der Verfassung des Landes Hessen . . . . | 175 |
| Nr. 2 | 23. 4. 97
P. St. 1256 | Entscheidung des Staatsgerichtshofs des Landes Hessen über eine Grundrechtsklage gegen eine Eilentscheidung des Hessischen Verwaltungsgerichtshofs wegen Nichtbestehens der Abiturprüfung. . . | 212 |

Entscheidungen des Verfassungsgerichtshofes des Freistaates Sachsen

| Nr. 1 | 23. 1. 1997
Vf. 7-IV-94 | Nachträgliche Änderung des prozeßeinleitenden Antrages im Verfassungsbeschwerdeverfahren; Subsidiarität der Verfassungsbeschwerde; Rechtsnatur des Art. 10 Abs. 3 SächsVerf; keine Verletzung der Grundrechte aus Art. 15, 18 Abs. 1, 28 Abs. 1 und Art. 31 Abs. 1 SächsVerf durch Vorschriften des Sächsischen Waldgesetzes und des Sächsischen Naturschutzgesetzes; Verhältnismäßigkeit . . . . | 221 |

VIII Inhalt

Nr. 2	24. 1. 1997 Vf. 15-IV-96	Bürgermeisterwahl; Wahlfehler; Auswirkungen der Fehler des ersten Wahlganges auf die Neuwahl; Verletzung des Grundrechtes der freien Wahl	244
Nr. 3	20. 2. 1997 Vf. 25-IV-96	Bürgermeisterwahl; Ungültigkeitserklärung; Wählbarkeit und Ausschluß der Wählbarkeit bei Tätigkeit für das MfS/AfNS der DDR; Zulässigkeit von Differenzierungen im Bereich des passiven Wahlrechts; Grundrecht der allgemeinen und gleichen Wahl; Erfordernis einer ergebnisoffenen Einzelfallprüfung; 2-Stufen-Prüfung; Prüfungsmaßstäbe; Zukunftsprognose	254
Nr. 4	21. 3. 1997 Vf. 10-IV-96	Beteiligtenfähigkeit; Grundrechtsträgerschaft von juristischen Personen des öffentlichen Rechts; Schutzbereich des Grundrechtes der Rundfunkfreiheit	270

Entscheidungen des Landesverfassungsgerichts Sachsen-Anhalt

Nr. 1	29. 5. 98 1/96	Oppositionsstatus der PDS im Landtag von Sachsen-Anhalt	281

Entscheidungen des Thüringer Verfassungsgerichtshofs

Nr. 1	30. 1. 1997 VerfGH 20/96	Einstufung eines Schülers in die Haupt- oder Realschulklasse der Regelschule	365
Nr. 2	20. 2. 1997 VerfGH 24/96 bis VerfGH 30/96	Gemeindegebietsreform in Thüringen; Erlaß einer einstweiligen Anordnung	373
Nr. 3	28. 4. 1997 VerfGH 3/97	Gemeindegebietsreform in Thüringen; Ablehnung des Erlasses einer einstweiligen Anordnung	381
Nr. 4	12. 6. 1997 VerfGH 13/95	Wahlprüfungsbeschwerde betreffend Wahl eines Abgeordneten zum Thüringer Landtag; wahlrechtlicher Wohnsitzbegriff	387

Sachregister 411

Gesetzesregister 429

Abkürzungsverzeichnis

a. A.	andere Ansicht
aaO	am angegebenen Ort
AbgG	Abgeordnetengesetz
ABl.	Amtsblatt
Abs.	Absatz
Abschn.	Abschnitt
ÄndG	Änderungsgesetz
a. F.	alte Fassung
AH-Drucks.	Abgeordnetenhaus-Drucksachen
AK-GG	Alternativ-Kommentar zum Grundgesetz
AmtsO	Amtsordnung
Anm	Anmerkung
AnS	Amt für nationale Sicherheit der DDR
AöR	Archiv des öffentlichen Rechts
ArbGG	Arbeitsgerichtsgesetz
Art.	Artikel
AsylVfG	Asylverfahrensgesetz
Aufl.	Auflage
AuslG	Ausländergesetz
Az.	Aktenzeichen
Bad.Württ.	Baden-Württemberg
BAG	Bundesarbeitsgericht
BAGE	Entscheidungen des Bundesarbeitsgerichts
BayVBl	Bayerische Verwaltungsblätter
BayVerf	Verfassung des Freistaates Bayern
BayVerfGH	Bayerischer Verfassungsgerichtshof
BayVerfGHE	Entscheidungen des Bayerischen Verfassungsgerichtshofes
Bbg	Brandenburg
BbgPolG	Brandenburgisches Polizeigesetz
BbgRettG	Brandenburgisches Rettungsdienstgesetz
BbgSchulG	Brandenburgisches Schulgesetz
Bd.	Band
Begr.	Begründung
Bek.	Bekanntmachung
Beschl.	Beschluß
betr.	betreffend
BezVerwG	Bezirksverwaltungsgesetz
BGB	Bürgerliches Gesetzbuch

BGBl.	Bundesgesetzblatt
BGH	Bundesgerichtshof
BGHZ	Entscheidungen des Bundesgerichtshofs in Zivilsachen
BRAGO	Bundesgebührenordnung für Rechtsanwälte
BrandLWG	Brandenburgisches Landeswahlgesetz
Brem.GBl.	Bremisches Gesetzblatt
BremLV	Landesverfassung der Freien Hansestadt Bremen
BremMeldeG	Bremisches Meldegesetz
BremSchulG	Bremisches Schulgesetz
BremSchVerG	Schulverwaltungsgesetz Bremen
BremStGH	Bremer Staatsgerichtshof
BremStGHG	Gesetz über den Staatsgerichtshof Bremen
BremVEG	Bremisches Gesetz über das Verfahren beim Volksentscheid
BRRG	Beamtenrechtsrahmengesetz
BT-Drucks.	Drucksachen des Deutschen Bundestages
Buchst.	Buchstabe
BVerfG	Bundesverfassungsgericht
BVerfGE	Entscheidungen des Bundesverfassungsgerichts
BVerfGG	Gesetz über das Bundesverfassungsgericht
BVerwG	Bundesverwaltungsgericht
BVerwGE	Entscheidungen des Bundesverwaltungsgerichts
DDR	Deutsche Demokratische Republik
DÖV	Die Öffentliche Verwaltung
DVBl.	Deutsches Verwaltungsblatt
EA	Einstweilige Anordnung
EFG	Entscheidungen der Finanzgerichte
EGBGB	Einführungsgesetz zum Bürgerlichen Gesetzbuch
EG-Vertrag	Vertrag zur Gründung der Europäischen Gemeinschaft
ESVGH	Entscheidungssammlung des Hessischen Verwaltungsgerichtshofs und des Verwaltungsgerichtshofs Baden-Württemberg
EuGH	Europäischer Gerichtshof
EuGRZ	Europäische Grundrechte-Zeitschrift
EuZW	Europäische Zeitschrift für Wirtschaftsrecht
EV	Einigungsvertrag
EWG	Europäische Wirtschaftsgemeinschaft
EWGV	Vertrag zur Gründung der Europäischen Wirtschaftsgemeinschaft
f, ff	folgend, fortfolgende
FGO	Finanzgerichtsordnung
Fn.	Fußnote
FraktionsG	Fraktionsgesetz
FS	Festschrift
GBl.	Gesetzblatt

GemGer	Gemeinsames Gericht der Länder Berlin und Brandenburg
GemS OGB	Gemeinsamer Senat der obersten Gerichtshöfe des Bundes
Gesamthrsg.	Gesamtherausgeber
GG	Grundgesetz für die Bundesrepublik Deutschland
GleiBG	Zweites Gleichberechtigungsgesetz des Bundes
GO	Gemeindeordnung
GO-LT	Geschäftsordnung des Landtages
GVBl.	Gesetz- und Verordnungsblatt
GVG	Gerichtsverfassungsgesetz
HAbgG	Hamburgisches Abgeordnetengesetz
HessVGH	Hessischer Verwaltungsgerichtshof
HessVGRspr	Rechtsprechung der hessischen Verwaltungsgerichte (Beilage zum Staatsanzeiger für das Land Hessen)
HGlG	Hessisches Gleichberechtigungsgesetz
HGrG	Haushaltsgrundsätzegesetz
HGVBl	Hamburgisches Gesetz- und Verordnungsblatt
Hrsg.	Herausgeber
HStR	Handbuch des Staatsrechts der Bundesrepublik Deutschland
HV	Verfassung des Landes Hessen
HVerf	Hamburger Verfassung
HVerfG	Hamburgisches Verfassungsgericht
HVerfGG	Hamburgisches Verfassungsgerichtsgesetz
IBB	Investitionsbank Berlin
i. d. F.	in der Fassung
i. S./i. S. d.	im Sinne/im Sinne des
i. V. m.	in Verbindung mit
Jahrg.	Jahrgang
JöR	Jahrbuch des öffentlichen Rechts der Gegenwart
JVA	Justizvollzugsanstalt
KG	Kammergericht
Komm.	Kommentar
KomWG	Gesetz über die Kommunalwahlen
LT-Drs.	Landtagsdrucksache
LT-StenBer.	Stenografische Berichte des Landtages
LHO	Landeshaushaltsordnung
LKV	Landes- und Kommunalverwaltung
LSA-GVBl.	Gesetz- und Verordnungsblatt Sachsen-Anhalt
l. Sp.	linke Spalte
LT	Landtag
LT-Drs.	Landtagsdrucksache
LV	Landesverfassung
LVA	Drucksache der Verfassungsberatenden Landesversammlung Groß-Hessen, Abteilung…
LVerfGE	Entscheidungen der Verfassungsgerichte der Länder
LVerfGG-LSA	Landesverfassungsgerichtsgesetz Sachsen-Anhalt

LVerf-LSA	Verfassung des Landes Sachsen-Anhalt
LWahlG	Landeswahlgesetz
LWPrG	Landeswahlprüfungsgesetz
MDR	Monatsschrift für Deutsches Recht
MfS	Ministerium für Staatssicherheit
MRRG	Melderechtsrahmengesetz
mRsprN	mit Rechtsprechungsnachweisen
m.w.N.	mit weiteren Nachweisen
Nach.	Nachweise
n.F.	neue Folge
NiedsLWG	Niedersächsisches Landeswahlgesetz
NJ	Neue Justiz
NJW	Neue Juristische Wochenschrift
NJW-RR	Neue Juristische Wochenschrift (Rechtsprechungs-Report)
Nr.	Nummer
NStZ	Neue Zeitschrift für Strafrecht
NVwZ	Neue Zeitschrift für Verwaltungsrecht
NVwZ-RR	Neue Zeitschrift für Verwaltungsrecht – Rechtsprechungsreport
NW	Nordrhein-Westfalen
ÖZöR	Österreichische Zeitschrift für öffentliches Recht
OVG	Oberverwaltungsgericht
OVGE	Entscheidungen des Oberverwaltungsgerichts für das Land …
PersR	Der Personalrat
RA	Rechtsanwalt
RGBl.	Reichsgesetzblatt
Ri	Richtlinie
Richtlinie 76/207/EWG	Gleichbehandlungsrichtlinie
Rn.	Randnummer
r. Sp.	rechte Spalte
S.	Satz
s	siehe
SaarlVerfGH	Verfassungsgerichtshof des Saarlandes
SächsBG	Sächsisches Beamtengesetz
SächsGemO	Sächsische Gemeindeordnung
SächsGVBl	Sächsisches Gesetz- und Verordnungsblatt
SächsNatSchG	Sächsisches Naturschutzgesetz
SächsPRG	Sächsisches Privatrundfunkgesetz
SächsVBl.	Sächsische Verwaltungsblätter
SächsVerf	Verfassung des Freistaates Sachsen
SächsVerfGHG	Sächsisches Verfassungsgerichtshofgesetz
SächsWaldG	Sächsisches Waldgesetz
SächsWG	Sächsisches Wassergesetz
SäGVBl	Gesetz- und Verordnungsblatt für den Freistaat Sachsen

Abkürzungsverzeichnis XIII

Sp.	Spalte
SRG	Schulreformgesetz
StAnz.	Staatsanzeiger
StenBer	Stenografische Berichte
StGB	Strafgesetzbuch
StGH	Staatsgerichtshof
StGHG	Gesetz über den Staatsgerichtshof
st.Rspr.	ständige Rechtsprechung
StVO	Straßenverkehrs-Ordnung
SuVG	Schulunterrichtsversorgungsgesetz
ThürGNGG	Thüringer Gemeindeneingliederungsgesetz
ThürLWG	Thüringer Landeswahlgesetz
ThürSchulG	Thüringer Schulgesetz
ThürSchulO	Thüringer Schulordnung für die Grundschule, die Regelschule, das Gymnasium und die Gesamtschule
ThürVBl.	Thüringer Verwaltungsblätter
ThürVerfGHG	Thüringer Verfassungsgerichtshofsgesetz
u.a.	und andere, unter anderem
VerfGBbg	Verfassungsgericht des Landes Brandenburg
VerfGGBbg	Verfassungsgerichtsgesetz Brandenburg
VerfGH	Verfassungsgerichtshof
VerfGHG	Gesetz über den Verfassungsgerichtshof
VfGBbg	Verfassungsgericht Brandenburg
VfGH Berlin	Verfassungsgerichtshof Berlin
VG	Verwaltungsgericht
VGH	Verwaltungsgerichtshof
VGHBW	Verwaltungsgerichtshof Baden-Württemberg
vgl.	vergleiche
vgl. i. e.	vergleiche im einzelnen
v. H.	vom Hundert
VKo	Vorläufige Kommunalordnung für das Land Thüringen
VOB	Verdingungsordnung für Bauleistungen
VOBl	Verordnungsblatt
VvB	Verfassung von Berlin
VVDStRL	Veröffentlichungen der Vereinigung der Deutschen Staatsrechtslehrer
VwGO	Verwaltungsgerichtsordnung
WHG	Wasserhaushaltsgesetz
WiStG	Wirtschaftsstrafgesetz
WPG	Wahlprüfungsgericht
WRV	Verfassung des Deutschen Reiches (Weimarer Verfassung)
WuM	Wohnungswirtschaft und Mietrecht
ZGB	Zivilgesetzbuch
ZParl	Zeitschrift für Parlamentsfragen
ZPO	Zivilprozeßordnung

Entscheidungen des Staatsgerichtshofes für das Land Baden-Württemberg

Die amtierenden Richter des Staatsgerichtshofes für das Land Baden-Württemberg

Lothar Freund, Präsident
Prof. Dr. Heinz Jordan, Vizepräsident
Hans Georgii
Prof. Dr. Dr. Thomas Oppermann
Dr. Rudolf Schieler
Sybille Stamm
Ute Prechtl
Prof. Dr. Wolfgang Jäger

Stellvertretende Richter

Dr. Siegfried Kasper
Dr. Roland Hauser
Michael Hund
Dr. Ulrich Gauß
Prof. Dr. Alexander Roßnagel
Martin Dietrich
Prof. Dr. Dieter Walther
Prof. Dr. Dr. Günter Altner
Prof. Dr. Eberhard Jüngel

Nr. 1

1. Gegenstand des Anfechtungsverfahrens beim Staatsgerichtshof nach § 52 StGHG ist die Wahlprüfungsentscheidung des Landtags nach § 11 LWPrG. Diese Prüfungsentscheidung des Landtags dient nicht dem individuellen Rechtsschutz des Einspruchsberechtigten, sondern allein der Erzielung einer gesetzmäßigen Zusammensetzung des Landtags (wie StGHG Bad.-Württ. Beschl. vom 10. 7. 1981 und im Anschluß an BVerfGE 1, 430 und 22, 281).

2. Die nachfolgende Beschwerde an den StGH mit der Anfechtung der Wahlprüfungsentscheidung des Landtags ist kein Rechtsweg nach Art. 19 Abs. 4 GG. Es ist daher mit dieser Verfassungsbestimmung vereinbar, die Zulässigkeit der Beschwerde an die Beitrittserklärungen von 100 Wahlberechtigten zu knüpfen.

3. Die Bedeutung dieses Erfordernisses besteht darin, daß eine gerichtliche Überprüfung der Entscheidung des Landtags nur in Angelegenheiten von ausreichendem Gewicht möglich sein soll. Sie hat mit der Rechtsstellung des Anfechtenden nichts zu tun und wird von seinem Grundrecht auf Gleichheit (hier: gebotene Ungleichbehandlung) nicht erfaßt.

Grundgesetz Art. 3 Abs. 1 und Art. 19 Abs. 4

Gesetz über den Staatsgerichtshof § 52 und § 52 Abs. 1 S. 2 b

Verfassung des Landes Baden-Württemberg Art. 31 Abs. 2

Landeswahlprüfungsgesetz § 14

Beschluß vom 30. Mai 1997 – GR 1/97 –

in dem Verfahren des Herrn M. gegen den Landtag von Baden-Württemberg wegen Gültigkeit der Landtagswahl vom 24. März 1996

Entscheidungsformel:

Der Antrag auf Eröffnung des Verfahrens wird als unzulässig verworfen.
Das Verfahren ist kostenfrei.
Von der Anordnung einer Auslagenerstattung wird abgesehen.

Gründe:

I.

Der Antragsteller hat mit Schriftsatz vom 10. Februar 1997, eingegangen am 17. Februar 1997, beim Staatsgerichtshof für das Land Baden-Württemberg den am 5. Februar 1997 gefaßten Beschluß des Landtags von Baden-Württemberg angefochten, mit dem sein Einspruch vom 25. März 1996 gegen die Landtagswahl vom 24. März 1996 als unbegründet zurückgewiesen und die Gültigkeit der Wahl, soweit angefochten, festgestellt wurde. Dem Antragsschriftsatz an den Staatsgerichtshof waren keine Beitritterklärungen anderer Wahlberechtigter beigefügt; auch im Laufe des Verfahrens hat der Antragsteller während der laufenden Anfechtungsfrist keine Beitrittserklärungen nachgereicht. Der Antragsteller hat vorgetragen, es sei ihm unmöglich gewesen, die erforderlichen Beitrittserklärungen beizubringen. Am 12. 10. 1996 sei er in Untersuchungshaft genommen und am 30. 10. 1996 in strengste Einzelhaft verlegt worden. Folglich habe er weder innerhalb noch außerhalb der Justizvollzugsanstalt die erforderlichen 100 Beitrittserklärungen beibringen können. Sein Antrag auf Lockerung der Sicherungsmaßnahmen mit dem Ziel, die 100 Unterschriften außerhalb der Vollzugsanstalt sammeln zu können, sei vom Haftgericht abgelehnt worden. Es sei mit Art. 19 Abs. 4 GG unvereinbar, daß staatliche Organe die Erfüllung dieser Voraussetzung verhinderten, Gerichte aber andererseits auf diesem Erfordernis bestünden. Wegen dieses Verstoßes gegen die Rechtsweggarantie des Art. 19 Abs. 4 GG müsse die Frage der Verfassungsmäßigkeit des § 52 Abs. 1 Satz 2 Buchst. b StGHG dem Bundesverfassungsgericht zur Entscheidung vorgelegt werden.

In der Sache selbst trägt der Antragsteller vor, die Verbindung von Persönlichkeits- und Verhältniswahl im Landtagswahlgesetz Baden-Württemberg sei verfassungswidrig. Verfassungsrechtlich sei ein Zweistimmensystem geboten. Die Fünf-Prozent-Klausel des § 2 Abs. 1 Satz 2 des Landtagswahlgesetzes verletze Art. 20 Abs. 2 GG. Schließlich sei im Wahlbezirk Heilbronn ein Wahlfehler i. S. des § 1 Abs. 1 des Landeswahlprüfungsgesetzes – LWPrG – begangen worden. Die Insassen der Justizvollzugsanstalt, die als mittelbares Wahlorgan anzusehen sei, seien nicht ausreichend von der Wahl unterrichtet worden. Das anstaltseigene TV-Programm habe keinen Hinweis auf die bevorstehenden Landtagswahlen gebracht; von der ausgehängten Tageszeitung sei nur die Sportseite zu lesen gewesen. Der seitenlange Aushang an einer Tafel sei nicht geeignet gewesen, Wähler auf eine Wahl hinzuweisen.

Mit Schreiben des Vorsitzenden vom 21. Februar 1997 wurde der Antragsteller auf die Bedenken gegen die Zulässigkeit des Anfechtungsbegehrens nach § 52 StGHG wegen des Fehlens der Beitrittserklärungen hingewiesen. Er hat an seinem Begehren festgehalten und beantragt:

> Die Zurückweisung seines Einspruchs und die Feststellung der Gültigkeit der Wahl aufzuheben.
> Eine Neuwahl im Wahlbezirk des Sitzes der Justizvollzugsanstalt anzuordnen.
> Die gesamte Landtagswahl zu annullieren.

Der Antragsgegner hat beantragt, den Antrag als unzulässig zu verwerfen.

Er führt aus: Der Antrag sei mangels der nach § 52 Abs. 1 Satz 2 Buchst. b StGHG erforderlichen 100 Beitritterklärungen unzulässig. Das Beitrittserfordernis stehe im Einklang mit Art. 19 Abs. 4 GG, da das Wahlprüfungsverfahren nicht dem Schutz eines subjektiven Rechts diene, sondern allein der Erzielung einer gesetzmäßigen Zusammensetzung des Landtags. Eine Ausnahme von dem Erfordernis der Beitrittserklärungen sei verfassungsrechtlich nicht geboten, eben weil in dem Anfechtungsverfahren nach § 52 StGHG die Verfolgung subjektiver Rechte gegenüber dem objektiven Verfahrenszweck zurückzutreten habe. Im übrigen sei ein Häftling nicht gehindert, sich der Hilfe eines Dritten zur Beibringung der Unterstützungsunterschriften zu bedienen. Einer Vorlage an das Bundesverfassungsgericht bedürfe es nach alledem nicht.

II.

Der Staatsgerichtshof entscheidet mit Zustimmung sämtlicher Richter gem. § 17 Satz 2 StGHG im schriftlichen Verfahren. Der Anfechtungsantrag des Antragstellers ist unzulässig, denn er ist von einem Nichtberechtigten gestellt. Es fehlt nämlich entgegen § 52 Abs. 1 Satz 2 Buchst. b StGHG an den für die Antragsberechtigung erforderlichen Beitrittserklärungen von 100 Wahlberechtigten. Dies ergibt sich unmittelbar und eindeutig aus dem klaren Gesetzeswortlaut, dessen Inhalt und Bedeutung dem Antragsteller nach seinen eigenen Aufführungen bekannt ist und auf den er durch das Schreiben des Vorsitzenden vom 21. Februar 1997 zusätzlich hingewiesen wurde. Der Antragsteller ist zusätzlich in der Erwiderung des Präsidenten des Landtags vom 18. März 1997 auf die verfassungsgerichtliche Rechtsprechung zur Zulässigkeit dieses Erfordernisses hingewiesen worden. Es hätte nach alledem für den Staatsgerichtshof nahe gelegen, von einer Begründung dieses Beschlusses entsprechend § 17 Satz 3 letzter Halbsatz StGHG abzusehen. Im Interesse des Rechtsfriedens erachtet er es dennoch als förderlich, den Antragsteller nochmals und förmlich von den Gründen des Scheiterns seines Antrags zu informieren.

Die geschilderte, durch § 52 Abs. 1 Satz 2 Buchst. b StGHG geschaffene Rechtslage verstößt nicht gegen die Rechtsschutzgarantie des Art. 19 Abs. 4 GG. Dieses justizielle Hauptgrundrecht (Maunz/Dürig, GG, Art. 19 Rn. 5) greift hier nicht ein, denn es gewährleistet ausschließlich Individualrechtsschutz. Seiner Garantie unterfallen Grundrechte und subjektive Rechte des einfachen Rechts, die gerade dem Kläger zustehen. Diese Gerichtsschutzgarantie greift nur ein, wenn der Rechtsschutzsuchende in seinen Rechten verletzt ist; das subjektive klägerische Recht ist nicht nur Anstoß, sondern Schutzziel des gerichtlichen Prüfungsauftrags und bestimmt daher auch den Umfang der gerichtlichen Kontrolle (Maunz/Dürig, aaO, Art. 19 Abs. IV Rn. 7, 8, und 116). Dies ergibt sich eindeutig aus dem klaren Gesetzeswortlaut des Art. 19 Abs. 4 Satz 1 GG: „Wird jemand durch die öffentliche Gewalt in seinen Rechten verletzt...". Dies trifft beim Beteiligten M. nicht zu, denn die Wahlprüfungsentscheidung des Landtags, die er angefochten hat und die allein Gegenstand des Verfahrens vor dem Staatsgerichtshof ist (StGHG Bad.-Württ. Beschluß vom 8. 8. 1977 GR 3/76), hat nicht die Verletzung subjektiver Rechte zum Gegenstand (BVerfGE 22, 277, 281) und dient nicht dem Schutz subjektiver Rechte des Einzelnen auf ordnungsmäßige Durchführung der Wahl, sondern allein der Erzielung einer gesetzmäßigen Zusammensetzung des Landtags (StGHG Bad.-Württ. Beschluß vom 10. 7. 1981 GR 3/80 im Anschluß an BVerfGE 1, 430). Selbst eine denkbare Verletzung subjektiver Rechte bei der Wahl bildet nicht den Gegenstand, sondern nur den Anlaß für eine Überprüfung der Entscheidung des Landtags durch den Staatsgerichtshof (BVerfGE 22, 281 für die Beschwerde nach Art. 43 GG). Die nachfolgende Beschwerde an den Staatsgerichtshof ist kein Rechtsweg nach Art. 19 Abs. 4 GG, denn mit der vorangehenden Zuweisung der Wahlprüfung an den Landtag hat die Landesverfassung ein Verfahren eröffnet, dessen Entscheidung der Rechtsweggarantie nicht unterfallen. Der Landesgesetzgeber darf daher die Zulässigkeit dieser Beschwerde an die Beitrittserklärungen von 100 Wahlberechtigten knüpfen, weil dann aus der Zahl der persönlichen, d. h. individuellen Reaktionen in der Wählerschaft auf eine Entscheidung des Landtags hervorgeht, daß der Angelegenheit gewisse Bedeutung zukommt. Daraus folgt gleichzeitig, daß dieses Quorum nichts mit einem irgendwie gearteten Recht des Anfechtenden zu tun hat und auch ein Bezug zu irgendeiner prozessualen Rechtsstellung fehlt. Selbst eine denkbare Verletzung subjektiver Rechte bei der Wahl selbst bildet nicht den Gegenstand, sondern nur den Anlaß für eine Überprüfung der Entscheidung des Landtags durch den Staatsgerichtshof (BVerfGE 22, 281 für die Beschwerde nach Art. 41 GG), die eben nur bei genügender Bedeutung der Sache erfolgen soll. Diese rein objektive Bedeutung des Quorums rechtfertigt auch seine rechtliche Ausgestaltung ohne jeden Bezug zum Anfechtenden selbst und ohne jede rechtlich ausgestaltete Möglichkeit seiner Einflußnahme darauf. Ob es ihm möglich oder unmöglich ist, das Quorum selbst herbeizuschaffen, ist für die sich aus dem Quorum ergebende Bedeutung der Angelegenheit irrelevant.

Der Gleichheitssatz des Art. 3 Abs. 1 GG mit seinem Inhalt gebotener Ungleichbehandlung durch den Gesetzgeber zwingt zu keiner anderen Betrachtungsweise. Denn nicht der Anfechtende wird mit der unterschiedslosen Forderung nach 100 Beitrittserklärungen in seinem Falle grundrechtswidrig gleich behandelt, obwohl eine Ungleichbehandlung geboten wäre, die Forderung nach 100 Beitrittserklärungen bezieht sich ausschließlich auf die Annahme der objektiven, d. h. von der Person des Anfechtenden gelösten Bedeutung der Angelegenheit als Voraussetzung der Anfechtung beim Staatsgerichtshof. Im übrigen kann dies auf sich beruhen, denn das Vorbringen des Anfechtenden, ihm sei in der Haftanstalt die Herbeischaffung der 100 Beitrittserklärungen unmöglich gewesen, ist nicht zutreffend. Er hatte auch nach seiner Inhaftierung am 12. 10. 1996 und selbst nach der Anordnung der Einzelhaft die Möglichkeit des Briefverkehrs nach draußen. Er richtete unter dem Datum vom 20. 10. 1996 ein Schreiben an den Landtag und unter dem Datum vom 10.2. und 26. 2. 1997 an den Staatsgerichtshof; offensichtlich hat er in dieser Zeit auch die Schreiben des Landtags und des Staatsgerichtshofs erhalten. Die danach gegebene Möglichkeit des Briefverkehrs hätte ausgereicht, Kontakt zu mindestens einer Person seines Vertrauens außerhalb der Vollzugsanstalt mit dem Ziel aufzunehmen, ihn um die Beschaffung der Beitrittserklärungen zu bitten.

Das Verfahren ist kostenfrei (§ 55 Abs. 1 Satz 1 StGHG). Für eine Anordnung der Auslagenerstattung (§ 55 Abs. 3 StGHG) besteht kein Anlaß.

Für eine Vorlage an das Bundesverfassungsgericht nach Art. 100 Abs. 1 GG fehlt es an den Voraussetzungen. Der Staatsgerichtshof hält die Bestimmung des § 52 Abs. 1 Satz 2 Buchst. b StGHG nicht für verfassungswidrig.

Diese Entscheidung ergeht mit Zustimmung sämtlicher Richter des Staatsgerichtshofs.

Entscheidungen des Gemeinsamen Gerichts der Länder Berlin und Brandenburg

Die amtierenden Richter
des Gemeinsamen Gerichts der Länder
Berlin und Brandenburg

Prof. Dr. Klaus Finkelnburg

Dr. Peter Macke

Veronika Arendt-Rojahn

Renate Citron-Piorkowski

Hans Dittrich

Dr. Matthias Dombert

Prof. Dr. Hans-Joachim Driehaus

Klaus Eschen

Prof. Dr. Beate Harms-Ziegler

Dr. Wolfgang Knippel

Dr. Erhart Körting

Prof. Dr. Philip Kunig

Prof. Dr. Rolf Mitzner

Prof. Dr. Richard Schröder

Edeltraud Töpfer

Prof. Dr. Rosemarie Will

Nr. 1

Die Abstimmungsprüfung nach Art. 18 Abs. 2 des Staatsvertrages zur Regelung der Volksabstimmungen in den Ländern Berlin und Brandenburg soll die Rechtmäßigkeit der Abstimmungen gewährleisten, nicht aber subjektiven Rechtsschutz gewähren. Das Erfordernis einer Unterstützung des Einspruchs durch mindestens 100 Abstimmungsberechtigte begegnet daher keinen verfassungsrechtlichen Bedenken.*

Staatsvertrag zur Regelung der Volksabstimmungen in den Ländern Berlin und Brandenburg über den Neugliederungs-Vertrag Art. 18 Abs. 2

Beschluß vom 16. Januar 1997 – GemGer 1/96 –

in dem Abstimmungsprüfungsverfahren des Herrn H.-J. S. wegen der Volksabstimmungen in den Ländern Berlin und Brandenburg über den Vertrag der Länder Berlin und Brandenburg über die Bildung eines gemeinsamen Bundeslandes (Neugliederungs-Vertrag vom 27. April 1995)

Entscheidungsformel:

Die Beschwerde wird verworfen.
Das Verfahren ist gerichtskostenfrei.
Auslagen werden nicht erstattet.

Gründe:

I.

Am 5. Mai 1996 fanden in den Ländern Berlin und Brandenburg die Volksabstimmungen über den Vertrag der Länder Berlin und Brandenburg über die Bildung eines gemeinsamen Bundeslandes (Neugliederungs-Vertrag) statt. Im Land Berlin stimmten 765.602 Abstimmungsberechtigte für JA, 654.840 Abstimmungsberechtigte für NEIN. Im Land Brandenburg wur-

---
* Nichtamtlicher Leitsatz

den 475.208 Ja-Stimmen und 814.936 Nein-Stimmen gezählt. Der Gemeinsame Abstimmungsausschuß der beiden Länder stellte daraufhin gemäß Art. 14 Abs. 5 des Staatsvertrages zur Regelung der Volksabstimmungen in den Ländern Berlin und Brandenburg über den Neugliederungs-Vertrag (GVBl. Berlin 1995, S. 520; GVBl. Brandenburg I 1995, S. 192 – im folgenden: Staatsvertrag –) am 15. Mai 1996 fest, daß nach dem Ergebnis der Volksabstimmungen die Zustimmung zum Neugliederungs-Vertrag nicht erteilt worden ist (vgl. Bekanntmachung über die Ergebnisse der Volksabstimmungen – GVBl. Berlin S. 181; – GVBl. Brandenburg I S. 168).

Am 14. Juni 1996 legte der Beschwerdeführer bei dem Gemeinsamen Abstimmungsprüfungsausschuß des Abgeordnetenhauses von Berlin und des Landtages Brandenburg (Art. 17 Staatsvertrag) Einspruch zum Zweck der Prüfung der Volksabstimmungen ein. Er rügte, daß keine amtlichen Umschläge für die zu benutzenden Stimmzettel zur Verfügung gestellt worden seien. Damit sei gegen das in Art. 11 Abs. 1 Satz 2 Staatsvertrag enthaltene Gebot der Wahrung des Abstimmungsgeheimnisses verstoßen worden. Der Einspruch, mit dem erreicht werden solle, daß die Volksabstimmungen unter Ausgabe von amtlichen Umschlägen wiederholt würden, sei auch zulässig. Zwar bestimme Art. 18 Abs. 2 Staatsvertrag, daß der Einspruch von mindestens 100 Abstimmungsberechtigten durch Unterschrift unterstützt sein müsse. Diese Vorschrift verstoße jedoch insbesondere gegen Art. 19 Abs. 4 GG. Daher sei sein Einspruch auch ohne unterstützende weitere Unterschriften zulässig.

Durch Beschluß vom 20. August 1996 wies der Gemeinsame Abstimmungsprüfungsausschuß den Einspruch unter Hinweis auf Art. 18 Abs. 2 Staatsvertrag als unzulässig ab. In der Begründung heißt es, ob die genannte Vorschrift gegen Art. 19 Abs. 4 GG verstoße, unterliege nicht der Prüfung durch den Ausschuß. Der Ausschuß habe von der Verfassungsmäßigkeit der Gesetze auszugehen und sich auf die Kontrolle der Einhaltung der Gesetze zu beschränken. Daher sei das in Art. 18 Abs. 2 Staatsvertrag vorgeschriebene Erfordernis von 100 Unterstützungsunterschriften vom Ausschuß als verfassungsgemäß anzusehen und als Verfahrensvoraussetzung zu beachten.

Gegen diesen ihm am 17. September 1996 zugestellten Beschluß hat der Beschwerdeführer am 17. Oktober 1996 Beschwerde eingelegt. Er macht in der Sache wiederum geltend, bei den Volksabstimmungen sei das Abstimmungsgeheimnis nicht gewahrt worden, da keine Wahlumschläge ausgegeben worden seien. Der Gemeinsame Abstimmungsprüfungsausschuß hätte deshalb dem Einspruch stattgeben müssen. Zu Unrecht habe der Ausschuß den Einspruch als unzulässig angesehen, da er nicht von mindestens 100 Abstimmungsberechtigten unterstützt worden sei. Art. 18 Abs. 2 Staatsvertrag, der dies vorschreibe, verstoße gegen die Rechtsweggarantie in Art. 19

Abs. 4 GG, Art. 15 Abs. 2 S. 1 Verfassung von Berlin und Art. 6 Abs. 1 Verfassung des Landes Brandenburg. Diese Rechtsweggarantie umfasse auch die Verletzung von Rechten des Einzelnen auf ordnungsgemäße Durchführung von Wahlen und Abstimmungen, da das Wahl- und Abstimmungsrecht des Bürgers Ausdruck der Souveränität des Volkes sei, deshalb zu den vornehmsten Bürgerrechten gehöre und als solches in besonderer Weise subjektiven Rechtsschutz verdiene. Der gegenteiligen, die Geltung der verfassungsrechtlichen Rechtsweggarantie für den Bereich der Wahlprüfung verneinenden Rechtsprechung des Bundesverfassungsgerichts könne nicht gefolgt werden. Der Beschwerdeführer beantragt,

1. die Volksabstimmungen für ungültig zu erklären bzw. die festgestellten Abstimmungsergebnisse aufzuheben sowie anzuordnen, daß die Volksabstimmungen in beiden Ländern unter Ausgabe amtlicher Stimmzettel-Umschläge zu wiederholen sind,

2. hilfsweise, für den Fall, daß sich das gemeinsame Verfassungsgericht nicht für befugt hält, die Verletzung der beiden Landesverfassungen oder (und) des Grundgesetzes der Bundesrepublik Deutschland verbindlich festzustellen, die Entscheidung des Verfassungsgerichts des jeweiligen Landes bzw. des Bundesverfassungsgerichts einzuholen.

II.

Die Beschwerde ist zulässig, jedoch offensichtlich nicht begründet. Sie konnte daher gemäß Art. 21 Abs. 4 Staatsvertrag, § 24 Satz 1 BVerfGG ohne mündliche Verhandlung durch einstimmigen Beschluß verworfen werden.

1. Der Staatsvertrag regelt das Abstimmungsprüfungsverfahren wie folgt: Nach Art. 17 Abs. 1 Satz 1 Staatsvertrag ist für die Abstimmungsprüfung ein Gemeinsamer Ausschuß beider Landesparlamente zuständig. Die Abstimmungsprüfung erfolgt aufgrund eines Einspruchs, der von den Landesabstimmungsleitern, den Regierungen, den Parlamenten und den Fraktionen der Parlamente der beiden Länder und von Abstimmungsberechtigten eingelegt werden kann (Art. 18 Abs. 1 Sätze 1 und 2). Der Einspruch eines Abstimmungsberechtigten muß von mindestens 100 Abstimmungsberechtigten durch Unterschrift unterstützt sein. Der Staatsvertrag sieht weiter vor, daß der Einspruch nur darauf gestützt werden kann, daß bei der Vorbereitung und Durchführung der Volksabstimmungen oder bei der Feststellung der Ergebnisse die Vorschriften des Vertrages, das Grundgesetz für die Bundesrepublik Deutschland, die Verfassungen der Länder Berlin und Brandenburg oder andere Rechtsvorschriften verletzt und dadurch die nach den Ergebnissen der Volksabstimmungen getroffenen Feststellungen beeinflußt

worden sind (Art. 18 Abs. 3 Staatsvertrag). Der Ausschuß kann gemäß Art. 20 Abs. 1 Staatsvertrag erkennen entweder auf Abweisung des Einspruchs oder auf Aufhebung der festgestellten Abstimmungsergebnisse in Verbindung mit bestimmten Anordnungen, darunter die Anordnung, daß die Abstimmung nach Maßgabe der Entscheidungsgründe zu wiederholen ist. Die Entscheidung des Gemeinsamen Ausschusses kann von dem Einspruchsführer, dessen Einspruch ganz oder teilweise zurückgewiesen worden ist, innerhalb eines Monats nach Zustellung angefochten werden (Art. 21 Abs. 1 Staatsvertrag). Über die Beschwerde entscheidet ein Gemeinsames Gericht, das sich aus den Mitgliedern der Verfassungsgerichtshöfe der beiden Länder zusammensetzt (Art. 21 Abs. 2 Staatsvertrag). Für die Entscheidung des Gemeinsamen Gerichts gilt Art. 20 Abs. 1 sinngemäß (Art. 21 Abs. 5 Staatsvertrag).

2. Der Gemeinsame Abstimmungsprüfungsausschuß hat den Einspruch des Beschwerdeführers zu Recht als unzulässig abgewiesen, weil er nicht, wie von Art. 18 Abs. 2 Staatsvertrag gefordert, von mindestens 100 Abstimmungsberechtigten durch ihre Unterschrift unterstützt worden ist.

Gegen die Verfassungsmäßigkeit dieser Vorschrift bestehen entgegen der Auffassung des Beschwerdeführers keine Bedenken. Sie verstößt weder gegen Art. 19 Abs. 4 GG, so daß keine Vorlage an das BVerfG gemäß Art. 100 Abs. 1 GG in Betracht kommt, noch gegen entsprechende landesverfassungsrechtliche Verbürgungen.

a) Das Verfahren vor dem Gemeinsamen Abstimmungsprüfungsausschuß der beiden Landesparlamente dient der Prüfung der Rechtmäßigkeit der Volksabstimmungen. Mit dieser Zielsetzung ähnelt es dem Verfahren der Wahlprüfung, die im Bund (Art. 41 GG) und in zahlreichen Bundesländern, darunter dem Land Brandenburg (Art. 63 LV), auch zunächst dem Parlament unter Einschaltung eines Wahlprüfungsausschusses anvertraut ist, gegen dessen Entscheidung das Bundes- bzw. Landesverfassungsgericht angerufen werden kann. Die Grundsätze der Wahlprüfung können daher für das Verfahren der Abstimmungsprüfung entsprechend herangezogen werden.

b) Ziel des Verfahrens der Wahlprüfung ist herkömmlich der Schutz des objektiven Wahlrechts; es ist dazu bestimmt, die richtige Zusammensetzung des Parlaments zu gewährleisten. Gegenstand der Wahlprüfung ist hingegen nicht die Verletzung subjektiver Rechte (BVerfGE 66, 369, 378 m. w. N.). Auch die Abstimmungsprüfung soll demgemäß und unmittelbar aus Art. 18 Abs. 3 Staatsvertrag ableitbar die Rechtmäßigkeit der Abstimmung gewährleisten, nicht aber subjektiven Rechtsschutz gewähren. Der ausschließlich objektivrechtliche Zweck der Abstimmungsprüfung läßt es zu, durch das gesetzliche Erfordernis einer Unterstützung des Einspruchs durch mindestens 100 Wahl- bzw. Abstimmungsberechtigte das Prüfungsverfahren von vornherein auf solche Fälle zu beschränken, die nach Ansicht wenigstens einer gewissen Anzahl von Wahl- oder Abstimmungsberechtigten Grund zur Beschwerde geben (vgl. BVerfGE 66, 232, 233).

c) Als ausschließlich objektivrechtliches Verfahren ist das Verfahren der Wahl- oder Abstimmungsprüfung nicht an Art. 19 Abs. 4 GG zu messen, der, ebenso wie die vergleichbaren Landesgrundrechte, dem Schutz individueller Rechte dient (vgl. zur Wahlprüfung BVerfGE 1, 430, 433; 22, 277, 281; 66, 232, 234). Ein Verfahren, das nicht dem Schutz von Individualrechten dient, kann von vornherein nicht mit der verfassungsmäßigen Garantie individuellen Rechtsschutzes kollidieren.

Die Kostenentscheidung beruht auf Art. 21 Abs. 4 Staatsvertrag in Verbindung mit § 34 Abs. 1 BVerfGG.

Nr. 2

Die Anrufung des Gemeinsamen Gerichts nach Art. 21 Abs. 2 des Staatsvertrages zur Regelung der Volksabstimmungen in den Ländern Berlin und Brandenburg über den Neugliederungs-Vertrag setzt ebenso wie der Einspruch nach Art. 18 Abs. 3 des genannten Staatsvertrages voraus, daß der Beschwerdeführer Fehler geltend macht, die sich auf die Vorbereitung und Durchführung der Volksabstimmungen oder auf die Feststellung der Ergebnisse als solche beziehen.*

Staatsvertrag zur Regelung der Volksabstimmungen in den Ländern Berlin und Brandenburg über den Neugliederungs-Vertrag Art. 21 Abs. 2

Gemeinsames Gericht der Länder Berlin und Brandenburg, Beschluß vom 16. Januar 1997 – GemGer 2/96 –

in dem Abstimmungsprüfungsverfahren des Herrn S. wegen der Volksabstimmungen in den Ländern Berlin und Brandenburg über den Vertrag der Länder Berlin und Brandenburg über die Bildung eines gemeinsamen Bundeslandes (Neugliederungs-Vertrag vom 27. April 1995).

* Nichtamtlicher Leitsatz

Entscheidungsformel:

Die Beschwerde wird verworfen.
Das Verfahren ist gerichtskostenfrei.
Auslagen werden nicht erstattet.

Gründe:

Die Beschwerde war gemäß Art. 21 Abs. 4 Satz 1 des Staatsvertrages zur Regelung der Volksabstimmungen in den Ländern Berlin und Brandenburg über den Neugliederungs-Vertrag (hier im folgenden: Staatsvertrag) in Verbindung mit § 24 Bundesverfassungsgerichtsgesetz (BVerfGG) zu verwerfen. Sie ist bereits unzulässig, weil im Abstimmungsprüfungsverfahren, wie dies der Rechtsprechung auch des Bundesverfassungsgerichts für das Wahlprüfungsverfahren entspricht (vgl. etwa BVerfGE 70, 271, 276; 66, 369, 378 f), nur Abstimmungsfehler geltend gemacht werden können, der Beschwerdeführer aber einen solchen nicht dargetan hat. Abstimmungsfehler sind (nur) solche Fehler, die sich auf die Vorbereitung und Durchführung der Volksabstimmungen oder auf die Feststellung der Ergebnisse als solche beziehen (vgl. auch Art. 18 Abs. 3 Staatsvertrag). Der Beschwerdeführer beruft sich jedoch – auch nach entsprechenden Hinweisen, zuletzt durch Schreiben vom 19. Dezember 1996 – lediglich darauf, daß das Ergebnis der Volksabstimmungen aus seiner Sicht politisch und insbesondere wegen der kostenmäßigen Auswirkungen nicht akzeptabel sei. Derartige Einwendungen betreffen nicht das Abstimmungsverfahren als solches.

Unabhängig davon bliebe der Beschwerde auch deshalb der Erfolg versagt, weil der Einspruch des Beschwerdeführers zum Gemeinsamen Ausschuß nicht von mindestens 100 Abstimmungsberechtigten durch Unterschrift unterstützt worden ist. Art. 18 Abs. 2 des genannten Staatsvertrages, der dieses Erfordernis aufstellt, ist von Verfassungs wegen nicht zu beanstanden; insoweit wird auf die Ausführungen in dem heute ergangenen Beschluß des Gemeinsamen Gerichts in der Sache GemGer 1/96 Bezug genommen.*

Die Kostenentscheidung beruht auf Art. 21 Abs. 4 des Staatsvertrages in Verbindung mit § 34 Abs. 1 BVerfGG.

---

* In diesem Band S. 11.

Entscheidungen des Verfassungsgerichtshofs des Landes Berlin

Die amtierenden Richter
des Verfassungsgerichtshofs des Landes Berlin

Prof. Dr. Klaus Finkelnburg, Präsident
Dr. Ehrhart Körting, Vizepräsident (bis 27. Mai 1997)
Dr. Ulrich Storost, Vizepräsident (ab 28. Mai 1997)
Veronika Arendt-Rojahn
Renate Citron-Piorkowski (bis 27. Mai 1997)
Hans Dittrich (bis 27. Mai 1997)
Prof. Dr. Hans-Joachim Driehaus
Klaus Eschen
Prof. Dr. Philip Kunig
Dr. Renate Möcke (ab 28. Mai 1997)
Prof. Dr. Albrecht Randelzhofer (ab 28. Mai 1997)
Edeltraut Töpfer

Nr. 1

Voraussetzung für eine begründete Rüge der Verletzung des Anspruchs auf rechtliches Gehör ist die (erfolglose) Ausschöpfung sämtlicher verfahrensrechtlich eröffneten und nach Lage der Dinge tauglichen Mittel, sich rechtliches Gehör zu verschaffen.

Verfassung von Berlin Art. 15 Abs. 1

Beschluß vom 28. Januar 1997 – VerfGH 114/96 –

in dem Verfahren über die Verfassungsbeschwerde der Frau E. H. gegen das Urteil des Amtsgerichts Schöneberg vom 14. November 1996 – 10 C 446/96 –

Entscheidungsformel:

Die Verfassungsbeschwerde wird zurückgewiesen.
Das Verfahren ist gerichtskostenfrei.
Auslagen werden nicht erstattet.

Gründe:

I.

Die Beschwerdeführerin ist Inhaberin der Erdgeschoßwohnung in einem Dreifamilienhaus. In einem einstweiligen Verfügungsverfahren vor dem Amtsgericht Schöneberg begehrte sie Rechtsschutz gegen Herrn I. H., den Verfügungsbeklagten, der ohne vorherige Aushändigung eines neuen Schlüssels das Schloß in der Hauseingangstür zu dem Dreifamilienhaus ausgewechselt hatte. Mit Beschluß vom 31. Juli 1996 ordnete das Gericht im Wege der einstweiligen Verfügung die vorbehaltlose Herausgabe eines Schlüssels an. Auf den Widerspruch des Verfügungsbeklagten beraumte das Amtsgericht Schöneberg am 7. November 1996 eine mündliche Verhandlung an, in der der Verfahrensbevollmächtigte der Beschwerdeführerin ausweislich der Niederschrift beantragte, die einstweilige Verfügung mit der Maßgabe zu bestätigen, daß der Verfügungsbeklagte – zur Vermeidung eines Ordnungsgeldes bzw. einer Ordnungshaft – ihm, dem Verfahrensbevollmächtigten der Beschwerdeführerin, binnen zehn Werktagen einen Hauseingangsschlüssel aushändigt. Der Verfahrensbevollmächtigte der Beschwerdeführerin bestritt in diesem Termin die Behauptung, der Schlüssel sei in der Kanzlei des Verfahrensbevollmächtigten des Verfügungsbeklagten hinterlegt worden.

Durch am 14. November 1996 verkündetes Urteil hat das Amtsgericht Schöneberg die einstweilige Verfügung vom 31. Juli 1996 aufgehoben und den Antrag auf Erlaß einer einstweiligen Verfügung zurückgewiesen. Zur Begründung hat das Gericht ausgeführt, die Beschwerdeführerin habe keinen Anspruch auf Verurteilung des Verfügungsbeklagten zur Herausgabe des Haustürschlüssels im Wege der einstweiligen Verfügung gemäß § 935 ZPO. Es fehle bereits an der Glaubhaftmachung eines Verfügungsgrundes. Der Verfügungsbeklagte habe mit Schreiben vom 4. Juli 1996 mitgeteilt, daß der neue Türschlüssel gegen Rückgabe des alten im Büro seines Verfahrensbevollmächtigten abgeholt werden könne. Durch die eidesstattliche Versicherung des Verfahrensbevollmächtigten des Verfügungsbeklagten sei glaubhaft gemacht, daß sich dieser Schlüssel tatsächlich in dessen Büro befinde. Der Verfügungsbeklagte sei nicht verpflichtet, der Beschwerdeführerin den neuen Schlüssel zu bringen.

Gegen dieses Urteil richtet sich die vorliegende Verfassungsbeschwerde, mit der die Beschwerdeführerin geltend macht, das angegriffene Urteil beruhe auf einer Verletzung ihres verfassungsrechtlich geschützten Anspruchs auf rechtliches Gehör. Das Urteil stütze sich auf die schriftliche eidesstattliche Versicherung des Verfahrensbevollmächtigten des Verfügungsbeklagten, die sie nicht zu Gesicht bekommen habe. Deshalb habe die eidesstattliche Versicherung bei der Entscheidungsfindung nicht berücksichtigt werden dürfen. Überdies sei das Urteil materiellrechtlich nicht mit Art. 13 GG vereinbar.

II.

Die Verfassungsbeschwerde hat keinen Erfolg.

Zutreffend geht die Beschwerdeführerin davon aus, daß es sich bei dem durch Art. 15 Abs. 1 VvB verbürgten Anspruch auf rechtliches Gehör um ein Grundrecht handelt, dessen Verletzung durch die öffentliche Gewalt des Landes Berlin gemäß § 49 Abs. 1 VerfGHG von jedermann mit der Verfassungsbeschwerde beim Verfassungsgerichtshof geltend gemacht werden kann. Richtig ist auch, daß dieses Grundrecht inhaltsgleich mit der in Art. 103 Abs. 1 GG enthaltenen bundesrechtlichen Verbürgung ist und daher nach der ständigen Rechtsprechung des Verfassungsgerichtshofs (vgl. u. a. Beschluß vom 2. Dezember 1993 – VerfGH 89/93 – LVerfGE 1, 169) durch die öffentliche Gewalt des Landes Berlin zu beachten sowie in

Verfassungsbeschwerdeverfahren beim Verfassungsgerichtshof selbst dann rügefähig ist, wenn die angegriffene Maßnahme – wie hier – in Anwendung von Bundesrecht ergangen ist. Unzulässig ist die Verfassungsbeschwerde indes, soweit mit ihr eine Verletzung des Art. 13 GG behauptet wird. Grundrechtsnormen des Grundgesetzes sind gemäß § 49 Abs. 1 VerfGHG kein zulässiger Prüfungsmaßstab in Verfassungsbeschwerdeverfahren vor dem Verfassungsgerichtshof. Ob die Rüge der Verletzung von Art. 13 GG dahingehend ausgelegt werden kann, daß eine Verletzung des gleichlautenden Grundrechts aus Art. 28 Abs. 2 Satz 1 VvB gerügt wird, kann dahinstehen. Eine Verletzung, die eine Verkennung des Grundrechts durch das angefochtene Urteil voraussetzt, wird nicht schlüssig vorgetragen. Das Urteil des Amtsgerichts Schöneberg vom 14. November 1996 geht erkennbar davon aus, daß die Beschwerdeführerin Anspruch auf einen neuen Hausschlüssel, also auf Zugang zu ihrer Wohnung, habe, was von der Art. 28 Abs. 2 Satz 1 VvB zu entnehmenden Wertentscheidung der Verfassung mit umfaßt wäre. Die für die Entscheidung des Amtsgerichts Schöneberg maßgebende Fragestellung, ob die Beschwerdeführerin den neuen Schlüssel gegen Rückgabe des alten abholen müsse oder ob sie zivilrechtlich einen Anspruch darauf habe, daß ihr der Schlussel gebracht werde, berührt den Schutzbereich des Art. 28 Abs. 2 Satz 1 VvB erkennbar nicht.

Soweit die Verfassungsbeschwerde zulässig ist, ist sie unbegründet. Die Annahme der Beschwerdeführerin, durch die Verwendung der eidesstattlichen Versicherung des Verfahrensbevollmächtigten des Verfügungsbeklagten zur Stützung seiner Entscheidung im einstweiligen Rechtsschutzverfahren ohne vorherige Überlassung dieser Versicherung an sie habe das Amtsgericht Schöneberg ihren verfassungsrechtlich garantierten Anspruch auf Gewährung rechtlichen Gehörs verletzt, geht fehl.

Art. 15 Abs. 1 VvB ist eine Folgerung aus dem Rechtsstaatsgedanken für das Gebiet des gerichtlichen Verfahrens. Die verfahrensrechtlichen Regeln müssen ein Ausmaß rechtlichen Gehörs eröffnen, das sachangemessen ist, um dem aus dem Rechtsstaatsprinzip folgenden Erfordernis eines wirkungsvollen Rechtsschutzes gerecht zu werden. Es gilt, dem jeweiligen Beteiligten die Möglichkeit zu geben, sich im gerichtlichen Verfahren mit tatsächlichen und rechtlichen Argumenten zu behaupten. Dazu zählt grundsätzlich unter anderem, daß ihm die für die rechtliche Beurteilung durch das Gericht maßgeblichen Tatsachen und Unterlagen rechtzeitig vor dessen Entscheidung zur Kenntnis gebracht werden. Voraussetzung einer begründeten Rüge der Verletzung des Anspruchs auf rechtliches Gehör ist allerdings nach der ständigen Rechtsprechung des Bundesverfassungsgerichts (vgl. statt vieler Beschluß vom 10. Februar 1987 – 2 BvR 314/86 – BVerfGE 74, 220, 225 m. w. N.), der sich der Verfassungsgerichtshof für das Berliner Landesrecht anschließt, die (erfolglose) Ausschöpfung sämtlicher verfahrensrechtlich eröffneten und nach Lage der Dinge tauglichen Mittel, sich rechtliches Gehör zu verschaffen. Daran scheitert im vorliegenden Fall die Auffassung, zu Lasten der Beschwerdeführerin sei deren Anspruch auf rechtliches Gehör verletzt worden. Es wäre nämlich ihrem Verfahrensbevollmächtigten ohne weiteres möglich gewesen, vor der Entscheidung des Amtsgerichts Schöneberg Kenntnis vom Inhalt der in Rede stehenden schriftlichen eidesstattlichen Versicherung, mit an Sicherheit grenzender Wahrscheinlichkeit sogar eine Kopie dieser Versicherung, zu erhalten.

Ausweislich der Niederschrift über die mündliche Verhandlung vor dem Amtsgericht Schöneberg am 7. November 1996 überreichte der Verfahrensbevollmächtigte des Verfügungsbeklagten „am Schluß der Sitzung ... seine eigene – soeben verfaßte – eidesstattliche Versicherung vom heutigen Tage". Im Rahmen der mündlichen Verhandlung hatte die Richterin nach dem Vortrag des Verfahrensbevollmächtigten der Beschwerdeführerin in diesem Verfassungsbeschwerdeverfahren den Verfahrensbevollmächtigten des Verfügungsberechtigten gefragt, ob er seine Behauptung, der für die Beschwerdeführerin vorgesehene Schlüssel für die Hauseingangstür befinde sich zur Abholung in seinem Büro, „schriftlich eidesstattlich versichern könne. Dies bejahte er und besorgte sich daraufhin Papier und Stift" (Beschwerdeschrift S. 3). Gleichwohl verließ der Verfahrensbevollmächtigte der Beschwerdeführerin nach seinem eigenen Vorbringen vor angekündigter Übergabe der schriftlichen eidesstattlichen Versicherung den Sitzungsraum und bemühte sich danach auch nicht, Kenntnis vom Inhalt der Versicherung oder gar eine Kopie von ihr zu erhalten. Damit hat er die nach Lage der Dinge gegebenen und zumutbaren Anstrengungen zur Wahrung rechtlichen Gehörs vermissen lassen. Das muß sich die Beschwerdeführerin zurechnen lassen.

Die Kostenentscheidung folgt aus §§ 33 f VerfGHG.

Dieser Beschluß ist unanfechtbar.

Nr. 2

Das Grundrecht auf rechtliches Gehör wird nicht verletzt, wenn das Verwaltungsgericht im Asylrechtsstreit einen Vertagungsantrag und die Anordnung der Vorführung des Klägers aus der Untersuchungshaft mit der Begründung ablehnt, es sei nicht dargetan, warum die Anwesenheit des Klägers, der sich bereits umfassend zu seinen

Asylgründen geäußert habe, neben der seines Prozeßbevollmächtigten in der mündlichen Verhandlung notwendig sei.

Verfassung von Berlin Art. 15 Abs. 1

Beschluß vom 13. Februar 1997 – VerfGH 53/96 –

in dem Verfahren über die Verfassungsbeschwerde des Herrn T. L. B. gegen das Urteil des Verwaltungsgerichts Berlin vom 21. Dezember 1995 – VG 32 X 148/95 –

Entscheidungsformel:

Die Verfassungsbeschwerde wird zurückgewiesen.
Das Verfahren ist gerichtskostenfrei.
Auslagen werden nicht erstattet.

Gründe:

I.

Der Beschwerdeführer ist vietnamesischer Staatsangehöriger. Er gelangte nach seiner Darstellung unter Mitwirkung einer Schlepperorganisation von Vietnam über Kambodscha und Tschechien nach Deutschland und stellte in Berlin am 18. Januar 1995 einen Antrag auf Anerkennung als Asylberechtigter. Zur Begründung trug er mit Schriftsatz seines Verfahrensbevollmächtigten vom 20. Januar 1995 und bei einer am 14. Februar 1995 in der Berliner Dienststelle des Bundesamtes für die Anerkennung ausländischer Flüchtlinge unter Beteiligung einer Vertreterin des Verfahrensbevollmächtigten durchgeführten persönlichen Anhörung im wesentlichen vor: Er sei seit 1990 in Hanoi in einer kritisch gegen das sozialistische System und die Monopolrolle der kommunistischen Partei auftretenden Schüler- und Studentenorganisation als Gruppenleiter tätig gewesen und deswegen Anfang des Jahres 1992 einige Tage auf einer Polizeiwache festgehalten sowie später vom weiteren Besuch der Universität ausgeschlossen worden. Nach einer Lehre als Koch habe er dann in einer Gaststätte gearbeitet, jedoch weiter aktiv an der politischen Bewegung gegen das Regime teilgenommen und sei einmal von Zivilisten verhört worden. Im Juli 1994 habe er in Hanoi Flugblätter verteilt, in denen nach einem Brand in einer Markthalle die Forderung nach staatlicher Entschädigung zugunsten der betroffenen Händler erhoben worden sei. Er sei deshalb noch einmal von der Polizei verfolgt worden und habe nach Ho-Chi-Minh-Stadt flüchten müssen, wo er sich von

August bis Dezember 1994 illegal aufgehalten habe. Seine Familie habe ihn dort unterstützt und ihm schließlich mit Zahlung von 5.000 $ zur Flucht nach Deutschland verholfen.

Das Bundesamt für die Anerkennung ausländischer Flüchtlinge lehnte mit Bescheid vom 28. März 1995 den Antrag des Beschwerdeführers auf Anerkennung als Asylberechtigter ab und stellte zugleich fest, daß die Voraussetzungen des § 51 Abs. 1 AuslG sowie Abschiebungshindernisse nach § 53 AuslG nicht vorlägen.

Mit der hiergegen beim Verwaltungsgericht Berlin erhobenen Klage begehrte der Beschwerdeführer die Verpflichtung der Bundesrepublik Deutschland, ihn als Asylberechtigten anzuerkennen, hilfsweise festzustellen, daß die Voraussetzungen des § 51 Abs. 1 AuslG oder wenigstens Abschiebungshindernisse im Sinne von § 53 AuslG vorliegen.

Der Beschwerdeführer wurde zu Händen seines Verfahrensbevollmächtigten gegen anwaltliches Empfangsbekenntnis vom 20. November 1995 zur mündlichen Verhandlung vor dem Verwaltungsgericht am 21. Dezember 1995, 10.15 Uhr, geladen. Mit einem in der Nacht vor dem Termin durch Telefax eingereichten Schriftsatz vom 20. Dezember 1995 teilte der Verfahrensbevollmächtigte mit, daß sich sein Mandant wegen eines von der Staatsanwaltschaft P. betriebenen Verfahrens in Untersuchungshaft in der JVA D. befinde und daher nicht am Termin teilnehmen könne. Er beantragte, den anstehenden Termin aufzuheben und zum nächsten Termin die Vorführung aus der JVA D. anzuordnen. Das Verwaltungsgericht entsprach dem Vertagungsantrag nicht, und die Verhandlung fand sodann unter Beteiligung des Verfahrensbevollmächtigten des Beschwerdeführers statt. Mit Urteil des Verwaltungsgerichts vom 21. Dezember 1995 ist die Klage als „offensichtlich unbegründet" abgewiesen worden.

Gegen dieses dem Beschwerdeführer zu Händen seines Prozeßbevollmächtigten in vollständiger Fassung am 2. April 1996 zugegangene Urteil richtet sich die am 3. Juni 1996 (Montag) eingelegte Verfassungsbeschwerde. Der Beschwerdeführer macht geltend, das Verwaltungsgericht hätte zur Wahrung des Grundrechts auf rechtliches Gehör dem Antrag auf Terminsverlegung und auf Anordnung des persönlichen Erscheinens bzw. Veranlassung der Vorführung aus der Untersuchungshaft entsprechen müssen. Das ergangene Urteil könne auf diesem Verfassungsverstoß beruhen, weil es ihm – dem Beschwerdeführer – bei Anwesenheit im Verhandlungstermin möglicherweise gelungen wäre, die Glaubwürdigkeit seiner Darstellung der Fluchtgründe überzeugend darzulegen. Ein Verstoß gegen verfassungsmäßig verbürgte Rechte liege ferner darin, daß das Verwaltungsgericht in Abweichung von dem angefochtenen Bescheid des Bundesamtes die Klage nicht lediglich als „unbegründet", sondern als „offensichtlich unbegründet" abgewiesen und damit die Möglichkeit eines Antrags auf Zulassung der Berufung abgeschnitten habe. Im einzelnen rügt der Beschwerdeführer die Verletzung von Art. 1 Abs. 3, Art. 62 und Art. 71 Abs. 2 VvB sowie Art. 16a Abs. 1 und Art. 103 Abs. 1 GG.

Das Bundesamt für die Anerkennung ausländischer Flüchtlinge sowie die Senatsverwaltung für Justiz haben gemäß § 53 VerfGHG Gelegenheit zur Stellungnahme erhalten.

II.

Die Verfassungsbeschwerde hat keinen Erfolg.

1. Die Verfassungsbeschwerde ist unzulässig, soweit sich der Beschwerdeführer auf Verletzungen des Grundgesetzes beruft. Im Verfahren der Verfassungsbeschwerde bilden gemäß § 49 Abs. 1 VerfGHG allein in der Verfassung von Berlin enthaltene Rechte den Prüfungsmaßstab des Verfassungsgerichtshofs.

Soweit sich der Beschwerdeführer auf Berliner Grundrechte bezieht, meint er offensichtlich den Text der Verfassung von Berlin vom 1. September 1950 (VOBl. I S. 433), zuletzt geändert durch Gesetz vom 8. Juni 1995 (GVBl. S. 339). Bei Erlaß des angegriffenen Urteils des Verwaltungsgerichts Berlin vom 21. Dezember 1995 galt jedoch bereits die (neue) Verfassung von Berlin vom 23. November 1995 (GVBl. S. 779). Die erhobenen Rügen sind aber zweifelsfrei auch auf die inhaltlich entsprechenden Grundrechte der jetzt geltenden Verfassung zu beziehen.

Soweit der Beschwerdeführer eine Verletzung von Art. 1 Abs. 3 VvB rügt (dessen Text die neue Verfassung unverändert übernommen hat), ist die Verfassungsbeschwerde von vornherein unzulässig. Diese Verfassungsbestimmung wiederholt lediglich die sich aus Art. 1 Abs. 3 GG bzw. Art. 20 Abs. 3 GG ergebende Bindung der Organe des Landes Berlin an die Grundrechte und an das Bundesrecht, führt aber nicht dazu, daß subjektive Rechte des Bundesrechts mit der Verfassungsbeschwerde vor dem Verfassungsgerichtshof gerügt werden können (vgl. Beschluß vom 8. September 1993 – VerfGH 59/93 – LVerfGE 1, 149).

Schließlich ist die Verfassungsbeschwerde auch unzulässig, soweit sie sich in der Sache gegen den Bescheid des Bundesamtes für die Anerkennung ausländischer Flüchtlinge vom 28. März 1995 wendet. Denn insoweit handelt es sich nicht um eine Maßnahme der öffentlichen Gewalt des Landes Berlin, die nach § 49 Abs. 1 VerfGHG allein Gegenstand einer Verfassungsbeschwerde sein kann.

Die Verfassungsbeschwerde ist indes zulässig, soweit sich der Beschwerdeführer auf das (nunmehr) in Art. 15 Abs. 1 VvB niedergelegte Grundrecht auf rechtliches Gehör sowie auf die Art. 15 Abs. 4 VvB in Entsprechung zu Art. 19 Abs. 4 GG zu entnehmende Garantie effektiven Rechtsschutzes beruft. Soweit der Beschwerdeführer in diesem Zusammenhang eine ihm gegenüber willkürliche Rechtsanwendung seitens des Verwaltungsgerichts rügt, kann er sich auf Art. 10 Abs. 1 VvB in seiner Ausprägung als Willkürverbot berufen.

Der Prüfung durch den Verfassungsgerichtshof nach diesen Maßstäben steht nicht entgegen, daß die vom Verwaltungsgericht anzuwendende Verwaltungsgerichtsordnung (VwGO) Bundesrecht ist. In solchen Fällen kann der Verfassungsgerichtshof im Verfassungsbeschwerdeverfahren die Rechtsanwendung in den Grenzen der Art. 142, 31 GG hinsichtlich solcher Grundrechte der Verfassung von Berlin überprüfen, die mit vom Grundgesetz verbürgten Grundrechten übereinstimmen (st. Rspr., vgl. u. a. Beschluß vom 2. Dezember 1993 – VerfGH 89/93 – LVerfGE 1, 169, 179 ff), was für die hier erörterten Grundrechte jeweils der Fall ist.

Die nach § 49 Abs. 2 Satz 1 VerfGHG grundsätzlich bestehende Zulässigkeitsvoraussetzung einer Rechtswegerschöpfung ist erfüllt. Im Hinblick darauf, daß die Klageabweisung als „offensichtlich unbegründet" erfolgt ist, bestand nach § 78 AsylVfG keine Grundlage zur Zulassung der Berufung und keine Möglichkeit für einen entsprechenden Antrag des Beschwerdeführers. Die Verfassungsbeschwerde ist auch rechtzeitig innerhalb der gesetzlichen Frist (§ 51 Abs. 1 VerfGHG) erhoben worden.

2. Eine Überprüfung der mit der Verfassungsbeschwerde gerügten verfahrensrechtlichen Behandlung vor dem Verwaltungsgericht Berlin nach den aufgezeigten Maßstäben der Verfassung von Berlin führt nicht zur Feststellung eines Rechtsverstoßes zum Nachteil des Beschwerdeführers.

Daß das Verwaltungsgericht dem Beschwerdeführer nicht durch Vertagung und Anordnung der Vorführung aus der Untersuchungshaft die Möglichkeit eröffnet hat, persönlich neben seinem Prozeßvertreter an der mündlichen Verhandlung teilzunehmen, verletzt nicht das in Art. 15 Abs. 1 VvB verbürgte Grundrecht auf rechtliches Gehör.

Das Verwaltungsgericht führt in dem angegriffenen Urteil aus, für eine Terminsverlegung habe kein erheblicher Grund im Sinne der §§ 73 VwGO, 227 ZPO vorgelegen, insbesondere weil nicht dargetan worden sei, aus welchem Grunde die Anwesenheit des anwaltlich vertretenen Klägers, der sich bereits umfassend zu seinen Asylgründen geäußert hatte, neben der seines ordnungsgemäß geladenen Prozeßbevollmächtigten in der mündlichen Verhandlung notwendig sei. Der Verfassungsgerichtshof hat nicht darüber zu befinden, ob diese Auffassung des Verwaltungsgerichts einfachrechtlich oder im Hinblick auf das in der Verfassung von Berlin nicht gewährleistete Grundrecht auf politisches Asyl mehr oder weniger zu überzeugen vermag.

Jedenfalls ist nicht feststellbar, daß sie von einer grundsätzlich unrichtigen Sicht von Bedeutung und Tragweite des Grundrechts auf rechtliches Gehör beeinflußt wäre oder daß sonst wegen der Schwere eines Verfahrensverstoßes die Schwelle verfassungsrechtlicher Relevanz erreicht sein könnte. Insbesondere ist hier von Bedeutung, daß der Beschwerdeführer zur Begründung seines Vertagungsantrages nicht etwa geltend gemacht hatte, durch die zwischenzeitliche Inhaftierung an einer umfassenden mündlichen Erörterung mit seinem Verfahrensbevollmächtigten gehindert gewesen zu sein. Nachdem die Begründung des angegriffenen Bescheides des Bundesamtes maßgeblich darauf abgestellt hatte, der Sachvortrag sei zum wesentlichen Teil unsubstantiiert, unpräzise und allgemein, kam es ersichtlich darauf an, insoweit im gerichtlichen Verfahren den Sachvortrag zu ergänzen. Daß das etwa wegen der auswärtigen Inhaftierung bislang unterblieben sei und daß die Vertagung zu einem konkreteren Sachvortrag führen könnte, hatte der Beschwerdeführer nicht vorgetragen und wird auch mit der Verfassungsbeschwerde nicht geltend gemacht. Daß der Vertagungsantrag so zu verstehen sein könnte, war schon deswegen auszuschließen, weil der Anwalt darin zugleich mitteilte, er habe seinen Mandanten zuletzt am 17. Oktober 1995 in der JVA D. besucht. Vielmehr beruhte der Antrag auf Vertagung und Vorführung offenbar auf der Erwägung, daß das Gericht möglicherweise durch den dann vermittelten persönlichen Eindruck die Sachdarstellung auch ohne weitergehende Präzisierung und ohne zusätzliche Beweismöglichkeiten als glaubhaft ansehen könnte (vgl. BVerwG NVwZ 1990, 171). Auch durch Erwägungen dieser Art war das Verwaltungsgericht indes durch die als verletzt gerügten Grundrechte nicht verfassungsrechtlich gehalten, das persönliche Erscheinen und die Vorführung anzuordnen, da es im vorliegenden Fall wesentlich auf äußere, nicht mit der Persönlichkeitsstruktur des Antragstellers zusammenhängende Umstände ankam.

Ein Verstoß gegen die verfassungsrechtliche Rechtsweggarantie (Art. 15 Abs. 4 VvB) kann ebenfalls nicht festgestellt werden. Offenkundig ist, daß die Garantie des Rechtswegs keine Garantie eines Instanzenzuges beinhaltet (vgl. für Art. 19 Abs. 4 GG z. B. BVerfGE 4, 74, 95; 78, 7, 18), so daß auch die Rüge, daß die Klage allenfalls als „unbegründet", nicht aber als „offensichtlich unbegründet" hätte abgewiesen werden dürfen und daß der damit bewirkte Ausschluß eines Antrags auf Zulassung der Berufung (§ 78 AsylVfG) gegen verfassungsmäßig verbürgte Rechte verstoße, fehlgeht. Soweit Art. 15 Abs. 4 VvB dem Bürger den Anspruch auf eine tatsächlich wirksame Kontrolle gewährleistet (so für Art. 19 Abs. 4 GG BVerfGE 35, 263, 274, vgl. im Zusammenhang mit dem Asylrecht auch BVerfGE 71, 276, 293), woraus sich Anforderungen an den Rechtsschutz in organisatorischer, verfahrensmäßiger und inhaltlicher Hinsicht ergeben, ist ein Verfassungsverstoß nicht erkennbar. Mit dem angesprochenen Garantiegehalt ergänzt Art. 15 Abs. 4 VvB namentlich das Gehörsgrundrecht. Der Beschwerdeführer zeigt indes selbst keine Gesichtspunkte auf, unter denen außerhalb des Gewährleistungsbereichs des Gehörsgrundrechts ein verfassungsrechtlich relevanter Verfahrensfehler in Betracht käme.

Schließlich hat das Verwaltungsgericht gegenüber dem Beschwerdeführer auch nicht das Art. 10 Abs. 1 VvB zu entnehmende Willkürverbot verletzt. Eine gerichtliche Entscheidung verstößt hiergegen lediglich dann, wenn sie unter keinem denkbaren Aspekt rechtlich vertretbar ist und sich daher der Schluß aufdrängt, daß sie auf sachfremden Erwägungen beruht (vgl. Beschluß vom 25. April 1994 – VerfGH 34/94 – LVerfGE 2, 16, 19; für das Bundesrecht z. B. BVerfGE 89, 1, 14). Einen Fehler dieser Art läßt die angegriffene Entscheidung nicht erkennen.

Die Kostenentscheidung beruht auf den §§ 33 f VerfGHG.

Diese Entscheidung ist unanfechtbar.

Nr. 3

Die Einschätzung des Berliner Verfassungsgebers, die 5 v. H.-Sperrklausel bei den Abgeordnetenhauswahlen sei zur Sicherung der Funktionsfähigkeit des Abgeordnetenhauses zwingend erforderlich, ist verfassungsrechtlich nicht zu beanstanden.

Verfassung von Berlin 1950 Art. 26 Abs. 2
Landeswahlgesetz § 18

Beschluß vom 17. März 1997 – VerfGH 82/95 –

in dem Wahlprüfungsverfahren der Partei Die Republikaner, Landesverband Berlin, wegen der Anwendung der 5 v. H.-Klausel auf die Wahlen zum Abgeordnetenhaus von Berlin vom 22. Oktober 1995

Beteiligte:
a) der Präsident des Abgeordnetenhauses von Berlin,
b) die Senatsverwaltung für Inneres,
c) der Landeswahlleiter,
d) die Fraktionen im Abgeordnetenhaus von Berlin von CDU, SPD, Bündnis 90/Grüne, PDS,
e) die betroffenen Bewerber gemäß § 41 Nr. 2 VerfGHG.

Verfassungsgerichtshof des Landes Berlin

Entscheidungsformel:

Der Einspruch wird zurückgewiesen.
Das Verfahren ist gerichtskostenfrei.
Auslagen werden nicht erstattet.

Gründe:

I.

Die Einspruchsführerin hat an den Wahlen zum Abgeordnetenhaus von Berlin am 22. Oktober 1995 teilgenommen und erhielt einen Stimmenanteil von 2,7 %. Der Landeswahlleiter gab die endgültigen Ergebnisse der Wahl zum 13. Abgeordnetenhaus von Berlin am 14. November 1995 bekannt (Amtsblatt für Berlin vom 29. November 1995, 4725 ff). Die Einspruchsführerin wurde bei der Berechnung und Zuteilung der Abgeordnetenhaussitze nicht berücksichtigt, weil sie im Wahlgebiet weniger als 5 v. H. der abgegebenen Zweitstimmen erhalten und kein Bewerber der Partei einen Sitz in einem Wahlkreis errungen hatte (vgl. Art. 26 Abs. 2 der Verfassung von Berlin vom 1. September 1950 [VOBl. I 433], zuletzt geändert durch Gesetz vom 8. Juni 1995 [GVBl. S. 339] – VvB 1950 –; § 18 des Landeswahlgesetzes vom 25. September 1987 [GVBl. S. 2370], zuletzt geändert durch Gesetz vom 3. Juli 1995 [GVBl. S. 400] – LWahlG –).

Mit dem am 21. November 1995 beim Verfassungsgerichtshof eingegangenen Einspruch wendet sich die Einspruchsführerin gegen die Gültigkeit der Wahlen zum Abgeordnetenhaus. Sie sieht sich durch die 5 v. H.-Klausel des § 18 LWLahlG und des Art. 26 Abs. 2 VvB 1950 in ihrem Recht auf Chancengleichheit und Wahlrechtsgleichheit verletzt. Sie trägt vor, die Sperrklausel, ohne deren Anwendung nach Auskunft des Landeswahlleiters sechs Abgeordnetenhaussitze auf sie entfallen würden, sei zur Sicherung der Funktionsfähigkeit des Abgeordnetenhauses nicht mehr zwingend erforderlich. Von der Erforderlichkeit habe wohl Ende der fünfziger Jahre ausgegangen werden können, nicht jedoch in jüngster Gegenwart. Dies ergebe sich aus Erfahrungen in drei Bundesländern, in denen über 40 Jahre hinweg ohne eine 5 v. H.-Klausel weder ein Gemeinderat noch ein Kreistag in seiner Funktionsfähigkeit durch Parteienzersplitterung ernsthaft gestört worden sei. Die Sperrklausel sei unverhältnismäßig und verfassungswidrig, die Wahl zum Berliner Abgeordnetenhaus damit ungültig.

Das Abgeordnetenhaus von Berlin, die Senatsverwaltung für Inneres und der Landeswahlleiter sind dem Einspruch entgegengetreten. Wegen des

Vorbringens weiterer Beteiligter wird auf deren Schriftsätze Bezug genommen.

Der Verfassungsgerichtshof hat einstimmig auf die Durchführung einer mündlichen Verhandlung verzichtet (§ 24 Abs. 1 VerfGHG).

II.

Der Einspruch ist gemäß § 40 Abs. 2 Nr. 8, Abs. 3 Nr. 3 VerfGHG zulässig, jedoch nicht begründet.

Das in §§ 14 Nr. 2, 40 ff VerfGHG geregelte Wahlprüfungsverfahren dient dem Schutz des objektiven Wahlrechts, somit der Gewährleistung der richtigen Zusammensetzung des Parlaments. Der Verfassungsgerichtshof kann die Wahl nur dann für ungültig erklären oder eine Richtigstellung und Neufeststellung des Wahlergebnisses anordnen, wenn bei der Vorbereitung oder der Durchführung der Wahlen oder bei der Ermittlung des Wahlergebnisses Vorschriften des Grundgesetzes, der Verfassung von Berlin, des Landeswahlgesetzes oder der Landeswahlordnung verletzt worden sind und dadurch die Verteilung der Sitze beeinflußt worden ist (§§ 42 Nr. 7, 40 Abs. 2 Nr. 8 VerfGHG). Ein Wahlfehler in diesem Sinne ist nicht ersichtlich.

Die von der Einspruchsführerin allein angegriffene Sperrklausel ist verfassungsrechtlich nicht zu beanstanden. Art. 26 Abs. 2 VvB 1950 bestimmt für die Wahlen zum Abgeordnetenhaus, daß Parteien, für die im Gebiet von Berlin insgesamt weniger als 5 v. H. der Stimmen abgegeben werden, keine Sitze zugeteilt erhalten, es sei denn, daß ein Bewerber der Partei einen Sitz in einem Wahlkreis errungen hat. Das Landeswahlgesetz enthält nähere Einzelheiten zu den Wahlen zum Abgeordnetenhaus und sieht in Entsprechung zu Art. 26 Abs. 2 VvB 1950 die Sperrklausel in § 18 vor.

Die in den genannten Vorschriften vorgesehene 5 v. H.-Klausel stellt allerdings grundsätzlich eine Einschränkung der Wahlrechtsgleichheit und der Chancengleichheit der politischen Parteien dar. Das Prinzip der Wahlrechtsgleichheit ergibt sich für die Wahlen zum Abgeordnetenhaus aus Art. 26 Abs. 1 VvB 1950 (jetzt gleichlautend Art. 39 Abs. 1 der Verfassung von Berlin vom 23. November 1995 – GVBl. S. 779), wonach – wie von dem bundesverfassungsrechtlichen Homogenitätsgebot des Art. 28 Abs. 1 Satz 2 GG für die Volksvertretungen der Länder bestimmt – die Abgeordneten in allgemeiner, gleicher, geheimer und direkter Wahl gewählt werden. Der Grundsatz der gleichen Wahl ist gekennzeichnet durch einen formalen Charakter: Er gebietet, daß alle Wahlberechtigten das aktive und das passive Wahlrecht in formal möglichst gleicher Weise ausüben und daß die Stimmen beim hier maßgeblichen Verhältniswahlrecht nicht nur den gleichen Zählwert, sondern grundsätzlich auch den gleichen Erfolgswert haben (Urteile vom 17. März 1997 – VerfGH 87/95 und 90/95 –; vgl. BVerfGE 34, 81, 99 ff sowie BVerfGE 58, 177, 190 zu Art. 38 Abs. 1 GG). Entsprechendes ergibt sich aus dem Recht der politischen Parteien auf Chancengleichheit im politischen Wettbewerb, das Bestandteil der Landesverfassung ist. Es folgt – mit Einwirkung auch auf das Landesverfassungsrecht – aus Art. 21 GG und verbietet jede staatliche Maßnahme, die den Anspruch einer Partei auf die Gleichheit ihrer Wettbewerbschancen willkürlich beeinträchtigt (vgl. näher Beschluß vom 21. September 1995 – VerfGH 12/95 = NJ 1996, 140). Im Verhältniswahlsystem erfordert auch die Chancengleichheit grundsätzlich, jeder Wählerstimme den gleichen Erfolgswert beizumessen (Urteile vom 17. März 1997 – VerfGH 87/95 und 90/95 –; vgl. BVerfGE 82, 322, 337; VerfGH NW NVwZ 1995, 579, 581).

Da die Verfassung von Berlin die 5 v. H.-Klausel für die Wahlen zum Abgeordnetenhaus ausdrücklich vorschreibt, könnte der Einspruch nur dann Erfolg haben, wenn Art. 26 Abs. 2 VvB 1950 seinerseits im Widerspruch zu Grundentscheidungen der Landesverfassung selbst (vgl. zum Problem der verfassungswidrigen Verfassungsnorm: BVerfGE 3, 225, 230 ff; 4, 294, 296 oder zum Grundgesetz – hier zu Art. 28 Abs. 1 Satz 2 GG (vgl. BVerfGE 6, 104, 11) – stünde. Dies ist indessen nicht der Fall. Zwar ist es Folge der Formalisierung des Grundsatzes der Wahlrechtsgleichheit, daß auch der Verfassungsgesetzgeber im Bereich der Gestaltung des Wahlrechts nur einen engen Spielraum hat und – anders als bei Geltung des allgemeinen Gleichheitssatzes – nicht jeder sachliche Grund für eine Differenzierung des Erfolgswertes ausreicht, sondern „zwingende Gründe" erforderlich sind (vgl. z. B. BVerfGE 82, 322, 338). Ein derartiger „zwingender Grund", der den Erlaß bzw. die Aufrechterhaltung der 5 v. H.-Klausel rechtfertigt, ist jedoch die mögliche Beeinträchtigung der Funktionsfähigkeit des Parlaments: Zur Vermeidung der staatspolitischen Gefahren einer übermäßigen Parteienzersplitterung, die die Bildung einer stabilen Mehrheit erschweren oder verhindern und die Bewältigung der sachlichen gesetzgeberischen Arbeit sowie der Aufgabe, eine politisch aktionsfähige Regierung zu wählen, ernsthaft gefährden, darf der Gesetzgeber eine Sperrklausel statuieren (vgl. BVerfGE 6, 84, 92; 6, 104, 112; 82, 322, 338). Dabei ist eine 5 v. H.-Klausel für gesetzgebende Volksvertretungen der Länder im Hinblick auf das das Demokratieprinzip konkretisierende Homogenitätsgebot des Art. 28 Abs. 1 Satz 2 GG unbedenklich (vgl. BVerfGE 47, 253, 277 m. w. N sowie aaO).

Die Einschätzung des Berliner Verfassungsgebers, die 5 v. H.-Klausel sei zur Sicherung der Funktionsfähigkeit des Abgeordnetenhauses zwingend erforderlich, ist danach verfassungsrechtlich nicht zu beanstanden. Die Frage, ob „zwingende Gründe" für eine Differenzierung des Erfolgswertes mit Hilfe einer Sperrklausel vorliegen, kann zwar nicht ein für allemal abstrakt beurteilt werden. Vielmehr sind beim Erlaß und bei der Aufrechterhaltung einer Wahlrechtsbestimmung die Verhältnisse des Landes, für die sie gelten soll, zu berücksichtigen, und eine solche Bestimmung kann in dem einen Staat zu einem bestimmten Zeitpunkt gerechtfertigt sein und in einem anderen Staat oder zu einem anderen Zeitpunkt nicht (vgl. BVerfGE 1, 208, 259; 82, 322, 338).

Der Hinweis der Einspruchsführerin auf Regelungen über Kommunalwahlen in anderen Bundesländern ist schon deswegen unbeachtlich, weil es vorliegend um die Wahl zu einem Länderparlament geht und insoweit bislang kein Bundesland auf eine Sperrklausel verzichtet hat.

Die Entscheidung über die Kosten beruht auf den §§ 33, 34 VerfGHG.

Dieser Beschluß ist unanfechtbar.

Nr. 4

1. Bei der Ausgestaltung des Wahlrechts für die Wahlen zu den Bezirksverordnetenversammlungen in Berlin muß der Gesetzgeber das Prinzip der Wahlrechtsgleichheit und das Recht der politischen Parteien auf Chancengleichheit im politischen Wettbewerb beachten.

2. Der Grundsatz der gleichen Wahl (Art. 54 Abs. 1 VvB 1950) gebietet, daß alle Wahlberechtigten das aktive und das passive Wahlrecht in formal möglichst gleicher Weise ausüben und daß die Stimmen beim hier maßgeblichen Verhältniswahlrecht nicht nur den gleichen Zählwert, sondern grundsätzlich auch den gleichen Erfolgswert haben. Entsprechend erfordert die Chancengleichheit im Verhältniswahlsystem grundsätzlich, jeder Wählerstimme den gleichen Erfolgswert beizumessen.

3. Eingriffe in die formale Wahlrechtsgleichheit und den Grundsatz der Chancengleichheit der Parteien bedürfen zu ihrer Rechtfertigung eines zwingenden Grundes.

4. Als Rechtfertigungsgrund für den mit § 22 Abs. 2 des Landeswahlgesetzes (5 v. H.-Klausel) verbundenen Eingriff kommt nicht eine abstrakte, theoretische Möglichkeit der Beeinträchtigung der Funktionsfähigkeit der nach den Prinzipien von Gemeindevertretungen arbeitenden Bezirksverordnetenversammlungen in Betracht. Nur die konkrete, mit einiger Wahrscheinlichkeit zu erwartende Möglichkeit

einer solchen Beeinträchtigung kann ein Rechtfertigungsgrund für den Erlaß bzw. die Aufrechterhaltung der 5 v. H.-Klausel sein.

5. Unter Berücksichtigung der tatsächlichen und rechtlichen Verhältnisse im Lande Berlin wird die Funktionsfähigkeit der Bezirksverordnetenversammlungen durch ein Wahlrecht ohne Sperrklausel nicht gefährdet.

6. Der Gesetzgeber hat grundsätzlich hinsichtlich des Vorliegens zwingender Erfordernisse zur Modifizierung der Wahlrechtsgleichheit eine Einschätzungsprärogative. Da Gesichtspunkte, die eine Prognose des Gesetzgebers rechtfertigen könnten, die Sperrklausel sei zur Aufrechterhaltung der Funktionsfähigkeit der Bezirksverordnetenversammlungen zwingend erforderlich, indes von vornherein derzeit nicht gegeben sind, ist die Feststellung der Verfassungswidrigkeit des § 22 Abs. 2 LWahlG von dem Verfassungsgerichtshof zu treffen.

7. Ungeachtet der festgestellten Verfassungswidrigkeit des § 22 Abs. 2 LWahlG ist weder für eine Ungültigerklärung noch für eine Neuberechnung des Wahlergebnisses vom 22. Oktober 1995 Raum. Der Gesetzgeber des Landes Berlin wird zu prüfen haben, ob und ggf. welche Anpassungen des Bezirksverwaltungsgesetzes geboten sind, um einer Situation Rechnung zu tragen, die möglicherweise in stärkerem Maße als bisher von einer Mitgliedschaft kleinerer Gruppierungen oder auch von Einzelbewerbern geprägt sein kann. Der Grundsatz der Gewaltenteilung gebietet es, dem Gesetzgeber für die insoweit anzustellenden Überlegungen einen angemessenen Zeitraum bis zu den nächsten Wahlen einzuräumen. Außerdem würde eine Neuberechnung des Wahlergebnisses nach Lage der Dinge „fiktiven" Charakter haben und den „wahren" Willen der Wähler mutmaßlich verfehlen. Denn bei der genannten Wahl wird das Wahlvolk in seiner Mehrheit vom verfassungsrechtlichen Bestand der Sperrklausel ausgegangen sein und sein Wahlverhalten hieran ausgerichtet haben.

Verfassung von Berlin 1950 Art. 26 Abs. 2, 54 Abs. 1
Landeswahlgesetz § 22 Abs. 2

Urteil vom 17. März 1997 – VerfGH 90/95 ebenso Urteil vom 17. März 1997 – VerfGH 87/95 –

in den Wahlprüfungsverfahren
1. des Herrn Dr. S. A. und acht weiterer Einspruchsführer
wegen der Anwendung der 5 v. H.-Klausel gemäß § 22 Abs. 2 LWahlG auf die Wahlen zu den Bezirksverordnetenversammlungen vom 22. Oktober 1995

Weitere Beteiligte:
a) der Landeswahlleiter,
b) die Senatsverwaltung für Inneres,
c) die Bezirkswahlleiter,
d) die Bezirksverordnetenvorsteher der Bezirksverordnetenversammlungen und
e) die Fraktionen der Bezirksverordnetenversammlungen in den Bezirken:
Mitte,
Wedding,
Spandau,
Zehlendorf,
Steglitz,
Lichtenberg,
Weißensee,
Reinickendorf,
f) die betroffenen Bewerber und Bezirksverordneten gemäß § 41 Nr. 2 VerfGHG

Entscheidungsformel:

Die Einsprüche werden zurückgewiesen.

Das Verfahren ist gerichtskostenfrei.

Das Land Berlin hat den Einspruchsführern die notwendigen Auslagen zur Hälfte zu erstatten. Im übrigen werden Auslagen nicht erstattet.

Gründe:

I.

Am 22. Oktober 1995 fanden die Wahlen zum Abgeordnetenhaus von Berlin und zu den Bezirksverordnetenversammlungen der 23 Berliner Bezirke gemäß dem Gesetz über die Wahlen zum Abgeordnetenhaus und zu den Bezirksverordnetenversammlungen vom 25. September 1987 (GVBl. S. 2370), zuletzt geändert durch Gesetz vom 3. Juli 1995 (GVBl. S. 400) – LWahlG –, statt. Die Wahlen zu den Bezirksverordnetenversammlungen erfolgen gemäß § 22 Abs. 1 LWahlG nach dem Verfahren der mathematischen Proportion (Hare–Niemeyer), sind also eine reine Verhältniswahl auf der Grundlage von Bezirkswahlvorschlägen. Nach § 22 Abs. 2 LWahlG entfallen auf Bezirkswahlvorschläge, für die weniger als 5 v. H. der Stimmen abgegeben werden, keine Sitze.

Die Einspruchsführer kandidierten auf Bezirkswahlvorschlägen der Freien Demokratischen Partei (F.D.P.). Auf die Bezirkswahlvorschläge der

F.D.P. entfielen bei den Wahlen zu den Bezirksverordnetenversammlungen zwischen 0,8 % (Hohenschönhausen) und 3,8 % (Wilmersdorf) der Stimmen, im Durchschnitt etwa 1,8 %.

Mit den am 28. Dezember 1995 beim Verfassungsgerichtshof eingegangenen Einsprüchen rügen die Einspruchsführer, sie seien zu Unrecht nicht berufen worden, weil die Anwendung der Sperrklausel des § 22 Abs. 2 LWahlG bei der Feststellung des Wahlergebnisses bzw. der Sitzverteilung gegen die Berliner Landesverfassung und das Grundgesetz verstoße. Ohne Anwendung des § 22 Abs. 2 LWahlG hätten sie Sitze in den jeweiligen Bezirksverordnetenversammlungen erhalten. § 22 Abs. 2 LWahlG verstoße gegen den Grundsatz der Gleichheit der Wahl und gegen den Grundsatz der Chancengleichheit der Parteien. Es sei bereits fraglich, ob eine Sperrklausel ohne ausdrückliche Ermächtigung in der Verfassung überhaupt zulässig sei. Da der Berliner Landesverfassungsgeber allein für die Wahlen zum Abgeordnetenhaus eine Sperrklausel in Art. 26 Abs. 2 der Verfassung von Berlin vom 1. September 1950 (VOBl. I S. 433), zuletzt geändert durch Gesetz vom 8. Juni 1995 (GVBl. S. 339) – VvB 1950 –, aufgenommen habe, könne man die Auffassung vertreten, § 22 Abs. 2 LWahlG sei bereits mangels verfassungsrechtlicher Ermächtigung nichtig. Diese Frage könne letztlich jedoch dahinstehen, weil es keine zwingenden Gründe gebe, die eine Sperrklausel für die Wahlen zu den Bezirksverordnetenversammlungen rechtfertigten. Die Erforderlichkeit einer Sperrklausel sei an den konkreten Verhältnissen im Geltungsbereich der Regelung zu messen. Unter den konkreten Gegebenheiten der Berliner Bezirke sei nicht plausibel nachzuvollziehen, daß ohne Sperrklausel die Funktionsfähigkeit der Bezirksverordnetenversammlungen bedroht sein könne. Die Argumentation des Bundesverfassungsgerichts in dem Urteil vom 23. Januar 1957 (BVerfGE 6, 104, 111 ff) zur Zulässigkeit einer Sperrklausel im Kommunalwahlrecht Nordrhein-Westfalen sei in mehrerer Hinsicht, insbesondere aus heutiger Sicht, angreifbar. Der kommunale Aufgabenzuschnitt unterscheide sich erheblich von dem einer Staatskörperschaft, denn Gemeinden erließen keine Gesetze. Sie seien ihnen vielmehr unterworfen und unterlägen auch im übrigen zahlreichen Bindungen. Noch stärker eingebunden als Gemeinden seien die Berliner Bezirke. Die ihnen eingeräumten Befugnisse blieben hinter der kommunalen Selbstverwaltung (Art. 28 Abs. 2 Satz 1 GG) zurück. Insbesondere seien die Bezirke nicht allzuständig für die örtlichen Angelegenheiten. Die Hauptverwaltung nehme eine Vielzahl von Aufgaben wahr und übe Fachaufsicht aus. Das auf die speziellen Verhältnisse des Ruhrgebiets bezogene „Homogenitätsargument", eine Aufspaltung auf Splitterparteien behindere die interkommunale Zusammenarbeit, greife nicht durch. Schließlich wichen die Bezirksverordnetenversammlungen auch in ihrer Größe erheblich von Landesparlamenten und vom Bundestag ab. Während dort große Fraktionen in einer überschaubaren Zahl vorausgesetzt seien, um Kommunikation und Entscheidungsfindung zu gewährleisten, könne hier ein eher persönlicher Austausch zwischen den Bezirksverordneten stattfinden. Auch unter diesem Blickwinkel sei ein „Lahmlegen" des Bezirks nicht zu befürchten. Die Länder Bayern, Baden-Württemberg und Niedersachsen kennten seit Jahrzehnten keine kommunale Sperrklausel. Es sei aber nicht ersichtlich, daß die Gemeinden dieser Länder weniger arbeitsfähig seien als die anderer Länder. Unterschiede in den Gemeindeverfassungen und im Kommunalwahlrecht stünden einer Übertragung dieser positiven Erfahrungen grundsätzlich nicht entgegen.

Die dargelegten Umstände ließen die Vorschrift des § 22 Abs. 2 LWahlG als verfassungswidrig erscheinen. Ein möglicherweise bei Erlaß des Gesetzes bestehender Prognosespielraum sei gleichsam verbraucht, an seine Stelle sei eine Überprüfungs- und Änderungspflicht des Gesetzgebers getreten. Namentlich die Verhältnisse in Bayern, Baden-Württemberg und Niedersachsen hätten alle Prognosen über die Gefahren eines unbeschränkten kommunalen Verhältniswahlrechts widerlegt. Dementsprechend hätte der Berliner Landesgesetzgeber § 22 Abs. 2 LWahlG aufheben müssen, und zwar spätestens im Jahre 1991, als das Landeswahlgesetz auf ganz Berlin erstreckt worden sei. Da der Überprüfungsanlaß weit vor 1995 aufgetreten sei, habe der Gesetzgeber im Zeitpunkt der Wahl seine Überprüfungspflicht und damit auch den Gleichheitssatz evident verletzt.

Der Einspruchsführer zu 1) beantragt, anzuordnen, daß er in die Bezirksverordnetenversammlung S. berufen wird und festzustellen, daß der zu Unrecht berufene Bezirksverordnete seinen Sitz verliert.

Die Einspruchsführer zu 2) – 9) beantragen, ...

Der Landeswahlleiter und die Senatsverwaltung für Inneres beantragen, die Einsprüche zurückzuweisen.

Sie führen aus, aufgrund der ständigen Rechtsprechung des Bundesverfassungsgerichts sei von der prinzipiellen Zulässigkeit der 5 v. H.-Klausel auch bei der Wahl von Kommunalparlamenten auszugehen. Die Berücksichtigung von in anderen Bundesländern gemachten Erfahrungen sei dem Gesetzgeber im Rahmen seines Prognosespielraums vorbehalten. Deshalb habe der Verfassungsgerichtshof von Nordrhein-Westfalen die entsprechende Regelung in dem dortigen Kommunalwahlgesetz nicht aufgehoben, sondern den Gesetzgeber zu einer Überprüfung der Frage verpflichtet (VerfGH NW, NVwZ 1995, 579 ff). Zu beachten sei auch, daß die gesetzlichen Bestimmungen über die Wahl der kommunalen Volksvertretungen nicht isoliert betrachtet werden könnten, sondern im Zusammenhang mit dem gesamten Kommunalrecht geprüft werden müßten. In Berlin müßte bei einem Fortfall der 5 v. H.-Klausel für die BVV-Wahlen das Bezirksverwaltungsgesetz überprüft und möglicherweise in seiner Grundstruktur, mindestens aber in wesentlichen Detailregelungen geändert werden (Problem z. B.: „Ein-Mann-Fraktionen"). Auch bei der Bildung des Bezirksamtes könne eine größere Anzahl von „Kleinstfraktionen" zu Schwierigkeiten und problematischen Ergebnissen führen. Komme der Verfassungsgerichtshof zu dem Ergebnis, daß gegen den Fortbestand der 5 v. H.-Klausel bei den Wahlen zu den Bezirksverordnetenversammlungen verfassungsrechtliche Bedenken bestünden, so bedeute dies nicht, daß das festgestellte Wahlergebnis aufzuheben wäre, vielmehr sei es dann angebracht, den Gesetzgeber zur Überprüfung der Frage anhand bestimmter, vom Gericht festzusetzender Kriterien zu verpflichten. Denn dadurch werde dem Gesetzgeber die Möglichkeit gegeben, Auswirkungen auf die Gesamtstruktur der Bezirksverwaltung zu überprüfen und die entsprechenden Konsequenzen zu ziehen.

Der Vorsteher der Bezirksverordnetenversammlung R. ist dem Einspruch der Einspruchsführerin zu 8) entgegengetreten. Die Anwendung der 5 v. H.-Klausel verstoße weder gegen das Grundgesetz noch gegen die Verfassung von Berlin. Die Funktionsfähigkeit der kommunalen Selbstverwaltung sei ohne Sperrklausel nicht gewährleistet.

Die Fraktionen der CDU in den Bezirksverordnetenversammlungen verschiedener Bezirke bringen vor, die Normierung einer 5 v. H.-Klausel im Bereich der Wahlen zu den Bezirksverordnetenversammlungen sei zulässig. Der mit der Sperrklausel verbundene Eingriff in die Wahlrechtsgleichheit und in die Chancengleichheit der politischen Parteien bedeute eine zulässige Differenzierung des Erfolgswertes und stehe nicht unter dem Vorbehalt verfassungsrechtlicher Regelung, sondern obliege dem einfachen Gesetzgeber, dem grundsätzlich gestattet sei, die Funktionsfähigkeit der zu wählenden Volksvertretung durch eine Sperrklausel zu sichern. Für die Beurteilung des Gefährdungspotentials der Arbeitsfähigkeit in einer Vertretungskörperschaft komme es nicht auf eine konkrete Betrachtung an; entscheidend seien vielmehr die abstrakten Gefährdungspotentiale. Deshalb genüge die Prognose des Gesetzgebers, der potentiellen Gefahr der Funktionsunfähigkeit der Vertretungskörperschaften aufgrund von Splitterparteien sei durch eine Sperrklausel entgegenzuwirken.

Die SPD-Fraktionen bitten ebenfalls um Zurückweisung der Einsprüche. Die Funktionsfähigkeit der Bezirksverordnetenversammlungen erfordere zwingend die in Rede stehende Ungleichbehandlung. Bei der Aufhebung der 5 v. H.-Klausel müßte die Struktur der Bezirksverordnetenversammlungen insbesondere im Hinblick auf die Ausschußarbeit überprüft werden. Um die möglichen „Kleinstfraktionen" an der Arbeit zu beteiligen, müßten Ausschüsse mit bis zu 21 Mitgliedern gebildet werden, die indes nicht effektiv und leistungsfähig wären.

Dagegen haben die Fraktionen BÜNDNIS 90/DIE GRÜNEN der Bezirksverordnetenversammlungen in der mündlichen Verhandlung die Einsprüche insoweit unterstützt, als sie die 5 v. H.-Klausel für die Bezirksverordnetenversammlungen für verfassungswidrig halten mit der Folge, daß sie für künftige Wahlen entfallen müsse.

Im übrigen wird auf das schriftsätzliche Vorbringen der Beteiligten Bezug genommen.

II.

Die Einsprüche sind gemäß § 40 Abs. 2 Nr. 5, Abs. 3 Nr. 1 VerfGHG zulässig. Bei den Einspruchsführern handelt es sich um „betroffene Bewerber" i. S. des § 40 Abs. 3 Nr. 1 VerfGHG. Sie machen geltend, zu Unrecht, nämlich infolge der von ihnen für verfassungswidrig gehaltenen Sperrklausel des § 22 Abs. 2 LWahlG, nicht in Bezirksverordnetenversammlungen berufen worden zu sein. „Unrecht" im Sinne dieser Vorschrift ist auch ein Unrecht aus Verfassungsgründen.

Die Einsprüche haben indes nicht den erstrebten Erfolg.

Das in §§ 14 Nr. 2 und 3, 40 ff VerfGHG geregelte Wahlprüfungsverfahren dient dem Schutz des objektiven Wahlrechts, somit der Gewährleistung der richtigen Zusammensetzung des Parlaments bzw. der Bezirksverordnetenversammlungen (vgl. Wahlprüfungsgericht bei dem Abgeordnetenhaus, OVGE 13, 244, 245). Im vorliegenden Verfahren hat der Verfassungsgerichtshof zu entscheiden, ob die Einspruchsführer zu Unrecht nicht in die Bezirksverordnetenversammlungen der einzelnen Bezirke berufen worden sind (vgl. § 42 Nr. 5 VerfGHG). Die Ermittlung der Wahlergebnisse der Wahlen zu den Bezirksverordnetenversammlungen sowie die Sitzverteilung erfolgte in Anwendung des § 22 Abs. 2 LWahlG. Diese Vorschrift widerspricht zwar der Verfassung von Berlin (dazu unter 1.); gleichwohl sind die Einsprüche zurückzuweisen (dazu unter 2.).

1. Nach Art. 54 Abs. 2 VvB 1950 und § 22 Abs. 1 Satz 1 LWahlG besteht eine Bezirksverordnetenversammlung aus 45 Mitgliedern, die nach dem Verfahren der mathematischen Proportion (Hare–Niemeyer) von den Wahlberechtigten des Bezirks gewählt werden. Nach § 22 Abs. 2 LWahlG entfallen auf Bezirkswahlvorschläge, für die weniger als 5 v. H. der Stimmen abgegeben werden, keine Sitze. Diese sogenannte 5-Prozent-Sperrklausel führt dazu, daß diejenigen Wählerstimmen, die für eine Partei abgegeben werden, welche weniger als 5 Prozent der Stimmen erreicht, keine Berücksichtigung finden.

a) Mit diesem Inhalt greift § 22 Abs. 2 LWahlG sowohl in die Wahlrechtsgleichheit als auch in die Chancengleichheit der politischen Parteien ein:

Das Prinzip der Wahlrechtsgleichheit ergibt sich für die Wahlen zu den Bezirksverordnetenversammlungen aus Art. 54 Abs. 1 VvB 1950 (jetzt gleichlautend Art. 70 Abs. 1 Satz 1 der Verfassung von Berlin vom 23. November 1995 – GVBl. S. 779 –), wonach die Bezirksverordnetenversammlung in allgemeiner, gleicher, geheimer und direkter Wahl zur gleichen Zeit wie das Abgeordnetenhaus von den Wahlberechtigten des Bezirks gewählt wird (vgl. Urteil vom 19. Oktober 1992 – VerfGH 24/92 – LVerfGE 1, 9, 21). Der Grundsatz der gleichen Wahl ist gekennzeichnet durch einen formalen Charakter: Er gebietet, daß alle Wahlberechtigten das aktive und das passive Wahlrecht in formal möglichst gleicher Weise ausüben und daß die Stimmen beim hier maßgeblichen Verhältniswahlrecht nicht nur den gleichen Zählwert, sondern grundsätzlich auch den gleichen Erfolgswert haben (vgl. BVerfGE 34, 81, 99 f sowie BVerfGE 58, 177, 190 zu Art. 38 Abs. 1 GG). Folge der Formalisierung des Grundsatzes der Wahlrechtsgleichheit ist, daß der Gesetzgeber im Bereich der Gestaltung des Wahlrechts nur einen engen Spielraum innerhalb des sonst weiten Ermessens bei Anwendung des Gleichheitssatzes hat (Wahlprüfungsgericht bei dem Abgeordnetenhaus, Urteil vom 19. Januar 1979 – WPG 1/79 –). Entsprechendes ergibt sich aus dem Recht der politischen Parteien auf Chancengleichheit im politischen Wettbewerb, das Bestandteil der Landesverfassung ist. Es folgt – mit Einwirkung auch auf das Landesverfassungsrecht – aus Art. 21 GG und verbietet jede staatliche Maßnahme, die den Anspruch einer Partei auf die Gleichheit ihrer Wettbewerbschancen willkürlich beeinträchtigt (vgl. näher Beschluß vom 21. September 1995 – VerfGH 12/95 – NJ 1996, 140). Die Chancengleichheit erfordert im Verhältniswahlsystem grundsätzlich, jeder Wählerstimme den gleichen Erfolgswert beizumessen (vgl. BVerfGE 82, 322, 337; VerfGH NW, NVwZ 1995, 579, 581).

b) Die Verfassung von Berlin sieht eine ausdrückliche Beschränkung der Wahlrechtsgleichheit und der Chancengleichheit für die Wahlen zu den Bezirksverordnetenversammlungen nicht vor. Auch kann eine derartige Beschränkung nicht mit Art. 26 Abs. 2 VvB 1950 begründet werden. Denn die dort erfolgte verfassungsrechtliche Festschreibung der 5 v. H.-Klausel bezieht sich ausschließlich auf die Wahlen zum Abgeordnetenhaus. Zudem belegt die Entstehungsgeschichte, daß der Verfassungsgeber für die Wahlen zu den Bezirksverordnetenversammlungen eine entsprechende Regelung in der Verfassung nicht schaffen wollte. Bestimmte Art. 54 Abs. 1 VvB in seiner ursprünglichen Fassung, daß die „Bezirksverordnetenversammlung ...

nach den gleichen Grundsätzen … wie das Abgeordnetenhaus von den Wahlberechtigten des Bezirks gewählt" werden sollte und verwies damit auf Art. 26 VvB 1950, so wurde dieser Verweis mit dem Gesetz zur Änderung der Verfassung von Berlin vom 28. März 1958 (GVBl. S. 308) gestrichen. Statt dessen wurden unmittelbar in Art. 54 Abs. 1 VvB 1950 die für die Wahlen zu den Bezirksverordnetenversammlungen maßgeblichen Grundsätze geregelt. Eine Art. 26 Abs. 2 VvB 1950 entsprechende Einschränkung wurde auf Verfassungsebene nicht vorgesehen, sondern lediglich in das gleichzeitig mit der Verfassungsänderung verabschiedete Landeswahlgesetz aufgenommen.

Aus dem Fehlen einer verfassungsrechtlichen Regelung kann allerdings entgegen einer in der Literatur vertretenen Ansicht nicht bereits auf die Unzulässigkeit der einfachgesetzlichen Sperrklausel auf Bezirksebene geschlossen werden (so aber *Wenner,* Sperrklauseln im Wahlrecht der Bundesrepublik Deutschland, 1985, S. 207). Das Grundgesetz und die Verfassungen der Länder legen für Wahlen nur wenige Grundsätze fest. Sie überlassen Detailregelungen dem einfachen Gesetzgeber. Vor diesem Hintergrund kann ein Verfassungsvorbehalt für die Einführung einer Sperrklausel nicht angenommen werden.

c) Eingriffe in die formale Wahlrechtsgleichheit und den Grundsatz der Chancengleichheit der Parteien bedürfen zu ihrer Rechtfertigung aber eines zwingenden Grundes. Der Verfassungsgerichtshof folgt insoweit der Rechtsprechung des Bundesverfassungsgerichts, die einerseits von der Zulässigkeit einfachgesetzlicher Sperrklauseln auf verschiedenen Ebenen ausgeht (vgl. BVerfGE 1, 209, 256 ff – Landeswahlgesetz Schleswig-Holstein –; 6, 104 ff – Kommunalwahlrecht Nordrhein-Westfalen; 34, 81, 98 – Landeswahlgesetz Rheinland-Pfalz; 47, 253, 277 – GO Nordrhein-Westfalen –; 51, 222, 235 ff – Europawahlgesetz –; 82, 322, 338 – erste gesamtdeutsche Wahl des Bundestages), andererseits betont, daß dem Gesetzgeber bei der Ordnung des Wahlrechts zu politischen Körperschaften nur ein eng bemessener Spielraum für Differenzierungen verbleibe.

Für die Wahlen zu den Bezirksverordnetenversammlungen kann – auch unter Berücksichtigung ihres Aufgabenkreises – insoweit kein anderer Maßstab angelegt werden. Die Verfassung von Berlin schreibt die Geltung der Wahlrechtsgrundsätze sowohl für die Wahlen zum Abgeordnetenhaus (Art. 26 Abs. 1 VvB 1950) als auch für die Wahlen zu den Bezirksverordnetenversammlungen vor. Eine unterschiedliche Interpretation der Begriffe oder auch der Voraussetzungen für Eingriffe in die Wahlrechtsgrundsätze verbietet sich. Da der Grundsatz der Wahlrechtsgleichheit – wie bereits ausgeführt – durch seinen formalen Charakter geprägt ist, reicht nicht jeder sachliche Grund für eine Differenzierung des Erfolgswertes aus, vielmehr sind „zwingende Gründe" erforderlich (vgl. z. B. BVerfGE 82, 322, 338). Die Frage, ob „zwingende Gründe" vorliegen, kann nicht ein für allemal abstrakt beurteilt werden. Eine Wahlrechtsbestimmung kann in dem einen Staat zu einem bestimmten Zeitpunkt gerechtfertigt sein und in einem anderen Staat oder zu einem anderen Zeitpunkt nicht. Beim Erlaß und bei der Aufrechterhaltung einer Wahlrechtsbestimmung, hier der 5 v. H.-Klausel, sind die Verhältnisse des Landes, für die sie gelten soll, zu berücksichtigen (BVerfGE 1, 208, 259; 82, 322, 338).

Als Rechtfertigungsgrund für den mit § 22 Abs. 2 LWahlG verbundenen Eingriff kommt danach nicht eine abstrakte, theoretische Möglichkeit der Beeinträchtigung von Gemeindevertretungen bzw. nach deren Prinzipien arbeitenden Vertretungen in Betracht. Insofern ist für die Beurteilung der Zulässigkeit der 5 v. H.-Klausel bei den Wahlen zu den Bezirksverordnetenversammlungen im Land Berlin der Blick auf andere Bundesländer auch kaum hilfreich. Maßgebend sind die Verhältnisse im Lande Berlin. Nur die konkrete, mit einiger Wahrscheinlichkeit zu erwartende Möglichkeit der Beeinträchtigung der Funktionsfähigkeit der Bezirksverordnetenversammlung kann ein Rechtfertigungsgrund für den Erlaß bzw. die Aufrechterhaltung der 5 v. H.-Klausel sein (vgl. in diesem Zusammenhang BVerfGE 93, 373, 378).

d) Unter Berücksichtigung der tatsächlichen und rechtlichen Verhältnisse im Lande Berlin wird die Funktionsfähigkeit der Bezirksverordnetenversammlungen durch ein Wahlrecht ohne Sperrklausel nicht in Frage gestellt. Nach Art. 56 VvB 1950 ist die Bezirksverordnetenversammlung zwar ein Organ der bezirklichen Selbstverwaltung. Auf der Grundlage früherer Rechtsprechung des Verfassungsgerichtshofs ist indes festzuhalten, daß nur die Einheitsgemeinde Berlin, nicht aber ihre 23 Bezirke Träger des in Art. 28 GG enthaltenen Rechts auf kommunale Selbstverwaltung ist. Dementsprechend steht auch der Bezirksverordnetenversammlung als Organ des Bezirks ein originäres Recht auf bezirkliche Selbstverwaltung nicht zu (Urteil vom 19. Oktober 1992 – VerfGH 36/92 – LVerfGE 1, 33). An dieser Rechtslage hat sich durch das 28. Gesetz zur Änderung der Verfassung von Berlin vom 8. Juli 1994 (GVBl. S. 217) nichts geändert. Zwar werden die Bezirksverwaltungen in Art. 3 Abs. 2 VvB 1950 ausdrücklich erwähnt und wird durch das Verwaltungsreformgesetz vom 19. Juli 1994 (GVBl. S. 241) der Bereich ihrer Zuständigkeit erweitert und stärker als bisher nach den Grundsätzen kommunaler Selbstverwaltung gestaltet. Nach dem Wortlaut des Art. 3 Abs. 2 VvB 1950 nehmen aber „Volksvertretung, Regierung und Verwaltung einschließlich der Bezirksverwaltungen" die Aufgaben Berlins als Gemeinde, Gemeindeverband und Land wahr. Die Bezirksverordnetenversammlungen sind damit Teil der Verwaltung Berlins (Urteil vom 10. Mai 1995 – VerfGH 14/95 – LKV 1995, 366).

Die wesentlichen Funktionen der Bezirksverordnetenversammlung bestehen darin, daß sie die Mitglieder des Bezirksamts wählt (Art. 53 Satz 2 VvB 1950), den Bezirkshaushaltsplan beschließt, die Kontrolle über die Verwaltung des Bezirks ausübt und in den ihr zugewiesenen Angelegenheiten entscheidet (Art. 56 VvB 1950). Zu diesen Angelegenheiten gehören die Normsetzungsbefugnisse bei der Beschlußfassung über einen Bebauungsplan gemäß § 4 des Gesetzes zur Ausführung des Baugesetzbuches vom 11. Dezember 1987 (GVBl. S. 2731) in der Fassung des Gesetzes zur Reform der Berliner Verwaltung vom 19. Juli 1994 (GVBl. S. 241) und bei der Beschlußfassung über einen Landschaftsplan nach § 10 des Berliner Naturschutzgesetzes vom 30. Januar 1979 (GVBl. S. 183) in der Fassung des Gesetzes zur Reform der Berliner Verwaltung vom 19. Juli 1994 (GVBl. S. 241).

Angesichts der dargestellten, im Verhältnis zur Allzuständigkeit der Gemeinden in anderen Bundesländern begrenzten Zuständigkeiten der Bezirksverordnetenversammlung ist nicht ersichtlich, daß das „Funktionieren" der Bezirksverordnetenversammlung durch das Auftreten von Einzelmitgliedern oder kleinen Fraktionen ernsthaft beeinträchtigt oder gar ausgeschlossen werden könnte. Zwar mag – wie in anderen Gremien auch – eine Mehrheitsbildung und Beschlußfassung erleichtert werden, wenn nur wenige Fraktionen aufeinandertreffen. Doch reicht diese „Erleichterung" nicht aus, den Eingriff in die Wahlrechtsgleichheit und die Chancengleichheit zu rechtfertigen, da die Funktionsfähigkeit der Bezirksverordnetenversammlung durch eine Beteiligung vieler Personen unterschiedlicher (partei-)politischer Prägung noch nicht in Frage steht. Vielmehr setzt Demokratie nachgerade das Aufeinandertreffen unterschiedlicher Positionen voraus. Die Aufgabenerfüllung durch die Bezirksverordnetenversammlungen wird auch bei schwierigen Mehrheitsverhältnissen nicht gefährdet.

Die Verfassung enthält verschiedene die Arbeit der Bezirksverordnetenversammlungen gewährleistende Bestimmungen. So wird die Wahl der Mitglieder des Bezirksamts bis zum Ende der 13. Wahlperiode des Abgeordnetenhauses aufgrund der Wahlvorschläge der Fraktionen entsprechend ihrem nach dem Höchstzahlverfahren berechneten Stärkeverhältnis vorgenommen (Art. 87c Satz 1 VvB 1950). Die Wahl der Mitglieder des Bezirksamts steht danach der Bezirksverordnetenversammlung nicht frei, sondern sie kann die Mitglieder nur entsprechend einem vorgegebenen Vorschlagsrecht der Fraktionen wählen. Die Abberufung eines Mitglieds des Bezirksamts vor Beendigung der Amtszeit bedarf der ⅔-Mehrheit der Bezirksverordneten (Art. 60 VvB 1950). Ein „Zusammenbrechen" der Beteiligung der Bezirksverordnetenversammlung an der Verwaltung im Bezirk wird auch bereits dadurch verhütet, daß die Wahlperiode mit derjenigen des Abgeordnetenhauses verknüpft ist (Art. 55 VvB 1950).

Eine Beeinträchtigung der Funktionsfähigkeit ist auch nicht daraus herleitbar, daß sich die Arbeit der Bezirksverordnetenversammlungen entsprechend Art. 57 Abs. 1 VvB 1950 wesentlich in Ausschüssen vollzieht. Schon mit der bisherigen Organisation eines Teils der Ausschüsse ist die Mitwirkung einzelner Mitglieder vereinbar. So können einzelne Bürger als Bürgerdeputierte mit Stimmrecht in Ausschüsse gewählt werden, dies zwar regelmäßig aufgrund von Wahlvorschlägen der Fraktionen, aber ausnahmsweise auch unabhängig davon (vgl. das Vorschlagsrecht im Bezirk wirkender anerkannter Träger der freien Jugendhilfe gemäß § 4 des Gesetzes zur Ausführung des Kinder- und Jugendhilfegesetzes vom 18. September 1972 (GVBl. S. 1990) in der Fassung vom 17. Oktober 1994 (GVBl. S. 428)). Die Mitwirkung von Einzelpersonen in Ausschüssen erscheint nicht als ein die Funktionsfähigkeit beeinträchtigender Faktor; vielmehr entspricht sie der Berliner Tradition. Der Hinweis der Senatsverwaltung für Inneres, bei Fortfall der Sperrklausel stelle sich nachhaltig die Frage der Änderung funktionssichernden Bezirksverwaltungsrechts, trifft zwar zu; dies ermöglicht aber keine Schlüsse auf die Verfassungsmäßigkeit des § 22 Abs. 2 LWahlG. Denn das einfache Recht rechtfertigt Eingriffe in die Wahlrechtsgleichheit und den Grundsatz der Chancengleichheit nicht. Der Gesetzgeber kann seiner Verfassungspflicht, das Wahlrecht verfassungsmäßig einzurichten, nicht dadurch entgehen, daß er das Verfahrensrecht der Bezirksverordnetenversammlung derart ordnet, daß dieses nur bei Bestand einer Sperrklausel den Bezirksverordnetenversammlungen ein Funktionieren ermöglicht.

Auch die Kontrollfunktion einer Bezirksverordnetenversammlung erfordert keine Sperrklausel. Von vornherein nicht gefährdet werden die laufende Unterrichtung der Bezirksverordnetenversammlung durch das Bezirksamt (§ 15 BezVerwG) sowie die Geltendmachung des Auskunftsrechts der Bezirksverordnetenversammlung, insbesondere durch einen Ausschuß gemäß § 17 Abs. 2 BezVerwG. Daneben sehen die Geschäftsordnungen vor, daß der Bezirksverordnetenversammlung zum Zwecke der Kontrolle des Bezirksamts Große Anfragen und Anfragen einzelner Bezirksverordneter zu beantworten sind. Alle diese Formen der Kontrolle, deren Ausgestaltung in der Geschäftsordnungsautonomie der Bezirksverordnetenversammlung liegen, werden durch das Eintreten von Einzelmitgliedern in die Bezirksverordnetenversammlung nicht berührt.

Auch soweit jede Bezirksverordnetenversammlung den Bezirkshaushaltsplan beschließt, ist eine nennenswerte Beeinträchtigung der Funktionsfähigkeit bei Wegfall der 5 v. H.-Klausel nicht ersichtlich. Allenfalls denkbare Situationen wie Verzögerungen bei der Aufstellung des bezirklichen Haushaltsplans oder sogar dessen Nichtaufstellung für ein bestimmtes Haushaltsjahr bedeuten keine Besonderheit, die sich aus dem Fehlen einer Sperrklausel ergäbe. Derartige Schwierigkeiten der Entscheidungsfindung sind vielmehr typisch für ein Gremium, innerhalb dessen keine Fraktion über eine absolute Mehrheit verfügt. Gerade im Hinblick darauf enthält Art. 77 Satz 2 VvB 1950 Vorkehrungen bei im Zuge der Aufstellung eines Haushaltsplans auftretenden Schwierigkeiten, indem das Bezirksamt zu ergänzenden Regelungen bis zum Inkrafttreten eines neuen Haushaltsplans ermächtigt ist. Der einzelne Bezirk ist im übrigen weitgehend durch Vorgaben gebunden, insbesondere dadurch, daß gemäß Art. 73 Abs. 2 VvB 1950 jedem Bezirk eine Globalsumme zur Erfüllung seiner Aufgaben im Rahmen des Berliner Haushaltsgesetzes zugewiesen wird und seitens des Haushaltsgesetzgebers bei der Bemessung der Globalsummen für die Bezirkshaushaltspläne ein gerechter Ausgleich unter den Bezirken vorzunehmen ist.

Im Hinblick auf die oben angesprochenen, ohnehin begrenzten bezirklichen Normsetzungsbefugnisse im Planungsbereich ist ebenfalls keine Zusammensetzung der Bezirksverordnetenversammlungen aufgrund eines Wahlrechts mit Sperrklausel erforderlich. So kann ein Bezirk durch die zuständige Senatsverwaltung veranlaßt werden, einen Bebauungsplan anzupassen oder aufzustellen (§ 5 des Gesetzes zur Ausführung des Baugesetzbuches). Darüber hinaus wird bei Gebieten von außergewöhnlicher stadtpolitischer Bedeutung und bei Gebieten für Industrie- und Gewerbeansiedlungen durch § 4 c des Gesetzes zur Ausführung des Baugesetzbuches dem Senat ermöglicht, die Aufgabe der Aufstellung durch die Hauptverwaltung wahrnehmen und den Bebauungsplan durch das Abgeordnetenhaus beschließen zu lassen. Ebenso kann bei Landschaftsplänen von gesamtstädtischer Bedeutung die zuständige Senatsverwaltung nach § 10 a des Berliner Naturschutzgesetzes das Verfahren der Aufstellung und Festsetzung des Landschaftsplanes an sich ziehen. In diesen Fällen tritt die Zustimmung des Abgeordnetenhauses an die Stelle der Beschlußfassung der Bezirksverordnetenversammlung.

Der vom Bundesverfassungsgericht in der Entscheidung vom 23. Januar 1957 (BVerfGE 6, 104, 117) zur Rechtfertigung der 5 v. H.-Sperrklausel in Gemeinden herangezogene Gesichtspunkt, daß etwaige Störungen im Ablauf der Verwaltung auf der Gemeindeebene sich unmittelbar auf das Staatsganze auswirken können, greift bei den besonderen Berliner Verhältnissen nicht Platz. Denn die Bezirke sind – wie dargelegt – nicht die alleinigen Träger der örtlichen Verwaltung, sondern an der Verwaltung nur beteiligt.

e) Die Feststellung der Verfassungswidrigkeit des § 22 Abs. 2 LWahlG mangels Vorliegens zwingender Gründe für eine Sperrklausel ist vom Verfassungsgerichtshof selbst zu treffen. Zwar hat der Gesetzgeber hinsichtlich des Vorliegens zwingender Erfordernisse zur Modifizierung der Wahlrechtsgleichheit eine Einschätzungsprärogative (zu den Grenzen insoweit BVerfGE 93, 373, 378). Die Entscheidung darüber, ob hinreichende Gründe für die Beibehaltung einer Sperrklausel bestehen, setzt gewiß eine Prognose unter Bewertung aller in Betracht kommender Umstände voraus (vgl. VerfGH NW, NVwZ 1995, 579, 582). Da Gesichtspunkte, die eine Prognose des Gesetzgebers rechtfertigen könnten, die Sperrklausel sei zur Aufrechterhaltung der Funktionsfähigkeit der Bezirksverordnetenversammlungen zwingend erforderlich, indes von vornherein derzeit nicht gegeben sind, ist § 22 Abs. 2 LWahlG auch unter Berücksichtigung der genannten Einschätzungsprärogative verfassungswidrig.

Insoweit ist die Entscheidung mit 5 zu 4 Stimmen ergangen.

2. Ungeachtet der festgestellten Verfassungswidrigkeit des § 22 Abs. 2 LWahlG sind die Einsprüche zurückzuweisen. Die Anträge können deshalb keinen Erfolg haben, weil für eine dafür vorausgesetzte „Neuberechnung" des Wahlergebnisses – nunmehr unter Außerachtlassung der Sperrklausel – aus verfassungsrechtlichen Gründen kein Raum ist.

Allgemein gilt, daß aus der Erkenntnis der Verfassungswidrigkeit einer gesetzlichen Vorschrift im Rahmen eines verfassungsgerichtlichen Verfahrens nicht notwendig die sofortige Aufhebung oder sonstige Korrektur einer solchen Vorschrift oder – wie hier erstrebt – die Feststellung auch der Ungültigkeit in Anwendung einer solchen Vorschrift ergangener Akte folgt. Vielmehr ist jeweils zu berücksichtigen, welche verfassungsrechtlichen Folgen sich ihrerseits aus einer solchen gerichtlichen Schlußfolgerung ergäben. Ein verfassungsgerichtliches Eingreifen in den einfachgesetzlich geordneten Normenbestand bzw. – wie hier – die Korrektur von in Anwendung für verfassungsmäßig gehaltenen Rechts getroffener Entscheidungen muß hinsichtlich des Zeitpunkts und des Ausmaßes berücksichtigen, ob hierdurch Konsequenzen herbeigeführt würden, welche im Ergebnis – ausnahmsweise – einen „verfassungsferneren" Gesamtzustand bewirkten, als er ohne einen solchen Eingriff bestünde (vgl. BVerfGE 33, 303, 347 f; 92, 53, 73; *Pestalozza*, Verfassungsprozeßrecht, 3. Aufl., 1991, § 20 Rn. 123, 125).

So führt – wegen des vorgenannten Grundsatzes – die verfassungsgerichtliche Erkenntnis der Verfassungswidrigkeit einer Rechtsvorschrift jedenfalls dann zur (bloßen) Unvereinbarerklärung dieser Vorschrift mit der Verfassung, wenn der Gesetzgeber über mehrere Alternativen einer verfassungskonformen Ausgestaltung der Rechtslage verfügt. Der Grundsatz der Gewaltenteilung gebietet es dann, dem Gesetzgeber zur Entscheidung über solche Alternativen einen den Umständen des jeweiligen Einzelfalls angemessenen Zeitraum einzuräumen. Für diesen Zeitraum muß jedenfalls dann auch von der Verfassungsmäßigkeit aus der Anwendung des „an sich" verfassungswidrigen Gesetzes hervorgegangener Akte ausgegangen werden, wenn anderenfalls eine Gesamtsituation entstünde, die verfassungsrechtlich noch weniger hinnehmbar ist als die Fortwirkung einer als verfassungswidrig erkannten Vorschrift in einzelnen Akten, hier der Entscheidung, die Einspruchsführer nicht als Bezirksverordnete zu berufen. So liegen die Dinge hier. Der Gesetzgeber des Landes Berlin wird bis zu den nächsten Wahlen zu den Bezirksverordnetenversammlungen zu prüfen haben, ob und gegebenenfalls welche Anpassungen des Bezirksverwaltungsgesetzes geboten sind, um einer Situation Rechnung zu tragen, die möglicherweise in stärkerem Maße als bisher von einer Mitgliedschaft kleinerer Gruppierungen oder auch von Einzelbewerbern geprägt sein kann. Der für die insoweit anzustellenden Überlegungen anzusetzende Zeitraum würde unangemessen verkürzt, wenn die Entscheidung des Verfassungsgerichtshofs zu einer Neuberechnung führen würde.

Unabhängig von der Notwendigkeit der Einräumung eines angemessenen Zeitraums für etwaige Anpassungen des Bezirksverwaltungsrechts steht ein weiterer Gesichtspunkt der beantragten Umverteilung der Sitze in den Bezirksverordnetenversammlungen entgegen. Dies würde nämlich ein „Wahlergebnis" zur Folge haben, das den bei den Wahlen am 22. Oktober 1995 ausgedrückten Willen der Wähler mutmaßlich in einem Ausmaß verfehlt, das aus dem Blickwinkel des Demokratieprinzips und des Art. 54 Abs. 1 VvB 1950 nicht hinnehmbar wäre. Denn bei der genannten Wahl wird das Wahlvolk in überwältigender Mehrheit vom verfassungsrechtlichen Bestand der Sperrklausel ausgegangen sein. Dieser Umstand kann dazu geführt haben, daß Kandidaten, deren Erfolg angesichts der Sperrklausel von vornherein höchst unwahrscheinlich erschien, weniger Stimmen erhalten haben, als bei einer Wahl ohne Sperrklausel. Andere Kandidaten werden indes möglicherweise allein deswegen gewählt worden sein, weil ihr Wahlerfolg als unwahrscheinlich erschien, dies im Sinne einer sogenannten Protestwahl. Angesichts dessen würde eine Neuberechnung des Wahlergebnisses ohne Berücksichtigung der Sperrklausel zu einem rein fiktiven, den „wahren" Willen der Wähler verfehlenden Ergebnis führen. Mag man auch nicht davon ausgehen können, daß ein ohne Berücksichtigung der Sperrklausel berechnetes Ergebnis der Vorgabe „gleicher" Wahlen näher oder ferner stünde als das unter Zugrundelegung der Sperrklausel erzielte Ergebnis; doch trüge ein aus den genannten Gründen fiktives Ergebnis den offensichtlichen Makel einer Anknüpfung an ein unter Zugrundelegung anderer rechtlicher Regelungen erfolgtes Abstimmungsverhalten.

Die Kostenentscheidung beruht auf den §§ 33, 34 VerfGHG. Im Hinblick auf die festgestellte Verfassungswidrigkeit des § 22 Abs. 2 LWahlG entspricht es der Billigkeit, die Hälfte der notwendigen Auslagen der Einspruchsführer dem Land Berlin aufzuerlegen (§ 34 Abs. 2 VerfGHG). Diese Entscheidung ist unanfechtbar.

Sondervotum der Richter Prof. Dr. Finkelnburg und Prof. Dr. Driehaus und der Richterin Töpfer

Entgegen der Annahme der Mehrheit des Verfassungsgerichtshofs (im folgenden: Mehrheit) ist § 22 Abs. 2 LWahlG nicht verfassungswidrig. Die Einsprüche hätten deshalb mit der Begründung zurückgewiesen werden müssen, die festgestellten Wahlergebnisse seien zutreffend unter Berücksichtigung der 5 v. H.-Sperrklausel ermittelt worden.

1. Die Mehrheit geht davon aus, der Grundsatz der Wahlrechtsgleichheit, den Art. 54 Abs. 1 Satz 1 VvB für die Wahlen zu den Bezirksverordnetenversammlungen aufstellt, sei im Sinne der von der Rechtsprechung des Bundesverfassungsgerichts für die Wahlen zum Bundestag (Art. 38 GG) und zu den übrigen Volksvertretungen (Art. 28 GG) angenommenen streng „formalen" Wahlrechtsgleichheit zu verstehen. Das ist deshalb keineswegs unzweifelhaft, weil das Bundesverfassungsgericht seine gegenüber dem allgemeinen Gleichheitssatz engere Rechtsprechung insbesondere mit Blick auf „Volksvertretungen" und wegen der Bedeutung des gleichen Wahlrechts „für die freiheitliche demokratische Grundordnung" entwickelt hat (vgl. zuletzt Beschluß vom 16. Januar 1996 – 2 BvL 4/94 – BVerfGE 93, 373, 377), im Stadtstaat Berlin aber einzig das Abgeordnetenhaus Volksvertretung ist. Doch mag das auf sich beruhen. Jedenfalls läßt die Mehrheit jede Auseinandersetzung mit der zum Teil sicherlich beachtlichen Kritik (vgl. etwa *Lenz* in AÖR 121 (1996) 337 ff) an dieser Rechtsprechung des Bundesverfassungsgerichts vermissen.

2. Selbst wenn man jedoch mit der Mehrheit der Ansicht ist, der Grundsatz der gleichen Wahl in Art. 54 Abs. 1 Satz 1 VvB sei im Sinne der Rechtsprechung des Bundesverfassungsgerichts zu verstehen, ist § 22 Abs. 2 LWahlG nicht verfassungswidrig. Richtig ist, daß § 22 Abs. 2 LWahlG eine Einschränkung des Grundsatzes der gleichen Wahl darstellt, wenn er bestimmt, daß auf Bezirkswahlvorschläge, für die weniger als 5 v. H. der Stimmen abgegeben wurden, keine Sitze entfallen. Diese Einschränkung bedarf zu ihrer Rechtfertigung nach der ständigen Rechtsprechung des Bundesverfassungsgerichts eines zwingenden Grundes. Als ein Grund von hinreichend zwingendem Charakter, der Differenzierungen bei der Wahlrechtsgleichheit

im System der Verhältniswahl rechtfertigt, hat das Bundesverfassungsgericht wiederholt die Sicherung der Funktionsfähigkeit der zu wählenden Volksvertretung angesehen (zuletzt Urteil vom 29. September 1990 – 2 BvE 1, 3, 4/90, 2 BvR 1247/90 – BVerfGE 82, 322, 338). Dieses Erfordernis wird von der Mehrheit dahin mißverstanden, die Zulässigkeit der 5 v. H.-Sperrklausel sei von einem konkret drohenden und nicht anders zu verhütenden „Zusammenbrechen" (hier:) der Beteiligung der Bezirksverordnetenversammlung an der Verwaltung im Bezirk abhängig. Dieses Mißverständnis beruht darauf, daß die Mehrheit es verabsäumt, den Maßstab herauszuarbeiten, der für die Annahme einer Gefährdung der Funktionsfähigkeit maßgebend ist, das heißt darzulegen, ob insoweit auf eine abstrakte oder eine konkrete Gefährdung abzustellen ist. Nach der – nach Meinung der Mehrheit maßgeblichen – Rechtsprechung des Bundesverfassungsgerichts ist insoweit auf eine abstrakte Gefährdung abzuheben. Dazu nämlich heißt es bereits in der grundlegenden Entscheidung des Bundesverfassungsgerichts vom 23. Januar 1957 (2 BvF 3/56 – BVerfGE 6, 104, 115) betreffend die Zulässigkeit der 5 v. H.-Sperrklausel bei Kommunalwahlen in Nordrhein-Westfalen, es sei zu prüfen, „ob das Auftreten von Splitterparteien zu einer Störung der Funktionen der gewählten kommunalen Vertretungskörperschaften führen kann", entscheidungserheblich sei, „ob das Vorhandensein von Splitterparteien dazu führen kann, daß der Rat ... seine Funktionen nicht ordnungsgemäß ausüben kann" (BVerfG, aaO, S. 116), und das „normale Funktionieren, auf das es allein ankommt, kann aber durch das Vorhandensein von Splitterparteien ... gestört werden" (BVerfG, aaO, S. 118). Auf der Grundlage dieser Rechtsprechung lautet daher die zu beantwortende Frage hier, ob das „normale Funktionieren" einer Bezirksverordnetenversammlung durch den Einzug einer Mehrzahl von fraktionslosen Bezirksverordneten (im folgenden: Einzelverordnete) gestört werden kann. Diese Frage ist nach den in der mündlichen Verhandlung vom 14. Januar 1997 vorgetragenen Tatsachen und Erkenntnissen zu bejahen.

Für die Beurteilung der aufgeworfenen Frage ist auszugehen von den einer Bezirksverordnetenversammlung von der Verfassung von Berlin zugewiesenen Aufgaben sowie dem Maß der Wahrscheinlichkeit, daß bei Wegfall der 5 v. H.-Sperrklausel eine Mehrzahl von Einzelverordneten in Bezirksverordnetenversammlungen einziehen werden: Die Bezirksverordnetenversammlung wählt die Mitglieder des Bezirksamts (Art. 53 Satz 2 VvB). Sie übt die Kontrolle über die Verwaltung des Bezirks aus und beschließt über den Bezirkshaushaltsplan (Art. 56 VvB), überdies entscheidet sie in den ihr zugewiesenen Angelegenheiten; nach Art. 57 Abs. 1 VvB setzt die Bezirksverordnetenversammlung zur Mitwirkung bei der Erfüllung ihrer Aufgaben Ausschüsse ein. Art. 54 Abs. 2 VvB schreibt für die Bezirksverordnetenversammlungen aller Bezirke einheitlich 45 Mitglieder vor, obwohl die Zahl der Wahlberechtigten in den Bezirken außerordentlich unterschiedlich ist, von – für die Wahlen 1995 – 44.198 im kleinsten Bezirk (Weißensee) bis zu 218.548 im größten Bezirk (Neukölln). Anders als im Kommunalwahlrecht der Flächenstaaten wird der Größe des Bezirks bei der Zahl der Mitglieder der Bezirksverordnetenversammlung nicht Rechnung getragen. Dies bedeutet, daß beispielsweise im kleinsten Berliner Bezirk, in dem 1995 nur 28.895 Wähler (= 65,1 v. H.) zur Wahl gegangen sind, bereits auf 643 Stimmen ein Bezirksverordneter entfällt. Bei einem Wegfall der 5 v. H.-Sperrklausel ist mithin die Wahrscheinlichkeit groß, daß es jedenfalls in vielen der kleineren Bezirke zur Aufspaltung der Bezirksverordnetenversammlung in mehrere kleine Gruppen und Einzelpersonen kommen wird.

Namentlich nach den in der mündlichen Verhandlung vorgebrachten Tatsachen und Erkenntnissen vermittelt der zuvor skizzierte Aufgabenbereich den Eindruck, daß das „normale Funktionieren" der Bezirksverordnetenversammlungen im Sinne der zuvor zitierten Rechtsprechung des Bundesverfassungsgerichts, d. h. deren sozusagen normale Arbeitsabläufe, durch eine Mehrzahl von Einzelverordneten „gestört" werden kann. Einzelverordnete werden typischerweise weniger als Mitglieder von politischen Parteien, sondern in erster Linie als Repräsentanten von Wählervereinigungen und Wählergruppierungen in die Bezirksverordnetenversammlungen gewählt werden, d. h. von Vereinigungen und Gruppierungen der Bevölkerung, die gleichsam voraussetzungsgemäß sich vornehmlich bestimmten, häufig sachlich eng abgegrenzten Einzelinteressen verpflichtet fühlen. Überzeugend ist in der mündlichen Verhandlung von Beteiligten auf die Gefahr hingewiesen worden, insbesondere bei den notwendigen Entscheidungen über den Haushaltsplan könne die Mitwirkung derartiger, jedenfalls nicht primär auf die Vertretung der Interessen der Gesamtheit der Bevölkerung in dem Bezirk, sondern auf die Vertretung von Einzel- oder Gruppeninteressen ausgerichteten Einzelverordneten dazu führen, daß die erforderlichen Stimmen mit politischen Konzessionen erkauft (überspitzt: „zusammengekauft") werden müssen, was im Einzelfall durchaus dem Allgemeinwohl schaden kann. Überdies ist mit Blick auf die vor allem in den Ausschüssen erfolgende Verwaltungskontrolle von Beteiligten in der mündlichen Verhandlung eindrucksvoll die Arbeitsbelastung aller ehrenamtlich tätigen Bezirksverordneten dargestellt worden. Diese Arbeit werde erfahrungsgemäß durch den Einzug einer Mehrzahl von Einzelverordneten mit Rücksicht u. a. auf die von ihnen vertretenen Interessen und vorgebrachten Anliegen, Stellungnahmen usw. in einem Umfang zunehmen, daß eine sachgemäße Aufgabenerfüllung durch ehrenamtlich tätige Bezirksverordnete insbesondere auch im Bereich der der

Bezirksverordnetenversammlung durch Gesetz auferlegten Verwaltungsentscheidungen nicht mehr gewährleistet werden könne.

Kurzum: Die in der mündlichen Verhandlung am 14. Januar 1997 vorgebrachten Tatsachen und Erfahrungen drängen die Annahme auf, daß der bei Wegfall der 5 v. H.-Sperrklausel zu erwartende Einzug einer Mehrzahl von Einzelverordneten das – wie das Bundesverfassungsgericht es ausdrückt – „normale Funktionieren" der Bezirksverordnetenversammlungen „stören kann".

Angesichts dessen rechtfertigt sich lediglich die Auffassung, es obliege dem Gesetzgeber zu prüfen, ob er aufgrund weiterer Erkenntnisse für zukünftige Wahlen der Bezirksverordnetenversammlungen an der 5 v. H.-Sperrklausel festhalten oder auf sie verzichten will.

Sondervotum des Richters Dittrich

Engegen der Auffassung der Mehrheit des Verfassungsgerichtshofs (im folgenden: Mehrheit) ist die in § 22 Abs. 2 LWahlG enthaltene 5 v. H.-Klausel für die Wahlen zur Bezirksverordnetenversammlung nicht verfassungswidrig.

1. Hierbei kann durchaus davon ausgegangen werden, daß die vom Bundesverfassungsgericht für Wahlen zu Parlamenten und Kommunalvertretungen entwickelten Grundsätze einer „streng formalen" Wahlrechtsgleichheit auch für die Wahlen zur Bezirksverordnetenversammlung anzuwenden sind. Das ergibt sich nicht nur daraus, daß die in der Verfassung von Berlin getroffene Regelung über die Wahl zur Bezirksverordnetenversammlung mit den Bestimmungen über die Wahl zum Abgeordnetenhaus wortgleich ist, sondern bereits aus der Funktion der Bezirkswahl zur Schaffung des erforderlichen demokratischen Legitimationszusammenhangs zwischen den Wahlbürgern und den Bezirksorganen (vgl. BVerfGE 47, 253, 272 f = NJW 1978, 1967).

Inhalt und Tragweite der Grundsätze des Bundesverfassungsgerichts über die Wahlrechtsgleichheit lassen sich jedoch nicht hinreichend durch eine formelhafte, begriffsjuristische Übernahme von Obersätzen erschließen, sondern nur anhand der näheren Begründung und der in den entschiedenen Einzelfällen jeweils vorgenommenen Abwägung. Hierbei ist besonders hervorzuheben, daß das Bundesverfassungsgericht ungeachtet der verwendeten Terminologie bisher, soweit ersichtlich, in keinem einzigen Falle die Verwendung einer 5 v. H.-Klausel, auch im Bereich des Kommunalwahlrechts, als Verstoß gegen das verfassungsrechtliche Gebot formaler Wahlrechtsgleichheit beanstandet hat. Daß die Zulässigkeit einer solchen wahlgesetzlichen Hürde für den Stimmerfolg „zur Sicherung der Handlungs- und Entscheidungsfähigkeit des Parlaments geboten" sein müsse (vgl. nur BVerfGE 82, 322, 338 = NJW 1990, 3001 mit Nachw.), wird von der Mehrheit zu Unrecht dahin verstanden, daß ein konkret drohendes und nicht anders zu verhütendes „Zusammenbrechen" der Beteiligung der Bezirksverordnetenversammlung an der Verwaltung im Bezirk festgestellt werden müßte. Durch vereinzelte, nicht im Rahmen einer Fraktion arbeitende Mitglieder, wie sie schon durch Partei- und Fraktionsaustritte immer wieder vorkommen, wird ein Parlament oder ein kommunales Repräsentationsorgan kaum jemals wirklich funktionsunfähig sein. Wie das Bundesverfassungsgericht schon in seiner grundlegenden Entscheidung betreffend die Zulässigkeit der 5 v. H.-Klausel bei Kommunalwahlen in Nordrhein-Westfalen (BVerfGE 6, 104, 115 ff = NJW 1957, 379) ausgeführt hat, genügt zur Rechtfertigung dieser Gestaltung aber schon eine durch das Vorhandensein von Splittergruppen typischerweise bedingte abstrakte Gefährdung des „normalen Funktionierens" der Verwaltung der Gemeinde, wobei der Möglichkeit eines Eingreifens der Kommunalaufsicht ausdrücklich keine Bedeutung beigemessen wird. Das Bundesverfassungsgericht hat auch in der Folgezeit in ständiger Rechtsprechung für verschiedene Bereiche die Auffassung vertreten, „in aller Regel" sei ein Quorum von 5 v. H. verfassungsrechtlich nicht zu beanstanden und es müßten „besondere Umstände des Einzelfalles" vorliegen, die ein solches Quorum unzulässig machen würden (vgl. etwa BVerfGE 51, 222, 237 = NJW 1979, 2463 mit Nachw.).

2. Auch die konkrete Ausgestaltung von Kompetenzen, Struktur und Arbeitsweise der Bezirksverordnetenversammlung ergibt entgegen der Auffassung der Mehrheit keine Grundlage dafür, die Anwendung einer 5 v. H.-Klausel „bei den besonderen Berliner Verhältnissen" für verfassungsrechtlich unzulässig zu erklären.

Vorweg ist zu bemerken, daß die Mehrheit eine Einschätzungsprärogative des Gesetzgebers für die Gefährdungsprognose zwar anerkennt, sich dann aber kurzerhand darüber hinwegsetzt mit der Formel, geeignete Gesichtspunkte seien „von vornherein derzeit nicht gegeben". Zudem nimmt die Mehrheit an, der Gesetzgeber müsse etwaige bei Wegfall der 5 v. H.-Klausel drohende Störungen der Arbeit der Bezirksverordnetenversammlung durch eine anderweitige gesetzliche Ordnung des Funktionsrechts abwenden. Dem kann jeweils nicht beigetreten werden. Die gegenwärtige Ausgestaltung der Aufgaben und der Arbeitsweise der Bezirksverordnetenversammlung, wozu auch die mit dem Wahlrecht angestrebte Strukturierung in Fraktionen gehört, liegt innerhalb des von der Verfassung gewährten traditionellen Rahmens.

a) Bei der Festlegung von Größe und Arbeitsstruktur der Bezirksverordnetenversammlung hatte der Gesetzgeber primär zu bedenken, daß den nur ehrenamtlich tätigen Bezirksverordneten neben ihrer typischerweise weiter ausgeübten Erwerbstätigkeit lediglich eine begrenzte zusätzliche Arbeitsbelastung möglich und zumutbar ist. Dem steht eine gerade unter großstädtischen Verhältnissen in einem Stadtstaat besonders umfangreiche, fachlich vielgestaltige Fülle der zu bewältigenden Aufgaben gegenüber, insbesondere zur Kontrolle über die Verwaltung des Bezirks. Die schon in der Verfassung festgelegte Anzahl von 45 Mitgliedern der Bezirksverordnetenversammlung ist ersichtlich darauf angelegt, eine durch Strukturierung in Fraktionen geförderte arbeitsteilige Aufgabenbewältigung, insbesondere für die Ausschußarbeit, zu ermöglichen. Die wahlgesetzliche Festlegung einer 5 v. H.-Klausel hat insoweit die Funktion, einer Durchkreuzung dieses arbeitsökonomischen Prinzips durch eine Vielzahl politisch isoliert tätiger Einzelpersonen entgegenzuwirken. Das Bundesverfassungsgericht hat gerade aus solchen Erwägungen die 5 v. H.-Klausel für die Wahl zum Europäischen Parlament für verfassungsrechtlich zulässig erklärt (BVerfGE 51, 222, 245 ff = NJW 1979, 2463). Entgegen der Auffassung der Mehrheit ist das im Grundsatz auf den Sachbereich einer Kontrolle über die Verwaltung in den Berliner Bezirken übertragbar. Neben der Gefahr, daß die Bezirksverordneten bei Überlastung nicht allen Aufgaben ordnungsgemäß gerecht würden, ist auch noch zu berücksichtigen, daß gerade die im Berufsleben stehenden Bürger dann von der Kandidatur zur Bezirksverordnetenversammlung abgehalten werden könnten.

b) Die übermäßige Parteienzersplitterung in einem gewählten Gremium, wie sie durch ein reines, nicht durch ein Quorum limitiertes Verhältniswahlrecht typischerweise begünstigt wird, birgt ferner leicht die Gefahr, daß Einzelmitglieder als Vertreter von Partikularinteressen in einer für die Wähler unvorhersehbaren Weise überproportionalen Einfluß erlangen und daß die erforderlichen Stimmen zu notwendigen Entscheidungen mit politischen Konzessionen erkauft werden müssen. Daß der Gesetzgeber bei der Ausgestaltung des Wahlrechts eine solche das Gemeinwohl gefährdende Situation zu vermeiden sucht, ist entgegen der Auffassung der Mehrheit verfassungsgemäß.

Nr. 5

Verletzung des Grundrechts auf rechtliches Gehör durch fehlerhafte Anwendung von Präklusionsvorschriften und unzulässige Amtsprüfung einer Prozeßvollmacht.

Verfassung von Berlin Art. 15 Abs. 1
ZPO §§ 80 Abs. 1, 296 Abs. 1

Beschluß vom 17. März 1997 – VerfGH 21/96 –
in dem Verfahren über die Verfassungsbeschwerden
1. des Herrn C. S.,
 als Testmentsvollstrecker über den Nachlaß des verstorbenen P. M.,
2. des Rechtsanwalts W. M.,
 - Verfahrensbevollmächtigter des Beschwerdeführers zu 1): RA W. M.
gegen das Urteil des Landgerichts Berlin vom 7. Dezember 1995 – 67 S 83/95 –
Beteiligter gemäß § 53 Abs. 2 VerfGHG: Herr K. S.

Entscheidungsformel:

Das Urteil des Landgerichts Berlin vom 7. Dezember 1995 – 67 S 83/95 – verletzt das Grundrecht der Beschwerdeführer auf rechtliches Gehör und wird aufgehoben, soweit zu ihrem Nachteil entschieden worden ist.
Die Sache wird insoweit an das Landgericht Berlin zurückverwiesen.
Das Verfahren ist gerichtskostenfrei.
Das Land Berlin hat den Beschwerdeführern die notwendigen Auslagen zu erstatten.

Gründe:

I.

Mit der am 1. März 1996 eingegangenen Verfassungsbeschwerde wenden sich die Beschwerdeführer gegen das Urteil einer Mietberufungskammer des Landgerichts vom 7. Dezember 1995. Sie rügen eine Verletzung ihrer Rechte aus Art. 15 Abs. 1 VvB. Das Landgericht habe sie unter Verletzung unabdingbarer Grundsätze rechtlichen Gehörs verurteilt.

1. Der Entscheidung des Landgerichts liegt folgender Sachverhalt zugrunde:
Der Beteiligte ist seit 1992 Mieter einer in der T.straße gelegenen Wohnung. Der Vermieter verstarb am 3. April 1993, worauf seine minderjährigen Töchter im Wege der Gesamtrechtsnachfolge in das Mietverhältnis eintraten. Zum Testamentsvollstrecker wurde der Beschwerdeführer zu 1) bestellt. Im Jahre 1994 erhob der Beteiligte vor dem Amtsgericht W. Klage gegen die minderjährigen Erben, „vertreten durch den Testamentsvollstrecker", sowie gegen den Beschwerdeführer zu 1) als Testamentsvollstrecker auf Zahlung von 14.513,68 DM nebst 4% Zinsen seit Klageerhebung. Er machte geltend, die

von ihm in der vereinbarten Höhe entrichtete Miete sei überhöht; die Mietzinsvereinbarung verstoße gegen § 5 WiStG. Das Amtsgericht W. verurteilte die Beklagten antragsgemäß auf Rückzahlung von überzahltem Mietzins.

Gegen das amtsgerichtliche Urteil legte der Beschwerdeführer zu 2), Rechtsanwalt M., namens der Beklagten am 2. März 1995 Berufung ein. Auf seinen Antrag wurde die Frist zur Begründung der Berufung bis zum 13. April 1995 verlängert. In der am 12. April 1995 bei dem Landgericht eingegangenen Berufungsbegründung wurde ausgeführt, es sei zweifelhaft und rechtlich nicht haltbar, einen Rückzahlungsanspruch ausschließlich auf den Berliner Mietspiegel 1992 bis 1994 zu stützen. § 5 WiStG sei wegen Verstoßes gegen Art. 103 Abs. 2 GG verfassungswidrig. Zu dem Ausstattungsstandard der streitbefangenen Wohnung wurde vorgetragen, das gesamte Haus T.straße sei in den Jahren 1991/1992 umfassend modernisiert worden. Für die Umstellung von Ofenheizung auf Fernwärme einschließlich Warmwasserversorgung habe ein Betrag von 1 Mio. DM aufgewandt werden müssen. Ferner seien die Wohnungen mit voll verfliesten Bädern ausgestattet und diverse andere, im einzelnen aufgeführte Modernisierungsmaßnahmen durchgeführt worden. Allein für die streitbefangene Wohnung hätten die Aufwendungen 58.140 DM betragen. Zum Beweis wurde auf ein einzuholendes Sachverständigengutachten sowie auf „anliegende Rechnungen über die Aufwendungen" verwiesen. Zum Beweis dafür, daß der geforderte Mietzins nach Größe, Art, Ausstattung und Beschaffenheit sowie Lage der streitbefangenen Wohnung angemessen sei und der ortsüblichen Vergleichsmiete für vergleichbare Wohnungen entspreche, bezogen sich die Beklagten ebenfalls auf die Einholung eines Sachverständigengutachtens.

Mit Verfügung vom 26. April 1995 beraumte der Vorsitzende Verhandlungstermin für den 10. Juli 1995 an; den Berufungsklägern wurde gemäß § 273 ZPO aufgegeben, innerhalb von zwei Wochen die in dem Schriftsatz vom 12. April 1995 erwähnten Rechnungen vorzulegen, die dem Schriftsatz nicht beigelegen hatten. Dem Kläger und Berufungsbeklagten wurde aufgegeben, bis zum 6. Juni 1995 auf die Berufungsbegründung zu erwidern.

Der Beteiligte ließ als Berufungsbeklagter vortragen, die Angaben der Beklagten über die Modernisierung des Hauses seien unsubstantiiert. Zwar sei die Mietwohnung unstreitig modernisiert worden. Wann und vor allem mit welchem Kostenaufwand dies geschehen sei, entziehe sich jedoch vollständig der Kenntnis des Klägers.

Im Termin am 10. Juli 1995 erschien für die Berufungskläger niemand. Das Landgericht erließ Versäumnisurteil und wies die Berufung der Beklagten gegen das am 1. Februar 1995 verkündete Urteil des Amtsgerichts Wedding auf deren Kosten zurück.

Am 31. Juli 1995 legte der Beschwerdeführer zu 2) für die Beklagten Einspruch gegen das Versäumnisurteil ein. In der Einspruchsschrift wurde ausgeführt, die in der Berufungsbegründung vom 12. April 1995 angebotenen Rechnungen über die getätigten Aufwendungen seien versehentlich nicht beigefügt worden. Dies werde nunmehr nachgeholt.
Am 31. August 1995 erließ das Landgericht einen Beweisbeschluß über die Einholung eines Sachverständigengutachtens betreffend die ortsübliche Netto-Vergleichsmiete für die streitbefangene Wohnung. Das für die Beklagten und Berufungskläger positive Gutachten des Sachverständigen vom 19. Oktober 1995 ging am 24. Oktober 1995 bei Gericht ein. Der Prozeßbevollmächtigte des Beteiligten erhielt es am 27. Oktober 1995, der Beschwerdeführer zu 2) am 30. Oktober 1995. In dem am selben Tag stattfindenden Termin zur mündlichen Verhandlung erklärten beide Anwälte übereinstimmend, daß sie sich heute zu dem Gutachten des Sachverständigen nicht äußern würden. Das Gericht gab dem Prozeßbevollmächtigten des Beteiligten Gelegenheit zur Stellungnahme zu dem Gutachten bis zum 16. November 1995 und beraumte im übrigen Verkündungstermin für den 7. Dezember 1995 an. Im Verkündungstermin wurde der namens der Beklagten zu 1) (der minderjährigen Erben) eingelegte Einspruch als unzulässig verworfen; das am 10. Juli 1995 verkündete Versäumnisurteil wurde im wesentlichen aufrechterhalten. Die weiteren Kosten des Rechtsstreits wurden dem Beklagten zu 2) und Rechtsanwalt M., also den Beschwerdeführern des vorliegenden Verfahrens, auferlegt. In der Begründung heißt es:

Der namens der Beklagten zu 1) eingelegte Einspruch sei gemäß § 341 Abs. 1 ZPO als unzulässig zu verwerfen. Denn Rechtsanwalt M. sei nicht berechtigt gewesen, namens der Beklagten zu 1) den Einspruch zu erheben. Er habe in der mündlichen Verhandlung selbst geltend gemacht, daß die Beklagten zu 1) nicht durch den Testamentsvollstrecker gesetzlich vertreten würden. Wer deren gesetzlicher Vertreter sei, wisse er nicht. Er sei nicht von ihnen bevollmächtigt worden, sondern habe lediglich eine Vollmacht des Testamentsvollstreckers. Die Haftung des Rechtsanwalts M. ergebe sich unter dem Gesichtspunkt der Veranlassung der Kosten, weil er als vollmachtloser Vertreter aufgetreten sei.

Der Anspruch des Klägers gegen den Beklagten zu 2) ergebe sich aus § 812 Abs. 1 Satz 1 BGB i. V. m. § 134 BGB, § 5 Abs. 2 WiStG, weil die in dem Mietvertrag vereinbarte Netto-Kaltmiete die ortsübliche Vergleichsmiete zuzüglich der Wesentlichkeitsgrenze von 20 % übersteige. Die Kammer sehe keine durchgreifenden Bedenken, die ortsübliche Vergleichsmiete für den hier in Rede stehenden Mietzeitraum anhand der Mietspiegel 1992 und 1994 zu ermitteln. Da die Rechnungen über den Modernisierungsaufwand von den Beklagten entgegen einer ihnen mit der Ladungsverfügung gesetzten Frist verspätet vorgelegt worden seien, sei der diesbezügliche Vortrag gemäß §§ 523, 296 Abs. 1 ZPO nicht zuzulassen, weil die Zulassung die Erledigung des Rechtsstreits verzögern würde und die Partei die Verspätung nicht genügend entschuldigt habe. Eine Verzögerung des Rechtsstreits wäre auf jeden Fall dadurch eingetreten, daß die Kammer gehalten gewesen wäre, nach Einlegung des Einspruchs im Termin am 30. Oktober 1995 über die Einholung eines Sachverständigengutachtens zu beschließen. Ohne die Einholung eines solchen Gutachtens wäre der Rechtsstreit im Termin am 30. Oktober 1995 entscheidungsreif gewesen. Nach der Rechtsprechung des Bundesgerichtshofs bestehe indessen die Pflicht, die Folgen verspäteten Vorbringens der Parteien durch vorbereitende Maßnahmen nach § 273 ZPO nach Möglichkeit auszugleichen. In Erfüllung dieser Verpflichtung seien die Beklagten mit Verfügung vom 7. August 1995 aufgefordert worden, einen Kostenvorschuß einzuzahlen und sei sodann am 31. August 1995 gemäß § 358 a ZPO beschlossen worden, ein Gutachten über die Frage der ortsüblichen Vergleichsmiete einzuholen. Vor der Beauftragung des betreffenden Sachverständigen sei dieser gefragt worden, ob er sich in der Lage sehe, das Gutachten rechtzeitig zu erstellen. Trotz beschleunigter Arbeitsweise des Sachverständigen habe es der Kammer erst am 24. Oktober 1995 vorgelegen, so daß es erst mit der Verfügung vom 26. Oktober 1995 habe übersandt werden können. Die Kammer sei gehalten gewesen, dem Kläger gemäß § 411 Abs. 4 ZPO auf dessen Antrag eine Gelegenheit zur Stellungnahme einzuräumen. Mit einem fristgerecht eingegangenen Schriftsatz habe der Kläger beantragt, den Sachverständigen zu einer ergänzenden schriftlichen Erläuterung seines Gutachtens im Hinblick auf die Frage aufzufordern, wie die im einzelnen in seinem Gutachten angeführten Mietdaten von vergleichbaren Wohnungen gewonnen worden seien. Dieses Verlangen des Klägers sei berechtigt gewesen, da der Sachverständige gehalten sei, die Grundlage seiner Sachkunde darzulegen. Die Einholung einer ergänzenden gutachterlichen Stellungnahme führe zwangsläufig zu einer Verzögerung des Rechtsstreits. Diese Verzögerung habe wiederum zur Folge, daß der verspätete Vortrag der Beklagten über den Umfang der vorgenommenen Modernisierungsmaßnahmen wegen Verspätung zurückgewiesen werden müsse und das Gutachten nicht bei der Entscheidungsfindung berücksichtigt werden könne.

2. Die Beschwerdeführer tragen zur Begründung ihrer Rüge der Verletzung rechtlichen Gehörs vor:

Es sei nicht hinnehmbar, wenn die Entscheidungsgründe ausführten, die Einreichung der Nachweise der Modernisierungsarbeiten „erst" mit Schriftsatz vom 31. Juli 1995 sei für eine „Verspätung" ursächlich und führe zur Nichtverwertung des Gutachtens vom 19. Oktober 1995. Die Handhabung der Terminsvorbereitung durch den Vorsitzenden sei ungewöhnlich und lasse dem Gericht völlig freie Hand, die Beschwerdeführer in eine „Verspätungsfalle" laufen zu lassen.

Auch wenn sie die fehlenden Anlagen innerhalb der zweiwöchigen Frist nachgereicht hätten, hätte es selbst bei Erlaß eines Beweisbeschlusses nicht zu einem Beweistermin am 10. Juli 1995 und damit zum Abschluß des Verfahrens kommen können. Denn bis zum 10. Juli 1995 hätte das Gutachten nicht vorliegen können.

Unabhängig davon hätte sich nach den Urteilsgründen auch für das Gericht selbst gemäß § 411 Abs. 3 ZPO die Notwendigkeit zur Vorladung des Sachverständigen ergeben und damit zur Ansetzung eines neuen Termins. Die mutmaßliche Verzögerung des Rechtsstreites sei nicht durch einen verspäteten Vortrag des Beschwerdeführers, sondern allenfalls durch die Verfahrensweise des Gerichts eingetreten, die den Beklagten nicht angelastet werden könne.

Schließlich sei dem Beschwerdeführer zu 1) jede weitere Stellungnahme sowohl zur mündlichen Verhandlung als auch zum Gutachten selbst sowie der Stellungnahme des Klägervertreters vom 16. November 1995 abgeschnitten worden, indem lediglich dem Klägervertreter Schriftsatzfrist gewährt und für den 7. Dezember 1995 Verkündungstermin anberaumt worden sei.

Bei der Verurteilung des Beschwerdeführers zu 2) zur Tragung der Kosten des Rechtsstreits handele es sich eindeutig um eine Überraschungsentscheidung, zumal mit dem rechtlichen Hinweis vom 7. August 1995 lediglich dem Prozeßbevollmächtigten des Klägers aufgegeben worden sei, die Rechtsverhältnisse hinsichtlich des Passiv-Rubrums der Beklagten zu 1) klarzustellen. Hinzu komme, daß der Kläger selbst niemals einen Vollmachtsmangel gerügt habe. Wäre die Auffassung des Landgerichts bezüglich der Vertretungsverhältnisse zutreffend, hätte ein Versäumnisurteil gegen die minderjährigen Beklagten nicht ergehen dürfen. Dem Beschwerdeführer zu 2) sei im Termin am 30. Oktober 1995 keine Gelegenheit gegeben worden, etwaige Bedenken des Gerichts gegen die Wirksamkeit seiner Bevollmächtigung auszuräumen. Aufgrund eines entsprechenden Hinweises hätte er nach Rücksprache mit dem im Termin nicht anwesenden Testamentsvollstrecker die Vertretungsverhältnisse darlegen können. Gelegenheit hierzu sei nicht gegeben worden.

3. Der Beteiligte sowie die Senatsverwaltung für Justiz haben gemäß § 53 VerfGHG Gelegenheit zur Stellungnahme erhalten.

II.

1. Die Verfassungsbeschwerde ist zulässig.

Nach § 49 Abs. 1 VerfGHG kann jedermann mit der Behauptung, durch die öffentliche Gewalt des Landes Berlin in einem seiner in der Verfassung von

Berlin enthaltenen Rechte verletzt zu sein, die Verfassungsbeschwerde zum Verfassungsgerichtshof erheben. Soweit, wie hier, Gegenstand der Verfassungsbeschwerde die Anwendung von Bundesrecht ist, besteht die Prüfungsbefugnis des Verfassungsgerichtshofs in den Grenzen der Art. 142, 31 GG allein hinsichtlich solcher Grundrechte der Verfassung von Berlin, die mit im Grundgesetz verbürgten Grundrechten übereinstimmen (st. Rspr., u. a. Beschluß vom 2. Dezember 1993 − VerfGH 89/93 − LVerfGE 1, 169). Vor diesem Hintergrund können sich die Beschwerdeführer auf das durch die Verfassung von Berlin in Art. 15 Abs. 1 VvB inhaltsgleich mit Art. 103 GG gewährleistete Grundrecht auf rechtliches Gehör berufen. Der Beschwerdeführer zu 1) macht geltend, eine Verletzung des Art. 15 Abs. 1 VvB liege darin, daß das aufgrund seines Beweisantritts eingeholte Sachverständigengutachten durch das Landgericht nicht verwertet worden ist. Der Beschwerdeführer zu 2) rügt eine Verletzung des Art. 15 Abs. 1 VvB unter dem Gesichtspunkt der Überraschungsentscheidung, weil das Landgericht ihm ohne richterlichen Hinweis teilweise die Kosten auferlegt habe. Die Begründungen der Beschwerden genügen § 50 VerfGHG.

2. Die Verfassungsbeschwerden sind auch begründet. Das angegriffene Urteil des Landgerichts Berlin beruht auf einer Verletzung des Grundrechts auf rechtliches Gehör und ist daher gemäß § 54 Abs. 3 VerfGHG aufzuheben.

a) Das Landgericht hat das Vorbringen der Berufungskläger zu den Modernisierungsaufwendungen in Anwendung der §§ 523, 296 Abs. 1 ZPO als verspätet zurückgewiesen mit der Folge, daß das zu dieser Frage eingeholte und für die Berufungskläger positive Sachverständigengutachten bei der Entscheidungsfindung nicht berücksichtigt wurde. Diese Zurückweisung war verfahrensrechtlich unter keinem rechtlichen Gesichtspunkt gerechtfertigt, erfolgte unter grob fehlerhafter, jedenfalls von gefestigter Rechtsprechung begründungslos abweichender Anwendung von Präklusionsvorschriften und verletzt deshalb das Grundrecht des Beschwerdeführers zu 1) auf rechtliches Gehör (vgl. Beschluß vom 21. Juni 1995 − VerfGH 73/94 − zum Bundesrecht: BVerfGE 81, 97, 106).

Das Landgericht stützt die Zurückweisung auf § 296 Abs. 1 ZPO, weil der Beschwerdeführer und seine Streitgenossen die im Rahmen des gegenbeweislichen Antrags auf Einholung eines Sachverständigengutachtens gemachten Angaben über die Höhe wertverbessernder Investitionen erst mit dem Einspruch gegen das Versäumnisurteil vom 10. Juli 1995 durch Einreichung von Kostenangebots- und Rechnungsabschriften illustriert haben, obwohl der Vorsitzende der Berufungskammer ihnen hierfür schon zusammen mit der Ladungsverfügung zum frühen ersten Termin vom 10. Juli 1995 eine am 2. Mai 1995 beginnende Zweiwochenfrist gesetzt hatte.

aa) Zweifelhaft ist bereits, ob im Falle einer streitigen Verhandlung am 10. Juli 1995 die Fristversäumung zum Übergehen des Beweisantritts der Beklagten berechtigt hätte. Da es nicht etwa um einen vorgezogenen Urkundenbeweis ging, sondern darum, ob der Beweisantritt das zur prozessualen Beachtlichkeit nötige Mindestmaß an Spezifizierung aufwies, hätte das Landgericht diese Frage vor einer Entscheidung über den Beweisantrag prüfen müssen. Denn eine Ablehnung des Beweises für eine beweiserhebliche Tatsache ist nur zulässig, wenn ihre Erheblichkeit mangels näherer Bezeichnung der unter Beweis gestellten Tatsachen überhaupt nicht beurteilt werden kann (vgl. BGH NJW 1991, 2707 und 1992, 1956; NJW-RR 1995, 724 sowie 1996, 56 und 1996, 1212). Es erscheint zweifelhaft, ob nach diesen Grundsätzen ein Beweisbeschluß von der vorgängigen Einreichung der Unterlagen hätte abhängig gemacht werden dürfen.

Zweifelhaft ist ferner, ob eine Präklusion nach § 296 Abs. 1 ZPO nicht schon deshalb von vornherein ausschied, weil nach Art des Streitstoffes eine abschließende Klärung und Entscheidung im Termin am 10. Juli 1995 nicht zu erwarten war. Zwar ist eine Präklusion bei Versäumung gerichtlicher Fristen vor dem ersten Termin nicht generell ausgeschlossen (vgl. BGHZ 86, 31 = NJW 1983, 575). Wenn aber eine zur Gewährleistung streitiger Entscheidung noch in diesem Termin geeignete Verfahrensvorbereitung nicht vorlag und es sich um einen sogenannten Durchlauftermin handelte, so lag in der Zurückweisung des späteren Vorbringens ein Mißbrauch der Präklusionsvorschriften (vgl. BVerfGE 69, 126 = NJW 1985, 1149). In solchen Fällen kann die Zurückweisung nicht auf einen „absoluten" Verzögerungsbegriff gestützt werden, weil dann, wenn sich ohne weitere Erwägungen aufdrängt, daß dieselbe Verzögerung auch bei rechtzeitigem Vortrag eingetreten wäre, eine offenkundige Zweckverfehlung der Präklusionsvorschriften vorliegt (vgl. auch BVerfGE 75, 302 = NJW 1987, 2733). Nach der Sach- und Rechtslage spricht vieles dafür, daß im vorliegenden Fall eine abschließende Entscheidung ohne Einholung eines Sachverständigengutachtens nicht in Betracht kam, so daß der frühe erste Termin nur eine Vorbereitungsfunktion haben konnte (vgl. BGHZ 98, 368 = NJW 1987, 500).

bb) Ob tatsächlich eine Verspätung vorlag, mag indes dahinstehen. Denn selbst wenn man mit dem Landgericht eine Verspätung im Sinne von § 296 Abs. 1 ZPO annimmt, konnte diese für die aufgrund späterer Verhandlung zu treffende Endentscheidung rechtlich nicht mehr erheblich sein.

Wenn es, wie im vorliegenden Fall, im früheren Termin zu einem Versäumnisurteil gekommen ist, wird die Möglichkeit eröffnet, das Verteidigungsmittel noch in der Einspruchsbegründung gemäß § 340 ZPO in rechtlich zulässiger und für das weitere Verfahren beachtlicher Weise erstmals vorzubringen (vgl. BGHZ 76, 173 = NJW 1980, 1105). Die dem Einspruch eigene Verzögerung des Rechtsstreits nimmt das geltende Gesetz in Kauf. Der Einspruchsführer braucht die Terminssäumnis weder zu erklären noch zu entschuldigen. Daraus folgert die Rechtsprechung des Bundesgerichtshofs, daß die zweite gemäß § 296 Abs. 1 ZPO anerkannte Alternative, eine Fristversäumung zu heilen, wenn nämlich die Erledigung des Rechtsstreits sich durch Berücksichtigung des verspäteten Vorbringens nicht verzögert, auch den Fall der sogenannten Flucht in die Säumnis erfaßt. Das Landgericht hat sich über diese gefestigte höchstrichterliche Rechtsprechung begründungslos hinweggesetzt.

Weiter hat das Landgericht völlig außer Betracht gelassen, daß die nach seiner Auffassung notwendige ergänzende mündliche Anhörung des Gutachters, die einen weiteren Termin erforderlich gemacht habe, nicht mehr in einem adäquaten Zusammenhang mit der von ihm angenommenen Verspätung stand. Der Sachverständige Dr. K. hatte den gemäß Beweisbeschluß vom 31. August 1995 mit Ablieferungstermin 16. Oktober 1995 erteilten Gutachtenauftrag übernommen, das Gutachten dann aber doch erst unmittelbar vor dem zum 30. Oktober 1995 anstehenden Verhandlungstermin abgeliefert. Die durch die verspätete Einreichung des Gutachtens verursachte Verzögerung war den Beklagten nicht zuzurechnen. Sofern das Gericht das Gutachten nicht ohne ergänzende mündliche Anhörung für verwertbar hielt, hätte im übrigen nahegelegen, noch bei Gutachtenübersendung am 26. Oktober 1995 die Ladung des Sachverständigen zum Termin am 30. Oktober 1995 zu veranlassen. Schließlich hätte die Möglichkeit bestanden, den Verkündungstermin vom 7. Dezember 1995 zur Durchführung der Beweisaufnahme und zur mündlichen Anhörung des Gutachters zu bestimmen. Denn wenn die Klärung durch gerichtliche Maßnahmen im Rahmen der Förderungspflicht noch rechtzeitig hätte veranlaßt werden können, ist die Anwendung der Verspätungsvorschriften nach gefestigter BGH-Rechtsprechung unzulässig (s. BGHZ 75, 138 = NJW 1979, 1988; BGHZ 76, 133 = NJW 1980, 945; BGHZ 86, 31 = NJW 1983, 575).

Schließlich hat sich das Landgericht mit seiner Entscheidung, die durchgeführte Beweisaufnahme nachträglich als rechtlich unbeachtlich zu behandeln, über die Entscheidung des Bundesgerichtshofs vom 21. Januar 1981, NJW 1981, 928 f hinweggesetzt. Danach kann, wenn etwa die Nichtanwendung der Verspätungsvorschriften in einem früheren Termin rechtlich fehlerhaft war, die später dennoch durchgeführte Beweisaufnahme nachträglich nicht als rechtlich unbeachtlich behandelt werden, da in einem solchen Fall der mit den Präklusionsvorschriften erstrebte Zweck der Verfahrensbeschleunigung dann endgültig unerreichbar geworden ist. Einen Beweisbeschluß zu erlassen, die Beweisaufnahme durchzuführen, um dann am Schluß festzustellen, daß die gesamte Beweisaufnahme unbeachtlich war, ist mit dem Grundrecht auf rechtliches Gehör nicht vereinbar.

cc) Die Entscheidung des Landgerichts stellt schließlich eine mit dem Grundrecht auf rechtliches Gehör unvereinbare und deshalb unzulässige Überraschungsentscheidung dar. Gemäß Protokoll haben beide Anwälte im Termin am 30. Oktober 1995 erklärt, „daß sie sich heute zu dem Gutachten des Sachverständigen nicht äußern" würden, worin die Erwartung der Möglichkeit späterer schriftlicher Äußerung zum Ausdruck kommt. Mit einer Unwirksamerklärung der gesamten Begutachtung und einer Zurückweisung des Beweisantritts allein aufgrund der Nichteinreichung von Rechnungsabschriften vor dem frühen ersten Termin vom 10. Juli 1995 brauchten die Beklagten und Berufungskläger in Anbetracht der vorstehenden Ausführungen nicht zu rechnen, und ihr Terminsverhalten beruhte im Zweifel auch darauf.

b) Die Verfassungsbeschwerde des Beschwerdeführers zu 2) ist ebenfalls begründet. Soweit das Landgericht den Beschwerdeführer zu 2) zur (anteilmäßigen) Tragung der Kosten des Rechtsstreits verurteilt hat, handelt es sich um eine unzulässige Überraschungsentscheidung, welche das Grundrecht auf rechtliches Gehör verletzt.

Wenn das Gericht im Termin am 30. Oktober 1995 aus eigener Initiative den Weg der Vollmachtserteilung zur Sprache brachte, und die Protokollerklärung veranlaßte, daß RA M. „den Testamentsvollstrecker S. vertrete", so war daraus für den Beschwerdeführer zu 2) nicht erkennbar, daß seine persönliche Kostenbelastung in Rede stand. Die Erörterung betraf nur die Frage, ob er mit einem gesetzlichen Vertreter der minderjährigen Erbinnen Kontakt hatte, was er verneinte. Ob der Beschwerdeführer zu 1), an den die Klage aufgrund der Vertretungsangaben des Klägers auch insoweit zugestellt worden war, einen solchen Kontakt hatte, wurde nicht geklärt und konnte im Termin auch nicht erfragt werden, da der Beschwerdeführer zu 1) laut Protokoll nicht anwesend war. Eine Einspruchsverwerfung und persönliche Kostenauferlegung lag unter diesen Umständen nicht etwa nahe, sie war sogar gesetzlich ausgeschlossen.

Der Kläger hatte im Klageverfahren niemals die Rüge eines Vollmachtsmangels erhoben, es wäre angesichts seiner Angaben in der Klageschrift und der hierdurch veranlaßten Art der Klagezustellung auch widersinnig gewesen, und selbst ein erstrittenes rechtskräftiges Urteil würde gemäß § 579 Abs. 1 Nr. 4 ZPO der Nichtigkeitsklage unterliegen. Nach § 88 Abs. 1 ZPO war das Gericht in einem solchen Fall nicht berechtigt, von sich aus die Anwaltsvollmacht zu prüfen.

Im übrigen hätte das Gericht selbst bei Zulässigkeit einer Amtsprüfung dem Beschwerdeführer zu 2) (und den vertretenen Parteien) Gelegenheit zu einem Nachweis der Vollmacht gemäß § 80 Abs. 1 ZPO geben müssen. Der Beschwerdeführer zu 2) hat nicht etwa erklärt, daß er das Innenverhältnis des Testamentsvollstreckers zum gesetzlichen Vertreter der Erbinnen genau kenne und unter Verzicht auf eine Nachweisfrist schon sicher erklären könne, der Nachweis der Vollmachtkette sei nicht erbringbar. Im übrigen ist bei einem Vollmachtsmangel grundsätzlich die rückwirkende Heilung durch Genehmigung möglich, solange nicht ein das Rechtsmittel als unzulässig verwerfendes Prozeßurteil vorliegt (vgl. GemS OGB in NJW 1984, 2149), und jedenfalls wäre eine Fristgewährung nach § 89 Abs. 1 ZPO vor dem Verkündungstermin in Betracht gekommen.

Ein Endurteil in der Hauptsache im Verhältnis zu den minderjährigen Erbinnen wäre bei endgültigem Fehlen der Vollmacht des Beschwerdeführers zu 2) auch deshalb nicht aufgrund des Verhandlungstermins am 30. Oktober 1995 in Betracht gekommen, weil das Gericht dann diese Parteien nicht wirksam geladen hätte und zu einer Vertagung unter Ladung des gesetzlichen Vertreters gehalten gewesen wäre.

Schließlich lagen auch für den Fall, daß der Beschwerdeführer zu 1), der auch namens der Beklagten zu 1) die Prozeßvollmacht an den Beschwerdeführer zu 2) erteilt hatte, nicht dazu berechtigt war und insbesondere nicht mit Einverständnis des gesetzlichen Vertreters handelte, jedenfalls nicht die Voraussetzungen für eine persönliche Kostenbelastung des insoweit gutgläubigen Beschwerdeführers zu 2) vor. Insoweit hat nach dem „Veranlassungsprinzip" ggf. ein zwischengeschalteter (fehlerhaft handelnder) Vollmachtgeber zu haften (vgl. KG in WuM 1996, 377 = KG-Report 1996, 119; ferner betr. ungeklärte Prozeßfähigkeit BGHZ 121, 400 = NJW 1993, 1865). Als Veranlasser kam hier allenfalls der Beschwerdeführer zu 1) oder evtl. sogar der Kläger selbst aufgrund der von ihm mit den Vertretungsangaben in der Klageschrift veranlaßten Art der Klagezustellung in Betracht, nicht aber der Beschwerdeführer zu 2).

Bei einer derartigen Sach- und Rechtslage mußte der Beschwerdeführer unter keinen Umständen damit rechnen, ohne vorherigen rechtlichen Hinweis und ohne Gelegenheit zur Heilung des angeblichen Vollmachtsmangels zu den Kosten verurteilt zu werden. Die Entscheidung des Landgerichts stellt insoweit eine mit dem Grundrecht auf Gewährung rechtlichen Gehörs unvereinbare Überraschungsentscheidung dar.

c) Die Verfassungsverstöße führen zur Aufhebung der angefochtenen Entscheidung, soweit zum Nachteil der Beschwerdeführer entschieden worden ist und in diesem Umfang zur Zurückverweisung der Sache an das Landgericht.

Die Entscheidung über die Kosten beruht auf den §§ 33, 34 VerfGHG.
Diese Entscheidung ist unanfechtbar.

Nr. 6

Der durch Art. 15 Abs. 5 Satz 2 VvB gewährleistete Anspruch auf den gesetzlichen Richter ist nicht durch die Annahme verletzt, eine Entscheidung ergehe auch dann noch im vorbereitenden Verfahren im Sinne des § 79 a Abs. 1 FGO, wenn bereits zuvor vor einem Senat in der Besetzung des § 5 Abs. 3 FGO eine mündliche Verhandlung durchgeführt worden ist.

Verfassung von Berlin Art. 15 Abs. 5 S. 2

Finanzgerichtsordnung § 5 Abs. 3, 79 a Abs. 1

Beschluß vom 17. März 1997 – VerfGH 4/97 –

in dem Verfahren über die Verfassungsbeschwerde der G. & Co. gegen den Beschluß des Finanzgerichts Berlin vom 31. Oktober 1996 – 9150/96 – Beteiligter gemäß § 53 Abs. 1 VerfGHG: Finanzgericht Berlin

Entscheidungsformel:

Die Verfassungsbeschwerde wird zurückgewiesen.
Das Verfahren ist gerichtskostenfrei.
Auslagen werden nicht erstattet.

Gründe:

I.

Im Ausgangsverfahren vor dem Finanzgericht Berlin begehrte die Beschwerdeführerin eine Änderung des auf einer Schätzung beruhenden Umsatzsteuerbescheids 1993 nach Maßgabe der von ihr beim seinerzeitigen Beklagten, dem Finanzamt für Körperschaften, einzureichenden Umsatzsteuererklärung 1993. Im Anschluß an eine mündliche Verhandlung vom 29. Juni 1996 vor dem 9. Senat des Finanzgerichts Berlin hat dieser die Sache vertagt und beschlossen, ein neuer Termin werde von Amts wegen bestimmt. Nachdem der Beklagte einen geänderten Umsatzsteuerbescheid 1993 erlassen hatte, haben die Beteiligten den Rechtsstreit übereinstimmend für in der Hauptsache erledigt erklärt und jeweils darum gebeten, die Kosten des Verfahrens der Gegenseite aufzuerlegen. Durch Beschluß vom 31. Oktober 1996 hat das Finanzgericht Berlin gemäß § 79 a FGO durch den Berichterstatter das Verfahren eingestellt und der Beschwerdeführerin die Kosten des Verfahrens auferlegt.

Gegen diesen Beschluß wendet sich die Beschwerdeführerin mit ihrer Verfassungsbeschwerde. Sie macht geltend, das Finanzgericht Berlin habe dadurch ihren durch die Verfassung von Berlin garantierten Anspruch auf den gesetzlichen Richter verletzt, daß nicht der 9. Senat in der durch § 5 Abs. 3 FGO festgelegten Besetzung, sondern anstelle des Senats der Berichterstatter entschieden habe. § 79 a FGO begründe im vorliegenden Fall keine Entscheidungskompetenz des Berichterstatters, da hier bereits eine mündliche Verhandlung stattgefunden gehabt habe und es sich deshalb nicht mehr um eine Entscheidung im vorbereitenden Verfahren im Sinne dieser Bestimmung handele. Die davon abweichende Auffassung des Finanzgerichts Berlin sei willkürlich, da sie in der Finanzgerichtsordnung keine nachvollziehbare Stütze finde. Im übrigen verletze der angegriffene Beschluß deshalb Art. 1 Abs. 3 der Berliner Verfassung i. V. m. Art. 103 Abs. 1 GG, weil bei der Entscheidungsfindung betreffend die Kosten des Verfahrens ihre – der Beschwerdeführerin – Antragsbegründungsschrift offensichtlich nicht berücksichtigt worden sei.

Der Beteiligte hat gemäß § 53 Abs. 1 VerfGHG Gelegenheit zur Stellungnahme erhalten.

II.

Die Verfassungsbeschwerde hat keinen Erfolg.

Zu Unrecht beruft sich die Beschwerdeführerin zur Begründung ihrer Ansicht, der angegriffene Beschluß des Finanzgerichts Berlin verletze sie in landesverfassungsrechtlich verbürgten Rechten, auf Bestimmungen der Verfassung von Berlin vom 1. September 1950 (VOBl. I S. 433, zuletzt geändert durch Gesetz vom 8. Juni 1995, GVBl. S. 339). Da der Beschluß des Finanzgerichts Berlin am 31. Oktober 1996 und damit nach Inkrafttreten der Verfassung von Berlin vom 23. November 1995 (GVBl. S. 779) – VvB – am 29. November 1995 ergangen ist, ist für die Beurteilung des vorliegenden Falles auf die Vorschriften dieser Verfassung abzustellen. Dem kommt indes keine entscheidungserhebliche Bedeutung zu, weil die beiden Verfassungen – soweit hier von Interesse – übereinstimmen.

Soweit die Beschwerdeführerin eine Verletzung des Art. 1 Abs. 3 VvB i. V. m. Art. 103 Abs. 1 GG rügt, ist ihre Beschwerde gleichwohl unzulässig. Art. 1 Abs. 3 VvB wiederholt die sich aus Art. 1 Abs. 3 GG bzw. Art. 20 Abs. 3 GG ergebende Bindung der Organe des Landes Berlin an die Grundrechte und das Bundesrecht. Das eröffnet indes nicht den Weg zur (beachtlichen) Rüge einer Verletzung subjektiver Rechte des Bundesrechts vor dem Verfassungsgerichtshof (st. Rspr., vgl. u. a. Beschlüsse vom 8. September 1993 – VerfGH 59/93 – LVerfGE 1, 149, 151 und vom 19. Oktober 1995

– VerfGH 64/95 – NJ 1996, 363). Im übrigen könnte die Rüge einer Verletzung rechtlichen Gehörs auch in der Sache keinen Erfolg haben.

Soweit die Beschwerdeführerin rügt, das Finanzgericht Berlin habe § 79 a FGO unrichtig ausgelegt und durch die auf diesem Mangel beruhende Annahme einer Entscheidungskompetenz des Berichterstatters für den (Einstellungs-)Beschluß vom 31. Oktober 1996 in ihren (nunmehr) durch Art. 15 Abs. 2 Satz 2 VvB gewährleisteten Anspruch auf den gesetzlichen Richter verletzt, ist die Verfassungsbeschwerde zulässig. Insoweit scheitert die Zulässigkeit auch nicht etwa deshalb, weil das Finanzgericht Berlin in diesem Zusammenhang Bundesrecht angewandt hat. Denn das in Art. 15 Abs. 5 Satz 2 VvB gewährleistete Grundrecht ist inhaltsgleich mit der in Art. 101 Abs. 1 Satz 2 GG enthaltenen bundesrechtlichen Verbürgung und daher nach der ständigen Rechtsprechung des Verfassungsgerichtshofs (vgl. u. a. Beschluß vom 2. Dezember 1993 – VerfGH 89/93 – LVerfGE 1, 169) durch die öffentliche Gewalt des Landes Berlin zu beachten sowie in Verfassungsbeschwerdeverfahren beim Verfassungsgerichtshof rügefähig. Doch ist die Verfassungsbeschwerde insoweit unbegründet.

Auszugehen ist davon, daß der Verfassungsgerichtshof nicht die Aufgabe hat, vergleichbar einem Rechtsmittelgericht die Entscheidung der Gerichte des Landes Berlin auf jegliche Rechtsfehler zu kontrollieren; er ist vielmehr in seinem Prüfungsmaßstab auf die Feststellung von Verfassungsverstößen beschränkt. Die Gestaltung des Verfahrens und namentlich die Auslegung des einfachen Rechts sowie seine Anwendung auf den Einzelfall sind Sache der dafür allgemein zuständigen Gerichte (vgl. so schon Beschluß vom 30. Juni 1992 – VerfGH 9/92 – LVerfGE 1, 7, 8 f). Insoweit hat der Verfassungsgerichtshof lediglich zu überprüfen, ob die Entscheidung des jeweiligen Fachgerichts auf einer grundsätzlichen Verkennung von Existenz und Tragweite eines bestimmten landesverfassungsrechtlich verbürgten subjektiven Rechts beruht oder noch mit der entsprechenden landesrechtlichen Gewährleistung vereinbar ist.

Gemäß § 79 a Abs. 1 Nr. 3 FGO entscheidet der Vorsitzende, wenn die Entscheidung im vorbereitenden Verfahren ergeht, bei Erledigung des Rechtsstreits in der Hauptsache; gemäß § 79 a Abs. 4 FGO entscheidet für den Fall, daß der Vorsitzende einen Berichterstatter bestimmt hat (vgl. § 65 Abs. 2 Satz 1 FGO), dieser anstelle des Vorsitzenden. Zwar ist der Beschwerdeführerin einzuräumen, daß die Frage von den Finanzgerichten nicht einhellig beantwortet wird, ob eine Entscheidung auch dann noch „im vorbereitenden Verfahren" im Sinne des § 79 a Abs. 1 FGO ergeht, wenn – wie hier – bereits zuvor von einem Senat in der Besetzung des § 5 Abs. 3 FGO eine mündliche Verhandlung durchgeführt worden ist. Doch spricht für die Annahme des Finanzgerichts Berlin, selbst in einer Konstellation der hier zu beurteilenden Art ergehe eine Entscheidung noch „im vorbereitenden Verfahren" im Sinne des § 79 a Abs. 1 FGO, die amtliche Begründung dieser Bestimmung, in der es heißt: „Die Beschränkung des Anwendungsbereichs auf das vorbereitende Verfahren stellt klar, daß die entsprechenden Entscheidungen wie bisher vom Senat getroffen werden, soweit sie in oder aufgrund einer mündlichen Verhandlung vor dem Senat ... ergehen" (BT-Drucks 12/1601, S. 16). Dementsprechend formuliert etwa das Finanzgericht Baden-Württemberg (Außensenate Stuttgart, Beschluß vom 12. April 1994 – 6 V 1/94 – EFG 1994, 896), eine Entscheidung ergehe noch im vorbereitenden Verfahren, wenn „der Senat mit der Entscheidung noch nicht begonnen" hat. Ausdrücklich teilt das Finanzgericht Münster (Beschluß vom 8. November 1993 – 6 K 5398/90 Entscheidung – EFG 1994, 258) die Auffassung des Finanzgerichts Berlin, und zwar mit folgenden Erwägungen: „Der Entlastungszweck des § 79 a FGO gebietet es, die Zuständigkeit des Berichterstatters immer dann zu bejahen, wenn eine Entscheidung nicht innerhalb der mündlichen Verhandlung ergeht (...). Die Gründe, die für eine Übertragung der Entscheidungszuständigkeit auf Berichterstatter in den Fällen des § 79 a Abs. 1 Nr. 3 FGO sprechen, gelten in gleicher Weise auch für den Verfahrensabschnitt nach dem Schluß der mündlichen Verhandlung. Nur während der mündlichen Verhandlung ist durch die gleichzeitige Anwesenheit der Senatsmitglieder eine Situation gegeben, in der die Entscheidung ebenso einfach und schnell durch den Senat statt durch den Berichterstatter erfolgen kann. Da die Auslegung, nach der der Berichterstatter auch nach dem Schluß der mündlichen Verhandlung wieder zuständig ist, dem Entlastungseffekt am meisten entspricht, ist ihr der Vorzug zu geben". Es kann dahinstehen, ob eine solche Auslegung des § 79 a Abs. 1 FGO zwingend oder ob sie nicht einfachgesetzlich sogar abzulehnen ist. Denn jedenfalls rechtfertigt eine durch derartige Erwägungen gestützte Entscheidung nicht den Schluß auf eine grundlegende Verkennung von Existenz und Tragweite des durch Art. 15 Abs. 5 Satz 2 VvB verbürgten Rechts auf den gesetzlichen Richter.

Die Kostenentscheidung folgt aus §§ 33 f VerfGHG.

Dieser Beschluß ist unanfechtbar.

Nr. 7

1. Die sich aus Art. 73 Abs. 1, Art. 74 Abs. 1 und Art. 75 Abs. 1 VvB 1950 ergebenden Pflichten im Verhältnis zum Abgeordnetenhaus können nur den Senat von Berlin als oberstes Landesorgan treffen, nicht aber die einzelnen Senatsverwaltungen oder den einzelnen Senator.

2. Das Budget-Recht steht nur dem Abgeordnetenhaus und nicht auch den Fraktionen zu. Daß bei Nichteinbringung eines Gesetzes auch die im Abgeordnetenhaus vertretenen Fraktionen mangels entsprechender Gesetzesvorlage ihre Mitwirkungsrechte an der Gesetzgebung nicht ausüben können, ist keine im Organstreitverfahren rügefähige Verletzung eigener Rechte der Fraktionen.

3. Eine Vereinbarung zwischen der Investitionsbank Berlin und dem Land Berlin, in der sich die IBB verpflichtet, die aus öffentlichen Baudarlehen zugunsten Berlins zu erwartenden Zins- und Tilgungsleistungen vorzufinanzieren und in einer Summe an Berlin auszuzahlen, Berlin sich im Gegenzug u. a. dazu verpflichtet, den zugewandten Betrag durch Verrechnung mit laufenden Zins- und Tilgungsleistungen zurückzuzahlen und das Risiko der Einbringlichkeit der vorfinanzierten Forderungen trägt, stellt eine Kreditaufnahme dar, die der gesetzlichen Ermächtigung bedarf.

Verfassung von Berlin 1950 Art. 73 Abs. 1, 74 Abs. 1, 75 Abs. 1

Gesetz über den Verfassungsgerichtshof § 14 Nr. 1

Beschluß vom 8. April 1997 – VerfGH 78/96 –

in dem Organstreitverfahren der Fraktion Bündnis 90/Die Grünen im Abgeordnetenhaus von Berlin, gegen
1. die Senatsverwaltung für Finanzen,
2. den Senat von Berlin,
wegen Verletzung von Rechten des Abgeordnetenhauses und der antragstellenden Fraktion durch eine Vereinbarung über die Vorfinanzierung von Zins- und Tilgungsleistungen aus öffentlichen Baudarlehen

Entscheidungsformel:

Es wird festgestellt, daß der Senat von Berlin Art. 75 Abs. 1 der Verfassung von Berlin vom 1. September 1950 (VOBl. I S. 433 – mit späteren Änderungen) verletzt hat, indem er ohne gesetzliche Grundlage am 26. September 1995 mit der Investitionsbank Berlin eine Vereinbarung über die Vorfinanzierung von Zins- und Tilgungsleistungen aus öffentlichen Baudarlehen geschlossen hat.

Im übrigen werden die Anträge zurückgewiesen.

Das Verfahren ist gerichtskostenfrei.

Das Land Berlin hat der Antragstellerin die notwendigen Auslagen zu einem Drittel zu erstatten.

Gründe:

A.

Die Fraktion Bündnis 90/Die Grünen im Abgeordnetenhaus von Berlin begehrt die Feststellung, daß die Senatsverwaltung für Finanzen und der Senat von Berlin durch den Abschluß der Vereinbarung mit der Investitionsbank Berlin vom 26. September 1995 das Haushaltsrecht des Abgeordnetenhauses sowie Rechte der antragstellenden Fraktion auf Mitwirkung an der Haushaltsgesetzgebung verletzt haben.

I.

Die Investitionsbank Berlin – Anstalt der Landesbank Berlin – IBB – wickelt für das Land Berlin die öffentlichen Baudarlehen ab, die in den Jahren 1952 bis 1968 aus öffentlichen Mitteln (Bundes- und Landesmitteln) zum Zwecke des Wohnungsbaus vergeben wurden, in dem sie insbesondere die laufenden Zins- und Tilgungsleistungen einzieht.

Am 26. September 1995 schlossen das Land Berlin, vertreten durch die Senatsverwaltung für Finanzen, und die IBB eine „Vereinbarung über die Vorfinanzierung von Zins- und Tilgungsleistungen aus öffentlichen Baudarlehen".

Die Vereinbarung hat folgenden Wortlaut:

> „Die Investitionsbank Berlin – Anstalt der Landesbank Berlin – Girozentrale –, im folgenden IBB, „verwaltet" für das Land Berlin öffentliche Baudarlehen, die in den Jahren 1952–1968 aus öffentlichen Mitteln (Bundes- und Landesmittel) zum Zwecke des Wohnungsbaus vergeben wurden. Diese Baudarlehen unterliegen dem Vertrag zwischen dem Land Berlin und der früheren Wohnungsbau-Kreditanstalt Berlin vom 18./30. November 1966 in der Fassung vom 25. November/24. Dezember 1981. Aufgrund von Sondertilgungen steht der IBB an diesen Baudarlehen derzeit ein Anteil von 10,4 % zu.
>
> Zum Zwecke der vorzeitigen Verfügbarkeit der aus diesen Baudarlehen fließenden Zins- und Tilgungsleistungen vereinbaren das Land Berlin, vertreten durch die Senatsverwaltung für Finanzen, im folgenden: Berlin, und die IBB:
>
> § 1
>
> Die IBB finanziert den Anteil Berlins an den ab dem 1. Oktober 1995 (Stichtag) regulär zu erwartenden Zahlungsströmen (Zinsen und Tilgungen) der in der Präambel genannten öffentlichen Baudarlehen vor und gewährt Berlin zum auf den Stichtag folgenden Arbeitstag (2. Oktober 1995) den gemäß § 2 ermittelten Barwert in einer Summe.

§ 2

Der Barwert wird auf der Grundlage der Zahlungsströme ermittelt, die der IBB ab dem Stichtag bis zum regulären Ablauf aus den Baudarlehen der Jahre 1952–1968 halbjährlich planmäßig zufließen sollen. Die einzelnen Zahlungsströme der Baudarlehen werden auf der Grundlage der „AIBO-Methode" (ohne Stückzinsen) mit ihren jeweiligen Fälligkeiten strukturkongruent abgezinst, d. h. daß auf Basis der im folgenden Absatz angegebenen Zinssätze Gegengeschäfte angenommen werden, deren Zins- und Tilgungsleistungen exakt den Zahlungsströmen der Baudarlehen entsprechen.

Die Abzinsung erfolgt mit den laufzeitbezogenen Zinssätzen der Landesbank Berlin vom 27. September 1995 für ungedeckte Schuldverschreibungen. Im Hinblick auf Zeiträume/Laufzeiten, für die die Landesbank keine Angaben macht und kein Markt existiert, werden die Abzinsungssätze durch lineare Interpolation festgestellt.

Bei längeren Laufzeiten als 10 Jahre werden die Gegengeschäfte nur zu einem Zinssatz angenommen, der dem Zehnjahreszinssatz entspricht.

Bei Laufzeiten über 30 Jahren werden die Zahlungsströme der Baudarlehen, die Fälligkeiten später als den 31. März 2025 aufweisen, auf den 31. März 2025 abgezinst. Auch hier erfolgt die Abzinsung zu dem Zinssatz für Fälligkeiten in 10 Jahren. Der so ermittelte Barwert wird in die eigentliche „Barwertberechnung" zum 31. März 2025 als eine Summe eingestellt.

Zum 1. Oktober 2005 und dann im Abstand von jeweils 10 Jahren ist eine Neuberechnung des Barwertes für die dann noch verbleibenden Zahlungsströme auf der Basis der dann bei der Landesbank Berlin geltenden Zinssätze der jeweils folgenden 10-Jahreszeitraumes vorzunehmen. Die jeweilige Neuberechnung, die den gleichen Grundsätzen wie die ursprüngliche Barwertberechnung folgt, kann je nach Zinsniveau zu einer weiteren Barwertausschüttung an Berlin oder zu einer Erstattung Berlins an die IBB in Höhe eines rechnerisch zuviel ausgeschütteten Barwertes führen. Das Zinsänderungsrisiko liegt somit bei Berlin.

Im errechneten Barwert ist die Leistungsrate zum 30. September 1995 mit eingerechnet.

Den Abzinsungssätzen wird jeweils eine Gebühr in Höhe von 0,12 % effektiv zugerechnet.

§ 3

Sondertilgungen, vorzeitige Rückzahlungen und sonstige entgegen den ursprünglichen Annahmen getätigte Zahlungen (auch Zwischenzinsen) auf die von diesem Vertrag erfaßten Darlehen wird die IBB unverzüglich Berlin (unter Abzug ihres eigenen Anteils von 10,4 %) zur Verfügung stellen. Berlin tritt in diesen Fällen in die Zins- und Tilgungspläne der betroffenen Konten zu den zum Zeitpunkt der Sondertilgung etc. geltenden Konditionen mit der Maßgabe ein, daß Berlin die Einhaltung der regulär veranschlagten Zahlungsströme sicherstellt. Abweichungen vom regulären Verlauf der Zahlungsströme (z. B. aufgrund von Sondertilgungen, vorzeitigen Darlehensrückzahlungen, Tilgungsstreckungen oder -aussetzungen, Darlehensausfällen sowie -rückständen und -stundungen) gleicht Berlin folglich aus, in dem es der IBB die nach den ursprünglichen Annahmen zu erwartenden Zahlungen termingerecht ersetzt. Das Risiko von Forderungsausfällen – auch im Rahmen von Zwangsvollstreckungsmaßnahmen – trägt somit Berlin.

§ 4

Bei Zinserhöhungen gemäß §§ 18 a ff WoBindG oder einer diese Vorschriften ersetzenden Gesetzesgrundlage wird die IBB nach den Kriterien des § 2 einen Ergänzungsbarwert ermitteln und Berlin zur Verfügung stellen. Die in § 3 geregelten Sondertilgungen etc. bleiben dabei unberücksichtigt. Ermittlung und Zahlung dieses Ergänzungsbarwertes erfolgen aufgrund der erforderlichen Feststellung der einzelnen Zahlungen für die jeweiligen Darlehen ein Jahr nach dem von der zuständigen Senatsverwaltung festgesetzten Zinserhöhungstermin.

§ 5

Das nach diesem Vertrag vorgesehene Berechnungsverfahren wurde auf Kosten der IBB von einem Wirtschaftsprüfer begutachtet.

§ 6

Der in der Präambel genannte Vertrag bleibt im übrigen unberührt."

Aufgrund des Vertrages erhielt das Land Berlin im Jahre 1995 von der Investitionsbank Berlin rund 997 Mio. DM. Im Doppelhaushalt 1995/96 war eine Einnahme aus der streitgegenständlichen Vereinbarung nicht in Ansatz gebracht.

Im Rahmen der Beratungen über den Nachtragshaushalt für das Jahr 1996 ließ die Senatsverwaltung für Finanzen im März 1996 den Fraktionen des Abgeordnetenhauses eine Übersicht über die Einnahmen 1995 („Ist-Liste") zukommen. Hierin war unter dem Kapitel 1290, Titel 18141 im Wege des Anordnungssolls der ursprünglich im Haushaltsplan veranschlagte Betrag von 23.627.000,00 DM auf einen Betrag von 1.236.896.832,75 DM erhöht. Auf Nachfrage der Antragstellerin an die Senatsverwaltung für Finanzen erklärte diese in der Sitzung des Unterausschusses „Wohnungsbauförderung" am 25. März 1996, daß es sich bei den „Berlin zustehenden Leistungen aus Rückflüssen von Darlehen" um Forderungen des Landes Berlin handele, die veräußert worden seien. Der Unterausschuß „Wohnungsbauförderung" bat die Senatsverwaltung für Finanzen daraufhin um einen schriftlichen Bericht zu den Fragen, welche Forderungshöhe, welcher Zeitraum und welcher Diskontsatz sich aus der Vorfinanzierungsvereinbarung von Zins- und Tilgungsleistungen aus öffentlichen Baudarlehen durch die IBB ergäben. Mit

Schreiben vom 22. Mai 1996, das an die Vorsitzende des Unterausschusses „Wohnungsbauförderung" des Hauptausschusses gerichtet war, legte die Senatsverwaltung für Finanzen Einzelheiten zur Errechnung des Vorfinanzierungsbetrages dar. Die Vorfinanzierungsvereinbarung habe zu einem Vermögensabgang in Höhe von 1.248.663.788,77 DM geführt. Aus den Zinssätzen ergebe sich ein strukturkongruenter durchschnittlicher Effektivzinssatz für die ersten 30 Jahre von 6.8703 %. Dem Land Berlin sei per 2. Oktober 1995 eine einmalige Barwertzahlung in Höhe von 997.045.530,26 DM zur Verfügung gestellt worden. Der Rechnungshof von Berlin hat den Vertragsschluß mit der IBB in einem Bericht vom 12. April 1996 (AH-Drucks. 13/390, S. 20 f) als Kreditaufnahme angesehen und eine gesetzliche Ermächtigung nach Art. 75 Abs. 1 VvB 1950 für erforderlich gehalten.

II.

Mit der am 6. September 1996 beim Verfassungsgerichtshof des Landes Berlin eingegangenen Antragsschrift macht die Antragstellerin im Organstreitverfahren die Verletzung eigener Rechte sowie in Prozeßstandschaft Rechte des Abgeordnetenhauses von Berlin geltend. Sie rügt, der Senator für Finanzen habe das Abgeordnetenhaus in keiner Weise über den Vorgang informiert, während der Senat von Berlin vor Vertragsunterzeichnung über das konkrete Vorhaben Kenntnis erlangt habe. Dies ergebe sich aus der Stellungnahme, die der Senator Klemann im Auftrag des Senats in der Sitzung am 6. Juni 1996 des Abgeordnetenhauses abgegeben habe.

Die Antragstellerin beantragt festzustellen:

1. Die Senatsverwaltung für Finanzen hat gegen das Haushaltsrecht des Abgeordnetenhauses von Berlin gemäß Art. 73 Abs. 1 S. 1 und Art. 74 Abs. 1 VvB 1950 verstoßen, indem sie mit Vertrag vom 26. September 1995 der Investitionsbank Berlin die gesamten Forderungen aus den Wohnungsbaudarlehen, die das Land Berlin in den Jahren 1952 bis 1968 aus öffentlichen Bundes- und Landesmitteln zum Zwecke des Wohnungsbaus gewährt hatte, gegen eine Barsumme, fällig am 2. Oktober 1995, abgetreten hat („Vorfinanzierung von Zins- und Tilgungsleistungen aus öffentlichen Baudarlehen"), obwohl im zugrundeliegenden Haushaltsplan für das Jahr 1995 (Doppelhaushalt 1995/1996) eine solche Einnahme nicht veranschlagt war – weder dem Grunde noch der Höhe nach – und es deshalb an einer gesetzlichen Grundlage hierfür fehlte.

2. Die Senatsverwaltung für Finanzen hat durch den genannten Vertrag gegen das Recht des Abgeordnetenhauses aus Art. 75 Abs. 1 der VvB 1950 verstoßen, indem sie ohne die erforderliche gesetzliche Grundlage Forderungen des Landes Berlin, die laufend bis ins Jahr 2052 fällig werden, sich von der

Investitionsbank Berlin hat vorfinanzieren lassen, was zum entsprechenden Forderungsausfall für zukünftige Haushalte führt.

3. Die Senatsverwaltung für Finanzen hat weiterhin das Recht der Antragstellerin als Fraktion des Abgeordnetenhauses verletzt, an der Haushaltsgesetzgebung mitzuwirken.

4. Der Senat von Berlin hat das Haushaltsrecht des Abgeordnetenhauses von Berlin aus Art. 73 Abs. 1 S. 1, 74 Abs. 1 und 75 Abs. 1 VvB 1950 verletzt, indem er es unterlassen hat, für die unter 1) genannte „Vorfinanzierung" die vorherige Ermächtigung des Gesetzgebers einzuholen.

5. Er hat damit zugleich das Recht der Antragstellerin, als Fraktion des Abgeordnetenhauses von Berlin an der Haushaltsgesetzgebung mitzuwirken, aus Art. 27 Abs. 2 VvB 1950 verletzt.

Die Antragsgegner beantragen, die Anträge zurückzuweisen.

Sie halten die Anträge wegen Versäumung der Antragsfrist des § 37 Abs. 3 VerfGHG für unzulässig. Der Vortrag der Antragstellerin, von dem Vorgang erstmals durch ein Schreiben der Antragsgegnerin zu 1) vom 22. Mai 1996 erfahren zu haben, klinge sehr unwahrscheinlich, da der gesamte Vorgang seitens des Senats von Anfang bis Ende in aller Öffentlichkeit behandelt und darüber hinaus immer wieder in der Berliner Tagespresse zum Teil sehr ausführlich berichtet worden sei. Insoweit wird auf Berichte im Tagesspiegel vom 6. April 1995, in der Berliner Morgenpost vom 21. September 1995, in der Berliner Zeitung vom 21. November 1995 und in der Tageszeitung vom gleichen Tage verwiesen.

Weiter führen die Antragsgegner aus, die Anträge seien auch unbegründet. Ein Verstoß gegen Art. 75 VvB 1950 könne schon deshalb nicht vorliegen, weil keinerlei Anhaltspunkte bestünden, daß in dem Verkauf der Darlehensforderungen eine Form von „Anleihen" oder sonstigen Krediten zu sehen sei. Unter einer Anleihe verstehe man die Aufnahme von Kredit gegen Schuldverschreibungen auf den Inhaber. Wesentliches Merkmal eines Darlehensvertrages und damit aller Kreditverträge sei es, daß der Darlehensnehmer die Verpflichtung übernehme, die ihm vom Darlehensgeber überlassenen Darlehensvaluta, die in sein Eigentum übergehe, in Sachen von gleicher Art, Güte und Menge zurückzuerstatten. Aus der Vorfinanzierung der öffentlichen Baudarlehen durch die IBB folge jedoch für Berlin keine für ein Kreditverhältnis typische Rückzahlungsverpflichtung. Vielmehr entspreche die Vertragsgestaltung der eines Vermögensgeschäfts, und zwar speziell der Veräußerung von Forderungen. Die Veräußerung von Vermögen sei abgesehen von hier nicht einschlägigen Sonderregelungen keinen parlamentarischen Vorbehalten unterworfen. Ferner sei eine Veräußerung nicht davon abhängig, daß hierfür Einnahmen im Haushaltsplan veranschlagt seien. Dies

habe zur Folge, daß der Verkauf von Forderungen nicht vom Abgeordnetenhaus gesondert genehmigt werden müsse.
Auch gegen Art. 73, 74 VvB 1950 sei nicht verstoßen worden. Nachdem erkennbar geworden sei, daß die im Entwurf des Haushaltsplans 1995/1996 vorgesehenen Einnahmen aus der beabsichtigten Veräußerung von Anteilen an der Bankgesellschaft Berlin bereits im Jahre 1994 vereinnahmt werden konnten und die ursprünglich für 1994 vorgesehene Vorfinanzierung von Forderungen durch die IBB erst im Jahre 1995 erforderlich sein würde, wäre es denkbar gewesen, dem Abgeordnetenhaus mit der Nachschiebeliste entsprechende Änderungen des Entwurfs des Haushaltsplans vorzuschlagen. Der Senat habe dafür indes keine Veranlassung gesehen, da die für den Verkauf der Anteile an der Bankgesellschaft Berlin und für die Vorfinanzierung der Forderungen durch die IBB planerisch zu erwartenden Einnahmen mit ca. 600 Mio DM gleich hoch gewesen seien. Durch den veränderten zeitlichen Ablauf der beiden Transaktionen habe sich deshalb kein Deckungsproblem für das Jahr 1995 ergeben. Selbst wenn der Antragstellerin darin gefolgt werden sollte, daß ein formaler Verstoß vorliege, weil die erwarteten Einnahmen aus der Vorfinanzierung im Haushaltsplan 1995 nicht im Kapitel 1290 – wie 1994 – veranschlagt worden sind, sondern in gleicher Höhe bei dem „falschen" Titel im Kapitel 2910 enthalten waren, wäre damit eine Verletzung verfassungsmäßiger Rechte der Antragstellerin nicht verbunden. Eine andere Beurteilung wäre nur gerechtfertigt, wenn der Senat der Höhe nach Einnahmen bewußt nicht im Haushaltsplan veranschlagt und damit das Ausgabebewilligungsrecht des Parlaments beeinträchtigt hätte. Dies sei jedoch nicht der Fall. Selbst wenn ein materielles Mitwirkungsrecht des Parlaments hinsichtlich der Vorfinanzierung bejaht werden sollte, habe der Senat nach der Veranschlagung im festgestellten Haushaltsplan 1994 davon ausgehen können, daß möglichen Beteiligungserfordernissen des Parlaments ausreichend Rechnung getragen worden sei. Auch ein Verstoß gegen andere Haushaltsgrundsätze liege nicht vor. Zu keiner Zeit sei es darum gegangen, das Vorfinanzierungsgeschäft heimlich am Abgeordnetenhaus vorbei durchzuführen, sondern nur darum, durch einen bereits vom Abgeordnetenhaus „abgesegneten" Vertrag aus finanzpolitischen Gründen kurzfristig Mittel in den Haushalt einzustellen.

III.

Der Verfassungsgerichtshof hat einstimmig auf mündliche Verhandlung verzichtet (§ 24 Abs. 1 VerfGHG).

B.

Der Antrag zu 4) ist zulässig und teilweise begründet, die Anträge zu 1), 2), 3) und 5) sind unzulässig.

I.

Nach § 14 Nr. 1 VerfGHG entscheidet der Verfassungsgerichtshof über die Auslegung der Verfassung von Berlin aus Anlaß von Streitigkeiten über den Umfang der Rechte und Pflichten eines obersten Landesorgans oder anderer Beteiligter, die durch die Verfassung von Berlin oder durch die Geschäftsordnung des Abgeordnetenhauses mit eigenen Rechten ausgestattet sind. Gemäß § 37 Abs. 1 VerfGHG ist der Antrag nur zulässig, wenn der Antragsteller geltend macht, daß er oder das Organ, dem er angehört, durch eine Maßnahme oder Unterlassung des Antragsgegners in seinen ihm durch die Verfassung von Berlin übertragenen Rechten und Pflichten verletzt oder unmittelbar gefährdet ist. Die Antragsbefugnis setzt voraus, daß nach dem Vortrag der Antragstellerin die Verletzung eigener Rechte zumindest möglich ist (Beschluß vom 22. November 1993 – LVerfGE 1, 160, 165).

1. Soweit die Antragstellerin mit den Anträgen zu 1), 2) und 3) eine Verletzung von eigenen Rechten und von Rechten des Abgeordnetenhauses durch die Senatsverwaltung für Finanzen geltend macht, fehlt es in dem hier maßgebenden Zusammenhang bereits an der Parteifähigkeit des Antragsgegners. Die Senatsverwaltung für Finanzen ist eine Behörde und als solche kein oberstes Landesorgan. Sie ist auch kein „anderer Beteiligter" im Sinne des § 14 Nr. 1 VerfGHG, weil sie durch die Verfassung von Berlin nicht mit eigenen Rechten ausgestattet ist. Sofern man die Anträge zu 1), 2) und 3) nach ihrem Sinngehalt nicht als gegen die Senatsverwaltung für Finanzen, sondern gegen den Senator für Finanzen als den mit der Leitung des Finanzwesens beauftragten Senator gerichtet ansieht, bleiben sie dennoch unzulässig. Auch der Senator für Finanzen ist kein oberstes Landesorgan im Sinne des § 14 Nr. 1 VerfGHG. Er kann allerdings, soweit ihm durch die Verfassung von Berlin besondere Rechte und Pflichten obliegen, ein anderer Beteiligter gemäß § 14 Nr. 1 VerfGHG sein (vgl. zum Bundesrecht BVerfGE 45, 1, 28; 67, 100, 123 f). Die Antragstellerin hat jedoch keinen Sachverhalt vorgetragen, aus dem sich die Möglichkeit einer Verletzung verfassungsrechtlicher Vorschriften von seiten des Senators für Finanzen ergäbe. Die sich aus Art. 73 Abs. 1 Satz 1, Art. 74 Abs. 1 und Art. 75 Abs. 1 VvB 1950 ergebenden Pflichten im Verhältnis zum Abgeordnetenhaus (oder wie hier behauptet wird, im Verhältnis auch zu einzelnen Fraktionen) können nur den

Senat von Berlin als oberstes Landesorgan treffen, nicht aber den einzelnen Senator. Der Antragstellerin fehlt danach insoweit die Antragsbefugnis.

2. Der Antrag zu 5) ist deshalb unzulässig, weil die Antragstellerin nicht geltend machen kann, als Fraktion in ihr durch die Verfassung von Berlin übertragenen Rechten und Pflichten durch Verhalten des Senats verletzt oder unmittelbar gefährdet zu sein. Im Ergebnis geht es bei dem Antrag darum, daß die aufgrund der streitgegenständlichen Vereinbarung erfolgten Einnahmen nicht in einem Haushaltsplan veranschlagt worden sind, der durch ein Gesetz festgestellt wurde (Art. 73 Abs. 1 Satz 1 VvB 1950), und daß darüber hinaus die Einnahme sich im Ergebnis als eine Anleihe darstelle, die ohne gesetzliche Grundlage nicht hätte aufgenommen werden dürfen (Art. 75 Abs. 1 VvB 1950 in der Fassung des 28. Gesetzes zur Änderung der Verfassung von Berlin vom 6. Juli 1994 – GVBl. S. 117). Es wird geltend gemacht, die Mitwirkungsbefugnis der Fraktion an der Gesetzgebung des Abgeordnetenhauses sei durch die hier gerügte Unterlassung verletzt worden. Das damit angesprochene Budget-Recht steht jedoch nur dem Abgeordnetenhaus und nicht auch den Fraktionen zu (LVerfGE 1, 160, 166; vgl. auch Staatsgerichtshof für das Land Baden-Württemberg, Urteil vom 20. November 1996 – GR 2/95 – Umdruck S. 24). Schlüssig dargetan werden könnte demgemäß nur eine Verletzung von Rechten des obersten Landesorgans Abgeordnetenhaus, nicht aber eine solche einer einzelnen Fraktion. Ob etwas anderes gelten könnte, wenn einer einzelnen Fraktion ihre Mitwirkungsrechte bei der parlamentarischen Beratung bewußt durch ein oberstes Landesorgan dadurch beschnitten werden, daß keine Gesetzesvorlage für einen Nachtragshaushalt oder für die Ermächtigung zur Aufnahme einer Anleihe eingebracht wird, mag dahinstehen. So liegt der Fall hier nicht. Der von der Antragstellerin vorgetragene Vorwurf zielt darauf, daß der Senat von Berlin es unterlassen habe, dem Abgeordnetenhaus eine entsprechende Gesetzesvorlage zuzuleiten bzw. die Schaffung eines entsprechenden Gesetzes abzuwarten. Daß bei Nichteinbringung eines Gesetzes auch die im Abgeordnetenhaus vertretenen Fraktionen mangels entsprechender Gesetzesvorlage ihre Mitwirkungsrechte an der Gesetzgebung nicht ausüben können, ist keine im Organstreitverfahren rügefähige Verletzung eigener Rechte. Verletzt werden kann insoweit nur das Recht des Abgeordnetenhauses auf Gesetzgebung als solches. Eine Rechtsschutzlücke tritt dadurch nicht auf, weil die einzelne Fraktion im Organstreitverfahren in Prozeßstandschaft die Verletzung von Rechten des Abgeordnetenhauses geltend machen kann.

3. Der Antrag zu 4) ist zulässig. Mit ihm wird die Feststellung begehrt, der Senat habe Rechte des Abgeordnetenhauses aus Art. 73, 74 und 75 VvB 1950 verletzt.

Die Antragstellerin und der Antragsgegner sind nach §§ 36, 14 Nr. 1 VerfGHG im Organstreitverfahren, für das der Rechtsweg zum Verfassungsgerichtshof gemäß Art. 72 Abs. 2 Nr. 1 VvB 1950, § 14 Nr. 1 VerfGHG gegeben ist, parteifähig. Als Fraktion ist die Antragstellerin gemäß § 37 Abs. 1 VerfGHG auch befugt, im Wege der Prozeßstandschaft die Verletzung von verfassungsmäßigen Rechten des Abgeordnetenhauses durch den Senat von Berlin geltend zu machen (Urteil vom 29. Juli 1993 – LVerfGE 1, 124, 128; Beschluß vom 6. Dezember 1994 – LVerfGE 1, 131, 135).

Der Zulässigkeit des Antrags steht nicht entgegen, daß nach Abschluß der streitgegenständlichen Vereinbarung das Abgeordnetenhaus am 22. Oktober 1995 neu gewählt worden und in der Folge der Senat neu gebildet worden ist. Trotz Beendigung der Legislaturperiode besteht ein Rechtsschutzbedürfnis. Denn zum einen hat die „Vereinbarung über die Vorfinanzierung von Zins- und Tilgungsleistungen aus öffentlichen Baudarlehen" Auswirkungen auch für künftige Haushalte. Zum anderen hat der Senat in seinen Stellungnahmen zum Ausdruck gebracht, daß nach seiner Rechtsauffassung entsprechende Rechtsgeschäfte keinen parlamentarischen Vorbehalten unterworfen sind. Damit besteht eine hinreichende Wahrscheinlichkeit, daß es auch in Zukunft Streitigkeiten zwischen den Beteiligten aus ähnlichem Anlaß geben kann (vgl. BVerfGE 87, 207, 209).

Der am 6. September 1996 beim Verfassungsgerichtshof eingegangene Antrag ist fristgerecht gestellt worden. Gemäß § 37 Abs. 3 VerfGHG muß ein Antrag im Organstreitverfahren binnen sechs Monaten gestellt werden, nachdem die beanstandete Maßnahme oder Unterlassung dem Antragsteller bekanntgeworden ist. Diese Frist hat die Antragstellerin gewahrt, da sie erstmals am 25. März 1996, als die Senatsverwaltung für Finanzen im Unterausschuß „Wohnungsbauförderung" des Abgeordnetenhauses von dem Vertragsschluß mit der IBB berichtete, verläßlich hiervon Kenntnis erhalten hat. Die zuvor in der Tagespresse erschienenen Berichte über den Vertragsschluß mit der IBB, mit denen der Antragsgegner seine Auffassung, der Antrag sei verspätet, begründet, sind als private Verlautbarungen grundsätzlich nicht geeignet, die Frist des § 37 Abs. 3 VerfGHG in Lauf zu setzen. Es kann deshalb dahinstehen, ob die Antragstellerin seinerzeit von diesen Zeitungsberichten Kenntnis erlangt hat.

II.

Der Antrag zu 4) ist begründet, soweit mit ihm sinngemäß die Feststellung begehrt wird, der Senat von Berlin habe Art. 75 VvB 1950 verletzt, indem er ohne gesetzliche Grundlage den Vertrag mit der IBB geschlossen habe.

Verfassungsgerichtshof des Landes Berlin

1. Nach Art. 75 Abs. 1 VvB 1950 dürfen ohne gesetzliche Grundlage, also ohne vorheriges Gesetz des Abgeordnetenhauses, weder Anleihen aufgenommen noch Sicherheiten geleistet werden. Der Begriff der „Anleihe", der sich innerhalb des Bundes- und Landesverfassungsrechts nur in der Verfassung von Berlin findet, entspricht dem des „Kredits", den der Art. 75 Abs. 1 VvB 1950 inhaltlich entsprechend Art. 115 Abs. 1 GG sowie fast alle Landesverfassungen verwenden. Sie schreiben weitgehend gleichlautend vor, daß die Aufnahme von Krediten einer Ermächtigung durch Gesetz bedürfe (vgl. die Verfassungen von Baden-Württemberg – Art. 84 –, Bayern – Art. 82 –, Brandenburg – Art. 103 –, Hamburg – Art. 72 –, Hessen – Art. 141 –, Mecklenburg-Vorpommern – Art. 65 –, Niedersachsen – Art. 71 –, Nordrhein-Westfalen – Art. 83 –, Rheinland-Pfalz – Art. 117 –, Saarland – Art. 108 –, Sachsen – Art. 95 –, Sachsen-Anhalt – Art. 99 –, Schleswig-Holstein – Art. 53 –, Thüringen – Art. 98 –). Der inzwischen an die Stelle des hier maßgebenden Art. 75 VvB 1950 getretene Art. 87 VvB 1995 spricht in seinem Absatz 1 nach wie vor von „Anleihen", bezeichnet diese in seinem Absatz 2 aber als „Kredite" und unterstreicht damit die Gleichheit der beiden Begriffe.

2. Der Begriff des „Kredits" ist in den genannten bundes- und landesverfassungsrechtlichen Bestimmungen ebensowenig definiert wie der Begriff der Anleihe in Art. 75 VvB 1950. Aus dem Zweck dieser Bestimmungen, die Verschuldung des Staates von parlamentarischer Zustimmung abhängig zu machen, folgt, daß unter der Aufnahme von Krediten die Beschaffung von Geldmitteln zu verstehen ist, die zurückgezahlt werden müssen (*Wiebel*, in Bonner Kommentar zum Grundgesetz, Art. 115 Rn. 36; *Maunz*, in Maunz/Dürig, Grundgesetz, Art. 115 Rn. 10; *Friauf*, in Isensee/Kirchhof, Handbuch des Staatsrechts, Bd. IV § 91 Rn. 26). Auf die Art und Weise und die rechtliche Ausgestaltung der Kreditaufnahme kommt es für die Notwendigkeit einer gesetzlichen Ermächtigung nicht an (*Siekmann*, in Sachs, Grundgesetzkommentar, 1996, Art. 115 Rn. 9; ähnlich *Maunz* aaO; *Fischer-Menshausen*, in von Münch/Kunig, Grundgesetzkommentar Bd. 3, 3. Aufl. 1996, Art. 115 Rn. 8; *Höfling*, Staatsschuldenrecht 1993, S. 30), so daß beispielsweise auch „Kreditaufnahmen ohne Krediteinnahmen" möglich sein sollen (so *Höfling* aaO), etwa bei der Umwandlung von gegen den Staat gerichteten Leistungsansprüchen in langfristig gestundete Finanzschulden. Letzteres mag indes dahinstehen. Eine Kreditaufnahme liegt jedenfalls vor, wenn dem Staat unmittelbar oder mittelbar Geldleistungen zugewandt werden, die er zurückzahlen und in der Regel auch verzinsen muß, die mithin Finanzschulden begründen.

3. Die Vereinbarung mit der IBB vom 26. September 1995 stellt im Sinne des Art. 75 Abs. 1 VvB 1950 die Aufnahme einer Anleihe bzw. eines Kredites dar. Sie bedurfte daher einer gesetzlichen Grundlage.

Dem Land Berlin ist aufgrund der Vereinbarung mit der IBB am 2. Oktober 1995 ein Betrag von rd. 997 Mio. DM zugeflossen. Bei dieser Vereinbarung handelt es sich nicht, wie der Antragsgegner meint, um einen Verkauf der dem Land Berlin aus Wohnungsbaudarlehen der Jahre 1952 bis 1968 zustehenden Rückzahlungs- und Zinsansprüche mit der Folge der Übertragung des Risikos der Einbringlichkeit dieser Forderungen auf die IBB, sondern um einen Kreditvertrag mit Rückzahlungsverpflichtung. Die Rückzahlung erfolgt in der Weise, daß die IBB die laufenden Zins- und Tilgungsleistungen einzieht und zur Rückführung der dem Land Berlin gewährten rund 997 Mio. DM verwendet. Werden einzelne Wohnungsbaudarlehen von den Darlehensnehmern nicht oder nicht termingerecht getilgt, gleicht Berlin dies aus, „indem es der IBB die nach der ursprünglichen Annahme zu erwartenden Zahlungen termingerecht ersetzt" (§ 3 Abs. 2 der Vereinbarung). Das Risiko von Forderungsausfällen, so heißt es in dieser Vertragsbestimmung weiter, trägt Berlin. Überdies zeigt sich auch an dem in der Vereinbarung von den Vertragsparteien gewählten Zinsmodell, bei dem das Land Berlin das Risiko künftiger Zinserhöhungen trägt, daß es sich vorliegend um einen Kredit handelt. Der Zinssatz ist nicht ziffernmäßig, sondern durch Verweisung auf die „laufzeitbezogenen Zinssätze der Landesbank Berlin für ungedeckte Schuldverschreibungen" bestimmt worden (§ 2 Abs. 2 der Vereinbarung). Da die Rückzahlung des Berlin zugeflossenen Betrages nach Maßgabe der Zins- und Tilgungsleistungen aus den Wohnungsbaudarlehen erfolgt und sich infolgedessen weit über das Jahr 2005 hinaus erstrecken kann, sieht § 2 Abs. 5 der Vereinbarung eine Anpassung an die bei der Landesbank geltenden Zinssätze zum 1. Oktober 2005 und danach im Abstand von jeweils 10 Jahren vor, was „je nach Zinsniveau zu einer weiteren Barwertausschüttung an Berlin oder zu einer Erstattung Berlins an die IBB in Höhe eines rechnerisch zuviel ausgeschütteten Barwerts führen" kann. Die Vereinbarung mit der IBB weist allerdings die Besonderheit auf, daß die vorgenannten Zinsen nicht laufend zu entrichten, sondern durch Abzinsung der aus dem Baudarlehen zu erwartenden Zins- und Tilgungsleistungen von insgesamt 1.248.663.788,77 DM auf 997.045.530,26 DM erhoben worden sind. Der Annahme einer Kreditaufnahme steht dies indes, wie sich von selbst versteht, nicht entgegen. Entscheidend ist allein, daß der Berlin zugewandte Betrag von rund 997 Mio. DM zurückzuzahlen ist, und zwar in erster Linie durch Verrechnung mit den laufenden Zins- und Tilgungsleistungen aus den Wohnungsbaudarlehen und ersatzweise durch unmittelbare Zahlungen Berlins (vgl. in diesem Zusammenhang die Urteile des Bundesgerichtshofs vom 3. Mai 1992, BGHZ 58, 364 sowie vom 19. September 1977, BGHZ 69, 254, 257).

4. Der Antragsgegner weist zutreffend darauf hin, daß in dem gesetzlich festgestellten Haushaltsplan für das Haushaltsjahr 1994 die „Vorfinanzierung der Wohnungsbauforderungen durch die IBB" vorgesehen war, dann jedoch nicht erforderlich gewesen sei, da durch die Veräußerung von Anteilen an der Bankgesellschaft Berlin die notwendige Deckung des Haushalts 1994 herbeigeführt werden konnte. Auch wenn dies den Schluß nahelegt, daß das Abgeordnetenhaus, wäre es im Jahre 1995 erneut mit der „Vorfinanzierung der Wohnungsbauforderungen durch die IBB" befaßt worden, voraussichtlich keine Einwendungen hiergegen erhoben haben würde, war gleichwohl wegen der Jährlichkeit von Haushaltsplan und Haushaltsgesetz für den Vertragsschluß im Jahre 1995 eine erneute Ermächtigung durch Gesetz des Abgeordnetenhauses erforderlich. Da diese nicht eingeholt und erteilt worden ist – was auch nachträglich im Laufe des Haushaltsjahres hätte geschehen können – stellt die Vereinbarung mit der IBB rechtlich die Aufnahme einer Anleihe durch das Land Berlin ohne gesetzliche Grundlage und damit einen Verstoß gegen Art. 75 Abs. 1 VvB 1950 dar.

5. Soweit mit dem Antrag zu 4) im übrigen die Feststellung begehrt wird, daß der Senat von Berlin das Budget-Recht des Abgeordnetenhauses aus Art. 75 Abs. 1 Satz 1 und aus Art. 74 Abs. 1 VvB 1950 verletzt hat, ist der Antrag dagegen unbegründet. Nach Art. 73 Abs. 1 VvB 1950 müssen für jedes Rechnungsjahr alle Einnahmen und Ausgaben in dem Haushaltsplan veranschlagt werden, der vom Abgeordnetenhaus durch das Haushaltsgesetz festgesetzt wird. Es bildet, wie Art. 74 Abs. 1 VvB bestimmt, die Grundlage für die Verwaltung aller Einnahmen und Ausgaben. Der Haushaltsplan dient der Feststellung und Deckung des Finanzbedarfs, der zur Erfüllung der Aufgaben Berlins im Bewilligungszeitraum voraussichtlich notwendig ist. Im Haushaltsplan war eine Einnahme im Titel 18141 „Rückflüsse von Darlehen an öffentliche Unternehmen der Wohnungswirtschaft" im Kapitel 1290 „Förderung des Wohnungsbaus" vorgesehen. Der Haushaltsplan bindet den Senat von Berlin nicht dahingehend, daß er bei seinen Einnahmen auf die im Haushaltsplan vorgesehenen Summen beschränkt ist. Ebensowenig wie eine Verpflichtung des Senats besteht, die im Haushaltsplan für einen bestimmten Zweck veranschlagten Ausgaben tatsächlich aufzuwenden (Beschluß vom 6. Dezember 1994 – LVerfGE 1, 131, 139), ist der Senat von Berlin beim Vollzug des Haushalts verpflichtet, vor jeder Mehreinnahme einen Nachtragshaushaltsplan vorzulegen. Die Zuführung von Mehreinnahmen ist bloßer Haushaltsvollzug, der Rechte des Abgeordnetenhauses auf Haushaltsgesetzgebung nicht verletzt. Die Verfassung von Berlin beschränkt

sich deshalb ausdrücklich darauf, bei Haushaltsüberschreitungen eine besondere Kontrolle des Abgeordnetenhauses nach Art. 76 Abs. 2 VvB 1950 vorzusehen.
Die Kostenentscheidung beruht auf §§ 33, 34 Abs. 2 VerfGHG.
Die Entscheidung ist unanfechtbar.

Nr. 8

Der Verfassungsgerichtshof kann eine Verletzung des Anspruchs auf rechtliches Gehör durch einen Verstoß des Fachgerichts gegen seine Pflicht, den Vortrag der Beteiligten zur Kenntnis zu nehmen und in Erwägung zu ziehen, nur dann feststellen, wenn sich ein solcher Mangel aus den Umständen des einzelnen Falles eindeutig ergibt.

Verfassung von Berlin Art. 15 Abs. 1

Beschluß vom 22. Mai 1997 – VerfGH 34/97 –

in dem Verfahren über die Verfassungsbeschwerde der LS-T. GmbH, Niederlassung Berlin
gegen das Urteil des Kammergerichts vom 17. Januar 1997 – 21 U 2761/96 –

Entscheidungsformel:

Die Verfassungsbeschwerde wird zurückgewiesen.
Das Verfahren ist gerichtskostenfrei.
Auslagen werden nicht erstattet.

Gründe:

I.

Die Beschwerdeführerin und Klägerin des Ausgangsverfahrens schloß am 1. Juni 1994 mit der Firma I. und Beklagten des Ausgangsverfahrens einen VOB/B-Bauvertrag, in dem sich erstere zur Errichtung einer Treppenanlage in einem Bauvorhaben in G.Sch. verpflichtete. Zwischen den Vertragsparteien kam es bald zu Meinungsverschiedenheiten u. a. hinsichtlich des Vergütungsanspruchs der Beschwerdeführerin; überdies konnten nach deren Vorbringen vereinbarte Montagetermine aus von der Firma I. zu vertretenden Gründen mehrfach nicht eingehalten werden. Mit Schreiben vom 21. Dezember 1994 kündigte die Beschwerdeführerin den Bauvertrag und stützte diese Kündigung auf einen Annahmeverzug gemäß § 9 Nr. 1 a VOB/B, einen Zahlungsverzug gemäß § 9 Nr. 1 b VOB/B sowie eine Bauunterbrechung gemäß § 6 Nr. 7 VOB/B.

Der von der Beschwerdeführerin erhobenen Zahlungsklage hat das Landgericht Berlin durch Urteil vom 6. März 1996 zu einem überwiegenden Teil stattgegeben und dabei angenommen, die Kündigung sei zumindest nach § 9 Nr. 1 b VOB/B (Zahlungsverzug) gerechtfertigt. Gegen das Urteil des Landgerichts haben sowohl die Beschwerdeführerin als auch die Firma I. Berufung eingelegt. Durch Urteil vom 17. Januar 1997 hat das Kammergericht unter Zurückweisung der Berufung der Beschwerdeführerin der Berufung der Firma I. überwiegend stattgegeben. Im Rahmen der Entscheidungsgründe hat das Kammergericht u. a. ausgeführt, die Beschwerdeführerin habe die Kündigung vom 21. Dezember 1994 auch nicht auf § 9 Nr. 1 b der vereinbarten VOB/B stützen können. Zwar habe die Firma I. als Beklagte die 2. Abschlagsrechnung der Klägerin vom 24. August 1994 nicht voll bezahlt. Doch sei sie dazu nicht verpflichtet gewesen. Denn diese 2. Abschlagsrechnung sei nicht überprüfbar. Ihr sei nicht zu entnehmen, wie sich die geforderte Summe im einzelnen zusammensetze. Auch lasse sich nicht erkennen, ob im Rechnungsbetrag Mehrkosten für ein wandseitiges Geländer enthalten seien.

Gegen das Urteil des Kammergerichts wendet sich die Beschwerdeführerin mit ihrer Verfassungsbeschwerde. Sie rügt die bezeichnete Folgerungsweise des Kammergerichts und macht geltend, diese beruhe auf einer Verletzung des durch Art. 15 Abs. 1 VvB verbürgten Anspruchs auf rechtliches Gehör. Das Kammergericht habe in diesem Zusammenhang einen von ihr – der Beschwerdeführerin – in der mündlichen Verhandlung vorgebrachten Gesichtspunkt offensichtlich nicht oder nicht in für sie nachvollziehbarer Weise erwogen, jedenfalls aber in den Entscheidungsgründen nicht behandelt und keiner Prüfung unterzogen. Richtig sei, daß die Firma I. die in Rede stehende 2. Abschlagsrechnung vom 24. August 1994 mit Schreiben vom 5. August 1994 an sie – die Beschwerdeführerin – zurückgesandt habe. Daraufhin habe sie mit Schreiben vom 14. September 1994 die Firma I. abermals zur Begleichung der 2. Abschlagsrechnung aufgefordert, und zwar unter Spezifizierung der Rechnungspositionen und der Zusammensetzung des Gesamtbetrages. Das reiche für die Annahme eines Kündigungsgrundes nach § 9 Nr. 1 b VOB/B aus. Von der Wirksamkeit dieser Kündigung hänge es ab, ob sie einen über das Urteil des Kammergerichts hinausgehenden Vergütungsanspruch habe.

II.

Die zulässige Verfassungsbeschwerde ist unbegründet.

Richtig ist, daß Art. 15 Abs. 1 VvB einen Anspruch auf rechtliches Gehör garantiert. Richtig ist ferner, daß dieser Anspruch u. a. die Pflicht des Gerichts umfaßt, die Ausführungen der Prozeßbeteiligten zur Kenntnis zu nehmen und bei seiner Entscheidung in Erwägung zu ziehen, soweit ein Vorbringen nach den Prozeßvorschriften nicht ausnahmsweise unberücksichtigt bleiben muß oder bleiben kann.

Allerdings ist die Feststellung und Würdigung des Tatbestands allein Sache der Gerichte. Nur bei Verletzung von spezifischem Landesverfassungsrecht kann der Verfassungsgerichtshof auf Verfassungsbeschwerde hin eingreifen. Spezifisches Landesverfassungsrecht ist aber nicht schon dann verletzt, wenn eine Entscheidung, am einfachen Recht gemessen, objektiv fehlerhaft ist (vgl. zum Bundesrecht ebenso BVerfG, u. a. Beschluß vom 10. Juni 1964 – 1BvR 37/63 – BVerfGE 18, 85, 92 f). Es ist nicht Aufgabe des Verfassungsgerichtshofs, Entscheidungen der Gerichte in jeder Hinsicht auf die Richtigkeit der getroffenen tatsächlichen Feststellungen zu kontrollieren. Die Behauptung, die richterlichen Tatsachenfeststellungen seien falsch oder der Richter habe einem tatsächlichen Umstand nicht die richtige Bedeutung für weitere tatsächliche oder rechtliche Folgerungen beigemessen, vermag grundsätzlich einen Verstoß gegen Art. 15 Abs. 1 VvB nicht zu begründen. Der Anspruch auf rechtliches Gehör ist nicht schon dann verletzt, wenn der Richter zu einer unrichtigen Tatsachenfeststellung im Zusammenhang mit der ihm obliegenden Tätigkeit der Sammlung, Feststellung und Bewertung der von den Parteien vorgetragenen Tatsachen gekommen ist.

Grundsätzlich ist davon auszugehen, daß ein Gericht das von ihm entgegengenommene Vorbringen der Beteiligten auch zur Kenntnis genommen und in Erwägung gezogen hat (zum Bundesrecht ebenso BVerfG, Beschluß vom 19. Juli 1967 – 2 BvR 639/66 – BVerfGE 22, 267, 274). Die Gerichte sind nämlich nicht verpflichtet, jedes Vorbringen der Beteiligten in den Gründen der Entscheidung ausdrücklich zu bescheiden. Der Verfassungsgerichtshof kann nur dann feststellen, daß ein Gericht seine Pflicht, den Vortrag der Parteien zur Kenntnis zu nehmen und zu erwägen, verletzt hat, wenn sich dies aus den besonderen Umständen des einzelnen Falles eindeutig ergibt. Das trifft etwa zu, wenn ein Gericht schon im Tatbestand seiner Entscheidung eine dem Vorbringen eines Beteiligten widersprechende Tatsache vermerkt und seine Entscheidung ohne weiteres auf diese Tatsache stützt (vgl. etwa zum Bundesrecht BVerfG, Beschluß vom 19. Juli 1967 – 2 BvR 639/66 – aaO).

Ein derartiger Fall ist hier nicht gegeben. Das Kammergericht hat angenommen, die 2. Abschlagsrechnung vom 24. August 1994 rechtfertige keine Kündigung nach § 9 Nr. 1 b VOB/B, weil sich ihr nicht in der insoweit gebotenen Eindeutigkeit entnehmen lasse, wie sich die geforderte Summe im einzelnen zusammensetze und ob in dem Rechnungsbetrag Mehrkosten für ein wandseitiges Geländer enthalten seien. Daraus läßt sich nichts für die Feststellung herleiten, es habe das Vorbringen der Beschwerdeführerin nicht zur Kenntnis genommen und in seine Entscheidungsfindung einbezogen, sie habe die Firma I. mit Schreiben vom 14. September 1994 (abermals) zur Begleichung der 2. Abschlagsrechnung vom 24. August 1994 aufgefordert, und zwar unter Spezifizierung der Rechnungspositionen und der Zusammensetzung des Gesamtbetrages. Einzuräumen ist, daß das Schreiben vom 14. September 1994 drei verschiedene Rechnungsposten enthält. Doch erlaubt das noch nicht einmal den selbst von der Beschwerdeführerin nicht gezogenen Schluß, damit sei den Spezifizierungsanforderungen genügt, deren Erfüllung § 9 Nr. 1 b VOB/B nach Maßgabe der hier erheblichen Umstände für eine wirksame Kündigung voraussetzt. Zweifel könnten insoweit schon deshalb bestehen, weil sich etwa der dritte Posten von 8.000 DM auf die Erläuterung „Lieferung und Einbau der Treppe KW 29/94" beschränkt und überdies auch das Schreiben vom 14. September 1994 nichts für die vom Kammergericht vermißte Antwort auf die Frage hergibt, ob in dem Gesamtbetrag Mehrkosten für ein wandseitiges Geländer enthalten sind. Das bedarf indes keiner Vertiefung. Denn eine derartige Bewertung ist – wie bereits gesagt – den dazu berufenen Fachgerichten überlassen.

Die Kostenentscheidung folgt aus den §§ 33 f VerfGHG.

Dieser Beschluß ist unanfechtbar.

Nr. 9

Zur Zulässigkeit einer Verfassungsbeschwerde, mit der eine Verletzung des Gleichheitsgrundsatzes und des Anspruchs auf rechtliches Gehör allein unter Hinweis auf Art. 3 Abs. 1, 103 Abs. 1 GG gerügt wird.

Gesetz über den Verfassungsgerichtshof §§ 49 Abs. 1, 51 Abs. 1

Beschluß vom 26. Juni 1997 – VerfGH 8/97 –

in dem Verfahren über die Verfassungsbeschwerde des Herrn H.-J. P. gegen das Urteil des Kammergerichts vom 15. November 1996 – 13 UF 5569/96 –

Beteiligte:
Frau M. P.

Entscheidungsformel:

Die Verfassungsbeschwerde wird zurückgewiesen.
Das Verfahren ist gerichtskostenfrei.
Auslagen werden nicht erstattet.

Gründe:

I.

Der Beschwerdeführer wurde im Jahre 1995 von seiner geschiedenen Ehefrau, der Beteiligten, auf Zahlung nachehelichen Unterhalts verklagt. Zur Begründung ihrer Klage gab die Beteiligte u. a. an, aus den von ihr vorgelegten Gehaltsbescheinigungen ergebe sich unter Berücksichtigung eines 13. Monatsgehalts, das dem Beschwerdeführer als Richter am ... zustehe, ein durchschnittliches Netto-Monatseinkommen von 6.930 DM.
Mit Urteil vom 7. Juni 1996 verurteilte das Amtsgericht T. den Beschwerdeführer, an die Beteiligte ab 1. Juni 1995 eine monatliche Unterhaltsrente in Höhe von 500 DM und ab 14. November 1995 eine monatliche Unterhaltsrente in Höhe von 570 DM im voraus zu zahlen. Das Amtsgericht legte bei seiner Entscheidung unter Hinweis auf einen Gehaltsnachweis für den Monat April 1996 ein Netto-Einkommen von monatlich „rund 6.018 DM" zugrunde. Auf die Berufung des Beschwerdeführers änderte das Kammergericht mit Urteil vom 15. November 1996 – zugestellt am 28. November 1996 – die erstinstanzliche Entscheidung teilweise ab und verurteilte den Beschwerdeführer, für die Zeit vom 1. April 1995 bis zum 31. Dezember 1995 nachehelichen Unterhalt von monatlich 335 DM und ab Januar 1996 von monatlich 300 DM zu zahlen. Das Kammergericht stellte für die Berechnung des Aufstockungsanspruchs auf ein durchschnittliches Netto-Einkommen des Beschwerdeführers von 6.930 DM ab. Dieser beantragte daraufhin eine Berichtigung des Urteils wegen offenbarer Unrichtigkeit gemäß § 319 ZPO und Berichtigung des Tatbestands gemäß § 320 ZPO mit der Begründung, das Kammergericht sei offenkundig versehentlich nicht von einem durchschnittlichen Netto-Einkommen von 6.018 DM monatlich ausgegangen. Das Kammergericht wies diese Anträge durch Beschluß vom 17. Januar 1997 zurück: Der Ansatz des Einkommens des Beschwerdeführers von 6.930 DM beruhe nicht auf einem Versehen, sondern auf der Grundlage des von der Klägerin unter Zugrundelegung der im Rahmen der Auskunftserteilung überreichten Gehaltsbescheinigungen für 1995 errechneten und mitgeteilten Einkommens. Dem sei der Beschwerdeführer substantiiert nicht entgegengetreten. Insbesondere habe er auf die Auflage des Familiengerichts vom 6. April 1996 weder seine sämtlichen Gehaltsbescheinigun-

gen für 1995 noch – sofern er diese, ohne sich zuvor Fotokopien zu fertigen
– der Beteiligten überreicht haben sollte – die Rückseite seiner Lohnsteuerkarte für 1995 eingereicht, aus der sich die Höhe seines Netto-Einkommens
ebenfalls zuverlässig hätte ablesen lassen. Zur Rüge der Verletzung des rechtlichen Gehörs führt das Kammergericht aus, der anwaltlich vertretene Beschwerdeführer habe, nachdem die Beteiligte den behaupteten Wegfall steuerlicher Ermäßigungen und deren Rückwirkung bereits mit Schriftsatz vom
26. April 1996 bestritten habe, nicht nochmals gesondert auf seine Darlegungs- und Beweislast hingewiesen werden müssen (§ 139 ZPO).

Mit der am 23. Januar 1997 beim Verfassungsgerichtshof eingegangenen
Verfassungsbeschwerde rügt der Beschwerdeführer „die Verletzung der
Art. 63 Abs. 1 Verfassung des Landes Berlin, Art. 3 Abs. 1, 103 Abs. 1 GG,
§§ 136 Abs. 3, 139 Abs. 1 und 2, 278 Abs. 3, 288 Abs. 1, 308 Abs. 1 und 546
Abs. 1 Satz 2 ZPO" (Beschwerdeschrift S. 1). Mit einem am 25. Januar 1997
beim Verfassungsgerichtshof eingegangenen Schriftsatz berichtigt der Beschwerdeführer seine Verfassungsbeschwerde dahin, es werde die Verletzung
des Art. 80 der Verfassung von Berlin geltend gemacht, der denselben Wortlaut habe wie der frühere Art. 63 Abs. 1. Mit einem weiteren Schriftsatz vom
18. Februar 1997 beruft er sich ausdrücklich auf eine Verletzung des Art. 15
Abs. 1 der Verfassung von Berlin.

Zur Begründung bringt der Beschwerdeführer vor, das Kammergericht
habe dadurch, daß es vom Einkommensansatz des Familiengerichts
(6.018 DM monatlich netto) abgewichen sei, eine Überraschungsentscheidung unter Verletzung des Anspruchs auf rechtliches Gehör getroffen. Die
Beteiligte habe ihr ursprüngliches Bestreiten hinsichtlich seiner Einkommensverhältnisse im Laufe des gerichtlichen Verfahrens aufgegeben; das ergebe sich daraus, daß das Familiengericht seiner Entscheidung bei der Berechnung des Einkommens den Einkommensnachweis von April 1996 zugrundelegt und das so ermittelte Einkommen als unstreitig dargestellt
habe. Das Kammergericht habe sich über die Verhandlungsmaxime hinweggesetzt und sei von unstreitigen Tatsachen willkürlich abgewichen. Im nachehelichen, isolierten Unterhaltsverfahren gelte nicht das Amtsermittlungsprinzip, ganz abgesehen davon, daß auch eine richtig durchgeführte Amtsermittlung keinen anderen Einkommensansatz als 6.018 DM ergeben hätte.

Die Beteiligte hat gemäß § 53 Abs. 2 VerfGHG Gelegenheit zur Äußerung im Verfassungsbeschwerdeverfahren erhalten. Sie verweist auf den Vortrag in ihrer Klageschrift, der Beschwerdeführer erziele ein durchschnittliches Netto-Einkommen von ca 6.930 DM monatlich. Von diesem Ansatz
sei sie niemals abgewichen. Daß sie selbst keine Anschlußberufung gegen
das Urteil des Familiengerichts eingelegt habe, gehe allein auf ihren Wunsch
zurück, keinen weiteren Rechtsstreit mit dem Beschwerdeführer auszutragen.

II.

Die gegen das ihm am 28. November 1996 zugestellte Urteil des Kammergerichts vom 15. November 1996 gerichtete Verfassungsbeschwerde des Beschwerdeführers ist unzulässig.

Gemäß § 49 Abs. 1 VerfGHG kann jedermann „mit der Behauptung, durch die öffentliche Gewalt des Landes Berlin in einem seiner in der Verfassung von Berlin enthaltenen Rechte" verletzt zu sein, Verfassungsbeschwerde zum Verfassungsgerichtshof des Landes Berlin erheben, soweit nicht Verfassungsbeschwerde zum Bundesverfassungsgericht erhoben ist oder wird. Voraussetzung für die Zulässigkeit einer Verfassungsbeschwerde zum Verfassungsgerichtshof des Landes Berlin ist daher, daß – alles andere vernachlässigt – der Beschwerdeführer geltend macht, gerade in einem durch die Verfassung von Berlin nicht etwa durch das Grundgesetz (auch) zu seinen Gunsten verbürgten (subjektiven) Recht verletzt zu sein (vgl. so u. a. schon Beschluß vom 3. September 1992 – VerfGH 34/94 –). § 49 Abs. 1 VerfGHG verlangt „die Angabe des Prüfungsmaßstabs, der der Annahme des Beschwerdeführers zugrundeliegt, die von ihm beanstandete Maßnahme verletze ein subjektives Recht, und an dem nunmehr die Richtigkeit dieser Annahme gemessen werden soll, d. h. die Angabe des Maßstabs, auf dessen Grundlage der Beschwerdeführer die von ihm beanstandete Maßnahme beurteilt wissen möchte" (Beschluß vom 25. April 1996 – VerfGH 21/95 – NJW 1996, 1738). An einer unter diesem Blickwinkel den Weg zu einer zulässigen Verfassungsbeschwerde eröffnenden Behauptung fehlt es im vorliegenden Fall.

Soweit der Beschwerdeführer sich zur Stützung seiner Verfassungsbeschwerde auf Art. 63 Abs. 1 der Verfassung des Landes Berlin vom 1. September 1950 (VOBl. I S. 433) – VvB 1950 –, zuletzt geändert durch Gesetz vom 8. Juni 1995 (GVBl. S. 339), bzw. – was mit Blick auf den Zeitpunkt der angegriffenen Entscheidung des Kammergerichts richtiger wäre – auf Art. 79 Abs. 1 der am 29. November 1995 in Kraft getretenen Verfassung von Berlin vom 23. November 1995 (GVBl. S. 779) – VvB –, geändert durch Gesetz vom 14. Juni 1996 (GVBl. S. 233) beruft, bringt er zwar eindeutig zum Ausdruck, daß er die Überprüfung des Urteils des Kammergerichts vom 15. November 1996 am Maßstab einer gerade in der Berliner Verfassung enthaltenen Rechtsnorm begehrt. Insoweit scheitert indes die Zulässigkeit seiner Verfassungsbeschwerde deshalb, weil Art. 63 Abs. 1 VvB 1950 (ebenso wie Art. 79 Abs. 1 VvB), wonach die richterliche Gewalt durch unabhängige, nur dem Gesetz unterworfene Gerichte im Namen des Volkes ausgeübt wird, kein subjektives Recht eines Bürgers begründet, sondern eine rechtsstaatliche Aussage mit objektivrechtlichem Gehalt beinhaltet, deren

Einhaltung nicht mit der Verfassungsbeschwerde eingefordert werden kann (vgl. u. a. – zu Art. 63 Abs. 1 VvB 1950 – Beschluß vom 12. Oktober 1994 – VerfGH 68/94 – LVerfGE 2, 67, 70).

Ebenfalls unzulässig ist die Verfassungsbeschwerde, soweit der Beschwerdeführer eine Verletzung der Art. 3 Abs. 1 und 103 Abs. 1 GG rügt und damit eine Überprüfung des angegriffenen Urteils des Kammergerichts an Normen des Grundgesetzes begehrt. Denn Normen des Grundgesetzes sind – wie § 49 Abs. 1 VerfGHG belegt – kein für eine Verfassungsbeschwerde zum Verfassungsgerichtshof des Landes Berlin zugelassener Prüfungsmaßstab. Gleiches gilt im übrigen, soweit sich der Beschwerdeführer auf die Verletzung von Bestimmungen der Zivilprozeßordnung beruft.

Nach der Rechtsprechung des Verfassungsgerichtshofs (vgl. Beschluß vom 25. April 1996 – VerfGH 21/95 – aaO) ist dann, wenn und soweit ein Beschwerdeführer nicht ausdrücklich rügt, durch die von ihm beanstandete Maßnahme gerade in einem durch die Verfassung von Berlin garantierten subjektiven Recht, also in einem sozusagen „Berliner Recht", verletzt zu sein, sein Vorbringen mit Blick auf den begehrten Prüfungsmaßstab auszulegen. Ferner ist nach dieser Rechtsprechung (vgl. dazu auch Beschluß vom 17. Juni 1996 – VerfGH 4/96 – LKV 1997, 93) in diesem Zusammenhang bei einer aus Berlin stammenden, an den Verfassungsgerichtshof des Landes Berlin gerichteten Verfassungsbeschwerde jedenfalls dann grundsätzlich davon auszugehen, daß die Überprüfung einer bestimmten Maßnahme nach Maßgabe eines „Berliner Rechts" gewünscht wird, wenn – wie hier – die Verletzung von Grundrechten in Rede steht, die inhaltsgleich vom Grundgesetz und von der Verfassung von Berlin verbürgt werden. Jedoch ist diese Vermutung widerlegt, wenn der insoweit allein berücksichtigungsfähige, innerhalb der nach § 51 VerfGHG einschlägigen Frist beim Verfassungsgerichtshof eingegangene Vortrag ausdrücklich einzig auf die Verletzung einer Bestimmung des Grundgesetzes abstellt. Jedenfalls das trifft im vorliegenden Fall mit Blick auf die Rüge des Beschwerdeführers zu, die angegriffene Entscheidung des Kammergerichts verletze den Gleichheitsgrundsatz des Art. 3 Abs. 1 GG und den durch Art. 103 Abs. 1 GG verbürgten Anspruch auf rechtliches Gehör.

Angesichts des insoweit eindeutigen Vorbringens des Beschwerdeführers, eines Richters am ..., ist bereits fraglich, ob nicht anzunehmen ist, mit Blick auf die beiden genannten Grundrechte fehle es hinsichtlich des gewünschten Prüfungsmaßstabs an einer Auslegungsfähigkeit. Doch mag das auf sich beruhen. Denn jedenfalls ist im vorliegenden Fall die zuvor angesprochene Vermutung widerlegt, der Beschwerdeführer erstrebe insoweit eine Überprüfung der Entscheidung des Kammergerichts am Maßstab gerade durch die Verfassung von Berlin garantierter Grundrechte. Innerhalb der am 28. Januar 1997 abgelaufenen Frist des § 51 Abs. 1 Sätze 1 und 2 VerfGHG nämlich hat der Beschwerdeführer zweifelsfrei zum Ausdruck gebracht, er begehre eine Überprüfung des angegriffenen Urteils vom 15. November 1996 nach Maßgabe unterschiedlicher Normengruppen: Prüfungsmaßstab sollten – erstens – eine Bestimmung der Verfassung von Berlin (Art. 63 Abs. 1 VvB 1950), – zweitens – zwei Vorschriften des Grundgesetzes (Art. 3 Abs. 1, 103 Abs. 1 GG) und überdies – drittens – verschiedene Regelungen der Zivilprozeßordnung sein. Im Rahmen der damit vorgenommenen Differenzierung hat der Beschwerdeführer den Gleichbehandlungsgrundsatz und den Anspruch auf rechtliches Gehör ausschließlich dem Grundgesetz zugeordnet. Das schließt die Möglichkeit aus, entgegen der Vorgabe des Beschwerdeführers insoweit auf entsprechende, durch die Verfassung von Berlin verbürgte Grundrechte abzustellen.

Die Rüge einer Verletzung des Art. 15 Abs. 1 VvB hat der Beschwerdeführer erst nach Ablauf der in § 51 Abs. 1 Sätze 1 und 2 VerfGHG bestimmten Frist erhoben, so daß sie nicht zur Zulässigkeit der Verfassungsbeschwerde führen kann. Die von ihm gestellten Anträge auf Berichtigung des Urteils und seines Tatbestandes hatten nicht zur Folge, daß der Beginn jener Frist bis zur Zustellung der Entscheidung über diese Anträge hinausgeschoben wurde. Denn das Berichtigungsverfahren nach den §§ 319, 320 ZPO ist weder ein Rechtsweg im Sinne des § 49 Abs. 2 VerfGHG, noch war es im Hinblick auf den darin zum Ausdruck kommenden allgemeinen Grundsatz der Subsidiarität der Verfassungsbeschwerde ein geeignetes prozessuales Mittel, um eine fachgerichtliche Korrektur der geltend gemachten Verletzung des Anspruchs auf rechtliches Gehör zu erreichen. Die Rüge, das Kammergericht habe unter Verletzung dieses Anspruchs eine Überraschungsentscheidung gefällt, enthält nämlich nicht die Behauptung einer offenbaren Unrichtigkeit im Sinne des § 319 ZPO (Abweichung zwischen Willensbildung und Willenserklärung) und könnte durch eine Berichtigung des Tatbestandes gemäß § 320 ZPO nicht ausgeräumt werden.

Die Entscheidung ist mit sechs zu drei Stimmen ergangen.

Die Kostenentscheidung folgt aus den §§ 33 f VerfGHG.

Dieser Beschluß ist unanfechtbar.

Entscheidungen des Verfassungsgerichts des Landes Brandenburg

Die amtierenden Richter
des Verfassungsgerichts des Landes Brandenburg

Dr. Peter Macke, Präsident
Dr. Wolfgang Knippel, Vizepräsident
Dr. Matthias Dombert
Prof. Dr. Beate Harms-Ziegler
Prof. Dr. Rolf Mitzner
Prof. Dr. Richard Schröder
Prof. Dr. Karl-Heinz Schöneburg
Monika Weisberg-Schwarz
Prof. Dr. Rosemarie Will

Nr. 1

Zur Frage der verfassungsgerichtlichen Anfechtbarkeit bei Nichtaufnahme eines Bewerbers in die Vorschlagsliste für die Wahl ehrenamtlicher Richter durch die Gemeindevertretung bzw. bei einem die Übernahme des Ehrenrichteramtes hintertreibenden Verhalten des Arbeitgebers.*

Grundgesetz Art. 33 Abs. 2

Verfassung des Landes Brandenburg Art. 110 Abs. 1, 10

Verfassungsgerichtsgesetz § 45 Abs. 2 Satz 1

Gerichtsverfassungsgesetz § 36

Beschluß vom 20. Februar 1997 – VfGBbg 30/96 –

in dem Verfassungsbeschwerdeverfahren des Herrn W. wegen Nichtaufnahme in die Vorschlagsliste für die Wahl ehrenamtlicher Richter.

Entscheidungsformel:

Die Verfassungsbeschwerde wird verworfen.

Gründe:

A.

Der Beschwerdeführer wendet sich mit seiner Verfassungsbeschwerde dagegen, daß die zuständige Gemeindevertretung ihn nicht in die Vorschlagsliste für Schöffen aufgenommen hat.

I.

Der Beschwerdeführer ist Angestellter der Amtsverwaltung B. Er hat sich als Schöffe für den Bezirk des Amtsgerichts E. beworben. Die Gemeindevertretung L. nahm ihn jedoch in ihrer Sitzung vom 20. Juni 1996 nicht in die Vorschlagsliste auf.

* Nichtamtlicher Leitsatz

Die Voraussetzungen für das Ehrenrichteramt und das Verfahren zur Wahl der ehrenamtlichen Richter in der ordentlichen Gerichtsbarkeit sind in den §§ 31 ff Gerichtsverfassungsgesetz (GVG) geregelt. § 36 GVG bestimmt, daß die Gemeinde in jedem vierten Jahr eine alle Gruppen der Bevölkerung nach Geschlecht, Alter, Beruf und sozialer Stellung angemessen berücksichtigende Vorschlagsliste für Schöffen aufstellt. Für die Aufnahme in die Liste ist die Zustimmung von zwei Dritteln der gesetzlichen Zahl der Mitglieder der Gemeindevertretung erforderlich. Der Gemeindevorsteher sendet die Vorschlagsliste an den Richter beim Amtsgericht des Bezirks (§ 38 Abs. 1 GVG). Aus der Vorschlagsliste wählt ein nach § 40 GVG zu bildender Ausschuß sodann die erforderliche Zahl von Schöffen und Hilfsschöffen (§ 42 GVG).

II.

Mit seiner am 31. Juli 1996 bei Gericht eingegangenen Verfassungsbeschwerde rügt der Beschwerdeführer eine „vorsätzliche Verhinderung der Bewerbung um ein Ehrenrichteramt nach Art. 110" Verfassung des Landes Brandenburg (LV) und eine „Einschränkung von Art. 10" LV. Er trägt vor: Zwar habe ihn die Amtsverwaltung auf seine Bewerbung hin zunächst in die Abstimmungsliste für die Gemeindevertretung L. aufgenommen. Am Tage der Sitzung habe ihm der Amtsdirektor jedoch mitgeteilt, daß er ihn von der Abstimmungsliste gestrichen habe. Er – der Amtsdirektor – werde dafür sorgen, daß der Beschwerdeführer, sollte er auf seine Bewerbung bestehen, nicht gewählt werde. Im weiteren Verlauf des Gesprächs habe der Amtsdirektor ihm mit dem Verlust seines Arbeitsplatzes gedroht. In der nachfolgenden Sitzung der Gemeindevertretung sei er nach einem Vorschlag einer der Gemeindevertreter erneut auf die Abstimmungsliste gesetzt worden. Der Beschwerdeführer trägt in diesem Zusammenhang vor: „In der Diskussion über die Kandidaten hat der Amtsdirektor die Gemeindevertretung vorsätzlich zu der Nichtwahl meiner Person geführt, indem er auf die Notwendigkeit meiner Anwesenheit und meiner Arbeit in der Verwaltung ... hinwies und den Gemeindevertretern offerierte, bei einer Wahl meiner Person würde diese Arbeit liegen bleiben". Mit dieser Vorgehensweise habe der Amtsdirektor bewirkt, daß die Gemeindevertretung in seinem Falle die bei der Schöffenwahl allein maßgeblichen Kriterien der Eignung für das Schöffenamt aus dem Auge verloren habe.

B.

Die Verfassungsbeschwerde ist unzulässig.

1. Das Gericht läßt offen, ob nach dem Vortrag des Beschwerdeführers die Verletzung eines Landesgrundrechts auch nur möglich erscheint und nicht bereits die Beschwerdebefugnis entfällt.

Verfassungsgericht des Landes Brandenburg   93

a. In den Blick zu nehmen ist hier vor allem Art. 110 Abs. 1 LV. Danach dürfen den ehrenamtlichen Richtern durch ihre Tätigkeit keine Nachteile entstehen und ist während ihrer Amtszeit eine Kündigung oder Entlassung nur zulässig, wenn Tatsachen vorliegen, die den Arbeitgeber oder Dienstherren zur fristlosen Kündigung berechtigen. Hierzu ist bereits nicht unzweifelhaft, ob der brandenburgische Verfassungsgeber nach der Kompetenzordnung des Grundgesetzes überhaupt befugt war, einen besonderen Schutz für ehrenamtliche Richter zu normieren (bejahend *Postier/Lieber* in: Simon/Franke/Sachs, Handbuch der Verfassung des Landes Brandenburg, 1994, § 19, Rn. 19, 22; dazu auch *Sachs,* ebenda, § 3, Rn. 15; zu einer ähnlichen Bestimmung in Art. 73 der Verfassung der Freien und Hansestadt Hamburg siehe *David,* Kommentar, 1994, Art. 73, Rn. 9; zur Frage der Bindung des Landesverfassungsgebers an die grundgesetzliche Kompetenzverteilung vgl. allgemein etwa *Pietzcker,* Zuständigkeitsordnung und Kollisionsrecht im Bundesstaat, in: HStR, Band IV, § 99, Rn. 35 einerseits; *Huber* in: Sachs, Grundgesetz, Art. 31, Rn. 9 andererseits). Weiter erscheint fraglich, ob das von dem Beschwerdeführer behauptete Verhalten des Amtsdirektors in den Schutzbereich des Art. 110 Abs. 1 LV fällt. Diese Verfassungsbestimmung beschränkt sich ihrem Wortlaut nach darauf, die ehrenamtlichen Richter vor Benachteiligungen „durch ihre Tätigkeit", d. h. in Wahrnehmung ihres Amtes als ehrenamtliche Richter, zu schützen. Der vorliegende Fall nötigt nicht zu einer abschließenden Entscheidung, ob sich die Regelung darin erschöpft (so für die ähnlich gefaßte Bestimmung des § 26 Abs. 1 Arbeitsgerichtsgesetz etwa *Hauck,* ArbGG, 1996, § 26, Rn. 2 m. w. N.) oder ob sie bereits das – zeitlich vorgelagerte – Bemühen um das Amt, insbesondere die Bewerbung um die Aufnahme in die Vorschlagsliste, umfaßt (vgl. zu Art. 48 Abs. 2 GG betr. Bewerbungen um ein Bundestagsmandat *Trute* in: v. Münch (Begr.)/Kunig (Hrsg.), GG, Band 2, 3. Auflage, 1995, Art. 48, Rn. 11 m. w. N.; vgl. auch *Grunsky,* ArbGG, 6. Auflage, 1990, § 26, Rn. 2; *David,* aaO, Rn. 11).

b. Ähnliches gilt für die Frage, ob eine Verletzung des von dem Beschwerdeführer ebenfalls gerügten Grundrechts auf freie Entfaltung der Persönlichkeit (Art. 10 LV) auch nur möglich erscheint oder dieses Grundrecht in dem hier in Frage stehenden Zusammenhange von Art. 110 Abs. 1 LV als der spezielleren Bestimmung verdrängt wird.

2. Die Verfassungsbeschwerde ist jedenfalls deshalb unzulässig, weil der Rechtsweg i. S. d. § 45 Abs. 2 Satz 1 Verfassungsgerichtsgesetz Brandenburg (VerfGGBbg) nicht erschöpft ist oder jedenfalls der auf einer rechtsanalogen Anwendung dieser Norm beruhende Grundsatz der Subsidiarität entgegensteht. § 45 Abs. 2 Satz 1 VerfGGBbg liegt der Gedanke zugrunde, daß ein Beschwerdeführer vor der Anrufung des Verfassungsgerichts alle ihm nach

Lage der Dinge gegebenenfalls zur Verfügung stehenden prozessualen Möglichkeiten zur Korrektur der geltend gemachten Grundrechtsverletzung ergreifen muß, wie es einer sachgerechten Aufgabenverteilung zwischen dem Verfassungsgericht und den Fachgerichten entspricht (ständige Rechtsprechung des Verfassungsgerichts des Landes Brandenburg, zuletzt Beschluß vom 19. Dezember 1996 – VfGBbg 28/96 – LVerfGE 5, 125, 128 m. w. N.; vgl. auch etwa BVerfGE 68, 376, 380). Es ist vorrangig die Aufgabe der Fachgerichte, einfachrechtliche Vorschriften auszulegen, die zur Anwendung der Vorschriften erforderlichen Ermittlungen vorzunehmen und den so ermittelten Sachverhalt tatsächlich und rechtlich zu würdigen. Sie haben hierbei auch den Schutz von Grundrechten sicherzustellen (vgl. bereits Verfassungsgericht des Landes Brandenburg, Beschluß vom 21. November 1996 – VfGBbg 17/96, 18/96 und 19/96 – LVerfGE 5, 112, 119).

Hiernach muß der Beschwerdeführer zunächst entweder den Verwaltungsrechtsweg oder den Weg zu den Arbeitsgerichten beschreiten. Soweit er sich gegen das Verhalten der Gemeindevertretung wendet, ist er auf den Verwaltungsrechtsweg zu verweisen (dazu nachfolgend a.). Soweit er sich gegen das Verhalten des Amtsdirektors (als des Vertretungsorgans seines Arbeitgebers) wenden will, kommt die Anrufung des Arbeitsgerichts in Betracht (dazu nachfolgend b.).

a. Eine Inanspruchnahme der Verwaltungsgerichte ist jedenfalls nicht von vornherein ausgeschlossen. Zwar wird die Frage der gerichtlichen Anfechtbarkeit der Aufnahme oder Nichtaufnahme eines Kandidaten in die Schöffen-Vorschlagsliste nicht einheitlich beurteilt. Teilweise wird die Auffassung vertreten, die Wahl auf die Vorschlagsliste sei einer gerichtlichen Nachprüfung entzogen (so *Kissel,* Gerichtsverfassungsgesetz, 2. Aufl., 1994, § 36, Rn. 13). Die verwaltungsrechtliche Literatur geht demgegenüber überwiegend davon aus, die Aufnahme oder Nichtaufnahme in die Wahlliste sei – wenn auch angesichts des weiten Auswahlermessens nur in Grenzen – überprüfbar (als schlicht hoheitliches Verwaltungshandeln: *Schnellenbach,* NVwZ 1988, 703, 706; *Stelkens,* in: Schoch/Schmidt-Aßmann/Pietzner, VwGO, § 28, Rn. 5; im Wege der Anfechtungs- oder Verpflichtungsklage, also als Verwaltungsakt: *Kopp,* VwGO, 10. Aufl., § 28, Rn. 5; *Redeker/v. Oertzen,* VwGO, 11. Aufl., § 28, Rn. 2; *Eyermann/Fröhler,* VwGO, 9. Aufl., § 28, Rn. 2). Einer rechtlichen Überprüfung steht jedenfalls nicht von vornherein entgegen, daß die Aufnahme eines Kandidaten in die Vorschlagsliste durch Wahl erfolgt. Der Gedanke, das Ergebnis einer Wahl richte sich allein nach dem Demokratieprinzip und nicht nach rechtlichen Kriterien (s. dazu *Maunz* in: Maunz/Dürig/Herzog/Scholz, GG, Band 2, 1994, Art. 33, Rn. 14), ist für eine Wahl durch eine kommunale Vertretung nicht einschlägig. Sie ist Teil der Selbst*verwaltung* und als Exekutivorgan gemäß Art. 1 Abs. 3, 20

Abs. 3 GG an Gesetz und Recht gebunden (s. *Gern,* Deutsches Kommunalrecht, 1994, Rn. 504). Die von der Gemeindevertretung bei der Aufstellung der Vorschlagsliste zu beachtenden Vorgaben ergeben sich außer aus §§ 32 bis 34 GVG nicht zuletzt aus § 36 Abs. 2 Satz 1 GVG, wonach alle Gruppen der Bevölkerung nach Geschlecht, Alter, Beruf und sozialer Stellung angemessen berücksichtigt werden sollen (vgl. zum Verfahren der Aufstellung der Vorschlagsliste, das die Wahl geeigneter Schöffen gewährleisten soll, BGH, NStZ 1992, 92 f, mit Anm. *Katholnigg,* ebenda, S. 73 ff). Von daher kann der Beschwerdeführer eine gerichtliche Überprüfung der Wahl auf die Schöffenliste verlangen (Art. 19 Abs. 4 GG), soweit er ein Recht auf Zugang zu dem Ehrenamt hat (dazu *Stober,* Der Ehrenbeamte in Verfassung und Verwaltung, 1981, S. 129 ff). In diesem Zusammenhang obläge es dem Verwaltungsgericht auch zu klären, ob das Ehrenrichteramt ein „öffentliches Amt" i. S. d. Art. 33 Abs. 2 GG darstellt, was gegebenenfalls einschließt, daß der Bewerbende einen Anspruch auf ermessensfehlerfreie Bescheidung hat (vgl. dazu *Maunz,* aaO, Rn. 13; *v. Mangoldt-Klein,* GG, Band 2, 2. Aufl., 1964, Art. 33, Anm. IV.4.; *Battis* in: Sachs, GG, 1996, Art. 33, Rn. 24 f; *Schnellenbach,* aaO, S. 706; AK-GG-*Ridder,* Band 1, 2. Aufl., 1989, Art. 33, Rn. 49 ff, 52; zu den rechtlichen Vorgaben an die Eignung von Wahlbeamten und deren gerichtliche Überprüfung auch VGHBW, ESVGH 34, 45, 46 ff). Soweit ein subjektives Recht auf Zugang zu staatlichen Ehrenämtern zu bejahen ist, ergibt sich für das Verwaltungsgericht die weitere Frage, welche Bedeutung die Aufstellung der Vorschlagsliste für die Wahrnehmung dieses Rechts hat. Entschiede die Gemeindevertretung mit der Aufstellung der Vorschlagsliste über die Möglichkeit, das Recht wahrzunehmen (vgl. VG Darmstadt, HessVGRspr 1985, 45, 47, 48; *Stelkens,* aaO; *Kopp,* aaO; allgemein zur Wirkung von Wahlen einer Gemeindevertretung, die Personalentscheidungen beinhalten, *Meyer,* Beschlüsse kommunaler Vertretungskörperschaften, 1990, S. 108 ff), dürfte sie nicht willkürlich einzelne Bürger von der Möglichkeit ausschließen, das Ehrenamt zu erlangen (vgl. insbesondere *Stelkens,* aaO). In diesem Zusammenhang wäre von dem Verwaltungsgericht gegebenenfalls auch aufzuklären, welche Gründe hier die Gemeindevertreter tatsächlich veranlaßt haben, von einer Aufnahme des Beschwerdeführers in die Liste für die Schöffen abzusehen.

Die hiernach nicht von vornherein ausgeschlossene Inanspruchnahme der Verwaltungsgerichte ist dem Beschwerdeführer auch zumutbar. Von einer Verweisung auf den Verwaltungsrechtsweg wäre freilich abzusehen, wenn dort effektiver Rechtsschutz nicht zu erwarten wäre (vgl. Verfassungsgericht des Landes Brandenburg, Beschluß vom 15. September 1994 – VfGBbg 5/94 – LVerfGE 2, 171, 176 f). Daß dies hier so wäre, steht aber nicht fest. Erscheint – wie vorliegendenfalls – immerhin möglich, daß das Verwaltungsgericht die Klage für zulässig hält, ist es dem Beschwerdeführer zuzumuten, zunächst diesen Weg zu beschreiten, bevor er das Verfassungs-

gericht in Anspruch nimmt (vgl. Verfassungsgericht des Landes Brandenburg, Beschluß vom 19. Dezember 1996 – VfGBbg 28/96 – LVerfGE 5, 125, 128; BVerfGE 91, 93, 106; 68, 376, 381; 16, 1, 2).
Für eine Sofortentscheidung des Verfassungsgerichts ohne vorherige Erschöpfung des Rechtsweges bzw. unter Hintansetzung des Grundsatzes der Subsidiarität eignet sich der Fall nicht. Ebenso wie bei Nichterschöpfung des Rechtsweges (in engerem Sinne) kommt auch im Anwendungsbereich des Subsidiaritätsgrundsatzes eine Sofortentscheidung des Verfassungsgerichts nur unter den – engen – Voraussetzungen des § 45 Abs. 2 Satz 2 VerfGGBbg in Betracht (s. dazu näher Verfassungsgericht des Landes Brandenburg, Beschluß vom 21. November 1996 – VfGBbg 17/96, 18/96, 19/96 – LVerfGE 5, 112, 120 ff), die hier ersichtlich nicht vorliegen. Insbesondere ist die Sache nicht „von allgemeiner Bedeutung". Vielmehr handelt es sich um einen Einzelfall.

b. Soweit sich der Beschwerdeführer gegen ein die Übernahme des Ehrenrichteramtes hintertreibendes Verhalten des Amtsdirektors wenden will, ist die Anrufung des Arbeitsgerichts denkbar. Vorstellbar ist etwa eine Klage auf Unterlassung für die Zukunft. In Betracht kommen kann auch eine Feststellungsklage dahin, daß der Amtsdirektor nicht berechtigt war und künftig nicht berechtigt ist, die Bewerbung des Beschwerdeführers für die Aufnahme in die Vorschlagsliste zu behindern oder sich gegen seine Aufnahme in die Schöffen-Vorschlagsliste auszusprechen. Die Zulässigkeit einer darauf gerichteten Klage erscheint nach der Rechtsprechung des Bundesarbeitsgerichts nicht von vornherein ausgeschlossen (vgl. BAGE 46, 322, 340 f). Sie wird vor allem davon abhängen, ob der Beschwerdeführer ein rechtliches Interesse an einer solchen Feststellung hat, etwa weil er beabsichtigt, sich beim nächsten Mal erneut für eine Wahl auf die Vorschlagsliste für Schöffen zu bewerben und mit einer Wiederholung von Benachteiligungen rechnen muß (vgl. dazu BAG, NJW 1974, 2023).

Nr. 2

Grundsätzlich kein Verstoß gegen Willkürverbot bei verkürzter Begründung „zu Protokoll" gemäß § 495 a ZPO.*

Verfassung des Landes Brandenburg Art. 12 Abs. 1 Sätze 1 und 2, 53 Abs. 3

Zivilprozeßordnung § 495 a

* Nichtamtlicher Leitsatz

Verfassungsgericht des Landes Brandenburg

Beschluß vom 20. Februar 1997 – VfGBbg 45/96 –

in dem Verfassungsbeschwerdeverfahren des Herrn G. gegen das Urteil des Amtsgerichts O. vom 4. September 1996.

Entscheidungsformel:
Die Verfassungsbeschwerde wird zurückgewiesen.

Gründe:

A.

Der Beschwerdeführer wendet sich gegen eine Verurteilung durch das Amtsgericht O. auf Zahlung eines Betrages von 1.144,40 DM. Er beauftragte die Klägerin des Ausgangsverfahrens im März 1994 mit der Durchführung von Dachdecker- und Klempnerarbeiten an seinem Haus in B. Auf die ihm per August 1994 gestellte Rechnung, die ein Gesamtvolumen von ca. 30.000,– DM aufwies, erhob er Einwendungen im Hinblick auf eine Position von 972,90 DM für das Stellen einer Rüstung und wegen einer weiteren Position von 171,50 DM für Montage und Verlötung von Fallrohren. Zu der Position von 972,90 DM bestritten der Beschwerdeführer und seine mit verklagte Ehefrau vor dem Amtsgericht zunächst, daß eine Rüstung überhaupt gestellt worden sei; zu der zweiten Position behaupteten sie, in Höhe des geltend gemachten Betrages sei Minderung vereinbart worden. Das Amtsgericht erhob zu beiden Fragen Beweis. Im Anschluß an die Beweisaufnahme schlossen die Parteien einen Vergleich, der die Zahlung eines Betrages von 1.070,– DM an die Klägerin vorsah. Diesen Vergleich widerriefen der Beschwerdeführer und seine Ehefrau kurze Zeit später und machten nunmehr geltend, die Klägerin habe das Stellen der Rüstung nicht gesondert berechnen dürfen, weil diese nicht höher als 2 Meter gewesen sei und eine Rüstung in dieser Höhe nach der Verdingungsordnung für Bauleistungen (VOB) als Nebenleistung anzusehen sei, die nicht gesondert abgerechnet werden dürfe. Das Amtsgericht verurteilte den Beschwerdeführer und seine Ehefrau zur Zahlung und nahm den wesentlichen Inhalt der Entscheidungsgründe nach § 495 a Zivilprozeßordnung (ZPO) im Anschluß an die Urteilsverkündung vom 4. September 1996 in das Sitzungsprotokoll auf. Dort heißt es im wesentlichen:

Die Klage ist begründet. Die Klägerin hat Anspruch auf den vollen Werklohn. Denn die Beklagten waren nicht berechtigt, DM 972,90 wegen der Rüstung und DM 171,50 für den Anbau und das Verlöten der Fallrohre abzusetzen. Aus der Beweisaufnahme hat sich ergeben, daß die Rüstung tatsächlich erstellt worden ist. Einer diesbezüglichen Aussage des Zeugen B. ist nicht zu zweifeln. Daß das Gerüst nicht mehr als 2 m Höhe gehabt haben mag, ist unerheblich, da die VOB nicht wirksam vereinbart worden ist. Denn der Vertrag ist nicht unter Baukundigen, sondern mit dem Beklagten geschlossen worden...

Gegen das im Oktober zugestellte Urteil hat der Beschwerdeführer rechtzeitig – am 16. Dezember 1996 – Verfassungsbeschwerde eingelegt. Er rügt eine Verletzung des in Art. 12 Abs. 1 Landesverfassung (LV) niedergelegten Willkürverbots. Ein Urteil im „eigentlich-rechtsstaatlichen Sinne" liege gar nicht vor. Die Entscheidungsgründe bestünden aus wenigen Sätzen, die laienhaft abgefaßt, ohne inneren Zusammenhang und nicht nachvollziehbar seien. Eine Rechtsnorm, die Grundlage der Verurteilung sein könne, werde nicht genannt. Insbesondere sei unklar, was der verwendete Terminus „bauunkundig" zu bedeuten habe; dieser Begriff komme in der gesamten Kommentarliteratur zur VOB nicht vor. Die Geltung der VOB wegen „Bauunkundigkeit" zu verneinen, sei auch deswegen fehlerhaft, weil er die Bauausführung unter Zuhilfenahme eines Architekten überwacht habe und jedenfalls derart über „Baukundigkeit" verfügt habe; der Architekt sei im übrigen als Zeuge benannt, hierzu indes nicht vernommen worden.

B.

I.

Die Verfassungsbeschwerde ist zulässig. Der Rechtsweg i. S. v. § 45 Abs. 2 Satz 1 Verfassungsgerichtsgesetz Brandenburg (VerfGGBbg) ist erschöpft (s. § 511 a Abs. 1 ZPO). Die Möglichkeit einer Verletzung des Willkürverbots i. S. v. Art. 12 Abs. 1 LV ist jedenfalls nicht von vornherein ausgeschlossen. Der Beschwerdeführer macht der Sache nach geltend, daß das Urteil des Amtsgerichts nach Form und Inhalt nicht nachvollziehbar sei. In diese Richtung gehend kann auch eine gegebenenfalls unverständliche oder unzulängliche Begründung einer Entscheidung die Annahme eines Verstoßes gegen das Willkürverbot zulassen (vgl. BVerfGE 71, 122, 135 f; ferner BVerfGE 81, 97, 106).

II.

In der Sache selbst hat die Verfassungsbeschwerde keinen Erfolg. Dabei kann offenbleiben, ob Grundrechtsverletzungen, die im Rahmen eines bundesrechtlich – hier durch die Zivilprozeßordnung – geordneten Verfahrens erfolgt sein sollen, am Maßstab der brandenburgischen Landesverfassung

Verfassungsgericht des Landes Brandenburg 99

gemessen werden können (vgl. dazu Verfassungsgericht des Landes Brandenburg, Beschluß vom 20. April 1995 – VfGBbg 11/94 – LVerfGE 3, 141, 145). Diese Frage ist im vorliegenden Falle – wie schon in früheren Verfahren – nicht entscheidungserheblich. Denn das Willkürverbot (s. Art. 12 Abs. 1 Sätze 1 und 2, 52 Abs. 3 LV), auf das sich der Beschwerdeführer beruft, wird durch das Urteil des Amtsgerichts O. jedenfalls nicht verletzt. Willkürlich ist eine gerichtliche Entscheidung, wenn sie unter keinem rechtlichen Aspekt vertretbar ist und sich deshalb der Schluß aufdrängt, sie beruhe auf sachfremden Erwägungen (vgl. Verfassungsgericht des Landes Brandenburg, aaO; Beschluß vom 19. Mai 1994 – VfGBbg 6/93, 6/93 EA – LVerfGE 2, 105, 110). Davon kann vorliegend nicht die Rede sein, und zwar auch und gerade unter Heranziehung der von dem Amtsgericht vermerkten Begründung. Die Entscheidung wird erkennbar von der Erwägung getragen, daß die Klägerin des Ausgangsverfahrens das in Rede stehende Gerüst tatsächlich errichtet habe und deshalb den dafür in Rechnung gestellten Werklohn – wie auch ohne Angabe der Anspruchsgrundlage erkennbar ist, nach den Vorschriften des Werkvertragsrechts, hier also § 631 Abs. 1 BGB – beanspruchen könne. Die VOB, deren Anwendung möglicherweise – aus Sicht des Beschwerdeführers je nach Höhe des Gerüsts – zu einem anderen Ergebnis geführt hätte, ist nach der gemäß § 495 a Abs. 2 Satz 2 ZPO als Inhalt der Entscheidungsgründe zu Protokoll genommenen Auffassung des Amtsgerichts nicht vereinbart worden. Diese fachrichterliche Erwägung ist nach Lage der Dinge von Verfassungs wegen nicht zu beanstanden. Sie ist aus der Begründung heraus durchaus nachvollziehbar. Der von dem Amtsgericht in diesem Zusammenhang verwendete Begriff des „Bauunkundigen" ist ersichtlich der Rechtsprechung des Bundesgerichtshofes zu den besonderen Voraussetzungen für die vertragliche Einbeziehung der VOB/B gegenüber einem, wie es etwa im Leitsatz zu seiner Entscheidung vom 9. November 1989 (BGHZ 109, 192) heißt, „weder im Baugewerbe tätigen noch sonst im Baubereich bewanderten Vertragspartner" entlehnt und war auch für den Beschwerdeführer, zumal er anwaltlich vertreten war, mitvollziehbar. Die Knappheit der Begründung ist von § 495 a Abs. 2 Satz 2 ZPO, der zur Beschleunigung der Gerichtsverfahren eine Beschränkung auf den „wesentlichen" Inhalt der Entscheidungsgründe vorsieht, gedeckt. Dafür, daß das Amtsgericht die Voraussetzungen für eine Einbeziehung der VOB/B in den Vertrag in (einfachrechtlich) fehlerhafter und verfassungsrechtlich erheblicher Weise verkannt hätte, sind Anhaltspunke nicht zu erkennen. Soweit der Beschwerdeführer geltend macht, daß er sich eines Architekten bedient habe (vgl. hierzu BGHZ 109, 192, 194), ist vor dem Amtsgericht nicht vorgetragen und unter Beweis gestellt worden, daß der Architekt (auch bzw. bereits) an dem Vertragsschluß beteiligt gewesen wäre.

Nr. 3

Zur Gegenstandswertfestsetzung im Verfahren der kommunalen Verfassungsbeschwerde.*

Bundesgebührenordnung für Rechtsanwälte § 113 Abs. 2 Satz 3

Beschluß vom 20. März 1997 – VfGBbg 6/95 –

in dem Verfahren über die Verfassungsbeschwerde der Gemeinde Horno, vertreten durch den Bürgermeister, betreffend die Verordnung über die Verbindlichkeit des Braunkohlenplanes Tagebau Jänschwalde vom 28. Februar 1994 (GVBl. II S. 118); hier: Festsetzung des Gegenstandswertes.

Entscheidungsformel:

Der Gegenstandswert wird auf 200.000 DM festgesetzt.

Gründe:

Nach § 113 Abs. 2 Satz 3 Gebührenordnung für Rechtsanwälte (BRAGO) ist der Gegenstandswert im Verfassungsbeschwerdeverfahren unter Berücksichtigung aller Umstände, insbesondere der Bedeutung der Angelegenheit, des Umfangs und der Schwierigkeit der anwaltlichen Tätigkeit sowie der Vermögens- und Einkommensverhältnisse des Auftraggebers nach billigem Ermessen zu bestimmen. Er darf jedoch den Betrag von 8.000,– DM nicht unterschreiten.

Das Gericht hält hier, wie es bereits anläßlich seiner Streitwertentscheidung vom 12. Oktober 1995 zu dem seinerzeit abgetrennten Verfahren „Atterwasch" u. a. (VfGBbg 7/95) bemerkt hat, in Ausübung seines ihm durch § 113 Abs. 2 Satz 3 BRAGO eingeräumten Ermessens einen Gegenstandswert von 250.000,– DM für angemessen, der freilich wegen des in den neuen Ländern bestehenden niedrigeren Einkommensgefüges entsprechend der bisherigen Praxis des Gerichts um 20% zu kürzen ist (vgl. Verfassungsgericht des Landes Brandenburg, Beschlüsse vom 12. Oktober 1995 – VfGBbg 7/94 – LVerfGE 3, 183, 184, und VfGBbg 7/95, S. 4 des Umdrucks). Der Gegenstandswert ist hier vorrangig nach der Bedeutung der Sache zu bemessen (so schon Verfassungsgericht des Landes Brandenburg, Beschluß vom 12. Oktober 1995 – VfGBbg 7/95

---

* Nichtamtlicher Leitsatz

– S. 3 des Umdrucks m. w. N.). Wie das Gericht schon seinerzeit ausgeführt hat, ist einerseits die objektive Bedeutung des Verfahrens für den Braunkohlentagebau im Lande Brandenburg überhaupt sowie das allgemeine Interesse an dieser Angelegenheit zu berücksichtigen. Dabei ist von Bedeutung, daß das Verfahren für die Gemeinde, deren gesamtes Gebiet von dem Braunkohlenplan beansprucht werden sollte, erhebliches Gewicht aufwies. Andererseits ist demgegenüber auch zu beachten, daß eine Entscheidung in diesem Verfahren eine abschließende Beurteilung der Rechtmäßigkeit der bergbaulichen Vorhaben nicht hat erwarten lassen.

Unter Berücksichtigung dieser Umstände hat das Gericht bereits seinerzeit in dem Beschluß über die Festsetzung des Gegenstandswertes in dem Verfahren VfGBbg 7/95 einen Ausgangswert von 250.000,– DM für angemessen erachtet. Dies hat das Gericht seinerzeit als Anhaltspunkt für die Bemessung des Gegenstandswertes im Verfahren VfGBbg 7/95 erwähnt, damit also – entgegen der Sicht der Landesregierung – die Bedeutung dieses Verfahrens *nach* Abtrennung der Angelegenheit VfGBbg 7/95 gemeint.

Nr. 4

1) Einstweilige Anordnung und „Vorwegnahme der Hauptsache"

2) Zur Folgenabwägung, wenn der Antrag auf Erlaß einer einstweiligen Anordnung darauf hinausläuft, ein Gesetz (hier: Brandenburgisches Rettungsdienstgesetz) in seinem Falle (zunächst) außer Vollzug zu setzen. Zum Stellenwert wirtschaftlicher Interessen des Einzelnen bei der Folgenabwägung.*

Verfassungsgerichtsgesetz Brandenburg § 30 Abs. 1

Beschluß vom 20. März 1997 – VfGBbg 4/97 EA –

in dem Verfahren auf Erlaß einer einstweiligen Anordnung R. GmbH, vertreten durch deren Geschäftsführerin M., wegen vorläufiger Teilnahme am Rettungsdienst (zugleich betr. Beschlüsse des Verwaltungsgerichts P. vom

---

* Nichtamtliche Leitsätze

29. Dezember 1995 und Oberverwaltungsgerichts für das Land Brandenburg vom 12. Dezember 1996 sowie das Hauptsacheverfahren Verwaltungsgericht P.).

Entscheidungsformel:

Der Antrag auf Erlaß einer einstweiligen Anordnung wird zurückgewiesen.

Gründe:

A.

Die Antragstellerin erstrebt den Erlaß einer einstweiligen Anordnung, durch die dem Oberbürgermeister der Stadt P. aufgegeben werden soll, ihre Teilnahme am sogenannten qualifizierten Krankentransport im Land Brandenburg zu dulden, bis im fachgerichtlichen Hauptsacheverfahren über die Erteilung einer entsprechenden Genehmigung rechtskräftig entschieden ist.

I.

Die Antragstellerin betreibt ein Krankentransportunternehmen mit Sitz in Berlin und einer sogenannten Zweigstelle in P. Bis zum 31. Dezember 1995 erbrachte sie im Gebiet der Stadt P. auf der Grundlage einer personenbeförderungsrechtlichen Genehmigung, die bis zu diesem Zeitpunkt befristet war, Leistungen im Bereich des Rettungsdienstes (Notfallrettung und qualifizierter Krankentransport). Seit 1991 bemüht sich die Antragstellerin vergeblich um eine (dauerhafte) Genehmigung zur Durchführung des qualifizierten Krankentransportes, seit 1992 auf der Grundlage des Brandenburgischen Rettungsdienstgesetzes vom 8. Mai 1992 (GVBl. I S. 170 – BbgRettG –). Der Oberbürgermeister der Stadt P. lehnte erstmals mit Bescheid vom 12. Juni 1991 die Erteilung der erstrebten Genehmigung im wesentlichen mit der Begründung ab, ein entsprechender Bedarf für die Teilnahme der Antragstellerin am Rettungsdienst im Bereich der Stadt P. sei nicht gegeben. Die auf die Erteilung der Genehmigung gerichtete Klage ist vor dem Verwaltungsgericht P. seit dem 9. Oktober 1991 anhängig; über sie ist bisher nicht entschieden.

Mit dem Auslaufen der befristeten personenbeförderungsrechtlichen Genehmigung Ende 1995 beantragte die Antragstellerin bei dem Verwaltungsgericht P. den Erlaß einer einstweiligen Anordnung, gerichtet im wesentlichen darauf, ihre weitere Tätigkeit – in dem der befristeten Genehmigung entsprechenden Umfang – zu dulden, bis in dem Hauptsacheverfahren rechtskräftig entschieden sei. Das Verwaltungsgericht P. lehnte den Antrag mit Beschluß vom 29. Dezember 1995 ab. Die hiergegen eingelegte Beschwerde wies das Oberverwaltungsgericht für das Land Brandenburg mit Beschluß vom 12. Dezember 1996 – nach Angabe der Antragstellerin zugestellt am 17. Dezember 1996 – zurück. Zur Begründung heißt es in der Entscheidung des Oberverwaltungsgerichts im wesentlichen, die Antragstellerin könne nicht mit der erforderlichen Wahrscheinlichkeit einen Anspruch auf weitere Duldung ihrer Tätigkeit im Bereich des qualifizierten Krankentransports geltend machen, weil vieles dafür spreche, daß einer entsprechenden Genehmigung der Versagungsgrund des § 5 Abs. 5 BbgRettG („Die Genehmigung ist zu versagen, wenn zu erwarten ist, daß durch ihren Gebrauch das öffentliche Interesse an einem funktionsfähigen Rettungsdienst ... beeinträchtigt wird") entgegenstehe. Auch sei das Abwarten des Hauptsacheverfahrens zumutbar, unter anderem auch deswegen, weil die Antragstellerin letztlich nicht in ihrer unternehmerischen Existenz bedroht sei.

II.

Am 17. Februar 1997 hat die Antragstellerin gegen die beiden im Eilverfahren ergangenen Beschlüsse (Verwaltungsgericht P. vom 29. Dezember 1995 und Oberverwaltungsgericht für das Land Brandenburg vom 12. Dezember 1996) sowie wegen des noch nicht erfolgten Abschlusses des bei dem Verwaltungsgericht P. geführten Hauptsacheverfahrens Verfassungsbeschwerde erhoben, mit der sie eine Verletzung verschiedener Grundrechte aus der Landesverfassung rügt, insbesondere der Art. 49 LV (Berufsfreiheit) und Art. 52 Abs. 4 LV (Recht auf zügiges Verfahren vor Gericht). Gegen den im Eilverfahren ergangenen Beschluß des Oberverwaltungsgerichts macht sie zudem geltend, es sei nicht ersichtlich, auf welcher Grundlage er beruhe, nachdem das Bundesverwaltungsgericht in seiner Entscheidung vom 26. Oktober 1995 gegen das Brandenburgische Rettungsdienstgesetz in der ihm durch das Oberverwaltungsgericht bisher gegebenen Auslegung verfassungsrechtliche Bedenken angemeldet habe. Zugleich hat die Antragstellerin beantragt, dem Oberbürgermeister der Stadt P. im Wege einer einstweiligen Anordnung aufzugeben, ihre Teilnahme am qualifizierten Krankentransport bis zum rechtskräftigen Abschluß des fachgerichtlichen Hauptsacheverfahrens zu dulden. Sie macht geltend, sie sei mit der Zweigstelle in P. seit Anfang 1996 schlicht zum Nichtstun verurteilt, während die Personal- und Sachkosten weiterliefen. Die Kosten der Zweigstelle würden vom Berliner Betriebsteil „subventioniert", was zu einem Überschreiten der ihr eingeräumten Kreditlinie geführt habe sowie dazu, daß ihre gesamte Finanzsituation mit der Hausbank jeweils zur Mitte und zum Ende eines Monats überprüft werde und sich diese eine Entscheidung über die (weitere) Kreditierung vorbehalte. Falls die erstrebte einstweilige Anordnung nicht erlassen würde, träten erhebliche Liquiditätsschwierigkeiten des Gesamtunternehmens, ein faktischer Rückzug aus P. sowie der endgültige Verlust der erarbeiteten Marktanteile ein. Dies überwiege gegenüber den Folgen, die sich bei Erlaß der einstweiligen Anordnung und einer späteren Erfolglosigkeit in der Hauptsache ergäben, deutlich.

Die Antragstellerin beantragt,

> den Oberbürgermeister der Landeshauptstadt P. als Träger des Rettungsdienstes im Wege der einstweiligen Anordnung zu verpflichten, ihre Tätigkeit im Rettungsdienst (hier: qualifizierter Krankentransport) mit drei Rettungsmitteln bis zur – rechtskräftigen – Entscheidung des verwaltungsgerichtlichen Hauptsacheverfahrens zu dulden.

III.

Der Oberbürgermeister der Stadt P., der von seinem Äußerungsrecht nach § 49 Abs. 2 Verfassungsgerichtsgesetz Brandenburg (VerfGGBbg) Gebrauch gemacht hat, hält den Antrag für unstatthaft, soweit er über den Rahmen des § 30 Abs. 6 Satz 1 VerfGGBbg, wonach die einstweilige Anordnung nach sechs Monaten außer Kraft tritt, hinausgehe. Auch über das, was in der Hauptsache erreicht werden könne, gehe der Antrag weit hinaus. Schließlich sei auch ein schwerer Nachteil oder ein anderer wichtiger Grund i. S. v. § 30 Abs. 1 VerfGGBbg nicht glaubhaft gemacht.

B.

Der Antrag bleibt ohne Erfolg.

I.

Mit dem zur Entscheidung gestellten Inhalt ist der Antrag nicht zulässig, und zwar sowohl in zeitlicher wie in sachlicher Hinsicht.

Schon in zeitlicher Hinsicht geht der Antrag aller Wahrscheinlichkeit nach über die Hauptsache in unzulässiger Weise hinaus. Denn er knüpft mit der Befristung der erstrebten Duldung nicht etwa an eine Hauptsacheentscheidung des erkennenden Verfassungsgerichts, sondern an eine – rechtskräftige – Hauptsacheentscheidung im *fachgerichtlichen* Verfahren an. Dieses allerdings dürfte nach Lage der Dinge – bis zum Eintritt der Rechtskraft – länger andauern als das Hauptsacheverfahren vor dem erkennenden Verfassungsgericht. Für diesen Fall würde die erstrebte einstweilige Anordnung – unbeschadet der Regelung des § 30 Abs. 6 Satz 1 VerfGGBbg – in zeitlicher Hinsicht über eine Entscheidung im Hauptsacheverfahren vor dem Verfassungsgericht „hinausreichen".

In sachlicher Hinsicht ist der Antrag mit dem formulierten Inhalt ebenfalls unzulässig, weil er über das in der Hauptsache zu Erreichende hinausgeht, soweit mit ihm einem Träger öffentlicher Gewalt – hier dem Oberbürgermeister der Stadt P. – ein bestimmtes Verhalten aufgegeben werden soll (vgl. dazu BVerfGE 7, 99, 105 f). In der Hauptsache, mit der Verfassungsbeschwerde, könnte die Antragstellerin nur erreichen, daß – bezogen auf das noch nicht entschiedene Hauptsacheverfahren – dem Verwaltungsgericht P. aufgegeben wird, dem Verfahren Fortgang zu geben bzw. – in bezug auf das fachgerichtliche Eilverfahren – die Beschlüsse aufgehoben werden und die Sache zurückverwiesen wird (vgl. § 50 Abs. 3 VerfGGBbg). Nicht völlig undenkbar ist zwar auch, daß das Verfassungsgericht im Hauptsacheverfahren selbst die Verpflichtung ausspricht, die gewünschte Duldung zu erteilen; ein solches „Durchentscheiden" in der Hauptsache, das freilich nur in seltenen Ausnahmefällen sachgerecht sein mag (vgl. dazu BVerfGE 35, 202, 244 f; 79, 69, 79), kommt in dem diesem einstweiligen Anordnungsverfahren zugrunde liegenden Hauptsacheverfahren indes mit Blick auf die Gesamtumstände aller Voraussicht nach nicht in Betracht (dazu im nachfolgenden unter II.3.).

II.

Unbeschadet dessen hat das Gericht schon mehrfach entschieden, daß eine einstweilige Anordnung dann nicht über den Gegenstand der Hauptsache hinausgeht, wenn durch die angestrebte Regelung lediglich der Zeitraum bis zur Entscheidung in der Hauptsache überbrückt werden soll (vgl. Verwaltungsgericht des Landes Brandenburg, Urteil vom 16. März 1995 – VfGBbg 4/95 EA – LVerfGE 3, 135, 139; entsprechend auch Urteil vom 20. Juni 1996 – VfGBbg 14/96 EA – LVerfGE 4, 190, 193). Ob und gegebenenfalls in welcher Weise sich der Antrag der Antragstellerin zeitlich und vor allem in sachlicher Hinsicht auf einen insoweit noch zulässigen Inhalt reduzieren läßt, muß das Gericht aus Anlaß des vorliegenden Falles abschließend nicht beantworten (vgl. zu einem Offenlassen von Zulässigkeitsfragen im verfassungsgerichtlichen Verfahren auf Erlaß einer einstweiligen Anordnung BVerfGE 66, 26, 36). Selbst wenn sich hier ein noch zulässiger Antragsinhalt formulieren ließe, fehlte es an den Voraussetzungen des § 30 Abs. 1 VerfGGBbg.

1. Nach § 30 Abs. 1 VerfGGBbg kann das Verfassungsgericht einen Zustand durch einstweilige Anordnung vorläufig regeln, wenn dies zur Abwendung schwerer Nachteile, zur Verhinderung drohender Gewalt oder aus einem anderen wichtigen Grund zum gemeinen Wohl dringend geboten ist. Insoweit ist nach der ständigen Rechtsprechung des Gerichts ein strenger Maßstab anzulegen. Die Verfassungsmäßigkeit als solche ist in dem Verfahren über den Erlaß einer einstweiligen Anordnung nicht Gegenstand der Prüfung; die Gründe, die in der Sache selbst für eine Verfassungsrechtsverletzung sprechen, müssen in diesem Abwägungsprozeß grundsätzlich ebenso außer Betracht bleiben wie die Gegengründe, es sei denn, der Antrag bzw. das Erstreben in der Hauptsache erwiese sich als von vornherein unzulässig oder als offensichtlich unbegründet. Ansonsten ist im Verfahren der einstweiligen Anordnung eine Abwägung der Folgen vorzunehmen, die sich ergeben, wenn eine einstweilige Anordnung nicht ergeht, das Verfahren in der Hauptsache aber Erfolg hat, gegen diejenigen Nachteile, die eintreten, wenn die einstweilige Anordnung erlassen wird, der Antrag bzw. das Erstreben in der Hauptsache aber ohne Erfolg bleibt. Dabei müssen die nachteiligen Folgen, die ohne die einstweilige Anordnung für den Fall des Obsiegens in der Hauptsache zu vergegenwärtigen sind, im Vergleich zu den nachteiligen Folgen, die sich bei Erlaß der einstweiligen Anordnung für den Fall der Erfolglosigkeit in der Hauptsache ergeben, deutlich überwiegen, weil sie sonst bei vergleichender Betrachtungsweise nicht schwer genug im Sinne des Gesetzes sind („schwerer Nachteil") bzw. keinen gleichwertigen „anderen" Grund im Sinne des Gesetzes darstellen. Unbeschadet der nach diesen Vorgaben vorzunehmenden Folgenabwägung muß, und zwar im Sinne zusätzlicher Voraussetzungen, die einstweilige Anordnung „zum gemeinen Wohl" und „dringend" „geboten" sein (vgl. zu alledem bereits Entscheidung des Verfassungsgerichts des Landes Brandenburg vom 30. November 1993 – VfGBbg 3/93 EA – LVerfGE 1, 205, 206; vom 22. Dezember 1993 – VfGBbg 9/93 EA – LVerfGE 1, 214, 216 f; vom 15. Dezember 1994 – VfGBbg 14/94 EA – LVerfGE 2, 214, 219 f; zuletzt Urteil vom 20. Juni 1996 – VfGBbg 14/96 EA – LVerfGE 4, 190, 197).

2. Es kann im jetzigen Verfahrensstadium nicht davon gesprochen werden, daß die in der Hauptsache anhängig gemachte Verfassungsbeschwerde von vornherein unzulässig oder offensichtlich unbegründet wäre. Sowohl die in bezug auf den noch nicht erfolgten Abschluß in dem Hauptsacheverfahren sich stellenden Fragen als auch die anläßlich der im Eilverfahren ergangenen Beschlüsse mit Blick auf das Brandenburgische Rettungsdienstgesetz sich ergebenden verfassungsrechtlichen Gesichtspunkte sind einer eingehenden Prüfung im Hauptsacheverfahren zu unterziehen.

3. Bei der mithin vorzunehmenden Folgenabwägung sieht das erkennende Gericht in den von der Antragstellerin geltend gemachten wirtschaftli-

chen Folgen keinen Nachteil von einem solchen Gewicht, daß der Erlaß einer einstweiligen Anordnung nach § 30 Abs. 1 VerfGGBbg gerechtfertigt wäre. Bei dem von der Antragstellerin erstrebten Ziel – einer vorläufigen Teilnahme am qualifizierten Krankentransport im Bereich der Stadt P. – würde nach den Erwägungen des Oberverwaltungsgerichts für das Land Brandenburg die Wirtschaftlichkeit des Rettungsdienstes im Bereich des qualifizierten Krankentransportes, der zur Zeit von der Berufsfeuerwehr und bestimmten Hilfsorganisationen wahrgenommen wird, in erheblichem Maße gefährdet. Das Verfassungsgericht legt im jetzigen Verfahrensstadium diese – durch statistische Angaben und unter Zugrundelegung weiteren Zahlenmaterials untermauerte – Bewertung des Oberverwaltungsgerichts seiner Folgenabwägung zu Grunde, zumal auch die Antragstellerin selbst diese Darstellung als solche in den verfassungsgerichtlichen Verfahren nicht in Abrede stellt. Demgegenüber wird der Antragstellerin kein irreversibler, jedenfalls kein irreversibler „schwerer" Nachteil i. S. d. § 30 Abs. 1 VerfGGBbg zugemutet, wenn jetzt keine einstweilige Anordnung in ihrem Sinne ergeht. Das Gericht verkennt nicht, daß die Antragstellerin erhebliche wirtschaftliche Nachteile hinzunehmen hat, wenn sie ihre Leistungen im Bereich des qualifizierten Krankentransportes zunächst auch weiterhin nicht im Gebiet der Stadt P. anbieten darf. Die von ihr aufgezeigten wirtschaftlichen Folgen – erhebliche Liquiditätsschwierigkeiten des Gesamtunternehmens, faktischer Rückzug aus dem Gebiet der Stadt P. und ein endgültiger Verlust der dort erarbeiteten Marktanteile – wiegen schwer. Selbst dann indes, wenn das Gericht zugunsten der Antragstellerin unterstellt, daß diese durch eigene, ihr zumutbare Vorkehrungen in bezug auf ihre Zweigstelle in P. nicht in der Lage wäre, diese Folgen auch ohne die begehrte Duldung zumindest teilweise abzumildern, handelte es sich dabei nicht um solche Nachteile, die im Sinne des § 30 Abs. 1 VerfGGBbg „schwer" genug wären, um den Erlaß einer einstweiligen Anordnung zu rechtfertigen. Denkbar wäre dies allenfalls dann, wenn die wirtschaftliche Existenz der Antragstellerin ernstlich auf dem Spiel stünde (vgl. entspr. etwa BVerfGE 14, 153; 35, 363, 365; 40, 179, 181). Dies ist freilich nicht zu sehen. Die Zweigstelle der Antragstellerin in P. wurde bis Ende 1995 in einer Größenordnung von drei Wagen betrieben, während der in Berlin ansässige Teil des Unternehmens noch nach den Angaben in dem Schriftsatz der Antragstellerin vom 1. Mai 1992 zum fachgerichtlichen Hauptsacheverfahren mit einem Volumen von insgesamt 34 Wagen betrieben wurde und damit im Verhältnis zu der von der Antragstellerin selbst so bezeichneten „unselbständigen Zweigstelle" in P. jedenfalls den unternehmerischen Schwerpunkt ihrer Tätigkeit ausmacht; unbeschadet dessen hat auch die Antragstellerin selbst nicht vorgetragen, daß sie insgesamt ernstlich in ihrer wirtschaftlichen Existenz bedroht wäre.

Unabhängig hiervon ist nach der Rechtsprechung des erkennenden Verfassungsgerichts bei der hier vorzunehmenden Folgenabwägung ein besonders strenger Maßstab anzulegen, wenn im Wege der einstweiligen Anordnung ein Gesetz außer Vollzug gesetzt werden soll (vgl. Urteil vom 15. Dezember 1994 – VfGBbg 14/94 EA – LVerfGE 2, 214, 219 m. w. N.). Demgemäß läßt auch das Bundesverfassungsgericht, wenn im Wege einer einstweiligen Anordnung ein Gesetz außer Vollzug gesetzt werden soll, dafür allein wirtschaftliche Nachteile grundsätzlich nicht ausreichen (vgl. etwa BVerfGE 3, 34, 37; 6, 1, 6; 7, 175, 179; 14, 153; 36, 310, 314; 56, 396, 407). Nicht viel anders ist es freilich zu gewichten, wenn ein Antragsteller im Wege einer einstweiligen Anordnung erreichen will, daß er ein aufgrund Gesetzes erlaubnispflichtiges Vorhaben vorläufig ohne Erteilung dieser Erlaubnis ausführen darf, weil er das Gesetz selbst aus verfassungsrechtlichen Gründen für nicht heranziehbar, in diesem Sinne also für nicht vollziehbar hält. So liegt es hier der Sache nach, wenn die Antragstellerin mit Blick auf das Brandenburgische Rettungsdienstgesetz geltend macht, es sei nicht zu erkennen, auf welcher Grundlage das Oberverwaltungsgericht für das Land Brandenburg über ihr Anliegen entschieden habe und sich damit mittelbar allem Anschein nach auch gegen die Verfassungsmäßigkeit des Brandenburgischen Rettungsdienstgesetzes selbst wendet.

Auch selbst wenn man die Nachteile, denen die Antragstellerin für den Fall des Obsiegens in der Hauptsache ausgesetzt wäre, als „schwer" i. S. v. § 30 Abs. 1 VerfGGBbg ansähe, würde der Erlaß einer einstweiligen Anordnung daran scheitern müssen, daß sie entgegen den weiteren Voraussetzungen des § 30 Abs. 1 VerfGGBbg nicht „dringend" „zum gemeinen Wohl" „geboten" wäre. Es liegt jedenfalls nicht im Gemeinwohl, mit Rücksicht auf wirtschaftliche Interessen Einzelner die gesetzlich normierten Zulassungsvoraussetzungen zum Rettungsdienst vorläufig hintanzustellen und diesen dadurch – auch mit Blick auf seine Wirtschaftlichkeit – selbst in Mitleidenschaft zu ziehen.

Nr. 5

Zu den Voraussetzungen einer Verfassungsbeschwerde unmittelbar gegen ein Gesetz (hier: Brandenburgisches Polizeigesetz).*

Verfassungsgerichtsgesetz Brandenburg § 45 Abs. 2 Satz 1

* Nichtamtlicher Leitsatz

Beschluß vom 20. März 1997 – VfGBbg 48/96 –

in dem Verfahren über die Verfassungsbeschwerde des Herrn D., betreffend das Brandenburgische Polizeigesetz vom 19. März 1996 – GVBl. I S. 74 –.

Entscheidungsformel:
Die Verfassungsbeschwerde wird verworfen.

Gründe:

I.

Der Beschwerdeführer wendet sich mit seiner Verfassungsbeschwerde im wesentlichen gegen eine Anzahl von Bestimmungen des Gesetzes über die Aufgaben und Befugnisse der Polizei im Land Brandenburg vom 19. März 1996 (GVBl. I S. 74, Brandenburgisches Polizeigesetz – BbgPolG –). Er rügt eine Verletzung von Rechten aus Art. 7, 8 Abs. 1, 9 Abs. 1, 10, 11 Abs. 1 und 2, 12 Abs. 1, 15, 16, 19 Abs. 1 und 5, 21 Abs. 1 und 23 Landesverfassung sowie u. a. einen Verstoß gegen das Rechtsstaatsprinzip und das Verhältnismäßigkeitsprinzip. Im einzelnen beanstandet er die Regelungen des § 1 Abs. 1 („Aufgaben der Polizei") und des § 9 („Legitimationspflicht") sowie mehrere Befugnisnormen (§ 11 – Befragung, Auskunftspflicht – ; §§ 12 ff – Identitätsfeststellung, erkennungsdienstliche Maßnahmen – ; §§ 17 ff – Ingewahrsamnahme von Personen – ; §§ 21 ff – Durchsuchung von Personen und Sachen – ; §§ 29 ff – Grundsätze zur Datenerhebung – ; §§ 43 f – Datenübermittlung – ; § 46 – Rasterfahndung –), die Vorschriften zum Schußwaffengebrauch (§§ 66 ff) und das in § 71 normierte Auskunfts- und Akteneinsichtsrecht.

Er macht geltend, die Verfassungsbeschwerde sei unmittelbar gegen das Brandenburgische Polizeigesetz möglich. Da die Frage der Verfassungsmäßigkeit des Polizeigesetzes von allgemeinem Interesse sei, müsse eine gegenwärtige und unmittelbare Betroffenheit in eigenen Rechten nicht vorliegen. Unbeschadet dessen liege eine solche vor: Es seien derzeit mehrere Ermittlungsverfahren gegen ihn anhängig; in Zusammenhang mit diesen würden regelmäßig personenbezogene Daten weitergeleitet. Außerdem sei er häufig Mitorganisator von und Teilnehmer an Demonstrationen sowie Kontakt- und Begleitperson von überwachten Personen. Auch werde er als Mitarbeiter der Wählergruppe „Kampagne gegen Wehrpflicht, Zwangsdienste und Militär" besonders polizeilich überwacht und in seiner journalistischen Tätigkeit behindert. Abgesehen davon werde er allein durch das Bestehen der Vorschriften zu Dispositionen veranlaßt, die er nicht mehr korrigieren könne. Auch sei es ihm nicht zuzumuten, Einzelmaßnahmen wie den Schußwaffengebrauch abzuwarten.

II.

Die Verfassungsbeschwerde ist unzulässig.

1. Soweit der Beschwerdeführer geltend macht, er sei von auf der Grundlage des Brandenburgischen Polizeigesetzes erlassenen Maßnahmen betroffen – es würden persönliche Daten von einer Behörde an andere weitergeleitet, er werde überwacht oder an der Ausübung seines Berufes gehindert –, steht der Verfassungsbeschwerde das in § 45 Abs. 2 Satz 1 Verfassungsgerichtsgesetz Brandenburg (VerfGGBbg) formulierte Erfordernis der Rechtswegerschöpfung entgegen. Es ist nicht ersichtlich, ob und inwieweit der Beschwerdeführer den Verwaltungsrechtsweg, der gegen Maßnahmen dieser Art eröffnet ist (vgl. § 40 Abs. 1 Satz 1 Verwaltungsgerichtsordnung), beschritten hat. Von dem Erfordernis der Rechtswegerschöpfung kann hier schon deswegen in sinnvoller Weise nicht abgesehen werden, weil die den gerügten Maßnahmen zugrundeliegenden Umstände nicht hinreichend aufgeklärt sind (vgl. insoweit Verfassungsgericht des Landes Brandenburg, Beschluß vom 15. September 1994 – VfGBbg 5/94 – LVerfGE 2, 170, 176; Beschluß vom 20. Oktober 1994 – VfGBbg 12/94 – LVerfGE 2, 193, 197). Die in diesem Zusammenhang erhobenen Bedenken des Beschwerdeführers, das Fachgericht prüfe die Rechtmäßigkeit der Maßnahmen nur am Maßstab des Polizeigesetzes, so daß der Schutz der Grundrechte vor den Fachgerichten nicht gewährleistet sei, gehen fehl; alle Gerichte haben bei der Anwendung einfachen Rechts die Grundrechte zu beachten und zu sichern (vgl. bereits Verfassungsgericht des Landes Brandenburg, Beschluß vom 21. November 1996 – VfGBbg 17/96, 18/96, 19/96 – LVerfGE 5, 112, 119; BVerfGE 68, 376, 380; 74, 69, 74 f).

2. Soweit der Beschwerdeführer im übrigen Bestimmungen des Brandenburgischen Polizeigesetzes zum Gegenstand seiner Verfassungsbeschwerde macht, ist diese nur zulässig, wenn er die Möglichkeit dartut, durch dieses Gesetz gegenwärtig und unmittelbar in seinen Grundrechten betroffen zu sein (vgl. etwa BVerfGE 1, 97, 101 ff; 40, 141, 156; 43, 291, 385 f; 86, 382, 386; 90, 128, 135 f). Diese Voraussetzungen sind Ausfluß der Funktion der Verfassungsbeschwerde als außerordentlicher Rechtsbehelf zum Schutze individueller Grundrechte (vgl. BVerfGE 43, 291, 386). Vorliegendenfalls sind diese, wie dem Beschwerdeführer bereits im Hinweisschreiben vom 30. Dezember 1996 mitgeteilt worden ist, nicht gegeben.

a. Es braucht zunächst nicht geklärt zu werden, ob die lediglich den polizeilichen Aufgabenkreis umschreibende und nicht zu Eingriffen ermächtigende Regelung des § 1 Abs. 1 BbgPolG ihrer Zielrichtung nach überhaupt geeignet ist, eine Rechtsbetroffenheit auszulösen (vgl. etwa *Denninger,* in: Lisken/Denninger, Handbuch des Polizeirechts, 2. Aufl., 1996, Rn. 52 f; s. auch § 1 Abs. 5 BbgPolG). Selbst wenn man eine entsprechende rechtliche Relevanz der Regelung bejahte, fehlte es jedenfalls auch insoweit an einer gegenwärtigen und unmittelbaren Betroffenheit des Beschwerdeführers.

b. Von einer Betroffenheit des Beschwerdeführers in diesem Sinne wird man vorliegendenfalls nicht ausgehen können, weil allein mit der bloßen Geltung der Vorschriften eine Veränderung der Rechtsposition und damit eine etwaige Verkürzung des Freiheitsbereichs (noch) nicht einhergeht (vgl. auch etwa BVerfGE 46, 120, 135; 47, 285, 307 ff sowie die umfangreichen Nachweise bei *Stern* in: Bonner Kommentar zum Grundgesetz, Art. 93, Rn. 553; zur Unterscheidung zwischen Einschränkung und bloßer Einschränkbarkeit auch *Alexy,* Theorie der Grundrechte, 2. Aufl., 1994, S. 254 f). Auch ist anhand der bisherigen Darlegungen des Beschwerdeführers nicht feststellbar, er werde zwingend und in hinreichend konkreter Weise von diesen Regelungen einmal betroffen sein (vgl. BVerfGE 1, 91, 95 f; 26, 246, 251 f; 34, 165, 179 f). Fehlt es in diesem Sinne schon an der Gegenwärtigkeit, ist auch eine Unmittelbarkeit nicht gegeben: Sind Regelungen auf einen Vollzug durch die Exekutive angelegt, wirken die Regelungen selbst grundsätzlich nicht „unmittelbar", sondern (nur) „mittelbar" (vgl. BVerfGE 68, 287, 300; 70, 35, 50 f; 71, 305, 334 f; 90, 128, 136; ebenso BVerfGE 32, 54, 62; 46, 120, 136). Dies gilt auch für die Regelungen des Brandenburgischen Polizeigesetzes. Sie werden für den Beschwerdeführer allenfalls und erst dann fühlbar, wenn die Polizei ihm gegenüber einen entsprechenden Vollzugsakt erläßt.

3. Eine andere Sicht der Dinge ergibt sich auch nicht daraus, daß der Beschwerdeführer sich aus seiner Sicht schon jetzt zu Dispositionen veranlaßt sieht. Diese könnten hier nur dann ins Gewicht fallen, wenn aus objektiven Gründen zu erwarten stünde, daß der Beschwerdeführer Adressat konkreter polizeilicher Maßnahmen werde und er sich schon jetzt darauf einstellen müsse (vgl. BVerfGE 43, 291, 387 f; 68, 287, 300 f; 90, 128, 136). Dies ist hier nicht ersichtlich.

Nr. 6

1) Zur Frage einer sofortigen Sachentscheidung nach § 45 Abs. 2 Satz 2 VerfGGBbg bei landesverfassungs-/bundesverfassungsrechtlicher Gemengelage.

2) Zur Frage der Auslagenerstattung nach Hauptsacheerledigung einer Verfassungsbeschwerde wegen überlanger Verfahrensdauer (hier: ca. 6 Jahre).*

Verfassung des Landes Brandenburg Art. 49 Abs. 1, 52 Abs. 4

Grundgesetz Art. 12 Abs. 1

Verfassungsgerichtsgesetz Brandenburg § 45 Abs. 2 Sätze 1 und 2

Beschluß vom 15. Mai 1997 – VfGBbg 4/97, 6/97 –

in dem Verfassungsbeschwerdeverfahren R. GmbH, vertreten durch deren Geschäftsführerin M., wegen Nichtgewährung der vorläufigen Teilnahme am Rettungsdienst, Beschlüsse des Verwaltungsgerichts P. vom 29. Dezember 1995 und Oberverwaltungsgerichts für das Land Brandenburg vom 12. Dezember 1996, zugleich betreffend das Brandenburgische Rettungsdienstgesetz vom 8. Mai 1992 – GVBl. I S. 170 –.

Entscheidungsformel:

1. Die Verfassungsbeschwerde wird verworfen.

2. Unter Wiedereinbeziehung des Verfahrens VfGBbg 6/97, welches im übrigen eingestellt wird, hat das Land Brandenburg der Beschwerdeführerin ¼ ihrer notwendigen Auslagen zu erstatten.

Gründe:

A.

Die Beschwerdeführerin wendet sich gegen einen im vorläufigen Rechtsschutzverfahren ergangenen Beschluß des Verwaltungsgerichts P. und gegen eine diesen bestätigende Beschwerdeentscheidung des Oberverwaltungsgerichts für das Land Brandenburg. Verwaltungsgericht und Oberverwaltungsgericht haben den Antrag der Beschwerdeführerin, ihre vorläufige Teilnahme am Rettungsdienst im Land Brandenburg zu dulden, zurückgewiesen.

---

* Nichtamtliche Leitsätze

Verfassungsgericht des Landes Brandenburg 113

I.

Die Beschwerdeführerin betreibt ein Krankentransportunternehmen mit Sitz in Berlin und einer Zweigstelle in P. Bis zum 31. Dezember 1995 erbrachte sie im Gebiet der Stadt P. auf der Grundlage einer personenbeförderungsrechtlichen Genehmigung, die bis zu diesem Zeitpunkt befristet war, Leistungen im Bereich des Rettungsdienstes (Notfallrettung und qualifizierter Krankentransport). Seit 1991 bemüht sich die Beschwerdeführerin vergeblich um eine (dauerhafte) Genehmigung zur Durchführung des qualifizierten Krankentransportes, seit 1992 auf der Grundlage des Brandenburgischen Rettungsdienstgesetzes vom 8. Mai 1992 (GVBl. I S. 170 – BbgRettG –). In § 3 BbgRettG heißt es unter anderem wie folgt:

§ 3 Träger des Rettungsdienstes

(1) Träger des Rettungsdienstes sind die Landkreise und die kreisfreien Städte. Sie erfüllen die Aufgaben des Rettungsdienstes als Aufgabe des eigenen Wirkungskreises.

...

Zur Beteiligung von „privaten Dritten" heißt es in § 5 BbgRettG unter anderem wie folgt:

§ 5 Beteiligung von Hilfsorganisationen, öffentlichen Feuerwehren und privaten Dritten

(1) Der Träger des Rettungsdienstes kann die Durchführung des Rettungsdienstes auf Hilfsorganisationen, öffentliche Feuerwehren und private Dritte übertragen, soweit diese die notwendigen Voraussetzungen erbringen.

(2) Die am Rettungsdienst Beteiligten handeln nach den Anweisungen der Träger des Rettungsdienstes ...

(3) Private Dritte, die nicht als gemeinnützig im Sinne des Einkommensteuergesetzes anerkannt sind, bedürfen zur Teilnahme an der Notfallrettung und am Krankentransport der Genehmigung des zuständigen Trägers des Rettungsdienstes.

...

(5) Die Genehmigung ist zu versagen, wenn zu erwarten ist, daß durch ihren Gebrauch das öffentliche Interesse an einem funktionsfähigen Rettungsdienst im Sinne von § 2 beeinträchtigt wird. ...

Der Oberbürgermeister der Stadt P. lehnte erstmals mit Bescheid vom 12. Juni 1991 die Erteilung der erstrebten Genehmigung im wesentlichen mit der Begründung ab, ein entsprechender Bedarf für die Teilnahme der Beschwerdeführerin am Rettungsdienst im Bereich der Stadt P. sei nicht gegeben. Die auf Erteilung der Genehmigung gerichtete Klage ist seit dem

9. Oktober 1991 vor dem Verwaltungsgericht P. anhängig; in diesem Verfahren ist nunmehr Termin zur mündlichen Verhandlung anberaumt auf den 28. Mai 1997.

Mit dem Auslaufen der befristeten personenbeförderungsrechtlichen Genehmigung Ende 1995 beantragte die Beschwerdeführerin bei dem Verwaltungsgericht P. den Erlaß einer einstweiligen Anordnung, gerichtet im wesentlichen darauf, ihre weitere Tätigkeit — in dem der befristeten Genehmigung entsprechenden Umfang — zu dulden, bis in dem Hauptsacheverfahren rechtskräftig entschieden sei. Das Verwaltungsgericht P. lehnte den Antrag mit Beschluß vom 29. Dezember 1995 ab. Die hiergegen eingelegte Beschwerde wies das Oberverwaltungsgericht für das Land Brandenburg mit Beschluß vom 12. Dezember 1996 — nach Angabe der Beschwerdeführerin zugestellt am 17. Dezember 1996 — zurück, weil vieles dafür spreche, daß einer Genehmigung des qualifizierten Krankentransports durch die Beschwerdeführerin der Versagungsgrund des § 5 Abs. 5 BbgRettG entgegenstehe. Hierzu heißt es in der Entscheidung unter Hinweis auf ein Urteil des Bundesverwaltungsgerichts vom 26. Oktober 1995 (– 3 C 10.94 – Buchholz 418.15 Rettungswesen Nr. 5), unabhängig von der Frage der Verfassungsmäßigkeit eines grundsätzlichen Ausschlusses Dritter von der Teilnahme am Rettungsdienst nach dem Brandenburgischen Rettungsdienstgesetz sei jedenfalls ihr Ausschluß im Einzelfall zur Gewährleistung der Funktionsfähigkeit des Rettungsdienstes auch unter Berücksichtigung des Verhältnismäßigkeitsgrundsatzes mit Art. 12 Abs. 1 GG vereinbar. Auch sei das Abwarten des Hauptsacheverfahrens zumutbar, weil die Beschwerdeführerin, deren Hauptbetätigungsfeld in Berlin liege, nicht in ihrer unternehmerischen Existenz bedroht sei.

II.

Am 17. Februar 1997 hat die Beschwerdeführerin gegen die Beschlüsse des Verwaltungsgerichts P. und des Oberverwaltungsgerichts für das Land Brandenburg Verfassungsbeschwerde erhoben. Sie rügt insoweit eine Verletzung ihrer Grundrechte aus Art. 49 LV (Berufsfreiheit), Art. 41 LV (Eigentum), Art. 12 LV (Gleichheit) sowie Art. 10 LV (Freie Entfaltung der Persönlichkeit). Zur Begründung macht sie geltend, es sei nicht ersichtlich, auf welcher Grundlage der Beschluß des Oberverwaltungsgerichts beruhe, nachdem das Bundesverwaltungsgericht in der genannten Entscheidung vom 26. Oktober 1995 gegen das Brandenburgische Rettungsdienstgesetz in der ihm durch das Oberverwaltungsgericht zuvor gegebenen Auslegung verfassungsrechtliche Bedenken angemeldet habe. Angesichts der vom Bundesverwaltungsgericht hervorgehobenen Schwere des Eingriffs in das Grundrecht der Berufsfreiheit, der mit der Verweigerung der Erteilung einer rettungsdienstlichen Genehmigung verbunden sei, könne sie eine auf einer derart fragwürdigen gesetzlichen Grundlage beruhende Eilentscheidung nicht hinnehmen, welche die Funktion der Grundrechte als Abwehrrechte faktisch leerlaufen lasse.

III.

Zu der Verfassungsbeschwerde hat die Landesregierung Stellung genommen und sich auf den Standpunkt gestellt, die Verfassungsbeschwerde sei unzulässig, jedenfalls aber unbegründet. Eine auf das verwaltungsgerichtliche Eilverfahren als solches bezogene Verletzung von Grundrechten der Beschwerdeführerin sei nicht zu sehen. Soweit die Beschwerdeführerin die Verfassungswidrigkeit des Brandenburgischen Rettungsdienstgesetzes geltend mache, sei die Verfassungsbeschwerde nicht zulässig, weil ihr der Grundsatz der Subsidiarität der Verfassungsbeschwerde entgegenstehe. Denn die Frage der Verfassungsmäßigkeit des Brandenburgischen Rettungsdienstgesetzes sei von entscheidender Bedeutung auch für das von der Beschwerdeführerin bereits betriebene Hauptsacheverfahren. Die Verweisung auf das verwaltungsgerichtliche Hauptsacheverfahren sei der Beschwerdeführerin zumutbar: Zum einen sei anzunehmen, daß das Verwaltungsgericht in absehbarer Zeit eine Sachentscheidung treffen werde. Zum anderen werde die Beschwerdeführerin nicht ernstlich in ihrer Existenz bedroht. Unabhängig davon sei nicht zu erkennen, daß Vorschriften des Brandenburgischen Rettungsdienstgesetzes verfassungswidrig seien. Die diesbezüglichen Fragen, insbesondere die Frage eines Rechtsanspruchs privater Krankentransportunternehmer auf Zulassung zum Rettungsdienst im Land Brandenburg, stünden demnächst zur Klärung vor dem Oberverwaltungsgericht für das Land Brandenburg an. Je nach dem Ergebnis dieser gerichtlichen Prüfung werde künftig gegebenenfalls eine verfassungskonforme Auslegung des Brandenburgischen Rettungsdienstgesetzes vorzunehmen sein.

IV.

Soweit die Beschwerdeführerin Verfassungsbeschwerde auch dagegen erhoben hat, daß das Verwaltungsgericht P. über das fachgerichtliche Hauptsacheverfahren bisher nicht entschieden habe, hat das Verfassungsgericht des Landes das Verfahren durch Beschluß vom 20. März 1997 abgetrennt und unter dem Aktenzeichen VfGBbg 6/97 fortgeführt. Insoweit hat die

Beschwerdeführerin die Verfassungsbeschwerde inzwischen für erledigt erklärt, nachdem das Verwaltungsgericht nunmehr Termin zur mündlichen Verhandlung auf den 28. Mai 1997 bestimmt hat.

B.

I.

Die Verfassungsbeschwerde ist unzulässig. Ihrer Zulässigkeit steht der Grundsatz der Subsidiarität entgegen.

1. Allerdings hat die Beschwerdeführerin den Rechtsweg im Sinne von § 45 Abs. 2 Satz 1 Verfassungsgerichtsgesetz Brandenburg (VerfGGBbg) erschöpft. Gegen den im vorläufigen Rechtsschutzverfahren ergangenen Beschluß des Oberverwaltungsgerichts für das Land Brandenburg vom 12. Dezember 1996 ist ein (weiteres) Rechtsmittel nicht gegeben (vgl. §§ 146 Abs. 1, 152 Abs. 1 Verwaltungsgerichtsordnung). Indessen geht der − § 45 Abs. 2 VerfGGBbg zugrundeliegende − Grundsatz der Subsidiarität der Verfassungsbeschwerde über das Gebot einer bloßen Rechtswegerschöpfung hinaus. Er dient einer sachgerechten Aufgabenverteilung zwischen dem Verfassungsgericht und den Fachgerichten. Danach obliegt es vorrangig den Fachgerichten, einfachrechtliche Vorschriften auszulegen und die zur Anwendung der Vorschriften erforderlichen Ermittlungen sowie die Würdigung des Sachverhalts vorzunehmen (ständige Rechtsprechung des Verfassungsgerichts des Landes Brandenburg, vgl. Beschluß vom 20. Oktober 1994 − VfGBbg 12/94 − LVerfGE 2, 193, 197 f; zuletzt Beschluß vom 21. November 1996 − VfGBbg 17/96, 18/96 und 19/96 − LVerfGE 5, 112, 118 f). Der Grundsatz der Subsidiarität verlangt deswegen von einem Beschwerdeführer, daß er − über eine bloße Rechtswegerschöpfung (im engen Sinne) hinaus − alles im Rahmen seiner Möglichkeiten Stehende unternimmt, um eine etwaige Grundrechtsverletzung zu beseitigen oder zu verhindern. Er ist auf alle nach Lage der Dinge ihm gegebenenfalls zur Verfügung stehenden prozessualen Möglichkeiten zur Korrektur der geltend gemachten Verfassungsverletzung zu verweisen (vgl. Verfassungsgericht des Landes Brandenburg, Beschluß vom 17. März 1994 − VfGBbg 11/93 − LVerfGE 2, 85, 87; zuletzt Beschluß vom 21. November 1996 aaO).

Eine Verfassungsbeschwerde ist nach diesen Grundsätzen unter dem Gesichtspunkt der Subsidiarität regelmäßig auch dann unzulässig, wenn trotz Erschöpfung des Rechtswegs im einstweiligen fachgerichtlichen Rechtsschutzverfahren in zumutbarer Weise Rechtsschutz auch noch im fachgerichtlichen Hauptsacheverfahren erlangt werden kann (ständige Rechtsprechung des erkennenden Verfassungsgerichts, vgl. Beschluß vom 17. März 1994 – VfGBbg 11/93 – LVerfGE 2, 85, 87; Beschluß vom 18. Juni 1996 – VfGBbg 20/95 – LVerGE 4, 201, 206; Beschluß vom 21. November 1996 – VfGBbg 17/96, 18/96 und 19/96 – aaO). So liegt es hier. Der Beschwerdeführerin ist zuzumuten, zunächst das Hauptsacheverfahren vor dem Verwaltungsgericht P. durchzuführen und gegebenenfalls auch insoweit den Rechtsweg auszuschöpfen. Sie rügt der Sache nach eine Grundrechtsverletzung, die nicht in erster Linie auf das vorläufige Rechtsschutzverfahren als solches abzielt (vgl. zu einem solchen Fall: BVerfGE 65, 227), sondern einen Gesichtspunkt betrifft, der gleichermaßen auch im fachgerichtlichen Hauptsacheverfahren zur rechtlichen Überprüfung steht: Die Beanstandung der Beschwerdeführerin geht im Kern dahin, das Oberverwaltungsgericht für das Land Brandenburg habe seine Entscheidung auf eine gesetzliche Grundlage – hier § 5 Abs. 5 BbgRettG – gestützt, die mit Blick auf die Entscheidung des Bundesverwaltungsgerichts vom 26. Oktober 1995 verfassungsrechtlicher Überprüfung nicht standhalte. Ob und inwieweit die Vorschriften des Brandenburgischen Rettungsdienstgesetzes – vor allem die darin vorgenommene Ausgestaltung des qualifizierten Krankentransportes als staatliche oder (nur) öffentliche Aufgabe und demgemäß die §§ 3 und 5 BbgRettG – mit den Vorschriften der Landesverfassung, insbesondere dem Grundrecht auf Berufsfreiheit (Art. 49 LV), vereinbar sind, ist „Thema" auch und gerade auch des fachgerichtlichen Hauptsacheverfahrens vor dem Verwaltungsgericht P. Damit ist die Beschwerdeführerin für den Schutz ihrer Grundrechte auf das Hauptsacheverfahren zu verweisen. Insoweit korrespondiert die Möglichkeit des Grundrechtsschutzes durch das Fachgericht der Hauptsache mit der Verantwortung, die diesem Gericht auch gerade insoweit zukommt (vgl. bereits Verfassungsgericht des Landes Brandenburg, Beschluß vom 17. März 1994 – VfGBbg 11/93 – LVerfGE 2, 85, 87).

Sich auf das fachgerichtliche Hauptsacheverfahren verweisen zu lassen, ist der Beschwerdeführerin trotz der bisherigen Dauer des Hauptsacheverfahrens auch zumutbar. Dies wäre gegebenenfalls anders zu beurteilen, wenn in dem fachgerichtlichen Hauptsacheverfahren kein Ende abzusehen wäre und von daher dort der Schutz der Grundrechte illusorisch erschiene. So liegt es hier jedoch nicht. Die 3. Kammer des Verwaltungsgerichts P. hat inzwischen Termin zur mündlichen Verhandlung auf den 28. Mai 1997 anberaumt und damit die Angelegenheit nunmehr angegangen. Es kommt hinzu, daß der Komplex „Teilnahme Privater am Rettungsdienst" in einem Parallelverfahren vor dem Oberverwaltungsgericht für das Land Brandenburg nach Zurückverweisung durch das Bundesverwaltungsgericht – nach Mitteilung der Beschwerdeführerin am 21. August 1997 – wieder ansteht. Auch von daher zeichnet sich eine Klärung der anstehenden Fragen für den Bereich der brandenburgischen Verwaltungsgerichtsbarkeit ab. Unter diesen Umständen spielt es schon nach der Funktion des Subsidiaritätsgrundsatzes – der sachgerechten Aufgabenverteilung zwischen Fach- und Verfassungsgerichtsbarkeit – keine Rolle mehr, daß die Verfassungsbeschwerde gegen die im fachgerichtlichen Eilverfahren ergangenen Beschlüsse ursprünglich auch wegen Untätigbleibens des Fachgerichts in dem Hauptsacheverfahren erhoben worden ist. Ebenso können die Gründe nicht mehr ins Gewicht fallen, aus denen die Kammer des Verwaltungsgerichts erst nach über fünfeinhalb Jahren Termin zur mündlichen Verhandlung anberaumt hat. Entscheidend ist, daß die Befassung des Fachgerichts mit der Angelegenheit nunmehr ansteht und es deshalb der Beschwerdeführerin, auch soweit der zeitliche Ablauf in Frage steht, zumutbar ist, die Entscheidung im Hauptsacheverfahren abzuwarten.

2. Allerdings kann das Verfassungsgericht – ebenso wie gemäß § 45 Abs. 2 Satz 2 VerfGGBbg bei Nichterschöpfung des Rechtsweges (im engeren Sinne) – auch im Anwendungsbereich des Subsidiaritätsgrundsatzes, nämlich in analoger Anwendung (auch) des Satzes 2 des § 45 Abs. 2 VerfGGBbg, „im Ausnahmefall über eine … Verfassungsbeschwerde sofort entscheiden, wenn sie von allgemeiner Bedeutung ist oder wenn dem Beschwerdeführer ein schwerer und unabwendbarer Nachteil entstünde", falls er auf den Rechtsschutz vor den Fachgerichten verwiesen würde (vgl. Verfassungsgericht des Landes Brandenburg, Beschluß vom 21. November 1996 – VfGBbg 17/96, 18/96 und 19/96 – aaO). Das erkennende Gericht sieht sich indes nicht veranlaßt, hier von dieser Möglichkeit der Sofortentscheidung Gebrauch zu machen und damit den Verwaltungsgerichten vorzugreifen.

1. Ein „schwerer" Nachteil entsteht der Beschwerdeführerin nicht. Sie wird durch die Verweisung auf das Hauptsacheverfahren nicht ernstlich in ihrer wirtschaftlichen Existenz bedroht. Dies hat das Gericht bereits in dem Verfahren über den Antrag der Beschwerdeführerin auf Erlaß einer einstweiligen Anordnung festgestellt (Beschluß vom 20. März 1997 – VfGBbg 4/97 EA – *).

b. Auch eine „allgemeine Bedeutung", an die wegen weiterer privater Krankentransportunternehmen zu denken ist, die von den hier interessierenden Regelungen des Brandenburgischen Rettungsdienstgesetzes betroffen sind, führt hier nicht zu einer Vorabentscheidung des Gerichts. Die Ausgestaltung des § 45 Abs. 2 Satz 2 VerfGGBbg als Kann-Vorschrift macht deut-

---

* s. S. 101.

lich, daß auch bei Vorliegen der darin genannten Voraussetzungen eine Vorabentscheidung des Verfassungsgerichts keineswegs zwangsläufig ist. Sie bleibt vielmehr auch in diesen Fällen schon nach dem Wortlaut des § 45 Abs. 2 Satz 2 VerfGGBbg die Ausnahme („im Ausnahmefall"). Die „allgemeine Bedeutung" ist nur ein Aspekt unter mehreren, die im Rahmen einer Abwägung für und wider eine sofortige Sachentscheidung zu berücksichtigen sind (ständige Rechtsprechung des Verfassungsgerichts des Landes, vgl. zuletzt Beschluß vom 21. November 1996 – VfGBbg 17/96, 18/96 und 19/96 – aaO). Bei der hier zugrunde liegenden Fallkonstellation erscheint aber eine Vorweg-Sachentscheidung nicht angezeigt. Das erkennende Gericht hat schon in anderem Zusammenhange ausgesprochen, daß es unter dem Gesichtspunkt der Subsidiarität gegen eine Sofortentscheidung des Landesverfassungsgerichts sprechen kann, wenn die Möglichkeit besteht, daß eine solche Entscheidung durch eine abweichende rechtliche Würdigung bundesrechtlicher Vorschriften durch ein Bundesgericht „überholt" wird (s. dazu eingehend Verfassungsgericht des Landes Brandenburg, Beschluß vom 21. November 1996 – VfGBbg 17/96, 18/96 und 19/96 – aaO). Ähnlich kann es unter dem Gesichtspunkt der Subsidiarität gegen eine Sofortentscheidung des Landesverfassungsgerichts sprechen, wenn in Betracht kommt, daß eine spätere Prüfung am Maßstab zwingenden Verfassungsrechts (auch) des Bundes vorzunehmen sein wird. Dies aber steht hier angesichts der weitgehenden Deckungsgleichheit von Art. 49 Abs. 1 LV und Art. 12 Abs. 1 GG (vgl. hierzu Verfassungsgericht des Landes Brandenburg, Beschluß vom 21. November 1996 – VfGBbg 26/96 – LVerfGE 5, 94, 106 ff) im Raum: Für die Entscheidung in dem verwaltungsgerichtlichen Hauptsacheverfahren wird sich außer der Frage der Vereinbarkeit des Brandenburgischen Rettungsdienstgesetzes mit der Landesverfassung (bzw. gegebenenfalls einer der Landesverfassung Rechnung tragenden verfassungskonformen Auslegung) zugleich die Frage der Vereinbarkeit mit Art. 12 GG (bzw. einer diesbezüglich verfassungskonformen Auslegung, vgl. hierzu BVerwG Buchholz 418.15 Rettungswesen Nr. 5, S. 32) stellen, welche gegebenenfalls letzten Endes vom Bundesverfassungsgericht zu beantworten wäre. Von daher wäre eine hier ergehende Sofortentscheidung des Landesverfassungsgerichts in dem im Verfassungsraum sowohl des Bundes als auch des Landes spielenden Gesamtfragenbereich nicht „das letzte Wort". Auch aus diesem Grunde macht das Gericht hier von der Möglichkeit einer sich über den Grundsatz der Subsidiarität hinwegsetzenden Sofortentscheidung keinen Gebrauch.

Bei dieser Betrachtungsweise kann – in dem hier in Frage stehenden Zusammenhang (§ 45 Abs. 2 Satz 2 VerfGGBbg) – offen bleiben, ob und gegebenenfalls in welcher Weise es sich auswirkt, daß das Brandenburgische

Rettungsdienstgesetz schon vor Inkrafttreten der Landesverfassung vom 20. August 1992, nämlich schon im Mai 1992, wirksam geworden ist, und damit eine auf den Verfassungsraum des Landes bezogene verfassungskonforme Auslegung überhaupt in Betracht kommt.

II.

Der Antrag auf Auslagenerstattung bleibt für den nach Abtrennung verbliebenen Teil der Verfassungsbeschwerde ebenfalls ohne Erfolg. § 32 Abs. 7 Satz 1 VerfGGBbg ordnet eine solche Kostenentscheidung nur bei gänzlich oder teilweise erfolgreicher Verfassungsbeschwerde zwingend an. In den übrigen Fällen kann das Verfassungsgericht nach § 32 Abs. 7 Satz 2 VerfGGBbg nur bei Vorliegen besonderer Billigkeitsgründe volle oder teilweise Erstattung der Auslagen anordnen (vgl. Verfassungsgericht des Landes Brandenburg, Beschluß vom 20. Oktober 1994 – VfGBbg 9/93 EA – LVerfGE 2, 191, 192; Beschluß vom 23. Mai 1996 – VfGBbg 23/96 – LVerfGE 4, 167, 168 f). Solche Billigkeitsgründe sind hier für den nach der Abtrennung verbliebenen Teil der Verfassungsbeschwerde nicht hinreichend greifbar. Das Gericht hält es jedoch unter Wiedereinbeziehung der abgetrennten Sache VfGBbg 6/97 für angemessen, daß der Beschwerdeführerin ¼ ihrer insgesamt – in beiden Teilen der Verfassungsbeschwerde zusammen – angefallenen notwendigen Auslagen erstattet werden. Es ist nicht ausgeschlossen, daß das Gericht die Laufzeit des zugrundeliegenden verwaltungsgerichtlichen Hauptsacheverfahrens von fast 6 Jahren trotz gewisser diese Dauer miterklärender besonderer Umstände für mit Art. 52 Abs. 4 LV nicht mehr vereinbar gehalten hätte. Das Gericht hält es deshalb für angemessen, daß der Beschwerdeführerin ½ der auf diesen Teil der Verfassungsbeschwerde entfallenden Auslagen erstattet werden. Bewertet man die beiden Teile der Verfassungsbeschwerde jeweils gleich hoch, nämlich jeweils mit ½, sind der Beschwerdeführerin deshalb ¼ ihrer notwendigen Gesamtauslagen zu erstatten.

Gegenstandswert (festzusetzen auf den dem Auslagenerstattungsantrag zu entnehmenden Antrag der Beschwerdeführerin) unter Wiedereinbeziehung des abgetrennten Teils der Verfassungsbeschwerde: 16.000,– DM.

Entscheidungen des Staatsgerichtshofs der Freien Hansestadt Bremen

Die amtierenden Richter des Staatsgerichtshofs der Freien Hansestadt Bremen*

Prof. Günter Pottschmidt, Präsident
  (Brigitte Dreger)

Prof. Dr. Alfred Rinken, Vizepräsident
  (Heinz Brandt)
  (Hans Alexy)

Dr. Jörg Bewersdorf
  (Annegret Derleder)
  (Dr. Axel Boetticher)

Prof. Dr. Eckart Klein
  (Dr. Erich Röper)
  (Dr. Herbert Müffelmann)

Uwe Lissau
  (Rainer Kulenkampff)
  (Dr. Albert Schnelle)

Prof. Dr. Ulrich K. Preuß
  (Dr. Annegret Lenze)
  (Sabine Heinke)

Konrad Wesser
  (Friedrich Wulf)
  (Peter Friedrich)

---

* In Klammern die Stellvertreter

Nr. 1

1. Der Gesetzgeber durfte die durch Art. 70 II BremLV für den Volks*entscheid* niedergelegten Schranken der Zulässigkeit auf das Volks*begehren* vorverlagern.

2. Volksbegehren und Volksentscheide sind mit Art. 70 II BremLV und § 9 Nr. 1 BremVEG nicht vereinbar, wenn sie auf den Gesamtbestand des Haushalts Einfluß nehmen, damit das Gleichgewicht des gesamten Haushalts stören, zu einer Neuordnung des Gesamtgefüges zwingen und zu einer wesentlichen Beeinträchtigung des Budgetrechts des Parlaments führen.

Landesverfassung der Freien Hansestadt Bremen Art. 70 Abs. 2, Art. 74, Art. 87 Abs. 2

Bremisches Volksentscheidgesetz § 9 Nr. 1

Urteil vom 17. Juni 1997 – St 7/96 –

in dem Verfahren betreffend die Anträge auf Zulassung von Volksbegehren über die Entwürfe eines Gesetzes
– zur Unterrichtsversorgung der öffentlichen Schulen des Landes Bremen (Schulunterrichtsversorgungsgesetz)
– zur Erhaltung und Schaffung von Schulraum (Schulraumgesetz)
– zur Durchführung der Lehr- und Lernmittelfreiheit (Lernmittelfreiheitsgesetz),

Entscheidungsformel:

1. Die gesetzlichen Voraussetzungen für die Zulassung eines Volksbegehrens über den Entwurf eines Gesetzes zur Unterrichtsversorgung der öffentlichen Schulen des Landes Bremen (Schulunterrichtsversorgungsgesetz) sind nicht gegeben.

2. Die gesetzlichen Voraussetzungen für die Zulassung eines Volksbegehrens über den Entwurf eines Gesetzes zur Erhaltung und Schaffung von Schulraum (Schulraumgesetz) sind nicht gegeben.

3. Die gesctzlichen Voraussetzungen für die Zulassung eines Volksbegehrens über den Entwurf eines Gesetzes zur Durchführung der Lehr- und Lernmittelfreiheit (Lernmittelfreiheitsgesetz) sind gegeben.

Gründe:

A.

Gegenstand des Verfahrens ist die Frage, ob die gesetzlichen Voraussetzungen für die Zulassung von drei Volksbegehren auf dem Gebiet des öffentlichen Schulwesens im Land Bremen gegeben sind.

I.

Am 27. August 1996 sind bei dem Senator für Inneres der Freien Hansestadt Bremen schriftlich drei an den Senat der Freien Hansestadt Bremen gerichtete Anträge auf Zulassung von Volksbegehren über die Entwürfe eines Gesetzes zur Unterrichtsversorgung der öffentlichen Schulen des Landes Bremen (Schulunterrichtsversorgungsgesetz), zur Erhaltung und Schaffung von Schulraum (Schulraumgesetz) und zur Durchführung der Lehr- und Lernmittelfreiheit (Lernmittelfreiheitsgesetz) eingereicht worden.

Der Senat der Freien Hansestadt Bremen hat durch seinen Präsidenten mitgeteilt, die Überprüfung durch den Landeswahlleiter habe ergeben, daß den Zulassungsanträgen über 5.000 von der Gemeindebehörde bestätigte Unterstützungsunterschriften von Stimmberechtigten beigefügt gewesen seien.

1. Das angestrebte Gesetz zur Unterrichtsversorgung der öffentlichen Schulen des Landes Bremen (Schulunterrichtsversorgungsgesetz) sieht die Regelung der Grundlagen für die Versorgung der öffentlichen Schulen im Land Bremen mit Lehrerstunden und für die Obergrenzen der Schülerzahlen in den Klassen (Klassenhöchstfrequenzen) sowie eine Änderung des Bremischen Schulverwaltungsgesetzes (BremSchVwG) vom 20. Dezember 1994 (Brem.GBl. 1994 S. 342, berichtigt Brem.GBl. 1995 S. 129) vor.

Der Gesetzentwurf lautet auszugsweise:

Artikel 1

Gesetz zur Unterrichtsversorgung der öffentlichen Schulen des Landes Bremen
Schulunterrichtsversorgungsgesetz (SUVG)

§ 1 Geltungsbereich und Zielsetzung

(1) Grundlage dieses Gesetzes ist der Art. 27 der Landesverfassung, nach dem alle Schüler und Schülerinnen nach Maßgabe ihrer Begabung das gleiche Recht auf Bildung haben.

(2) Es regelt unter Berücksichtigung des Auftrages und der Bildungs- und Erziehungsziele der Schule (§§ 4 und 5 BremSchulG) sowie der im Bremischen Schulverwaltungsgesetz festgelegten Zuständigkeit (§ 3 BremSchVwG) die Grundlagen für die Versorgung der Schulen im Lande Bremen mit Lehrerstunden und die Obergrenzen der Schülerzahlen in den Klassen (Klassenhöchstfrequenzen).

(3) Dieses Gesetz gilt für alle öffentlichen Schulen des Landes Bremen nach § 1 Absatz 1 BremSchulG.

(4) Bis zum Erreichen der in §§ 3 bis 5 genannten Zielwerte stellen die Stadtgemeinden die gleichmäßige Versorgung aller Schulen bezüglich ihres Grund- und Sonderbedarfes sicher.

§ 2 Lehrerstundenbedarf

(1) Der Grundbedarf einer Schule an Lehrerstunden wird durch folgende Größen bestimmt:
1. die Stundentafel für jede Klassenstufe in der jeweils gültigen Fassung und deren Ausgestaltung durch die Schulkonferenz nach § 11 BremSchVwG (§ 3 Absatz 1)
2. die täglich mindestens zu sichernde Unterrichtsversorgung (§ 3 Absatz 2 bis 4)
3. die Zahl der Klassenverbände und Kurse

(2) Daneben erfolgt eine Zuweisung von Lehrerstunden für den Sonder- und Förderbedarf in jeder Schule (§§ 5 und 6).

§ 3 Stundentafel und Unterrichtsversorgung

(1) Bei der Festlegung der Stundentafeln des Landes Bremen ist bezüglich des Fachunterrichtes für alle Schularten und Schulstufen quantitativ wie qualitativ mindestens der von der Ständigen Konferenz der Kultusminister der Länder in der Bundesrepublik Deutschland beschlossene Rahmen einzuhalten. Bei der Zuweisung von Fachlehrerstunden im Grundbedarf sind in diesem Rahmen die Entscheidungen der Schulkonferenz gemäß §§ 33 Absatz 2, Nr. 1 BremSchVwG zu berücksichtigen.

(2) Durch entsprechende Zuweisungen von Lehrerstunden für den Grundbedarf ist bei einer Fünf-Tage-Woche in der Vorklasse bis einschließlich der zweiten Klasse eine tägliche Schulzeit von vier Zeitstunden, in den Jahrgangsstufen drei und vier von mindestens fünf Zeitstunden zu sichern. In der Sekundarstufe I ist durch entsprechende Zuweisungen eine Mindestversorgung von sechs Unterrichtsstunden sicherzustellen.

(3) In der gymnasialen Oberstufe erfolgt bei einer Jahrgangsbreite von mindestens 100 Schülern und Schülerinnen eine Zuweisung im Grundbedarf von 1,7 Lehrerstunden pro Schüler/Schülerin (Zuweisungsfaktor). Bei Jahrgangs-

stufen unter 100 Schülern und Schülerinnen erhöht sich der Zuweisungsfaktor linear bis zu 2,1 bei 60 oder weniger Schülern und Schülerinnen.

(4) Schüler und Schülerinnen in der dualen Berufsausbildung haben einen Anspruch auf 12 Unterrichtsstunden pro Woche. Schüler und Schülerinnen in der vollzeitschulischen Berufsausbildung haben einen Anspruch von mindestens 30 Unterrichtsstunden pro Woche.

(5) Eine Unterrichtung der Schüler und Schülerinnen in Halb- oder Kleingruppen ist im pädagogisch notwendigen Umfang vorzusehen (Teilungsstunden). Näheres regelt der Senator für Bildung und Wissenschaft durch eine Rechtsverordnung, in der Angaben über die Voraussetzung für eine Gruppenbildung (Größe und Zusammensetzung des Klassenverbandes, didaktische und pädagogische Voraussetzungen, Fächer) sowie den Umfang der Teilungsstunden gemacht werden.

§ 4 Klassenhöchstfrequenzen

(1) Mit Inkrafttreten dieses Gesetzes gelten folgende Klassenhöchstfrequenzen:

Vorklasse	16 Schüler/innen
Klassen 1 – 6	25 Schüler/innen
Klassen 7 – 10	30 Schüler/innen (Realschule/Gymnasium)
	20 Schüler/innen (Hauptschule)

(2) Ziel sind folgende Klassenhöchstfrequenzen:

Vorklasse	15 Schüler/innen
Klassen 1 – 6	22 Schüler/innen
Klassen 7 – 10	25 Schüler/innen (Realschule/Gymnasium)
	18 Schüler/innen (Hauptschule)

(3) In den Kursen der gymnasialen Oberstufe und den Klassen der Berufsschulen gilt mit Inkrafttreten des Gesetzes eine Höchstfrequenz von 22 Schülern und Schülerinnen; Ziel ist eine Höchstfrequenz von 20 Schülern und Schülerinnen.

(4) Bis zum Erreichen der in Absatz 2 und 3 festgesetzten Frequenzen ist die Frequenz in den Eingangsklassen der Bildungsgänge bzw. Schulstufen jährlich um einen Schüler bzw. eine Schülerin zu senken.

(5) Für besondere Unterrichts- und Schulformen sind niedrigere Klassenfrequenzen gemäß dem pädagogischen Konzept festzulegen. Das Nähere ist durch eine Rechtsverordnung des Senators für Bildung und Wissenschaft zu regeln. Diese muß Angaben enthalten über die Höchstfrequenzen in den Klassenverbänden, die Voraussetzungen und den Umfang der Arbeit in Teilgruppen und die dafür erforderlichen zusätzlichen Lehrerstunden.

Staatsgerichtshof der Freien Hansestadt Bremen 127

(6) Ist die Klassenraumgröße für die Klassenhöchstfrequenz nach § 2 Absatz 1 des Schulraumgesetzes (SRG) nicht ausreichend, ist die Klassenfrequenz entsprechend niedriger.

(7) Sind in handlungsorientierten Fächern die Anzahl der Arbeitsplätze für Schüler und Schülerinnen geringer als die Klassenfrequenz, erfolgt in diesen Fächern eine Klassenteilung.

(8) Soweit Schüler und Schülerinnen mit sonderpädagogischem Förderbedarf in Regelklassen der allgemeinen Schulen integriert werden, gelten besondere Regelungen. Hierzu ist vom Senator für Bildung und Wissenschaft eine Rechtsverordnung zu erlassen, in der Angaben zur Klassenfrequenz, zur Unterrichtsversorgung und sonderpädagogischen Zusatzförderung sowie den räumlichen Notwendigkeiten gemacht werden.

(9) Für Sonderschulklassen gilt grundsätzlich eine Höchstfrequenz von 12 Schülern und Schülerinnen pro Klasse. Für besondere Behinderungsarten sind die Höchstfrequenzen entsprechend niedriger festzusetzen. Näheres regelt der Senator für Bildung und Wissenschaft durch eine Rechtsverordnung, in der Angaben gemacht werden zu den Klassenfrequenzen, für die Voraussetzungen und den Umfang der Arbeit in Kleingruppen, für die Voraussetzungen und den Umfang des Einsatzes zusätzlicher Fachkräfte.

§ 5 Sonderbedarfe

(1) Als Krankenreserve müssen allen Schulen Lehrerstunden im Umfang von 5 % des Grundbedarfes zugewiesen werden. Für Krankschreibungen, die für drei Monate oder länger erfolgen, müssen zusätzliche Lehrerstunden zugewiesen werden.

(2) Für Kinder, die nicht mit der deutschen Sprache als Muttersprache aufgewachsen sind, müssen jeder Grundschule und jeder Schule der Sekundarstufe I drei Lehrerstunden für jeweils 5 Schüler und Schülerinnen zugewiesen werden. Sonderzuweisungen von Lehrerstunden für muttersprachlichen Unterricht bleiben davon unberührt.

(3) Für Förderunterricht müssen für den Zeitraum der Geltung des § 4 Absatz 1 jeder Grundschule in den Jahrgangsstufen 1 und 2 zwei Lehrerstunden, in den Jahrgangsstufen 3 und 4 eine Lehrerstunde pro Klasse zugewiesen werden.

(4) Um sicherzustellen, daß die Unterrichtsbedingungen in allen Schulen möglichst gleich sind, müssen Schulen in der Primarstufe und der Sekundarstufe I in Gebieten mit besonderer sozialer Belastung zusätzliche Lehrerstunden auf der Grundlage von Sozialindikatoren zugewiesen werden (Sozialstrukturbedarf). Für den Sozialstrukturbedarf werden Lehrerstunden im Umfang von 6 % des Grundbedarfes aller Regelschulen im Primar- und Sekundarbereich I bereitgestellt.

(5) Für Arbeitsgemeinschaften, Schulversuche und Maßnahmen zur Profilbildung einer Schule sollen zusätzliche Lehrerstunden auf Antrag zugewiesen werden.

(6) Soweit schulische Betreuung über die Unterrichtsversorgung nach § 3 hinaus angeboten wird, sollen, soweit gemäß dem zugrundeliegenden pädagogischen Konzept notwendig, auch Lehrerstunden zugewiesen werden.

(7) Soweit Fortbildungen von Lehrern und Lehrerinnen nicht in den Schulferien besucht werden können und die Lehrer und Lehrerinnen für die Fortbildung mindestens für ein Schulhalbjahr eine Stundenentlastung erhalten, sollen diese durch Sonderzuweisungen ausgeglichen werden.

(8) Im übrigen sollen Sonderzuweisungen als Ausgleich für Funktionen erfolgen, die Lehrer und Lehrerinnen im Rahmen der Schule auszuüben haben und für die sie (stundenweise) Unterrichtsbefreiung erhalten (Freistellungen).

(9) Näheres zu den Sonderbedarfen Absatz 2 und Absatz 4 bis 8 regelt der Senator für Bildung und Wissenschaft durch Rechtsverordnungen, in denen Angaben über die Voraussetzungen und den Umfang für die Zuweisung zusätzlicher Lehrerstunden gemacht werden.

(10) Die Sonderbedarfe gemäß Absatz 1 bis 4 sind bei der jährlichen Zuweisung von Lehrerstunden vorrangig zu berücksichtigen.

§ 6 Sonderbedarfe für die Integration von Schülern und Schülerinnen mit sonderpädagogischem Förderbedarf

(1) Eine Integration von Schülern und Schülerinnen mit sonderpädagogischem Förderbedarf in Regelklassen der allgemeinen Schule gemäß § 35 BremSchulG erfolgt nur, wenn die Betreuung dieser Schüler und Schülerinnen durch für sonderpädagogische Unterstützung qualifizierte Lehrer und Lehrerinnen im erforderlichen Zeitumfang sichergestellt ist.

(2) Stundenentlastungen für die notwendige Fortbildung von Regelschullehrern und -lehrerinnen, die vor Beginn einer Integration von Kindern mit sonderpädagogischem Förderbedarf erfolgen muß, wird im Rahmen der Sonderzuweisungen ausgeglichen.

§ 7 Neueinstellung und Weiterbildung von Lehrern und Lehrerinnen

(1) Durch kontinuierliche Neueinstellung von Lehrern und Lehrerinnen ist sicherzustellen,

1. daß der Bestand an Lehrerstellen dem Bedarf entspricht, der sich aus dem Grundbedarf gemäß § 3, dem Sonderbedarf gemäß §§ 5 und 6 sowie der Pensionierungen und Beurlaubungen ergibt. Lehrer und Lehrerinnen, die (stundenweise) für außerschulische Tätigkeiten abgeordnet sind, werden aus dem Lehrerbestand entsprechend herausgerechnet.

Staatsgerichtshof der Freien Hansestadt Bremen 129

2. daß eine heterogene Altersstruktur der Lehrerschaft im Lande Bremen sowie an den einzelnen Schulen sichergestellt wird.

Entspricht die Zahl der Lehrer und Lehrerinnen, die für ein Fach, eine Schulart oder eine Schulstufe ausgebildet sind, nicht dem Bedarf, ist der Senator für Bildung und Wissenschaft verpflichtet, diese Mängel durch Neueinstellungen von Lehrern und Lehrerinnen oder Weiterbildung von im Dienst befindlichen Lehrern und Lehrerinnen auszugleichen.

§ 8 Erlaß von Rechtsverordnungen

Soweit dieses Gesetz den Senator für Bildung und Wissenschaft verpflichtet, Rechtsverordnungen zu erlassen, muß dies innerhalb eines Jahres nach Inkrafttreten des Gesetzes erfolgen.

2. Das angestrebte Gesetz zur Erhaltung und Schaffung von Schulraum (Schulraumgesetz) sieht die Regelung der Bestimmungen für die bauliche und sonstige Mindestausstattung der öffentlichen Schulen im Land Bremen vor.
Der Gesetzentwurf lautet auszugsweise:

§ 1 Geltungsbereich

Dieses Gesetz bestimmt die bauliche und sonstige Mindestausstattung der öffentlichen Schulen im Sinne von § 1 Absatz 1 des BremSchulG.

§ 2 Bau und Raumausstattungsanspruch

(1) Jeder Schüler und jede Schülerin hat einen Anspruch auf mindestens 1,5 m^2 unverstellter Grundfläche und 6 m^3 Mindestluftraum in den allgemeinen Unterrichtsräumen. In den Räumen muß sich ständig ausreichend gesundheitlich zuträgliche Atemluft befinden. Die Fenster müssen entweder geöffnet werden können oder es muß eine jederzeit funktionsfähige lüftungstechnische Anlage vorhanden sein.

(2) In Klassenräumen, in denen die Vorschriften über den Grundflächenbedarf nicht eingehalten werden können, muß die zu unterrichtende Zahl der Schülerinnen und Schüler entsprechend verringert werden. Eine aus Gründen der Raumgröße erforderliche Reduzierung der Klassenfrequenz darf nicht zu Kürzungen von Lehrerstunden führen.

(3) Jeder Schüler und jede Schülerin hat Anspruch darauf, daß der Schallpegel der von außen einwirkenden Geräusche höchstens 55 dB(A) beträgt.

(4) Behinderte Schülerinnen und Schüler haben einen Anspruch auf Schaffung der nach Art der Behinderung erforderlichen baulichen Voraussetzungen für einen Unterricht in den allgemeinbildenden Schulen. Diese Voraussetzungen müssen vor Aufnahme des Unterrichts geschaffen sein.

§ 3 Schulbau und Schulausrüstung

(1) Der Senator für Bildung und Wissenschaft ist verpflichtet, Schulbau- und Schulausrüstungsrichtlinien zu erlassen. Zur Erarbeitung der Richtlinien beruft der Senator für Bildung und Wissenschaft eine Kommission.

(2) Die Kommission setzt sich zusammen aus:
- 3 Vertretern oder Vertreterinnen der Landesregierung aus den fachlich beteiligten Ressorts
- 1 von der Architektenkammer entsandten Vertreter oder Vertreterin
- 1 von der Ingenieurkammer entsandten Vertreter oder Vertreterin
- 1 Vertreter/Vertreterin des Hauptgesundheitsamtes
- 1 vom Gemeindeunfallverband entsandten Vertreter oder Vertreterin
- 2 Vertretern oder Vertreterinnen der Lehrerschaft, die der Personalrat Schulen in Absprache mit den in ihm vertretenen Gewerkschaften vorschlägt
- 2 Vertretern oder Vertreterinnen des nichtunterrichtenden Personals, die der Personalrat Schulen in Absprache mit den in ihm vertretenen Gewerkschaften vorschlägt
- 2 Vertretern oder Vertreterinnen der Elternschaft (je ein Vertreter/eine Vertreterin auf Vorschlag der jeweiligen Gesamtvertretung der Stadtgemeinden)
- 2 Vertretern oder Vertreterinnen der Schülerschaft (je ein Vertreter/eine Vertreterin auf Vorschlag der jeweiligen Gesamtvertretung der Stadtgemeinden).

(3) Die Kommission gibt sich eine Geschäftsordnung und bestimmt einen Vorsitzenden oder eine Vorsitzende

(4) Scheidet ein Mitglied der Kommission aus, so wird auf Vorschlag des Gremiums, das es vorgeschlagen hat, ein neues Mitglied nachberufen.

(5) Die Kommission ist nicht weisungsgebunden.

(6) Die Mitglieder der Kommission arbeiten ehrenamtlich.

(7) Die von der Kommission zu erstellenden Richtlinien legen Mindestanforderungen fest über:

- Schulgrundstück (Lage, Größe, Pausenfreiflächen, Sportanlagen, Schulgarten, Stellplätze),
- Schulgebäude (Erweiterungsmöglichkeit, Raumprogramm, Geschoßzahl, Orientierung, Bereichszuordnung),
- Unterrichtsbereich (allgemeine Unterrichtsräume, naturwissenschaftliche Fachräume, musische Fachräume, technische Fachräume),
- Informationsbereich,
- Lehrer- und Verwaltungsbereich,
- Gemeinschaftsbereich,
- Naß- und Nebenräume (Toiletten, Duschen, Kleiderablagen),
- Pausenbereich,
- Verkehrsbereich (Flure, Türen, Treppen),

– Räume für Haustechnik,
– bautechnische und technische Anforderungen (allgemeine Grundsätze, Raumproportionen und -abmessungen, Schallschutz und Raumakustik, Verdunklung, Sonnenschutz, Beleuchtung, elektrotechnische Anlagen, Heizung, Lüftung),
– Raumausstattung und Mobiliar.

§ 4 Erhaltung und Renovierung

(1) Der Senator für Bildung und Wissenschaft ist verpflichtet, Richtlinien zu erlassen, die die Durchführung erforderlicher Sanierungsmaßnahmen sowie Umfang und Mindestanforderungen an Renovierungen festlegen (Schulerhaltungsrichtlinien). Zur Erarbeitung der Richtlinien beruft der Senator für Bildung und Wissenschaft eine Kommission.

(2) Die Kommission setzt sich zusammen aus:

– 3 Vertretern oder Vertreterinnen der Landesregierung aus den fachlich beteiligten Ressorts
– 1 von der Architektenkammer entsandten Vertreter oder Vertreterin
– 1 Vertreter/Vertreterin des Hauptgesundheitsamtes
– 1 vom Gemeindeunfallverband entsandten Vertreter oder Vertreterin
– 2 Vertretern oder Vertreterinnen der Lehrerschaft, die der Personalrat Schulen in Absprache mit den in ihm vertretenen Gewerkschaften vorschlägt
– 2 Vertretern oder Vertreterinnen des nichtunterrichtenden Personals, die der Personalrat Schulen in Absprache mit den in ihm vertretenen Gewerkschaften vorschlägt
– 2 Vertretern oder Vertreterinnen der Elternschaft (je ein Vertreter/eine Vertreterin auf Vorschlag der jeweiligen Gesamtvertretung der Stadtgemeinden)
– 2 Vertetern oder Vertreterinnen der Schülerschaft (je ein Vertreter/eine Vertreterin auf Vorschlag der jeweiligen Gesamtvertretung der Stadtgemeinden).

(3) Die Kommission gibt sich eine Geschäftsordnung und bestimmt einen Vorsitzenden oder eine Vorsitzende.

(4) Scheidet ein Mitglied der Kommission aus, so wird auf Vorschlag des Gremiums, das es vorgeschlagen hat, ein neues Mitglied nachberufen.

(5) Die Kommission ist nicht weisungsgebunden.

(6) Die Mitglieder der Kommission arbeiten ehrenamtlich.

(7) Über Dringlichkeit und Reihenfolge der Sanierungs- und Renovierungsarbeiten entscheiden die Stadtgemeinden aufgrund eines von ihnen zu erarbeitenden Schulraumkatasters, welches unter Einbeziehung unabhängiger Gutachter zu erstellen ist.

(8) Das Schulraumkataster enthält Angaben über Art und Zustand von

- Außananlagen (Größe, Umfriedung, Pflasterung, Parkplätze, Fahrradstellplätze, Bänke/Sitzgelegenheiten, Bepflanzung, Spielgeräte, Wertstoffbehälter, Schulgarten, Kunst am Bau), Festbauten sowie Mobilbauten und Containeranlagen (Gebäudebeschreibung, Dach, Fassade, Flure, Fußböden, Treppen, Fenster, elektrische Anlagen, Heizung, Außentüren, Waschbecken, Toiletten, Garderoben, Schaukästen),
- jedem vorhandenen einzelnen Raum (Raumgröße, Wände, Decke, Fußboden, Fenster, elektrische Anlagen, Heizkörper, Türen, Tafeln, Waschbecken sowie sonstigen fest mit dem Raum verbundenen Anlagen).

§ 5 Richtlinienauftrag

(1) Die Frist zur Erarbeitung der Schulbau- und Schulausurüstungsrichtlinien, der Schulerhaltungsrichtlinien sowie des Schulraumkatasters beträgt höchstens 24 Monate nach Inkrafttreten dieses Gesetzes.

(2) Die Schulbau- und Schulausrüstungsrichtlinien § 3 Absatz 1 sowie die Schulerhaltungsrichtlinien § 4 Absatz 1 sind alle fünf Jahre durch die zuständige Kommission zu überarbeiten.

(3) Das Schulraumkataster ist alle fünf Jahre unter Einbeziehung unabhängiger Gutachter zu überarbeiten.

(4) Die Stadtgemeinden sind verpflichtet, die Richtlinien gemäß § 3 Absatz 1 und § 4 Absatz 1 einzuhalten.

3. Das angestrebte Gesetz zur Durchführung der Lehr- und Lernmittelfreiheit (Lernmittelfreiheitsgesetz) sieht die nähere Regelung der in Art. 31 Abs. 3 der Landesverfassung der Freien Hansestadt Bremen (BremLV) vom 21. Oktober 1947 (Brem.Gbl. 1947 S. 251), zuletzt geändert am 1. Oktober 1996 (Brem.GBl. 1996 S. 303), verankerten Lehr- und Lernmittelfreiheit und deren Ausgestaltung im einzelnen an den öffentlichen Schulen im Land Bremen sowie eine Änderung des Bremischen Schulverwaltungsgesetzes vor.
Der Gesetzentwurf lautet auszugsweise:

§ 1 Geltungsbereich

Dieses Gesetz gilt für alle allgemeinbildenden öffentlichen Schulen des Landes Bremen nach § 1 Absatz 1 in Verbindung mit § 17 Absatz 1 BremSchulG.

§ 2 Allgemeine Grundsätze

(1) Um Chancengleichheit zu gewährleisten, sind die Schulen nach den fachlichen Erfordernissen eines guten, modernen, schülerzentrierten Unterrichtes angemessen mit Lehr- und Lernmitteln auszustatten.

(2) Diese Ausstattung ist der pädagogisch-didaktischen oder unterrichts-praktischen Entwicklung kontinuierlich anzupassen.

(3) Durch regelmäßige Erneuerung ist dafür Sorge zu tragen, daß die Lehr- und Lernmittel sich in einem für die Benutzer und Benutzerinnen zumutbaren Zustand befinden und daß alle Schüler und Schülerinnen über die für die jeweilige Unterrichtseinheit erforderlichen Lernmittel verfügen.

(4) Die Stadtgemeinden sind verpflichtet, die Schulen mit den dafür erforderlichen finanziellen Mitteln auszustatten.

§ 3 Lehrmittel

(1) Lehrmittel sind überwiegend von Lehrern und Lehrerinnen genutzte Unterrichtsmittel, die für den ordnungsgemäßen Unterricht erforderlich und zulässig sind. Auf Schüler und Schülerinnen bezogene Unterrichtsmittel gelten als Lehrmittel, wenn ihre Nutzungsdauer zwei Jahre und ihr Einzelwert DM 100,– übersteigt.

(2) Lehrmittel sind Eigentum des Schulträgers und stehen im Rahmen der Eigen- oder Selbstbewirtschaftung den Schulen zur Verfügung.

(3) Die Schulen erhalten die dafür erforderlichen Haushaltsmittel zur Eigen- bzw. Selbstbewirtschaftung.

§ 4 Lernmittel

(1) Lernmittel im Sinne des Artikels 31 der Landesverfassung sind:

1. die für die Hand des Schülers und der Schülerin bestimmten Lernbücher einschließlich der sie ergänzenden Druckwerke;

2. gedruckte Unterrichtsmaterialien von Buchverlagen, sofern sie die Funktion von Lernbüchern einnehmen;

3. Lektüren und Quellentexte, die zeitweise neben Lernbüchern verwandt werden;

4. Kopien, die ein Schulbuch im Unterricht ergänzen oder ersetzen;

5. weitere, aufgrund der Unterrichtsformen erforderliche Materialien, die über einen längeren Zeitraum oder wiederholt benutzt werden und

6. weitere aufgrund handlungsorientierter Unterrichtsfächer und bestimmter Unterrichtsformen erforderliche Grundmaterialien (Werkstoffe, Chemikalien) und Materialien, deren Beschaffung nach Art und Verwendungszweck des benötigten Materials nicht den Erziehungsberechtigten der Schüler und Schülerinnen überlassen werden kann, die zur Durchführung des lehrplanmäßigen Unterrichts für alle Schüler und Schülerinnen bereitgestellt werden müssen. Hierzu gehören auch Verbrauchsmaterialien, sofern sie zur Vermittlung von Grundfertigkeiten unverzichtbar sind und sofern sie nach der Verarbeitung keinen Gebrauchswert für den einzelnen Schüler oder für die einzelne Schülerin besitzen.

(2) Lernmittel werden den Schülerinnen und Schülern unentgeltlich zur Verfügung gestellt und bleiben grundsätzlich Eigentum des Schulträgers. Sie können Schülern und Schülerinnen übereignet werden.

§ 5 Gebrauchs- und Verbrauchsmaterialien

(1) Gebrauchs- und Verbrauchsmaterialien sind Gegenstände geringen Werts und solche, die auch außerhalb des Unterrichts gebräuchlich sind, sowie Kochgut und Material, das nach seiner Bearbeitung in das Eigentum des Schülers oder der Schülerin übergeht. Sie sind keine Lernmittel im Sinne des Gesetzes. § 4 Absatz 1 Nr. 6 bleibt unberührt.

(3) Die Materialien nach Absatz 1 können im Rahmen der vorhandenen Mittel den Schülern und Schülerinnen zur Verfügung gestellt werden, die sie nicht besitzen.

§ 6

Welche Lernmittel, Gebrauchs- und Verbrauchsmaterialien für den jeweiligen Unterricht benötigt werden und wie sie zu finanzieren sind, ist in enger Zusammenarbeit mit den Erziehungsberechtigten in den zuständigen schulischen Gremien rechtzeitig zu klären und zu beschließen.

§ 7 Sozialstrukturausgleich

Um sicherzustellen, daß in allen Schulen die Ausstattung mit Lehr- und Lernmitteln sowie die verwandten Verbrauchsmaterialien gleichwertig sind, erfolgt aufgrund von § 4 Absatz 3 BremSchVwG für Schulen mit besonderen sozialen Belastungen eine zusätzliche Mittelzuweisung auf der Grundlage von Sozialindikatoren.

§ 8 Lernmittelkommission

(1) Der Senator für Bildung und Wissenschaft beruft innerhalb eines Monats nach Inkrafttreten dieses Gesetzes eine Lernmittelkommission ein.

(2) Die Kommission setzt sich aus folgenden Mitgliedern zusammen:

1. Sechs Lehrern oder Lehrerinnen der verschiedenen Schulstufen und Schularten, die der Personalrat Schulen in Absprache mit den in ihm vertretenen Gewerkschaften vorschlägt;

2. Drei Vertretern oder Vertreterinnen der Studiengänge Lehrerbildung auf Vorschlag der Universität;

3. Vier Vertretern oder Vertreterinnen der Gesamtvertretungen (je ein Vertreter/eine Vertreterin auf Vorschlag der jeweiligen Gesamtvertretungen der Stadtgemeinden);

Staatsgerichtshof der Freien Hansestadt Bremen

4. Drei Vertretern oder Vertreterinnen des Senators für Bildung und Wissenschaft, davon ein Vertreter bzw. eine Vertreterin aus dem Bereich Beratungs- und Unterstützungssysteme.

(3) Die Kommission gibt sich eine Geschäftsordnung und bestimmt einen Vorsitzenden oder eine Vorsitzende.

(4) Scheidet ein Mitglied der Kommission aus, so wird auf Vorschlag des Gremiums, das es vorgeschlagen hat, ein neues Mitglied nachberufen.

(5) Die Kommission ist nicht weisungsgebunden.

(6) Die Mitgliedschaft in der Lernmittelkommission ist ehrenamtlich.

(7) Die Kommission erarbeitet Empfehlungen für die Lernmittelmeßbeträge der einzelnen Schularten und Jahrgangsstufen auf der Grundlage nachvollziehbarer Kriterien (Umfang erforderlicher Lernmittel, fachliche und didaktische Anforderungen an Lernmittel, Benutzungsdauer für Lernmittel). Außerdem gibt sie Empfehlungen für die Höhe und die Verteilung von Mitteln zum Sozialstrukturausgleich nach § 7.

(8) Die Kommission kann für die Ermittlung der Lernmittelbedarfe für bestimmte Schularten oder Schulstufen bzw. Fächer oder Fachbereiche Ausschüsse einsetzen. Für die Ausschüsse gilt § 86 Absatz 2 bis 4 BremSchVwG.

(9) Die Empfehlungen für die Lernmittelmeßbeträge sollen ein Jahr nach Einberufung der Kommission vorliegen.

(10) Die Empfehlungen für die Lernmittelmeßbeträge werden mindestens alle drei Jahre von der Kommission überprüft und bei Bedarf verändert.

§ 9 Zuweisungen für Lernmittel

(1) Der Senator für Bildung und Wissenschaft setzt unter Berücksichtigung der Empfehlungen der Kommission die Lernmittelmeßbeträge fest.

(2) Die Lernmittelmeßbeträge liegen den Zuweisungen zugrunde, die die Schulen von den Stadtgemeinden zur Eigen- bzw. Selbstbewirtschaftung erhalten.

Ergänzend wird auf die Gesetzentwürfe, die Änderungserklärungen der Vertrauenspersonen und die den Entwürfen beigefügten Begründungen verwiesen.

II.

Der Senat der Freien Hansestadt Bremen hat die formellen Voraussetzungen der Zulassungsanträge nicht beanstandet. Er hält jedoch die gesetzlichen (materiellen) Voraussetzungen für die Zulassung der Volksbegehren – zumindest in den Fällen des Schulunterrichtsversorgungsgesetzes und des

Schulraumgesetzes – für nicht gegeben. Er hat durch seinen Präsidenten mit Vorlage vom 23. Oktober 1996 die Entscheidung des Staatsgerichtshofes beantragt.

Zur Begründung führt der Senat aus:

1. Der Antrag auf Zulassung eines Volksbegehrens zum Entwurf des Schulunterrichtsversorgungsgesetzes sei unzulässig, weil er den Haushaltsplan zum Gegenstand habe und damit gegen § 8 Nr. 1 des Gesetzes über das Verfahren beim Volksentscheid (BremVEG) vom 27. Februar 1996 (Brem.GBl. 1996 S. 41) i. V. m. Art. 70 Abs. 2 BremLV verstoße.

Der Haushaltsplan im Sinne der Landesverfassung der Freien Hansestadt Bremen sei nicht nur die Anlage zum Haushaltsgesetz, sondern das staatliche Gesamtprogramm für die staatliche Wirtschaftsführung und damit zugleich für die Politik des Landes während der Etatperiode. Er sei ein staatsleitender Hoheitsakt in Gesetzesform. Durch die Entscheidung über Prioritäten im Haushaltsplan und durch die Verteilungsentscheidungen im einzelnen gestalte eine Regierung und die sie tragende parlamentarische Mehrheit ihr wirtschafts- und sozialpolitisches Ziel. Der Haushaltsplan im Sinne des Art. 2 BremLV erfasse zum einen den Staatshaushalt, müsse von der ratio legis her aber auch die kommunalen Haushalte umfassen.

Bis zum Jahre 1947 habe eine haushaltsmäßige Einheit des Landes und der Stadtgemeinde Bremen bestanden. Zwar sei bereits in der Verfassung der Freien Hansestadt Bremen von 1849 die Stadt Bremen als Gemeinde im Staat anerkannt, jedoch eine Trennung von Stadt und Staat im Finanzwesen nicht durchgeführt worden. Die Kosten der stadtbremischen Verwaltung hätten den Staatshaushalt belastet. Diesem seien auch die besonderen in der Stadt Bremen erhobenen Steuern zugeflossen. Die Regelung, nach welcher der Volksentscheid nicht den Haushaltsplan betreffen dürfe, sei erstmals in der Verfassung von 1920 festgeschrieben worden und habe somit bereits in der Zeit der Einheit des Haushalts gegolten. Es sei daher davon auszugehen, daß von den Verfassunggebern eine Einbeziehung auch des Haushalts der Stadtgemeinden in den Geltungsbereich des Art. 70 Abs. 2 BremLV bewußt gewollt gewesen sei.

Dies könne auch aus dem Sinn und Zweck der Art. 70 Abs. 2 BremLV gefolgert werden. Dieser solle gerade verhindern, daß finanzwirksame Gesetze, die unmittelbare Grundlage für die Führung des Haushalts seien, dem Verfahren einer Volksabstimmung überlassen würden, bei der eine Ausgabenverpflichtung festgelegt werde, ohne die Gesamtschau des Haushalts zu berücksichtigen. Die Selbstbedienung des Bürgers solle damit ausgeschlossen werden. Ein solches Ziel könne jedoch nur dann erreicht werden, wenn auch die Kommunalhaushaltspläne der Stadtgemeinden geschützt seien, da deren Bedeutung für die finanzielle Situation Bremens ebenfalls groß sei. Außerdem berührten Eingriffe in den Haushalt der Stadtgemeinden immer auch den Landeshaushalt. Nach dem Gesetz über die Finanzzuweisungen an die Stadtgemeinden Bremen und Bremerhaven erfolge ein innerer Finanzausgleich derart, daß das Land in bestimmten Fällen Schlüssel- und Bedarfszuweisungen leiste. Beständen somit Lücken im Haushalt der Stadtgemeinden, so habe das Land zum einen die Pflicht (Schlüsselzuweisungen) und zum anderen das Ermessen (Bedarfszuweisungen), diese Lücken aus seinem Haushalt aufzufüllen.

Bezogen auf den Entwurf eines Schulunterrichtsvorsorgungsgesetzes führt der Senat weiter aus, daß dessen Umsetzung – basierend auf den gegenwärtigen politischen Absichtserklärungen – zu einem auf Dauer angelegten Mehrbedarf von mindestens 1.098 Lehrerstellen in den beiden Stadthaushalten führen würde. Hierzu schlüsselt der Senat im einzelnen den Mehrbedarf für die Stadtgemeinde Bremen sowie für die Stadtgemeinde Bremerhaven auf. Er kommt dabei unter Berücksichtigung der unterschiedlichen Schulstufen und -arten zu dem Ergebnis, daß die Umsetzung des genannten Gesetzentwurfes für die Stadtgemeinde Bremen einen Mehrbedarf von 821,1 Lehrerstellen und für die Stadtgemeinde Bremerhaven von 277,3 Lehrerstellen bedeute. Die Umsetzung des Gesetzentwurfes würde jährlich 115.427.000 DM gegenüber den gegenwärtigen Planungen Mehrkosten verursachen. Im Hinblick darauf, daß in den Haushalten 1997 im Bereich der Bildung in Bremen und Bremerhaven Ausgaben für Personalkosten für aktive Lehrkräfte in Höhe von 569.655.000 DM angesetzt seien, folge daraus eine Steigerung von 20,3 %. In Anbetracht des Haushaltes des Fachressorts, unter dem in diesem Zusammenhang die bildungsbezogenen Ausgaben der Kommunen in Höhe von 842.420.000 DM zusammengefaßt seien, bewirke diese Steigerung eine anteilige Erhöhung von 67,62 % auf 81,32 %. Hinsichtlich des Landeshaushaltes mit einem Gesamtvolumen von 8.515.900.000 DM steige der Anteil von 6,69 % auf 8,04 %. Bei dieser Aufstellung seien die Gesamtkosten für die künftigen Haushalte nur partiell berücksichtigt. Bezöge man noch die Pensionszeiten ein, errechneten sich für jeden Lehrer unter den gegenwärtigen Perspektiven Kosten von rund 5.000.000 DM. Für die begehrten 1.098 Neueinstellungen ergebe dies eine Gesamtbelastung von mindestens 5.400.000.000 DM. Hinzu kämen noch die Sonderbedarfe nach den §§ 5 und 6 des Gesetzentwurfes sowie die Neueinstellungsverpflichtungen gemäß § 7 des Gesetzentwurfes. Nicht berücksichtigt seien ferner in diesen Berechnungen die im Gesetzentwurf noch zusätzlich angelegten, nicht konkret ausgewiesenen Mehrbedarfe genereller Art (z. B. § 3 Abs. 5, § 4 Abs. 5 und § 5 Abs. 5–8 des Gesetzentwurfes) sowie die Konsequenzen aus der Verpflichtung der Anstellungskörperschaften, jederzeit fachspezifischen Lehrermangel auszugleichen (§ 7 Abs. 2 des Gesetzentwurfes).

Des weiteren ist der Senat der Auffassung, weder er selbst noch die Bürgerschaft könnten sich dieser von einem Gesetz gemachten Vorgabe entziehen. Es könne insoweit keine Abwägung mehr stattfinden, welche Priorität und welche Gewichtung Senat und Bürgerschaft den unterschiedlichen Aufgaben des Staates und der Gemeinden gäben und wie sie dementsprechend die Ausstattung mit Haushaltsmitteln vornähmen. Gerade diese Abwägung sei Teil des Haushaltsaufstellungsrechts des Senats und des Budgetrechts des Parlaments. Art. 70 Abs. 2 BremLV wahre dieses Budgetrecht des Parlaments und die sich aus ihm ergebende Abwägungsmöglichkeit des Haushaltsgesetzgebers. Dieser Abwägungsmöglichkeit komme angesichts der Notwendigkeit der Sanierung der Bremischen Staatsfinanzen besondere Bedeutung zu.

Die errechneten Mehrkosten im Bereich der Personalausgaben würden dagegen den Haushalt weiter „knebeln" und die ohnehin geringe Disponibilität reduzieren. Eine Aufblähung des Haushaltes würde zudem die Ziele der Sanierungsvereinbarung mit dem Bund, einen konsolidierten Haushalt unter Berücksichtigung der bundesstaatlichen Standards „zu fahren" und vorrangig die Verschuldung zu reduzieren, konterkarieren. Die geplante Wachstumsrate für die bremischen Haushalte liege unter 1 %.

2. Den Antrag auf Zulassung eines Volksbegehrens zum Entwurf des Schulraumgesetzes hält der Senat ebenfalls für nicht zulässig, da er als Gesetzentwurf wiederum den Haushaltplan zum Gegenstand habe und damit gegen § 9 Nr. 1 BremVEG i. V. m. Art. 70 Abs. 2 BremLV verstoße.

Im einzelnen führt der Senat hierzu aus, daß weder das Land Bremen noch die Stadtgemeinden eigene Schulbaurichtlinien hätten. Für die Planung, Realisierung sowie den Betrieb von Schulbauten seien zur Zeit die Bremische Landesbauordnung, die einschlägigen DIN-Normen und Verordnungen sowie die allgemein anerkannten Regeln der Technik gültig.

Die im Gesetzentwurf festgesetzten Größenordnungen, wonach den Schülern und Schülerinnen ein Anspruch auf mindestens 1,5 m^2 unverstellte Grundfläche und 6 m^3 Mindestluftraum in den allgemeinen Unterrichtsräumen zugesprochen werde (§ 2 Abs. 1 des Entwurfes), entsprächen zwar den vorhandenen aktuellen Planungsgrößen, diese Werte seien jedoch nicht durchgehend für den vorhandenen, zum Teil sehr alten Raumbestand gültig. Im Detail lasse sich dies nicht spezifizieren, vielmehr bedürfe es dazu der Erstellung eines Raumkatasters, wie der Gesetzentwurf es vorsehe. Ein solches Kataster fehle gegenwärtig. Auch ohne diese konkrete Belegbarkeit lasse sich jedoch feststellen, daß die Umsetzung des Gesetzentwurfes unmittelbar finanzielle Ressourcen binde. Die zur Verfügung stehenden Raumdaten ließen diesen Schluß bereits jetzt zu.

Für die Gebäudeunterhaltung seien im Haushalt 1977 11.000.000 DM veranschlagt. Im Bereich der Aufwendungen für die bauliche Unterhaltung ergäben sich aufgrund des Gesetzentwurfes Mehrkosten von zunächst 32.500.000 DM jährlich, weil der Gesetzentwurf den Senator für Bildung, Wissenschaft und Kunst und Sport verpflichte, Richtlinien für die Durchführung erforderlicher Sanierungsmaßnahmen zu erlassen (§ 4), die sich zumindest an den Vorgaben einer hierfür eingesetzten Kommission orientieren müßten.

Es gebe einen allgemeinen Richtwert, wonach 1,2 % des Gebäudewertes jährlich für Unterhaltung und Werterhaltung anzusetzen seien. Der Gebäudewert der öffentlichen Schulen betrage zur Zeit ca. 3,5 Mrd. DM. Würde man die Unterhaltungskosten ansetzen, die auf der Grundlage des Gesetzentwurfes angesetzt werden müßten, beliefen sich die jährlichen Unterhaltungskosten insgesamt auf rund 41 Mio. DM. Diese Kosten berücksichtigten nicht den zusätzlichen Bedarf für den „Sanierungsstau", der inzwischen eingetreten sei und durch den Stadtreparaturfonds abgedeckt werden solle. Bezogen auf den gegenwärtigen Haushalt des Fachressorts folge daraus bereits jetzt eine anteilige Steigerung von 1,31 % auf 5,16 %; im Landeshaushalt steige der Anteil von 0,13 % auf 0,51 %.

Nach den Vorstellungen des Gesetzentwurfes (unverstellbare Grundfläche plus Flächen für Stühle, Tische und sonstiges Inventar) betrage die Mindestraumgröße für eine Grundschulklasse mit der Soll-Frequenz 58 m². Im Raumbestand der Grundschulen seien derzeit in der Kategorie 41 – 54 m² 100 Räume in der Stadtgemeinde Bremen und 32 Räume in der Stadtgemeinde Bremerhaven vorhanden, so daß dort je nach tatsächlicher Belegung mit zusätzlichem Ressourcenaufwand durch zusätzliche Räume und Personal gerechnet werden müsse.

In der Sekundarstufe I seien nach den Vorstellungen des Gesetzentwurfes für Klassen mit 33 Schülerinnen und Schülern – das entspreche in der Realschule und im Gymnasium der Soll-Frequenz plus 10 % – Räume mit 70 m² Grundfläche erforderlich. Von den insgesamt in diesen Schulen vorhandenen 1.042 Klassenräumen (Bremen 806 und Bremerhaven 236) verfügten nur 399 (Bremen 299 und Bremerhaven 100) gleich 38 % über diese Grundfläche, so daß auch hier zusätzlicher Ressourcenbedarf bestehen werde.

Insgesamt müßten in den Schulen der beiden Stadtgemeinden 679 Räume vergrößert werden. Hieraus würden 453 Räume entstehen, wobei sich die Gesamtumbaukosten auf ca. 68 Mio. DM belaufen würden (150.000 DM pro Umbau). Ferner müßten die fehlenden 226 Räume für

375.000 DM pro Neubau nachgebaut werden, was rund 85 Mio. DM als Kosten zur Folge hätte. Insgesamt würden einmalige Kosten von 152.700 Mio. DM entstehen. Hierbei sei darauf hinzuweisen, daß die angesetzten Kosten notwendigerweise sehr pauschaliert sein müßten, weil die spezifischen räumlichen Bedingungen nicht berücksichtigt werden könnten und auch nur in den seltensten Fällen sicher kalkulierbar seien.

Dem stehe gegenüber, daß in den Haushalten im Bereich Bildung in Bremen und Bremerhaven für 1997 insgesamt 4.533.000 DM für investive Ausgaben in Ansatz gebracht worden seien. Im Hinblick auf den Haushalt des Fachressorts folge daraus eine anteilige Steigerung von 0,54 % auf 18,66 %; im Landeshaushalt von 0,05 % auf 1,85 %. Beziehe man die Mehrkosten jedoch auf die Gesamt-Netto-Investitionen in Höhe von 554,5 Mio. DM (Bremen ca. 477 Mio. DM – Bremerhaven ca. 76 Mio. DM) ergebe sich ein Anteil von 27,5 %. Bei der Umsetzung des Gesetzentwurfes müßten die Investitionen entweder um diesen Betrag erhöht oder in gleicher Höhe in anderen Bereichen gestrichen werden. Eine derartige Ausweitung lasse der Haushalt unter der Prämisse der Einhaltung der Sanierungsvereinbarungen nicht zu; Streichungen in anderen Bereichen als Äquivalent seien nicht möglich. Ferner würden durch die notwendigen 226 neuen Räume noch einmal zusätzliche Bewirtschaftungskosten in Höhe von jährlich ca. 1 Mio. DM und zusätzliche Unterhaltungskosten in gleicher Höhe entstehen.

Grundsätzlich seien die bundesweit geltenden DIN-Normen und Normen zur Unfallverhütung und die Bestimmungen über gesundheitliche Anforderungen ausreichend für Minimalanforderungen an Schulräume. Hiervon abgekoppelte landesspezifische Bedingungen, wie der Gesetzentwurf sie vorsehe, seien selbst dann, wenn sie gegenwärtig nicht teurer kommen sollten als der status quo, Instrumente, die es dem Haushaltsgesetzgeber nicht mehr möglich machen würden, den Haushaltsplan als Instrument der staatlichen Wirtschaftsführung einzusetzen.

Schließlich vertritt der Senat die Ansicht, daß der Gesetzentwurf neben diesen unmittelbar auf die bauliche Substanz gerichteten Aspekten noch weitere Verpflichtungen entfalte, die zu Mehrbedarf führen würden. Überall dort, wo die vom Gesetzentwurf vorgegebenen Werte über den Grundflächenbedarf nicht eingehalten würden, seien entweder sofortige finanzwirksame Nachbesserungen unerläßlich oder aber gemäß § 1 Abs. 2 des Gesetzentwurfes die Reduzierung der Klassenfrequenz vorgeschrieben, die ihrerseits nicht zur Kürzung von Lehrerstunden führen dürfe. Damit würden, wenn auch zur Zeit nicht näher ermittelbar, konkret zusätzliche Lehrerstellen notwendig.

3. Hinsichtlich des Volksbegehrens zum Entwurf des Lernmittelfreiheitsgesetzes führt der Senat aus, er lege dieses Volksbegehren ebenfalls dem

Staatsgerichtshof vor, obwohl er nach den hierzu abgegebenen Erklärungen der Vertrauenspersonen keine durchgreifenden verfassungsrechtlichen Bedenken mehr habe. Er könne über die Zulassung der drei Volksbegehren jedoch nur einheitlich entscheiden, da diese zumindest verfahrensmäßig in einem untrennbaren Zusammenhang ständen. Zwar hätten die Antragsteller ihre Begehren auf drei verschiedene Gesetzentwürfe aufgeteilt, die sich gegenständlich voneinander abgrenzen ließen, aus der Parallelität der Anträge ergebe sich aber ein verfahrensmäßiger Zusammenhang, den aufzuspalten überdies zu einer Beeinträchtigung der Rechte der Antragsteller führen könne. Die isolierte Zulassung nur eines Begehrens setze gemäß § 19 BremVEG Fristen in Gang, ohne daß die Entscheidung des Staatsgerichtshofs über die Zulässigkeit der anderen Begehren abgewartet werden könne. Hielte der Staatsgerichtshof entgegen der Auffassung des Senats eines der anderen Begehren für zulässig, liefen für dieses Volksbegehren andere Fristen. Auch würden in einem solchen Fall die Fristen für die Behandlung in der Bürgerschaft nach § 21 BremVEG und für den Volksentscheid nach § 2 Abs. 1 BremVEG i. V. m. § 1 Nr. 4 BremVEG auseinanderfallen. Die Antragsteller müßten wiederholt die Unterschriften für das Volksbegehren beibringen und statt einer Kampagne für sämtliche Volksbegehren mehrere zeitlich auseinander fallende Kampagnen führen.

In der Sache selbst geht der Senat davon aus, daß verpflichtende Mehrkosten durch den Gesetzentwurf nicht entstehen würden, weil – anders als beim Schulraumgesetz – die Lernmittelkommission gemäß § 8 Abs. 7 ausdrücklich nur Empfehlungen für die Lernmittelmeßbeträge aussprechen könne und das zuständige Fachressort hieran nicht gebunden sei.

III.

Der Staatsgerichtshof hat die Vertrauenspersonen der Antragsteller auf Zulassung der genannten Volksbegehren um Stellungnahme gebeten und dem Präsidenten der Bremischen Bürgerschaft gemäß § 14 Abs. 2 Satz 3 des Gesetzes über den Staatsgerichtshof (BremStGHG) vom 18. Juni 1996 (Brem.GBl. 1996 S. 179) sowie dem Senator für Justiz und Verfassung gemäß § 14 Abs. 2 Satz 1 BremStGHG Gelegenheit zur Äußerung gegeben.

Die Vertrauenspersonen der Antragsteller halten die Volksbegehren für zulässig. Sie leiten ihre Ansicht aus der Interpretation von Art. 70 Abs. 2 BremLV her. Der Wortlaut der Landesverfassung sei eindeutig. Danach seien nur Volksentscheide unzulässig, die auf eine unmittelbare Änderung oder Ergänzung des förmlichen Haushaltsgesetzes gerichtet seien. Wenn etwas anderes gemeint sei, hätte der Verfassunggeber einen anderen unbestimmten Rechtsbegriff, wie z. B. Volksentscheide zu „Finanzfragen", mit „finanziellen

Auswirkungen" oder „mit wesentlichen Beeinträchtigungen des Budgetrechtes der Bürgerschaft", gewählt. Der bremische Verfassunggeber habe jedoch bewußt einen konkreten, rechtlich hinreichend bestimmten Rechtsbegriff verwendet, im Gegensatz etwa zu den Verfassungen von Rheinland-Pfalz (Art. 109 Abs. 3 Satz 2) und von Nordrhein-Westfalen (Art. 68 Abs. 1 Satz 4), die den unbestimmten Rechtsbegriff der „Finanzfragen" gewählt hätten.

Wenn der Senat darauf hinweise, daß der Haushaltsplan im Sinne der Bremer Landesverfassung nicht nur die Anlage zum Haushaltsgesetz sei, sondern das staatliche Gesamtprogramm für die staatliche Wirtschaftsführung und damit zugleich für die Politik des Landes während der Etat-Periode darstelle und dazu auf das Bundesverfassungsgericht verweise, dann gehe dieser Hinweis fehl. Soweit die Verfassung den Bürgern oder dem Volk Rechte verleihe, sei eine einengende verfassungsrechtliche Interpretation gegen den klaren Wortlaut nicht zulässig. Dabei sei der Begriff „Einzelheiten solcher Gesetzesvorlagen" dahingehend auszulegen, daß – bezogen auf den Haushaltsplan – hier die Summe der Einzelpläne gemeint sei, ohne daß dies zu einer engeren oder weiteren Auslegung des Begriffs „Haushaltsplan" führe.

Auch die systematische Stellung des Art. 70 Abs. 2 BremLV spreche dafür, daß unter einem Volksentscheid „über den Haushaltsplan sowie über Einzelheiten solcher Gesetzesvorlagen" nur ein solcher Volksentscheid zu verstehen sei, der sich direkt auf das Haushaltsgesetz oder auf den Haushaltsplan beziehe. Wenn unter einem Volksentscheid über den Haushaltsplan jeder Volksentscheid mit finanziellen Auswirkungen zu verstehen sei, dann sei die weitere Aufzählung in Art. 70 Abs. 2 BremLV unnötig, wo neben einem Volksentscheid über den „Haushaltsplan" auch solche unzulässig seien „über Dienstbezüge" und „über Steuern, Abgaben und Gebühren" sowie „über Einzelheiten solcher Gesetzesvorlagen". Die letzteren hätten alle finanzielle Auswirkungen, und Volksentscheide über Dienstbezüge, Steuern, Abgaben und Gebühren seien schon rechtstechnisch unter den Begriff „Haushaltsplan" zu fassen.

Darüber hinaus halten die Vertrauenspersonen der Antragsteller § 9 Nr. 1 BremVEG für verfassungswidrig und nichtig, weil dieser die Grenze eines Ausführungsgesetzes nach Art. 74 BremLV überschreite, da hier das Unzulässigkeitskriterium zum Volksbegehren vorverlagert werde, während es nach Art. 70 Abs. 2 BremLV nur für den Volksentscheid gelte.

Des weiteren treten die Vertrauenspersonen den vom Senat vorgelegten Mehrkostenberechnungen entgegen. Im Hinblick auf das angestrebte Gesetz zur Schulunterrichtsversorgung weisen sie darauf hin, daß der Senat in der Zwischenzeit beschlossen habe, die Arbeitszeit der Lehrer ab dem kommenden Schuljahr um 2 Wochenstunden zu erhöhen. Da eine Wochenstunde Mehrarbeit pro Lehrer in der Stadt Bremen ca. 150 bis 200 Lehrerstellen entspreche, habe die Arbeitszeitverlängerung um zwei Stunden zur Folge, daß sich der rechnerische Mehrbedarf an Lehrerstellen für das Land Bremen um ca. 375 bis 500 Stellen (300 bis 400 Stellen in Bremen; 75 bis 100 Stellen in Bremerhaven) reduziere.

Ferner verminderten die Mehrkosten sich zusätzlich dadurch, daß der Senat auch Veränderungen bei der Altersermäßigung für Lehrkräfte beschlossen habe. Die bisher gültige Stundenermäßigung von 2 Stunden ab dem 55. Lebensjahr solle gemäß Senatsbeschluß auf das 57. Lebensjahr angehoben werden. Diese zusätzlichen Stunden dürften für das Land Bremen mit 25 bis 30 Lehrerstellen gleichzusetzen sein. Statt der vom Senat berechneten 1.098 Neueinstellungen ergebe sich lediglich ein Bedarf von 598 – 698 zusätzlichen Lehrerstellen. Die vom Senat errechneten Mehrkosten reduzierten sich dementsprechend von jährlich 115,427 Mio. DM auf 57,608 Mio. DM bis 73,377 Mio. DM.

Auch könne der Personalbedarf dadurch vermindert werden, daß gegenwärtig nicht im Schuldienst eingesetzte Lehrkräfte in den Schuldienst zurückgeführt würden.

Hinsichtlich des angestrebten Schulraumgesetzes seien die vom Senat errechneten Mehrkosten bereits im Ansatz unzutreffend ermittelt worden. Das Schulraumgesetz enthalte keine Vorgabe, daß alle Klassenräume eine Größe entsprechend der fiktiven Höchstfrequenz haben müßten. Die gegenwärtige Realität sehe vielmehr so aus, daß die Mehrzahl der Klassenverbände die jeweilige Höchstfrequenz nicht aufweise. Um den tatsächlichen finanziellen Mehrbedarf zu berechnen, sei es daher erforderlich, daß der Senat genaue Angaben darüber mache, wieviele Klassen es gegenwärtig gebe, in denen – auch bei optimaler Verteilung der Klassen innerhalb einer Schule (d. h. der größte Klassenraum für die Klasse mit den meisten Kindern) – § 2 Abs. 1 Schulraumgesetz nicht eingehalten werden könne.

Schließlich heben die Vertrauenspersonen der Antragsteller die aus ihrer Sicht dringende Notwendigkeit des Lernmittelfreiheitsgesetzes hervor, da die erheblichen finanziellen Kürzungen in diesem Bereich in den letzten Jahren dazu geführt hätten, daß die Lernmittelfreiheit im Land Bremen de facto außer Kraft gesetzt worden sei. Lernmittelfreiheit und Chancengleichheit seien nur dann gegeben, wenn alle Kinder über die Lernmittel verfügten, die den inhaltlichen und fachdidaktischen Erfordernissen entsprächen. Dies solle durch das Lernmittelfreiheitsgesetz gewährleistet werden.

Der Senator für Justiz und Verfassung ist den Ausführungen des Senates beigetreten.

Der Senat beantragt,
eine Entscheidung über die Zulässigkeit der drei vorgelegten Volksbegehren zu treffen.
Die weiteren Beteiligten stellen keine Anträge.

B.

Der Antrag des Senates ist zulässig (I.) und in dem aus der Entscheidungsformel ersichtlichen Umfang begründet (II.).

I.

Der Staatsgerichtshof ist gemäß Art. 140 Abs. 2 BremLV und § 12 Abs. 2 BremVEG sowie § 31 Abs. 1 BremStGHG berufen, über die Zulassung der drei Volksbegehren zu entscheiden.

Nach diesen Bestimmungen wird die Entscheidung des Staatsgerichtshofes durch den Senat herbeigeführt, wenn dieser die gesetzlichen Voraussetzungen für die Zulassung eines Volksbegehrens nach den §§ 9 oder 10 Abs. 2 Nr. 1 BremVEG nicht für gegeben hält. Die Überprüfung durch den Staatsgerichtshof beschränkt sich bei Volksbegehren, die auf den Erlaß, die Aufhebung oder Änderung eines Gesetzes gerichtet sind, darauf, ob der Zulassungsantrag einen ausgearbeiteten Gesetzentwurf enthält, der durch Gründe erläutert sein soll und der den Bestimmungen des Art. 125 Abs. 1 BremLV entsprechen muß, wenn durch ihn die Landesverfassung geändert werden soll, und ob die materiellen Voraussetzungen eines Volksbegehrens nach § 9 BremVEG gegeben sind.

Der Staatsgerichtshof hat nicht darüber zu befinden, ob die in den Gesetzentwürfen vorgesehenen Regelungen aus pädagogischen, didaktischen oder sonstigen Gründen wünschenswert wären. Eine solche Entscheidung trifft allein der Gesetzgeber, bei einem Volksentscheid das Volk.

Andererseits ist die Prüfungskompetenz des Staatsgerichtshofs hinsichtlich des Prüfungsmaßstabs nicht auf die in der Vorlage des Senates der Freien Hansestadt Bremen vom 23. Oktober 1996 als verletzt bezeichneten Normen beschränkt (vgl. dazu auch BayVerfGH, Entscheidung vom 15. Dezember 1976, BayVerfGHE 29, 244, 251; Entscheidung vom 17. November 1994, DVBl. 1995, 419; SaarlVerfGH, Urteil vom 14. Juli 1987, NVwZ 1988, 245).

II.

In formeller Hinsicht bestehen gegen die Zulässigkeit der Volksbegehren keine Bedenken. In der Sache sind die gesetzlichen Voraussetzungen für die Zulassung eines Volksbegehrens über den Entwurf eines Schulunterrichtsversorgungs- und eines Schulraumgesetzes nicht gegeben, hinsichtlich des Entwurfes eines Lernmittelfreiheitsgesetzes sind sie gegeben.

1. § 9 Nr. 1 BremVEG steht mit Art. 70 Abs. 2 i. V. m. Art. 74 BremLV in Einklang.

Nach Art. 70 Abs. 2 BremLV ist ein Volks*entscheid* über den Haushaltsplan, über Dienstbezüge und über Steuern, Abgaben und Gebühren sowie über Einzelheiten solcher Gesetzesvorlagen unzulässig, während § 9 Nr. 1 BremVEG diese Unzulässigkeit bereits für das Volks*begehren* bestimmt.

Durch diese Regelung wird die Grenze eines Ausführungsgesetzes nach Art. 74 BremLV nicht in verfassungswidriger Weise überschritten. Sie ist vielmehr Konsequenz der bremischen Verfassungslage, die durch eine enge Verflechtung von Volksbegehren und Volksentscheid in der Form gekennzeichnet ist, daß das Volksbegehren als unselbständige Vorstufe zum gesetzgebenden Volksentscheid ausgestaltet ist.

In Art. 67 Abs. 1 BremLV, in dem die gesetzgebende Gewalt des Volkes festgelegt wird, wird durch den in Klammern gesetzten Zusatz der Begriff der Volksgesetzgebung mit dem Volks*entscheid* identifiziert. Das Volks*begehren* ist danach in der bremischen Landesverfassung keine eigenständige Form der Volksgesetzgebung. Es findet daher in den folgenden Artikeln auch stets nur als ein möglicher Weg zur Herbeiführung eines Volksentscheides Erwähnung, ohne eine rechtliche Ausgestaltung als eigenständiges Institut der Volksgesetzgebung zu erfahren (Art. 70 Abs. 1 lit. d, 71 und 72 Abs. 2 BremLV). Danach durfte der Gesetzgeber die in Art. 70 Abs. 2 BremLV für den Volksentscheid niedergelegten Schranken der Zulässigkeit auf das Volksbegehren vorverlagern. Daraus folgt, daß ein auf einen unzulässigen Volksentscheid gerichtetes Volksbegehren seinerseits unzulässig ist.

Diese Auslegung der Art. 67, 69 ff BremLV wird durch Art. 87 BremLV bestätigt. Danach können mindestens zwei vom Hundert der Einwohner, die das 16. Lebensjahr vollendet haben, Bürgeranträge stellen, die auf Beratung und Beschlußfassung durch die Bürgerschaft gerichtet sind; eine Gesetzgebung durch die Bürgerschaft kann dadurch jedoch nicht erzwungen werden. Der Bürgerantrag erfüllt damit die Funktion, auf die politische Öffentlichkeit und auf den parlamentarischen Gesetzgeber einzuwirken. Auch Bürgeranträge, die sich auf den Haushalt richten, sind unzulässig. Dies macht deutlich, daß das Budgetrecht des Parlaments bereits gegen Einwirkungen aus dem Bereich der nicht-formierten politischen Öffentlichkeit geschützt werden soll. Selbst wenn man die Möglichkeit eines selbständigen Volksbegehrens annehmen wollte, so zwänge doch Art. 87 Abs. 2 BremLV zu dem Schluß der Unzulässigkeit von Volksbegehren zum Haushalt.

2. Der in Art. 70 Abs. 2 BremLV und in § 9 Nr. 1 BremVEG verwandte Begriff „Haushaltsplan" ist über eine rein wörtliche Interpretation hinaus in

einem weiteren, materiellen Sinne zu verstehen; im Vordergrund steht die Funktion der Normen.

Beide Bestimmungen verfolgen den Zweck, im Hinblick auf finanzwirksame Gesetzesvorhaben Volksbegehren und Volksentscheide dann auszuschließen, wenn sie auf den Gesamtbestand des Haushalts Einfluß nehmen, damit das Gleichgewicht des gesamten Haushalts stören, zu einer Neuordnung des Gesamtgefüges zwingen und zu einer wesentlichen Beeinträchtigung des Budgetrechtes der Bürgerschaft führen würden.

Gemäß Art. 132 BremLV bildet das Haushaltsgesetz die Grundlage für die Verwaltung aller Einnahmen und Ausgaben. Der Senat hat die Verwaltung nach dem Haushaltsgesetz zu führen. Das Haushaltsgesetz ist dabei mehr als nur eine formelle Grundlage für die Verwaltung „aller Einnahmen und Ausgaben". Mit dem Haushaltsplan (siehe auch Art. 131 Abs. 1 Nr. 1 BremLV) als Anlage erfüllt es nach der Rechtsprechung des Bundesverfassungsgerichts die Funktionen eines Wirtschaftsplans und zugleich eines staatsleitenden Hoheitsaktes in Gesetzesform, eines staatlichen Gesamtprogrammes für die staatliche Wirtschaftsführung und damit einhergehend für die Politik des Landes während der Etatperiode, eines konjunktursteuernden Instruments, eines politischen Gestaltungsmittels des Sozialstaates und eines wirtschafts- und sozialpolitischen Profils der Regierung und der sie tragenden parlamentarischen Mehrheit (siehe BVerfG, Urteil vom 18. April 1989, BVerfGE 79, 311, 328).

Dabei ist das Haushaltsbewilligungsrecht eines der „wesentlichen Instrumente" der parlamentarischen Regierungskontrolle, die die rechtsstaatliche Demokratie entscheidend prägt. Dementsprechend ist das gesamte staatliche Finanzvolumen der Budgetplanung und -entscheidung von Parlament und Regierung zu unterstellen. In diesem Rahmen müssen Einnahmen und Ausgaben vollständig den dafür vorgesehenen Planungs-, Kontroll- und Rechenschaftsverfahren unterworfen werden (vgl. BVerfG, Beschluß vom 31. Mai 1990, BVerfGE 82, 159, 179).

Dem Budgetrecht (Haushaltsbewilligungsrecht) des Parlaments kommt vor diesem Hintergrund im demokratischen Rechtsstaat eine zentrale Bedeutung zu. Innerhalb dieses Rahmens hat das Parlament die vorhandenen Finanzmittel so zu verteilen, daß es seine verfassungsrechtlichen Verpflichtungen und Aufgaben im Rahmen des Möglichen erfüllen kann. Soweit solche Verpflichtungen ihm einen Spielraum lassen, kann es bei der Bewilligung von Ausgaben die Prioritäten setzen. Dabei ist „jede Einzelentscheidung bezüglich des Budgets in diesem Gesamtzusammenhang zu sehen und damit untrennbar mit dem notwendigen Bestreben verbunden, im Rahmen der Haushaltsplanung möglichst allen Aufgaben des Staates entsprechend ihrer Bedeutung für den gesamten Staat und den einzelnen Bürger nach Maßgabe der vorhandenen Mittel" gerecht zu werden (siehe BayVerfGH, Entscheidung vom 17. November 1994, DVBl. 1995, 419, 425). Bereits diese Funktion des durch ein Haushaltsgesetz festgestellten Haushaltsplanes zeigt auf, daß durch eine wörtliche Interpretation des Begriffes „Haushaltsplan" Art. 70 Abs. 2 BremLV und § 9 Nr. 1 BremVEG ihre eigentliche Zielsetzung einbüßen würden. Diese besteht darin, Volksbegehren und Volksentscheide bei finanzwirksamen Gesetzen zu begrenzen und diese weitgehend dem parlamentarischen Gesetzgeber zuzuweisen, da allein dieser alle Einnahmen und notwendigen Ausgaben insgesamt im Blick hat, diese unter Beachtung der haushaltsrechtlichen Vorgaben der Verfassung und des Vorbehalts des Möglichen sowie eines von ihm demokratisch zu verantwortenden Gesamtkonzepts in eine sachgerechte Relation zueinander setzen kann und für den Ausgleich von Einnahmen und Ausgaben sorgen muß (ebenso für Art. 73 BayVerf, BayVerfGH, Entscheidung vom 17. November 1994, DVBl. 1995, 419, 426).

Daß Art. 73 BayVerf in diesem Zusammenhang vom „Staatshaushalt" und andere Länderverfassungen von „Finanzfragen" sprechen, ist für die Feststellung, welchen Sinn und Zweck die bremische Regelung hat, nicht entscheidend.

Hätte der Gesetzgeber in Art. 70 Abs. 2 BremLV und § 9 Nr. 1 BremVEG nur den durch Haushaltsgesetz festgestellten Haushaltsplan von dem plebiszitären Normsetzungsverfahren ausschließen wollen, so wäre damit lediglich eine Selbstverständlichkeit zum Ausdruck gebracht worden. Diese Materie kann bereits wegen ihrer Vielschichtigkeit und Kompliziertheit nicht Gegenstand der Volksgesetzgebung sein, bei der die Abstimmungsberechtigten nur mit „Ja" oder „Nein" stimmen können.

Auch der Blick auf den Verlauf der Entstehungsgeschichte der Normen macht deutlich, daß die bremische Regelung an die Erfahrungen und Auffassungen der verfassungsrechtlichen Debatte zu dieser Problematik angeknüpft hat.

Die Verfassung der Freien Hansestadt Bremen vom 18. Mai 1920 (Brem.GBl. 1920, S. 183) bestimmte in § 4 Abs. 2, daß ein Volksentscheid über Einzelheiten des Haushaltsplans oder einer Besoldungsordnung unzulässig ist. Ein Volksentscheid über den Haushaltsplan als Ganzes oder über eine Besoldungsordnung als Ganzes sowie bei Gesetzen über Steuern, Abgaben und Gebühren war nur im Falle des § 4 Abs. 4 zulässig, nämlich dann, wenn der Senat gegen die Bürgerschaft an das Volk appellierte.

Diese Regelung entsprach im wesentlichen der Weimarer Reichsverfassung von 1919, die ein Volksbegehren über den Haushaltsplan ebenfalls nicht vorsah; vielmehr bestimmte Art. 73 Abs. 4 WRV, daß „über den Haushaltsplan, über Abgabengesetze und Besoldungsordnungen nur der Reichspräsident einen Volksentscheid veranlassen" konnte.

Die Verfassungsrechtslehre ging dabei gegen Ende der Weimarer Republik davon aus, daß der Begriff „Haushaltsplan" nicht mit dem formellen Reichshaushalt im technischen Sinne gleichgesetzt werden könne, da sonst die Beschränkung in Art. 73 Abs. 2 WRV wertlos wäre. Zum „Haushaltsplan" wurden vielmehr auch Gesetze gezählt, die einen unmittelbaren Einfluß auf den Gesamtbestand des Haushalts in einer Weise ausübten, daß dieser tatsächlich „umgestoßen" werden könne. Die Diskussion anläßlich des Art. 73 Abs. 4 WRV ist ausgiebig geführt worden. Im Kommentar von *Anschütz* (14. Auflage 1933, Art. 73, Nr. 11, Anm. 1) heißt es, daß der Zweck dieser Bestimmung nur dann erreicht werde, „wenn man die Begriffe ‚Haushaltsplan', ‚Abgabengesetze', ‚Besoldungsordnungen', weit auslegt und insbesondere unter ‚Haushaltsplan' nicht bloß das Etatgesetz (Art. 85 Abs. 2), sondern jedes Gesetz versteht, das infolge der von ihm angeordneten Einnahmen oder Ausgaben den Staatshaushalt wesentlich beeinflußt". Entscheidend ist also die – materielle – Einzelprüfung, nicht etwa die von *Jellinek* vertretene Ansicht, daß es darauf ankomme, ob das fragliche Gesetz „zum Geschäftsbereich des Reichsfinanzministers als federführenden Ministers gehört oder nicht" (in: *Anschütz/Thoma*, Handbuch des Deutschen Staatsrechts, Bd. 2, 1932, S. 169).

Im Land Bremen wurden weitergehende, an diese verfassungsrechtliche Debatte anknüpfende Einschränkungen sodann in Art. 70 Abs. 2 der Landesverfassung der Freien Hansestadt Bremen vom 21. Oktober 1947 (Brem.GBl. 1947 S. 251) so vorgenommen, daß ein Volksentscheid über den Haushaltsplan, über Dienstbezüge und über Steuern, Abgaben und Gebühren sowie über Einzelheiten solcher Gesetzesvorlagen unzulässig ist. Dieser Regelung wurde in dem Gesetz über das Verfahren beim Volksentscheid vom 1. April 1969 (Brem.GBl. 1969 S. 39) in § 9 Nr. 1 mit der Verweisung auf Art. 70 Abs. 2 BremLV für das Volksbegehren entsprochen. Das Gesetz zur Änderung der Landesverfassung der Freien Hansestadt Bremen vom 1. November 1994 (Brem.GBl. 1994 S. 289) hat zwar die (formellen) Voraussetzungen für Volksbegehren und Volksentscheid erleichtert, Art. 70 Abs. 2 BremLV hat dabei jedoch keine Novellierung erfahren.

Eine enge Auslegung des Begriffs „Haushaltsplan" läßt sich auch nicht mit dem Argument rechtfertigen, die Bürgerschaft könne jederzeit ein durch Volksentscheid zustandegekommenes haushaltswirksames Gesetz ändern und damit ihre Budgethoheit zurückgewinnen. Die politische Hürde für eine zeitnahe Änderung eines vom Volk beschlossenen Gesetzes dürfte für die Bürgerschaft unüberwindbar hoch sein (vgl. dazu *Neumann,* Verfassung der Freien Hansestadt Bremen, 1996, Art. 70 Rn. 14).

Auf der anderen Seite würde man die Entscheidung des bremischen Verfassunggebers zugunsten einer Volksgesetzgebung konterkarieren, wollte man ihr die Budgethoheit des Parlaments ausnahmslos entgegenhalten. Vielmehr soll die parlamentarische Gesetzgebung durch eine Volksgesetzgebung ergänzt, unter Umständen sogar verdrängt werden. Der „Parlamentsvorbehalt" wird im Hinblick auf den Haushaltsplan deshalb gemacht, weil verhindert werden soll, daß Haushaltschieflagen dadurch entstehen, daß entweder Prioritäten neu festgelegt werden müssen oder entsprechende Korrekturen bei der Durchführung staatlicher Aufgaben erforderlich sind, ohne daß diese Konsequenzen für jedermann bei der Abstimmung erkennbar würden, zumal plebiszitäre Gesetzentwürfe bei finanzwirksamen Gesetzen nicht der Deckungspflicht des Art. 102 BremLV unterliegen.

Der Bedeutung von Art. 70 Abs. 2 BremLV und § 9 Nr. 1 BremVEG entspricht es nicht, Volksbegehren und Volksentscheide so sehr einzuschränken, daß unter den Begriff „Haushaltsplan" jedes Gesetz mit finanzieller Folge zu subsumieren ist. Würde der Begriff „Haushaltsplan" vorbehaltlos im Sinne des „Budgetrechts der Bürgerschaft" verstanden werden, so hätte diese Auslegung die praktische Bedeutungslosigkeit der Regelungen über die auf Erlaß, Aufhebung oder Änderung eines Gesetzes gerichteten Volksbegehren zur Folge, da sich im modernen Verfassungsstaat fast alle Gesetze unmittelbar oder mittelbar auf den Haushalt auswirken. Es kommt vielmehr entscheidend darauf an, welche finanziellen Auswirkungen das begehrte Gesetz nach seinem Gesamtinhalt auf die Haushaltsplanung im ganzen hat.

Aus diesem Grund sind Volksbegehren und Volksentscheide mit Art. 70 Abs. 2 BremLV und § 9 Nr. 1 BremVEG dann nicht vereinbar, wenn sie auf den Gesamtbestand des Haushalts Einfluß nehmen, damit das Gleichgewicht des gesamten Haushalts stören, zu einer Neuordnung des Gesamtgefüges zwingen und zu einer wesentlichen Beeinträchtigung des Budgetrechtes des Parlaments führen (ebenso BayVerfGH, Entscheidung vom 15. Dezember 1976, BayVerfGHE 29, 244, 263; Entscheidung vom 17. November 1994, DVBl. 1995, 419, 425).

Zur Feststellung dieser Voraussetzungen sind im Rahmen einer differenzierenden Betrachtungsweise Art, Höhe, Dauer und Disponibilität der finanziellen Belastungen als Folge eines Gesetzesvorhabens im Hinblick auf die Zulassung des darauf gerichteten Volksbegehrens für den jeweiligen Einzelfall zu gewichten. Hierfür ist die Ermittlung des Prozentwerts, den die Kosten eines auf einen Gesetzentwurf gerichteten Volksbegehrens im Verhältnis zum Gesamthaushalt darstellen, ein wichtiger Anhaltspunkt, jedoch nicht alleiniger Entscheidungsmaßstab. Ein allgemeingültiger Grenzwert kann nicht angegeben werden, dessen Überschreiten gleichsam automatisch die Annahme rechtfertige, ein Volksbegehren führe zu einer wesentlichen Beeinträchtigung des Budgetrechtes der Bürgerschaft und sei deshalb nicht mit Art. 70 Abs. 2 BremLV und § 9 Nr. 1 BremVEG vereinbar. Vielmehr ist unter Berücksichtigung des Einzelfalls eine wertende Gesamtbeurteilung anhand der aufgeführten Kriterien anzustellen.

Nach Sinn und Zweck des Art. 70 Abs. 2 BremLV und § 9 Nr. 1 BremVEG sind neben dem Landeshaushalt auch die kommunalen Haushalte der Stadtgemeinden Bremen und Bremerhaven – soweit betroffen – in den derart ausgestalteten Regelungsbereich der Normen einzubeziehen. Es entspricht der besonderen Struktur des Landes Bremen, daß im Gegensatz zu den Stadtstaaten Berlin und Hamburg angesichts der Konstellation eines Zwei-Städte-Staates drei Haushalte bestehen. Demgemäß dehnt Art. 146 BremLV typische Normen der Finanzverfassung eines Bundeslandes auf das Kommunalverfassungsrecht aus und führt damit eine im deutschen Staatsrecht in diesem Umfange sonst nicht übliche Verzahnung herbei. Würden vor diesem Hintergrund die kommunalen Haushalte vom Regelungsbereich des Art. 70 Abs. 2 BremLV und § 9 Nr. 1 BremVEG ausgenommen werden, so führte dies angesichts des landesinternen Finanzausgleichs zu einer Rückwirkung auf den Landeshaushalt; dieser aber ist der Beeinflussung durch Volksentscheid entzogen.

4. Die auf den Erlaß des Schulunterrichtsversorgungsgesetzes und des Schulraumgesetzes gerichteten Volksbegehren sind gemäß § 9 Nr. 1 BremVEG i. V. m. Art. 70 Abs. 2 BremLV unzulässig.

Die gesetzlichen Voraussetzungen für die Zulassung eines Volksbegehrens über den Entwurf des Lernmittelfreiheitsgesetzes sind gegeben.

a) Der Entwurf des Schulunterrichtsversorgungsgesetzes ist nicht mit § 9 Nr. 1 BremVEG i. V. m. Art. 70 Abs. 2 BremLV vereinbar, da das auf seinen Erlaß gerichtete Volksbegehren den Haushaltsplan in dem dargestellten Sinne zum Gegenstand hat, d. h. zu einer wesentlichen Beeinträchtigung des Budgetrechtes der Bürgerschaft führen würde.

Das angestrebte einfache Landesgesetz zur Schulunterrichtsversorgung sieht die Regelung der Grundlagen für die Versorgung der öffentlichen Schulen im Land Bremen mit Lehrerstunden und für die Obergrenzen der Schülerzahlen in den Klassen (Klassenhöchstfrequenzen) sowie eine Änderung des Bremischen Schulverwaltungsgesetzes vor. Für die daraus resultierende Lehrerbedarfsberechnung sind als Bemessungsfaktoren die Regelung der Unterrichtsverpflichtung für Lehrer an öffentlichen Schulen im Land Bremen und die Einhaltung der den Rahmenvorgaben der Kultusministerkonferenz entsprechenden Stundentafeln und Klassenfrequenzen maßgebend. Hinsichtlich der Regelung der Unterrichtsverpflichtung für Lehrer an öffentlichen Schulen im Land Bremen gilt zur Zeit das gleichnamige Gesetz vom 29. März 1982 (Brem.GBl. 1982 S. 96).

Die auf diesen Grundlagen vom Senat errechnete Zahl von 1.098 zusätzlichen Lehrkräften, die bei einer Umsetzung des angestrebten Gesetzes erforderlich wären, stellt angesichts der finanziellen Auswirkungen mit entstehenden jährlichen Mehrkosten von 115.427.000 DM und einer Steigerung von 20,3 % gegenüber den in den Haushalten angesetzten 569.655.000 DM eine Größenordnung dar, die offenkundig in die Budgethoheit der Bürgerschaft eingreift. Selbst wenn die Mehrkosten − wie die Vertrauenspersonen der Antragsteller vortragen − wegen einer bevorstehenden wöchentlichen Arbeitszeitverlängerung der Lehrer um zwei Stunden und einer Veränderung der Altersermäßigung für Lehrkräfte jährlich nur im Bereich zwischen 57.608.000 DM bis 73.377.000 DM lägen, ist auch angesichts dieser Relation die Grenze zur wesentlichen Beeinträchtigung des Budgetrechtes der Bürgerschaft eindeutig überschritten, ohne daß hierzu noch die Pensionszeiten mit der Folge der vom Senat errechneten Gesamtbelastung von mindestens 5,4 Mrd. herangezogen werden müßten.

Schließlich trägt auch das von den Vertrauenspersonen der Antragsteller vorgetragene Argument, die entstehenden Mehrkosten könnten dadurch weiter reduziert werden, daß in anderen Bereichen eingesetzte Lehrkräfte in den eigentlichen Schuldienst zurückkehrten, nicht. Bei ersatzloser Umsetzung dieser Kräfte wäre in dem dargestellten finanziellen Rahmen gerade eine neue, das Gesamtgefüge berücksichtigende Prioritätenfestsetzung erforderlich, während bei ersatzbedingter Personalverschiebung die Mehrkosten eben in diesen anderen Bereichen des öffentlichen Dienstes entständen.

b) Auch das auf den Erlaß eines Schulraumgesetzes gerichtete Volksbegehren führt zu einer wesentlichen Beeinträchtigung des Budgetrechtes der Bürgerschaft und ist deshalb nicht mit § 9 Nr. 1 BremVEG i. V. m. Art. 70 Abs. 2 BremLV vereinbar.

Im Rahmen einer differenzierenden Betrachtungsweise bewegen sich auch in diesem Falle die Belastungen als Folge des Gesetzesvorhabens in einer Dimension, die zu einer wesentlichen Beeinträchtigung des Haushaltsbewilligungsrechtes der Bürgerschaft führen würde.

Selbst wenn − wie die Vertrauenspersonen der Antragsteller vortragen − von den vom Senat errechneten Ausgabenerhöhungen im Bereich der Aufwendungen für die bauliche Unterhaltung von jährlich 11.000.000 DM auf 32.500.000 DM sowie der Investivkosten von 4.533.000 DM auf 152.700.000 DM (einmalig) ein nicht näher bezifferter Abschlag zu machen wäre, so kann dennoch mit hinreichender Sicherheit festgestellt werden, daß die Schaffung neuen Schulraumes sowie der Ausbau vorhandener Immobilien nach Maßgabe des Gesetzentwurfes einen Mehrbedarf in den betreffenden Haushalten in mehrstelliger Millionenhöhe bedeuten und zur Neuordnung der Haushalte zwingen würde.

Auch dieser Mehrbedarf wäre – wenngleich nicht in dem Umfange wie bei den Personalausgaben – auf Dauer angelegt, da er mehrjährige Baumaßnahmen (Neu- und Ausbau von Schulgebäuden) und danach deren Unterhaltung und Sanierung umfassen und weitgehend der Disponibilität entzogen sein würde.

Da hiernach das auf den Erlaß eines Schulraumgesetzes gerichtete Volksbegehren bereits gemäß § 9 Nr. 1 BremVEG i. V. m. Art. 70 Abs. 2 BremLV unzulässig ist, kann dahingestellt bleiben, ob die „Richtlinien", um die es in den §§ 3 und 4 des Schulraumgesetzentwurfes geht, dem demokratischen Prinzip der bremischen Landesverfassung (Art. 66) und dem von Art. 28 BremLV vorausgesetzten Leitbild staatlicher Schulaufsicht entsprechen. Zweifel hieran bestehen deshalb, weil sie den Senator zum bloß ausführenden Organ einer weisungsfreien Kommission mit der Folge machen, daß hierfür jede parlamentarische Verantwortlichkeit entfällt.

c) Hinsichtlich des Volksbegehrens zum Entwurf des Lernmittelfreiheitsgesetzes führt der Senat zwar aus, daß er nach den hierzu abgegebenen Erklärungen der Vertrauenspersonen keine durchgreifenden verfassungsrechtlichen Bedenken mehr habe, jedoch ist die Prüfungskompetenz des Staatsgerichtshofs hinsichtlich ihres Maßstabs nicht auf die in der Vorlage des Senats bezeichneten Gründe beschränkt.

Die Lehr- und Lernmittelfreiheit wird im Land Bremen durch Art. 31 Abs. 3 BremLV gewährleistet. Der diese näher ausgestaltende Gesetzentwurf begegnet im Hinblick auf § 9 Nr. 1 BremVEG i. V. m. Art. 70 Abs. 2 BremLV keinen Bedenken.

Der Senat hat die Größenordnung eines eventuellen finanziellen Mehrbedarfs nicht bezeichnet.

Nach Einschätzung des Staatsgerichtshofes wird ein mögliches zusätzliches Ausgabenvolumen die Haushalte jedoch nicht wesentlich beeinflussen. Abgesehen von der Höhe eines eventuellen finanziellen Mehrbedarfs ist im Hinblick auf die unentgeltliche Bereitstellung von Lehr- und Lernmitteln zu berücksichtigen, daß die Kosten hierfür weitgehend disponibel sind.

Im Gegensatz zu den Mehrbelastungen bei einer Umsetzung des Schulunterrichtsversorgungsgesetzes, die durch die Schaffung von neuen Planstellen entstehen und qualitativ anders und von wesentlich schwerwiegenderer Natur für die parlamentarische Haushaltsplanung sind, können die Mehraufwendungen für Lehr- und Lernmittel flexibler der jeweiligen Haushaltslage und den tatsächlichen Gegebenheiten (z. B. eventuelles Sinken der Schülerzahlen) angepaßt werden.

Des weiteren steht der Entwurf des Lernmittelfreiheitsgesetzes auch im Einklang mit dem demokratischen Prinzip der bremischen Landesverfassung (Art. 66) und mit Art. 28 BremLV und stellt keine Verletzung der darin verankerten Schulaufsicht des Staates sowie der durch diese der schulischen Selbstverwaltung gezogenen Grenzen dar, weil im Gegensatz zu dem Entwurf eines Schulraumgesetzes die gemäß § 8 des Lernmittelfreiheitsgesetzes vorgesehene Lernmittelkommission lediglich „Empfehlungen" erarbeiten soll (§ 8 Abs. 7), die der Senator bei der Festsetzung der Lernmittelmeßbeträge nur zu „berücksichtigen" hat.

Schließlich folgt aus der Unzulässigkeit der übrigen beiden Volksbegehren auch nicht zwangsläufig die Unzulässigkeit des Volksbegehrens über den Entwurf des Lernmittelfreiheitsgesetzes; denn dieses ist eindeutig abgrenzbar und einer eigenständigen Prüfung zugänglich.

III.

Diese Entscheidung ist einstimmig ergangen.

Entscheidungen des Verfassungsgerichts der Freien und Hansestadt Hamburg

Die amtierenden Richter des Verfassungsgerichts
der Freien und Hansestadt Hamburg

Wilhelm Rapp, Präsident
Dr. Uwe Mückenheim
Prof. Dr. Werner Thieme
Herbert Dau
Dr. Jürgen Gündisch
Eva Leithäuser
Dr. Hans-Jürgen Grambow
Rudolf Toboll
Ingrid Teichmüller

Nr. 1

1. Auf der Grundlage des hamburgischen Verfassungsrechts — Art. 13 Abs. 1 Satz 1 und Abs. 2 Satz 1 HVerf — ist ein Abweichen vom formalisierten Gleichheitssatz im Zusammenhang mit gestaffelten Diäten für parlamentarische Funktionsträger aus zwingenden Gründen gerechtfertigt.

 a. Die besondere Ausgestaltung des Status des Abgeordneten mit dem Anspruch auf ein angemessenes, seine Unabhängigkeit sicherndes Entgelt einerseits (Art. 13 Abs. 1 Satz 1 HVerf) und mit dem Gewährleistungsanspruch auf Vereinbarkeit des Abgeordnetenmandats mit einer Berufstätigkeit andererseits (Art. 13 Abs. 2 Satz 1 HVerf) stellt ein wesentliches Unterscheidungsmerkmal zur Regelung auf Bundesebene dar.

 b. Mit dem in Art. 13 Abs. 2 Satz 1 HVerf normierten Gewährleistungsanspruch für die Vereinbarkeit des Abgeordnetenmandats mit einer Berufstätigkeit hat der Landesverfassungsgeber eine Ausgestaltung der Alimentation des Abgeordneten gewählt, die für die in § 2 Abs. 2 Satz 1 HAbgG aufgeführten parlamentarischen Funktionsträger ein höheres Entgelt rechtfertigt.

2. Aus den gesteigerten Aufgaben und Funktionen der Fraktionen in den heutigen Parlamenten und der damit verbundenen persönlichen Inanspruchnahme der Fraktionsvorsitzenden, stellvertretenden Fraktionsvorsitzenden sowie der Gruppensprecherinnen oder -sprecher ergibt sich bei zeitgerechter Bewertung ein zwingender Grund für die Abweichung vom formalisierten Gleichheitssatz.

3. Zusätzliche Entgelte für Fraktionsmitglieder mit besonderen Funktionen nach § 2 Abs. 5 Satz 3 FraktionsG sind durch die Autonomie der Fraktionen im Rahmen genereller parlamentarischer Zweckbindung unter Beachtung des Willkürverbots sowie der einschlägigen Haushaltsgrundsätze gerechtfertigt, einem konkurrierenden Anspruch auf uneingeschränkte Transparenz wird dabei ausreichend Rechnung getragen.

4. Die Vorschrift des § 8 Abs. 2 FraktionsG bindet mit der der Bürgerschaft und damit ihren Abgeordneten auferlegten Anpassungs-

pflicht bei künftiger Beschlußfassung weder die autonome Bürgerschaft noch den einzelnen Abgeordneten, sondern erweckt nur den Anschein einer solchen Bildung.

HV Art. 13 Abs. 1 S. 1 und Abs. 2 S. 1

HVerfGG § 14 Nr. 1 a

HAbgG § 2 Abs. 2 S. 1

FraktionsG §§ 2 Abs. 5 S. 3, 8 Abs. 2

Urteil des Hamburgischen Verfassungsgerichts vom 23. Juni 1997
– HVerfG 1/96 –

in dem Verfahren des Mitglieds der Bürgerschaft der Freien und Hansestadt Hamburg M. W. gegen die Bürgerschaft der Freien und Hansestadt Hamburg

Entscheidungsformel:

Die Anträge werden zurückgewiesen.

Tatbestand:

I.

Der Antragsteller begehrt die Feststellung, daß mehrere Regelungen des Hamburgischen Abgeordnetengesetzes und des hamburgischen Fraktionsgesetzes ihn in seinen Verfassungsrechten als Abgeordneter verletzen.

Die für den Fall wesentlichen Normen der Hamburgischen Verfassung und der einschlägigen Gesetze lauten:

Art. 13 der Verfassung der Freien und Hansestadt Hamburg – HVerf – vom 6. Juni 1952 (Sammlung des bereinigten hamburgischen Landesrechts I 100-a) in der Fassung des Sechsten ÄndG der Verfassung der Freien und Hansestadt Hamburg vom 20. Juni 1996 (HGVBl., S. 129) und des Siebenten ÄndG der Verfassung der Freien und Hansestadt Hamburg vom 20. Juni 1996 (HGVBl., S. 133):

„(1) Die Abgeordneten haben Anspruch auf ein angemessenes, ihre Unabhängigkeit sicherndes Entgelt. Das Gesetz bestimmt das Nähere.

(2) Die Vereinbarkeit des Amtes eines Abgeordneten mit einer Berufstätigkeit ist gewährleistet. ..."

§ 2 des Hamburgischen Abgeordnetengesetzes – HAbgG – vom 21. Juni 1996 (HGVBl., S. 141), das am 26. Juni 1996 verkündet wurde und am 1. September 1996 in Kraft trat:

„Entgelt

(1) Jedes Mitglied erhält ein monatliches Entgelt von 4.000 Deutsche Mark.

(2) Die Präsidentin oder der Präsident der Bürgerschaft und die Vorsitzenden der Fraktionen der Bürgerschaft erhalten je das Dreifache, die Vizepräsidentinnen oder Vizepräsidenten, die stellvertretenden Vorsitzenden der Fraktionen sowie die Sprecherinnen oder Sprecher von Gruppen gemäß § 6 Absatz 1 des Fraktionsgesetzes vom 20. Juni 1996 (Hamburgisches Gesetz- und Verordnungsblatt Seite 134) je das Zweifache des Entgelts nach Absatz 1. ..."

§ 2 des Fraktionsgesetzes – FraktionsG – vom 20. Juni 1996 (HGVBl., S. 134), das am 25. Juni 1996 verkündet wurde und am 1. Januar 1997 in Kraft trat:

„Leistungen an Fraktionen

(1) – (2) ...

(3) Die monatlichen Geldleistungen setzen sich zusammen aus einem Grundbetrag von 65.000 DM für jede Fraktion, einem Steigerungsbetrag von 2.000 DM für jedes Fraktionsmitglied und einem zusätzlichen Steigerungsbetrag von 660 DM je Mitglied für jede Fraktion, die den Senat nicht trägt (Oppositionszuschlag).

(4) ...

(5) Eine Verwendung der Geldleistungen für Zwecke von Parteien ist unzulässig. Ausgeschlossen sind auch direkte oder indirekte Zuwendungen an Dritte, sofern keine Leistungen dafür erbracht werden (Spenden). Die Zahlung eines Entgelts an Mitglieder der Fraktion, denen besondere Funktionen übertragen werden, ist zulässig."

§ 8 FraktionsG:

„Anpassung der Geldleistungen

(1) ...

(2) Die Geldleistungen nach § 2 Absatz 3 sind – aufgerundet auf volle Markbeträge – durch die Bürgerschaft jeweils mit Wirkung zum gleichen Zeitpunkt um den gleichen Vomhundertsatz anzupassen, um den sich die Vergütungen für Angestellte des öffentlichen Dienstes linear und strukturell verändern."

II.

Der Antragsteller hat am 18. Dezember 1996 das vorliegende Verfahren beim Hamburgischen Verfassungsgericht anhängig gemacht und beantragt nunmehr festzustellen:

1. Die hamburgische Bürgerschaft hat durch Erlaß des § 2 Abs. 2 S. 1 HAbgG vom 21. Juni 1996 insoweit gegen die sich aus Art. 6 Abs. 2 2. Halbsatz, Art. 13 Abs. 1 HVerf in Verbindung mit Art. 28 Abs. 1 S. 1 und Art. 48 Abs. 3 sowie Art. 38 Abs. 1 S. 1 GG mit dem formalisierten Gleichheitssatz ergebenden Rechte des Antragstellers verstoßen, als die Regelung sich auf Fraktionsvorsitzende, deren Stellvertreter sowie Gruppensprecher bezieht.

2. Die hamburgische Bürgerschaft hat durch Erlaß des § 2 Abs. 5 S. 3 FraktionsG vom 20. Juni 1996 gegen die sich aus Art. 6 Abs. 2 2. Halbsatz und Art. 13 Abs. 1 HVerf in Verbindung mit Art. 28 Abs. 1 S. 1, 48 Abs. 3 und Art. 38 Abs. 1 S. 1 GG und dem formalisierten Gleichheitssatz ergebenden Rechte des Antragstellers verstoßen.

3. Die hamburgische Bürgerschaft hat durch Erlaß des § 8 Abs. 2 FraktionsG gegen die Rechte des Antragstellers aus Art. 7 Abs. 1 S. 2 HVerf verstoßen.

Der Antragsteller macht geltend:

Aus der hamburgischen Verfassung und den auch für die Landesparlamente geltenden Bestimmungen des Grundgesetzes ergebe sich nach der Entscheidung des Bundesverfassungsgerichts vom 5. November 1975 (BVerfGE 40, 296) ein Anspruch aller Abgeordneten auf formale Gleichstellung und auf eine gleich hohe Entschädigung. Dieser Entscheidung komme die Bindungswirkung des § 31 Abs. 1 BVerfGG zu, da die Ausführungen des Bundesverfassungsgerichts zum formalisierten Gleichheitssatz und zu dem Anspruch auf gleiche Entschädigung aller Abgeordneten zu den tragenden Gründen des Urteils zählten.

In seinem Recht auf formale Gleichstellung werde er durch § 2 Abs. 2 Satz 1 HAbgG verletzt. Der Status des Abgeordneten als Repräsentant des ganzen Volkes gebiete eine Gleichheit aller Abgeordneten in Rechten und Pflichten; eine Differenzierung nach persönlichen Merkmalen oder der Stellung innerhalb des Parlaments verbiete sich. Repräsentation des Volkes könne nicht entsprechend der zeitlichen Belastung oder den ausgeübten Funktionen unterschiedlich „stark" oder „gut" ausfallen. Der Status eines Abgeordneten könne auch durch besondere Wahl- oder Bestellungsakte des Parlamentes oder der Fraktionen nicht verändert werden. Der formalisierte Gleichheitssatz sei folglich auch auf solche Abgeordnete anzuwenden, die durch besondere Wahl- oder Bestellungsakte des Parlaments oder der Fraktionen mit besonderen Funktionen betraut seien. Es gebe danach keine Umstände, die unterschiedliche Diäten rechtfertigten. Eine Ausnahme von dem Gebot der Gleichstellung im Sinne eines zwingenden Grundes sei mit dem Bundesverfassungsgericht ausschließlich für Parlamentspräsidentinnen bzw. -präsidenten sowie deren Stellvertreterinnen oder Stellvertreter anzuerkennen. Für andere Funktionsträger läge eine Ausnahme im Sinne eines zwingenden Grundes nicht vor. Wenn die Entschädigung der Abgeordneten unterschiedlich nach der jeweils geleisteten Arbeit und in Abhängigkeit von den geleisteten Diensten gewährt werden, so würden ein unterschiedlicher Wert der von den Abgeordneten geleisteten Arbeit und Unterschiede innerhalb des Status unterstellt. Nach allem werde er in seinem Recht auf eine gleich hohe Entschädigung aller Abgeordneten und in seinem Status als Abgeordneter verletzt, auch wenn er für sich keine Erhöhung verlange.

Der in der Diätenentscheidung angelegte Maßstab sei auch auf das Verfassungsrecht der Freien und Hansestadt Hamburg anwendbar. Das folge aus dem Homogenitätsprinzip. Der Grundsatz der formalen Gleichheit und gleichen Entschädigung aller Abgeordneten ergebe sich aus den fundamentalen Verfassungsgrundsätzen des Gleichheitssatzes und der Freiheit und Gleichheit der Wahl. Auch aus der von der hamburgischen Verfassung als Regelfall vorgesehenen außerparlamentarischen Berufstätigkeit der Abgeordneten ließen sich keine Gründe für eine Abweichung von den vom Bundesverfassungsgericht aufgestellten Grundsätzen herleiten. Das von der hamburgischen Verfassung vorgesehene Modell einer weiteren Berufstätigkeit spreche zusätzlich gegen die Zahlung von Funktionszulagen in der Größenordnung einer zweiten bzw. dritten Diät.

Auch durch § 2 Abs. 5 Satz 3 FraktionsG werde er in seinem Recht auf gleiche Entschädigung und formale Gleichstellung verletzt, da der formale Gleichheitssatz zusätzliche Zahlungen an Funktionsträger aus öffentlichen Kassen verbiete. Diese Verletzung wiege zudem wesentlich schwerer als die durch § 2 Abs. 2 Satz 1 HAbgG verursachte Beeinträchtigung seiner Rechte. Die Fraktionen seien nämlich bei der Bemessung der Höhe des zusätzlichen Entgeltes ebenso wenig an Vorgaben gebunden wie bei der Auswahl der begünstigten Fraktionsmitglieder. Zudem verstoße § 2 Abs. 5 Satz 3 FraktionsG gegen den vom Bundesverfassungsgericht formulierten Grundsatz der Transparenz und Öffentlichkeit, da wesentliche Teile der finanziellen Ausstattung des Abgeordneten in einem Verfahren festgesetzt würden, das sich der Kontrolle der Öffentlichkeit entziehe.

Die Regelung des § 8 Abs. 2 FraktionsG verletze mit der darin nach Anlaß, Umfang und Zeitpunkt genau vorgeschriebenen Anpassungspflicht das ihm, dem Antragsteller, von der Verfassung garantierte Recht, sein Mandat frei und unabhängig auszuüben. Überdies führe § 8 Abs. 2 FraktionsG zu einem Verhalten der Bürgerschaft, das nicht den Grundsätzen von Transparenz und Öffentlichkeit entspreche, die das Bundesverfassungsgericht insoweit fordere.

Die Antragsgegnerin beantragt, die Anträge zurückzuweisen.

Sie bezweifelt mit Rechtsausführungen die Antragsbefugnis des Antragstellers und macht im übrigen geltend:

Das Urteil des Bundesverfassungsgerichts vom 5. November 1975 entfalte hier keine Bindungswirkung. Die Auffassung des Gerichts, daß gestaffelte Diäten unzulässig seien, sei nur eine beiläufige Bemerkung und kein tragender Grund jenes Urteils.

Die Forderung nach strikter formaler Gleichheit könne nur auf die Grunddiät der Abgeordneten bezogen werden. Daneben kämen für leitende Funktionsträger wegen ihrer gesteigerten Inanspruchnahme weitere finanzielle Zuwendungen in Betracht, über die das Parlament befinde könne. Die hamburgische Diätenregelung müsse vor dem Hintergrund gesehen werden, daß sich die hamburgische Bürgerschaft selbst ausdrücklich als „Feierabendparlament" verstehe und die hamburgische Verfassung dem Abgeordneten eine sonstige Berufstätigkeit gewährleiste. Die höher bezahlten Funktionsträger könnten dieses Recht tatsächlich aber nicht in Anspruch nehmen. Zuwendungen wie die zusätzlichen Vergütungen im Sinne des § 2 Abs. 2 Satz 1 HAbgG unterlägen nicht dem strikten Gleichheitsgebot. Jedenfalls seien für die in Betracht kommenden Arten von Funktionsträgern zwingende Gründe gegeben, um Abweichungen von der Gleichheit der Mandatsentschädigung zu rechtfertigen.

§ 8 Abs. 2 FraktionsG lasse noch Spielraum für eine Entscheidungsbefugnis der Bürgerschaft und ihrer Abgeordneten. Transparenz und Öffentlichkeit seien durch die in dieser Vorschrift vorgesehene ausdrückliche und öffentliche Befassung der Bürgerschaft sowie die Kontrolle durch den Rechnungshof gewährleistet.

Wegen des weiteren Vortrags der Beteiligten wird auf ihre Schriftsätze ergänzend Bezug genommen.

Gründe:

Die Anträge sind zurückzuweisen. Sie sind zwar zulässig (I), aber unbegründet (II).

I.

Der Antragsteller ist im Organstreitverfahren antragsbefugt.

Es steht der Zulässigkeit des vorliegenden Organstreitverfahrens nicht entgegen, daß die Verfassungsmäßigkeit von Rechtsnormen zu prüfen ist. Denn die Vorschriften über den Organstreit nach Art. 65 Abs. 3 Nr. 1 a HVerf und § 14 Nr. 1 a HVerfGG und die Bestimmungen über die abstrakte Normenkontrolle nach Art. 65 Abs. 3 Nr. 2 HVerf und § 14 Nr. 2 HVerfGG schließen sich gegenseitig nicht aus, sondern überlagern sich.

Im Organstreit kann der einzelne Abgeordnete die behauptete Verletzung oder unmittelbare Gefährdung jedes Rechts, das mit seinem Status verfassungsrechtlich verbunden ist, im eigenen Namen geltend machen (BVerfGE 62, 1, 32 m. w. N.). Er ist antragsbefugt, wenn er schlüssig behauptet, daß er und der Antragsgegner an einem verfassungsrechtlichen Rechtsverhältnis unmittelbar beteiligt sind und daß der Antragsgegner hieraus erwachsende eigene Rechte des Antragstellers durch die beanstandete Maßnahme oder durch ein Unterlassen verletzt oder unmittelbar gefährdet hat (BVerfGE 80, 188, 209). Die mögliche Verletzung oder Gefährdung der Rechte muß sich aus dem Sachvortrag ergeben (BVerfGE 57, 1, 4 f; 13, 123, 125).

Diesen Voraussetzungen genügen die Anträge.

Hinsichtlich der Anträge zu 1 und 2 leitet der Antragsteller aus Art. 6 Abs. 2 2. Halbsatz, Art. 13 Abs. 1 HVerf in Verbindung mit § 2 Abs. 1 HAbgG und Art. 28 Abs. 1 Satz 1, Art. 48 Abs. 3, Art. 38 Abs. 1 Satz 1 GG sowie dem formalisierten Gleichheitssatz einen Anspruch auf formale Gleichstellung ab.

Das verfassungsrechtlich geschützte subjektive Recht des Antragstellers als Abgeordneter auf ein formal möglichst gleich auszuübendes Abgeordnetenmandat kann möglicherweise durch die Regelungen in § 2 Abs. 2 Satz 1 HAbgG und § 2 Abs. 5 Satz 3 FraktionsG beeinträchtigt sein. Die Möglichkeit der Beeinträchtigung des verfassungsrechtlich gewährleisteten Rechts auf formalisierte Gleichheit durch die eben angesprochenen gesetzlichen Normen ist auch dann zu bejahen, wenn der Antragsteller ausdrücklich nicht geltend macht, daß ihm Leistungen vorenthalten würden, denn eine Statusbeeinträchtigung kann auch bei immateriellen, etwa mit unterschiedlicher Wertigkeit im Abgeordnetenstatus verbundenen Folgen anzunehmen sein. Die Möglichkeit der Verletzung des Prinzips der formalisierten Gleichheit ist bereits durch den Erlaß der in Streit stehenden gesetzlichen Regelungen selbst gegeben, weil Abgeordnete hierin unterschiedlich behandelt werden (§ 2 Abs. 2 Satz 1 HAbgG) und eine entsprechende Ermächtigung an die Fraktionen gegeben ist (§ 2 Abs. 5 Satz 3 FraktionsG).

Hinsichtlich des Antrages zu 3 eröffnet der Anschein der Verbindlichkeit der Norm des § 8 Abs. 2 FraktionsG die Möglichkeit einer Rechtsbeeinträchtigung. Es ist denkbar, daß der Antragsteller durch die scheinbar verbindliche Vorgabe des Abstimmungsergebnisses in § 8 Abs. 2 FraktionsG in seinem Abstimmungsverhalten faktisch beeinflußt wird. Dies reicht aus, um die Möglichkeit einer Gefährdung seiner Entscheidungsunabhängigkeit nicht von vornherein auszuschließen.

II.

Die Anträge sind nicht begründet.

1. Der Erlaß der in den Feststellungsanträgen zu 1 und 2 beanstandeten Normen des § 2 Abs. 2 Satz 1 HAbgG und § 2 Abs. 5 Satz 3 FraktionsG verletzt den Antragsteller nicht in seinem verfassungsrechtlich geschützten Status als Abgeordneter. Auszugehen ist von dem in der Diätenentscheidung des Bundesverfassungsgerichts vom 5. November 1975 (BVerfGE 40, 296)

aufgestellten Prinzip der formalisierten Gleichbehandlung. Differenzierungen zwischen Abgeordneten mit besonderer Funktion und ohne besondere Funktion sind jedoch verfassungsrechtlich begründet. Eine verfassungsrechtlich relevante Statusbeeinträchtigung sonstiger Rechtspositionen des Antragstellers ist nicht gegeben. Zu dieser Entscheidung ist das Hamburgische Verfassungsgericht befugt, denn dem Urteil des Bundesverfassungsgerichts vom 5. November 1975 (BVerfGE 40, 296) kommt insoweit Bindungswirkung nicht zu.

Eine aus § 31 Abs. 2 BVerfGG abzuleitende Bindungswirkung muß schon deshalb ausscheiden, weil sich die Gesetzeskraft bei dieser Norm nur auf den Tenor erstreckt, die Entscheidungsformel des damaligen Verfahrens für die im vorliegenden Verfahren gestellten Anträge jedoch nichts ergibt.

Eine Bindungswirkung gemäß § 31 Abs. 1 BVerfGG wird durch die Entscheidung des Bundesverfassungsgerichts vom 5. November 1975 (BVerfGE 40, 296) ebenfalls nicht erzeugt. Die Bindungswirkung bezieht sich nur auf den Tenor und die tragenden Gründe der Entscheidung (BVerfGE 19, 377, 391 f; 40, 88, 93). Bindungswirkung wird außerdem nur in Ansehung des konkreten Streitgegenstandes und nur im Hinblick auf künftige gleichgelagerte Fälle erzeugt (BVerfGE 24, 289, 297; 72, 119, 121).

Die Rechtsausführungen des Bundesverfassungsgerichts zur Zulässigkeit von Funktionszulagen sind nicht-tragende Gesichtspunkte (obiter dicta). In dem damaligen Verfassungsrechtsstreit ging es nämlich nicht um Funktionszulagen für Abgeordnete, sondern um eine unterschiedliche Entgeltregelung entsprechend dem Verdienstausfall.

Im übrigen ist das Bundesverfassungsgericht in einer späteren Entscheidung von dieser Rechtsprechung insofern abgerückt, als es den Ländern ausdrücklich eine größere Freiheit zur Entscheidung in ihren eigenen Verfassungsfragen zugesprochen hat. In der Entscheidung vom 29. Juni 1983 (BVerfGE 64, 301, 317) hat es ausgeführt, daß in dem betont föderativ gestalteten Bundesstaat des Grundgesetzes die Verfassungsbereiche des Bundes und der Länder grundsätzlich selbständig nebeneinander stünden. Daraus folge, daß der Bereich der Verfassungsgerichtsbarkeit der Länder vom Bundesverfassungsgericht möglichst unangetastet bleiben müsse und die Landesverfassungsgerichtsbarkeit auf dem Wege über § 31 BVerfGG nicht in größere judizielle Abhängigkeit gebracht werden dürfe, als es nach dem Bundesverfassungsrecht unvermeidbar sei. Denn die Nachprüfung der vom Landesgesetzgeber in eigener Kompetenz erlassenen Gesetze auf ihre Vereinbarkeit mit der Landesverfassung sei grundsätzlich Sache der Landesverfassungsgerichte. Durch die Anwendung des landesverfassungsrechtlichen Maßstabes auf die Abgeordnetenentschädigung durch ein Landesverfassungsgericht werde die Entscheidung des Bundesverfassungsgerichts vom

5. November 1975 (BVerfGE 40, 296, 319) nicht in Frage gestellt. Es habe dort nur über die Anwendbarkeit der aus Art. 48 Abs. 3 GG hergeleiteten Grundsätze für das Saarland, das über keine eigene entsprechende Verfassungsbestimmung verfüge, entschieden und die Frage ausdrücklich offengelassen, wie sich seine Interpretation des Art. 48 Abs. 3 GG i. V. m. Art. 28 Abs. 1 Satz 1 GG auf entsprechende landesverfassungsrechtliche Entschädigungsregelungen auswirke.

Der Erlaß der gesetzlichen Norm des § 2 Abs. 2 Satz 1 HAbgG, soweit sie sich auf Fraktionsvorsitzende, stellvertretende Fraktionsvorsitzende sowie Gruppensprecherinnen und -sprecher bezieht, und der gesetzlichen Norm des § 2 Abs. 5 Satz 3 FraktionsG verstößt nicht gegen Verfassungsrechte des Antragstellers. Das entsprechende Feststellungsbegehren ist unbegründet. Eine Abweichung von dem in der Entscheidung des Bundesverfassungsgerichts vom 5. November 1975 (BVerfGE 40, 296) entwickelten Prinzip der formalisierten Gleichstellung liegt zwar vor, ist aber aus zwingenden Gründen gerechtfertigt.

Mit dem Diätenurteil (BVerfGE 40, 296) hat das Bundesverfassungsgericht den für den Sachbereich der Wahlen und des Parteienwettbewerbs entwickelten „formalisierten Gleichheitssatz" auch auf den finanziellen Status der Abgeordneten erstreckt. Der formalisierte Gleichheitssatz zieht dem Gesetzgeber engere Grenzen als der allgemeine Gleichheitssatz und besagt, daß Differenzierungen nicht schon bei einem rechtfertigenden Grund, sondern nur bei Vorliegen eines zwingenden Grundes zulässig sind (BVerfGE 11, 266, 272; 34, 81, 98; 40, 296, 317 f). Das bezieht sich auch auf die Ausübung des Mandats. Aus dem Prinzip dieser formalisierten Gleichbehandlung folgt nach Auffassung des Bundesverfassungsgerichts in der Entscheidung vom 5. November 1975, daß jedem Abgeordneten eine gleich hoch bemessene Entschädigung zustehen soll, „unabhängig davon, ob die Inanspruchnahme durch parlamentarische Tätigkeit größer oder geringer ist" und „ob der individuelle Aufwand oder das berufliche Einkommen verschieden hoch ist" (BVerfGE 40, 296, 318).

Eine Ausnahme vom formalisierten Gleichheitssatz im Sinne eines zwingenden Grundes sei nur für den Parlamentspräsidenten und seine Stellvertreter anzuerkennen; ihre angemessene Entschädigung werde dadurch mitbestimmt, daß sie an der Spitze eines obersten Verfassungsorgans stän- den. Hieraus ergibt sich für das Bundesverfassungsgericht als Folge, daß „alle weiteren, der Höhe nach differenzierten, individuellen oder pauschalierten finanziellen Leistungen an einzelne Abgeordnete aus öffentlichen Mitteln", „die nicht einen Ausgleich für sachlich begründeten, besonderen, mit dem Mandat verbundenen finanziellen Aufwand darstellen", ausgeschlossen seien. In Konsequenz geht das Bundesverfassungsgericht davon aus, daß

„künftig z. B. eine Reihe von Pauschalen ... sowie gestaffelte Diäten für Abgeordnete mit besonderen parlamentarischen Funktionen entfallen" (BVerfGE 40, 296, 318).
Die vom Bundesverfassungsgericht aus Art. 48 Abs. 3 GG i. V. m. Art. 38 Abs. 1 Satz 1 GG und dem formalisierten Gleichheitssatz abgeleiteten Grundsätze zur Entschädigung der Bundestagsabgeordneten erlangen über Art. 28 Abs. 1 Satz 1 GG Geltung für die Länder und ihre Landtagsabgeordneten. Die Bestimmungen des Art. 48 GG gehören zu den Grundsätzen der Demokratie.

Mit dem Antragsteller kann zwar festgestellt werden, daß auf der Grundlage der Diätenentscheidung (BVerfGE 40, 296) die mit den Anträgen zu 1 und 2 beanstandeten gesetzlichen Regelungen von den dargestellten Grundsätzen abweichen. Mit der Abweichung vom formalisierten Gleichheitssatz ist jedoch nicht zugleich die Verfassungswidrigkeit der in Rede stehenden gesetzlichen Normen zu bejahen, denn eine Abweichung vom Gleichheitsgebot i. S. der Entscheidung des Bundesverfassungsgerichts vom 5. November 1975 (BVerfGE 40, 296) ist aus zwingenden Gründen gerechtfertigt.

Dabei bedarf es nicht der Erörterung der grundlegenden Kritik, die die Entscheidung des Bundesverfassungsgerichts vom 5. November 1975 nicht nur in Form des Sondervotums von *Seuffert* (BVerfGE 40, 296, 330 ff), sondern auch weithin in der Literatur erfahren hat (vgl. nur *Maunz/Dürig/Herzog* GG, Stand März 1994, Art. 48 Rn. 25; *v. Arnim* in Kommentar zum Bonner GG, Stand November 1991, Art. 48 Rn. 123; *Linck* Die Rechtsstellung des Abgeordneten – Zum Diätenurteil und seinen Auswirkungen, JA 1976, S. 221 ff, 224; *derselbe* Zur Zulässigkeit parlamentarischer Funktionszulagen, ZParl 1976, S. 54 ff, 59; *Henkel* Anm zu BVerfG, Urteil vom 5. 11. 1975, DÖV 1975, S. 819 ff, 820; *derselbe* Das Abgeordnetengesetz des Bundestages, DÖV 1977, S. 350 ff, 352; kritisch auch *Schlaich/Schreiner* Die Entschädigung der Abgeordneten, NJW 1979, S. 673 ff, 677, 680 f).

Ob dieser Kritik im einzelnen zu folgen ist, braucht für das vorliegende Verfahren nicht entschieden zu werden, denn jedenfalls auf der Grundlage des hamburgischen Verfassungsrechts ist ein Abweichen vom formalisierten Gleichheitssatz im Zusammenhang mit gestaffelten Diäten für parlamentarische Funktionsträger aus zwingenden Gründen gerechtfertigt. Darüber hinaus erscheint die damalige Einschätzung des Bundesverfassungsgerichts von Aufgabenstellung und Funktionsbereich parlamentarischer Funktionsträger, insbesondere von Fraktionsvorsitzenden, nicht mehr zeitgerecht.

Die besondere Ausgestaltung des Abgeordnetenstatus in der Verfassung der Freien und Hansestadt Hamburg mit dem Anspruch auf ein angemessenes, die Unabhängigkeit des Abgeordneten sicherndes Entgelt einerseits

(Art. 13 Abs. 1 Satz 1 HVerf) und mit dem Gewährleistungsanspruch auf Vereinbarkeit des Abgeordnetenamts mit einer Berufstätigkeit andererseits (Art. 13 Abs. 2 Satz 1 HVerf) stellt ein wesentliches Unterscheidungsmerkmal zur Regelung auf Bundesebene dar.

Mit dem in Art. 13 Abs. 2 Satz 1 HVerf normierten Gewährleistungsanspruch für die Vereinbarkeit des Abgeordnetenamts mit einer Berufstätigkeit hat der Landesverfassungsgeber innerhalb eines auch vom Bundesverfassungsgericht in der Diätenentscheidung (BVerfGE 40, 296) eingeräumten Gestaltungsspielraums eine Ausgestaltung der Alimentation des Abgeordneten gewählt, die für die in § 2 Abs. 2 Satz 1 HAbgG aufgeführten parlamentarischen Funktionsträger ein höheres Entgelt rechtfertigt. Soll die Vereinbarkeit von Abgeordnetenamt und Berufstätigkeit gewährleistet, mithin dem Abgeordneten eine Berufstätigkeit gerade ermöglicht werden, so muß ein zumindest teilweiser Bezug von Berufstätigkeit zur Höhe des Abgeordnetenentgelts hergestellt sein.

Das Bundesverfassungsgericht hat in der Diätenentscheidung (BVerfGE 40, 296, 311, 314) für eine derartige landesverfassungsrechtliche Ausgestaltung des Entgeltanspruchs Raum gelassen. Das Bundesverfassungsgericht hat das Gleichheitsgebot nicht auf die Aufwandsentschädigung in engerem Sinne, sondern auf die „Entschädigung mit Alimentationscharakter" bezogen. Für den Bundestagsabgeordneten hat es eine Vollalimentierung aus der Staatskasse gefordert, weil die Tätigkeit eines Abgeordneten zu einem den vollen Einsatz seiner Arbeitskraft fordernden Beruf geworden sei.

Zwar hat das Bundesverfassungsgericht in der Entscheidung vom 5. November 1975 die von ihm aus Art. 48 Abs. 3 GG entwickelten Grundsätze über Art. 28 Abs. 1 GG auch zum Maßstab des saarländischen Landtagsrechts gemacht, jedoch ausdrücklich offengelassen, ob seine Qualifikation der Abgeordnetendiäten der Bundestagsabgeordneten auch für alle Landesparlamente gelte (BVerfGE 40, 296, 314). Damit ist den Landesverfassungsgebern ein erheblicher Spielraum für die Abgeordnetenentschädigung verblieben. Dieser Spielraum wird untermauert durch den Verfassungsrang des föderativen Prinzips; hiernach stehen die Verfassungsbereiche des Bundes und der Länder grundsätzlich selbständig nebeneinander (BVerfGE 64, 301, 317).

Der hamburgische Landesverfassungsgeber hat den ihm eingeräumten Gestaltungsfreiraum in zulässiger Weise genutzt: Nach Art. 13 Abs. 1 Satz 1 HVerf muß das Entgelt der Abgeordneten angemessen sein und ihre Unabhängigkeit sichern. Diese Art. 48 Abs. 3 GG entsprechende Norm folgt der Forderung des Bundesverfassungsgerichts in der Diätenentscheidung nach angemessener und ihre Unabhängigkeit sichernde Alimentation (BVerfGE 40, 296, 314). Die Unabhängigkeit ist mit Art. 13 Abs. 1 HVerf i. V. m. § 2

Abs. 1 HAbgG gewährleistet; im Hinblick auf das Entgelt in Höhe von DM 4.000,– bleibt der Abgeordnete in seiner Entscheidung frei, ob er neben seiner parlamentarischen Tätigkeit einem anderen Beruf nachgehen will, denn er hat damit die Möglichkeit, notfalls auf eine Berufsausübung zu verzichten. Die Alimentation ist auch angemessen, denn dem Abgeordneten wird von Verfassungs wegen gewährleistet, neben dem Mandat einen Beruf auszuüben.

Ob die hamburgische Verfassung das Leitbild eines „Feierabendparlaments" gehabt hat oder ob die hamburgischen Abgeordneten ein „Teilzeitmandat" inne haben, ist in diesem Zusammenhang unerheblich. Erst im Zusammenhang mit der ihm von der Verfassung der Freien und Hansestadt Hamburg eingeräumten Gewährleistung der Möglichkeit zur Berufstätigkeit ist die vom Abgeordneten gem. Art. 13 Abs. 1 HVerf i. V. m. § 2 Abs. 1 HAbgG zu beanspruchende Alimentation ein – statusbezogenes – angemessenes Entgelt.

Dieser landesverfassungsrechtliche Gewährleistungsanspruch erfordert zugleich, daß die in § 2 Abs. 2 Satz 1 HAbgG aufgeführten parlamentarischen Funktionsträger wie Fraktionsvorsitzende, stellvertretende Fraktionsvorsitzende und Gruppensprecherinnen oder -sprecher eine entscheidend größere Absicherung durch ein höheres Entgelt erhalten, denn anderenfalls wäre bei ihnen der Anspruch auf Vereinbarkeit von Mandat und Beruf im Hinblick auf den Umfang ihrer zusätzlichen parlamentarischen Funktionen entwertet. Erst die gestaffelten Entgeltzahlungen tragen dem mit der zusätzlichen Funktion verbundenen Tätigkeitsumfang Rechnung und erfüllen so den in Art. 13 Abs. 1 Satz 1 HVerf normierten Anspruch des Abgeordneten auf ein angemessenes, seine Unabhängigkeit sicherndes Entgelt. Die durch die zusätzlichen Aufgaben bedingte Inanspruchnahme der hier in Betracht kommenden Funktionsträger der Fraktionen und parlamentarischen Gruppen setzt diese jedenfalls faktisch außerstande, die in Art. 13 Abs. 2 Satz 1 HVerf gemeinte Berufstätigkeit auszuüben.

Für die in Betracht kommenden Funktionsträger leitet sich ein zwingender Grund für die Abweichung vom formalisierten Gleichheitssatz weiterhin daraus ab, daß Tätigkeit und Funktion der Fraktionen zeitgerecht anders zu bewerten sind, als es in der Diätenentscheidung geschehen ist.

Das Bundesverfassungsgericht hat die Bedeutung der Fraktionen oft herausgestellt (BVerfGE 1, 208, 229; 70, 324, 350 f; 362 f; 80, 188, 219 f; 93, 195, 203 ff). Es hat die Fraktionen im Zeichen der Entwicklung zur Parteiendemokratie als politisches Gliederungsprinzip für die Arbeit des Bundestages ausdrücklich als „notwendige Einrichtungen des Verfassungslebens und maßgebliche Faktoren der politischen Willensbildung" (BVerfGE 80, 188, 219 f) bezeichnet. Den Fraktionen obliegt es, an der Gesetzgebungs-, Wahl- und Öffentlichkeitsfunktion des Parlaments wesentlich mitzuwirken, die Arbeit des Parlaments zu rationalisieren, die Arbeit in den Organen des Gesamtparlaments vorzubereiten und Verbindungsglied zwischen Partei und Parlament zu sein (grundlegend BVerfGE 80, 188, 219 f, 231).

Für die in § 6 FraktionsG definierten Gruppen kann unter Berücksichtigung der damit verbundenen Besonderheiten hinsichtlich der Teilhabe im Rahmen moderner Parlamentsarbeit Ähnliches gelten.

Angesichts des weitreichenden Aufgabenspektrums und der erheblichen Konpetenzzuweisung ist es verfassungsrechtlich nicht geboten, das Prinzip einer gleich hohen Diät für alle Abgeordneten auch auf die hier streitgegenständlichen Funktionsträger zu beziehen. Wenn das Bundesverfassungsgericht in der Diätenentscheidung darauf hinweist, es verbiete sich eine Differenzierung der Entschädigung danach, ob die Inanspruchnahme durch das Mandat höher oder niedriger ist (BVerfGE 40, 296, 318), so kann diese Auffassung zumindest im Hinblick auf die in den gesetzlichen Regelungen der Anträge zu 1 und 2 aufgeführten Funktionsträger nicht überzeugen, denn damit wird den Anforderungen an heutige Parlamentsarbeit nicht genüge getan. Die Fraktion ist unabdingbar für die effektive Erfüllung der parlamentarischen Aufgaben geworden. Dies verdeutlicht nicht zuletzt die Norm des Art. 23 a HVerf: Hier ist die verfassungsrechtliche Stellung der Opposition hervorgehoben, es sind ihre Aufgaben beschrieben, und es ist ihre politische Funktion als „Alternative zur Regierungsmehrheit" gekennzeichnet. Die Regelung zeigt beispielhaft die Unabdingbarkeit der Fraktionsfunktionen für die effektive Erfüllung der Aufgaben des Parlaments und der typischerweise hiermit verbundenen persönlichen Inanspruchnahme der Träger dieser Art Funktionen. Mit der Anerkennung dieser außerordentlichen persönlichen Inanspruchnahme der auch im Streitfall in Betracht kommenden Funktionsträger wird nicht ein unterschiedlicher Wert der von den Abgeordneten geleisteten Arbeit unterstellt, sondern es wird einer in mehr als zwanzig Jahren gewachsenen Aufgaben- und Kompetenzzuweisung an die Fraktionen Rechnung getragen. Der Status des Antragstellers wird durch die erhöhten Entgeltzahlungen auch nicht gemindert, weil die Funktionsträger zusätzliche über die Aufgaben des einzelnen Abgeordneten hinausgehende Aufgaben bei der Parlamentsarbeit und ihrer Organisation haben.

Das Bundesverfassungsgericht hat in der Entscheidung vom 5. November 1975 den Gleichheitssatz in Bezug auf die Stellung des Parlamentspräsidenten und seines Vertreters relativiert (BVerfGE 40, 296, 318). Diese Ausnahme zeigt, daß eine Relativierung des Gleichheitssatzes in Betracht kommen kann.

Eine mögliche Zukunftswirkung erhöhter Entgeltzahlungen an Funktionsträger, etwa im Zusammenhang mit der Zahlung von Übergangsgeld und Altersentschädigung, ändert nichts daran, daß eine Abweichung vom formalisierten Gleichheitssatz gerechtfertigt ist.

Entsprechendes gilt für die Regelung in § 2 Abs. 5 Satz 3 FraktionsG, soweit eine Verletzung des formalisierten Gleichheitsgrundsatzes in Rede steht. Auch hier können aufgrund der gesetzlichen Ermächtigung an die Fraktionen die zusätzlichen Entgeltzahlungen nur an Fraktionsmitglieder bewilligt werden, denen besondere Funktionen übertragen werden.

Der Auffassung des Antragstellers, sein Recht auf gleiche Entschädigung und formale Gleichstellung sei hier schwerer verletzt, weil die Fraktionen bei der Bemessung und Verteilung des zusätzlichen Entgelts nicht an Vorgaben gebunden seien, kann nicht gefolgt werden. Die Autonomie der Fraktion rechtfertigt eine zusätzliche Entgeltzahlung nämlich nur im Rahmen genereller parlamentarischer Zweckbindung unter Beachtung des Willkürverbots sowie der einschlägigen Haushaltsgrundsätze.

Soweit der Antragsteller gegenüber der gesetzlichen Regelung in § 2 Abs. 5 Satz 3 FraktionsG aus dem vom Bundesverfassungsgericht in der Entscheidung vom 5. November 1975 formulierten Grundsatz der Transparenz und Öffentlichkeit eine Statusbeeinträchtigung herleitet, ist selbst für den Fall, daß insoweit eigene Rechte des Antragstellers verletzt wären, eine Verfassungswidrigkeit nicht festzustellen. Auch wenn das dort aufgestellte Gebot der Transparenz und Öffentlichkeit (BVerfGE 40, 296, 327) sich nicht nur auf die Entschädigung der Abgeordneten, sondern auch auf die Finanzierung der Fraktionen bezöge, ist dieses Gebot durch den hamburgischen Gesetzgeber ausreichend beachtet.

Das Bundesverfassungsgericht hat in der Entscheidung vom 5. November 1975 beanstandet, daß die Festsetzung der Höhe der „sonstigen Entschädigungen", die Abgeordneten nach der damals zu beurteilenden Rechtslage gewährt worden waren, dem Präsidium des Landtages zugewiesen wurde. Damit würden für den Abgeordneten wesentliche Teile seiner finanziellen Ausstattung in einem Verfahren festgesetzt, das sich der Kontrolle der Öffentlichkeit entziehe. In einer parlamentarischen Demokratie lasse es sich zwar nicht vermeiden, daß das Parlament in eigener Sache entscheide, wenn es um die Festsetzung der Höhe und um die nähere Ausgestaltung der mit dem Abgeordnetenstatus verbundenen finanziellen Regelungen gehe. Gerade in einem solchen Fall verlange aber das demokratische und rechtsstaatliche Prinzip, daß der gesamte Willensbildungsprozeß für den Bürger durchschaubar sei und das Ergebnis vor den Augen der Öffentlichkeit beschlossen werde. Dies sei die einzige wirksame Kontrolle (BVerfGE 40, 296, 327).

Die in Streit stehende Regelung im FraktionsG widerspricht diesem Gebot nicht.

Soweit die Zulässigkeit der Vergütung besonderer Funktionen aus Mitteln der Fraktion im Zusammenhang mit dem Gebot nach Transparenz und Öffentlichkeit diskutiert wird, wird in erster Linie eine Festlegung durch Gesetz gefordert. Diese Anforderung hat die Antragsgegnerin mit § 2 Abs. 5 Satz 3 FraktionsG erfüllt. Darüber hinaus ist im Hinblick auf die Regelung in § 2 Abs. 2 HAbgG sowie die Tatsache, daß wesentliche Teile der Fraktionszuschüsse durch den laufenden Bedarf, insbesondere die Personalkosten, gebunden sind, der Spielraum für zusätzliche Entgelte eingeschränkt. Weiterhin enthält § 4 FraktionsG die Berechtigung des Rechnungshofes zur Rechnungsprüfung der Fraktionen (BVerfGE 80, 188, 214). Auch wenn sich die Kontrolle des Rechnungshofes nicht auf die politische Zweckmäßigkeit der Mittelverwendung beziehen darf, ist über diese Finanzkontrolle ausreichende Transparenz der Fraktionszuwendungen herstellbar. Selbst wenn mit dem Antragsteller die Regelung zur Rechnungslegung in § 3 Abs. 3 Nr. 2 b FraktionsG für unzureichend erachtet wird, um vollständige Transparenz zu erzielen, weil nur der Gesamtbetrag der Entgelte und Aufwandsentschädigungen für Fraktionsmitglieder mit besonderen Funktionen in der Rechnungslegung angegeben sein muß, bestehen hinsichtlich der gesetzlichen Regelung in § 2 Abs. 5 Satz 3 FraktionsG keine durchgreifenden Bedenken: Den Fraktionen ist durch den Landesgesetzgeber die Ermächtigung zur Zahlung von Entgelt in der verfassungsrechtlich gebotenen Zweckbindung zur eigenen Bewirtschaftung und Entscheidung überlassen; dem konkurrierenden Anspruch auf uneingeschränkte Transparenz wird dabei ausreichend Rechnung getragen.

2. Der Antrag zu 3 ist ebenfalls nicht begründet.

Die Regelung des § 8 Abs. 2 FraktionsG verletzt den Antragsteller nicht in seinen Rechten aus Art. 7 HVerf, denn diese Verfassungsvorschrift greift hier nicht ein.

Nach Art. 7 Abs. 1 Satz 2 HVerf sind die Abgeordneten nur ihrem Gewissen unterworfen und an Aufträge nicht gebunden. Diese Norm verfolgt nach ihrem systematischen Zusammenhang und ihrer Entstehung andere Ziele als die Regelung der Frage, ob und inwieweit Parlamente und ihre Abgeordneten an Rechtssätze gebunden und ihnen unterworfen sind. Der Umfang dieser Bindung des Abgeordneten an und seine Unterworfenheit unter Rechtsnormen bedarf indes keiner weiteren Untersuchung. Denn § 8 Abs. 2 FraktionsG bindet mit seiner der Bürgerschaft und damit ihren Abgeordneten auferlegten Anpassungspflicht bei künftiger Beschlußfassung weder die autonome Bürgerschaft noch den Antragsteller als Abgeordneten, sondern erweckt nur den Anschein einer solchen Bindung. Eine Verletzung von Art. 7 Abs. 1 Satz 2 HVerf scheidet daher aus.

Der Gesetzgeber ist nur an die verfassungsmäßige Ordnung gebunden. In deren Rahmen ist er befugt, eigene Gesetze zu ändern oder aufzuheben. Ebenso wie eine rechtliche Selbstbindung des identischen Gesetzgebers an seine Gesetze ausgeschlossen ist, verhält es sich mit der Bindung eines späteren Parlaments an die Gesetze einer früheren Legislaturperiode.

Ist aber der Gesetzgeber nicht gebunden, dann muß dasselbe für jeden einzelnen Abgeordneten des Parlaments gelten. Denn die Freiheit des Parlaments kann sich nur aus der Summe der Freiheiten der Abgeordneten ergeben. Dementsprechend ist kein Bürgerschaftabgeordneter durch § 8 Abs. 2 FraktionsG daran gehindert, bei gegebenem Sachverhalt das Ob und das Wie der Anpassung anders zu entscheiden als in § 8 Abs. 2 FraktionsG vorgesehen.

III.

Einer Kostenentscheidung bedarf es nicht. Gemäß § 66 Abs. 1 HVerfGG werden – von hier nicht vorliegenden Ausnahmefällen abgesehen – keine Kosten erhoben.

Die Entscheidung ist einstimmig ergangen.

Entscheidungen des Staatsgerichtshofs des Landes Hessen

Die amtierenden Richter des Staatsgerichtshofs des Landes Hessen

Prof. Dr. Klaus Lange, Präsident
Dr. Helmut Wilhelm, Vizepräsident
Elisabeth Buchberger (ab 18. 4. 1997)
Felizitas Fertig
Dr. Karl Heinz Gasser
Roland Kern
Hannelore Kohl (bis 17. 4. 1997)
Dieter Löber (bis 31. 10. 1997)
Dr. Günter Paul
Rudolf Rainer
Georg Schmidt-von Rhein (ab 1. 11. 1997)
Dr. Wolfgang Teufel
Dr. Manfred Voucko

Stellvertretende Richter

Jörg Britzke
Werner Eisenberg
Ferdinand Georgen
Dr. Bernhard Heitsch
Dr. Harald Klein
Ursula Kraemer
Dr. Helga Laux
Dr. Wilhelm Nassauer
Karin Wolski
sowie
Prof. Dr. Johannes Baltzer
Helmut Enders
Paul Leo Giani
Joachim Poppe
Manfred Stremplat
Elisabeth Vogelheim

Nr. 1

1. Eine Vorlagepflicht an den EuGH hinsichtlich der Auslegung von sekundärem Gemeinschaftsrecht (hier der Richtlinie 76/207/ EWG vom 9. 2. 1976 – Gleichbehandlungsrichtlinie) gilt auch für die Verfassungsgerichte der Mitgliedstaaten.

2. Der Anwendungsvorrang des Gemeinschaftsrechts (hier der Gleichbehandlungsrichtlinie) findet seine Grundlage in Art. 23 Abs. 1 Satz 2 GG n. F. und beansprucht auch für den Bereich des mitgliedstaatlichen Verfassungsrechts Geltung.

3. Das Hessische Gleichberechtigungsgesetz ist nicht wegen fehlender Gesetzgebungskompetenz des Landesgesetzgebers formell verfassungswidrig. Der hessische Landesgesetzgeber hat mit dessen Erlaß von der ihm nach der grundgesetzlichen Verteilung dieser Kompetenzen (vgl. Art. 70 ff GG) zustehenden Befugnis Gebrauch gemacht.

4. Das Recht zur Regelung spezifischer Maßnahmen zur Frauenförderung und Vermeidung von Diskriminierung der Frauen im öffentlichen Dienst bildet einen Teil des öffentlichen Dienstrechts. In diesem Bereich hat der Bundesgesetzgeber nach Art. 75 Nr. 1 GG i. V. m. Art. 72 GG eine Rahmenkompetenz, von der er hinsichtlich der speziellen Frauenförderung im Verhältnis zu den einzelnen Bundesländern keinen Gebrauch gemacht hat.

5. Ein Verstoß gegen die Rahmenvorschrift des § 7 BRRG durch die Vorschriften des § 5 Abs. 3, 4 und 7 HGlG i. V. m. § 10 HGlG wegen des Verbotes der Anknüpfung an das Geschlecht liegt nicht vor. Das Anknüpfungsverbot des § 7 BRRG kann nicht weiter reichen als das Anknüpfungsverbot des Art. 3 Abs. 3 GG, wie es im Spannungsverhältnis zum Gleichberechtigungsgebot des Art. 3 Abs. 2 GG zu verstehen ist.

6. Dem Bundesgesetzgeber steht für die Beschäftigungsverhältnisse im Hochschulbereich eine Rahmenkompetenz nach Art. 75 Nr. 1 a GG zu, von der er durch Erlaß des Hochschulrahmengesetzes Gebrauch gemacht hat. Ein Verstoß gegen diese Vorschriften durch § 5 Abs. 7 HGlG ist nicht gegeben.

7. Es besteht keine Notwendigkeit darauf einzugehen, ob die Prüfungskompetenz des Staatsgerichtshofs im Normenkontrollverfahren die Einhaltung der Regelungen des Grundgesetzes über die Verteilung der Gesetzgebungskompetenzen umfaßt.

8. Art. 1 HV enthält den Auftrag zur Förderung der tatsächlichen Gleichstellung der Frau (Förderungsgebot).

9. Das in Art. 134 HV enthaltene Unterscheidungsverbot nach dem Geschlecht schließt die Geltung des in Art. 1 HV enthaltenen Auftrages, die tatsächliche Gleichstellung der Frau zu fördern, für den Zugang zu öffentlichen Ämtern nicht aus.

10. Die dem Gesetzgeber bei Erlaß des HGlG im Rahmen der Art. 1 und Art. 134 HV zustehende weite Einschätzungs- und Entscheidungsprärogative bezieht sich auf den Anlaß, die Ziele und die Mittel einer gesetzlichen Regelung zur Durchsetzung der Geschlechtergleichheit.

11. Das Anknüpfungsmerkmal der Unterrepräsentanz in § 3 Abs. 2 Satz 1 HGlG, das eine Benachteiligung von Frauen indiziert, kann im Einzelfall sowohl bei der Festlegung der Zielvorgaben im Frauenförderplan wie bei der einzelnen Auswahlentscheidung widerlegt werden.

12. Die Einhaltung der in einem Frauenförderplan enthaltenen Zielvorgabe in Form der Quotierung ist in dem Sinne verbindlich, daß bei einem qualifikatorischen Patt zwischen einer Bewerberin und einem Bewerber dann zugunsten der Bewerberin entschieden werden muß, wenn dies zur Erfüllung der Zielvorgaben erforderlich ist und keine Gründe von größerem rechtlichen Gewicht entgegenstehen.
Die Zielvorgabe bindet das Auswahlermessen des Entscheidungsträgers im Sinne eines Ermessenssteuerungskriteriums.

13. Das von dem hessischen Gesetzgeber geschaffene Regelungssystem zur Steuerung des Frauenanteils im öffentlichen Dienst enthält bei verfassungskonformer Auslegung eine ausreichende Legitimation durch den verfassungsrechtlichen Förderauftrag.
Es wird gewährleistet, daß für das Ergebnis einer Auswahlentscheidung jedenfalls dann nicht das Geschlecht der Bewerberin ausschlaggebend ist, wenn im Einzelfall eine Notwendigkeit hierfür nicht besteht. Das ist insbesondere der Fall, wenn in der konkreten Situation die durch den Umstand der Unterrepräsentation begründete Indizwirkung für eine Benachteiligung von Frauen widerlegt ist.

14. Der besonderen Ausgestaltung der Zielvorgaben im Hochschulbereich durch § 5 Abs. 7 HGlG kommt keine unmittelbare Geltung für Stellenbesetzungsentscheidungen zu, sondern es werden damit lediglich zwingende Festlegungen für den Frauenförderplan der Hochschule im Sinne einer Mindestabsicherung für die jeweiligen Bereiche getroffen.

15. Die Geltung des Grundsatzes der Bestenauslese wird durch § 5 Abs. 7 HGlG ebensowenig eingeschränkt, wie dies für alle Auswahlentscheidungen gilt, die unter Berücksichtigung der Zielvorgaben eines Frauenförderplans getroffen werden.

16. § 7 Abs. 1 HGlG enthält eine starre Ergebnisquote für die Vergabe von Ausbildungsplätzen, deren verfassungsrechtlicher Maßstab Art. 1 HV ist.

17. Die Quotierungsvorschrift des § 9 HGlG trifft zahlenmäßige Festlegungen bei Vorstellungsgesprächen und führt zu keiner Begrenzung der Zahl der einzuladenden männlichen Bewerber, wenn alle Bewerberinnen eingeladen werden. Die Regelung erscheint zur Durchsetzung des Gleichberechtigungsgebotes in der Lebenswirklichkeit nicht unverhältnismäßig.

18. Die Sollvorschrift des § 14 HGlG, die sich mit der Besetzung von Gremien befaßt, ist keinen durchgreifenden verfassungsrechtlichen Bedenken ausgesetzt.*

Vertrag zur Gründung der Europäischen Gemeinschaft
in der Fassung vom 1. 1. 1995 Art. 177

Richtlinie 76/207/EWG des Rates der Europäischen Gemeinschaften
– Gleichbehandlungsrichtlinie – vom 9. 2. 1976 Art. 2 Abs. 1 und Abs. 4

Grundgesetz Art. 3 Abs. 2 und Abs. 3, Art. 23 Abs. 1 Satz 2, Art. 70 ff

Beamtenrechtsrahmengesetz § 7

Gesetz zur Durchsetzung der Gleichberechtigung von Frauen und Männern
vom 24. 6. 1994 (2. GleiBG) Art. 1

Hochschulrahmengesetz §§ 48, 57 a, 57 b Abs. 2

Verfassung des Landes Hessen Art. 1, Art. 29, Art. 131, Art. 132,
Art. 134, Art. 153

* Nichtamtliche Leitsätze

Gesetz über den Staatsgerichtshof vom 12. 12. 1947 § 17 Abs. 2 Nr. 3,
§ 41 Abs. 2 und Abs. 3

Hessisches Beamtengesetz § 8

Hessisches Gesetz über die Gleichberechtigung von Frauen und Männern und zum Abbau von Diskriminierungen von Frauen in der öffentlichen Verwaltung vom 21. 12. 1993 (Hess. Gleichberechtigungsgesetz) § 3 Abs. 1 und Abs. 2, § 5 Abs. 3, Abs. 4 und Abs 7, § 7 Abs. 1, § 9 Abs. 1, § 10, § 11, § 14, § 16, § 18 Abs. 6

Beschluß vom 16. April 1997 – P. St. 1202 –

in dem Verfahren zur Prüfung der Vereinbarkeit des Hessischen Gesetzes über die Gleichberechtigung von Frauen und Männern und zum Abbau von Diskriminierungen von Frauen in der öffentlichen Verwaltung (Hessisches Gleichberechtigungsgesetz – HGlG –) vom 21. Dezember 1993 (GVBl. I S. 729) mit der Verfassung des Landes Hessen auf Antrag von Abgeordneten und ehemaligen Abgeordneten des Hessischen Landtags.

Entscheidungsformel:

Das Verfahren wird ausgesetzt.
Dem Gerichtshof der Europäischen Gemeinschaften wird nach Art. 177 Abs. 3 EG-Vertrag folgende Frage zur Vorabentscheidung vorgelegt:
Steht Art. 2 Abs. 1 und Abs. 4 der Richtlinie 76/207/EWG des Rates der Europäischen Gemeinschaften vom 9. Februar 1976 zur Verwirklichung des Grundsatzes der Gleichbehandlung von Männern und Frauen hinsichtlich des Zugangs zur Beschäftigung, zur Berufsbildung und zum beruflichen Aufstieg sowie in bezug auf die Arbeitsbedingungen (ABl. L 39, S. 40; nachstehend: Gleichbehandlungsrichtlinie) nationalen Regelungen entgegen, nach denen

1. in Fällen der Unterrepräsentanz gemäß § 3 Abs. 1 und 2 HGlG Auswahlentscheidungen nach § 10 HGlG im Einzelfall bei gleicher Qualifikation einer Bewerberin und eines Bewerbers wegen der Verbindlichkeit der Zielvorgaben des Frauenförderplans nach § 5 Abs. 3 und 4 HGlG jedenfalls dann zugunsten der Bewerberin ausfallen müssen, wenn dies zur Erfüllung der Zielvorgaben erforderlich ist und keine Gründe von größerem rechtlichen Gewicht entgegenstehen;

2. die verbindlichen Zielvorgaben des Frauenförderplans für befristet zu besetzende Stellen des wissenschaftlichen Dienstes und für wissenschaft-

liche Hilfskräfte gemäß § 5 Abs. 7 HGlG mindestens den Anteil an Frauen vorzusehen haben, den diese an den Absolventinnen und Absolventen (Abs. 7 Satz 1), Promovierten (Abs. 7 Satz 2) und Studierenden (Abs. 7 Satz 3) des jeweiligen Fachbereichs stellen;

3. Frauen in Ausbildungsberufen, in denen sie unterrepräsentiert sind, nach § 7 Abs. 1 HGlG bei der Vergabe von Ausbildungsplätzen mindestens zur Hälfte zu berücksichtigen sind, es sei denn, es handele sich um Ausbildungsgänge, in denen der Staat ausschließlich ausbildet;

4. in Bereichen, in denen Frauen unterrepräsentiert sind, gemäß § 9 Abs. 1 HGlG zu einem Vorstellungsgespräch mindestens ebenso viele Frauen wie Männer oder alle Bewerberinnen einzuladen sind, wenn sie die gesetzlich oder sonst vorgesehenen Voraussetzungen für die Besetzung der Personalstelle oder des zu vergebenden Amtes erfüllen;

5. bei der Besetzung von Kommissionen, Beiräten, Verwaltungs- und Aufsichtsräten sowie sonstigen Gremien gemäß § 14 HGlG mindestens die Hälfte der Mitglieder Frauen sein sollen?

Gründe:

A

I.

Gegenstand des Normenkontrollverfahrens ist der Antrag von 46 Abgeordneten des Hessischen Landtags vom 28. November 1994 festzustellen, daß das Hessische Gesetz über die Gleichberechtigung von Frauen und Männern und zum Abbau von Diskriminierungen von Frauen in der öffentlichen Verwaltung (Hessisches Gleichberechtigungsgesetz – HGlG –), insbesondere in seinen §§ 3, 5, 7, 8, 9, 10, 11, 14, 16 und 18, mit der Verfassung des Landes Hessen (kurz: Hessische Verfassung – HV –) unvereinbar ist.

Das Hessische Gleichberechtigungsgesetz wurde am 21. Dezember 1993 beschlossen, am 30. Dezember 1993 verkündet (GVBl. I, 729) und trat am 31. Dezember 1993 in Kraft. Seine Geltung ist auf dreizehn Jahre seit seinem Inkrafttreten befristet.

Das Gesetz enthält u. a. folgende Vorschriften:

§ 1 Ziel des Gesetzes

Ziel dieses Gesetzes ist der gleiche Zugang von Frauen und Männern zu öffentlichen Ämtern. Bis zur Erreichung dieses Zieles werden durch berufliche Förderung von Frauen auf der Grundlage von Frauenförderplänen mit verbindlichen Zielvorgaben die Zugangs- und Aufstiegsbedingungen sowie die Arbeitsbedingungen für Frauen verbessert.

§ 3 Grundsätze

(1) Die Dienststellen sind verpflichtet, durch Frauenförderpläne (§§ 4 bis 6) und sonstige Maßnahmen der Förderung (§§ 7 bis 14) auf die Gleichstellung von Frauen und Männern im öffentlichen Dienst sowie die Beseitigung von Unterrepräsentanz von Frauen hinzuwirken und Diskriminierungen wegen des Geschlechts und des Familienstandes zu beseitigen.

(2) Frauen sind unterrepräsentiert, wenn innerhalb des Geltungsbereichs eines Frauenförderplanes (§ 4) in einer Lohngruppe, Vergütungsgruppe oder Besoldungsgruppe einer Laufbahn weniger Frauen als Männer beschäftigt sind. In den Eingangsämtern der Laufbahnen gelten Frauen als unterrepräsentiert, wenn in der gesamten Laufbahn weniger Frauen als Männer beschäftigt sind. Satz 2 gilt entsprechend für das Eingangsamt des richterlichen und staatsanwaltschaftlichen Dienstes. Innerhalb des Geltungsbereichs eines Frauenförderplanes bilden jede Besoldungsgruppe einer Laufbahn, jede Lohngruppe und jede Vergütungsgruppe einen Bereich. Die Stelle, die den Frauenförderplan aufstellt, kann weitere Unterteilungen vornehmen.

(3) Frauen und Männer dürfen wegen ihres Geschlechts oder ihres Familienstandes nicht diskriminiert werden...

§ 5 Inhalt des Frauenförderplanes

...

(3) Der Frauenförderplan enthält für jeweils zwei Jahre verbindliche Zielvorgaben bezogen auf den Anteil der Frauen bei Einstellungen und Beförderungen zur Erhöhung des Frauenanteils in Bereichen, in denen Frauen unterrepräsentiert sind. Für die Festlegung der Zielvorgaben sind die Besonderheiten in den jeweiligen Bereichen und Dienststellen maßgebend.

(4) In jedem Frauenförderplan sind jeweils mehr als die Hälfte der zu besetzenden Personalstellen eines Bereichs, in dem Frauen unterrepräsentiert sind, zur Besetzung durch Frauen vorzusehen. Dies gilt nicht, wenn ein bestimmtes Geschlecht unverzichtbare Voraussetzung für eine Tätigkeit ist. Ist glaubhaft dargelegt, daß nicht genügend Frauen mit der notwendigen Qualifikation zu gewinnen sind, können entsprechend weniger Personalstellen zur Besetzung durch Frauen vorgesehen werden. Bei Beförderungen ohne Stellenbesetzungen in Bereichen, in denen Frauen unterrepräsentiert sind, ist ein Frauenanteil vorzusehen, der mindestens dem Anteil der Frauen an der nächstniedrigen Besoldungsgruppe in dem Bereich entspricht. Satz 3 gilt entsprechend. Wenn personalwirtschaftliche Maßnahmen vorgesehen sind, die

Stellen sperren oder zum Wegfall bringen, ist durch den Frauenförderplan zu gewährleisten, daß der Frauenanteil in den betroffenen Bereichen mindestens gleich bleibt.

...

(7) Stellen des wissenschaftlichen Dienstes, die gemäß § 57 a in Verbindung mit § 57 b Abs. 2 Nr. 1 oder 3 des Hochschulrahmengesetzes befristet besetzt werden, sind mindestens mit dem Anteil an Frauen zu besetzen, den sie an den Absolventinnen und Absolventen des jeweiligen Fachbereiches stellen. Stellen des wissenschaftlichen Dienstes, die nach § 48 des Hochschulrahmengesetzes befristet besetzt werden, sind mindestens mit dem Anteil an Frauen zu besetzen, den sie an den an dem jeweiligen Fachbereich Promovierten stellen. Die zur Beschäftigung von wissenschaftlichen Hilfskräften ohne Abschluß angesetzten Mittel müssen mindestens mit dem Anteil für Frauen verwendet werden, den sie an den Studierenden des jeweiligen Fachbereiches stellen.

§ 7 Vergabe von Ausbildungsplätzen

(1) In Ausbildungsberufen, in denen Frauen unterrepräsentiert sind, sind sie bei der Vergabe von Ausbildungsplätzen mindestens zur Hälfte zu berücksichtigen. Satz 1 gilt nicht für Ausbildungsgänge, in denen der Staat ausschließlich ausbildet.

(2) Es sind geeignete Maßnahmen zu ergreifen, um Frauen auf freie Ausbildungsplätze in Berufen im Sinne von Abs. 1 Satz 1 aufmerksam zu machen und sie zur Bewerbung zu veranlassen. Liegen trotz solcher Maßnahmen nicht genügend Bewerbungen von Frauen vor, können entgegen Abs. 1 Satz 1 mehr als die Hälfte der Ausbildungsplätze mit Männern besetzt werden.

§ 9 Vorstellungsgespräch

(1) In Bereichen, in denen Frauen unterrepräsentiert sind, werden mindestens ebenso viele Frauen wie Männer oder alle Bewerberinnen zum Vorstellungsgespräch eingeladen, soweit ein solches durchgeführt wird, wenn sie die gesetzlich oder sonst vorgesehenen Voraussetzungen für die Besetzung der Personalstelle oder des zu vergebenden Amtes erfüllen.

...

§ 10 Auswahlentscheidungen

(1) Um die Gleichberechtigung von Frauen und Männern bei Einstellung und Beförderung sowie die Erfüllung der Frauenförderpläne zu gewährleisten, sind Eignung, Befähigung und fachliche Leistung (Qualifikation) entsprechend den Anforderungen der zu besetzenden Stelle oder des zu vergeben-

den Amtes zu beurteilen. Bei der Qualifikationsbeurteilung sind Fähigkeiten und Erfahrungen, die durch die Betreuung von Kindern oder Pflegebedürftigen im häuslichen Bereich (Familienarbeit) erworben wurden, zu berücksichtigen, soweit ihnen für die Eignung, Leistung und Befähigung der Bewerberinnen und Bewerber Bedeutung zukommt. Dies gilt auch, wenn Familienarbeit neben der Erwerbsarbeit geleistet wurde.

(2) Dienstalter, Lebensalter und der Zeitpunkt der letzten Beförderung dürfen nur insoweit Berücksichtigung finden, als ihnen für die Eignung, Leistung und Befähigung der Bewerberinnen und Bewerber Bedeutung zukommt.

(3) Familienstand oder Einkommen des Partners oder der Partnerin dürfen nicht berücksichtigt werden. Teilzeitbeschäftigungen, Beurlaubungen und Verzögerungen beim Abschluß der Ausbildung auf Grund der Betreuung von Kindern oder von nach ärztlichem Zeugnis pflegebedürftigen Angehörigen dürfen sich nicht nachteilig auf die dienstliche Beurteilung auswirken und das berufliche Fortkommen nicht beeinträchtigen. Eine regelmäßige Gleichbehandlung von Beurlaubungen mit Beschäftigung ist damit nicht verbunden.

(4) Werden die Zielvorgaben des Frauenförderplanes für jeweils zwei Jahre nicht erfüllt, bedarf bis zu ihrer Erfüllung jede weitere Einstellung oder Beförderung eines Mannes in einem Bereich, in dem Frauen unterrepräsentiert sind, der Zustimmung der Stelle, die dem Frauenförderplan zugestimmt hat, im Geltungsbereich der bei den Ministerien, der Staatskanzlei und beim Landespersonalamt aufgestellten Frauenförderpläne der Zustimmung der Landesregierung. ... Satz 1 findet keine Anwendung in Fällen des Art. 127 Abs. 3 der Hessischen Verfassung.

(5) Solange kein Frauenförderplan aufgestellt ist, dürfen in Bereichen, in denen Frauen unterrepräsentiert sind, keine Einstellungen und Beförderungen vorgenommen werden. Ist der Frauenförderplan wegen eines Verfahrens nach den §§ 70 oder 71 des Hessischen Personalvertretungsgesetzes noch nicht in Kraft, dürfen keine Einstellungen und Beförderungen vorgenommen werden, die dem bereits aufgestellten Frauenförderplan zuwiderlaufen.

...

§ 14 Gremien

Bei der Besetzung von Kommissionen, Beiräten, Verwaltungs- und Aufsichtsräten sowie sonstigen Gremien sollen mindestens die Hälfte der Mitglieder Frauen sein.

II.

Die Antragsteller halten die §§ 3, 5, 7 bis 11, 14, 16, 18 HGlG sowie die Zielsetzung des Gesetzes (§ 1 HGlG) für unvereinbar mit den Art. 1 und 134 HV, weil sie in unzulässiger Weise an das Geschlecht der betroffenen Personen anknüpften. Dabei sehen sie einen Verstoß gegen Art. 134 HV in den Vorschriften der § 9 Abs. 1 und § 14 HGlG wegen der dort normierten Entscheidungsquoten, in den § 5 Abs. 3 und 4 HGlG i. V. m. § 10 Abs. 4 HGlG wegen der bes Bestimmungen für Auswahlentscheidungen und in § 16 Abs. 2 Satz 1 und Abs. 3 HGlG wegen der Geschlechterdifferenzierung. Einen Verstoß gegen Art. 1 HV rügen die Antragsteller bei den Regelungen des § 7 HGlG (Vergabe von Ausbildungsplätzen), § 8 Abs. 1 Satz 2 und Abs. 4 HGlG (Ausschreibungen), § 10 Abs. 2 HGlG (Ausschluß bestimmter Hilfskriterien bei Auswahlentscheidungen), § 11 Abs. 2 HGlG (Besondere Fortbildungsmaßnahmen für weibliche Beschäftigte) und § 18 Abs. 6 Sätze 1 und 2 HGlG (Tätigkeit der Frauenbeauftragten).

Das Hessische Gleichberechtigungsgesetz verstoße ferner mit den §§ 9 Abs. 1 und 10 Abs. 3 Satz 2 gegen das Gebot der Bestenauslese gemäß Art. 134 HV, wie es auch in Art. 33 Abs. 2 Grundgesetz – GG – seinen Niederschlag gefunden habe.

Außerdem verstoße das Gesetz insgesamt gegen das im Zusammenhang mit Art. 29 HV zu sehende Gebot des Art. 135 HV, die Rechtsverhältnisse der Arbeitnehmer in der öffentlichen Verwaltung nach den Verwaltungserfordernissen zu gestalten. Ferner würden mit den angefochtenen Bestimmungen in mehrfacher Beziehung die Grenzen der Landesgesetzgebungskompetenz nach Art. 70, 72, 74 Nr. 12 und 75 Nr. 1 GG überschritten, wie sie in Art. 153 Abs. 1 HV im Vorgriff auf die Bundesverfassung bereits in die Verfassung des Landes Hessen aufgenommen worden seien. Die Summierung dieser Verstöße mache das Gesetz insgesamt verfassungswidrig und unanwendbar.

Art. 1 HV und für den Zugang zu öffentlichen Ämtern im weitesten Sinne Art. 134 als verbindliche Spezifizierung des Art. 1 HV verbieten nach Ansicht der Antragsteller jegliche Anknüpfung an die dort genannten Unterscheidungsmerkmale, insbesondere an das Geschlecht. Dies gelte selbst dann, wenn Art. 1 HV den Auftrag enthalte, die Gleichberechtigung von Frauen und Männern in der gesellschaftlichen Wirklichkeit tatsächlich durchzusetzen. Die Norm formuliere damit lediglich den gleichen objektiv-rechtlichen Förderungsauftrag wie Art. 3 Abs. 2 GG. Auch ein solcher Auftrag zur Durchsetzung der Gleichberechtigung der Geschlechter lasse aber Differenzierungen nach dem Geschlecht nicht zu, die gegen das Unterscheidungsverbot verstoßen. Dem zentralen Anliegen des Unterscheidungsverbots aus Art. 1 und 134 HV widerspreche jede gesetzliche Regelung, die auf das Merkmal „Geschlecht" zurückgreife.

Die Neuregelung des Art. 3 Abs. 2 Satz 2 GG durch Gesetz vom 27. Oktober 1994 ergebe nichts anderes. Die bundesgesetzliche Regelung könne sich nicht ohne weiteres auf die Auslegung der Hessischen Verfassungsbestimmungen in Art. 1 und 134 HV auswirken. Nicht jede Grundgesetzänderung habe zugleich eine Änderung des Landesverfassungsrechts zur Folge. Die Trennung der Verfassungsräume von Bund und Ländern wäre sonst aufgegeben. Die Staatlichkeit des Landes Hessen würde in einem wesentlichen Punkt in Frage gestellt.

Die Antragsteller beanstanden ferner Grundannahmen des Hessischen Gleichberechtigungsgesetzes. Das Verfassungsrecht der Gleichberechtigung sei nicht gruppen-, sondern individualbezogen. Es begründe eine Gleichheit der Chancen, nicht des Resultats. Sodann nehme das Hessische Gleichberechtigungsgesetz ausweislich seiner Begründung zu Unrecht auch an, die Beachtung des Unterscheidungsverbots hindere daran, das Ziel der Chancengleichheit zu verfolgen. Selbst wenn aber ein solcher Widerspruch bestünde, müßte er zugunsten des Unterscheidungsverbotes aufgelöst werden. Das Unterscheidungsverbot habe nämlich in der Hessischen Verfassung u. a. durch die Sonderregelung in Art. 134 für den Ämterzugang eine besondere Gewichtung und eine spezielle Ausprägung erfahren. Dem Ziel der Chancengleichheit müsse es deshalb selbst dann nicht weichen, wenn Differenzierungen nach dem Geschlecht vermeintlich als einziges Förderungsmittel verblieben.

Die angefochtenen Regelungen stünden auch im Widerspruch zum Europarecht. Danach sei jede Regelung unzulässig, die auf die Durchsetzung einer Ergebnisquote abziele und sich nicht darauf beschränke, Chancengleichheit zu schaffen. Das habe der Gerichtshof der Europäischen Gemeinschaften (Europäischer Gerichtshof) in seiner Entscheidung vom 17. Oktober 1995 (sog. „Kalanke-Fall") bestätigt. Zulässig sei danach allein eine Förderung der Chancengleichheit, die sich auf die Angleichung von Startbedingungen beziehe. Im Kalanke-Urteil habe der Europäische Gerichtshof zwar über einen Fall entschieden, in dem ein weitergehender Automatismus für die Bevorzugung von Frauen festgeschrieben sei. Auch die Regelungen des Hessischen Gleichberechtigungsgesetzes seien aber von einem Automatismus gekennzeichnet. Spätestens nach Verstreichen des Zeitraums für die Quotenerfüllung könne es dazu kommen, daß Personen aus dem Bewerberkreis allein deshalb bevorzugt würden, weil sie weiblich seien.

Teile man diese Auffassung über den Inhalt der europarechtlichen Vorschriften nicht, bestünden zumindest Zweifel über deren Inhalt. Schon das verpflichte nach Art. 177 EG-Vertrag zur Vorlage an den Europäischen Gerichtshof.

Im einzelnen rügen die Antragsteller:

Gegen das Gebot des Art. 134 HV, den Zugang zu öffentlichen Ämtern „ohne Unterschied des Geschlechts" zu gewährleisten, verstießen insbesondere die Vorschriften des § 9 Abs. 1 (Teilnahme an Vorstellungsgesprächen) und des § 14 HGlG (Gremienbesetzung), weil sie klassische Entscheidungsquoten enthielten. Auch die §§ 5 Abs. 3 und 4, 10 Abs. 4 HGlG verstießen gegen Art. 134 HV. Sie übernähmen nämlich die Ergebnisquoten des Frauenförderplanes als verbindlich. Die Regelungen über Ergebnisquoten in Frauenförderplänen bewirkten, daß gleichqualifizierte männliche Bewerber geringere Einstellungschancen erhielten als ihre Mitbewerberinnen. Die Festlegungen in den §§ 16 Abs. 1 Satz 1 und Abs. 3 HGlG schließlich verstießen gegen Art. 134 HV, weil die Frauenbeauftragte und ihre Stellvertreterin von Gesetzes wegen stets Frauen sein müßten. Verfassungswidrig sei dabei zusätzlich der Umstand, daß der Gesetzgeber überhaupt ein Amt – wie das der Frauenbeauftragten – mit einer derart einseitigen Aufgabenstellung vorsehe.

§§ 9 Abs. 1 und 10 Abs. 3 Satz 2 HGlG verstoßen nach Ansicht der Antragsteller auch gegen das Gebot der Bestenauslese, wie es in Art. 134 HV normiert sei. § 9 Abs. 1 HGlG verlange nämlich für die Einladung zum Vorstellungsgespräch bei Frauen, anders als bei männlichen Mitbewerbern, nur die unabdingbaren Basisqualifikationen. § 10 Abs. 3 Satz 2 HGlG verletze den Verfassungsgrundsatz der Bestenauslese, weil er ganz allgemein die nachteilige Berücksichtigung möglicherweise wichtiger Umstände für dienstliche Beurteilungen ausschließe wie Teilzeitbeschäftigung, Beurlaubungen und Verzögerungen beim Abschluß der Ausbildung aufgrund der Betreuung von Kindern oder pflegebedürftigen Angehörigen.

Gegen das Unterscheidungsverbot des Art. 1 HV verstießen insbesondere die Regelung des § 7 Abs. 1 Satz 1 HGlG (Vergabe von Ausbildungsplätzen in Ausbildungsgängen, in denen der Staat nicht allein ausbildet), § 7 Abs. 2 Satz 2 HGlG (Pflicht zum Hinweis auf freie Ausbildungsplätze für Frauen), § 8 Abs. 1 Satz 2 HGlG (Hinweis in der Ausschreibung, daß Bewerbungen von Frauen besonders erwünscht sind), § 8 Abs. 4 HGlG (Wiederholung der Ausschreibung auf Verlangen der Frauenbeauftragten), § 11 Abs. 2 HGlG (Angebot besonderer Fortbildungsmaßnahmen für weibliche Beschäftigte), § 18 Abs. 6 Satz 1 HGlG (jährliche Versammlung der weiblichen Beschäftigten) und § 18 Abs. 6 Satz 2 HGlG (Recht der Frauen, sich ohne Einhaltung des Dienstweges an Frauenbeauftragte zu wenden).

Den allgemeinen Gleichheitssatz in Art. 1 HV verletzt nach Ansicht der Antragsteller auch die Regelung in § 10 Abs. 2 HGlG. Nach dieser Norm dürften Dienstalter, Lebensalter und Zeitpunkt der letzten Beförderung bei Auswahlentscheidungen nur berücksichtigt werden, soweit sie für die Beurteilung der Qualifikation von Bedeutung seien. Mit dem Ausschluß dieser Hilfskriterien müsse im Rahmen der Bestenauslese bei gleicher Qualifikation mehrerer Bewerber das Merkmal „Geschlecht" als Hilfskriterium um so mehr Bedeutung erhalten. Diese Annahme finde sich bestätigt in der jüngsten Rechtsprechung des Hessischen Verwaltungsgerichtshofs in beamtenrechtlichen Konkurrentenverfahren seit Inkrafttreten des Hessischen Gleichberechtigungsgesetzes.

Im übrigen rügen die Antragsteller Verstöße gegen Art. 135 i. V. m. Art. 29 HV und gegen die Regelungen des Grundgesetzes über die Gesetzgebungskompetenz von Bund und Ländern. Nach der Rechtsprechung des Staatsgerichtshofs seien solche Kompetenzvorschriften auch durchaus Prüfungsmaßstab einer landesverfassungsrechtlichen Normenkontrolle. Die Regelungen des Hessischen Gleichberechtigungsgesetzes mit ihrer Anknüpfung an das Geschlecht verstießen insbesondere auch gegen § 7 Beamtenrechtsrahmengesetz – BRRG – als vorrangiges Bundesrecht.

Die Antragsteller beantragen,

> die Verfassungswidrigkeit und Ungültigkeit des Hessischen Gesetzes über die Gleichberechtigung von Frauen und Männern und zum Abbau von Diskriminierungen von Frauen in der öffentlichen Verwaltung (Hessisches Gleichberechtigungsgesetz – HGlG –) vom 21. Dezember 1993, GVBl. I, 729, wegen Verletzung der Art. 1 und 134, Art. 29 und 135 sowie des Art. 153 Abs. 1 der Verfassung des Landes Hessen i. V. m. den Kompetenzabgrenzungen der Landesstaatsgewalt durch Art. 70, 72, 74 Nr. 12, 75 Nr. 1 GG festzustellen.

III.

Der Landesanwalt hat sich dem Verfahren angeschlossen.

Er tritt der Auffassung der Antragsteller zu Art. 1 und 134 HV bei. Die Ausrichtung der gesamten Personalwirtschaft an einer geschlechtsbezogenen Ergebnisquote sei mit den Art. 1 und 134 HV nicht vereinbar. Das Geschlecht dürfe nicht als Anknüpfungspunkt für den Zugang zu öffentlichen Ämtern herangezogen werden. Mit der Festlegung von Zielvorgaben würden für mehrere Jahre ungleiche Chancen von Männern und Frauen in Kauf genommen. Das ergebe sich zum Beispiel aus § 5 Abs. 4 Satz 1 HGlG. Das Hessische Gleichberechtigungsgesetz erlege darin den Dienststellen verbindliche geschlechtsbezogene Ergebnisquoten für jede Lohn-, Vergütungs- oder Besoldungsgruppe einer Laufbahn auf. Mit dem Ausgleich von faktischen, also konkret bestimmbaren Nachteilen von Frauen habe das nichts zu tun. Der statistische Anteil von Frauen und Männern in den einzelnen Berufen besage hierüber nämlich nichts Konkretes. Zum Ausgleich geschlechtsspezifischer Nachteile dürfe der Gesetzgeber zwar geschlechtsspezifische Begünstigungen einräumen. Eine geschlechtsbezogene Ergebnisquote rechtfertige das aber nicht. Auch der Europäische Gerichtshof halte eine Regelung für unzulässig, die darauf abziele, daß in allen Vergütungsgruppen und auf allen Funktionsebenen einer Dienststelle mindestens ebensoviel Frauen wie Männer vertreten sind. Dieses Verdikt treffe auch die hessische Regelung. Dem Prinzip der numerischen Gruppengerechtigkeit, das gleichsam als neuer Verfassungsgrundsatz gelte, ordne sie die Auswahl nach Maßgabe der Qualifikation und das Verbot der Berücksichtigung des Geschlechts unter.

Einen besonders schwerwiegenden Verstoß gegen Art. 134 HV enthalte § 3 Abs. 2 Satz 2 HGlG; dessen Definition der Unterrepräsentanz habe verfassungsrechtlich bedenkliche Folgen. Selbst bei einer Überrepräsentanz der Frauen im Eingangsamt seien gemäß § 5 Abs. 4 Satz 1 HGlG unter Umständen mehr als die Hälfte der Personalstellen des Eingangsamts zur Besetzung durch Frauen vorzusehen. Das gelte, sofern Frauen in einer Laufbahn insgesamt unterrepräsentiert seien. Männliche Bewerber hätten damit möglicherweise über mehrere Jahre wesentlich geringere Einstellungschancen als Frauen. Auch die Änderung des Art. 3 Abs. 2 Satz 2 GG könne die Bevorzugung der Frauen durch solche Quotenregelungen nicht rechtfertigen.

In § 10 Abs. 1 Satz 1 HGlG beanstandet der Landesanwalt die Anknüpfung bei Auswahlentscheidungen an verbindliche Ergebnisquoten der Frauenförderpläne. Der Vorrang der Auswahlentscheidung allein nach der Qualifikation der Bewerber werde damit stark relativiert. Bei gleicher Qualifikation von Bewerbern und Bewerberinnen dürfe das Geschlecht als Hilfskriterium für die Auswahl berücksichtigt werden. Diese Folge der Qualifikationsbeurteilung nach § 10 Abs. 1 Satz 1 HGlG sei weder mit Art. 134 i. V. m. Art. 1 HV noch mit § 7 BRRG vereinbar.

Die starre Ergebnisquote des § 7 Abs. 1 HGlG für Ausbildungsberufe, die nicht auf ein öffentliches Amt hinführen, widerspreche Art. 1 HV wegen der verbotenen Anknüpfung an das Geschlecht. Mit der gleichen Begründung sei die Regelung des § 9 Abs. 1 HGlG über die Zahl der Teilnehmer an Vorstellungsgesprächen mit Art. 1 und 134 HV unvereinbar.

Einen Verstoß gegen das Demokratieprinzip gemäß Art. 70, 102, 135 HV beanstandet der Landesanwalt bei den Regelungen in §§ 5 Abs. 5 Satz 2, 8 Abs. 4, 10 Abs. 4 und 5, 14, 18 und 19 HGlG. Die beanstandeten Regelungen verstießen gegen den verfassungsrechtlichen Auftrag der verantwortlichen Verwaltung. Dem habe auch der Staatsgerichtshof in seiner Entscheidung vom 30. April 1986 (P. St. 1023, StAnz. S. 1089) erhebliche verfassungsrechtliche Bedeutung zugemessen. Das gesellschaftspolitische Ziel der Frauenförderung erhalte im Übermaß Vorrang vor dem an das Gemeinwohl gebundenen Amtsauftrag der Verwaltung. Der mit der Erstellung und Fortschreibung der Frauenförderpläne verbundene Aufwand und die umfassenden Beteiligungsrechte der Frauenbeauftragten einschließlich des Widerspruchsrechts nach § 19 HGlG gefährdeten die wirksame und am Gemeinwohl orientierte Erfüllung des Amtsauftrags. Durch den Widerspruch der Frauenbeauftragten werde der Vollzug jeder Maßnahme ausgesetzt. Als Beispiel verweist der Landesanwalt auf die notwendige Wiederholung einer Stellenausschreibung auf Verlangen der Frauenbeauftragten (§ 8 Abs. 4 HGlG). Das sei sachlich durch nichts gerechtfertigt. § 10 Abs. 4 erzwinge ein besonders aufwendiges Stellenbesetzungsverfahren, wenn die Zielvorgabe des Frauenförderplanes für zwei Jahre nicht erfüllt werde. § 10 Abs. 5 verbiete unter bestimmten Voraussetzungen sogar jegliche Einstellungen und Beförderungen.

Die in § 14 HGlG vorgesehene Geschlechterparität als Auswahlkriterium für die Besetzung von Gremien sei unvertretbar. Eine gemeinwohlorientierte Auswahlentscheidung sei damit nicht mehr gewährleistet.

Die Bedenken der Antragsteller gegen die Regelungen in § 7 Abs. 2 Satz 1, § 10 Abs. 2 und § 10 Abs. 3 Satz 2 HGlG teilt der Landesanwalt allerdings ebensowenig wie die Kritik an der Festlegung, daß die Frauenbeauftragte und ihre Stellvertreterin weiblichen Geschlechts sein müssen.

Der Landesanwalt beantragt,

1. festzustellen,

daß die §§ 1, 3 Abs. 1 und 2, 5 Abs. 1, 3, 4 und 7 HGlG mit den Artikeln 1 und 134 HV unvereinbar sind, soweit in diesen Bestimmungen zur Beseitigung der Unterrepräsentanz von Frauen in jeder Lohngruppe, Vergütungsgruppe oder Besoldungsgruppe einer Laufbahn die Aufstellung von Frauenförderplänen verlangt wird, in denen durch verbindliche Zielvorgaben ein bestimmter Anteil der zu besetzenden Stellen zur Besetzung durch Frauen vorzusehen ist,

daß § 7 Abs. 1 HGlG mit Art. 1 HV unvereinbar ist, soweit Frauen in Ausbildungsberufen, in denen sie unterrepräsentiert sind, bei der Vergabe der Ausbildungsplätze mindestens zur Hälfte zu berücksichtigen sind,

daß § 9 Abs. 1 HGlG mit Art. 1 und 134 HV unvereinbar ist, soweit bestimmt wird, daß mindestens ebenso viele Frauen wie Männer zu Vorstellungsgesprächen zu laden sind,

daß § 10 Abs. 1 Satz 1 HGlG mit Art. 1 und 134 HV unvereinbar ist, soweit die Qualifikationsbeurteilung dazu dienen soll, die Erfüllung der Frauenförderpläne zu gewährleisten,

daß mit den Artikeln 70, 71, 102, 135 HV unvereinbar sind

§ 5 Abs. 5 Satz 2 HGlG, soweit bestimmt wird, daß ein Frauenförderplan unter den Voraussetzungen des § 5 Abs. 5 Satz 1 HGlG nur mit Zustimmung der Frauenbeauftragten jederzeit geändert werden kann,

§ 8 Abs. 4 HGlG, soweit bestimmt wird, daß auf Verlangen der Frauenbeauftragten eine Ausschreibung zu wiederholen ist,

§ 10 Abs. 4 HGlG, soweit bestimmt wird, daß bei Nichterfüllung der Zielvorgaben eines Frauenförderplans für jede einzelne Einstellung und Beförderung ein zweistufiges Besetzungsverfahren durchgeführt werden muß,

Staatsgerichtshof des Landes Hessen

§ 10 Abs. 5 HGlG, soweit bestimmt wird, daß keine Einstellungen und Beförderungen vorgenommen werden dürfen, solange kein Frauenförderplan aufgestellt ist,

§ 19 HGlG, soweit bestimmt wird, daß der Widerspruch der Frauenbeauftragten ein besonderes Widerspruchsverfahren auslöst, durch das der Vollzug der Maßnahme ausgesetzt wird,

daß § 14 HGlG mit den Art. 70, 71 und 102 HV nicht vereinbar ist, soweit bestimmt wird, daß in Gremien mindestens die Hälfte der Mitglieder Frauen sein müssen,

2. und zugleich festzustellen,

daß die angegriffenen Regelungen nichtig sind,

ferner hilfsweise festzustellen, daß

1. § 3 Abs. 2 Satz 1 und § 5 Abs. 3 und 4 mit dem Recht der Europäischen Gemeinschaft (Art. 2 Abs. 1 und 4 der Gleichbehandlungsrichtlinie 76/207 vom 9. Februar 1976) nicht vereinbar sind, soweit bei Unterrepräsentanz von Frauen aufgrund der verbindlichen Zielvorgaben der Frauenförderpläne bei gleicher Qualifikation männlicher und weiblicher Bewerber zur Erfüllung der Frauenförderpläne zugunsten der Frau zu entscheiden ist; in diesem Umfang sind die § 3 Abs. 2 Satz 1 und § 5 Abs. 3 und 4 HGlG nicht anzuwenden,

2. § 5 Abs. 4 Satz 1 in Verbindung mit § 5 Abs. 3 Satz 1 HGlG mit dem Recht der Europäischen Gemeinschaft (Art. 2 Abs. 1 und 4 der Gleichbehandlungsrichtlinie 76/207 vom 9. Februar 1976) nicht vereinbar ist, soweit bei Unterrepräsentanz von Frauen in einer Lohngruppe, Vergütungsgruppe oder Besoldungsgruppe einer Laufbahn in den verbindlichen Zielvorgaben der Frauenförderpläne bestimmt wird, daß mehr als die Hälfte der zu besetzenden Personalstellen eines Bereichs zur Besetzung von Frauen vorzusehen ist; in diesem Umfang ist § 5 Abs. 4 Satz 1 HGlG nicht anzuwenden,

3. § 3 Abs. 2 Satz 2 und § 5 Abs. 4 Satz 1 HGlG mit dem Europäischen Gemeinschaftsrecht (Art. 2 Abs. 1 und 4 der Gleichbehandlungsrichtlinie 76/207 vom 9. Februar 1976) nicht vereinbar sind, soweit bei gleicher Repräsentanz oder Überrepräsentanz von Frauen im Eingangsamt mehr als die Hälfte der neu zu besetzenden Stellen des Eingangsamts für Frauen vorzusehen sind, sofern in der gesamten Laufbahn weniger Frauen als Männer beschäftigt sind,

hilfsweise,

dem Europäischen Gerichtshof die Frage vorzulegen, ob es mit Art. 2 Abs. 1 und 4 der Gleichberechtigungsrichtlinie vereinbar ist, daß bei gleicher Repräsentanz oder Überrepräsentanz von Frauen im Eingangsamt mehr als die Hälfte der neu zu besetzenden Stellen des Eingangsamtes für Frauen vorzusehen ist, sofern in der gesamten Laufbahn weniger Frauen als Männer beschäftigt sind.

IV.

Der Hessische Ministerpräsident hält die Anträge für unbegründet. Nach Einführung der Zielklausel des Art. 3 Abs. 2 Satz 2 GG n. F. sei das „Ob" der Einführung von Frauenfördermaßnahmen nicht mehr in das Belieben des Gesetzgebers gestellt. Vielmehr habe er einen entsprechenden Verfassungsauftrag zu erfüllen. Dabei stehe ihm hinsichtlich des „Wie" ein weiter Gestaltungsspielraum offen. Die bundesverfassungsrechtliche Staatszielklausel der tatsächlichen Durchsetzung der Gleichberechtigung von Frauen und Männern wirke sich in gleichem Maße auch auf die Auslegung der hessischen Verfassungsbestimmungen der Artikel 1 und 134 HV aus. Sie bilde als objektiv-rechtliche Schutzdimension mit dem subjektiv-rechtlichen Gehalt des Gleichberechtigungsgrundsatzes eine normative Einheit. Zugleich könne sie als zeitgemäße Umgestaltung und Ausprägung des Verfassungsauftrages aus Art. 30 Abs. 2 HV verstanden werden.

„Allgemeine sozialpolitische Förderungsmaßnahmen" müßten unterschieden werden von sogenannten „geschlechtsspezifischen Privilegierungsmaßnahmen". Förderungsmaßnahmen, die Frauen begünstigten, ohne die Chancen von männlichen Bewerbern oder Kollegen in irgendeiner Weise zu beeinträchtigen, bildeten etwa § 8 Abs. 1 Satz 2, § 11 Abs. 2 und § 16 Abs. 2 Satz 1 und Abs. 3 HGlG. Sie seien auf jeden Fall Maßnahmen zur Erfüllung des Gleichstellungsgebotes im Sinne des Art. 3 Abs. 2 Satz 2 GG. Dessen normativen Impuls nehme Art. 1 HV auf.

Der Gesetzgeber habe Veranlassung, das Problem einer strukturellen Benachteiligung der Frauen in bezug auf Beschäftigungsmöglichkeiten im öffentlichen Dienst ernstzunehmen. Er müsse es als ein bestehendes Problem behandeln und dürfe sein Vorhandensein nicht herunterspielen oder ganz leugnen. Dabei gehe es nicht darum, auf Biegen und Brechen eine „numerische Gruppengerechtigkeit" durchzusetzen. Ziel sei vielmehr eine Frauenförderung im Rahmen des verfassungsmäßigen Gleichstellungsauftrages des Art. 3 Abs. 2 Satz 2 GG. Diese Norm verpflichte auch Landesorgane. Die Notwendigkeit, das Problem struktureller faktischer Benachteiligungen in den Griff zu bekommen, sei nicht nur in Hessen, sondern auch in anderen Bundesländern, ferner im Bund und auf europäischer Ebene erkannt worden.

Das Hessische Gleichberechtigungsgesetz respektiere in seiner Gesamtkonzeption wie in allen Einzelheiten den Grundsatz der Bestenauslese, wie er in Art. 134 HV und in § 8 Abs. 1 Hessisches Beamtengesetz – HBG – seinen Niederschlag gefunden habe. Dies zeige § 10 Abs. 1 und Abs. 6 HGlG. Die einzelnen Maßnahmen brächten zwar individuell eine vorübergehende, maßvolle Chancenungleichheit mit sich. Im Sinne einer Verhältnismäßigkeitsprüfung sei dies aber als geeignet, erforderlich und zumutbar anzusehen. Für die verfassungsrechtliche Zulässigkeit seiner gesetzgeberischen Konzeption komme es darauf entscheidend an. Die gesetzlichen Regelungen dürften auch an den Begriff der „Unterrepräsentanz" anknüpfen. Die Regelung für das Eingangsamt sei jedenfalls bei verfassungskonformer Auslegung und Anwendung des § 3 Abs. 2 Satz 2 i. V. m. § 5 Abs. 3 Satz 2 und mit § 5 Abs. 4 Satz 1 HGlG noch als vertretbar anzusehen. Die Zielvorgabe für das Eingangsamt könne um so maßvoller gestaltet werden, je höher der bereits erreichte Frauenanteil sei.

Dem „Unterscheidungsverbot" dürfe kein absoluter normativer Vorrang eingeräumt werden. Das ließe die Bedeutung des Gleichstellungsgebotes als Staatsziel mit Verfassungscharakter außer acht.

Um eine Maßnahme, die Frauen zulässigerweise bevorzuge, handele es sich zum Beispiel bei der „Stellenreservierung" des § 5 Abs. 4 HGlG. Die Regelung sehe in flexibel gehaltenen, aber verbindlichen Förderplänen feste Ergebnisquoten vor. Sie bewirke damit keine qualifikationsabhängige Entscheidungsquote und sei der einzig ersichtliche und mithin notwendige Weg, um das gesetzliche Ziel einer Erhöhung des Frauenanteils mit einiger Aussicht auf Erfolg zu erreichen. Die Regelung vermeide harte Entscheidungsalternativen „Mann oder Frau" wie in anderen Landesregelungen. Der Vorrang der Bewerberinnen müsse nicht dazu führen, daß männliche Bewerber in jedem einzelnen Fall „verlören". Der hessische Gesetzgeber gehe davon aus, daß in dem Zeitraum, der für die Zielplanung maßgeblich sei, mehrere Stellen zur Besetzung anstünden. Das ermögliche dann eine Quotierung. Sie verfolge einerseits das Ziel der Frauenförderung und lasse andererseits den männlichen Bewerbern eine faire Chance. Damit strebe man im Sinne des Prinzips der praktischen Konkordanz eine „verhältnismäßige" Zuordnung und damit eine Optimierung der Verfassungsrechtsgüter an, die miteinander im Spannungsverhältnis stünden.

Im übrigen entspreche der hessische Gesetzgeber mit seinen Gleichstellungsregelungen der Gleichbehandlungsrichtlinie des Rates vom 9. Februar 1976 (Ri 76/207/EWG) und anderen Beschlußfassungen mit inhaltsgleicher Zielsetzung. An dieser Beurteilung ändere auch die jüngste Rechtsprechung des Europäischen Gerichtshofs im sogenannten „Kalanke-Urteil" nichts. Sowohl der Generalanwalt als auch das Gericht hätten in keiner Weise die Zulässigkeit von Maßnahmen angezweifelt, die Frauen begünstigen. Der Generalanwalt habe vielmehr ausdrücklich festgestellt, daß sich Chancengleichheit nicht ohne Vorschriften erreichen lasse, die „zwar dem Anschein nach diskriminierend sind, tatsächlich aber in der sozialen Wirklichkeit bestehende faktische Ungleichheiten beseitigen oder verringern sollen". Beide hätten sich lediglich kategorisch gegen jeden Automatismus und gegen alle rein mechanischen Präferenzen ausgesprochen. Positive Maßnahmen seien aber für notwendig gehalten worden. Allerdings müsse sich eine faktische Ungleichheit konkret ausmachen lassen. Die Regelungen des Hessischen Gleichberechtigungsgesetzes seien vor dem Hintergrund dieser Ungleichheit konzipiert. Sie würden auf den Zeitraum beschränkt, in dem diese Ungleichheit effektiv bestehe. Der Sachverhalt, der dort zur Entscheidung anstand, lasse sich auf die hessischen Regelungen nicht übertragen.

Auch die Angriffe der Antragsteller gegen einzelne Bestimmungen des Gesetzes gehen nach Ansicht des Ministerpräsidenten fehl.

§ 9 HGlG beeinträchtige die Chancengleichheit männlicher Mitbewerber nicht. In § 14 HGlG habe der Gesetzgeber mit einer Soll-Vorschrift dem Umstand Rechnung getragen, daß Mitgliedschaften in Gremien oft spezielle Eignungsanforderungen stellten. Würden solche Funktionen durch Wahl vergeben, bedürfe es zur Erzielung eines bestimmten Proporzes ohnehin einer neuen gesetzlichen Regelung. Als Maßnahme zur Frauenförderung sei § 14 HGlG durch den Verfassungsauftrag des Gleichheitssatzes gedeckt; der Schutzbereich der individuellen Chancengleichheit werde insoweit gar nicht berührt.

§ 10 Abs. 4 HGlG sei ebenfalls unbedenklich. Die Verfassungswidrigkeit des Gesetzes könne nicht mit der bloßen Befürchtung eines Verstoßes gegen andere rechtliche Bestimmungen, hier den Grundsatz der Bestenauslese nach § 8 HBG, begründet werden. § 10 Abs. 4 HGlG biete auch keinen „unwiderstehlichen" Anreiz zur Begehung derartiger Verstöße.

Mit der gesetzlichen Anordnung in § 16 Abs. 2 Satz 1 und Abs. 3 HGlG, daß die Frauenbeauftragte und ihre Stellvertreterin stets weiblichen Geschlechts sein müßten, werde eine zulässige Ausnahme vom Diskriminierungsverbot des Abs. 134 HV gemacht. Die weibliche Frauenbeauftragte als Institution sei ein Teil der von Art. 30 Abs. 2 HV geforderten Gewähr der tatsächlichen Gleichberechtigung und der faktischen Angleichung der Lebensverhältnisse der Geschlechter. Die Vorschrift des § 10 Abs. 3 Satz 2 HGlG sei geschlechtsneutral formuliert. Soweit Frauen typischerweise in den Genuß dieser Konkretisierung des Diskriminierungsverbotes kämen, sei dies durch den Gleichberechtigungsauftrag des Art. 30 Abs. 2 i. V. m. Art. 1 HV gerechtfertigt. Überdies dürften gemäß § 10 Abs. 3 Satz 3 HGlG Beurlaubungszeiten und Beschäftigungszeiten nicht einfach gleich behandelt werden.

Auch § 10 Abs. 2 HGlG sei geschlechtsneutral formuliert. Von einem völligen Verbot des Rückgriffs auf die dort genannten Hilfskriterien könne ohnehin nicht gesprochen werden. Das Gesetz lasse deren Berücksichtigung in bestimmten Fällen ausdrücklich zu. Sie müßten nur für die Beurteilung von Eignung, Leistung und Befähigung von Bedeutung sein. Diese Hilfskriterien würden damit in den Dienst des Grundsatzes der Bestenauslese gestellt.

§ 7 Abs. 1 Satz 2 HGlG nehme bestimmte Ausbildungsgänge von der Quotenregelung des § 7 Abs. 1 Satz 1 HGlG ausdrücklich aus. Das gelte, soweit der Staat eine Monopolstellung beanspruche. In allen anderen Bereichen liege es – im Rahmen der Konkurrenz mit privaten Ausbildern – in seinem Ermessen, wie viele Ausbildungsplätze er überhaupt anbieten und wem er sie zugänglich machen wolle. Dabei müsse er sich lediglich von willkürfreien Erwägungen leiten lassen, da es sich nicht um den Zugang zu öffentlichen Ämtern handele.

Um willkürfreie Förderungsmaßnahmen und damit um Elemente einer verfassungsgerechten Frauenförderpolitik handele es sich aber auch bei den Regelungen in §§ 7 Abs. 2 Satz 1 HGlG (Information von Frauen über die Möglichkeit der beruflichen Ausbildung mit dem Ziel, sie zu Bewerbungen zu veranlassen) und 8 Abs. 1 und 4 HGlG (Regelungen für die Ausschreibung). § 11 HGlG wolle lediglich sicherstellen, daß geeignete Maßnahmen zur Weiterqualifikation der weiblichen Beschäftigten ergriffen würden. Die in § 18 Abs. 6 Satz 1 und 2 HGlG geregelten Möglichkeiten des Kontakts zwischen Frauenbeauftragten und weiblichen Beschäftigten seien selbstverständliche Modalitäten und Voraussetzungen einer sachgerechten Amtsausübung.

Der Ministerpräsident wendet sich auch gegen die Annahme, das Hessische Gleichberechtigungsgesetz verstoße gegen Art. 135 i. V. m. Art. 29 HV. Der Hessische Staatsgerichtshof habe schon in einer früheren Entscheidung (StGH, Urteil vom 6. 9. 1972 – P. St. 647 –, StAnz. 1972, 1817) festgestellt, daß Art. 135 HV durch Art. 31 GG außer Kraft gesetzt sei. Mit seinem absoluten Vorrang der Erfordernisse der Verwaltung verstoße er auch gegen Art. 33 Abs. 5 GG. Die Ziele des Hessischen Gleichberechtigungsgesetzes liefen überdies den recht verstandenen Erfordernissen der Verwaltung nicht zuwider. Sie stellten vielmehr einen wichtigen Beitrag zur Erfüllung dieser Erfordernisse dar. Frauenförderung sei nicht im Gegensatz zum Amtsauftrag zu sehen. Vielmehr sei Frauenförderung kraft der gesetzlichen Regelung zum Gegenstand des Amtsauftrags geworden.

Der Ministerpräsident wendet sich zuletzt auch gegen die Kompetenzrügen der Antragsteller. Sie könnten sich nicht auf Art. 153 Abs. 1 und 2 HV stützen. Das gelte jedenfalls im Blick auf einfaches Bundesrecht wie z. B. § 7 BRRG. Der Bundesgesetzgeber könne nicht durch Rahmenregelung gegenstandslos machen, was der Bundesverfassungsgeber durch ausdrückliche Staatszielbestimmungen und Gesetzgebungsaufträge auch für die Landesgesetzgebung verbindlich angeordnet habe. § 7 BRRG könne deshalb den

Gestaltungsspielraum des hessischen Gesetzgebers nicht in der Weise beschränken, wie dies von den Antragstellern vorgetragen sei.

Der Hessische Ministerpräsident beantragt festzustellen,

> daß die von den Antragstellern und dem Landesanwalt angegriffenen Bestimmungen des Hessischen Gleichberechtigungsgesetzes mit der Verfassung des Landes Hessen vereinbar sind.

B

I.

Der Normenkontrollantrag ist zulässig (Art. 131 Abs. 1 HV i. V. m. §§ 41 ff des Gesetzes über den Staatsgerichtshof vom 12. Dezember 1947, GVBl. 1948, 3, zuletzt geändert durch Gesetz vom 4. September 1974, GVBl. I, 361, – StGHG a. F. –). Das bisherige Verfahrensrecht findet nach § 52 Abs. 1 des Gesetzes über den Staatsgerichtshof vom 30. November 1994 (GVBl. I, 684) – StGHG n. F. – noch Anwendung, da der Normenkontrollantrag am 30. November 1994 und damit vor Inkrafttreten der Neufassung am 7. Dezember 1994 beim Staatsgerichtshof eingegangen ist.

II.

Eine abschließende Entscheidung über den Normenkontrollantrag kann noch nicht ergehen. Das Verfahren ist auszusetzen und die Sache zur Klärung von Fragen der Auslegung des einschlägigen europäischen Rechts nach Art. 177 EG-Vertrag dem Europäischen Gerichtshof vorzulegen. Dieser entscheidet im Wege der Vorabentscheidung ua über die Gültigkeit und die Auslegung der Handlungen der Organe der Gemeinschaft – also auch des sekundären Gemeinschaftsrechts –. Da der Staatsgerichtshof in alleiniger Zuständigkeit abschließend über die Vereinbarkeit der angegriffenen Rechtsvorschriften mit der Hessischen Verfassung entscheidet, ist er nach Art. 177 Abs. 3 EG-Vertrag verpflichtet, die Vorabentscheidung des Europäischen Gerichtshofs über die Auslegung der gemeinschaftsrechtlichen Normen einzuholen, auf die es für seine Entscheidung ankommt (zur Geltung des Art. 177 Abs. 3 EG-Vertrag auch für die Verfassungsgerichte der Mitgliedstaaten vgl. *Borchardt* in: Lenz (Hrsg.), EG-Vertrag, Kommentar, 1. Aufl. 1994, Art. 177 Rn. 17).

Bei einer ganzen Reihe der dem Staatsgerichtshof zur Prüfung unterbreiteten Vorschriften stellt sich die Frage, ob und gegebenenfalls unter welchen Voraussetzungen Maßnahmen zur Förderung von Frauen mit dem Verbot geschlechtsbezogener Diskriminierung vereinbar sind, wie es in Art. 1 HV enthalten ist, dem nach Auffassung des Staatsgerichtshofs zugleich aber auch der Auftrag zur Förderung der tatsächlichen Gleichstellung der Frau innewohnt (StGH, Urteil vom 22. 12. 1993 – P. St. 1141 –, StAnz. 1994, 285 = NVwZ 1994, 1197 = DVBl. 1994, 471).

In der Gleichbehandlungsrichtlinie 76/207/EWG vom 9. Februar 1976 hat der „Grundsatz der Gleichbehandlung" eine europarechtliche Grundlage gefunden. Der Wortlaut zeigt, daß auch hier der Normgeber von der Vereinbarkeit bestimmter Förderungsmaßnahmen mit dem Diskriminierungsverbot ausgeht. Während nach Art. 2 Abs. 1 der Richtlinie der „Grundsatz der Gleichbehandlung ... beinhaltet, daß keine unmittelbare oder mittelbare Diskriminierung auf Grund des Geschlechts – insbesondere unter Bezugnahme auf den Ehe- oder Familienstand – erfolgen darf", heißt es in Art. 2 Abs. 4 der Richtlinie ausdrücklich, diese stehe „nicht den Maßnahmen zur Förderung der Chancengleichheit für Männer und Frauen, insbesondere durch Beseitigung der tatsächlich bestehenden Ungleichheiten, die die Chancen der Frauen in den in Art. 1 Abs. 1 genannten Bereichen beeinträchtigen, entgegen".

Der Staatsgerichtshof ist nach bisherigem Erkenntnisstand der Auffassung, daß die Vorschriften des § 5 Abs. 3, 4 und 7 i. V. m. § 10 HGlG (verbindliche Zielvorgaben des Frauenförderplans mit ihren Auswirkungen auf Auswahlentscheidungsverfahren), des § 9 Abs. 1 HGlG (Absicherung der Teilnahme von Frauen an Vorstellungsgesprächen) und des § 14 HGlG (Gremienbesetzung) in der von ihm für zutreffend erachteten Auslegung mit den Vorschriften der Hessischen Verfassung, insbesondere mit deren Art. 1 und Art. 134, vereinbar sind; dies dürfte möglicherweise auch für § 7 Abs. 1 HGlG (Reservierung mindestens der Hälfte von Ausbildungsplätzen für Frauen) gelten. Diese Normen sollen absichern, daß bei der Vergabe von Ausbildungsplätzen – soweit das Gesetz sie erfaßt –, bei Einstellungen und Beförderungen – sofern nicht der vorrangige Grundsatz der besseren Qualifikation greift – sowie in Gremien ein bestimmter Anteil mit Frauen besetzt wird.

Er sieht sich aber an einer abschließenden Entscheidung durch die mit Art. 177 Abs. 3 EG-Vertrag begründete Verpflichtung gehindert, eine Vorabentscheidung des Europäischen Gerichtshofs über die Auslegung einschlägigen Rechts der Europäischen Gemeinschaft einzuholen. Der Anwendungsvorrang des Gemeinschaftsrechts (vgl. BVerfG, Beschluß vom 22. 10. 1986, BVerfGE 73, 339, 373; Urteil vom 28. 1. 1992, BVerfGE 85, 191, 207; *Ipsen* in: Isensee/Kirchhof (Hrsg.), Handbuch des Staatsrechts der Bundesrepublik Deutschland, Bd. VII, 1992, S. 792), der heute seine Grundlage in Art. 23 Abs. 1 Satz 1 GG n. F. als lex specialis zu Art. 24 Abs. 1 GG findet (vgl.

Jarass/Pieroth Grundgesetz, 3. Aufl. 1995, Art. 23 Rn. 2, Art. 24 Rn. 2), beansprucht grundsätzlich auch für den Bereich des mitgliedstaatlichen Verfassungsrechts Geltung (vgl. statt vieler *Stettner* in: Dauses (Hrsg.), Handbuch des EG-Wirtschaftsrechts, A. IV Rn. 30 ff; *Jarass/Pieroth* aaO, Art. 23 Rn. 18). Danach dürfen deutsche Vorschriften nicht angewendet werden, soweit sie EG-Recht widersprechen. Dieser Vorrang ist dort zu beachten, wo das EG-Recht innerstaatlich unmittelbar Geltung beansprucht und daher mit innerstaatlichem Recht in Konflikt treten kann. Für die Richtlinie 76/207/ EWG hat der Europäische Gerichtshof eine solch unmittelbare Geltung und damit den Anwendungsvorrang ersichtlich bejaht (vgl. Urteil vom 17. 10. 1995 – Rs C 450/93 –, EuZW 1995, 762 = NJW 1995, 3109 = DVBl. 1995, 1231 – „Kalanke-Urteil"; zuvor schon zu Art. 5 der Richtlinie EuGH, Urteil vom 25. 7. 1991 – Rs C 345/89 –, EuZW 1991, 666 = EuGRZ 1991, 421).

Eine Vorlage ist nicht etwa deswegen entbehrlich, weil das angegriffene Gesetz bereits eindeutig aus formellen Gründen wegen fehlender Gesetzgebungskompetenz mit der Hessischen Verfassung unvereinbar wäre.

Mit dem Erlaß des Hessischen Gleichberechtigungsgesetzes hat der hessische Landesgesetzgeber von einer Gesetzgebungskompetenz Gebrauch gemacht, die ihm nach der grundgesetzlichen Verteilung dieser Kompetenzen (Art. 70 ff GG) im Verhältnis zum Bundesgesetzgeber zusteht. Insoweit kann offenbleiben, ob die Prüfungskompetenz des Staatsgerichtshofs bezüglich der Vereinbarkeit eines Gesetzes mit der Hesssischen Verfassung generell auch die Prüfung der Frage einschließt, ob der Landesstaatsgewalt für die im Gesetz geregelte Materie die Gesetzgebungsbefugnis zusteht und ob bei einem Verstoß gegen Kompetenzvorschriften bereits aus diesem Grunde Vorschriften wegen Verstoßes gegen die Landesverfassung für nichtig zu erklären wären (vgl. BVerfG, Beschluß vom 24. 3. 1982, BVerfGE 60, 175, 205, den Beschluß des Staatsgerichtshofs vom 15. 1. 1982 – P. St. 947 –, StAnz. 1982, 240 = ESVGH 32, 20, bestätigend: diese Entscheidungen betrafen allerdings lediglich die Überprüfung der Nichtzulassung eines Volksbegehrens wegen fehlender Landeskompetenz für den zu regelnden Gegenstand und keine abstrakte Normenkontrolle).

Nach Art. 70 GG haben die Länder das Recht der Gesetzgebung, soweit das Grundgesetz nicht dem Bunde Gesetzgebungsbefugnisse verleiht. Die Abgrenzung der Zuständigkeit zwischen Bund und Ländern bemißt sich nach den Vorschriften des Grundgesetzes über die ausschließliche und die konkurrierende Gesetzgebung.

Das Recht zur Regelung spezifischer Maßnahmen zur Förderung der Frauen und zur Vermeidung von Diskriminierungen der Frauen im öffentlichen Dienst bildet einen Teil des öffentlichen Dienstrechts (vgl. *Ebsen* Leistungsbezogene Quotierung für den öffentlichen Dienst, Jura 1990, 515, 522 f; *Benda* Notwendigkeit und Möglichkeit positiver Aktionen zugunsten von Frauen im öffentlichen Dienst, Rechtsgutachten, Freiburg 1986, S. 218 f). Es ist weder dem Arbeitsrecht im Sinne des Art. 74 Abs. 1 Nr. 12 GG zuzurechnen, noch handelt es sich um Fragen der „Besoldung und Versorgung der Angehörigen des öffentlichen Dienstes, die in einem öffentlich-rechtlichen Dienst- und Treueverhältnis stehen" nach Art. 74 a Abs. 1 GG. Dahin zielende Regelungen finden ihren Schwerpunkt nicht im allgemeinen Arbeitsrecht. Sie sind speziell auf den öffentlichen Dienst zugeschnitten und betreffen den Zugang, den Aufstieg und den dienstrechtlichen Status insbesondere der weiblichen Beschäftigten.

In diesem Bereich des öffentlichen Dienstrechts hat der Bundesgesetzgeber lediglich eine Rahmenkompetenz nach Art. 75 Nr. 1 i. V. m. Art. 72 GG, von der er für die hier maßgeblichen Fragen einer speziellen Frauenförderung im Verhältnis zu den Bundesländern keinen Gebrauch gemacht hat. Dies zeigt der Umstand, daß das (Bundes-)Gesetz zur Durchsetzung der Gleichberechtigung von Frauen und Männern (Zweites Gleichberechtigungsgesetz − 2. GleiBG −) vom 24. Juni 1994 (BGBl. I, 1406) keine entsprechenden Vorgaben für die Länder vorsieht, sondern sich in seinem Art. 1 auf Regelungen beschränkt, die die Umsetzung der Zielvorstellungen zur Frauenförderung allein im Bundesdienst sichern sollen. Auch im übrigen enthält das Gesetz keine die Landeskompetenz ausschließenden rahmenrechtlichen Regelungen zur Frauenförderung im öffentlichen Dienst. Dementsprechend gehen auch sämtliche anderen Bundesländer, die inzwischen Gesetze mit gleicher Zielsetzung erlassen haben, ersichtlich von einer entsprechenden Kompetenz aus.

Zu Unrecht rügen die Antragsteller und der Landesanwalt in diesem Zusammenhang ferner eine Verletzung der Gesetzgebungskompetenz des Landes durch einen Verstoß gegen die Rahmenvorschrift des § 7 BRRG, der vorschreibt, daß Ernennungen nach Eignung, Befähigung und fachlicher Leistung ohne Rücksicht auf Geschlecht, Abstammung, Rasse, Glauben, religiöse oder politische Anschauungen, Herkunft oder Beziehungen vorzunehmen sind, weil insbesondere die Vorschriften des § 5 Abs. 3, 4 und 7 i. V. m. § 10 HGlG es zuließen, bei Beamtenernennungen in Abweichung von diesen zwingenden bundesgesetzlichen Vorgaben dem Geschlecht Bedeutung zukommen zu lassen.

Ein solcher Verstoß liegt nicht vor. Das Anknüpfungsverbot des § 7 BRRG kann nicht weiter reichen als das Anknüpfungsverbot des Art. 3 Abs. 3 GG, wie es im Spannungsverhältnis zum Gleichberechtigungsgebot des Art. 3 Abs. 2 GG zu verstehen ist. Die Frage nach der Zulässigkeit konkreter Förderungsmaßnahmen zugunsten von Frauen könnte deshalb bei der Prüfung am Maßstab des § 7 BRRG nicht anders beantwortet werden als bei der Prüfung am Maßstab des verfassungsrechtlichen Gleichheitsgrundsatzes selbst. Die Prüfung aber führt, wie unter Berücksichtigung des Verhältnisses von Art. 3 GG zu Art. 1 HV noch dargelegt wird (vgl. IV 1. b), nicht zur Verwerfung der gerügten Vorschriften.

Auch soweit das angegriffene Gesetz in § 5 Abs. 7 besondere Vorschriften für Stellenbesetzungen und damit für Beschäftigungsverhältnisse im Hochschulbereich enthält, gelten die vorstehenden Überlegungen, da auch hierfür dem Bund lediglich eine Rahmenkompetenz nach Art. 75 Nr. 1 a GG zusteht, von der er durch den Erlaß des Hochschulrahmengesetzes Gebrauch gemacht hat. Dieses läßt im gleichen Umfang Raum für Regelungen der fraglichen Art wie das Beamtenrechtsrahmengesetz.

Der Staatsgerichtshof brauchte deswegen nicht abschließend zu entscheiden, ob ein Überschreiten der dem Landesgesetzgeber vom Bundesgesetzgeber durch Rahmenvorschriften gezogenen inhaltlichen Grenzen – läge es vor – zur Verfassungswidrigkeit der entsprechenden landesrechtlichen Regelung mangels Gesetzgebungskompetenz und zur Nichtigkeit aus diesem Grund führte (so BVerfG, Beschluß vom 8. 7. 1992, BVerfGE 87, 68, 69; Beschluß vom 8. 7. 1992, BVerfGE 87, 95; *Degenhart* in: Sachs (Hrsg.), Grundgesetz, Kommentar, 1996, Art. 75 Rn. 42; *Kunig* in: von Münch/Kunig (Hrsg.), Grundgesetz-Kommentar, Bd. 3, 3. Aufl. 1996, Art. 75 Rn. 12) oder ob das die bundesrechtlichen Vorgaben nicht wahrende Landesrecht (lediglich) wegen Verstoßes gegen materielles Bundesrecht nach Art. 31 GG nichtig wäre (so BVerfG, Beschluß vom 27. 3. 1979, BVerfGE 51, 77, 90; Beschluß vom 28. 3. 1984, BVerfGE 66, 291, 310; BVerwG, Urteil vom 13. 4. 1983, BVerwGE 67, 93, 94; *Maunz* in: Maunz/Dürig, Grundgesetz, Kommentar, Stand: Oktober 1996, Art. 75 Rn. 15; *Bothe* in: Alternativkommentar zum Grundgesetz, 2. Aufl. 1989, Art. 75 Rn. 4; Hess. VGH, Beschluß vom 28. 11. 1973, DVBl. 1974, 425).

III.

Die Richtlinie 76/207/EWG des Rates der Europäischen Gemeinschaften vom 9. Februar 1976 hat nach ihrem Artikel 1 zum Ziel, daß in den Mitgliedstaaten der Grundsatz der Gleichbehandlung von Männern und Frauen hinsichtlich des Zugangs zur Beschäftigung, einschließlich des Aufstiegs, und des Zugangs zur Berufsbildung sowie in bezug auf die Arbeitsbedingungen und in bezug auf die soziale Sicherheit verwirklicht wird. Auch sie erkennt ausdrücklich an, daß eine effektive Umsetzung dieses Gleichbehandlungsgebotes in der Lebenswirklichkeit erfordern kann, Maßnahmen „zur Förderung der Chancengleichheit für Männer und Frauen, insbesondere durch Beseitigung der tatsächlich bestehenden Ungleichheiten, die die Chancen der Frauen in den in Art. 1 Abs. 1 genannten Bereichen beeinträchtigen" zu ergreifen. Die Richtlinie liefert in ihrer allgemeinen Fassung jedoch aus sich heraus keine unmittelbaren Entscheidungskriterien dafür, wo die Grenze der Zulässigkeit derartiger Begünstigungsmaßnahmen zu ziehen ist. Zur Beantwortung der Frage nach der Zulässigkeit bestimmter Maßnahmen bedarf es einer näheren Konkretisierung.

Eine Aussage über den Inhalt und die Reichweite dessen, was Art. 2 Abs. 4 der Richtlinie an begünstigenden Maßnahmen – die notwendig am Geschlecht ansetzen und damit dem ersten Anschein nach diskriminierend sind – zuläßt, kann nur im Wege der Interpretation unter Heranziehung sonstiger Erkenntnisquellen des Normgebers auf europäischer Ebene getroffen werden. Den nationalen Gerichten sind dabei dadurch Grenzen gesetzt, daß Art. 177 EG-Vertrag das Monopol zur Entscheidung über die Auslegung des Vertrages sowie über die Gültigkeit und die Auslegung der Handlungen der Organe der Gemeinschaft dem Europäischen Gerichtshof übertragen hat.

Zwar hat sich dieser bereits in seinem Urteil vom 17. Oktober 1995 (Rs C 450/93, aaO) auf eine Vorlage des Bundesarbeitsgerichts hin (Beschluß vom 22. 6. 1993, PersR 1994, 89) mit der Beurteilung von Quotenregelungen zur Frauenförderung im öffentlichen Dienst des Bundeslandes Bremen befaßt und die europarechtlichen Vorgaben präzisiert. Die Aussagen des Gerichtshofs in jener Entscheidung können aber nicht einfach auf den vorliegenden Sachverhalt übertragen werden, da die hessischen Bestimmungen von denen des Landes Bremen abweichen. Sie geben auch keine genügenden Anhaltspunkte, um sie ohne weiteres auf die abweichenden hessischen Bestimmungen anzuwenden. Bisher ist nämlich nicht von einer gesicherten Rechtsprechung des Europäischen Gerichtshofs in dem Sinne auszugehen, daß das Auslegungsergebnis offenkundig wäre und ohne ernsthafte Zweifel bliebe (vgl. *Borchardt* aaO, Art. 177 Rn. 30 f m. w. N.).

Der Gerichtshof hat in der genannten Entscheidung auf die Empfehlung des Rates 84/635/EWG vom 13. Dezember 1984 zur Förderung positiver Maßnahmen für Frauen (ABl. 331, S. 34) Bezug genommen. Diese Empfehlung nimmt ihrerseits auf die Richtlinie 76/207/EWG Bezug und gibt den Mitgliedstaaten zahlreiche Empfehlungen. Diese gehen u. a. dahin, „dafür Sorge zu tragen, daß die positiven Maßnahmen möglichst Aktionen betreffend folgende Aspekte einschließen: ... in Bereichen, Berufen und auf Ebenen, wo Frauen unterrepräsentiert sind, Förderung der Bewerbung, der Einstellung und des Aufstiegs von Frauen, insbesondere in verantwortlichen Stellungen; ... aktive Teilnahme von Frauen in Entscheidungsgremien, einschließlich derjenigen, die Arbeitnehmer, Arbeitgeber und Selbständige vertreten...". Auf dieser Grundlage hat der Europäische Gerichtshof Art. 2 Abs. 4 der Richtlinie 76/207/EWG dahin verstanden, daß „nationale Maßnahmen im Bereich des Zugangs zur Beschäftigung einschließlich des Aufstiegs zulässig sind, die die Frauen spezifisch begünstigen und darauf ausgerichtet sind, deren Fähigkeit zu verbessern, auf dem Arbeitsmarkt mit anderen zu konkurrieren und unter den gleichen Bedingungen wie die Männer eine berufliche Laufbahn zu verwirklichen" (Nr. 19 der Gründe).

Andererseits ist jedoch ausgeführt, daß Art. 2 Abs. 4 als Ausnahme von einem in der Richtlinie verankerten individuellen Recht eng auszulegen sei (Nr. 21 der Gründe). Eine nationale Regelung, die „den Frauen bei Ernennungen oder Beförderungen absolut und unbedingt den Vorrang einräumt", gehe über eine Förderung der Chancengleichheit hinaus und überschreite damit die Grenzen der in Art. 2 Abs. 4 der Richtlinie vorgesehenen Ausnahme (Nr. 22 der Gründe). Außerdem setze eine solche Regelung insofern, als sie darauf abziele, daß in allen Vergütungsgruppen und auf allen Funktionsebenen einer Dienststelle mindestens ebensoviel Frauen wie Männer vertreten seien, an die Stelle der in Art. 2 Abs. 4 vorgesehenen Förderung der Chancengleichheit das Ergebnis, zu dem allein die Verwirklichung einer solchen Chancengleichheit führen könnte (Nr. 23 der Gründe).

Wenn Regelungen des Hessischen Gleichberechtigungsgesetzes so verstanden werden müßten, daß sie „an die Stelle der Förderung der Chancengleichheit das Ergebnis, zu dem allein die Verwirklichung einer solchen Chancengleichheit führen könnte", setzen, könnte fraglich sein, ob sie mit der Richtlinie 76/207/EWG vereinbar sind. Das gilt insbesondere, soweit eine bestimmte Anzahl von Positionen für Frauen reserviert wird, wie dies in § 7 Abs. 1 HGlG für bestimmte Ausbildungsplätze oder in § 14 HGlG, wenn auch lediglich als Soll-Vorschrift, für die Besetzung von Gremien geschieht. Ebenso gilt das bei Vorschriften zur Lenkung von Auswahlentscheidungen, sei es im Vorfeld des Auswahlverfahrens wie in der Regelung über die Teilnahme am Vorstellungsgespräch in § 9 Abs. 1 HGlG, sei es durch Festlegung der Auswahlkriterien, ihrer Reichweite und ihrer Gewichtung in Verbindung mit bestimmten Verfahrensvorschriften, wie dies bei § 5 Abs. 3, 4 und 7 i. V. m. § 10 HGlG der Fall ist.

IV.

Zwar unterscheidet sich der vom hessischen Gesetzgeber gewählte Weg zur Umsetzung des Gleichberechtigungsgebotes, der nach der bisherigen Einschätzung des Staatsgerichtshofs landesverfassungsrechtlich unbedenklich ist, von der vom Europäischen Gerichtshof verworfenen bremischen Regelung zur Erhöhung des Frauenanteils. Der hessischen Regelung fehlt eine derartige Automatik, die den „Frauen bei Ernennungen oder Beförderungen absolut und unbedingt den Vorrang einräumt". Gleichwohl stellt sich auch für sie die Frage nach der Vereinbarkeit mit europäischem Recht; für deren Beantwortung ist allein der Europäische Gerichtshof zuständig.

1. Der Staatsgerichtshof legt dabei seiner Überprüfung der angegriffenen Vorschriften am Maßstab der Art. 1 und 34 HV folgende Erwägungen zugrunde:

a) Das Hessische Gesetz über die Gleichberechtigung von Frauen und Männern und zum Abbau von Diskriminierungen von Frauen in der öffentlichen Verwaltung beruht auf der Einschätzung, daß bisher den Frauen der gleiche Zugang zum Erwerbsleben, insbesondere auch zu qualifizierten und höherwertigen Positionen, erschwert worden ist und daß staatliche gleichstellungsfördernde Maßnahmen erforderlich sind, um dem Gleichberechtigungsgrundsatz in der gesellschaftlichen Wirklichkeit zum Durchbruch zu verhelfen. Ihm liegt ein Konzept zugrunde, Frauenförderung durch gezielte Personalplanung und Personalentwicklung zu bewirken und durch „verbindliche Zielvorgaben" (vgl. § 1 HGlG) in einem bestimmten Zeitrahmen zu einer Steigerung des Frauenanteils zu kommen. Dabei sind frauenfördernde Maßnahmen insbesondere die Aufstellung von Frauenförderplänen (§§ 4 und 5 HGlG) mit verbindlichen Zielvorgaben, die Festschreibung einer Quote für die Vergabe von Ausbildungsplätzen (§ 7 HGlG), die Festlegung von Ausschreibungsinhalten (§ 8 HGlG), Vorgaben bei der Einladung zum Vorstellungsgespräch (§ 9 HGlG), Vorgaben für Auswahlentscheidungen (§ 10 HGlG) und Gremienbesetzungen (§ 14 HGlG) sowie nähere Bestimmungen über Fortbildungsveranstaltungen für Frauen (§ 11 HGlG). Zur Kontrolle der Einhaltung der gesetzlichen Vorschriften wird die Einrichtung der Frauenbeauftragten geschaffen, deren Aufgaben nur von einer Frau wahrgenommen werden dürfen (§§ 16 ff HGlG).

Das Gesetz knüpft dabei in seinen Zielsetzungen und bei den Mitteln und Handlungsvorgaben, die die Zielerreichung sicherstellen sollen, an den Begriff der Unterrepräsentanz von Frauen an. Diese liegt vor, wenn „innerhalb des Geltungsbereichs eines Frauenförderplanes (§ 4) in einer Lohngruppe, Vergütungsgruppe oder Besoldungsgruppe einer Laufbahn weniger Frauen als Männer beschäftigt sind" (§ 3 Abs. 2 Satz 1 HGlG); in den Eingangsämtern der Laufbahnen „gelten Frauen als unterrepräsentiert, wenn in der gesamten Laufbahn weniger Frauen als Männer beschäftigt sind" (§ 3 Abs. 2 Satz 2 HGlG).

b) Art. 1 HV gebietet die Gleichheit vor dem Gesetz und verbietet die Ungleichbehandlung nach den dort genannten Merkmalen, zu denen auch das Geschlecht gehört. Er richtet sich nicht nur an Verwaltung und Rechtsprechung, sondern bindet auch den Gesetzgeber. Der erste Teil des Art. 1 HV (entsprechend Art. 3 Abs. 1 GG) bestimmt generell die Gleichheit vor dem Gesetz. Der zweite Teil des Art. 1 HV (entsprechend Art. 3 Abs. 3 GG) spezifiziert und konkretisiert den Rechtssatz im Sinne des Verbotes der persönlichen Rechtsungleichheit (Differenzierungs- bzw Diskriminierungsverbot). Eine dem Gleichberechtigungsgebot in Art. 3 Abs. 2 GG entsprechende Regelung ist zwar dem Wortlaut nach in der Hessischen Verfassung nicht enthalten, von ihrem sachlichen Gehalt her stimmen beide Verfassungsnormen indes überein.

Eine Auslegung, die die Bedeutung der Landesverfassungsbestimmung auf ein reines Diskriminierungsverbot im engsten Sinne begrenzte, würde die Entstehungsgeschichte, systematische und teleologische Auslegungsgesichtspunkte sowie die Notwendigkeit, auch die gesellschaftliche Wirklichkeit in den Blick zu nehmen, außer acht lassen und den Bedeutungsgehalt unzulässig verkürzen. In der von dem Bestreben nach Verwirklichung sozialer Gerechtigkeit und Umsetzung der Wertentscheidungen der Verfassung in die gesellschaftliche Wirklichkeit geprägten Hessischen Verfassung kommt auch dem Gleichheitssatz in seiner geschlechtsbezogenen Bedeutung eine soziale Dimension im Sinne eines Handlungsauftrags zur Gestaltung der gesellschaftlichen Verhältnisse zu. Gleichheit der Geschlechter soll danach nicht nur formal gewährleistet, sondern positiv durch staatliche Maßnahmen gefördert werden (vgl. *Stein* in: Zinn/Stein (Hrsg.), Die Verfassung des Landes Hessen, Kommentar, Stand: April 1991, Vor Art. 1 Anm. III 2, S. 92). Wie der Blick auf andere Vorschriften der Hessischen Verfassung und deren Entstehungsgeschichte zeigt, hat sich der Verfassungsgeber durchaus veranlaßt gesehen, in anderen konkret benannten Bereichen zusätzliche Sicherungen einzubauen, um dem Ziel der Gleichberechtigung in der Lebenswirklichkeit zur Durchsetzung zu verhelfen, obwohl er grundsätzlich das Ziel der Gleichstellung der Geschlechter schon in Art. 1 HV verankert sah (vgl. Sitzung vom 20. 8. 1946, Drucks. der Verfassungsberatenden Landesversammlung Groß-Hessen, LVA III a S. 118 f). So sichert Art. 33 Abs. 2 HV ausdrücklich den Grundsatz „gleicher Lohn für gleiche Arbeit" zugunsten von Frauen und Jugendlichen ab. In Art. 10 richtet die Hessische Verfassung den Blick auf die besonderen Probleme und die besondere Stellung der Frau namentlich in der Arbeitswelt und bestimmt in Abs. 2 ausdrücklich, daß das Gesetz „die Gewähr schaffen muß, daß die Frau ihre Aufgaben als Bürgerin und Schaffende mit ihren Pflichten als Frau und Mutter vereinbaren kann".

Dementsprechend hat der Staatsgerichtshof bereits in einer früheren Entscheidung angenommen, daß der hessische Verfassungsgeber neben der rechtlichen auch gerade die tatsächliche Gleichstellung der Frauen fördern wollte und insoweit einen ausdrücklichen Auftrag erteilt hat. Das geschlechtsbezogene Gleichbehandlungsgebot des Art. 1 HV erstrecke sich im Sinne der Rechtsprechung des Bundesverfassungsgerichts zum Gleichberechtigungsgebot des Art. 3 Abs. 2 GG (a. F.) auch auf die gesellschaftliche Wirklichkeit und ziele insofern auf die Angleichung der Lebensverhältnisse. Die in jenem Verfahren umstrittenen Maßnahmen zur Förderung von Frauen hat der Staatsgerichtshof daher als zwangsläufige Folge der Verwirklichung des Gleichbehandlungsauftrages des Art. 1 HV angesehen, welche nicht zugleich das Benachteiligungsverbot derselben Vorschrift verletzen könne (StGH, Urteil vom 22. 12. 1993 – P. St. 1141 –, aaO). Auch nach Ergänzung des Art. 3 Abs. 2 GG durch Einfügung seines Satzes 2 gilt für die Auslegung des Art. 1 HV nichts anderes.

c) Das in Art. 134 HV enthaltene Verbot der Unterscheidung nach dem Geschlecht schließt die Geltung des in Art. 1 HV enthaltenen Auftrags, die tatsächliche Gleichstellung der Frau zu fördern, für den Zugang zu öffentlichen Ämtern nicht aus. Diese Vorschrift, die die Antwort des hessischen Verfassungsgebers auf die besondere historische Situation nach dem Zusammenbruch des nationalsozialistischen Unrechtsregimes ist und nach der jeder ohne Unterschied der Herkunft, der Rasse, des religiösen Bekenntnisses und des Geschlechts Zugang zu den öffentlichen Ämtern hat, wenn er die nötige Eignung und Befähigung besitzt, verbietet oder erlaubt nicht mehr als Art. 1 HV, den sie als Spezialvorschrift für den Bereich des öffentlichen Dienstes konkretisiert (vgl. StGH, Urteil vom 13. 5. 1992 – P. St. 1126 –, StAnz. 1992, 1222 = ESVGH 43, 1 = NVwZ-RR 1993, 201; Beschluß vom 19. 5. 1976 – P. St. 757 –, StAnz. 1976, 1134 = ESVGH 27, 15; Urteil vom 6. 9. 1972 – P. St. 647 –, StAnz. 1972, 1817). Sie scheidet im übrigen überall dort ohnehin aus der Betrachtung aus, wo es – wie z. B. bei der Ausbildung zu allgemeinen Berufen, für die der Staat kein Monopol besitzt – nicht um den Zugang zu einem öffentlichen Amt geht.

2. Bei Erlaß des Hessischen Gleichberechtigungsgesetzes stand dem Gesetzgeber im Rahmen der Art. 1 und 134 HV grundsätzlich eine weite Einschätzungs- und Entscheidungsprärogative zu (vgl. BVerfG, Beschluß vom 9. 3. 1994, BVerfGE 90, 145, 182 f; Beschluß vom 6. 10. 1987, BVerfGE 77, 84, 106), welche Umstände er zum Anlaß für eine gesetzliche Regelung zur Durchsetzung der Gleichheit der Geschlechter nimmt, welche Ziele er setzt und mit welchen Mitteln er einer von ihm als unzuträglich erkannten Situation abhelfen will.

Hieran gemessen ist zunächst die Einschätzung des hessischen Gesetzgebers nicht zu beanstanden, daß „trotz grundgesetzlicher Verankerung des Gebotes der Gleichberechtigung von Frauen und Männern und des Verbots der Diskriminierung aufgrund des Geschlechts in Art. 3 Grundgesetz Frauen in der gesellschaftlichen Realität weiterhin gegenüber Männern benachteiligt" werden und daß sie trotz formaler Rechtsgleichheit „besonders im Erwerbsleben ... keinen gleichberechtigten Zugang zu qualifizierten und entsprechend gut bezahlten Positionen sowie zu Berufsfeldern (haben), in denen gute Bezahlung und berufliche Entwicklungsmöglichkeiten für alle Beschäftigten gegeben sind" (Gesetzesbegründung, LT-Drucks. 13/4814, S. 1; siehe auch die Empfehlung des Rates der Europäischen Gemeinschaften vom 13. 12. 1984 zur Förderung positiver Maßnahmen für Frauen 84/635/EWG (ABl. Nr. L 331, S. 34), wonach „die geltenden Rechtsvorschriften über die Gleichbehandlung, die zur Stärkung der Rechte des Einzelnen erlassen wurden, nicht ausreichen, um alle faktischen Ungleichheiten zu beseitigen, wenn nicht die Regierungen, die Sozialpartner und sonstige beteiligte Stellen gleichzeitig tätig werden, um gegen die Benachteiligung der Frauen in der Arbeitswelt vorzugehen, die durch Einstellungen, Verhaltensmuster und Strukturen in der Gesellschaft verursacht wird").

Dabei wird der Rückschluß auf eine weiterhin bestehende strukturelle Diskriminierung der Frauen, da das Problem als ein gruppenbezogenes begriffen wird und ihm demzufolge eine statistische Komponente innewohnt (vgl. hierzu näher *Schiek* in: Schiek/Buhr/Dieball/Fritsche/Klein-Schonnefeld/Malzahn/Wankel, Frauengleichstellungsgesetze des Bundes und der Länder, Kommentar, 1996, Rn. 782 ff), ganz übereinstimmend aus der Feststellung gezogen, daß in bestimmten Bereichen – und zwar insbesondere in verantwortungsvollen und einflußreichen Positionen sowohl im privatwirtschaftlichen als auch im öffentlichen Bereich – Frauen nicht entsprechend ihrem Anteil an der Bevölkerung vertreten und damit „unterrepräsentiert" sind. Deshalb verfolgen letztlich alle einschlägigen Gesetze in Bund und Ländern das Ziel, den Anteil der Frauen zu erhöhen, und knüpfen dabei schlicht an statistische Größen an, nämlich daran, ob Frauen in geringerer Zahl als Männer in einem bestimmten Bereich beschäftigt sind (vgl. statt vieler § 2 Satz 2 des 2. GleiBG). Diese Orientierung am Bevölkerungsanteil des weiblichen Geschlechts wird vielfach als zulässige Typisierung angesehen (vgl. *Battis* „Frauenquoten" und Grundgesetz, DVBl. 1991, 1165 m. w. N.). Dem Anknüpfungsmerkmal „Unterrepräsentanz" kommt nach Ansicht des Staatsgerichtshofs eine die Benachteiligung indizierende Wirkung zu, wobei es Bedeutung allerdings erst im Zusammenspiel mit denjenigen Vorschriften gewinnt, die Handlungsvorgaben machen und konkrete Maßnahmen bezeichnen. Im Einzelfall sind indes durchaus Sachverhalte denkbar, in denen das reine Zahlenverhältnis als Indiz ausscheidet. In solchen Fällen lassen sich Förderungsmaßnahmen, die ungeachtet des Diskriminierungsverbots an das Geschlecht anknüpfen, nicht allein im Hinblick auf das Zahlenverhältnis rechtfertigen.

Die vorstehenden Überlegungen legitimieren auch die entsprechende Regelung des Hessischen Gleichberechtigungsgesetzes zum Anknüpfungsmerkmal „Unterrepräsentanz" (§ 3 Abs. 2 Satz 1 HGlG). Nach Auffassung des Staatsgerichtshofs gilt dies auch hinsichtlich der speziellen Festlegung für die Eingangsämter in § 3 Abs. 2 Satz 2 HGlG, mit der den Besonderheiten des beamtenrechtlichen Laufbahnprinzips Rechnung getragen werden soll (vgl. LT-Drucks. 13/4814, S. 22 f). Das Gesetz gibt nämlich Raum, die durch eine Unterrepräsentanz indizierte Benachteiligung von Frauen im Einzelfall zu widerlegen. Eine solche Widerlegung wird sowohl bei der Festlegung der Zielvorgaben im Frauenförderplan als auch bei der einzelnen Auswahlentscheidung berücksichtigt.

3. Unter den dargestellten Voraussetzungen waren die angefochtenen Vorschriften des Hessischen Gleichberechtigungsgesetzes daraufhin zu überprüfen, ob die darin liegende Ungleichbehandlung verfassungsrechtlich legitimiert werden kann. Dieser Prüfung unterliegen insbesondere Bestimmungen, mit denen Frauen nicht nur vielfältige Hilfestellungen zur Verbesserung ihrer Chancen im Wettbewerb um den Zugang zum öffentlichen Dienst – verstanden als Gewährleistung gleicher Startbedingungen – erfahren sollen, sondern die unmittelbar Einfluß auf das Ergebnis eines Auswahlentscheidungsprozesses nehmen. Dies ist immer dann der Fall, wenn entweder eine bestimmte Anzahl von Positionen von vornherein für Frauen reserviert wird oder durch Lenkung der Auswahlentscheidungen – sei es durch Festlegung der Auswahlkriterien, ihrer Reichweite und ihrer Gewichtung, sei es durch Verfahrensvorschriften – das Erreichen der Zielvorgabe (Besetzung einer bestimmten Mindestzahl von Stellen mit Frauen) sichergestellt werden soll (Quotierung). Denn in solchen Fällen führt die Bevorzugung des einen Geschlechts unausweichlich zu einer Benachteiligung des anderen.

Dies trifft hier zu für die Festlegung verbindlicher Zielvorgaben in Frauenförderplänen mit ihren Auswirkungen auf Auswahlentscheidungsverfahren (§ 5 Absätze 3, 4 und 7 i. V. m. § 10 HGlG), die Verpflichtung, Frauen bei der Vergabe von Ausbildungsplätzen in Ausbildungsberufen, in denen sie unterrepräsentiert sind, mindestens zur Hälfte zu berücksichtigen (§ 7 Abs. 1 HGlG), die Vorgabe, bei der Durchführung von Vorstellungsgesprächen sicherzustellen, daß mindestens genauso viele Frauen wie Männer oder alle Frauen eingeladen werden (§ 9 Abs. 1 HGlG), und die Regelung in § 14 HGlG, nach der bei der Besetzung von Kommissionen, Beiräten, Verwaltungs- und Aufsichtsräten sowie sonstigen Gremien mindestens die Hälfte der Mitglieder Frauen sein sollen.

Kerngedanke jeglicher Quotierung ist, daß sich in der ungleichen Verteilung von Frauen und Männern über die verschiedenen Status- und Vergütungsgruppen sowie Hierarchieebenen im öffentlichen Dienst eine strukturelle Benachteiligung von Frauen auswirkt und eine bloße „Gleichbehandlung" von Frauen und Männern diese Benachteiligung noch nicht ändern würde. Um den gleichen Zugang von Frauen zum öffentlichen Dienst und insbesondere auch den qualifizierten Aufstieg faktisch zu gewährleisten, soll – jedenfalls für einen begrenzten Zeitraum und unter Beachtung anderer vorgreiflicher Verfassungsgrundsätze – die Möglichkeit eingeräumt werden, Frauen zu bevorzugen. Dieser Überlegung folgen mehr oder weniger alle einschlägigen Bevorzugungsregelungen, auch diejenigen in solchen Gesetzen, die – wie z. B. das Zweite Gleichberechtigungsgesetz des Bundes – den Begriff der Quotierung nicht verwenden (vgl. *Schiek* in: Schiek u. a., aaO, Rn. 509).

a) Zentrales Instrument – neben sonstigen Maßnahmen der Förderung (§§ 7 bis 14 HGlG) – zur Umsetzung der im Hessischen Gleichberechtigungsgesetz niedergelegten Verpflichtung, auf die Gleichstellung von Frauen und Männern im öffentlichen Dienst sowie die Beseitigung von Unterrepräsentanz von Frauen hinzuwirken (§ 3 Abs. 1 HGlG), ist der Frauenförderplan mit seinen für verbindlich erklärten Zielvorgaben (§ 1 Satz 2, § 5 Abs. 3 und 4 HGlG) und den an sein Nichtbestehen bzw. an seine Nichterfüllung geknüpften Konsequenzen (§ 10 Abs. 4 und 5 HGlG). In die Betrachtung einzubeziehen sind im notwendigen Umfang diejenigen Regelungen, die sich auf die zur Zielerreichung erforderlichen Auswahlentscheidungen beziehen; das sind insbesondere die Absätze 1 bis 3 des § 10 HGlG.

Um diese Vorschriften an den oben aufgezeigten verfassungsrechtlichen Maßstäben messen zu können, müssen zunächst ihr Regelungsgehalt und ihr Wirkungsmechanismus ermittelt werden. Auf die Begründung des Gesetzentwurfs kann hierfür nur begrenzt zurückgegriffen werden, denn dieser spricht lediglich davon, daß „die personalplanende und entscheidende Stelle alle mit dem geltenden Verfassungsrecht und den der Disposition des Landesgesetzgebers entzogenen bundesrechtlichen Grundsätzen des Beamtenrechts zu vereinbarenden Möglichkeiten zur Erreichung der Zielvorgaben ausnutzen muß" (LT-Drucks. 13/4814, S. 25) und daß „bei gleichwertiger Qualifikation von Männern und Frauen zur Erfüllung der Frauenförderpläne das Hilfskriterium Frauenförderung zugunsten der Frau herangezogen werden kann, da die Dienststellen durch § 3 Abs. 1, Abs. 3 Satz 3 i. V. m. § 1 Satz 2 zur Bevorzugung von Frauen ermächtigt sind" (LT-Drucks. 13/ 4814, S. 29).

Mit Hilfe der Frauenförderpläne soll auf die Personalplanung und Personalentwicklung jeder Dienststelle dergestalt eingewirkt werden, daß eine Steigerung des Anteils der Frauen dort, wo diese unterrepräsentiert sind, erreicht wird. Dies gilt allerdings nur im Rahmen des Grundsatzes der Bestenauslese, wie er sowohl bundesrechtlich abgesichert ist (vgl. Art. 33 Abs. 2 GG, § 7 BRRG) als auch landesgesetzlich mit den Maßstäben der Eignung, Befähigung und fachlichen Leistung in § 8 HBG Ausdruck gefunden hat. Das Hessische Gleichberechtigungsgesetz stellt die Geltung des Grundsatzes der Bestenauslese nicht in Frage, sondern bezieht sich in § 10 Abs. 1 vielmehr auf Eignung, Befähigung und fachliche Leistung und hebt in § 10 Abs. 6 den Vorrang des § 8 HBG sogar ausdrücklich hervor.

Die Frauenförderpläne werden auf der Grundlage einer Bestandsaufnahme und Analyse der Beschäftigtenstruktur für jeweils sechs Jahre von der Dienststelle unter Beteiligung der Frauenbeauftragten (§ 18 Abs. 1 Satz 2 Nr. 1 HGlG) aufgestellt, unterliegen der Mitbestimmung der zuständigen Personalvertretungen (§ 77 Abs. 3 Hessisches Personalvertretungsgesetz – HPVG –) bzw der Mitwirkung der Richtervertretungen (§ 36 Abs. 2 Nr. 7 Hessisches Richtergesetz – HRiG –) und enthalten für jeweils zwei Jahre verbindliche Zielvorgaben bezogen auf den Anteil der Frauen bei Einstellungen und Beförderungen (§ 5 Abs. 3 Satz 1 HGlG). Für deren Festlegung sind die Besonderheiten in den jeweiligen Bereichen und Dienststellen maßgebend (§ 5 Abs. 3 Satz 2 HGlG). Grundsätzlich sind in jedem Frauenförderplan jeweils mehr als die Hälfte der voraussichtlich zu besetzenden Personalstellen eines Bereichs, in dem Frauen unterrepräsentiert sind, zur Besetzung durch Frauen vorzusehen, es sei denn, ein bestimmtes Geschlecht sei unverzichtbare Voraussetzung für eine Tätigkeit (§ 5 Abs. 4 Sätze 1 und 2 HGlG). Wenn glaubhaft dargelegt ist, daß nicht genügend Frauen mit der notwendigen Qualifikation zu gewinnen sind, können entsprechend weniger Personalstellen zur Besetzung durch Frauen vorgesehen werden (§ 5 Abs. 4 Satz 3 HGlG).

Werden die Zielvorgaben für jeweils zwei Jahre nicht erfüllt, bedarf nach § 10 Abs. 4 HGlG bis zu ihrer Erfüllung jede weitere Einstellung oder Beförderung eines Mannes in einem Bereich, in dem Frauen unterrepräsentiert sind, der Zustimmung einer höheren Stelle – in der Regel der Stelle, die dem Frauenförderplan zugestimmt hat (§ 6 Absätze 1 bis 5 HGlG). Solange kein Frauenförderplan aufgestellt ist, dürfen in solchen Bereichen keine Einstellungen und Beförderungen vorgenommen werden (§ 10 Abs. 5 Satz 1 HGlG). Solange das personalvertretungsrechtliche Beteiligungsverfahren noch nicht abgeschlossen ist, dürfen keine Einstellungen und Beförderungen vorgenommen werden, die dem aufgestellten Frauenförderplan zuwiderlaufen (§ 10 Abs. 5 Satz 2 HGlG).

Damit hat sich der hessische Gesetzgeber nicht für eine (qualifikationsabhängige) Entscheidungsquote entschieden. Dieser Begriff bezeichnet eine

Regelung, die unmittelbar bei jeder einzelnen zu treffenden Auswahlentscheidung greift, weil nach ihr Frauen bei gleicher Qualifikation wie männliche Mitbewerber in Bereichen vorrangig zu berücksichtigen sind, in denen sie unterrepräsentiert sind (vgl. etwa § 4 des Brem. Landesgleichstellungsgesetzes vom 20. 11. 1990). Der hessische Gesetzgeber hat sich für eine sog. flexible Ergebnisquote entschieden. Ihre Merkmale bestehen zum einen darin, daß das Gesetz die Quote nicht einheitlich für alle betroffenen Bereiche und Dienststellen festlegt, sondern daß deren Besonderheiten für die Zielvorgaben maßgebend sein sollen. Zum anderen gibt die gesetzliche Regelung nicht notwendigerweise von Anfang an – automatisch – das Ergebnis jeder einzelnen Auswahlentscheidung in einer sog. „qualifikatorischen Pattsituation" zugunsten des weiblichen Geschlechts zwingend vor.

Gleichwohl ist von einer Quotierung auszugehen, denn § 5 Abs. 4 Satz 1 HGlG bestimmt, daß in jedem Frauenförderplan bei Unterrepräsentanz von Frauen jeweils mehr als die Hälfte der zu besetzenden Personalstellen zur Besetzung durch Frauen vorzusehen sind. Selbst wenn diese Quote der mit Frauen zu besetzenden Stellen – was das Gesetz zuläßt bzw. sogar, wie noch ausgeführt wird, erfordert – in einem bestimmten Bereich bzw. in einer Dienststelle tatsächlich niedriger festgesetzt wird, ändert dies nichts daran, daß die Einhaltung auch dieser Zielvorgaben verbindlich ist. Mit dem Landesanwalt ist davon auszugehen, daß die Regelung auch dann, wenn sie lediglich als „objektive Rechtspflicht der Dienststelle" verstanden wird und keine Individualansprüche begründen soll (so die Gesetzesbegründung, LT-Drucks. 13/4814, S. 25), doch in dem Sinne verbindlich ist, daß bei einem qualifikatorischen Patt zwischen einer Bewerberin und einem Bewerber dann zugunsten der Bewerberin entschieden werden muß, wenn dies zur Erfüllung der Zielvorgaben erforderlich ist und keine Gründe von größerem rechtlichen Gewicht entgegenstehen. Denn die Zielvorgabe soll das Auswahlermessen der Entscheidungsträger im Sinne eines Ermessenssteuerungskriteriums binden. Dabei ist zusätzlich von Bedeutung, daß in § 10 Absätze 1 bis 3 HGlG weitere Festlegungen hinsichtlich der Auswahl- und Beurteilungskriterien getroffen sind, die sich, und das entspricht der Absicht des Gesetzgebers, in erster Linie zugunsten von Frauen auswirken werden. So ist u. a. ein Rückgriff auf die Kriterien Dienstalter, Lebensalter und Zeitpunkt der letzten Beförderung – die bisher im Falle eines Qualifikationspatts als echte Hilfskriterien herangezogen werden konnten – nur noch eingeschränkt erlaubt, nämlich nur noch insofern, als ihnen für die Eignung, Leistung und Befähigung der Bewerberinnen und Bewerber Bedeutung zukommt. Damit verlieren sie den Charakter von echten (leistungsfremden) Hilfskriterien (vgl. hierzu näher Hess. VGH, Beschluß vom 19. 11. 1993, NVwZ-RR 1994, 347) und werden zum Bestandteil der Qualifikationsbeurteilung selbst (in diese Richtung allerdings schon BVerwG, Urteil vom 25. 8. 1988, BVerwGE 80, 123, 126).

Dieses vom hessischen Gesetzgeber geschaffene Regelungssystem zur Steigerung des Frauenanteils im öffentlichen Dienst erhält nach Auffassung des Staatsgerichtshofs bei verfassungskonformer Auslegung seine ausreichende Legitimation durch den verfassungsrechtlichen Förderauftrag. Es beachtet den Grundsatz der Bestenauslese und gewährt Frauen bei gleicher Qualifikation nicht absolut und unbedingt den Vorrang vor Männern, sondern läßt von vornherein Raum für die Besetzung von Stellen durch Männer. Die einzelnen Zielvorgaben werden nicht schematisch erstellt, sondern nehmen auf die jeweiligen Besonderheiten Rücksicht.

Es wird gewährleistet, daß für das Ergebnis einer Auswahlentscheidung jedenfalls dann nicht das Geschlecht der Bewerberin ausschlaggebend ist, wenn im Einzelfall hierfür die Notwendigkeit gar nicht besteht. Das ist insbesondere der Fall, wenn in der konkreten Situation die durch den Umstand der Unterrepräsentanz begründete Indizwirkung für eine Benachteiligung von Frauen widerlegt ist. Dann bestünde nämlich keine Rechtfertigung dafür, zum Nachteil von Männern das Verbot der Diskriminierung nach dem Geschlecht zurücktreten zu lassen.

Nach Auffassung des Staatsgerichtshofs ist die Regelung in dem Sinne einer verfassungskonformen Auslegung zugänglich, daß dann, wenn die durch eine Unterrepräsentanz indizierte Benachteiligung von Frauen im konkreten Fall widerlegt werden kann, dies zu berücksichtigen ist. Solche Umstände sind nämlich einmal schon bei der Festlegung der Zielvorgaben als „Besonderheiten in den jeweiligen Bereichen und Dienststellen" (§ 5 Abs. 3 Satz 2 HGlG) und im Rahmen des § 5 Abs. 4 Satz 3 HGlG zu berücksichtigen, zum anderen bei einer konkreten Auswahlentscheidung dergestalt, daß der Auftrag der Frauenförderung seine ermessenssteuernde Funktion verlieren muß.

Eine besondere Ausgestaltung im Sinne einer Mindestabsicherung erfahren durch § 5 Abs. 7 HGlG die Zielvorgaben eines Frauenförderplans im Hochschulbereich für die befristet zu besetzenden Stellen des wissenschaftlichen Dienstes nach §§ 57 a, 57 b Abs. 2 Nr. 1 oder 3 bzw. § 48 des Hochschulrahmengesetzes – HRG – sowie für die Beschäftigung von wissenschaftlichen Hilfskräften ohne Abschluß. Der Staatsgerichtshof geht davon aus, daß dieser Vorschrift trotz ihres in eine solche Richtung deutenden Wortlauts („sind ... zu besetzen") keine selbständige Bedeutung im Sinne einer unmittelbaren Geltung für Stellenbesetzungsentscheidungen zukommt. Nach ihrem Sinnzusammenhang werden damit lediglich zwingende Festlegungen für den Frauenförderplan der Hochschule für die jeweiligen Bereiche getroffen, die an die Stelle der allgemeinen Regelungen über die Erstellung der Zielvorgaben treten. So wird die Vorschrift, wie die mündliche Verhandlung ergeben hat, auch angewandt. Sie schränkt die Geltung des Grundsatzes der Bestenauslese bei Auswahlentscheidungen danach ebensowenig ein, wie dies für alle Auswahlentscheidungen gilt, die unter Berücksichtigung der Zielvorgaben eines Frauenförderplans getroffen werden. Sie kann die Auswahlentscheidungen ebenfalls nur dann beinflussen, wenn gleiche Qualifikation vorliegt. Insofern gilt das oben zur Verbindlichkeit der Zielvorgaben eines Frauenförderplans generell Gesagte. Die Anknüpfung an den Frauenanteil auf der jeweils vorangegangenen wissenschaftlichen Qualifikationsstufe stellt ein für den Hochschulbereich sachgerechtes Kriterium dar.

b) § 7 Abs. 1 HGlG enthält als einzige Vorschrift des Gesetzes – neben § 5 Abs. 7 HGlG, der allerdings, wie bereits dargelegt, als inhaltliche Vorgabe für den Frauenförderplan zu verstehen ist – eine durch den Frauenförderplan nicht veränderbare sogenannte „starre Ergebnisquote" im Sinne einer Reservierung von Stellen für Frauen. Nur dann, wenn sich trotz intensiver Bemühungen (§ 7 Abs. 2 Satz 1 HGlG) nicht genügend Bewerberinnen für solche Ausbildungsplätze finden, dürfen diese auch an männliche Bewerber vergeben werden (§ 7 Abs. 2 Satz 2 HGlG). Die Regelung gilt nur für Berufe, in denen der Staat kein Ausbildungsmonopol besitzt. Da sie nicht die Vergabe öffentlicher Ämter im Sinne des Art. 134 HV betrifft, ist sie unter Gleichheitsgesichtspunkten allein an Art. 1 HV zu messen. Eine solche Regelung erscheint nicht von vornherein verfassungsrechtlich unzulässig. Eine qualifizierte Ausbildung ist Voraussetzung für eine erfolgreiche Teilnahme am Arbeitsmarkt. Der Gesetzesauftrag, geschlechtsspezifische Benachteiligungen von Frauen in diesem Bereich auszugleichen, ist möglicherweise durch das Gleichberechtigungsgebot gerechtfertigt.

c) Die Vorschrift des § 9 HGlG soll sicherstellen, daß dann, wenn im Rahmen der Besetzung von Stellen in Bereichen, in denen Frauen gemäß § 3 Abs. 1 und 2 HGlG unterrepräsentiert sind, Vorstellungsgespräche geführt werden, auf jeden Fall auch Bewerberinnen in diese einbezogen werden, soweit solche vorhanden sind. Die entscheidenden Gremien und Personen sollen in die Lage versetzt werden, sich zwischen mehreren qualifizierten Frauen und Männern zu entscheiden (LT-Drucks. 13/4814, S. 29).

Damit knüpft die Norm an das Geschlecht an und bedarf nach dem oben Ausgeführten der verfassungsrechtlichen Legitimation. Sie macht den Entscheidungsträgern Vorgaben für einen Verfahrensschritt, der erfahrungsgemäß in Abhängigkeit von Art, Bedeutung und Anzahl der zu vergebenden Positionen von Dienststelle zu Dienststelle unterschiedlich gehandhabt wird. Da Vorstellungsgespräche im Verfahren der Stellenbesetzung weichenstellend sind, kommt ihnen eine besondere Bedeutung unter dem Gesichtspunkt der Chancensicherung und -verbesserung zu. Daß die angegriffene Regelung unter diesem Gesichtspunkt völlig ungeeignet wäre, kann nicht festgestellt werden. Die Entscheidungsträger sollen nachhaltig daran erinnert werden, bei der Vorbereitung ihrer Auswahlentscheidungen insbesondere auch die Befähigungen von Frauen in den Blick zu nehmen. Damit werden die Erkenntnisgrundlagen für die zu treffenden Auswahlentscheidungen verbreitert und diese Entscheidungen – unter dem Vorrang des Grundsatzes der Bestenauslese – inhaltlich stärker abgesichert.

Die Vorschrift kann insofern als eine Quotierungsvorschrift verstanden werden, als sie zahlenmäßige Festlegungen nur zugunsten der Teilnahme von Frauen trifft und dabei zunächst weder die Zahl der Bewerberinnen und Bewerber im Verhältnis zueinander noch Leistungsgesichtspunkte berücksichtigt. Allerdings kann sie nur dann zur Folge haben, daß Männer mit nach der „Papierform" mindestens gleichwertiger Qualifikation wie eingeladene Frauen schon nicht die Chance des Vorstellungsgesprächs erhalten und damit im Verhältnis zu Frauen einen Nachteil erfahren, wenn unter den Bewerberinnen und Bewerbern die Qualifikationen deutlich ungleich verteilt sind und – z. B. wegen der insgesamt großen Zahl – nicht alle Bewerberinnen und Bewerber eingeladen werden können oder sollen. Werden alle Bewerberinnen eingeladen, ist die Zahl der Männer, die eingeladen werden können, nicht begrenzt.

Bei Abwägung dieser Gesichtspunkte erscheint die Regelung zur Durchsetzung des Gleichberechtigungsgebotes in der Lebenswirklichkeit nicht unverhältnismäßig.

d) Auch § 14 HGlG, der sich mit der Besetzung von Gremien befaßt, knüpft an das Geschlecht an und wirft damit die Frage nach seiner verfassungsrechtlichen Legitimation auf. Diese ist nach Auffassung des Staatsgerichtshofs im Ergebnis ebenfalls zu bejahen.

Es handelt sich nicht um eine zwingende, sondern um eine Soll-Vorschrift, die anerkennt, daß viele Gremien auf gesetzlicher Grundlage gebildet werden und eine volle Durchsetzung der gleichberechtigten Mitwirkung von Frauen in diesen Gremien ohnehin eine Änderung des jeweiligen Gesetzes erfordern würde (vgl. LT-Drucks. 13/4814 S. 33). Außerdem kann sie auf solche Positionen, die durch Wahlen vergeben werden, nicht angewandt werden. Auch hierfür bedürfte es vielmehr der Änderung der jeweils einschlägigen gesetzlichen Grundlagen (vgl. etwa das ÄndG des Hessischen Personalvertretungsgesetzes vom 25. 2. 1992, GVBl. I, 77). Schließlich läßt die Vorschrift als Sollbestimmung Raum für die Einbeziehung sonstiger Auswahlgesichtspunkte. Damit ist ihre Verfassungsmäßigkeit keinen durchgreifenden Bedenken ausgesetzt.

Nr. 2

1. Zulässigkeitsvoraussetzung einer Grundrechtsklage, für deren Gegenstand der Rechtsweg eröffnet ist, ist grundsätzlich die Erschöpfung dieses Rechtsweges.

2. Zum fehlenden Rechtsschutzinteresse einer Grundrechtsklage gegen die Versagung vorläufigen Rechtsschutzes in einem verwaltungsgerichtlichen Eilverfahren wegen Nichtbestehens der Abiturprüfung.*

Verfassung des Landes Hessen Art. 131 Abs. 1 und Abs. 3

Gesetz über den Staatsgerichtshof vom 30. 11. 1994 § 43 Abs. 1, § 44 Abs. 1 und Abs. 2

Beschluß vom 23. April 1997 – P. St. 1256 –

in dem Verfahren wegen Verletzung von Grundrechten.

Entscheidungsformel:

Die Anträge werden zurückgewiesen.
Gerichtskosten werden nicht erhoben, außergerichtliche Kosten nicht erstattet.

Gründe:

A

Die Antragstellerin wendet sich mit ihrer Grundrechtsklage gegen einen Beschluß des Hessischen Verwaltungsgerichtshofs in einem Verfahren auf Gewährung vorläufigen Rechtsschutzes wegen des Nichtbestehens ihrer Abiturprüfung an der X-Schule in Offenbach am Main im Sommer 1995. Sie rügt die Verletzung einer Reihe von Grundrechten. Dabei beruft sie sich im wesentlichen auf eine Verletzung ihres Rechts auf Gewährung effektiven Rechtsschutzes durch die Dauer des Gerichtsverfahrens und auf die Verletzung ihres Rechts auf rechtliches Gehör, weil der Hessische Verwaltungsgerichtshof in seiner Entscheidung auf eine Vielzahl gerügter Bewertungsfehler nicht eingegangen sei.

* Nichtamtliche Leitsätze

Staatsgerichtshof des Landes Hessen

I.

Die am 7. Juni 1976 geborene Antragstellerin, die die Abiturprüfung im Jahre 1996 an der Y-Schule bestand, war bis einschließlich des Schuljahres 1994/95 Schülerin der X-Schule, einem Gymnasium der Stadt Offenbach am Main. Am 2., 3. und 5. Mai 1995 legte sie die schriftliche Abiturprüfung im Leistungskurs Gemeinschaftskunde, im Grundkurs Deutsch und im Leistungskurs Biologie ab. Am 19. und 21. Juni 1995 erfolgte die mündliche Prüfung in den Fächern Gemeinschaftskunde, Kunst und Biologie. Nach dem Protokoll der Sitzung des Prüfungsausschusses vom 26. Juni 1995 erreichte die Antragstellerin in den beiden Leistungsfächern (Gemeinschaftskunde und Biologie) jeweils weniger als 25 Punkte. Ihr Gesamtergebnis der Prüfung betrug 99 Punkte. Mit Schreiben vom 30. Juni 1995 teilte ihr der Schulleiter das Nichtbestehen der Abiturprüfung mit. Der mit Anwaltsschreiben vom 29. Juni 1995 dagegen erhobene Widerspruch wurde mit Widerspruchsbescheid des Staatlichen Schulamtes für den Landkreis und die Stadt Offenbach am Main vom 26. September 1995 zurückgewiesen. Am 6. Oktober 1995 erhob die Antragstellerin Klage beim Verwaltungsgericht Darmstadt, Az.: 7 E 1917/95 (3). Ausweislich der beigezogenen Gerichtsakte erfolgte bisher weder eine Begründung der Klage, noch wurde ein Antrag gestellt.

II.

Am 16. Oktober 1995 beantragte die Antragstellerin beim Verwaltungsgericht Darmstadt den Erlaß einer einstweiligen Anordnung mit dem Ziel, die im Sommer 1995 abgelegte Abiturprüfung vorläufig für bestanden zu erklären, hilfsweise eine Neubewertung der erbrachten Prüfungsleistungen herbeizuführen oder eine gesamte bzw. teilweise Wiederholung des Prüfungsverfahrens. Mit Beschluß vom 15. Februar 1996, Az.: 7 G 1965/95 (3), lehnte das Verwaltungsgericht den Antrag ab. Das Begehren der Antragstellerin sei auf eine weitgehende Vorwegnahme der Hauptsache gerichtet. Wegen der fehlenden überwiegenden Erfolgsaussichten in der Hauptsache seien die Anforderungen an das Vorliegen eines Anordnungsgrundes nicht erfüllt. Weder lägen Verfahrensfehler mit Auswirkungen auf die Rechtmäßigkeit der Prüfung vor, noch seien die Bewertungen der abgelegten Prüfungen zu beanstanden.

Gegen den Beschluß legte die Antragstellerin Beschwerde ein, die mit Schriftsätzen vom 20. März, 30. April und 6. Mai 1996 begründet wurde. Auf gerichtliche Anfrage hin erfolgte mit Schreiben vom 20. Juni 1996 die Mitteilung, daß die Antragstellerin zwischenzeitlich alle Abiturprüfungen an der Y-Schule abgelegt habe. Nach mehrmaligen gerichtlichen Nachfragen teilte die Antragstellerin mit Schriftsatz vom 30. August 1996 mit, daß sie die Abiturprüfung bestanden habe.

Mit Beschluß vom 4. September 1996 wies der Hessische Verwaltungsgerichtshof die Beschwerde der Antragstellerin zurück, Az: 7 TG 904/96. Die Antragstellerin habe bezüglich des Anordnungsgrundes die Dringlichkeit der begehrten Regelung weder dargelegt noch glaubhaft gemacht. Mit dem Bestehen der Wiederholungsprüfung sei diese entfallen und somit auch eine Erledigung des vorläufigen Rechtsschutzverfahrens eingetreten. Die Notwendigkeit der begehrten Regelung ergebe sich auch nicht aus dem Umstand, daß die Wiederholung der Abiturprüfung den Bewerbungsunterlagen zu entnehmen sei. Die Antragstellerin habe die Aufnahme einer Berufsausbildung weder dargelegt noch glaubhaft gemacht. Selbst wenn sie einen Lehrberuf ergreifen wolle, könne ihr zugemutet werden, bei Einstellungsverfahren auf die Anfechtung der negativen Prüfungsentscheidung hinzuweisen, um so befürchteten Nachteilen zu begegnen, die zudem nicht zwingend seien.

III.

Gegen diesen ihrem Verfahrensbevollmächtigten am 11. September 1996 zugestellten Beschluß hat die Antragstellerin mit am 11. Oktober 1996 beim Staatsgerichtshof eingegangenem Schriftsatz Grundrechtsklage erhoben. Sie rügt die Verletzung der Art. 1, 2 Abs. 1 und Abs. 2, 3, 22 Abs. 2, 28 Abs. 2 und 59 Abs. 2 der Hessischen Verfassung – HV –. Sie begründet dies in der Sache im wesentlichen damit, daß eine effektive Wahrnehmung gerichtlichen Rechtsschutzes durch die schleppende Behandlungsweise des Eilverfahrens in beiden Gerichtsinstanzen und im vorgeschalteten Verwaltungsverfahren sowie durch die Auslegung des § 123 Verwaltungsgerichtsordnung – VwGO – durch den Hessischen Verwaltungsgerichtshof verhindert worden sei. Außerdem habe sich der Hessische Verwaltungsgerichtshof in seiner angefochtenen Entscheidung nicht mit den gerügten zahlreichen Bewertungsfehlern auseinandergesetzt, durch die jedoch Grundrechte verletzt worden seien.

Die Antragstellerin beantragt,

> ihr im Schuljahr 1994/1995 an dem Offenbacher X-Gymnasium abgelegtes Abitur für bestanden zu erklären;
>
> hilfsweise
>
> das genannte Abitur für vorläufig bestanden zu erklären bis zur rechtskräftigen Entscheidung im noch anhängigen Klageverfahren (VG Darmstadt, 7 E 1917/95 (3));

äußerst hilfsweise,

die angefochtene Entscheidung des Hessischen Verwaltungsgerichtshofs für kraftlos zu erklären und die Sache im Eilverfahren an ein Gericht desselben Rechtszuges zurückzuverweisen und dieses unter Beachtung der Rechtsauffassung des angerufenen Gerichts entscheiden zu lassen.

IV.

Der Hessische Ministerpräsident hält die Grundrechtsklage aus mehreren Gründen für unzulässig.

Hinsichtlich des Hauptantrages habe die Antragstellerin den Rechtsweg nicht erschöpft. Der auf das endgültige Bestehen der Abiturprüfung 1995 gerichtete Antrag sei bisher jedenfalls noch nicht ausdrücklich anhängig gemacht worden. Im verwaltungsgerichtlichen Hauptsacheverfahren liege weder ein Antrag vor, noch werde dieses Verfahren betrieben.

Der erste Hilfsantrag könne auf den Erlaß einer einstweiligen Anordnung durch den Staatsgerichtshof gerichtet sein. In diesem Falle fehle es aber bereits am Vorliegen eines Anordnungsgrundes, da die Antragstellerin mittlerweile die Abiturprüfung bestanden habe und nicht mehr auf die Ausstellung eines vorläufigen Zeugnisses angewiesen sei.

Weder der erste noch der zweite Hilfsantrag kämen als Gegenstand einer Grundrechtsklage in Betracht. Die Antragstellerin habe nicht dargetan, daß gerade die Versagung gerichtlichen Eilrechtsschutzes einen selbständigen Grundrechtsverstoß enthalte. Die Erlangung eines konkreten Vorteils durch den bloßen vorläufigen Nachweis einer Qualifikation, die zudem keine Benotung enthalte, in Ansehung des tatsächlich bestandenen Abiturs sei nicht vorgetragen. Soweit der Hessische Verwaltungsgerichtshof es abgelehnt habe, die von der Antragstellerin begehrte gänzliche oder teilweise Wiederholung des Prüfungsverfahrens anzuordnen, sei ebenfalls keine eigenständige Grundrechtsverletzung erkennbar. Die Antragstellerin lege bereits nicht dar, inwieweit sie darauf angewiesen wäre, ein anderes Abiturzeugnis mit ggf. besseren Einzelbewertungen vorlegen zu können.

Für einen schweren und anders als durch eine sofortige Entscheidung des Staatsgerichtshofs nicht abwendbaren Nachteil habe die Antragstellerin nichts dargetan. Auch von einer über den Einzelfall hinausgehenden Bedeutung ihres Falles gehe sie selbst ersichtlich nicht aus.

Die Verweisung auf das Hauptsacheverfahren sei auch nicht wegen offensichtlicher Aussichtslosigkeit der Klage unzumutbar. Darüber hinaus fehle der Antragstellerin das Rechtsschutzinteresse für eine Anrufung des Staatsgerichtshofs mit dem in ihren Hilfsanträgen formulierten Ziel wegen der mittlerweile erfolgreich abgelegten Abiturprüfung. Sie habe bei antragsgemäßer Bescheidung ihrer Hilfsanträge keine schützenswerten rechtlichen Vorteile.

Die Unzulässigkeit der Grundrechtsklage ergebe sich auch aus der fehlenden Prüfungskompetenz des Staatsgerichtshofs hinsichtlich bundesrechtlicher Vorschriften. Der Hessische Verwaltungsgerichtshof habe seine Entscheidung allein auf die fehlende Glaubhaftmachung des Anordnungsgrundes gestützt und damit seiner Entscheidung § 123 VwGO zugrunde gelegt. Dem Landesverfassungsgericht sei aber eine Überprüfung der Anwendung bundesrechtlicher Vorschriften verwehrt. Einer Vorlage an das Bundesverfassungsgericht bedürfe es mangels Entscheidungserheblichkeit der Vorlagefrage nicht.

V.

Der Landesanwalt hat sich dem Verfahren nicht angeschlossen.

VI.

Die Akten des Verwaltungsgerichts Darmstadt, Az.: 7 G 1965/95 (3) (= 7 TG 904/96 des Hessischen Verwaltungsgerichtshofs) und Az.: 7 E 1917/95 (3), sowie die die Antragstellerin betreffenden Behörden- und Schulakten (1 Ordner) haben dem Staatsgerichtshof vorgelegen.

B

Die Anträge sind zurückzuweisen.

I.

Der Hauptantrag ist unzulässig, weil die Antragstellerin vor Anrufung des Staatsgerichtshofs den Rechtsweg nicht erschöpft hat und keine Gründe für eine Ausnahme von diesem Erfordernis gegeben sind.

Nach Art. 131 Abs. 1 und 3 HV i. V. m. § 43 Abs. 1 des Gesetzes über den Staatsgerichtshof – StGHG – kann jedermann den Staatsgerichtshof anrufen, der die Verletzung eines ihm von der Hessischen Verfassung gewährten Grundrechts durch die öffentliche Gewalt geltend macht. Das Verfahren wegen Grundrechtsverletzung findet nach § 44 Abs. 1 StGHG allerdings nur statt, wenn der Betroffene eine Entscheidung des höchsten in der Sache zuständigen Gerichts des Landes Hessen herbeigeführt hat und innerhalb eines Monats seit Zustellung dieser Entscheidung den Staatsgerichtshof anruft. Dieser prüft nur, ob die Entscheidung auf der Verletzung eines von der Hessischen Verfassung gewährten Grundrechts beruht.

Die Antragstellerin hat zur Durchsetzung ihres Hauptantrages, das im Jahre 1995 erfolglos abgelegte Abitur an der X-Schule für bestanden zu erklären, den Rechtsweg nicht erschöpft. Ihrem Vorbringen sowie den beigezogenen Gerichtsakten des Eilverfahrens wie auch des noch beim Verwaltungsgericht Darmstadt anhängigen Hauptsacheverfahrens ist nicht zu entnehmen, daß ein Verfahren mit dem im vorliegenden Rechtsstreit als Hauptantrag formulierten Begehren beim Verwaltungsgericht durchgeführt wurde.

Zwar ist gemäß § 44 Abs. 2 StGHG eine Entscheidung des Staatsgerichtshofs unter besonderen Umständen auch vor Erschöpfung des Rechtsweges zulässig. Für das Vorliegen der im Gesetz genannten Voraussetzungen ist nichts ersichtlich. Die Bedeutung der Sache geht nicht über den Einzelfall hinaus. Das Entstehen eines schweren und unabwendbaren Nachteils durch die Verweisung auf den Rechtsweg steht schon in Anbetracht der im Jahre 1996 bestandenen Wiederholungsprüfung nicht zu befürchten. Auch der mögliche Nachteil, daß die Antragstellerin bei der Bewerbung um eine Ausbildungsstelle nicht auf eine schon im Jahr 1995 bestandene Abiturprüfung verweisen kann, hat nicht das vom Gesetz geforderte Gewicht, um von einer Erschöpfung des Rechtswegs abzusehen.

II.

Die Hilfsanträge sind unzulässig, weil es am Rechtsschutzinteresse fehlt.

Die Antragstellerin hat nicht dargetan, daß sie mit einem für nur vorläufig bestanden erklärten Abitur, was sie mit beiden Hilfsanträgen erreichen könnte, eine Verbesserung ihrer gegenwärtigen Position herbeiführen würde.

Die Antragstellerin hat im Sommer 1996 die Wiederholungsprüfung für das Abitur bestanden. Sie kann damit die für die Aufnahme eines Studiums erforderliche Qualifikation (vgl. § 27 Abs. 1 und Abs. 2 Hochschulrahmengesetz) nachweisen. Diesen Nachweis hat sie durch den erfolgreichen Abschluß einer auf das Studium vorbereitenden Schulausbildung erbracht. Dies gilt ebenso für die Wahl einer Berufsausbildung, die einen entsprechenden schulischen Abschluß voraussetzt. Die Antragstellerin hat nicht dargetan, daß und inwieweit ihr durch die vorläufige Erklärung eines bestandenen Abiturs im Jahre 1995 ein Vorteil im Vergleich zur gegenwärtig gegebenen Situation erwachsen würde. Zur Aufnahme eines Studiums wie auch einer Berufsausbildung ist die vorläufige Regelung in Ansehung des mittlerweile erlangten endgültigen Abschlusses ohne Bedeutung. Die Antragstellerin hat nichts dafür dargetan, daß der lediglich vorläufige Nachweis ihr irgendeinen konkreten Zugangsvorteil verschaffen könnte. Weder hat sie substantiiert vorgetragen, bei welchen Bewerbungen ihr eine vorläufige formale Position dienlich sein kann, noch hat sie konkrete Studiengänge benannt, deren Aufnahme sie erstrebt und bei denen eine vorläufige Regelung von Nutzen ist. Der Antragsschrift ist vielmehr zu entnehmen, daß die Antragstellerin ein Studium der Betriebswirtschaftslehre beginnt. Wie sich insoweit eine vorläufige Regelung auswirken könnte, hat sie nicht vorgetragen.

Soweit im fachgerichtlichen Eilverfahren das Begehren der Antragstellerin auf Anordnung einer gänzlichen oder teilweisen Wiederholung des Prüfungsverfahrens abgelehnt wurde, ist dieses Anliegen mittlerweile durch die Wiederholung der Abiturprüfung im Jahre 1996 erledigt. Den Ausführungen der Antragstellerin kann nicht entnommen werden, ob und wie sich ein Abitur an der X-Schule von einem Abitur an der Y-Schule unterscheidet und welche Vor- oder Nachteile im einzelnen bestehen. Der Hinweis in der Antragsschrift, „uU mit ihrem jetzigen Abitur keinen Studienplatz belegen" zu können, „den sie mit dem Abitur der X-Schule hätte belegen können", entbehrt jeglicher Substantiierung.

III.

Die Kostenentscheidung beruht auf § 28 Abs. 1 StGHG.

Entscheidungen des Verfassungsgerichtshofs des Freistaates Sachsen

Die amtierenden Richter des Verfassungsgerichtshofes des Freistaates Sachsen

Dr. Thomas Pfeiffer, Präsident
Klaus Budewig, Vizepräsident
Ulrich Hagenloch
Alfred Graf von Keyserlingk
Hans Dietrich Knoth
Prof. Dr. Hans v. Mangoldt
Siegfried Reich
Prof. Dr. Hans-Peter Schneider
Prof. Dr. Hans-Heinrich Trute

Stellvertreter

Heinrich Rehak
Martin Burkert
Jürgen Niemeyer
Dr. Andreas Spilger
Hannelore Leuthold
Dr. Günter Kröber
Susanne Schlichting
Heide Boysen-Tilly
Prof. Dr. Christoph Degenhart

Nr. 1

1) Zu den Voraussetzungen der nachträglichen Änderung des prozeßeinleitenden Antrages im Verfassungsbeschwerdeverfahren

2) Zur Subsidiarität der Verfassungsbeschwerde und insbesondere zu den Kriterien der Zumutbarkeit und Unzumutbarkeit der Anrufung der jeweiligen Fachgerichte vor Erhebung der Verfassungsbeschwerde*

3) Eine auf die angebliche Verletzung von Art. 10 Abs. 3 SächsVerf gestützte Rüge ist unzulässig, weil es sich bei dieser Norm nicht um ein Grundrecht, also ein verfahrensrechtlich durchsetzbares subjektives Recht, handelt, sondern um eine den Staat verpflichtende Norm des objektiven Verfassungsrechtes.*

4) Die Vorschriften der § 71 Abs. 2 S. 1, § 12 Abs. 1 S. 1 SächsWaldG sowie des § 31 Abs. 1, Abs. 2 S. 1 und S. 2 SächsNatSchG verletzen die Beschwerdeführer nicht in ihren Grundrechten aus Art. 15, Art. 18 Abs. 1, Art. 28 Abs. 1 und Art. 31 Abs. 1 SächsVerf.*

Verfassung des Freistaates Sachsen Art. 10, 15, 18 Abs. 1, 28 Abs. 1, 31 Abs. 1, 81 Abs. 1 Nr. 4

Sächsisches Verfassungsgerichtshofsgesetz §§ 27, 28, 29 Abs. 3 und Abs. 4 S. 1

Sächsisches Waldgesetz §§ 11 Abs. 4 S. 1, 12 Abs. 1 S. 1 und Abs. 3

Sächsisches Naturschutzgesetz § 31 Abs. 1 und Abs. 2 S. 1 und S. 2

Sächsisches Wassergesetz § 34 Abs. 1 S. 1

Beschluß vom 23. Januar 1997 – Vf 7-IV-94 –

in dem Verfahren über die Verfassungsbeschwerde der Frau K., des Herrn H. und der Frau R.

Entscheidungsformel:

Die Verfassungsbeschwerde wird zurückgewiesen.

* Nichtamtliche Leitsätze

222 Verfassungsgerichtshof des Freistaates Sachsen

Gründe:

A.

Die Beschwerdeführer wenden sich mit ihrer am 16. Februar 1994 eingegangenen Verfassungsbeschwerde unmittelbar gegen Regelungen des Waldgesetzes für den Freistaat Sachsen (SächsWaldG) vom 10. April 1992 (SächsGVBl. S. 137), des Sächsischen Gesetzes über Naturschutz und Landschaftspflege (Sächsisches Naturschutzgesetz – SächsNatSchG) vom 28. Dezember 1992 (SächsGVBl. S. 571) und des Sächsischen Wassergesetzes (SächsWG) vom 23. Februar 1993 (SächsGVBl. S. 201), die das Reiten und Fahren mit Pferdegespannen im Wald und in der freien Landschaft, das Durchreiten und Durchfahren von natürlichen oberirdischen Gewässern sowie das Tränken und Schwemmen von Pferden betreffen. Am 3. März 1994 haben die Beschwerdeführer ihre Verfassungsbeschwerde auf die in § 11 Abs. 4 Satz 1 SächsWaldG enthaltene Beschränkung des Fahrens mit Fuhrwerken und Kutschen im Wald erweitert und zusätzlich einen Verstoß gegen den Gleichheitsgrundsatz des Art. 18 Abs. 1 SächsVerf gerügt.

I.

1. Die bundesrechtliche Rahmenvorschrift in § 14 des Gesetzes zur Erhaltung des Waldes und zur Förderung der Forstwirtschaft (Bundeswaldgesetz) vom 2. Mai 1975 (BGBl. I S. 1037) enthält zum Betreten des Waldes folgende Regelung:

§ 14 Betreten des Waldes

(1) Das Betreten des Waldes zum Zwecke der Erholung ist gestattet. Das Radfahren, das Fahren mit Krankenfahrstühlen und das Reiten im Wald ist nur auf Straßen und Wegen gestattet. Die Benutzung geschieht auf eigene Gefahr.

(2) Die Länder regeln die Einzelheiten. Sie können das Betreten aus wichtigem Grund, insbesondere des Forstschutzes, der Wald- oder Wildbewirtschaftung, zum Schutze der Waldbesucher oder zur Vermeidung erheblicher Schäden oder zur Wahrung anderer schutzwürdiger Interessen des Waldbesitzers, einschränken und andere Benutzungsarten ganz oder teilweise dem Betreten gleichstellen.

Der dritte Teil des SächsWaldG enthält zum Betreten des Waldes u. a. folgende Bestimmungen:

Verfassungsgerichtshof des Freistaates Sachsen

§ 11 Betreten des Waldes

(1) Jeder darf Wald zum Zwecke der Erholung betreten. Das Radfahren und das Fahren mit motorgetriebenen Krankenfahrstühlen ist nur auf Straßen und Wegen gestattet. (...)

(2) Das Betreten des Waldes erfolgt auf eigene Gefahr. Wer den Wald betritt, hat sich so zu verhalten, daß die Lebensgemeinschaft Wald und die Bewirtschaftung des Waldes nicht gestört oder gefährdet, der Wald und die Einrichtungen im Wald nicht beschädigt, zerstört oder verunreinigt werden sowie die Erholung anderer Waldbesucher nicht beeinträchtigt wird. (...)

(4) Andere Benutzungsarten wie das Fahren mit Motorfahrzeugen, Fuhrwerken oder Kutschen, das Zelten, das Abstellen von Wohnwagen und das Aufstellen von Verkaufsständen im Wald sind nicht Teil des Betretensrechts; sie bedürfen unbeschadet eventuell erforderlicher Genehmigungen nach anderen Rechtsvorschriften der besonderen Genehmigung des Waldbesitzers. Sie dürfen die Funktion des Waldes (§ 1 Nr. 1) nicht beeinträchtigen. (...)

§ 12 Reiten im Wald

(1) Das Reiten im Wald ist nur auf dafür ausgewiesenen und gekennzeichneten Wegen gestattet. Es sollen daher genügend geeignete, möglichst zusammenhängende und an entsprechende Wege auf Gemeindegebieten von Nachbargemeinden anschließende Waldwege für das Reiten ausgewiesen werden. Die Ausweisung erfolgt durch die Forstbehörde nach Anhörung der beteiligten Waldbesitzer und der Betroffenen.

(2) Erhebliche Schäden, die durch das Reiten auf ausgewiesenen Waldwegen entstanden sind, ersetzt oder beseitigt der Freistaat Sachsen nach seiner Wahl.

(3) Zur Abgeltung der Aufwendungen nach Absatz 2 erhebt der Freistaat Sachsen für das Reiten auf ausgewiesenen Waldwegen eine Abgabe. Sie ist so zu bemessen, daß die hieraus insgesamt erzielten Einnahmen langfristig die nach Absatz 2 zu leistenden Aufwendungen nicht übersteigen.

(4) Das Staatsministerium wird ermächtigt, im Einvernehmen mit dem Staatsministerium der Finanzen durch Rechtsverordnungen die Ausweisung von Reitwegen, die Erhebung und Höhe einer Abgabe sowie die Kennzeichnung der Pferde zu regeln.

Nach Einlegung der Verfassungsbeschwerde erließ der Sächsische Staatsminister für Landwirtschaft, Ernährung und Forsten am 14. Dezember 1994 die Reitwegeverordnung (ReitwegeVO), die Ende Januar 1995 in Kraft trat (SächsGVBl. 1995 S. 6).

§ 52 Abs. 2 Nr. 5 und 6 SächsWaldG sowie § 52 Abs. 2 SächsWaldG i. V. m. § 6 Abs. 1 ReitwegeVO enthalten Ordnungswidrigkeitstatbestände für vorsätzliche und fahrlässige Verstöße gegen die Betretungsregelungen des § 11 Abs. 4 und des § 12 Abs. 1 SächsWaldG sowie gegen die Abgabenentrichtungs- und Kennzeichnungspflicht nach § 2 und § 4 der ReitwegeVO.

2. Das Gesetz über Naturschutz und Landschaftspflege (Bundesnaturschutzgesetz – BNatSchG) in der Fassung der Bekanntmachung vom 12. März 1987 (BGBl. I S. 889) enthält in seinem § 27 eine § 14 BWaldG vergleichbare bundesrechtliche Rahmenregelung für das Betreten der Flur auf Straßen und Wegen sowie auf ungenutzten Flächen.

Das SächsNatSchG enthält in seinem sechsten Abschnitt (Erholung in Natur und Landschaft) u. a. folgende Regelungen:

§ 30 Betreten der freien Landschaft

(1) Die freie Landschaft darf von allem auf eigene Gefahr zum Zwecke der Erholung unentgeltlich betreten werden. (…)

(3) Vorschriften über das Betreten des Waldes (…) bleiben unberührt.

§ 31 Schranken des Betretungsrechts

(1) Das Betretungsrecht umfaßt nicht das Reiten, das Befahren mit Kraftfahrzeugen, das Zelten sowie das Aufstellen und Abstellen von Fahrzeugen.

(2) Das Reiten und das Fahren mit bespannten Fahrzeugen ist nur auf geeigneten Wegen und besonders ausgewiesenen Flächen gestattet. Gekennzeichnete Wanderwege, Sport- und Lehrpfade sowie für die Erholung der Bevölkerung ausgewiesene Spielplätze und Liegewiesen dürfen nicht benutzt werden. Die Gemeinden sollen im Einvernehmen mit der unteren Naturschutzbehörde, im Gebiet der Nationalparkregion Sächsische Schweiz oder eines Biosphärenreservats unter besonderer Berücksichtigung des Schutzzweckes mit der in § 17 Abs. 6 oder § 18 Abs. 3 genannten Verwaltung, geeignete Flächen ausweisen; die Ausweisung bedarf bei Privatgrundstücken der Zustimmung des Grundstückseigentümers.

§ 61 Abs. 1 Nr. 9 SächsNatSchG enthält einen Ordnungswidrigkeitstatbestand für einen vorsätzlichen oder fährlässigen Verstoß gegen § 31 Abs. 2 Satz 2 SächsNatSchG.

3. § 23 Abs. 1 des Gesetzes zur Ordnung des Wasserhaushalts (Wasserhaushaltsgesetz – WHG) in der Fassung der Bekanntmachung vom 23. September 1986 (BGBl. I S. 1529, ber. S. 1654) bestimmt als Ausnahme von dem grundsätzlichen Erlaubnis- und Bewilligungserfordernis für die Benutzung von Gewässern (§ 2 Abs. 1 WHG) die erlaubnisfreie Benutzung in Form des Gemeingebrauchs:

§ 23 Gemeingebrauch

(1) Jederman darf oberirdische Gewässer in einem Umfang benutzen, wie dies nach Landesrecht als Gemeingebrauch gestattet ist, soweit nicht Rechte anderer entgegenstehen und soweit Befugnisse oder der Eigentümer- oder Anliegergebrauch anderer dadurch nicht beeinträchtigt werden.

Das SächsWG enthält dazu folgende Bestimmung:

§ 34 (zu § 23 WHG) Gemeingebrauch

(1) Jeder darf natürliche oberirdische Gewässer zum Baden, Tränken, Schöpfen mit Handgefäßen, Eissport und Befahren mit kleinen Fahrzeugen ohne eigene Triebkraft benutzen, soweit dies wasserwirtschaftlich unbedenklich ist und nicht Rechte anderer entgegenstehen und soweit Befugnisse oder der Eigentümer- bzw. Anliegergebrauch anderer dadurch nicht beeinträchtigt werden.

II.

1. Die Beschwerdeführer zu 1. bis 3. betreiben Pferdesport. Der Beschwerdeführer zu 2. ist Eigentümer mehrerer Pferde, die er zur Ausübung des Reitsportes und für Zuchtzwecke hält. Die Beschwerdeführerin zu 3. ist Inhaberin eines gewerblichen Reiterhofes mit angeschlossenem Gaststätten- und Beherbergungsbetrieb. Sie betreibt eine Pferdezucht und bietet auch kommerzielle Kremserfahrten an. Mit ihrer Verfassungsbeschwerde rügen die Beschwerdeführer zu 1. bis 3. eine Verletzung von Art. 10 Abs. 3 SächsVerf, Art. 15 SächsVerf und Art. 18 Abs. 1 SächsVerf. Die Beschwerdeführerin zu 3. macht darüber hinaus eine Verletzung von Art. 28 Abs. 1 und Art. 31 Abs. 1 SächsVerf geltend.

Die Beschwerdeführer tragen vor, die Einlegungsfrist des § 29 Abs. 3 und Abs. 4 Satz 1 SächsVerfGHG sei gewahrt, weil die Verfassungsbeschwerde sich gegen Gesetze richte, die vor Inkrafttreten des SächsVerfGHG am 5. März 1993 in Kraft getreten seien bzw. gegen die Gesetze, bei denen die Jahresfrist des § 29 Abs. 3 SächsVerfGHG bei Erhebung der Verfassungsbeschwerde noch nicht abgelaufen sei. Das Erfordernis der Rechtswegerschöpfung (§ 27 Abs. 2 Satz 2 SächsVerfGHG) stehe der Zulässigkeit nicht entgegen, weil die Verfassungsbeschwerde von allgemeiner Bedeutung sei und den Beschwerdeführern schwere und unabwendbare Nachteile entstünden, wenn sie zunächst auf den Rechtsweg verwiesen würden. Die angegriffenen Vorschriften beträfen tausende Reiter und Gespannfahrer sowie hunderte Reitbetriebe und Züchter.

Den Beschwerdeführern entstünden unabwendbare Nachteile, wenn sie zunächst auf den Rechtsweg verwiesen würden. Die Beschwerdeführerin zu

1. sei Richterin und habe geschworen, die Gesetze des Freistaates Sachsen zu achten. Mit ihren ethischen Grundsätzen könne sie es nicht vereinbaren, wenn sie andere zur Gesetzestreue anhalte, selbst aber die Gesetze vorsätzlich mißachten müsse, um zur Eröffnung des Rechtswegs beim Reiten im Wald entdeckt und mit einem Verwaltungsakt belegt zu werden. Ihr sei es auch nicht zuzumuten, ihre Erholungsmöglichkeiten als Reiterin und Gespannfahrerin über Jahre hinweg auf ein untragbares Minimum, nämlich auf die Nutzung der Reitanlage und der wenigen in der Umgebung ihres Wohnortes ausgewiesenen Reitwege, zu reduzieren.

Für den Beschwerdeführer zu 2., der als Regierungsrat ebenfalls einen Treueeid geleistet habe, ergebe sich ein schwerer und unabwendbarer Nachteil zusätzlich daraus, daß er als Eigentümer von sechs Pferden darauf angewiesen sei, die überwiegend bewaldete Umgebung zu nutzen, um die Pferde in einer Weise zu bewegen, die den Anforderungen des Tierschutzes genüge. Als Züchter von „Freizeitpferden" sei er auch darauf angewiesen, daß die Zahl der Reiter und der Bedarf an Pferden nicht durch grundlose Reitverbote zurückgehe.

Die Beschwerdeführerin zu 3., ebenfalls Reiterin und Gespannfahrerin, macht darüber hinaus geltend, die angegriffenen Regelungen führten zu einem existenzbedrohenden Rückgang der Einnahmen aus dem Reit- und Pensionsbetrieb sowie aus dem Verkauf von Fohlen.

Die Beschwerdeführer seien in den von ihnen gerügten Grundrechten selbst, gegenwärtig und unmittelbar betroffen. Die angefochtenen Regelungen bedürften für ihre Wirksamkeit keiner weiteren „Verwaltungsakte".

2. Die Beschwerdeführer rügen vor allem eine Verletzung von Art. 10 Abs. 3 SächsVerf. Sie vertreten die Auffassung, bei dieser Norm handele es sich insbesondere nach ihrem Wortlaut und ihrer Entstehungsgeschichte um ein beschwerdefähiges Grundrecht, nicht etwa um eine bloße Staatszielbestimmung. Art. 10 Abs. 3 SächsVerf enthalte nach der Formulierung in Satz 1 („Das Land erkennt das Recht [...] an") ein subjektives Recht des einzelnen Bürgers, das den Genuß der Naturschönheiten und die Erholung in der freien Natur beinhalte. Entsprechend gelte für Art. 10 Abs. 3 Satz 2 SächsVerf („ist [...] zu ermöglichen"). Ein Vergleich mit den von Art. 81 Abs. 1 Nr. 4 SächsVerf in Bezug genommenen Grundrechten der Art. 14, Art. 17, Art. 18, Art. 19, Art. 21, Art. 22, Art. 27, Art. 28, Art. 30, Art. 31, Art. 41, Art. 78 Abs. 1 und 2, Art. 91 und Art. 102 SächsVerf zeige, daß die überwiegende Zahl der Grundrechte nicht die Formulierung „hat das Recht" enthielten, sondern Formulierungen, die mit Art. 10 Abs. 3 SächsVerf vergleichbar seien wie „das Land erkennt das Recht an", „ist Verpflichtung aller staatlichen Gewalt", „stehen unter dem besonderen Schutz des Landes", „werden gewährleistet" oder „gewährleistet das Recht".

Die Einschränkungen des Rechts aus Art. 10 Abs. 3 SächsVerf, insbesondere die zugunsten des Naturschutzes, sprächen nicht gegen die Annahme eines Grundrechts. Vergleichbare allgemein und ausgestaltungsbedürftige Beschränkungen seien auch in den Grundrechten der Art. 15 SächsVerf und Art. 20 Abs. 3 SächsVerf enthalten. Ebensowenig wie der Wortlauf des Art. 10 Abs. 3 SächsVerf schließe seine Stellung im ersten Abschnitt der Verfassung es aus, daß es sich um ein Grundrecht handele. Wie das Grundgesetz in seinen Art. 21 Abs. 1 Satz 1, Art. 20 Abs. 2, Art. 101 und Art. 103 Abs. 1 enthalte auch die Verfassung des Freistaates Sachsen Grundrechte außerhalb des Grundrechtsteils, da manche Rechte nach der Systematik besser in andere Abschnitte „paßten". Dies gelte u. a. für Art. 4, Art. 78 Abs. 1 und Art. 78 Abs. 2 SächsVerf, wie sich schon aus Art. 81 Abs. 1 Nr. 4 SächsVerf ergebe. Dem Verfassunggeber sei der Unterschied zwischen Staatszielen und Grundrechten durchaus bewußt gewesen. Er habe, wie die Formulierung des Art. 7 Abs. 1 SächsVerf belege, ausdrücklich kundgetan, wenn er kein Grundrecht habe entstehen lassen wollen. Die Bezeichnung eines Rechts als Staatsziel in Art. 7 Abs. 1 SächsVerf sei ansonsten überflüssig.

Auch die fehlende Bezugnahme in Art. 81 Abs. 1 Nr. 4 SächsVerf lasse nicht den Schluß zu, Art. 10 Abs. 3 SächsVerf stelle kein beschwerdefähiges Grundrecht dar. Art. 81 Abs. 1 Nr. 4 SächsVerf enthalte keine abschließende Aufzählung. Mit der Verfassungsbeschwerde könnten nach dem Wortlaut der Norm alle „in dieser Verfassung niedergelegten Grundrechte", also auch Art. 10 Abs. 3 SächsVerf, geltend gemacht werden. Für die mit Art. 10 Abs. 3 SächsVerf vergleichbare Regelung des Art. 141 Abs. 3 der Verfassung des Freistaates Bayern sei anerkannt, daß es sich um ein beschwerdefähiges Grundrecht handele, obwohl auch diese Vorschrift nicht dem Grundrechtsteil angehöre.

Handele es sich bei Art. 10 Abs. 3 SächsVerf um ein beschwerdefähiges Grundrecht, so umfasse dessen Schutzbereich auch das Reiten sowie das Gespann- und Kutschfahren in der Natur. Das Reiten und Fahren mit bespannten Fahrzeugen vermittele einen einzigartigen Naturgenuß, der aufgrund eines gegenüber Fußgängern und Radfahrern herausgehobenen Blickfeldes und einer durch den Eigengeruch der Pferde verringerten Fluchtdistanz scheuer Wildtiere erheblich gesteigert werde. Kremserfahrten, die überwiegend von Freizeitfahrern angeboten würden, erfreuten sich einer steigenden Beliebtheit, weil sie die Möglichkeit böten, im Familien- und Freundeskreis an der Nutzung eines Pferdes teilzuhaben, ohne dessen Beherrschung erlernen zu müssen. Eine Rechtfertigung für die in § 11 Abs. 4 Satz 1, § 12 SächsWaldG, § 31 Abs. 1 und Abs. 2 SächsNatSchG und § 34 Abs. 1 Satz 1 SächsWG enthaltenen Grundrechtseingriffe bestehe nicht. Die genannten Nutzungsarten würden — soweit es um Waldgebiete gehe — bereits durch § 14 Abs. 1 Satz 2 BWaldG auf Straßen und Wege beschränkt. Die darüber hinausgehenden Vorschriften des § 11 Abs. 4 Satz 1 und § 12 SächsWaldG seien ebenso verfassungswidrig wie § 31 Abs. 1 und Abs. 2 SächsNatSchG. Auch das in § 34 Abs. 1 SächsWG enthaltene Verbot des Tränkens und Schwemmens von Pferden sowie des Durchreitens und Durchfahrens von offenen Gewässern verstoße gegen Art. 10 Abs. 3 SächsVerf. Der freie Zugang zur Natur dürfe nur in dem Maße eingeschränkt werden, wie dies zum Schutz der Umwelt geboten sei.

Beschränkungen des Grundrechts auf Genuß der Naturschönheiten seien wegen der Bezugnahme auf Art. 10 Abs. 1 Satz 2 SächsVerf nur zulässig zum Schutz der Umwelt als Lebensgrundlage, zum Schutz des Bodens, der Luft und des Wassers sowie der Landschaft als Ganzes. Zu diesen Zielen gehörten weder der Schutz anderer Wegbenutzer noch die Vermögensinteressen von Grundstückseigentümern. Der Freistaat Sachsen werde durch Art. 10 Abs. 1 SächsVerf auch nicht etwa verpflichtet, Schäden an Waldwegen zu begrenzen. Eine Eingriffsrechtfertigung komme zwar auch durch kollidierende Grundrechte in Betracht, wobei eine Abwägung der gegenläufigen Interessen erfolgen müsse. Die angegriffenen Regelungen ließen jedoch nicht erkennen, daß die Belange der Reiter und Gespannfahrer hinreichend in die gesetzgeberische Abwägung eingestellt worden seien. Die Beschränkungen des Reitens sowie des Kutsch- und Gespannfahrens in § 11 Abs. 4 Satz 1 und § 12 SächsWaldG sowie in § 31 Abs. 1 und Abs. 2 SächsNatSchG verstießen gegen das Übermaßverbot. Sie seien zur Erreichung des vom Gesetzgeber verfolgten Ziels weder geeignet, noch erforderlich oder im engeren Sinne verhältnismäßig.

Die angegriffenen Regelungen fänden eine Rechtfertigung weder im Schutz des Bodens, der Flora und Fauna noch im Schutz anderer Erholungssuchender oder im Schutz der Vermögensinteressen von Waldbesitzern. Die Vorschriften der § 11 Abs. 4 Satz 1, § 12 SächsWaldG und § 31 Abs. 1 und Abs. 2 SächsNatSchG kämen faktisch einem Verbot des Reitens sowie des Fahrens mit bespannten Fahrzeugen in der Natur gleich, obwohl Reiter wie Gespannfahrer schon aus Gründen des Tierschutzes gehalten seien, möglichst ungeteerte bzw. ungepflasterte Flächen zu nutzen. Die derzeit ausgewiesenen Wege seien völlig unzureichend. Ein einzelner Grundstückseigentümer könne die Nutzung ganzer Waldgebiete verhindern, selbst wenn ihm nur wenige Meter eines Weges gehörten. Die Ermittlung des jeweiligen Eigentümers und die Einholung seiner Zustimmung bzw. Genehmigung vor jeder Fahrt sei unzumutbar bzw. praktisch – etwa bei unvorhersehbaren Abweichungen von einer geplanten Route durch einen umgestürzten Baum – nicht möglich. Weil die Ausweisung von Reitwegen mit erheblichen Kosten verbunden sei, müsse befürchtet werden, daß im Freistaat Sachsen auf absehbare Zeit kein ausreichendes Wegenetz geschaffen werden könne. Die Einräumung eines umfassenden Betretungsrechts für Reiter und Gespannfahrer stelle auch keine einseitige Bevorteilung dar. Das Reiten sowie das Fahren mit bespannten Fahrzeugen auf dem gesamten im Wald vorhandenen Wegenetz führe nicht zu nennenswerten Gefährdungen oder Schäden. Eine grundsätzliche Freigabe des Reitens sowie des Fahrens mit Fuhrwerken und Kutschen im Wald, verbunden mit der Möglichkeit, Wege im Einzelfall von den genannten Nutzungsarten freizuhalten, stelle nicht nur einen milderen Grundrechtseingriff dar, sondern könne den Waldeigentümern und der öffentlichen Hand erhebliche Kosten für Anlegung und den Unterhalt von Reitwegen ersparen. Zu einer Beunruhigung des Wildes durch das Reiten oder das Fahren mit Fuhrwerken und Kutschen komme es nicht. Zur Erhaltung des Waldbodens seien die angegriffenen Beschränkungen ebensowenig nötig. Auf Waldwegen seien die Böden und die ursprünglich vorhandene Vegetation ohnehin schon beeinträchtigt. In den sächsischen Wäldern seien nur wenige Reiter und Gespannfahrer unterwegs. Diese verursachten keine Schäden, die zusätzliche Instandhaltungsarbeiten erforderlich machen würden. Kutschen und Gespanne könnten aufgrund ihrer Breite und ihres Gewichts nur Wege benutzen, die für Fahrzeuge ausgelegt seien. Schäden auf Waldwegen seien nahezu ausschließlich auf Kraftfahrzeuge zurückzuführen, die durch ihr Gewicht in den weichen Waldböden tiefe Rinnen hinterließen. Eine Beschränkung der Reiter und Kutschfahrer auf wenige ausgewiesene Reitwege würde deren Überbeanspruchung zur Folge haben, was durch eine gleichmäßige Nutzung aller Waldwege vermieden werden könne. Die Ausweisung von Reitwegen führe auch zu einer unzumutbaren Belastung der Waldbesitzer. Waldwege seien ursprünglich zur Bewirtschaftung des Waldes angelegt worden. Diesen Zweck könnten sie bei einer Ausweisung als Reitweg nicht mehr erfüllen, weil Reitwege jedem anderen Nutzungszweck entzogen seien. Von daher beeinträchtige oder vereitele erst die Ausweisung von Reitwegen in Verbindung mit der Reitwegebenutzungspflicht die Bewirtschaftung des Waldes, was zu erheblichen Nachteilen führe. Der Verwaltung könne es zwar freigestellt werden, Reitwege auszuweisen; ein Benutzungszwang sei jedoch nicht gerechtfertigt.

Ebensowenig wie für die Regelungen der § 11 Abs. 4 Satz 1 und § 12 SächsWaldG lägen nachvollziehbare Gründe für den gesetzlichen Ausschluß des Reitens vom allgemeinen Betretungsrecht durch § 31 Abs. 1 SächsNatSchG und die Beschränkung des Reitens und des Fahrens mit bespannten Fahrzeugen auf ausgewiesene Wege und Flächen nach § 31 Abs. 2 SächsNatSchG vor. Auch außerhalb des Waldes seien die meisten unbefestigten Wege als Wanderwege ausgewiesen und damit nach § 31 Abs. 2 Satz 2 Sächs-

NatSchG einer Nutzung durch Reiter und Gespannfahrer entzogen. Insbesondere in Naturschutzgebieten, Naturparks, Nationalparks und Biosphärenreservaten gebe es kaum einen Weg, der nicht als Wanderweg ausgewiesen sei. Zahlreiche Wanderwege, Sport- und Lehrpfade führten über gewöhnliche Wirtschaftswege oder öffentliche Straßen. Angesichts der Breite dieser Wege seien von Reitern und Gespannen bei Wahrung der gebotenen Rücksichtnahme keine größeren Belästigungen zu erwarten als sie etwa von Fußgängern oder Radfahrern ausgingen, die ihre Hunde ausführten. Selbst eine Nutzung von Liegewiesen durch Reiter und Gespannfahrer führe nicht notwendig zu erheblichen Beeinträchtigungen. Liegewiesen würden nur während der warmen Jahreszeit als solche genutzt. Außerhalb der Saison spreche bei geeigneten Bodenverhältnissen nichts gegen eine gelegentliche Nutzung durch Reiter oder Gespannfahrer. Entsprechend gelte für Felder außerhalb der Saat- und Aufwuchszeit.

Als geeigneteres bzw. milderes und letzlich auch kostengünstigeres Mittel zur Erreichung der mit § 31 Abs. 1 und Abs. 2 SächsNatSchG verfolgten Ziele sei eine grundsätzliche Freigabe des Reitens und Gespannfahrens mit der Möglichkeit des Verbots im Einzelfall geboten. Dies gelte umso mehr, als der ständige Wechsel der Bodenverhältnisse bzw. Bodennutzung eine ganzjährige Ausweisung geeigneter Flächen kaum zulasse. Eine gesetzliche Beschränkung des Reitens und des Fahrens mit bespannten Fahrzeugen dürfe jedoch nur für solche Flächen erfolgen, die nach ihrer Bewirtschaftung oder nach den Bodenverhältnissen für solche Nutzungen generell ungeeignet seien. Für den Straßenverkehr enthalte § 3 Abs. 1 Satz 2 StVO eine vergleichbare Regelung.

Eine Trennung der Reiter und Gespanne von den übrigen Erholungssuchenden sei zum Schutz letzterer weder im Wald noch in anderen Teilen der freien Natur erforderlich. Insbesondere rechtfertige die – geringe – Möglichkeit des Auftretens von Gefahren oder Schäden nicht die Einführung eines strikten und landesweiten Trennungsprinzips. Die Mehrheit der Bevölkerung empfinde die Begegnung mit Pferden unabhängig davon als angenehm, ob sich die Tiere auf der Weide oder auf einem Weg befänden. Die Zahl der Unfälle, in denen Unbeteiligte bei einer Begegnung mit Pferden zu Schaden kämen, sei insbesondere im Vergleich mit den Unfallzahlen im Straßenverkehr und im häuslichen Bereich verschwindend gering. Grundsätzliche Konflikte zwischen Reitern bzw. Gespannfahrern und Wanderern bestünden nicht. Letztere fühlten sich von Fahrradfahrern und freilaufenden Hunden weitaus stärker bedroht als von Pferden. Daß eine Gefährdung anderer keine rigorose Trennung konkurrierender Nutzungen gebiete, sei beispielsweise anhand der vielfach üblichen gemeinsamen Nutzung von

Landstraßen durch Kraftfahrzeuge und schwächere Verteilsteilnehmer (wie Fußgänger und Fahrradfahrer) zu belegen.

Eine Verletzung von Art. 10 Abs. 3 SächsVerf sei schließlich auch darin zu sehen, daß die abschließende Aufzählung des § 34 Abs. 1 SächsWG das Tränken und Schwemmen von Pferden sowie das Durchreiten und Durchfahren von offenen Gewässern vom wasserrechtlichen Gemeingebrauch ausnehme, obwohl Beeinträchtigungen der Gewässer bei ordnungsgemäßen und rücksichtsvoller Ausübung dieser Nutzungsarten nicht zu befürchten seien. Auch Wildtiere bedienten sich der Gewässer zum Tränken und zur Reinigung. Ob das Schwemmen von Pferden bei verfassungskonformer Auslegung des § 34 Abs. 1 SächsWG unter den Begriff des „Badens" gefaßt werden könne, sei angesichts des allgemeinen Sprachgebrauchs zweifelhaft.

Außer einer Verletzung des Art. 10 Abs. 3 SächsVerf rügen die Beschwerdeführer eine Verletzung ihrer durch Art. 15 SächsVerf gewährleisteten allgemeinen Handlungsfreiheit. Zum Schutzbereich dieses Grundrechts gehöre auch die Ausübung des Reit- und Fahrsportes in der freien Natur. Die Beschränkungen des Reitens und Gespannfahrens in § 11 Abs. 4 Satz 1, § 12 SächsWaldG, § 31 Abs. 1, Abs. 2 SächsNatSchG und § 34 Abs. 1 Satz 1 SächsWG seien unverhältnismäßig, wobei auf die Ausführungen zu Art. 10 Abs. 3 SächsVerf verwiesen werden könne.

Die Beschränkungen des Reitens sowie des Kutsch- und Gespannfahrens verstießen auch gegen den allgemeinen Gleichheitsgrundsatz des Art. 18 Abs. 1 SächsVerf. Eine Unterscheidung von Reitern und Gespannfahrern und anderen Gruppen sei weder hinsichtlich des Betretungsrechts noch hinsichtlich der Abgabenerhebung gerechtfertigt. Fahrradfahrer und Wanderer dürften nicht anders behandelt werden als Reiter und Gespannfahrer. Das Fahrradfahren im Wald hinterlasse Spuren auf den Waldwegen. Ebenso wie Reitwege bedürften auch Rad- und Wanderwege einer ständigen Pflege und Instandhaltung, so daß entsprechende Abgaben auch von Wanderern und Fahrradfahrern erhoben werden müßten.

Die Beschwerdeführerin zu 3. rügt über das Vorbringen der Beschwerdeführer zu 1. und 2. hinaus eine Verletzung ihrer Grundrechte aus Art. 28 Abs. 1 SächsVerf und Art. 31 Abs. 1 SächsVerf. Sie macht geltend, die angegriffenen Regelungen entzögen ihrem Reiterhof die Existenzgrundlage. Die umfassende Nutzung der Natur durch Reiter und Gespannfahrer sei notwendige Grundlage des Reittourismus. Sie habe erhebliche finanzielle Mittel aufgewandt, um den von ihr betriebenen Reiterhof den Erfordernissen des Marktes anzupassen. Die angegriffenen Regelungen führten zu einem existenzbedrohenden Rückgang der Einnahmen aus dem Reit- und Pensionsbetrieb sowie aus dem Verkauf von Fohlen. Auch die Durchführung gewerblicher Kremserfahrten sei erheblich erschwert, wenn nicht gar praktisch unmöglich. Die überwiegende Zahl der Gäste des Reiterhofes suche als Reiter oder Gespannfahrer Erholung in der freien Natur. Die Besucher aus der näheren Umgebung nähmen den Reitunterricht lediglich in Kauf, um später die Landschaft zu Pferd oder mit dem Gespann zu genießen.

3. Der Präsident des Landtages hat von einer Stellungnahme abgesehen. Die zwischenzeitlich nicht mehr dem Landtag zugehörige F.D.P.-Fraktion hat die Verfassungsbeschwerde unterstützt.

Das Staatsministerium der Justiz hält die Verfassungsbeschwerde für zulässig, aber unbegründet.

B.

Die Verfassungsbeschwerde ist nur teilweise zulässig.

1. Der Zulässigkeit der gegen § 11 Abs. 4 Satz 1 SächsWaldG gerichteten Rüge steht nicht entgegen, daß sie nicht bereits mit der am 16. Februar 1994 eingegangenen Verfassungsbeschwerde erhoben wurde. Der Verfassungsgerichtshof kann eine nachträgliche Änderung des prozeßeinleitenden Antrags zulassen, wenn dies zweckmäßig erscheint und legitime Interessen der übrigen Verfahrensbeteiligten nicht beeinträchtigt werden (vgl. BVerfGE 13, 54, 94 f; 81, 208, 214 f). Diese Voraussetzungen sind hier erfüllt. Der Schriftsatz, mit dem die Verfassungsbeschwerde auf § 11 Abs. 4 Satz 1 SächsWaldG erweitert wurde, ist vor Ablauf der Beschwerdefrist des § 29 Abs. 4 Satz 1 SächsVerfGHG am 3. März 1994 beim Verfassungsgerichtshof eingegangen. Die Einbeziehung des § 11 Abs. 4 Satz 1 SächsWaldG in das anhängige Verfassungsbeschwerdeverfahren erscheint dem Gericht auch sachdienlich.

Soweit die Beschwerdeführer mit ihrem am 3. März 1994 eingegangenen Schriftsatz erstmalig eine Verletzung von Art. 18 Abs. 1 SächsVerf rügen, ist die Verknüpfung des ursprünglichen Vorbringens mit dieser Rüge nach den dargelegten Grundsätzen ebenfalls zulässig. Auch genügt der Vortrag, eine Ungleichbehandlung von Reitern und Gespannfahrern gegenüber Wanderern und Fahrradfahrern sei weder in Ansehung der Beschränkung des Betretungsrechts noch im Hinblick auf die Erhebung von Abgaben sachlich gerechtfertigt, den Anforderungen des § 28 SächsVerfGHG an die Bezeichnung des angeblich verletzten Rechts und des seine Verletzung enthaltenen Vorgangs.

2. Die nach dem Wortlaut des Antrags insgesamt gegen § 12 SächsWaldG gerichtete Verfassungsbeschwerde ist nach ihrem erkennbaren Rechtsschutzbegehren einschränkend dahin auszulegen, daß die Beschwer-

deführer sich lediglich gegen das in § 12 Abs. 1 Satz 1 SächsWaldG enthaltene Verbot des Reitens im Wald außerhalb der ausgewiesenen und gekennzeichneten Reitwege und gegen die in § 12 Abs. 3 SächsWaldG vorgesehene Abgabenerhebung für das Reiten auf ausgewiesenen Waldwegen wenden. Die Beschwerdeführer lassen in der Begründung ihrer Verfassungsbeschwerde erkennen, daß sie nur die in § 12 Abs. 1 Satz 1 und Abs. 3 SächsWaldG enthaltenen Regelungen als Verletzung von Freiheits- und Gleichheitsrechten ansehen. Gegen die in § 12 Abs. 2 SächsWaldG normierte Pflicht des Freistaates Sachsen, erhebliche Schäden, die durch das Reiten auf ausgewiesenen Waldwegen entstanden sind, zu ersetzen oder beseitigen, wenden die Beschwerdeführer sich in der ihrer Verfassungsbeschwerde beigegebenen Begründung ebensowenig wie gegen die in § 12 Abs. 4 SächsWaldG enthaltene Verordnungsermächtigung zur Ausweisung von Radwegen, zur Abgabenerhebung und zur Kennzeichnung von Pferden. Ebenso läßt sich der für die Auslegung des prozessualen Begehrens heranzuziehenden Begründung der Verfassungsbeschwerde entnehmen, daß die Beschwerdeführer sich weder gegen die Regelung des § 12 Abs. 1 Satz 2 SächsWaldG wenden, nach der die Forstbehörde genügend geeignete, möglichst zusammenhängende und an entsprechende Wege auf Gemeindegebieten von Nachbargemeinden anschließende Waldwege ausweisen soll, noch gegen die Verfahrensvorschrift des § 12 Abs. 1 Satz 3 SächsWaldG, die eine Auswei sung der Reitwege durch die Forstbehörde nach Anhörung der beteiligten Waldbesitzer und der Betroffenen vorsieht. Soweit die Beschwerdeführer beanstanden, daß im Freistaat Sachsen bislang Reitwege nur unzulänglich ausgewiesen und hierdurch die den Reitern durch in § 12 Abs. 1 Satz 1 SächsWaldG auferlegten Beschränkungen unverhältnismäßig belastend seien, handelt es sich bei diesem Vorbringen erkennbar nicht um die Geltendmachung einer eigenständigen Grundrechtsverletzung, sondern um einen bloßen Teil der Begründung zu der behaupteten Verfassungswidrigkeit des § 12 Abs. 1 SächsWaldG.

In diesem eingeschränkten Umfang ist die Verfassungsbeschwerde nur insoweit zulässig, als sie § 11 Abs. 4 Satz 1 SächsWaldG und § 12 Abs. 1 Satz 1 SächsWaldG betrifft.

Gemäß § 27 Abs. 1, § 29 Abs. 3 SächsVerfGHG konnte die Verfassungsbeschwerde unmittelbar gegen § 11 Abs. 4 Satz 1 SächsWaldG und § 12 Abs. 1 Satz 1 SächsWaldG gerichtet werden, weil die – möglicherweise in ihrem Grundrecht aus Art. 15 SächsVerf berührten – Beschwerdeführer als Reiter und Gespann- bzw. Kutschfahrer durch die angegriffenen Bestimmungen selbst, gegenwärtig und unmittelbar betroffen sind (vgl. BVerfGE 79, 174, 187 ff; 81, 70, 82; st. Rspr.). Die Vorschriften wirken – ihre Verfassungsmäßigkeit unterstellt – unmittelbar auf die Rechtsstellung der Beschwerdeführer ein, ohne daß es dazu rechtsnotwendig oder nach der tatsächlichen Verwaltungspraxis noch eines gesonderten Vollziehungsaktes der öffentlichen Gewalt bedarf. Bei Zuwiderhandlungen würden sich die Beschwerdeführer dem Risiko aussetzen, daß ihr Handeln als Ordnungswidrigkeit geahndet wird (vgl. § 52 Abs. 2 Nr. 5 und 6 SächsWaldG). Das ist ihnen nicht zuzumuten (vgl. BVerfGE 81, 70, 82; 46, 246, 256). Unter dem Gesichtspunkt der Subsidiarität der Verfassungsbeschwerde (siehe § 27 Abs. 2 SächsVerfGHG; vgl. BVerfGE 79, 1, 19) kann nicht verlangt werden, daß ein Betroffener vor der Erhebung der Verfassungsbeschwerde gegen eine straf- oder bußgeldbewehrte Rechtsnorm verstößt, um dann im Straf- und Bußgeldverfahren die Verfassungswidrigkeit der Norm geltend zu machen.

Die gegen § 12 Abs. 3 SächsWaldG erhobene Rüge ist dagegen unzulässig, weil die Beschwerdeführer durch die gesetzliche Bestimmung zur Erhebung einer Abgabe für das Reiten auf ausgewiesenen Wegen im Wald nicht unmittelbar betroffen sind. Die Abgabenerhebung setzt eine besondere Regelung durch Rechtsverordnung voraus (vgl. BVerfGE 53, 366, 389; 74, 297, 320), welche die Einzelheiten der Abgabenerhebung und die konkrete Höhe der Reitwegeabgabe bestimmt. Gegen die auf dieser Grundlage ergehenden Gebührenbescheide steht der Verwaltungsrechtsweg offen; er ist auch zumutbar.

3. Die Verfassungsbeschwerde ist – soweit das SächsNatSchG angesprochen ist – zulässig. Sie richtet sich erkennbar nur gegen § 31 Abs. 1 und Abs. 2 Satz 1 und 2 SächsNatSchG.

Die Beschwerdeführer, die möglicherweise in ihrem Grundrecht aus Art. 15 SächsVerf berührt sind, werden durch § 31 Abs. 1 und Abs. 2 Satz 1 und 2 SächsNatSchG selbst, gegenwärtig und unmittelbar betroffen. Die gesetzlichen Regelungen des Reitens und des Fahrens mit bespannten Fahrzeugen wirken mit ihrem Inkrafttreten auf die Rechtsstellung der Beschwerdeführer ein, ohne daß es eines gesonderten Vollziehungsaktes der öffentlichen Gewalt bedarf.

Die Subsidiarität der Verfassungsbeschwerde steht der Zulässigkeit der unmittelbar gegen die genannten Bestimmungen erhobenen Verfassungsbeschwerde nicht entgegen. Soweit sich die Beschwerdeführer gegen die – gemäß § 61 Abs. 1 Nr. 9 SächsNatSchG bußgeldbewehrte – Regelung des § 31 Abs. 2 Satz 2 SächsNatSchG wenden, nach der gekennzeichnete Wanderwege, Sport- und Lehrpfade sowie für die Erholung der Bevölkerung ausgewiesene Spielplätze und Liegewiesen nicht benutzt werden dürfen, kann den Beschwerdeführern nicht abverlangt werden, vor der Erhebung der Verfassungsbeschwerde gegen das Gesetz zu verstoßen, um dann im Ordnungswidrigkeitsverfahren die Verfassungswidrigkeit der Norm geltend zu machen.

Die unmittelbar gegen § 31 Abs. 1 SächsNatSchG und § 31 Abs. 2 Satz 1 SächsNatSchG erhobene Verfassungsbeschwerde scheitert nicht an § 27 SächsVerfGHG. Entweder ist der Rechtsweg erschöpft (§ 27 Abs. 2 Satz 1 SächsVerfGHG), oder die allgemeine Bedeutung im Sinne von § 27 Abs. 2 Satz 2 SächsVerfGHG ist zu bejahen. Letztere liegt vor, weil § 31 Abs. 1 SächsNatSchG und § 31 Abs. 2 Satz 1 SächsNatSchG ein umfassendes öffentlich-rechtliches Verbot des Reitens und des Fahrens mit bespannten Fahrzeugen in der freien Landschaft enthalten. Angesichts der landesweiten Beschränkung auf die „geeigneten Wege" und die von der Gemeinde „ausgewiesenen Flächen" betrifft die Verfassungsbeschwerde eine unüberschaubare Zahl von Reitern und Gespannfahrern (vgl. BVerfGE 86, 15, 23 f).

4. Die unmittelbar gegen § 34 Abs. 1 Satz 1 SächsWG gerichtete Verfassungsbeschwerde ist unzulässig.

Soweit die Beschwerdeführer geltend machen, § 34 Abs. 1 Satz 1 SächsWG nehme das Tränken von Pferden vom wasserrechtlichen Gemeingebrauch an natürlichen oberirdischen Gewässern aus, ist die Möglichkeit einer Verletzung der Beschwerdeführer in eigenen Rechten nicht erkennbar. Nach § 28 SächsVerfGHG muß sich aus dem Sachvortrag eines Beschwerdeführers mit hinreichender Deutlichkeit ergeben, daß die Verletzung des Rechts, auf das er sich beruft, durch die angegriffene Maßnahme zumindest möglich erscheint. Daran fehlt es hier. In der Aufzählung der dem wasserrechtlichen Gemeingebrauch unterfallenden Nutzungen in § 34 Abs. 1 Satz 1 SächsWG ist das Tränken von Tieren ausdrücklich erwähnt. Dafür, daß das Tränken von Pferden durch die angegriffene Regelung eingeschränkt würde, wie die Beschwerdeführer meinen, ist nichts ersichtlich.

Soweit die Beschwerdeführer rügen, § 34 Abs. 1 Satz 1 SächsWG nehme das Durchreiten und Durchfahren von natürlichen oberirdischen Gewässern sowie das Schwemmen von Pferden vom wasserrechtlichen Gemeingebrauch aus, steht die Subsidiarität der Verfassungsbeschwerde ihrer Zulässigkeit entgegen. Danach ist jeder Beschwerdeführer verpflichtet, vor einer Anrufung des Verfassungsgerichtshofes grundsätzlich die Fachgerichte mit seinem Anliegen zu befassen, um eine vorherige Klärung der tatsächlichen und rechtlichen Fragen zu gewährleisten, die für die verfassungsrechtliche Prüfung von Bedeutung sind (vgl. BVerfGE 90, 128, 137). Ausnahmsweise bedarf es einer vorherigen Anrufung der Fachgerichte nicht, wenn die angegriffene Regelung den Beschwerdeführer zu Dispositionen zwingt, die später nicht mehr korrigiert werden können, wenn eine fachgerichtliche Klärung der verfassungsrechtlich relevanten Sach- und Rechtslage nicht erreicht werden kann oder wenn die Anrufung der Fachgerichte nicht zuzumuten ist, etwa weil dies offensichtlich sinn- oder aussichtslos wäre. In Anwendung dieser Grundsätze sind Auslegung und Tragweite des § 34 Abs. 1 Satz 1 SächsWG zunächst von den Fachgerichten zu klären. Schwere und unabwendbare Nachteile entstehen den Beschwerdeführern dadurch nicht. Die Fragen, ob bzw. unter welchen Voraussetzungen das Schwemmen von Pferden in natürlichen oberirdischen Gewässern und das Durchreiten und Durchfahren dieser Gewässer in Ansehung der Bestimmungen des SächsWG zulässig ist, ist in der Rechtsprechung bislang nicht geklärt. Von daher ist nicht ersichtlich, daß die Anrufung der Fachgerichte offensichtlich sinn- oder aussichtslos wäre (vgl. BVerfGE 55, 154, 157), weil dem Rechtsschutzbegehren etwa eine gefestigte höchstrichterliche Rechtsprechung entgegenstünde. Es ist angesichts der geringen Zahl der zur Entscheidung über die Auslegung des SächsWG berufenen Fachgerichte auch nicht zu befürchten, daß sich der SächsVerfGH mit zahlreichen, möglicherweise einander widersprechenden gerichtlichen Entscheidung auseinandersetzen müßte, was dem mit der Subsidiarität verfolgten Zweck zuwider laufen würde (vgl. BVerfGE 6, 1, 38). Die vorherige Anrufung der Fachgerichte ist auch nicht mit der Begründung entbehrlich, daß die angegriffene Regelung die Beschwerdeführer zu Dispositionen zwingt, die später nicht mehr korrigiert werden können (vgl. BVerfGE 60, 360, 372). Solche unkorrigierbaren Entscheidungen fordert § 34 Abs. 1 Satz 1 SächsWG den Beschwerdeführern auch dann nicht ab, wenn die genannte Vorschrift das Durchreiten und Durchfahren von natürlichen oberirdischen Gewässern sowie das Schwemmen von Pferden vom wasserrechtlichen Gemeingebrauch ausnimmt.

Da der Ordnungswidrigkeitstatbestand des § 41 Abs. 1 Nr. 1 WHG für das Durchreiten, Durchfahren und Schwemmen nicht eingreift, weil es sich nicht um „Benutzungen" im Sinne der Legeldefinition des § 3 WHG handelt (vgl. *Gieseke/Wiedemann/Czychowski* WHG, 6. Aufl. 1992, § 23 Rn. 26: „Betätigungen außerhalb des Gemeingebrauchs, die keine Benutzung (...) sind (z. B. Sporttauchen, Befahren mit größeren Fahrzeugen), fallen nicht unter § 41 Abs. 1 Nr. 1 (...)"), ist auch deshalb die vorherige Anrufung der Fachgerichte zumutbar.

5. Unzulässig ist die Verfassungsbeschwerde insoweit, als die Beschwerdeführer die Verletzung eines Grundrechts aus Art. 10 Abs. 3 SächsVerf rügen.

Nach Art. 81 Abs. 1 Nr. 4 SächsVerf, § 27 Abs. 1 VerfGHG kann eine Verfassungsbeschwerde von jeder Person mit der Behauptung erhoben werden, durch die öffentliche Gewalt in einem ihrer Grundrechte (Art. 4, 14 bis 38, 41, 78, 91, 102, 105 und 107 SächsVerf) verletzt zu sein. Diese Zulässigkeitsvoraussetzung ist nur erfüllt, wenn die als verletzt bezeichnete Verfassungsnorm ein subjektives Recht vermittelt, das der Rechtsträger geltend machen und verfahrensrechtlich durchsetzen kann. Es genügt nicht, die Verletzung einer Norm der Sächsischen Verfassung darzulegen und zu behaupten, sie enthalte eine Grundrechtsgewährleistung. Entscheidend für die Zulässigkeit einer Verfassungsbeschwerde ist insoweit nicht die Rechtsauffassung des Beschwerdeführers, sondern die wirkliche Rechtsnatur der Verfassungsnorm (vgl. SaarlVerfGH, Beschluß vom 9. 6. 1995 – 1 Lv 6/94 –, NJW 1996, 383, 384).

Eine auf die angebliche Verletzung von Art. 10 Abs. 3 SächsVerf gestützte Rüge ist unzulässig, weil es sich bei dieser Norm nicht um ein Grundrecht, also ein verfahrensrechtlich durchsetzbares subjektives Recht handelt, sondern um eine den Staat verpflichtende Norm des objektiven Verfassungsrechts.

Dieses bereits in der Formulierung des Art. 10 Abs. 3 SächsVerf angelegte Verständnis wird durch die Systematik der Verfassung und die Genese der Vorschrift bestätigt.

a. Nach dem Wortlaut des Art. 10 Abs. 3 Satz 1 SächsVerf „erkennt" das Land „das Recht auf Genuß der Naturschönheiten und Erholung in der freien Natur an, soweit dem nicht die Ziele nach Abs. 1 entgegenstehen". Damit enthält die Norm eine Verpflichtung des Landes Sachsen, das Recht auf Genuß der Naturschönheiten und Erholung in der freien Natur zu beachten. Eine mit dieser Beachtenspflicht einhergehende subjektive Rechtsträgerschaft, wie sie die beschwerdefähigen Grundrechte voraussetzen, läßt sich dagegen weder aus der Formulierung des Art. 10 Abs. 3 Satz 1 SächsVerf noch aus dem Wortlaut des Art. 10 Abs. 3 Satz 2 SächsVerf entnehmen, nach der der „Allgemeinheit (...) der Zugang zu Bergen, Seen und Flüssen zu ermöglichen" ist (vgl. *Burgi* Erholung in freier Natur, Berlin 1993, S. 333 f). Der Begriff des Rechts beschränkt sich weder in seinem allgemeinen noch in seinem juristisch-technischen Sprachgebrauch auf subjektive Rechte. Zu ihm zählen vielmehr auch im Kontext der heutigen verfassungsrechtlichen Dogmatik, wie sie der Verfassung des Freistaates Sachsen zugrunde liegt, sowohl solche Normen, die subjektive Rechte gewähren, als auch Normen, die eine bloße Verpflichtung des Staates enthalten (vgl. SaarlVerfGH, Beschluß vom 9. 6. 1995, aaO; *Alexy* Theorie der Grundrechte, 2. Aufl. 1994, S. 455 ff, jeweils zum Begriff der „sozialen Grundrechte").

b. Die systematische Interpretation bestätigt, daß Art. 10 Abs. 3 SächsVerf kein Grundrecht beinhaltet (vgl. *Burgi* aaO). Art. 10 steht im ersten Abschnitt der Verfassung des Freistaates Sachsen, der die Grundlagen des Staates und insbesondere die Staatsziele zum Inhalt hat. Die Verfassung des Freistaates Sachsen enthält eine systematische Gliederung mit deutlicher Trennung zwischen den Grundbestimmungen zu Staatsstruktur und Staatszielen im ersten Abschnitt und Grundrechten im zweiten Abschnitt. Auch der Kontext in Art. 10 SächsVerf belegt, daß Art. 10 Abs. 3 SächsVerf nur eine Norm des objektiven Verfassungsrechts ist. In Art. 10 Abs. 1 SächsVerf wird der Umweltschutz als Staatsziel niedergelegt, bei Art. 10 Abs. 2 Sächs-Verf handelt es sich um einen Gesetzgebungsauftrag (vgl. SächsVerfGH, Urteil vom 20. 4. 1995 – Vf 18-II-93 –, SächsVBl. 1995, 160, 161). Daß die Verfassung des Freistaates Sachsen Grundrechte auch außerhalb des zweiten Abschnitts, also dem Grundrechtsteil, enthält (Art. 4, 41, 78, 91, 102, 105 und 107 SächsVerf), wie sich aus Art. 81 Abs. 1 Nr. 4 SächsVerf ergibt, läßt nicht auf eine Grundrechtsqualität des Art. 10 Abs. 3 SächsVerf schließen.

c. Auch aus der Entstehungsgeschichte folgt nicht, daß Art. 10 Abs. 3 SächsVerf als beschwerdefähiges Grundrecht auszulegen ist. Die Genese der Verfassung des Freistaates Sachsen gibt nichts dafür her, daß mit Art. 10 Abs. 3 SächsVerf in Anlehnung an den ähnlich formulierten Art. 141 Abs. 3 Satz 1 BayVerf in seiner Auslegung durch den Bayerischen Verfassungsgerichtshof (vgl. insbesondere Entscheidung vom 16. 6. 1975 – Vf 21-VII-73, 23-VII-73, 26-VII-73, 13-VII-73 –, BayVBl. 1975, 473 f) ein beschwerdefähiges Grundrecht auf Genuß der Naturschönheiten geschaffen werden sollte (a. A., aber ohne Begründung *Isensee* SächsVBl. 1994, 28, 30). Angesichts der Entstehungsgeschichte (vgl. S. 29 ff des Protokolls der 2. Klausurtagung vom 31. Januar bis 2. Februar 1991 und S. 8, 10, des Protokoll der 5. Klausurtagung vom 2. und 3. Mai 1991) kann Art. 10 Abs. 3 SächsVerf nicht als beschwerdefähiges Grundrecht auf Genuß der Naturschönheiten ausgelegt werden, wie es der ständigen Rechtsprechung des Bayerischen Verfassungsgerichtshofs (vgl. Entscheidung vom 16. 6. 1975 aaO; *Meder* Die Verfassung des Freistaats Bayern, 3. Aufl. 1986, Art. 141 Rn. 9 ff jeweils mit Nachweisen) zu Art. 141 Abs. 3 Satz 1 BayVerf („Der Genuß der Naturschönheiten und die Erholung in der freien Natur, insbesondere das Betreten von Wald (…, …) ist jedermann gestattet.") entspricht.

Daß Art. 141 Abs. 3 Satz 1 BayVerf ein Grundrecht auf Naturgenuß und Erholung in der freien Natur in Form eines Teilhabe- und Abwehrrechts sowie einer Duldungs- und Unterlassungspflicht des jeweiligen Grundstückseigentümers enthält (vgl. *Meder* aaO), läßt schon angesichts der unterschiedlichen Entstehungsgeschichte nicht den Schluß zu, auch Art. 10 Abs. 3 SächsVerf müsse als subjektives Recht ausgestaltet sein. Der bayerische Verfassunggeber hatte bei der Schaffung des an Art. 699 des Schweizerischen ZGB angelehnten Art. 143 Abs. 3 BayVerf im Jahr 1946 die Absicht, das zivilrechtliche Eigentum in Ansehung tatsächlicher Verfügungen nach Art. 111 EGBGB zu beschränken (vgl. *Rinck* MDR 1961, 980, 982), zumal an ein Gewohnheitsrecht zum Betreten des Waldes angeknüpft werden konnte, das „schon immer, zum mindesten in Bayern" galt (vgl. BayVerfGH, Urteil vom 13. 10. 1951, zitiert nach *Rinck* aaO 983). Dafür, daß der sächsische Verfassunggeber mit Art. 10 Abs. 3 SächsVerf eine vergleichbare Regelung hätte treffen wollen, gibt es keine Anhaltspunkte.

C.

Soweit die Verfassungsbeschwerde zulässig ist, ist sie unbegründet.

1. Die Beschwerdeführer werden durch § 11 Abs. 4 Satz 1, § 12 Abs. 1 Satz 1 SächsWaldG und § 31 Abs. 1, Abs. 2 Satz 1 und 2 SächsNatSchG nicht in ihren Grundrechten aus Art. 15 SächsVerf verletzt.

Das Reiten sowie das Fahren mit Pferdekutschen und -gespannen fällt als Betätigungsform menschlichen Handelns in den Schutzbereich des Art. 15 SächsVerf. Diese Vorschrift gewährleistet die allgemeine Handlungsfreiheit im umfassenden Sinne. Geschützt ist nicht nur ein begrenzter Bereich der Persönlichkeitsentfaltung, sondern jede Form menschlichen Handelns ohne Rücksicht darauf, welches Gewicht der Betätigung für die Persönlichkeitsentfaltung zukommt (vgl. BVerfGE 80, 137, 152 ff; mit abweichender Meinung *Grimm* 80, 137, 164 ff zum Grundrechtsschutz für das Reiten im Wald). Allerdings besteht diese Freiheit nur in den Schranken der verfassungsmäßigen Ordnung. Dazu gehört jedes sonst formell und materiell verfassungsmäßige Gesetz.

Die Vorschriften der § 11 Abs. 4 Satz 1, § 12 Abs. 1 Satz 1 SächsWaldG sowie § 31 Abs. 1, Abs. 2 Satz 1 und Satz 2 SächsNatSchG genügen den sich aus der Sächsischen Verfassung ergebenden Anforderungen an die Beschränkung der allgemeinen Handlungsfreiheit.

a. Die angegriffenen Regelungen entsprechen dem Grundsatz der Verhältnismäßigkeit.

§ 11 Abs. 4 Satz 1, § 12 Abs. 1 Satz 1 SächsWaldG und § 31 Abs. 1, Abs. 2 Satz 1 und 1 SächsNatSchG sind Ausdruck einer vom Landesgesetzgeber angestrebten durchgehenden Trennung des „Erholungsverkehrs" im Wald und in anderen Teilen der freien Natur. Nach dem erkennbaren Regelungszweck wollte der Gesetzgeber die Gefahren und Beeinträchtigungen vermeiden, die sich sowohl für Fußgänger als auch für Reiter und Gespannfahrer aus einer Begegnung auf engem Raum ergeben. Zugleich dient die Beschränkung des Reitens und des Gespannfahrens im Wald dem Schutz des Waldbodens und damit auch dem Interesse des Waldeigentümers bzw. -besitzers. Die angegriffenen Regelungen zum Reiten und Fahren mit bespannten Fahrzeugen in der freien Landschaft verfolgen die gleichen Ziele. Dieser Zweck rechtfertigt sich aus Art. 15 SächsVerf. Indem der Landesgesetzgeber mit der durchgehenden Trennung der Reiter und Gespannfahrer von anderen Erholungssuchenden versucht hat, verschiedene Betätigungsformen der allgemeinen Handlungsfreiheit in ein geordnetes Nebeneinander zu bringen, hat er sich einer Aufgabe unterzogen, die bereits im Wortlaut des Art. 15 SächsVerf („Rechte anderer") angelegt ist (so zu Art. 2 Abs. 1 GG vgl. BVerfGE 80, 137, 159).

Das in § 12 Abs. 1 Satz 1 SächsWaldG enthaltene Verbot des Reitens außerhalb der ausgewiesenen und gekennzeichneten Reitwege und das in § 31 Abs. 2 Satz 2 SächsNatSchG geregelte Verbot des Reitens und des Fahrens mit bespannten Fahrzeugen auf gekennzeichneten Wanderwegen, Sport- und Lehrpfaden sowie auf Spielplätzen und Liegewiesen, die für die Erholung der Bevölkerung ausgewiesen sind, sind objektiv geeignet, die vom Gesetzgeber verfolgten Ziele zu erreichen. Entsprechend gilt für § 11 Abs. 4 Satz 1 SächsWaldG, der das Fahren mit Fuhrwerken und Kutschen vom allgemeinen Betretungsrecht des § 11 Abs. 1 Satz 1 SächsWaldG ausnimmt, und § 31 Abs. 1 SächsNatSchG, der eine vergleichbare Regelung für das Reiten enthält. Die Begegnung mit Reitern und Gespannfahrern auf engem Raum kann nicht nur Fußgänger und andere Erholungssuchende beeinträchtigen. Das Reiten und das Fahren mit bespannten Fahrzeugen kann vor allem im Umkreis von Reiterhöfen und in anderen stark genutzten Gebieten auch zu erheblichen Schäden an Wald und Flur führen. Daß Waldböden nicht nur durch das Reiten und Gespannfahren, sondern auch durch andere Nutzungsarten geschädigt werden können, schließt die Eignung der angegriffenen Regelungen ebensowenig aus wie der Umstand, daß ein Teil der Waldwege bereits Schäden erlitten hat. Soweit die Beschwerdeführer geltend machen, die Ausweisung einzelner Wege als Reitwege führe zu deren Überbeanspruchung, berührt dies nicht die Geeignetheit der gesetzlichen Regelung des § 12 Abs. 1 Satz 1 SächsWaldG. Entsprechendes gilt für die Regelungen des § 31 Abs. 1, Abs. 2 Satz 1 SächsNatSchG. Auch das Reiten und das Fahren mit bespannten Fahrzeugen in der freien Landschaft kann zu Schäden führen und andere beeinträchtigen.

Die Trennung zwischen Reitern und Gespannfahrern und den übrigen Erholungssuchenden in dem von § 11 Abs. 4 Satz 1, § 12 Abs. 1 Satz 1 SächsWaldG und § 31 Abs. 1, Abs. 2 Satz 1 und Satz 2 SächsNatSchG geregelten Umfang ist auch erforderlich. Der Gesetzgeber hat seinen Einschätzungs-, Wertungs- und Gestaltungsspielraum nicht überschritten. Dies käme nur dann in Betracht, wenn diese Ziele in gleich wirksamer, die Grundrechte aber weniger stark beeinträchtigender Weise erreicht werden könnten. Ein solches milderes Mittel liegt jedoch nicht vor.

Eine grundsätzliche Erlaubnis des Reitens sowie des Fahrens mit Fuhrwerken und Kutschen in der freien Natur, verbunden mit der Möglichkeit, im Einzelfall ein – ggf. jahreszeitlich beschränktes – Reit- und Fahrverbot für bestimmte Wege und Flächen zu erlassen, stellt gegenüber den generellen Regelungen der § 11 Abs. 4 Satz 1, 12 Abs. 1 Satz 1 SächsWaldG und § 31 Abs. 1, Abs. 2 Satz 1 und Satz 2 SächsNatSchG kein gleichermaßen wirksames Mittel dar. Die von den Beschwerdeführern vorgeschlagene Regelung in Form einer Erlaubnis mit Verbotsvorbehalt vermindert die Gefahr einer Begegnung von Reitern und Gespannfahrern mit anderen Erholungssuchenden auf engem Raum weder im Wald noch in der freien Landschaft in gleich wirksamer Weise wie die angegriffenen Normen. Auch würden Schäden in Wald und Flur nicht in einer gleichermaßen wirksamen Weise verhindert. Soweit die Beschwerdeführer die Erforderlichkeit der angegriffenen Regelungen mit der Behauptung bestreiten, die Mehrheit der Bevölkerung empfinde die Begegnung mit Pferden unabhängig davon als angenehm, ob sich die Tiere auf der Weide oder auf einem Weg befinden, vermag der Verfassungsgerichtshof diese Einschätzung jedenfalls für Begegnungen auf engem Raum ebensowenig zu teilen wie das Bundesverfassungsgericht (vgl. bereits BVerfGE 80, 137, 160). Daß eine grundsätzliche Erlaubnis des Reitens im Wald zu einer Einsparung öffentlicher Mittel für die Ausweisung von Reitwegen und für die Überwachung sowie Durchsetzung der Reitwegebenutzungspflicht führen kann, berührt die Erforderlichkeit der gesetzlichen Regelungen nicht. Soweit die Beschwerdeführer geltend machen, der Gesetzgeber habe in anderen Bereichen (etwa im Straßenverkehr) auf eine vergleichbar strikte Trennung konkurrierender Nutzungsarten verzichtet, stellt dieses Vorbringen die Erforderlickleit der angegriffenen Regelungen im Hinblick auf den gesetzgeberischen Beurteilungsspielraum ebensowenig in Frage wie die Behauptung, die Zahl der Unfälle, die auf die Begegnung mit Pferden zurückzuführen seien, sei verschwindend gering.

Schließlich verstoßen § 11 Abs. 4 Satz 1, § 12 Abs. 1 Satz 1 SächsWaldG und § 31 Abs. 1, Abs. 2 Satz 1 und Satz 2 SächsNatSchG auch nicht gegen das Gebot der Verhältnismäßigkeit im engerem Sinne. Sie sind das Ergebnis einer verfassungsrechtlich nicht zu beanstandenden Gesamtabwägung, bei der der Gesetzgeber sich in den Grenzen der Zumutbarkeit für die Betroffenen gehalten hat. Die angegriffenen Bestimmungen betreffen nicht nur die durch Art. 15 SächsVerf gewährleistete allgemeine Handlungsfreiheit derer, die einen ungehinderten Zugang zum Wald und zu anderen Teilen der Natur begehren, und das Eigentumsrecht der Grundstückseigentümer im Sinne von Art. 31 Abs. 1 SächsVerf, sondern auch das bereits in Art. 10 Abs. 1 SächsVerf und Art. 10 Abs. 3 SächsVerf angelegte Spannungsverhältnis zwischen dem Zugang der Allgemeinheit zur freien Natur und dem Schutz der Umwelt. Zum Ausgleich dieser verfassungsrechtlich schutzwürdigen Interessen ist der Gesetzgeber berufen, wobei ihm für die Konfliktlösung ein verfassungsgerichtlich nur begrenzt nachprüfbarer Einschätzungs-, Wertungs- und Gestaltungsbereich zukommt. Die angegriffenen Bestimmungen halten sich in diesem Rahmen.

Daß der Landesgesetzgeber in § 11 Abs. 4 Satz 1 SächsWaldG das Fahren mit Fuhrwerken und Kutschen und in § 31 Abs. 1 SächsNatSchG das Reiten in der freien Natur mit der Folge vom allgemeinen Betretungsrecht (§ 11 Abs. 1 Satz 1 SächsWaldG und § 30 Abs. 1 Satz 1 SächsNatSchG) ausgenommen hat, daß die genannten Nutzungsarten einer zivilrechtlichen Zustimmung des jeweiligen Grundstückseigentümers bedürfen, macht die Regelung angesichts der von dieser Nutzungsart beanspruchten intensiven Bodennutzung nicht unverhältnismäßig (vgl. BVerfGE 80, 137, 161).

b. Die angegriffenen Regelungen stehen nicht im Widerspruch zu Art. 10 Abs. 3 SächsVerf. Sowohl das Recht auf Genuß der Naturschönheiten und der Erholung in der freien Natur (Art. 10 Abs. 3 Satz 1 SächsVerf) als auch der nach Art. 10 Abs. 3 Satz 2 SächsVerf zu ermöglichende Zugang der Allgemeinheit zu Bergen, Wäldern, Feldern, Seen und Flüssen wird bereits nach dem Wortlaut des Art. 10 Abs. 3 SächsVerf nur insoweit anerkannt, als ihm das in Art. 10 Abs. 1 SächsVerf niedergelegte Staatsziel des Umweltschutzes nicht entgegensteht. Art. 10 Abs. 1 SächsVerf verlangt vom Gesetzgeber nicht nur eine Überprüfung der Eignung und Notwendigkeit gesetzlicher Instrumentarien zur Verwirklichung des Umweltschutzes, sondern auch eine größtmögliche Annäherung an das verfassungsrechtlich vorgegebene Ziel des Umweltschutzes (vgl. SächsVerfGH, Urteil vom 20. 4. 1995 aaO). Wenn also der Genuß der Naturschönheiten und die Erholung in der freien Natur nur ermöglicht werden darf, soweit Gründe des Umweltschutzes nicht entgegenstehen, so ist es dem Landesgesetzgeber in Ansehung des Art. 10 Abs. 3 SächsVerf nicht verwehrt, das Reiten und das Fahren mit bespannten Fahrzeugen im Wald und in der freien Landschaft aus Gründen des Bodenschutzes zu beschränken (vgl. Art. 10 Abs. 1 Satz 2 SächsVerf: „Das Land hat insbesondere den Boden [...] zu schützen").

2. Eine Verletzung des allgemeinen Gleichheitssatzes aus Art. 18 Abs. 1 SächsVerf liegt nicht vor. Ein hinreichender sachlicher Grund für den durch § 11 Abs. 4 Satz 1, § 12 Abs. 1 Satz 1 SächsWaldG und § 31 Abs. 1, Abs. 2 Satz 1 und Satz 2 SächsNatSchG begrenzten Zugang zur freien Natur ist darin zu sehen, daß von Reitern und Gespannfahrern wesentlich größere Gefährdungen und Belästigungen ausgehen können als von Fußgängern und Fahrradfahrern (vgl. BVerfGE 80, 137, 164). Der allgemeine Gleichheitssatz des Art. 10 Abs. 1 SächsVerf ist verletzt, wenn eine Gruppe von Normadressaten im Vergleich zu anderen Normadressaten anders behandelt wird, obwohl zwischen beiden Gruppen keine Unterschiede von solcher Art und

solchem Gewicht bestehen, daß sie die ungleiche Behandlung rechtfertigen (vgl. BVerfGE 75, 166, 179; 85, 238, 244). Grundsätzlich ist es Sache des Gesetzgebers, diejenigen Sachverhalte auszuwählen, an die er dieselbe Rechtsfolge knüpft. Der Gesetzgeber muß allerdings seine Auswahl sachgerecht treffen. Was in Anwendung des Gleichheitssatzes sachlich vertretbar oder sachfremd ist, läßt sich nicht abstrakt und allgemein feststellen, sondern nur in Bezug auf die Eigenheiten des zu regelnden Sachverhalts (vgl. BVerfGE 75, 108, 157). Diese liegen – wie bereits dargelegt wurde – zum einen in den konkurrierenden Nutzungsinteressen der Reiter und Gespannfahrer gegenüber den anderen Erholungssuchenden, zum anderen in den konkurrierenden Belangen des Naturschutzes, des Eigentums und des Betretungsrechts der Allgemeinheit. Daß sich der Gesetzgeber dafür entschieden hat, die Nutzung des Waldes und der freien Landschaft durch Reiter und Gespannfahrer einzuschränken, entbehrt angesichts dieser widerstreitenden Interessen nicht eines sachlichen Grundes. Im Rahmen seines Einschätzungs-, Wertungs- und Gestaltungsspielraumes konnte der Gesetzgeber die von den Reitern und Gespannfahrern ausgehenden Gefahren gegenüber den durch Wanderern und Fahrradfahrern verursachten Beeinträchtigungen als gewichtiger einstufen.

3. Die Beschwerdeführerin zu 3. wird durch § 11 Abs. 4 Satz 1, § 12 Abs. 1 Satz 1 SächsWaldG und § 31 Abs. 1, Abs. 2 Satz 1 und Satz 2 SächsNatSchG nicht in ihren Grundrechten aus Art. 28 Abs. 1 SächsVerf und Abs. 31 Abs. 1 SächsVerf verletzt.

Die angegriffenen Regelungen verletzen das Grundrecht der Beschwerdeführerin zu 3. aus Art. 28 Abs. 1 SächsVerf nicht, weil sie weder in engem Zusammenhang mit der Berufsausübung stehen noch ihnen eine objektiv berufsregelnde Tendenz innewohnt (vgl. BVerfGE 13, 181, 185 ff; 38, 61, 79; 75, 108, 154). § 11 Abs. 4 Satz 1, § 12 Abs. 1 Satz 1 SächsWaldG und § 31 Abs. 1, Abs. 2 Satz 1 und Satz 2 SächsNatSchG sollen nach der erkennbaren Intention des Gesetzgebers nicht etwa den Entschluß zur Wahl oder zur Ausübung eines Berufs im Bereich des Pferdesportes, der Pferdezucht oder der Reittouristik steuern. Da die angegriffenen Normen das Reiten im Walde auf dafür ausgewiesenen und gekennzeichneten Wegen und das Reiten und Fahren mit bespannten Fahrzeugen in der freien Landschaft auf geeigneten Wegen und besonders ausgewiesenen Flächen gestatten, sind die tatsächlichen Auswirkungen auf die Erwerbstätigkeit der Beschwerdeführerin zu 3. nicht von solchem Gewicht, daß sie den Charakter einer Berufsausübungsregelung erhalten.

Auch ein Eingriff in Art. 31 Abs. 1 SächsVerf ist nicht gegeben. Der Schutzbereich des Art. 31 Abs. 1 SächsVerf umfaßt weder die rechtlichen oder faktischen Gegebenheiten, die sich wertsteigernd oder wertbegründend für einen Gewerbebetrieb auswirken, noch das Vertrauen darauf, vom zulässigen Handeln der öffentlichen Gewalt verschont zu bleiben. Wenn die Beschwerdeführerin zu 3. den freien Zugang zum Wald und zur freien Landschaft zur Grundlage ihrer gewerblichen Betätigung gemacht hat, so hat sie lediglich eine von § 31 Abs. 1 SächsVerf nicht geschützte Chance bzw. eine günstige Rechtslage wahrgenommen (vgl. BVerfGE 78, 205, 211; VGH Baden-Württemberg, Beschluß vom 7. 9. 1994 – 5 S 2108/94 –, NVwZ-RR 1995, 323, 324). Ob Gewerbetreibende als solche die konstituierenden Merkmale des verfassungsrechtlichen Eigentumsbegriffs im Sinne von Art. 31 SächsVerf aufweisen, kann von daher offen bleiben (vgl. BVerfGE 51, 193, 221 f).

D.

Die Entscheidung ergeht kostenfrei (§ 16 Abs. 1 SächsVerfGHG).

Nr. 2

Wird nach erfolglosem Wahlgang einer Bürgermeisterwahl eine Neuwahl erforderlich, können sich ergebnisrelevante Fehler des ersten Wahlganges auf die Neuwahl auswirken.

Verfassung des Freistaates Sachsen Art. 1 S. 1, 3 Abs. 1, 4 Abs. 1, 15, 81 Abs. 1 Nr. 4, 86 Abs. 1 S. 1

Sächsisches Verfassungsgerichtshofsgesetz § 27 Abs. 1

Ges über die Kommunalwahlen im Freistaat Sachsen §§ 27 Abs. 1 Nr. 1, 38

Gemeindeordnung für den Freistaat Sachsen § 48 Abs. 2 S. 2

Beschluß vom 24. Januar 1997 – Vf 15-IV-96 –

in dem Verfahren über die Verfassungsbeschwerden des Herrn R., des Herrn K. und des Herrn H.

Entscheidungsformel:

Das Urteil des Sächsischen Oberverwaltungsgerichts vom 30. Januar 1996 (3 S 501/95) verletzt die Beschwerdeführer zu 1) und 2) in ihrem Grundrecht aus Art. 15 der Verfassung des Freistaates Sachsen und wird

aufgehoben. Die Sache wird an das Sächsische Oberverwaltungsgericht zurückverwiesen.
Die Verfassungsbeschwerde des Beschwerdeführers zu 3) wird verworfen.
Diese Entscheidung ergeht kostenfrei. Der Freistaat Sachsen hat den Beschwerdeführern zu 1) und 2) die notwendigen Auslagen zu erstatten.

Gründe:

A.

Die Verfassungsbeschwerden richten sich gegen die Feststellung der Gültigkeit einer Bürgermeisterwahl.

I.

1. Zur Bürgermeisterwahl in der Gemeinde A. am 12. Juni 1994 bewarben sich neben dem seit Ende der siebziger Jahre amtierenden Bürgermeister noch der Beschwerdeführer zu 3) und eine weitere Person. Die drei Wahlvorschläge wurden vom Gemeindewahlausschuß zur Wahl zugelassen. Nach § 41 Abs. 9 des Gesetzes über die Kommunalwahlen im Freistaat Sachsen – KomWG – sind zugelassene Wahlvorschläge vom Bürgermeister spätestens am 15. Tag vor dem Wahltag öffentlich bekanntzumachen. Eine öffentliche Bekanntmachung der Wahlvorschläge durch Einrücken in das an alle Haushalte verteilte Amtsblatt der Gemeinde erfolgte nicht. Ob eine öffentliche Bekanntmachung durch Aushang an den drei Verkündungstafeln der aus 18 Ortsteilen bestehenden Gemeinde erfolgte, ist nicht geklärt. In der Wahl wurden für den bisherigen Bürgermeister 517, für den Beschwerdeführer zu 3) 470 und für den weiteren Mitbewerber 359 gültige Stimmen abgegeben. Da kein Kandidat mehr als die Hälfte der gültigen Stimmen erhielt, wurde am 26. Juni 1994 gemäß § 48 Abs. 2 der Gemeindeordnung für den Freistaat Sachsen – SächsGemO – eine Neuwahl durchgeführt, bei der die höchste Stimmenzahl entschied. Diese erreichte der bisherige Bürgermeister mit 508 gültigen Stimmen. Auf den Beschwerdeführer zu 3) entfielen 463 und den dritten Bewerber 205 gültige Stimmen.

2. Gegen die erste Wahl vom 12. Juni 1994 erhoben die Beschwerdeführer zu 1) und 2), wahlberechtigte Bürger der Gemeinde A., mit der Begründung Einspruch, daß die zugelassenen Wahlvorschläge nicht ordnungsgemäß öffentlich bekanntgemacht worden seien. Dem Einspruch traten 48 Wahlberechtigte bei. Der Beschwerdeführer zu 3) erhob seinen Angaben zufolge ebenfalls Einspruch gegen die Wahl. Der Landkreis wies den Ein-

spruch der Beschwerdeführer zu 1) und 2) mit Bescheid vom 22. Juli 1994 zurück. Er entnahm den Wahlunterlagen, daß eine öffentliche Bekanntmachung der zugelassenen Wahlvorschläge gemäß den Vorschriften der gemeindlichen Bekanntmachungssatzung durch öffentlichen Aushang in drei Ortsteilen erfolgt sei. Es habe lediglich an dem von der Verordnung des Staatsministeriums des Innern zur Durchführung der Gemeindeordnung vorgeschriebenen Hinweis auf den Aushang und seine Dauer im Amtsblatt der Gemeinde oder in einer bestimmten regelmäßig, mindestens einmal wöchentlich, erscheinenden Zeitung gefehlt. Deshalb könne davon ausgegangen werden, daß die Wahlvorschläge hinreichend bekannt gewesen seien. Eine Entscheidung über den Einspruch des Beschwerdeführers zu 3) liegt nicht vor.

3. Gegen den Bescheid des Landkreises erhoben die Beschwerdeführer zu 1) und 2) Klage vor dem Verwaltungsgericht Leipzig. Dieses hob mit Urteil vom 9. August 1995 (1 K 1073/94) den Bescheid auf und verpflichtete den Landkreis, die Wahl vom 12. Juni 1994 für ungültig zu erklären. Es sei eine wesentliche Vorschrift über die Wahlvorbereitung unbeachtet geblieben, wodurch das Ergebnis der Wahl habe beeinflußt werden können (§ 27 Abs. 1 Nr. 1 in Verbindung mit § 38 KomWG). Die öffentliche Bekanntmachung habe nach der Verordnung des Staatsministeriums des Innern zur Durchführung des Gesetzes über die Kommunalwahlen – KomWO – und der Bekanntmachungssatzung der Gemeinde durch Einrücken in das gemeindliche Amtsblatt erfolgen müssen. Unter Berücksichtigung des Zieles des § 41 Abs. 9 KomWG, der Verwirklichung der Wahlrechtsgleichheit, habe es einer vorherigen amtlichen Information über die Wahlvorschläge bedurft. Der Wahlkampf und die Berichterstattung der Medien sei kein ausreichender Ersatz, zumal die Bewerber um das Bürgermeisteramt in kleineren Gemeinden häufig eine Wahlwerbung nur in geringem Maße oder gar nicht betrieben und nicht gewährleistet sei, daß in den Medien über jeden Kandidaten in gleicher Form und in gleichem Umfang berichtet werde. Nicht erforderlich sei es, tatsächliche Auswirkungen des Wahlfehlers nachzuweisen; vielmehr genüge eine mögliche Auswirkung.

4. Auf die Berufung des beigeladenen bisherigen Bürgermeisters änderte das Sächsische Oberverwaltungsgericht mit Urteil vom 30. Januar 1996 (3 S 501/95) das Urteil des Verwaltungsgerichts ab, wies die Klage ab und ließ die Revision nicht zu. Zwar sei durch das Unterlassen einer korrekten öffentlichen Bekanntmachung der zugelassenen Wahlvorschläge eine wesentliche Vorschrift über die Wahlvorbereitung verletzt worden, doch habe dadurch nicht das Wahlergebnis beeinflußt werden können. Das Ergebnis einer erfolglos, d. h. ohne die nach § 48 Abs. 1 Satz 1 SächsGemO erforder-

liche Mehrheit für einen der Bewerber verlaufenden Bürgermeisterwahl sei dann durch einen Wahlfehler beeinflußt, wenn ohne den Verstoß die konkrete Möglichkeit bestanden hätte, daß ein Bewerber die vorgeschriebene Mehrheit erreicht hätte und eine Neuwahl somit nicht erforderlich gewesen wäre. Bei 1346 abgegebenen gültigen Stimmen habe ein Bewerber 674 Stimmen erhalten müssen, um bereits im ersten Wahlgang gewählt zu werden. Angesichts des erheblichen Abstands aller drei Bewerber zu dieser Stimmenzahl sei die Möglichkeit fernliegend, daß es bei ordnungsgemäßer öffentlicher Bekanntmachung der Wahlvorschläge zu einer Stimmenverschiebung gekommen wäre, die zum Erfolg eines Kandidaten im ersten Wahlgang geführt hätte. Man könne davon ausgehen, daß in einer kleinen Gemeinde bei einer Bürgermeisterwahl die Wahlvorschläge mit dem von der Kommunalwahlordnung festgelegten Mindestinhalt den Wahlberechtigten auch ohne eine ordnungsgemäß öffentliche Bekanntmachung bekannt seien. Zudem seien in der örtlichen Presse alle drei Bewerber erwähnt und der amtierende Bürgermeister sowie der Beschwerdeführer zu 3) ausführlich vorgestellt worden. Der andere Kandidat habe sich den Wählern durch ein an die Haushalte verteiltes Blatt vorgestellt. Daneben komme auch den Aushängen an den drei Verkündungstafeln, die nach glaubwürdiger Darlegung der Gemeinde tatsächlich erfolgt seien, ein gewisser Informationswert zu.

II.

1. Die Beschwerdeführer zu 1) und 2) rügen mit ihren Verfassungsbeschwerden, die sich gegen das Urteil des Oberverwaltungsgerichts richten, eine Verletzung ihrer Grundrechte aus Art. 4 Abs. 1 und Art. 18 Abs. 1 SächsVerf. Sie halten die Verfassungsbeschwerden für zulässig. Der Rechtsweg sei erschöpft. Eine Beschwerde gegen die Nichtzulassung der Revision sei von vornherein aussichtslos gewesen, weil die streitgegenständlichen Bestimmungen sämtlich dem sächsischen Landesrecht angehörten und damit nicht revisibel seien. Zur Begründetheit der Verfassungsbeschwerden tragen sie vor: In dem Verstoß gegen die Vorschriften über die öffentliche Bekanntmachung der zugelassenen Wahlvorschläge liege zugleich eine Verletzung ihres Rechts auf chancengleiche Ausübung ihres aktiven Wahlrechts. Das angegriffene Urteil habe eine Sanktionslosigkeit des Wahlfehlers zur Folge. Das sei vor dem Hintergrund der Entstehungsgeschichte der Kommunalwahlgesetzgebung, der Erwähnung der leidvollen Erfahrungen kommunistischer Gewaltherrschaft in der Präambel der Sächsischen Verfassung und der erheblichen Unregelmäßigkeiten, die bei der letzten Kommunalwahl in der Geschichte der DDR im Mai 1989 aufgetreten seien, nicht verständlich. Er-

schwerend falle ins Gewicht, daß mit dem amtierenden Bürgermeister gerade einer der Wahlbewerber den Verstoß begangen habe.

2. Der Beschwerdeführer zu 3) schließt sich den Verfassungsbeschwerden der Beschwerdeführer zu 1) und 2) gegen das Urteil des Oberverwaltungsgerichts an. Er rügt ebenfalls eine Verletzung seiner Grundrechte aus Art. 4 Abs. 1 und Art. 18 Abs. 1 SächsVerf. Es sei unbillig, ihn zunächst auf den Rechtsweg zu verweisen, weil davon auszugehen sei, daß die Fachgerichte sich am Urteil des Oberverwaltungsgerichts orientierten und bei Erschöpfung des Rechtsweges die Wahlperiode nahezu beendet wäre. Durch das Unterlassen der öffentlichen Bekanntmachung der Wahlvorschläge sei es ihm verwehrt worden, sich den Wahlberechtigten bekannt zu machen. Er habe nicht über die gleichen Möglichkeiten der Wahlwerbung wie der amtierende Bürgermeister verfügt.

3. Das Staatsministerium der Justiz hält die Verfassungsbeschwerde des Beschwerdeführers zu 3) für unzulässig und diejenigen der Beschwerdeführer zu 1) und 2) für unbegründet.

B.

Die Verfassungsbeschwerden der Beschwerdeführer zu 1) und 2) sind zulässig. Die Verfassungsbeschwerde des Beschwerdeführers zu 3) ist unzulässig.

I.

1. Die Verfassungsbeschwerden der Beschwerdeführer zu 1) und 2) sind statthaft. Der Sächsische Verfassungsgerichtshof ist an einer Entscheidung über ihre Verfassungsbeschwerden nicht dadurch gehindert, daß das angegriffene Urteil des Oberverwaltungsgerichts die ordnungsgemäße Durchführung eines Wahlverfahrens zum Gegenstand hat. Denn die Sächsische Verfassung enthält keine Regel, nach der die Beachtung der für Bürgermeisterwahlen geltenden Vorschriften durch die Wahlorgane einer verfassungsgerichtlichen Überprüfung im Rahmen eines Verfassungsbeschwerdeverfahrens entzogen ist oder der Rechtsbehelf der Wahlanfechtung und das Verfahren der Wahlprüfung bei Bürgermeisterwahlen den Rechtsbehelf der Verfassungsbeschwerde ausschließen.

Der besondere Rechtscharakter von Wahlen führt nicht zur Unstatthaftigkeit von Verfassungsbeschwerden, mit denen die Verletzung von Wahlgrundrechten gerügt wird (zur früheren Rechtsprechung vgl. BVerfGE 11, 329 f; 16, 128, 130). Die umfassende Gewährung des außerordentlichen

Rechtsbehelfs der Verfassungsbeschwerde durch Art. 18 Abs. 1 Nr. 4 Sächs-Verf wird durch Überlegungen zur Natur des Beschwerdegegenstandes nicht eingeschränkt (vgl. auch BVerfGE 34, 81, 95). Sie kann aus Gründen der Verfassungssystematik allenfalls durch die Eröffnung eines anderen unmittelbar zum Verfassungsgerichtshof führenden Rechtsbehelfs begrenzt sein.

2. Die Beschwerdeführer zu 1) und 2) sind im Sinne des § 27 Abs. 1 SächsVerfGHG beschwerdebefugt. Ihre Rüge, das Oberverwaltungsgericht habe den von ihm angenommenen Wahlfehler einer nicht genügenden öffentlichen Bekanntmachung der zugelassenen Wahlvorschläge nicht sanktionslos lassen dürfen, läßt sich jedoch nicht auf das Grundrecht der gleichen (aktiven) Wahl stützen. Denn das Gewicht ihrer Stimmen hat dadurch keine Schmälerung erfahren. Das angegriffene Urteil bewirkt weder nach dem Zählwert noch nach dem Erfolgswert ihrer Stimmen (über das einer Mehrheitswahl von vornherein immanente Maß hinaus) eine für sie nachteilige Differenzierung noch schließt es sie überhaupt von der Wahl aus.

Eine Rüge enthält allerdings die schlüssige Behauptung einer Verletzung des Grundrechts der freien Wahl, welches durch das Urteil des Oberverwaltungsgerichts berührt wird. Die Freiheit einer Wahl fordert nicht nur negativ die Abwehr von Zwang und unzulässigem Druck, sondern darüber hinaus die Gewährleistung eines freien und offenen Prozesses der politischen Meinungsfindung, in dem die Wähler unbehelligt von jedweder Einwirkung auf verläßlichen Grundlagen ihr Urteil bilden und fällen können (vgl. BVerfGE 44, 125, 139; 66, 369, 380; 79, 161, 165 f; enger zunächst: BVerfGE 7, 63, 69). Sie enthält auch die Möglichkeit, sich rechtzeitig mit den zugelassenen Wahlvorschlägen vertraut zu machen. Dem Erfordernis einer verläßlichen Unterrichtung über die Wahlvorschläge wird vornehmlich durch eine in ausreichender Frist vor der Wahl erfolgende korrekte öffentliche Bekanntmachung Genüge getan (vgl. BVerfGE 79, 161, 166). Eine freie Wahl ist nur gegeben, wenn dem Wähler die Wahlvorschläge in genügender Weise vor der Wahl bekanntgemacht werden und ihm eine angemessene Überlegungsfrist gewährt wird, damit er sich ohne (Zeit-)Druck für einen der Vorschläge entscheiden kann und mit diesen nicht etwa erst bei der Stimmabgabe im Wahlraum konfrontiert wird.

Das Grundrecht der freien Wahl eines Bürgermeisters findet seine Grundlage nicht in Art. 4 Abs. 1 SächsVerf, sondern in Art. 15 SächsVerf in Verbindung mit dem Demokratieprinzip (Art. 1 Satz 2 und Art. 3 Abs. 1 SächsVerf). Art. 4 Abs. 1 SächsVerf bezieht das Gebot der freien Wahl allein auf die nach der Verfassung des Freistaates Sachsen durch das Volk vorzunehmenden Wahlen. Die unmittelbare Volkswahl eines Bürgermeisters wird indes von der Sächsischen Verfassung nicht vorgeschrieben. Nach Art. 86

Abs. 1 Satz 1 SächsVerf muß das Volk in den Gemeinden zwar eine gewählte Vertretung haben. Damit ist jedoch der Gemeinderat, nicht dagegen der Bürgermeister gemeint. Art. 28 Abs. 1 Satz 2 GG reicht insoweit nicht weiter (vgl. BVerfGE 47, 253, 272 und 275). Wegen der inhaltlichen Beschränkung des Geltungsbereichs des Art. 4 Abs. 1 SächsVerf auf die verfassungsrechtlich vorgeschriebenen Volkswahlen ist ohne Belang, daß die einfachgesetzliche Bestimmung des § 48 SächsGemO eine unmittelbare Wahl des Bürgermeisters durch das Gemeindevolk vorsieht.

Die Wahlgrundrechte wurzeln sämtlich in den übergeordneten Prinzipien der Freiheit und Gleichheit (vgl. auch BVerfGE 44, 125, 139; *Hesse* Gründzüge des Verfassungsrechts, 20. Aufl. 1995, Rn. 145). Während das Grundrecht der allgemeinen und gleichen Wahl bei Bürgermeisterwahlen einen besonderen Anwendungsfall des allgemeinen Gleichheitssatzes (Art. 18 Abs. 1 SächsVerf) darstellt (vgl. BVerfGE 41, 399, 413, zu Art. 3 Abs. 1 GG), ist dementsprechend das Grundrecht der freien Wahl eines Bürgermeisters in der allgemeinen Handlungsfreiheit (Art. 15 SächsVerf) verankert. Ihr zur Seite steht im Hinblick auf den die Wahlgrundrechte prägenden, auf Teilhabe an der politischen Willensbildung gerichteten Status der aktiv und passiv Wahlberechtigten das Demokratieprinzip.

3. Die Beschwerdeführer zu 1) und 2) haben den Rechtsweg zu den Fachgerichten erschöpft ... (wird ausgeführt)

4. Die Beschwerdeführer zu 1) und 2) verfügen auch über das nötige Rechtsschutzinteresse. Dieses läßt sich nicht etwa mit der Erwägung verneinen, daß am 26. Juni 1994 eine Neuwahl stattfand und durch diese Fehler der ersten Wahl „geheilt" sein könnten. Vielmehr hat die mit den Verfassungsbeschwerden begehrte Feststellung der Ungültigkeit der ersten Wahl umgekehrt die Ungültigkeit der Neuwahl zur Folge, weil diese sich in ihrem Bestand akzessorisch zur ersten Wahl verhält (vgl. – zum insoweit übereinstimmenden baden-württembergischen Recht – *Kunze/Merk/Quecke* Kommunalwahlrecht in Baden-Württemberg, 4. Aufl. 1989, § 30 Rn. 23 und § 34 Rn. 19).

II.

Die Unzulässigkeit der Verfassungsbeschwerde des Beschwerdeführers zu 3) folgt bereits daraus, daß diesem die von § 27 Abs. 1 SächsVerfGHG vorausgesetzte Beschwerdebefugnis fehlt. Seine Verfassungsbeschwerde hat ausschließlich das Urteil des Oberverwaltungsgerichts zum Gegenstand. Es ist indes ausgeschlossen, daß er durch dieses in seinen Grundrechten verletzt wird, da an dem ihm zugrunde liegenden Verfahren nicht er, sondern nur die Beschwerdeführer zu 1) und 2) beteiligt waren und das Urteil auch nicht aufgrund seines Entscheidungsinhalts seine Rechtsposition unmittelbar verändert hat (vgl. insoweit auch BVerfGE 24, 289, 295). Dieses kann damit keine für seine grundrechtliche Stellung nachteiligen Wirkungen auslösen.

C.

Die Verfassungsbeschwerden der Beschwerdeführer zu 1) und 2) sind begründet. Das Urteil des Oberverwaltungsgerichts verletzt sie in ihrem Grundrecht der freien Wahl aus Art. 15 SächsVerf in Verbindung mit dem Demokratieprinzip.

I.

Mit der Rüge, der Wahlfehler habe nicht sanktionslos bleiben dürfen, richten sich ihre Verfassungsbeschwerden allein dagegen, daß das Oberverwaltungsgericht trotz des von ihm angenommenen Wahlfehlers die Wahl vom 12. Juni 1994 als gültig erachtet hat. Es ist nicht zu überprüfen, ob eine wesentliche Vorschrift über die Wahlvorbereitung durch einen Bekanntmachungsmangel verletzt wurde, zumal diese Frage sich nach einfachem Recht beantwortet. Der Verfassungsgerichtshof hat nur darüber zu befinden, ob die Feststellung des Oberverwaltungsgerichts, die Wahl sei gültig, weil ihr Ergebnis durch den Wahlfehler nicht habe beeinflußt werden können, einen Verstoß gegen das Grundrecht der Beschwerdeführer auf freie Wahl darstellt.

II.

§ 27 Abs. 1 Nr. 1 in Verbindung mit § 38 KomWG, die der angegriffenen Feststellung des Oberverwaltungsgerichts zugrunde liegen, sind mit der Sächsischen Verfassung vereinbar. Nach § 27 Abs. 1 Nr. 1 KomWG ist die Wahl für ungültig zu erklären, wenn ihr Ergebnis dadurch beeinflußt werden konnte, daß wesentliche Vorschriften über die Wahlvorbereitung unbeachtet geblieben sind. § 38 KomWG erklärt diese für Gemeinderatswahlen geltende Bestimmung auf Bürgermeisterwahlen für entsprechend anwendbar. Die damit begründete Anforderung der Ergebniserheblichkeit entspricht einem allgemein für die Überprüfung der Gültigkeit von Wahlen geltenden Grundsatz des Verfassungsrechts. Danach kann ein verfassungsrechtlicher Rechtsbehelf, der darauf gerichtet ist, eine Wahl für ungültig zu erklären, nur Erfolg haben, wenn er auf einen Wahlfehler gestützt wird, der auf das Wahlergebnis von Einfluß ist oder sein konnte (vgl. für die Wahlprüfungsbeschwerde BVerfGE

4, 370, 372 f; 84, 148, 158 f; 89, 243, 254; 89, 291, 304). Bei der Ergebnisrelevanz eines Fehlers darf es sich nicht nur um eine theoretische Möglichkeit handeln. Vielmehr muß eine nach der allgemeinen Lebenserfahrung konkrete und nicht ganz fernliegende Möglichkeit gegeben sein. Die schlüssige Behauptung der Ergebnisrelevanz reicht nicht aus.

III.

Die Auslegung und Anwendung der § 27 Abs. 1 Nr. 1 in Verbindung mit § 38 KomWG durch das Oberverwaltungsgericht hält hingegen einer verfassungsrechtlichen Überprüfung nicht stand. Das Oberverwaltungsgericht hat bei der Prüfung der Ergebnisrelevanz des Wahlfehlers die Bedeutung und Tragweite des betroffenen Grundrechts der freien Wahl verkannt. Die Auffassung des Gerichts, daß ein Wahlfehler im ersten Wahlgang das Ergebnis einer Bürgermeisterwahl nicht beeinflusse, wenn eine Neuwahl erforderlich wird, verletzt das Grundrecht der Beschwerdeführer zu 1) und 2) aus Art. 15 SächsVerf in Verbindung mit dem Demokratieprinzip.

1. Die grundrechtlich geschützte Freiheit einer Wahl fordert die Gewährleistung eines freien, offenen und unverfälschten Prozesses der politischen Meinungsfindung, in dem die Wähler auf verläßlichen Grundlagen ihr Urteil bilden und fällen können. Dieses Gebot gilt sowohl für den ersten Wahlgang als auch für die gegebenenfalls notwendig werdende Neuwahl des Bürgermeisters. Für die Neuwahl, die wegen Nichterreichens der absoluten Mehrheit durch einen Bewerber in der ersten Wahl erforderlich wird, gehört zu diesen verläßlichen Grundlagen nicht nur die Kenntnis der für diese zugelassenen Wahlvorschläge, sondern auch die Kenntnis der Zahlen der in der ersten Wahl auf die einzelnen Bewerber entfallenden gültigen Stimmen. Denn letztere stellen wesentliche Anknüpfungspunkte für das Verhalten der Wahlberechtigten hinsichtlich der Neuwahl dar. Im Rückschluß auf die erste Wahl bildet demnach die Stimmenverteilung im einzelnen einen Teil ihres Ergebnisses.

a) Den auf die einzelnen Kandidaten im – ohne die absolute Mehrheit für einen Bewerber verlaufenden – ersten Wahlgang entfallenden Stimmenzahlen kommen in bezug auf die Neuwahl in hohem Maße vorprägende Wirkungen zu. Sie spiegeln zunächst ein Meinungsbild der Gemeindebürgerschaft wider, das sich – jedenfalls unter der Hypothese gleichbleibender Bedingungen – bis zu der zwei bis vier Wochen nach der ersten Wahl stattfindenden Neuwahl (vgl. § 48 Abs. 2 Satz 2 SächsGemO) nicht völlig grundlegend verändern wird. Die Bewerber oder die sie tragenden Parteien oder Wählervereinigungen können anhand der Stimmenverteilung abschätzen, ob sich eine Intensivierung ihrer Wahlwerbung oder eine Präzisierung oder Modifizierung ihrer inhaltlichen Aussagen oder ihres Wahlkampfstils noch erfolgversprechend auswirken können. Ist damit nicht zu rechnen, werden sie die Zahl der auf sie jeweils entfallenden Stimmen häufig zum Anlaß für die Erwägung nehmen, von einer Kandidatur bei der Neuwahl abzusehen und ihren Anhängern zu empfehlen, einen ihnen nahestehenden anderen Bewerber zu unterstützen. Auch kann die Stimmenverteilung erfahrungsgem Anlaß für Absprachen zwischen den Bewerbern über die Aufrechterhaltung ihrer Kandidatur sein.

b) Gleiches gilt für das Verhalten der aktiv Wahlberechtigten. Diese werden ebenso die Einzelresultate der Bewerber zur Kenntnis nehmen und für ihre Neuwahlentscheidung würdigen. Dabei werden sie je nach den Erfolgsaussichten des von ihnen favorisierten Bewerbers und den − vorstehend geschilderten − etwaigen Reaktionen der Kandidaten auf die Stimmenverteilung ihre Wahlentscheidung wiederholen oder revidieren oder aber − was hier offenbar auf die Anhänger des dritten Kandidaten in großer Zahl zutraf − von ihrem Wahlrecht hinsichtlich der Neuwahl keinen Gebrauch machen.

2. Da nicht auszuschließen ist, daß das Oberverwaltungsgericht bei Zugrundelegung des verfassungsrechtlich gebotenen Prüfungsmaßstabs zu einem anderen Ergebnis gekommen wäre, ist sein Urteil aufzuheben und die Sache an das Oberverwaltungsgericht zurückzuverweisen.

Die vom Gericht festgestellte Verletzung einer wesentlichen Vorschrift über die Wahlvorbereitung konnte die Zahlen der für die einzelnen Bewerber abgegebenen gültigen Stimmen als Teil des Ergebnisses des ersten Wahlgangs beeinflussen. Es besteht eine nach der allgemeinen Lebenserfahrung konkrete und nicht nur theoretische oder ganz fernliegende Möglichkeit (vgl. zu diesem bei der Kontrolle der Ergebniserheblichkeit anzuwendenden Maßstab BVerfGE 89, 243, 254; 89, 291, 304), daß bei einer öffentlichen Bekanntmachung der zugelassenen Wahlvorschläge in dem an alle Haushalte verteilten Amtsblatt der Gemeinde die Stimmenverteilung nicht nur in der ersten Wahl, sondern auch bei der Neuwahl hätte anders ausfallen können.

Die anderen Möglichkeiten der Information über die zugelassenen Wahlvorschläge boten ihrer Art nach keinen gleichwertigen Ersatz. Sie vermochten die Entschließungsfreiheit der Wahlberechtigten nicht in gleichem Umfang mit der Folge zu gewährleisten, daß die Zahlen der auf die einzelnen Bewerber entfallenden Stimmen genauso wie im Falle einer öffentlichen Bekanntmachung der Wahlvorschläge im gemeindlichen Amtsblatt gelautet hätten.

D.

Ob der Verfassungsgerichtshof ausgehend von den Verfassungsbeschwerden der Beschwerdeführer zu 1) und 2) das angegriffene Urteil daneben auf seine Vereinbarkeit mit dem Grundsatz der gleichen Wahl in seiner Bedeutung der Chancengleichheit der Wahlbewerber überprüfen kann und auch insoweit ein Grundrechtsverstoß gegeben ist, kann auf sich beruhen, da das Urteil jedenfalls das Grundrecht der Beschwerdeführer zu 1) und 2) auf freie Wahl verletzt.

E.

Die Kostentscheidung beruht auf § 16 Abs. 1 und 3 SächsVerfGHG.

Nr. 3

1. Das Grundrecht der allgemeinen und gleichen Wahl des Bürgermeisters einer sächsischen Gemeinde wird nicht durch Art. 4 Abs. 1 SächsVerf, sondern durch Art. 18 Abs. 1 SächsVerf gewährleistet.

2. Die Bestimmung des § 49 Abs. 1 SächsGemO i. V. m. § 6 Abs. 2 Nr. 2 SächsBG ist bei verfassungskonformer Auslegung mit Art. 18 Abs. 1 SächsVerf vereinbar.

3. Differenzierungen im Bereich des passiven Wahlrechts von Bewerbern um das Bürgermeisteramt sind verfassungsrechtlich zulässig, sofern sie gesetzlich vorgesehen und durch verfassungsrechtlich zwingende Gründe gerechtfertigt sind.

4. Art. 119 Abs. 2 Nr. 2 SächsVerf ist auf vom Volk gewählte Bürgermeister nicht anwendbar.

5. Der Präambel und den Art. 116 bis 119 SächsVerf ist ein Rechtssatz zu entnehmen, der den Gesetzgeber dazu ermächtigt, Personen von der Wählbarkeit auszuschließen, die für das frühere MfS/AnS der DDR tätig waren und die deshalb als Bürgermeister für die Zukunft untragbar erscheinen.

6. Der vorstehende Verfassungssatz erfordert eine Einzelfallprüfung, bei der die Besonderheiten des Bürgermeisteramtes zu berücksichtigen sind und eine Prognose über die künftige Amtsführung vorzunehmen ist.

Verfassung des Freistaates Sachsen Art. 1 S. 2, 3 Abs. 1, 4 Abs. 1, 18 Abs. 1, 28 Abs. 1, 86, 91 Abs. 2, 116, 117, 118, 119

Sächsisches Verfassungsgerichtshofsgesetz § 29 Abs. 1

Sächsische Gemeindeordnung § 49 Abs. 1

Sächsisches Beamtengesetz § 6 Abs. 2 Nr. 2

Beschluß vom 20. Februar 1997 – Vf 25-IV-96 –

in dem Verfahren über die Verfassungsbeschwerde des Herrn M.

Entscheidungsformel:

Unter Verwerfung der Verfassungsbeschwerde im übrigen wird festgestellt: Das Urteil des Sächsischen Oberverwaltungsgerichts vom 30. Januar 1996 (3 S 358/95) verletzt den Beschwerdeführer in seinem Grundrecht aus Art. 18 Abs. 1 der Verfassung des Freistaates Sachsen.
Das Urteil wird aufgehoben und die Sache an das Sächsische Oberverwaltungsgericht zurückverwiesen.
Diese Entscheidung ergeht kostenfrei. Der Freistaat Sachsen hat dem Beschwerdeführer die notwendigen Auslagen zu erstatten.

Gründe:

A.

Der Beschwerdeführer wendet sich dagegen, daß seine Wahl zum Bürgermeister der Stadt K. für ungültig erklärt wurde.

I.

1. Der Beschwerdeführer war seit Mai 1990 gewählter Bürgermeister der Stadt K. Im März 1994 wurde er vom Stadtrat wegen eines Berichts des Bundesbeauftragten für die Unterlagen des Staatssicherheitsdienstes der ehemaligen Deutschen Demokratischen Republik vorzeitig aus seinem Amt abberufen. Nach diesem Bericht war der Beschwerdeführer, der in einem volkseigenen Betrieb als Leiter der Abteilung Landtechnische Erprobung im Rahmen der Hauptabteilung Werkerprobung tätig war, vom 25. September 1972 bis zum 9. Juni 1983 inoffizieller Mitarbeiter des Ministeriums für Staatssicherheit – MfS –. Die vom MfS geführten Akten enthielten 75 Treffnachweise, 47 Berichte der Führungsoffiziere nach Informationen des

inoffiziellen Mitarbeiters sowie 29 handschriftliche Berichte und acht Tonbandabschriften. Die dort erfaßten Berichte betrafen regelmäßig das berufliche Umfeld und das Verhalten von Mitarbeitern des Beschwerdeführers; in einigen Fällen erlaubten sie auch Rückschlüsse auf die politische Zuverlässigkeit. Die Tätigkeit des Beschwerdeführers für das frühere MfS wurde auch in der Öffentlichkeit eingehend erörtert.

Am 26. Juni 1994 wurde der Beschwerdeführer mit einer Mehrheit von über zwei Dritteln der gültigen Stimmen der Bürger erneut zum (hauptamtlichen) Bürgermeister der Stadt K. gewählt.

2. Mit Bescheid vom 2. September 1994 (1300 kr-423) erklärte der Landkreis S. S. die Wahl des Beschwerdeführers zum Bürgermeister für ungültig. Er nahm auf den Einzelbericht des Bundesbeauftragten für die Unterlagen des Staatssicherheitsdienstes sowie die bei diesem geführten Akten Bezug und führte aus, daß der Beschwerdeführer unter Berücksichtigung des individuellen Maßes seiner Verstrickung die Voraussetzungen für die Wählbarkeit zum Bürgermeister nach § 6 Abs. 2 Beamtengesetz für den Freistaat Sachsen − SächsBG − und Art. 119 SächsVerf nicht erfülle, wie sich insbesondere aus der Dauer, Vielzahl und Regelmäßigkeit der von ihm verfaßten Berichte ergebe. Für seine Entpflichtung von einer weiteren Zusammenarbeit mit dem MfS sei wohl maßgebend gewesen, daß der Inhalt der Berichte nicht den Erwartungen des MfS entsprochen hätte. Die Berichte seien jedoch über Schilderungen von Problemen der betrieblichen Sicherheit und fachliche Beurteilungen hinausgegangen und hätten auch persönliche Einschätzungen zum Verhalten und zur Einstellung von Mitarbeitern enthalten. Die Verwertung der Berichte sei seiner Einflußnahme entzogen gewesen; es komme deshalb nicht darauf an, ob er jemandem konkret geschadet habe. Der Beschwerdeführer hätte sich der Tätigkeit für das MfS von vornherein entziehen oder diese früher aufgeben können. Ein Zwang zur Mitarbeit habe für ihn nicht bestanden.

3. Das Verwaltungsgericht Dresden hob auf die Klage des Beschwerdeführers den Bescheid des Landkreises S. S. mit Urteil vom 1. Februar 1995 (4 K 194/94) mit der Begründung auf, die Wählbarkeit des Beschwerdeführers sei zu Unrecht verneint worden. Für die Aberkennung der Wählbakeit zu einem kommunalen Wahlamt wie dem des hauptamtlichen Bürgermeisters seien besonders schwerwiegende Gründe erforderlich. Diese seien bei der gebotenen Einzelbetrachtung nicht feststellbar. Die Spitzeltätigkeit des Beschwerdeführers liege über ein Jahrzehnt zurück. Sein Verhalten lassen nicht den Schluß zu, daß er sich mit den Zielen und Methoden des DDR-Unrechtsregimes identifiziert habe. Die Berichte hätten sich im Rahmen unternehmensbezogener Mitteilungen bewegt, wie sie auch in arbeits- und

beamtenrechtlichen Zeugnissen unter rechtsstaatlichen Vorzeichen legitim erschienen. Im Rahmen der Einzelabwägung sei auch zu berücksichtigen, daß die frühere Spitzeltätigkeit vor der Bürgermeisterwahl bekannt geworden und der Beschwerdeführer dennoch mit einer Mehrheit von zwei Dritteln der abgegebenen Stimmen zum Bürgermeister gewählt worden sei.

4. Mit Urteil vom 30. Januar 1996 (3 S 358/95) änderte das Sächsische Oberverwaltungsgericht auf die Berufung des Landkreises S. S. das Urteil des Verwaltungsgerichts ab; die Klage des Beschwerdeführers wurde abgewiesen, die Revision nicht zugelassen. Zur Begründung führte das Oberverwaltungsgericht im wesentlichen aus: Maßstab der Prüfung der Wählbarkeit eines Bewerbers für ein kommunales Wahlamt sei unter dem Gesichtspunkt des § 6 Abs. 2 Nr. 2 SächsBG insbesondere die Bedeutung, das Ausmaß und die Dauer der Mitarbeit beim MfS und die Folgen dieser Tätigkeit für den Betroffenen, der Zeitpunkt und der Grund der Aufnahme und der Beendigung der MfS-Tätigkeit. Das vorrangige Abstellen auf die in der Vergangenheit liegende MfS-Tätigkeit stehe nicht im Widerspruch zur Rechtsprechung des Bundesverfassungsgerichts, wonach eine abschließende Würdigung der Eignung nicht die Entwicklung ausblenden dürfe, die der Betroffene nach dem Beitritt der ehemaligen DDR zur Bundesrepublik genommen habe. Diese Rechtsprechung beziehe sich auf die ordentliche Kündigung eines Arbeitsverhältnisses wegen mangelnder fachlicher oder persönlicher Eignung. Für die außerordentliche Kündigung wegen früherer MfS-Tätigkeit sei demgegenüber primär auf Vorgänge in der Vergangenheit abzustellen. Auch Art. 119 SächsVerf knüpfe daran an.

Nach Maßgabe dieser Grundsätze sei der Beschwerdeführer wegen seiner früheren Tätigkeit für das MfS für den öffentlichen Dienst untragbar; er erfülle nicht die persönlichen Voraussetzungen für die Wählbarkeit in das Amt des Bürgermeisters.

Dies ergebe sich aus der langen Zeitdauer seiner inoffiziellen Tätigkeit, der in der großen Zahl seiner Berichte zum Ausdruck kommenden Intensität der Berichterstattung und der bereitwilligen Einhaltung der Konspiration auch über das Ende der inoffiziellen Mitarbeit hinaus. Der Beschwerdeführer habe unter Verletzung des ihm von seinen Kollegen entgegengebrachten Vertrauens an eine Institution Informationen weitergegeben, der eine Schlüsselstellung bei der Durchsetzung des totalitären Zwangsregimes zugekommen sei. Die von dem Beschwerdeführer gelieferten Erkenntnisse seien jederzeit zum Nachteil der ausgespähten Personen verwendbar gewesen. Sie hätten tatsächlich auch Eingang in zwei operative Personenkontrollen gefunden und seien für operative Personenaufklärungen ausgewertet worden. Der Beschwerdeführer habe infolge der Entlassung aus der Tätigkeit für das MfS keine Sanktionen hinnehmen müssen. Die Ablehnung einer Betätigung als inoffizieller Mitarbeiter sei auch regelmäßig folgenlos geblieben. Das Verwaltungsgericht habe mit der Gleichsetzung der Berichte mit arbeits- oder beamtenrechtlich relevanten Zeugnissen verkannt, daß die Beurteilungen der Mitarbeiter nicht für die personalführende Stelle des Betriebes, sondern für das MfS erstellt worden seien, das sie mit einer gänzlich anderen Zielrichtung habe instrumentalisieren können.

Aufgrund dieser Tätigkeit sei der Beschwerdeführer gerade für das Amt des Bürgermeisters untragbar. Der Bürgermeister bekleide eine herausgehobene Stellung. Sein Amt werde durch seine Persönlichkeit geprägt und bestimme maßgeblich das Erscheinungsbild der Verwaltung. Daß der Beschwerdeführer mit großer Mehrheit gewählt worden sei, rechtfertige keine andere Beurteilung. Eine Wählbarkeitsvoraussetzung, die rechtlich vorgegeben sei, könne von den Wahlberechtigten nicht mit der Wahl zum Bürgermeister aufgehoben werden. Die Gültigkeit der Wahl stehe unter dem Vorbehalt der Wählbarkeit des erfolgreichen Bürgermeisterkandidaten.

5. Das Bundesverwaltungsgericht wies mit Beschluß vom 18. Juli 1996 (8 B 85.96), der dem Beschwerdeführer am 29. Juli 1996 zugestellt wurde, seine Beschwerde gegen die Nichtzulassung der Revision zurück.

II.

Der Beschwerdeführer hat gegen den Beschluß des Bundesverwaltungsgerichts und das Urteil des Oberverwaltungsgerichts am 27. August 1996 Verfassungsbeschwerde erhoben. Er rügt eine Verletzung der Grundrechte auf Allgemeinheit der Wahl (Art. 4 SächsVerf), der allgemeinen Handlungsfreiheit (Art. 15 SächsVerf) in Verbindung mit dem Demokratieprinzip (Art. 1, 3, 86 SächsVerf), der Freiheit der Berufswahl (Art. 28 Abs. 1 SächsVerf) und des gleichen Zugangs zu jedem öffentlichen Amt (Art. 91 Abs. 2 SächsVerf) sowie des Willkürverbotes (Art. 18 Abs. 1 SächsVerf).

1. Der Ausschluß von der Wählbarkeit verstoße gegen das Grundrecht der Allgemeinheit der Wahl, das für Wahlen auf Gemeindeebene durch Art. 4 Abs. 1 SächsVerf geschützt sei und auch das passive Wahlrecht umfasse. Seine mehr als zehn Jahre zurückliegende Betätigung für das MfS wirke sich für ihn härter aus als Straftaten, die er im gleichen Zeitraum hätte begehen können. Diese wären verjährt und deshalb ohne Folgen für seine Wählbarkeit. Die Verantwortung ehemaliger MfS-Angehöriger dürfe nicht grenzenlos andauern. Die zeitliche Berücksichtigung der MfS-Tätigkeit müsse im Verhältnis zur Intensität dieser Mitarbeit und dem sich daraus

ergebenden Schaden stehen. Schließlich sei von Bedeutung, aus welchem Grund die Zusammenarbeit beendet worden sei. Diese Prüfung habe das Oberverwaltungsgericht unterlassen. Besonders schwerwiegend sei die Nichtbeachtung des Unterschiedes zwischen dem unmittelbar demokratisch legitimierten Wahlbeamten und einem Berufsbeamten. Die Wahl eines Bürgermeisters sei keine Eignungs-, sondern eine Persönlichkeitswahl. Auf Eignungsmängel gestützte Ausschlüsse der Wählbarkeit seien daher auf ein unabdingbares Minimum, wie Altersgrenzen und Fälle der Ineligibilität, zu beschränken. Andernfalls werde der Wählerwille verletzt. Daß der Wertmaßstab bei gewählten Beamten ein anderer sein müsse als bei ernannten Beamten, ergebe sich auch aus Art. 118 Abs. 1 Nr. 2 SächsVerf, der nach dem Grundsatz der Einheit der Verfassung zu berücksichtigen sei. Art. 118 Abs. 1 Nr. 2 SächsVerf lasse die Aberkennung des Mandats wegen Untragbarkeit gewählter Abgeordneter des Landtags nur bei besonders schwerwiegenden Gründen und dem Vorliegen einer qualifizierten Mehrheit zu. Daran habe sich auch die Anwendung des Art. 119 Sächs-Verf bei einem demokratisch gewählten Bürgermeister zu orientieren.

Verletzt sei auch das Demokratieprinzip (Art. 1, 3 und 86 SächsVerf). Für seine Verwirklichung sei das passive Wahlrecht von hoher Bedeutung. Dieser Verstoß sei über das Grundrecht auf allgemeine Handlungsfreiheit (Art. 15 SächsVerf) rügefähig.

2. Durch die angegriffenen Entscheidungen werde er außerdem in dem Grundrecht auf freie Wahl des Arbeitsplatzes, das in Art. 28 Abs. 1 Sächs-Verf geschützt sei und durch das Grundrecht auf gleichen Zugang zu öffentlichen Ämtern (Art. 91 Abs. 2 SächsVerf) inhaltlich ergänzt werde, verletzt. Die Prüfung seiner demokratischen Zuverlässigkeit für den öffentlichen Dienst habe aufgrund einer Prognose zu erfolgen, die eine konkrete, einzelfallbezogene Würdigung seiner Persönlichkeit, seiner Tätigkeit seit Beendigung seiner MfS-Mitarbeit und seiner beanstandungsfreien Amtsführung als Bürgermeister umfasse. In dieser Richtung habe auch das Bundesverfassungsgericht in einem ähnlichen Fall entschieden (BVerfGE 92, 140 ff). Das Sächsische Oberverwaltungsgericht habe sich demgegenüber auf eine vergangenheitsorientierte Würdigung beschränkt. Der Tatsache, daß er sich in der Schlußphase der MfS-Tätigkeit zunehmend entzogen und diese auf eigenen Wunsch beendet habe, habe das Oberverwaltungsgericht nicht die erforderliche Bedeutung zuerkannt. Im übrigen sei es ethisch nicht verwerflich, sich in gewissen Grenzen den Regeln eines Unrechtsstaates anzupassen, wenn diese Anpassung – wie beim Beschwerdeführer – für Dritte folgenlos geblieben sei.

3. Die Rüge der Verletzung des Willkürverbots (Art. 18 Abs. 1 Sächs-Verf) begründet der Beschwerdeführer damit, daß das Oberverwaltungsge-

richt völlig unberücksichtigt gelassen habe, daß er mehr als elf Jahre nicht mehr für das MfS tätig gewesen sei, er das Amt des Bürgermeisters vier Jahre lang in nicht zu beanstandender Weise ausgeübt habe und in Kenntnis seiner Vergangenheit mit überwältigender Mehrheit gewählt worden sei. Die Annahme, daß er für das Amt des Bürgermeisters nicht geeignet sei, sei allein auf seine frühere Betätigung für das MfS gestützt; eine einzelfallbezogene Betrachtung sei unterlassen worden. Sein Wohlverhalten im gesamten Zeitraum seit der Beendigung seiner Mitarbeit, die korrekte Führung des Bürgermeisteramtes und seine durch das Volk in Kenntnis aller näheren Umstände erfolgte Wiederwahl seien völlig unbeachtet geblieben.

4. Das Staatsministerium der Justiz hält die Verfassungsbeschwerde, soweit diese sich gegen den Beschluß des Bundesverwaltungsgerichts wendet, für unzulässig und im übrigen für unbegründet.

B.

1. Die Verfassungsbeschwerde ist unzulässig, soweit sie sich gegen den Beschluß des Bundesverwaltungsgerichts vom 18. Juli 1996 richtet. Diese Entscheidung kann nicht Gegenstand einer Verfassungsbeschwerde zum Sächsischen Verfassungsgerichtshof sein. Dahinstehen kann, ob und gegebenenfalls unter welchen Voraussetzungen der Verfassungsgerichtshof befugt ist, Entscheidung des Bundesverwaltungsgericht am Maßstab der Sächsischen Verfassung zu prüfen. Dies kommt hier schon deshalb nicht in Betracht, weil die angegriffene Entscheidung nicht auf sächsischem Landesrecht beruht.

2. Soweit sich die Verfassungsbeschwerde gegen das Urteil des Sächsischen Oberverwaltungsgerichts vom 30. Januar 1996 richtet, ist sie zulässig.

a) Das Grundrecht der allgemeinen und gleichen Wahl eines Bürgermeisters, das auch das passive Wahlrecht einschließt, findet seine Grundlage allerdings nicht, wie der Beschwerdeführer annimmt, in Art. 4 Abs. 1 SächsVerf, sondern in Art. 18 Abs. 1 SächsVerf in Verbindung mit dem Demokratieprinzip (Art. 1 Satz 2 und Art. 3 Abs. 1 SächsVerf). Art. 4 Abs. 1 SächsVerf bezieht das Gebot der allgemeinen und gleichen Wahl allein auf die nach der Verfassung des Freistaates Sachsen durch das Volk vorzunehmenden Wahlen. Die unmittelbare Volkswahl eines Bürgermeisters wird indes von der Sächsischen Verfassung nicht vorgeschrieben. Nach Art. 86 Abs. 1 Satz 1 SächsVerf muß das Volk in den Gemeinden zwar eine gewählte Vertretung haben. Damit ist der Gemeinderat, nicht dagegen der Bürgermeister gemeint. Art. 28 Abs. 1 Satz 2 GG reicht insoweit nicht weiter (vgl.

BVerfGE 47, 253, 272 und 275). Wegen der inhaltlichen Beschränkung des Geltungsbereichs des Art. 4 Abs. 1 SächsVerf auf die verfassungsrechtlich vorgeschriebenen Volkswahlen ist ohne Belang, daß die einfachgesetzliche Bestimmung des § 48 Gemeindeordnung für den Freistaat Sachsen – SächsGemO – eine unmittelbare Wahl des Bürgermeisters durch das Gemeindevolk – anstatt durch den Gemeinderat – vorsieht.

Die Rüge des Beschwerdeführers, das angegriffene Urteil schließe ihn in unzulässiger Weise von der Wählbarkeit aus, beinhaltet aber die schlüssige Behauptung einer Verletzung des Art. 18 Abs. 1 SächsVerf in Verbindung mit dem Demokratieprinzip. Der Verfassungsgrundsatz der allgemeinen und gleichen Wahl ist als Ausprägung des Demokratieprinzips zugleich ein besonderer Anwendungsfall des in Art. 18 Abs. 1 SächsVerf grundrechtlich ausgestalteten allgemeinen Gleichheitssatzes. Er verlangt insofern, daß grundsätzlich allen Bürgern in gleicher Weise das aktive und passive Wahlrecht gewährt wird und niemandem diese Rechte abgesprochen werden. Jedem, der die Grundvoraussetzungen der Wählbarkeit erfüllt, steht deshalb das Recht zu, zur Wahl zum Bürgermeister einer Gemeinde zu kandidieren.

b) Die Verfassungsbeschwerde ist fristgerecht eingelegt worden. Die Einlegungsfrist von einem Monat (§ 29 Abs. 1 SächsVerfGHG) ist gewahrt. Sie wurde nicht bereits durch die Zustellung des Urteils des Oberverwaltungsgerichts, sondern erst durch die Zustellung des Beschlusses des Bundesverwaltungsgerichts in Lauf gesetzt. Denn die Beschwerde gegen die Nichtzulassung der Revision im Urteil des Oberverwaltungsgerichts war nicht offensichtlich unzulässig; eine erfolgreiche Geltendmachung des Zulassungsgrunds der grundsätzlichen Bedeutung der Rechtssache (§ 132 Abs. 2 Nr. 1 VwGO) mußte für den Beschwerdeführer im Hinblick auf eine mögliche Verletzung der Wahlrechtsgarantien des Grundgesetzes nicht von vornherein aussichtslos erscheinen.

C.

Die Verfassungsbeschwerde ist im Umfang ihrer Zulässigkeit begründet. Das Urteil des Oberverwaltungsgerichts verletzt den Beschwerdeführer in seinem Grundrecht der allgemeinen und gleichen Wahl.

I.

Das angegriffene Urteil schließt den Beschwerdeführer vom Kreis der zum Bürgermeister wählbaren Personen aus und berührt damit sein Grundrecht der allgemeinen und gleichen Wahl. Dieses Grundrecht ist gegenüber dem allgemeinen Gleichheitssatz durch eine stärkere Formalisierung gekennzeichnet, indem es verlangt, daß jeder sein Recht der aktiven und passiven Wahl in formal möglichst gleicher Weise ausüben kann (vgl. BVerfGE 12, 73, 77; 48, 64, 79; 60, 162, 167; 93, 373, 376). Dies schließt allerdings Differenzierungen nicht aus, sofern diese gesetzlich vorgesehen sind und für sie ein verfassungsrechtlich zwingender Grund besteht (vgl. BVerfGE 4, 375, 382 f; 41, 399, 413; 60, 162, 170 f; 82, 322, 338).

II.

§ 49 Abs. 1 SächsGemO in Verbindung mit § 6 Abs. 2 Nr. 2 SächsBG, die dem angegriffenen Urteil zugrunde liegen, sind bei verfassungskonformer Auslegung mit der Sächsischen Verfassung vereinbar.

1. Nach § 6 Abs. 2 Nr. 2 SächsBG darf in das Beamtenverhältnis grundsätzlich nicht berufen werden, wer für das frühere Ministerium für Staatssicherheit/Amt für nationale Sicherheit tätig war. Dies gilt auch für die Wählbarkeit zum hauptamtlichen Bürgermeister. Entsprechend seiner besonderen Amtsstellung, die gleichermaßen vom Beamtenrecht und Kommunalrecht geprägt ist, wird sein Beamtenverhältnis nicht durch Ernennung, sondern durch rechtsgültige Wahl begründet (§ 160 Abs. 1 Nr. 1 Satz 1 SächsBG). Für die Wahl gelten die §§ 48 ff SächsGemO. Zur Wählbarkeit bestimmt § 49 Abs. 1 SächsGemO, daß der Bewerber für das Amt des Bürgermeisters die allgemeinen persönlichen Voraussetzungen für die Berufung in das Beamtenverhältnis erfüllen muß. Dazu gehört die Regelung des § 6 Abs. 1 Nr. 2 SächsBG.

2. Die von § 49 Abs. 1 SächsGemO in Verbindung mit § 6 Abs. 2 Nr. 2 SächsBG bestimmte Differenzierung im Bereich des passiven Wahlrechts von Bewerbern um das Bürgermeisteramt wird bei verfassungskonformer Auslegung durch verfassungsrechtliche Gründe des Gemeinwohls gerechtfertigt. Diese folgen allerdings nicht, wie das Oberverwaltungsgericht annimmt, aus einer unmittelbaren Anwendung des Art. 119 Satz 2 Nr. 2 SächsVerf, sondern sind Ausdruck eines Rechtssatzes, der sich aus dem Zusammenwirken der Art. 116 bis 119 mit der Präambel zur Sächsischen Verfassung ergibt.

a) Art. 119 Satz 2 Nr. 2 SächsVerf, nach dem jeder Person die Eignung für den öffentlichen Dienst fehlt, die für das frühere Ministerium für Staatssicherheit/Amt für nationale Sicherheit der DDR tätig war und deren Beschäftigung im öffentlichen Dienst deshalb untragbar erscheint, gilt, wie sich aus Wortlaut und Systematik ergibt, jedenfalls nicht für den Bürgermeister einer sächsischen Gemeinde.

Auf sein Beamtenverhältnis, das durch die rechtsgültige Wahl durch das Volk (§ 48 Abs. 1 Satz 1 SächsGemO) begründet wird, ist Art. 119 SächsVerf nach seinem Wortlaut nicht anwendbar. Die Begriffe der Einstellung, Weiterbeschäftigung, Eignung und Beschäftigung zeigen, daß es in Art. 119 SächsVerf um Dienst- und Beschäftigungsverhältnisse geht, die durch Auswahlentscheidung des Dienstherrn, nicht aber ausschließlich durch einen Wahlakt begründet werden.

Dies wird durch den systematischen Zusammenhang mit Art. 91 Abs. 2 SächsVerf bestätigt. Das Qualifikationsmerkmal der Eignung des Art. 119 Satz 2 SächsVerf korrespondiert mit dem Kriterium der Eignung des Art. 91 Abs. 2 SächsVerf (so auch *Kunzmann* in: ders/Haas-Bartlitz/Baumann-Hasske [Hrsg.], Die Verfassung des Freistaates Sachsen, 1993, Art. 119 Rn. 1). Diese Bestimmung, nach der alle Bürger nach ihrer Eignung, Befähigung und fachlichen Leistung gleichen Zugang zu jedem öffentlichen Amt haben, erstreckt sich nicht auf den Bürgermeister als unmittelbar durch das Volk gewählten kommunalen Wahlbeamten (ebenso für den inhaltsgleichen Art. 33 Abs. 3 GG *Maunz* in: ders./Dürig [Hrsg.], Grundgesetz, Art. 33 Rn. 14, Stand 1966; *Ridder* in: Wassermann [Gesamthrsg.], Alternativkomm zum Grundgesetz, Band 1, 2. Aufl. 1989, Art. 33 Rn. 49; *Battis* in: Sachs [Hrsg.], Grundgesetz, 1996, Art. 33 Rn. 25). Zwar ist der Begriff des öffentlichen Amtes prinzipiell weit zu verstehen. So fallen unter Art. 91 Abs. 2 SächsVerf über die von Ernennungsbeamten bekleideten Ämter hinaus auch die Ämter der im öffentlichen Dienst stehenden Angestellten und Arbeiter sowie der Richter. Die Sonderstellung des Bürgermeisters findet ihren Grund im Demokratieprinzip.

Dementsprechend verlangt auch § 49 Abs. 1 Satz 1 SächsGemO für die Wählbarkeit einer Person zum Bürgermeister nicht die Erfüllung fachlicher (objektiver) Voraussetzungen für die Berufung in das Beamtenverhältnis, wie sie in inhaltlicher Übereinstimmung mit Art. 91 Abs. 2 SächsVerf in § 12 SächsBG geregelt sind. Statt dessen genügt die Erfüllung der in § 6 SächsBG – mit Ausnahme der Bestimmung über Laufbahnbewerber (§ 6 Abs. 1 Satz 1 Nr. 3 SächsBG) – normierten allgemeinen persönlichen (subjektiven) Voraussetzungen.

Die Fragen, ob bei kommunalen Wahlbeamten, deren Wahl durch den Gemeinderat erfolgt und deren Beamtenverhältnis erst durch die Ernennung begründet wird, wie bei Beigeordneten (§ 56 SächsGemO), das demokratische Prinzip zurücktritt und auf sie Art. 91 Abs. 2 SächsVerf Anwendung findet (in dieser Richtung für Art. 33 Abs. 2 GG: OVG Schleswig, NVwZ 1993, 1124, 1125; *Schönfelder* DÖV 1985, 656, 661; *Birkenfeld-Pfeiffer* DÖV 1992, 813, 815), kann hier dahinstehen. Das Amt des Bürgermeisters jedenfalls wird von

Art. 91 Abs. 2 SächsVerf nicht erfaßt, und das gleiche gilt aus systematischen Gründen für die Parallelvorschrift des Art. 119 Satz 2 SächsVerf. Einer Einbeziehung des durch Wahl berufenen hauptamtlichen Bürgermeisters in den Anwendungsbereich des Art. 119 SächsVerf steht auch seine besondere Rechtsstellung entgegen. Sein Beamtenverhältnis wird durch Wahl, also einen Akt demokratischer Willensbildung begründet und legitimiert. Als Beamter auf Zeit (§ 160 Abs. 1 Satz 1 i. V. m. §§ 138 ff SächsBG) unterliegt er keinen Laufbahnvorschriften. Er bedarf keiner bestimmten Vorbildung, keines Vorbereitungsdienstes oder einer Prüfung. Innerhalb der Gemeinde bekleidet er eine besondere exponierte Stellung. Er führt den Vorsitz im Gemeinderat, ist Leiter der Gemeindeverwaltung und vertritt die Gemeinde nach außen (§§ 36 Abs. 1 und 51 Abs. 1 SächsGemO) und prägt damit wesentlich das Erscheinungsbild der Gemeinde. Als Bürgermeister vertritt er die Gemeinde in einem ganz anderen, viel unmittelbareren Sinn als jeder andere Beamte seinen Dienstherrn: Durch ihn tritt die Gemeinde handelnd erst in Erscheinung (vgl. BVerfGE 7, 155, 165 ff). Seine Stellung im Schnittpunkt politischer Willensbildung und fachlicher Verwaltung bedingt – ähnlich wie beim politischen Beamten (vgl. § 59 SächsBG) in seiner Beziehung zur obersten Staatsleitung – das Bestehen und die Fortdauer eines wechselseitigen Vertrauens im Verhältnis zur Bürgerschaft der Kommune bzw. ihrem Vertretungsorgan, bei dessen Wegfall er seines Amtes verlustig gehen kann (§ 51 Abs. 7 bis 9 SächsGemO; vgl. auch BVerfGE 56, 163, 170).

Für die Wählbarkeit einer Person zum Bürgermeister, die für das frühere Ministerium für Staatssicherheit/Amt für nationale Sicherheit tätig war, fehlt somit in der Sächsischen Verfassung eine unmittelbare Regelung.

b) Art. 119 SächsVerf findet auch keine analoge Anwendung. Es fehlt – wie dargelegt – zwischen dem Amt des Bürgermeisters und den von Art. 119 SächsVerf erfaßten öffentlichen Ämtern an einer Vergleichbarkeit der Interessenlage.

Auch eine analoge Anwendung des Art. 118 SächsVerf kommt nicht in Betracht, weil die Stellung eines Bürgermeisters weder mit der eines Abgeordneten des Landtages noch mit derjenigen eines Mitglieds der Staatsregierung vergleichbar ist.

c) Dennoch läßt sich aus der Sächsischen Verfassung eine Rechtfertigung für die vom Gesetzgeber getroffene Differenzierung im Bereich des passiven Wahlrechts ableiten.

Aus einer Gesamtschau der Entscheidung der Art. 118 und 119 SächsVerf, des Postulats der Aufarbeitung der Vergangenheit (Art. 116 und 117 SächsVerf) und vor dem Hintergrund der in der Präambel ausdrücklich hervorgehobenen leidvollen Erfahrungen kommunistischer Gewaltherrschaft ergibt sich, daß die Sächsische Verfassung den Gesetzgeber zu einer Modifizierung des Grundsatzes der allgemeinen und gleichen Wahl eines Bürgermeisters ermächtigt. Danach kann von der Wählbarkeit ausgeschlossen werden, wer für das frühere Ministerium für Staatssicherheit/Amt für nationale Sicherheit der DDR tätig war, wenn deshalb die Ausübung des Amtes des Bürgermeisters für die Zukunft als untragbar erscheint.

Dieser Verfassungssatz bezweckt die Sicherung der verfassungsmäßigen Ordnung sowie die Stärkung des Vertrauens der Bevölkerung in die Tätigkeit des Staates.

Es war das nachdrückliche Bestreben des Verfassunggebers, Voraussetzungen für den Ausschluß früherer Mitarbeiter des MfS von öffentlichen Funktionen zu schaffen, soweit sie dafür untragbar erscheinen. Denn diese Personen stellten eine tragende Stütze des repressiven Unrechtsregimes der DDR dar und bedienten sich bei ihrer Tätigkeit menschenverachtender Methoden.

Für Mitglieder des Landtages und der Staatsregierung und für Beschäftigte im öffentlichen Dienst hat der Verfassunggeber dementsprechend in Art. 118 und Art. 119 SächsVerf Regelungen getroffen, die Mitarbeiter des früheren MfS unter den in diesen Verfassungsvorschriften getroffenen Voraussetzungen von Ämtern und Mandaten fernhalten sollen.

Das Amt des hauptamtlichen Bürgermeisters enthält Elemente der Stellung des von Art. 118 SächsVerf erfaßten Personenkreises und derjenigen öffentlicher Amtsträger im Sinne des Art. 119 SächsVerf. Entscheidend für seine Berufung ist – wie bei dem Mitglied des Landtages – die Wahl, also ein Akt demokratischer Willensbildung. Mit seiner Wahl untersteht er als Beamter auf Zeit – wie ein Ernennungsbeamter – dem Beamtenrecht.

Wenn für Ernennungsbeamte eine frühere MfS-Tätigkeit einer Berufung in das Beamtenverhältnis entgegenstehen kann und Mitglieder des Landtages oder der Staatsregierung bei früherer MfS-Tätigkeit ihre Rechtsstellung verlieren können, so ist auch hinsichtlich des hauptamtlichen Bürgermeisters bei einer früheren Tätigkeit für das MfS ein Ausschluß der Wählbarkeit verfassungsrechtlich zulässig.

Dem steht nicht entgegen, daß der hauptamtliche Bürgermeister vom Gemeindevolk gewählt worden ist und damit das Vertrauen der Mehrheit des Gemeindevolkes gefunden hat. Selbst bei Abgeordneten des Landtages oder Mitgliedern der Staatsregierung wird unter den in Art. 118 Abs. 1 Nr. 2 SächsVerf gegebenen Voraussetzungen bei einer früheren MfS-Tätigkeit die Wahlentscheidung nicht berücksichtigt. Die damit verfassungsrechtlich mögliche Nichtberücksichtigung der Wahlentscheidung betrifft bei Abgeordneten des Landtages Personen, die ihr Mandat durch direkte Wahl des Volkes erworben haben. Die Vorgabe von Mindestanforderungen an die Wählbarkeit eines hauptamtlichen Bürgermeisters, der früher für das MfS tätig war, kann deshalb nicht mit dem Hinweis auf seine unmittelbare demokratische Legitimation, die Erlangung seines Status durch Wahl des Volkes, in Frage gestellt werden. Diesbezügliche Zweifel sind umso weniger angebracht, als die unmittelbare Wahl des Bürgermeisters durch das Volk im Gegensatz zur Wahl der Mitglieder des Landtages (Art. 39 Abs. 1 SächsVerf) verfassungsrechtlich nicht gefordert ist.

Der Bürgermeister ist ungeachtet der Auffassung der ihn tragenden Mehrheit Vertreter aller Gemeindebürger und muß daher auch denjenigen zumutbar sein, die Opfer politischer Willkür waren oder die einen für das MfS tätig gewesenen Bürgermeister aus anderen Gründen als eine besondere Belastung empfinden müssen. Die Berücksichtigung früherer MfS-Tätigkeit eines Bewerbers für das Amt des hauptamtlichen Bürgermeisters im Rahmen der Wählbarkeitvoraussetzungen entspricht auch der allgemeinen Zielsetzung der Wiedergutmachung und Vergangenheitsbewältigung, wie sie in Art. 116 und Art. 117 SächsVerf nachhaltigen Ausdruck gefunden haben. Die durch Art. 117 SächsVerf an das Land gerichtete Forderung, im Rahmen seiner Möglichkeiten dazu beizutragen, die Ursachen individuellen und gesellschaftlichen Versagens in der Vergangenheit abzubauen, die Folgen verletzter Menschenwürde zu mindern und die Fähigkeit zu selbstbestimmter und eigenverantwortlicher Lebensgestaltung zu stärken, läßt es nicht zu, wegen früherer Tätigkeit für das MfS untragbare Personen im öffentlich Dienst zu beschäftigen, auch wenn sie durch Wahl des Volkes in dieses Amt berufen werden.

d) Die an den Gesetzgeber gerichtete Ermächtigung des sächsischen Verfassunggebers, von der Wählbarkeit zum Bürgermeister auszuschließen, wer für das frühere Ministerium für Staatssicherheit tätig war, wenn deshalb die Ausübung des Amtes untragbar erscheint, weist eine zweistufige Struktur auf.

Auf der ersten Stufe bedarf es der Feststellung der Tätigkeit einer Person für das frühere MfS. Diese Tätigkeit reicht jedoch für sich genommen nicht aus, um die Wählbarkeit auszuschließen. Es bedarf vielmehr in einem zweiten Schritt der Feststellung, daß der Bewerber um das Amt des Bürgermeisters wegen seiner Tätigkeit für das frühere MfS für das angestrebte Amt untragbar erscheint. Dieser zweiten Stufe kommt eine eigenständige Bedeutung zu. Sie erfordert die Vornahme einer umfassenden, alle beachtlichen Aspekte des jeweiligen Falles einbeziehenden Prüfung. Ihr Ergebnis wird durch die frühere Mitarbeit für das MfS nicht im Sinne einer überwiegenden Wahrscheinlichkeit der Untragbarkeit vorgeprägt. Denn die Einzelfallprüfung dient dazu, die miteinander kollidierenden Schutzgüter, die Sicherstellung der verfassungsmäßigen Ordnung und das dem Bewerber um das Amt des Bürgermeisters zustehende Grundrecht der allgemeinen und gleichen (passiven) Wahl, in einem gerechten Ausgleich zu bringen. Die Einzelfallprüfung ist damit notwendigerweise ergebnisoffen. Damit verbietet es sich auch, der Feststellung der Tätigkeit einer Person für das MfS eine Indizfunktion oder die Wirkung einer Vermutung für die Untragbarkeit der Amtsausübung als Bürgermeister beizulegen oder der Prüfung eine sonst einseitige Ausrichtung zu geben. Dadurch würden die Grundrechte des Bürgermeisterkandidaten in unzuzlässiger Weise verkürzt. Dagegen spricht auch Art. 119 Satz 1 SächsVerf, der bei Amtsträgern auf die Bestimmungen des Vertrages über die Herstellung der Einheit Deutschlands verweist. Dieser Regelung liegt die Absicht zugrunde, die Bediensteten weitgehend in den öffentlichen Dienst der Bundesrepublik Deutschland zu integrieren (vgl. BVerfGE 92, 140, 156).

Im Rahmen der danach gebotenen umfassenden Prüfung des konkreten Falles sind neben Anlaß und Inhalt der Tätigkeit für das MfS und den Gründen ihrer Aufgabe die sonstigen persönlichen Umstände, die unter C. II. 2a dargelegten Besonderheiten des kommunalen Wahlamtes des Bürgermeisters sowie die Aussichten der Bewährung des Bewerbers unter rechtsstaatlich-demokratischen Verhältnissen zu berücksichtigen und zu würdigen. Die abschließende Beurteilung der Wählbarkeit darf auch bei früherer MfS-Tätigkeit die Entwicklung nicht ausblenden, die der Bewerber nach dem Beitritt genommen hat.

Diese Würdigung setzt eine Prognose für die Zukunft voraus. Sie hat die Prägung zum Gegenstand, ob das Amt des hauptamtlichen Bürgermeisters durch den Bewerber, der früher für das MfS tätig war, ausgeübt werden darf. Die gebotene Würdigung schließt schon deswegen prognostische Erwägungen ein. Diese sind um so mehr geboten, als auch dem Grundrecht der allgemeinen und gleichen Wahl, das dem Bewerber zur Seite steht, ein die jeweilige Wahlperiode erfassender Zukunftsbezug von vornherein immanent ist. Dafür spricht auch Art. 118 Abs. 1 SächsVerf, der bei Mitgliedern des Landtages oder der Staatsregierung die Prüfung verlangt, ob die „fortdauernde Innehabung" von Mandat oder Mitgliedschaft als untragbar erscheint.

Daß die Prüfung an die Feststellung der Tätigkeit für das frühere MfS anknüpft und dieses Kriterium zurück in die Wirklichkeit der ehemaligen DDR weist, führt nicht etwa zu einem prinzipiellen Vorrang einer vergangenheitsorientierten Betrachtung. Denn diese Überlegungen betreffen nur den ersten Teil des zum Wählbarkeitsausschluß ermächtigenden Verfassungssatzes. Die in diesem enthaltene zweite Stufe hingegen verlangt eine Einzelfallprüfung, die nicht nur allgemein ergebnisoffen, sondern in diesem Rahmen auch zukunftsoffen erfolgt. Würde auch diese in erster Linie auf die Vergangenheit ausgerichtet sein und hauptsächlich die Art und Weise der Betätigung des Wahlbewerbers für das MfS und seine daraus folgende Vorbelastung in den Blick nehmen, könnten sich seine grundrechtlich geschützten Interessen praktisch auf unabsehbare Zeit nicht mehr in ausreichendem Maße entfalten.

Das Bundesverfassungsgericht hat in bezug auf frühere Mitarbeiter des MfS bislang eine Prognose ausdrücklich nur im Fall einer ordentlichen Kündigung eines Arbeitsverhältnisses in der öffentlichen Verwaltung wegen mangelnder persönlicher Eignung des Arbeitnehmers nach Kapitel XIX Sachgebiet A Abschnitt III Nr. 1 Abs. 4 Nr. 1 der Anlage I zum EV als geboten erachtet (BVerfGE 92, 140, 155 f). Daraus läßt sich aber nicht schließen, der hier anzuwendende Verfassungsmaßstab, der mit den für die außerordentliche Kündigung eines MfS-Mitarbeiters geltenden Anforderungen nach Kapitel XIX Sachgebiet A Abschnitt III Nr. 1 Abs. 5 Nr. 2 der Anlage I zum EV vergleichbar ist – hiernach ist ein wichtiger Grund für eine außerordentliche Kündigung insbesondere dann gegeben, wenn der Arbeitnehmer für das frühere MfS/Amt für nationale Sicherheit tätig war und deshalb ein Festhalten am Arbeitsverhältnis unzumutbar erscheint –, stehe der Vornahme einer Prognose entgegen. Denn die außerordentliche Kündigung ist gleichermaßen für die Zukunft wirksam und löst für den Betroffenen noch größere Rechtsnachteile als eine ordentliche Kündigung aus, so daß dem Erfordernis einer prognostischen Überprüfung des Vorliegens eines sie rechtfertigenden wichtigen Grundes ein mindestens ebenso großes Gewicht beizumessen sein dürfte.

3. § 49 Abs. 1 SächsGemO in Verbindung mit § 6 Abs. 2 Nr. 2 SächsBG, die dem Urteil des Sächsischen Oberverwaltungsgerichts zugrunde liegen, entsprechen bei verfassungskonformer Auslegung dieser für das Amt des Bürgermeisters geltenden Ermächtigung des Gesetzgebers zur Schaffung von Wählbarkeitausschlüssen bei früherer MfS-Tätigkeit.

Nach dem Wortlaut des § 6 Abs. 2 Nr. 2 SächsBG darf in das Beamtenverhältnis grundsätzlich nicht berufen werden, wer für das frühere Ministerium für Staatssicherheit/Amt für nationale Sicherheit tätig war. Dem Wort „grundsätzlich" kann unterschiedliche Bedeutung zukommen. Der Begriff „grundsätzlich" kann die Funktion haben, im Regelfall bei der Erfüllung der (sonstigen) tatbestandlichen Voraussetzungen den Eintritt der gesetzlichen Rechtsfolge nach sich zu ziehen und nur in atypischen Sonderlagen ein anderes Ergebnis zuzulassen. Mit diesem Bedeutungskern wäre § 6 Abs. 2 Nr. 2 SächsBG einer verfassungskonformen Auslegung nicht zugänglich und folglich verfassungswidrig. Denn die aus der Sächsischen Verfassung für das

Amt des Bürgermeisters folgende Ermächtigung der Beschränkung der Wählbarkeit der früherer MfS-Tätigkeit erfordert – wie dargelegt – eine ergebnisoffene Einzelfallprüfung ohne eine der MfS-Tätigkeit zukommende Indizwirkung für die Untragbarkeit der Berufung in das Amt.

Das Wort „grundsätzlich" wird jedoch auch in dem Sinn verstanden, daß eine Tatsache Ausgangspunkt für weitere Betrachtungen sein soll. Dieser Bedeutungskern ist mit dem dargelegten Verfassungssatz vereinbar. Er entspricht der gebotenen ergebnisoffenen Einzelfallprüfung ohne eine sich aus der MfS-Tätigkeit ergebende vorrangige Indizwirkung. Da einem Normmerkmal stets diejenige Bedeutung beizulegen ist, die der Norm zur rechtlichen Gültigkeit verhilft, ist das Wort „grundsätzlich" in der dargelegten Weise verfassungskonform zu interpretieren (im Ergebnis auch BVerfG, 3. Kammer des Zweiten Senats, LKV 1994, 332).

III.

Das Sächsische Oberverwaltungsgericht hat bei der Anwendung des § 6 Abs. 2 Nr. 2 SächsBG den verfassungsrechtlich gebotenen Maßstab nicht durchgängig gewahrt und die Bedeutung und Tragweite des betroffenen Grundrechts der allgemeinen und gleichen Wahl nicht hinreichend beachtet. Der Beschwerdeführer wird durch das angegriffene Urteil deshalb in seinem Grundrecht aus Art. 18 Abs. 1 SächsVerf verletzt.

Das Gericht ist zutreffend von dem Erfordernis einer Einzelfallprüfung ausgegangen und hat im Rahmen einer eingehenden Würdigung der Art und Weise und der näheren Umstände der Tätigkeit des Beschwerdeführers für das frühere MfS die für die Frage, ob die Ausübung des Amtes des Bürgermeisters durch ihn untragbar erscheint, hieraus folgenden Gesichtspunkte des Für und Wider sorgsam gegeneinander abgewogen. Insoweit hat es dem durch die Sächsische Verfassung vorgegebenen Maßstab Genüge getan.

Verfassungsrechtlich fehlerhaft ist jedoch, daß das Oberverwaltungsgericht den in der Vergangenheit liegenden Vorgängen der MfS-Mitarbeit des Beschwerdeführers innerhalb der Erörterung ausdrücklich und auch nach dem Umfang der betreffenden Darlegungen einen rechtlichen Vorrang zuerkannt hat. Ein solches Vorgehen gewährleistet nicht hinreichend die in der Zweigliedrigkeit des verfassungsrechtlichen Ermächtigungssatzes begründete gebotene Ergebnisoffenheit der Einzelfallprüfung.

Zudem ist die Prüfung der relevanten Umstände des konkreten Falles insofern verkürzt erfolgt, als die Besonderheiten des kommunalen Wahlamts des Bürgermeisters nicht in dem erforderlichen Maße Berücksichtigung gefunden haben. Das Oberverwaltungsgericht hat zwar die wesentlichen Aspekte, die das Amt des Bürgermeisters von demjenigen eines durch Ernennung berufenen Lebenszeitbeamten unterscheiden, abstrakt angeführt. Es hätte aus ihnen jedoch auch konkrete Folgerungen für die Frage der Untragbarkeit ziehen müssen. Verfassungsrechtlich nicht zu beanstanden ist allerdings, daß das Gericht dem tatsächlichen Wahlakt als solchem keine Bedeutung beigemessen hat. Die grundlegende Zielsetzung der in der Sächsischen Verfassung enthaltenen Ermächtigung zur Beschränkung der Wählbarkeit ehemaliger MfS-Mitarbeiter läßt sich nur durch ein Vertrauensvotum nicht in Frage stellen.

Darüber hinaus hat das Gericht die von Verfassungs wegen erforderliche Prognose darüber, ob sich der Beschwerdeführer im Lichte der Anforderungen demokratischer Rechtsstaatlichkeit im Amt des Bürgermeisters bewähren wird, und Erwägungen dahin, welche Auswirkungen eine etwa günstige Prognose gegebenenfalls im Hinblick auf die Frage der Untragbarkeit zur Folge hat, nicht angestellt. Damit ist die notwendige Offenheit der Einzelfallprüfung in die Zukunft hinein unbeachtet geblieben.

Da nicht auszuschließen ist, daß das Oberverwaltungsgericht bei Anlegung des richtigen verfassungsrechtlichen Maßstabes unter konkreter Einbeziehung der Besonderheiten des Rechtsstatus des durch das Volk gewählten Bürgermeisters und unter Beachtung der Vorgabe der Prognose zu einem anderen Ergebnis gelangt wäre, hat die Verfassungsbeschwerde Erfolg.

D.

Auf die Begründetheit der übrigen Rügen kommt es nicht an, da das angegriffene Urteil den Beschwerdeführer jedenfalls in seinem Grundrecht der allgemeinen und gleichen Wahl (Art. 18 Abs. 1 SächsVerf) verletzt.

E.

Die Kostenentscheidung beruht auf § 16 Abs. 1 und 3 SächsVerfGHG.

Nr. 4

1. Zur Grundrechtsträgerschaft von juristischen Personen des öffentlichen Rechts*

2. Zum Schutzbereich des Grundrechtes der Rundfunkfreiheit aus Art. 20 Abs. 1 S. 2 SächsVerf*

* Nichtamtlicher Leitsatz
* Nichtamtlicher Leitsatz

Verfassungsgerichtshof des Freistaates Sachsen

Verfassung des Freistaates Sachsen Art. 20 Abs. 1 S. 2, 36, 37 Abs. 3, 81 Abs. 1 Nr. 4

Sächsisches Verfassungsgerichtshofsgesetz § 27 Abs. 1

Sächsisches Privatrundfunkgesetz §§ 27 Abs. 1 S. 2 und Abs. 2 S. 1, 28

Beschluß vom 21. März 1997 – Vf 10-IV-96 –

in dem Verfahren über die Verfassungsbeschwerde der S. L.

Entscheidungsformel:
Die Verfassungsbeschwerde wird verworfen.

Gründe:

I.

1. Die Beschwerdeführerin wendet sich gegen Bestimmungen des Gesetzes über den privaten Rundfunk und neue Medien in Sachsen (Sächsisches Privatrundfunkgesetz – SächsPRG). Gegenstand ihrer Verfassungsbeschwerde sind die Vorschriften der §§ 1 Abs. 2, 27 Abs. 3 Nr. 2, 28 Abs. 2, 30 Abs. 7, Abs. 8 Satz 2, Abs. 9 und Abs. 10, 31, 32, 33, 34 und 46 Abs. 1 bis 4, 6 und 7 SächsPRG in der Fassung des Art. 1 des Zweiten ÄndG des SächsPRG vom 16. Januar 1996 (GVBl. S. 4; Bekanntmachung vom 18. Januar 1996, GVBl. S. 13). Die Beschwerdeführerin erblickt in diesen Regelungen, durch die ihre Organisationsstruktur umgestaltet wurde und ihre Zuständigkeiten namentlich hinsichtlich der Weiterverbreitung von Rundfunkprogrammen in Kabelanlagen beschränkt worden sind, eine Verletzung des Grundrechts der Rundfunkfreiheit aus Art. 20 Abs. 1 Satz 2 SächsVerf.

Die Beschwerdeführerin trägt vor, sie sei Trägerin dieses Grundrechts. Die Rundfunkfreiheit stehe nicht nur Rundfunkveranstaltern zu. Sie schütze mit der Gewährleistung der Gesamtheit der für eine verfassungsmäßige Veranstaltung von Rundfunk notwendigen Sicherungen auch Aufgaben der Beschwerdeführerin. Diese nehme außer Aufsichts- und Zulassungsfunktionen insbesondere programmrelevante Kompetenzen wahr. Insoweit bedürfe sie des Schutzes der Rundfunkfreiheit im Interesse der Sicherung eines freien Meinungsbildungs- und Artikulationsprozesses gegenüber Einwirkungen des Staates. Sie müsse daher einerseits selbst staatsfrei organisiert sein und andererseits als Schutzschirm für die Programmgestaltung der privaten Rundfunkveranstalter fungieren. Es sei zu verhindern, daß sich die Staatsgewalt der Beschwerdeführerin zukommender gesetzlicher Wertungsspielräume bemächtige, um den Rundfunk für ihre Zwecke zu instrumentalisieren. Daß die Beschwerdeführerin der Sache nach öffentliche Verwaltungsaufgaben erfülle, stehe ihrer Grundrechtsfähigkeit nicht entgegen.

2. Das Sächsische Staatsministerium der Justiz hält die Verfassungsbeschwerde für unzulässig.

II.

Die Verfassungsbeschwerde ist unzulässig. Die Beschwerdeführerin ist nicht beteiligtenfähig im Sinne von Art. 81 Abs. 1 Nr. 4 SächsVerf und § 27 Abs. 1 SächsVerfGHG, weil sie sich nicht auf das von Art. 20 Abs. 1 Satz 2 SächsVerf geschützte Grundrecht der Rundfunkfreiheit berufen kann, dessen Verletzung sie mit ihrer Verfassungsbeschwerde rügt.

1. Die Grundrechtsträgerschaft der als rechtsfähige Anstalt des öffentlichen Rechts errichteten Beschwerdeführerin (vgl. § 27 Abs. 1 Satz 2 SächsPRG) beurteilt sich nach Art. 37 Abs. 3 SächsVerf. Danach gelten die Grundrechte auch für juristische Personen mit Sitz innerhalb der Bundesrepublik Deutschland, soweit sie ihrem Wesen nach auf diese anwendbar sind. Nach dieser Regelung können sich indes juristische Personen des öffentlichen Rechts grundsätzlich nicht auf Grundrechte berufen (vgl. die st. Rspr. des Bundesverfassungsgerichts; BVerfGE 61, 82, 101; 68, 193, 206; 75, 192, 196).

Nach Art. 36 SächsVerf sind juristische Personen des öffentlichen Rechts als Teil der vollziehenden Gewalt – wie die Gesetzgebung und die Rechtsprechung – ihrerseits an die in der Sächsischen Verfassung niedergelegten Grundrechte als unmittelbar geltendes Recht gebunden. Betont die Verfassung auf diese Weise die Stellung der Träger vollziehender Gewalt als Verpflichtungsadressaten der Grundrechte, weil durch ihr Handeln gerade die grundrechtlich geschützten Positionen der Einzelnen Einbußen erleiden können, lassen sich für sie nicht zugleich Berechtigungen aus den Grundrechtsnormen erschließen (vgl. auch BVerfGE 15, 256, 262; 21, 362, 369 f). Juristische Personen des öffentlichen Rechts verfügen über bestimmte ihnen gesetzlich eingeräumte Kompetenzbereiche, innerhalb derer sie öffentliche Aufgaben wahrnehmen. Etwaigen Eingriffen anderer öffentlicher Aufgabenträger in ihre Kompetenzbereiche können sie unter Berufung auf ihre Zuständigkeiten entgegentreten. Die Grundrechte stehen ihnen grundsätzlich nicht zur Seite (vgl. auch BVerfGE 21, 362, 370 f; 61, 82, 101).

2. Etwas anderes gilt ausnahmsweise dann, wenn eine juristische Person des öffentlichen Rechts unmittelbar dem durch ein Grundrecht geschützten

Lebensbereich zuzuordnen ist (vgl. BVerfGE 21, 362, 373 f; 61, 82, 102; 68, 193, 207; 75, 192, 196), weil sie im Rahmen ihrer Aufgaben Tätigkeiten wahrnimmt, die das Grundrecht sichert. Ein derartiger Sonderfall liegt hier jedoch nicht vor.

a) Das Grundrecht der Rundfunkfreiheit, wie es durch Art. 20 Abs. 1 Satz 2 SächsVerf mit den Worten „Freiheit der Berichterstattung durch Rundfunk" gewährleistet ist, steht zu den sonstigen Kommunikationsgrundrechten der Meinungs- und Informationsfreiheit, der Freiheit der Presse und des Films in einer engen inhaltlichen Verbindung und ist deswegen mit ihnen auch in einem einheitlichen grundrechtlichen Regelungszusammenhang gestellt. Ebenso wie die anderen durch diese Verfassungsnorm gewährleisteten Grundrechte erfüllt die Rundfunkfreiheit für die demokratisch-politische Meinungs- und Willensbildung und damit für die Verfassungsordnung insgesamt eine elementare Funktion und ist dementsprechend weit zu verstehen. Die Rundfunkfreiheit erstreckt sich jedenfalls auf alle auf die Gestaltung von Programmen bezogenen Aktivitäten des Rundfunks von der Herstellung bis zur Verbreitung und umfaßt auch programmbezogene Hilfsfunktionen wie die Verwertung der Programme oder begleitende Tätigkeiten wie etwa die Herausgabe von Programmzeitschriften (vgl. BVerfGE 83, 238, 303 ff, 312 ff). Andererseits erfaßt der Schutzbereich des Art. 20 Abs. 1 Satz 2 SächsVerf nicht schlechthin jeden irgendwie programmrelevanten Vorgang. Vielmehr ist die von der Rundfunkfreiheit geschützte Tätigkeit dadurch gekennzeichnet, daß sie eigeninitiativ erfolgt und einen produktiven Charakter in bezug auf die Programmgestaltung und -verbreitung aufweist.

b) Die der Beschwerdeführerin durch § 28 SächsPRG übertragenen Aufgaben und Zuständigkeiten haben keinen solchen unmittelbar programmgestaltenden, produktiven Charakter. Sie werden daher vom Schutzbereich der Rundfunkfreiheit nicht erfaßt.

aa) Ohne weiteres ersichtlich ist das für die in § 28 Abs. 1 Satz 1 SächsPRG geregelten Kompetenzen. Danach sorgt die Beschwerdeführerin für die Durchführung der Bestimmungen des Gesetzes und wacht über deren Einhaltung. Die Ausfüllung der ihr damit zugeschriebenen Rolle der Wächterin über den privaten Rundfunk, die inhaltlich vornehmlich in der Erteilung und Aufhebung der Zulassung zur Veranstaltung von Rundfunk und zu neuer Rundfunknutzung (§ 28 Abs. 1 Satz 2 Nr. 2 SächsPRG), der Aufsicht über die privaten Veranstalter, der Kontrolle der Einhaltung des Konzentrationsrechts (Nr. 3), der Regelung der Weiterverbreitung von Rundfunkprogrammen in Kabelanlagen (Nr. 4) und der Entscheidung über die Nutzungszuweisung von technischen Übertragungskapazitäten an Veranstalter (Nr. 8) ihren Ausdruck findet, bedeutet für die Veranstalter typischerweise eine Reduzierung der ihnen durch Art. 20 Abs. 1 Satz 2 SächsVerf im Grundsatz verbürgten Freiheitsräume. Insoweit wird die Beschwerdeführerin grundrechtsbeschränkend, nicht aber in Ausübung eigener Rundfunkfreiheit tätig.

bb) Auch die weiteren der Beschwerdeführerin nach § 28 SächsPRG obliegenden Funktionen erlauben es nicht, ihre Tätigkeit dem Schutzbereich der Rundfunkfreiheit zuzuordnen. Es sind dies im wesentlichen Aufgaben der positiven Gestaltung und Begleitung des privaten Rundfunks, namentlich die Förderung und der Ausbau der Rundfunkversorgung (§ 28 Abs. 1 Satz 2 Nr. 1 SächsPRG), die Förderung der technischen Infrastruktur zur terrestrischen Versorgung und für neuartige Rundfunkübertragungstechniken (Nr. 1 a), die Anordnung von Maßnahmen zur Sicherung der Meinungsvielfalt im Programmbereich (Nr. 3), das Zusammenwirken mit Netzbetreibern zur Bereitstellung der technischen Übertragungskapazitäten und zur Betriebsabwicklung (Nr. 9) und die Förderung der Vielfalt, Qualität und Ausgewogenheit bei der Produktion und Verbreitung von Programmen (Nr. 10 und § 15 Abs. 3 SächsPRG). Diese einfachgesetzlich festgelegten Aufgaben wurzeln im objektiven Gehalt der Rundfunkfreiheit, der neben die negatorische, auf Abwehr staatlicher Übergriffe in den Freiheitsbereich zielende Geltungsrichtung dieses Grundrechts tritt. Danach hat die Beschwerdeführerin die Pluralität der bestehenden Meinungen im privaten Rundfunk in möglichster Breite und Vollständigkeit sicherzustellen (vgl. BVerfGE 57, 295, 320; 73, 118, 152 f; 83, 238, 296; 90, 60, 88).

Die Förderung und Unterstützung grundrechtlicher Freiheitsausübung ist von der Rechtsordnung vielfach dem Staat und seinen Organen zugewiesen und inhaltlich durch den objektiven Gehalt von Grundrechten geprägt, ohne daß dadurch die verpflichtete Institution zum Grundrechtsträger würde. Bei ihrer die Rundfunkfreiheit fördernden und schützenden Tätigkeit handelt die Beschwerdeführerin ausschließlich fremdnützig. Sie kommt insoweit etwaigen grundrechtlichen Sicherungsansprüchen der privaten Rundfunkveranstalter, daneben aber auch den Informationsinteressen der Empfänger der Programme nach und erfüllt zugleich allgemein ihr obliegende unterstützende Aufgaben für den Schutzbereich des Art. 20 Abs. 1 SächsVerf. Eigene programmgestaltende Tätigkeiten oder programmbezogene Hilfsfunktionen sind ihr dabei nicht zugewiesen.

(1) Soweit nach § 28 Abs. 1 Satz 2 Nr. 3 SächsPRG die Beschwerdeführerin insbesondere die Aufgabe hat, Maßnahmen zur Sicherung der Meinungsvielfalt im Programmbereich anzuordnen, muß sie sich zwar zur Erfüllung dieser Aufgabe eigene Vorstellungen von Meinungsvielfalt bilden. Sie bewegt sich dabei aber nur im Rahmen der Wahrung und Förderung fremder

Grundrechtsausübung. Dies ist auch für andere Bereiche staatlicher Einflußnahme durch fördernde und sichernde Tätigkeiten typisch, ohne daß der Aufgabenträger dadurch zum Grundrechtsberechtigten würde. Im übrigen obliegt die Sicherung der Meinungsvielfalt im Rundfunk allen staatlichen Organen, die an der Ausgestaltung einer positiven Rundfunkordnung beteiligt sind, ohne daß sie daraus Grundrechte herleiten könnten.

(2) Nichts anderes gilt auch für § 28 Abs. 1 Satz 2 Nr. 10 SächsPRG, welcher der Beschwerdeführerin die Förderung der Vielfalt und Qualität bei der Produktion und Verbreitung von Programmen aufgibt. Zwar wird diese Funktion in einen sachlichen Zusammenhang mit der Produktion und Verbreitung von Programmen gestellt. Jedoch geht es auch dabei nur um die Förderung fremder Grundrechtsausübung, nicht aber um die eigenständige Herstellung von Vielfalt und Qualität, und erst recht nicht um die Produktion und Verbreitung eigener Programme.

c) Die positive Tätigkeit der Grundrechtsförderung durch juristische Personen des öffentlichen Rechts ist nicht selbst grundrechtlich geschützt. Demgemäß kann der Beschwerdeführerin die Grundrechtsfähigkeit für den Bereich der Rundfunkfreiheit auch nicht mit der Erwägung zuerkannt werden, zwischen ihr und den einzelnen Veranstaltern bestehe hinsichtlich der Ausgestaltung und Verwirklichung der Garantiegehalte des Art. 20 Abs. 1 Satz 2 SächsVerf eine Art Arbeitsteilung (vgl. dazu *Hoffmann-Riem* Personalrecht der Rundfunkaufsicht, 1991, S. 89 f; *Bumke* Die öffentliche Aufgabe der Landesmedienanstalten, 1995, S. 233; *Gersdorf* Landesmedienanstalten als Träger des Grundrechts der Rundfunkfreiheit, in: Haratsch/Kugelmann/Repkewitz [Hrsg.], Herausforderungen an das Recht der Informationsgesellschaft, 1996, S. 163, 181, 185 f). Ein praktisches Erfordernis funktionalen Zusammenwirkens der Beschwerdeführerin mit den Rundfunkveranstaltern zur Erreichung der grundrechtlichen Ziele ändert nichts daran, daß das jeweilige Handeln der Beteiligten eine unterschiedliche verfassungsrechtliche Bedeutung hat; die Rundfunkveranstalter sind Berechtigte, die Beschwerdeführerin ist Verpflichtete des Rundfunkgrundrechts. Daß ein Grundrecht nicht ohne Mitwirkung oder Förderung eines Hoheitssubjekts verwirklicht werden kann, ist im Rahmen des hier einschlägigen positiven Grundrechtsschutzes eine geläufige Erscheinung, die nicht dazu führt, daß dem öffentlichen Funktionsträger selbst ebenfalls ein grundrechtlicher Schutz zuwächst.

d) Die durch § 27 Abs. 1 Satz 2 SächsPRG bewirkte rechtliche Verselbständigung der Beschwerdeführerin zu einer rechtsfähigen Anstalt des öffentlichen Rechts, die unabhängig ist und das Recht der Selbstverwaltung besitzt (§ 27 Abs. 2 Satz 1 SächsPRG), ändert an diesem Ergebnis selbst dann nichts, wenn die Begründung einer autonomen Rechtsstellung nach § 27 Abs. 1 Satz 2 SächsPRG für die Beschwerdeführerin durch den Grundsatz der Staatsfreiheit des Rundfunks verfassungsrechtlich geboten wäre (vgl. dazu BVerfGE 12, 205, 262; 73, 118, 182 f; 83, 238, 322 ff; 90, 60, 88 ff). Denn es kommt für die Grundrechtsfähigkeit einer juristischen Person des öffentlichen Rechts nicht auf Art und Ausmaß ihrer rechtlichen Verselbständigung, sondern allein auf die ihr zugewiesenen Aufgaben an.

Die weitere Überlegung, nach der der Staat dem Grundsatz der Staatsfreiheit des Rundfunks zufolge die Kompetenzen der Beschwerdeführerin nicht an sich ziehen dürfe und ihre Tätigkeit damit unverrückbar im „gesellscahftlichen" Raum und folglich im Schutzbereich des Art. 20 Abs. 1 Satz 2 SächsVerf beheimatet sei (vgl. *Gersdorf* aaO, S. 183 ff), führt nicht zu einer anderen Beurteilung. Das Vorliegen einer grundrechtsspezifischen Gefährdungslage ist nicht vom Grad der Staatsnähe oder Staatsferne, sondern ausschließlich vom Charakter des aufgabenbezogenen Handelns der juristischen Person des öffentlichen Rechts abhängig. Es ist geradezu das Kennzeichen objektiver Grundrechtsgarantien, daß sie Träger öffentlicher Gewalt dazu verpflichten, bestimmte Gewährleistungsziele im gesellschaftlichen Bereich sicherzustellen.

e) Die fehlende Grundrechtsfähigkeit der Beschwerdeführerin führt auch nicht zu einem verfassungsrechtlich bedenklichen Rechtsschutzdefizit. Nach § 27 Abs. 2 Satz 1 SächsPRG steht ihr das Recht der Selbstverwaltung zu, das sie verwaltungsprozessual im Wege der Aufsichtsklage durchsetzen kann. Darüber hinaus ist mit der Möglichkeit von Konkurrentenklagen durch Veranstalter, die bei Zulassungs- oder Auswahlentscheidungen der Beschwerdeführerin nicht zum Zuge kommen, dafür Sorge getragen, daß die angerufenen Verwaltungsgerichte das Sächsische Privatrundfunkgesetz auf seine Verfassungsgemäßheit hin überprüfen und die Sache gegebenenfalls dem Sächsischen Verfassungsgerichtshof nach Art. 81 Abs. 1 Nr. 3 SächsVerf im Rahmen eines konkreten Normenkontrollverfahrens zur Entscheidung vorlegen.

3. Schließlich ist weder mit der Idee einer treuhänderischen Wahrnehmung der Rundfunkfreiheit durch die Beschwerdeführerin für die eigentlichen Träger dieses Grundrechts noch kraft eines „Durchgriffs" auf jene Einzelnen eine Grundrechtsberechtigung nach Art. 20 Abs. 1 Satz 2 in Verbindung mit Art. 37 Abs. 3 SächsVerf zu begründen (vgl. allgemein zu jenen Sichtweisen BVerfGE 75, 192, 195 f). Art. 37 Abs. 3 SächsVerf will eine kollektive Grundrechtsausübung nicht wegen ihrer möglichen Fremdnützigkeit für individuelle grundrechtliche Anliegen, sondern primär um ihrer selbst willen schützen. Der Gedanke des Durchgriffs auf Einzelrechtssubjekte er-

scheint zudem allenfalls bei mitgliedschaftlich verfaßten juristischen Personen des öffentlichen Rechts (Körperschaften), nicht hingegen bei Anstalten anwendbar (so auch *Brumke* aaO, S. 232 f). Ferner fehlt es an der für die vorgenannten Konstruktionen zu fordernden typischen Gleichläufigkeit der Interessen der Beschwerdeführerin und der originär grundrechtsberechtigten Veranstalter. Unmittelbar einsichtig ist dies für die Aufsichtsfunktionen der Beschwerdeführerin. Aber auch im Hinblick auf ihre die Rundfunkfreiheit fördernden und schützenden Tätigkeiten werden die beiderseitigen Interessen und Auffassungen häufig nicht konvergieren.

Entscheidungen
des Landesverfassungsgerichts
Sachsen-Anhalt

Die amtierenden Richter
des Landesverfassungsgerichts
für das Land Sachsen-Anhalt

Prof. Jürgen Goydke, Präsident
Burkhard Guntau, Vizepräsident
Dr. Edeltraut Faßhauer
Margit Gärtner
Prof. Dr. Michael Kilian
Erhard Köhler
Prof. Dr. Harald Schultze

Stellvertretende Richter

Carola Beuermann
Dietrich Franke
Dietmar Fromhage
Wolfgang Pietzke
Prof. Dr. Stefan Smid
Dr. Peter Willms
Werner Zink

Nr. 1

1. „Opposition" im Sinne des Art. 48 Abs. 1 LVerf-LSA sind die Mitglieder und Fraktionen des Landtages, welche die Landesregierung „nicht stützen". Die Auslegung des Hilfsbegriffs „stützen" wird in erster Linie durch die aus dem Demokratieprinzip abgeleiteten Grundsätze über die Verantwortlichkeit der Regierung gegenüber dem Parlament bestimmt.

2. Die Regierung „stützen" bedeutet, ihr „Vertrauen" geben durch eine „koalitionsähnliche Abrede". „Stützen" ist eine *zweckgerichtete* Handlung, die eine Regierung ins Amt bringen oder darin halten soll. Ein Verhalten, das zwar *geeignet* ist, eine Regierung im Amt zu halten, aber eine andere Zielrichtung hat, reicht nicht aus. Ebenso wenig genügt das einseitige Angebot zu stützen, wenn die Regierung dieses nicht annimmt.

Die Regierung „stützt" nicht bereits, wer sie nur „duldet" oder „toleriert".

3. „Vertrauen" entsteht über die Wahl des Ministerpräsidenten, wenn zugleich die personelle Zusammensetzung der Regierung und deren Sachprogramm unterstützt wird, oder über eine positiv beantwortete, vom Regierungschef gestellte „Vertrauensfrage".

4. Wer ein „konstruktives Mißtrauensvotum" nicht mitträgt, *gibt* dadurch nicht der amtierenden Regierung Vertrauen; denn Kern des „Mißtrauensvotums" ist nicht (destruktiv), dem Amtsinhaber das Vertrauen zu *entziehen*, sondern (konstruktiv) einem *anderen* Kandidaten Vertrauen zu *geben*.

5. Die „Oppositionsfraktionen" sind frei in ihrer „Strategie", die Politik der Regierung zu beeinflussen oder die Regierung zu stürzen. Daher sind sie, auch wenn sie rechnerisch die Mehrheit im Parlament haben, nicht zu gemeinsamem Handeln verpflichtet.

6. Opposition *entsteht*, weil Abgeordnete oder Fraktionen sich nicht an der Regierungsverantwortung beteiligen wollen oder davon ausgeschlossen werden. Die Regierung „stützende" Bündnisse werden dagegen durch Abreden *gebildet*.

Läßt sich eine solche Abrede nicht feststellen, so gehören die Abgeordneten oder die Fraktionen zur „Opposition".

7. Den Oppositionsstatus gibt nicht bereits auf, wer bei einzelnen Gesetzgebungsvorhaben beim Haushalt „kooperiert".

Die Zustimmung zu einer Sachfrage ist ebenso neutral wie die Wahrnehmung parlamentarischer Kontrollrechte gegenüber der Regierung.

Ein Abgeordneter oder eine Fraktion „stützt" die Regierung erst dann, wenn die Kompromißfähigkeit im Einzelfall auf einer grundsätzlichen „koalitionsähnlichen Abrede" beruht, Vorhaben der Regierung mitzutragen, so daß die Zustimmung zu einem einzelnen Vorhaben kein Ergebnis eines „Drucks von außen" ist, sondern sich lediglich als „Kritik von innen" darstellt.

8. Art. 48 Abs. 1 LVerf-LSA verlangt, das Verhalten des *Abgeordneten* und einer *Fraktion* unabhängig voneinander zu beurteilen.

Die Fraktion „stützt" nur, sofern Vertrauen gebende Handlungen von Abgeordneten (auch) ihr *zugerechnet* werden können.

Verfassung des Landes Sachsen-Anhalt, Art. 48

Fraktionsgesetz, § 3

Urteil vom 29. Mai 1997 – LVG 1/96 –

in dem Verfahren des Organstreits der Fraktion der CDU im Landtag von Sachsen-Anhalt gegen den Landtag von Sachsen-Anhalt

Entscheidungsformel:

Der Antrag wird abgelehnt.
Die Entscheidung ergeht gerichtskostenfrei.
Die der Antragstellerin entstandenen außergerichtlichen Kosten werden nicht erstattet.

Tatbestand:

Die Antragstellerin bestreitet dem Antragsgegner das Recht, die Fraktion der PDS als „Oppositionsfraktion" zu behandeln.

1. Auf der Grundlage der Ergebnisse der zweiten Wahl am 26. 6. 1994 zum Landtag von Sachsen-Anhalt bildeten sich folgende vier Fraktionen:

Christlich-Demokratische Union (CDU): 37 Abgeordnete,
Sozialdemokratische Partei Deutschlands (SPD): 36 Abgeordnete,

Partei des Demokratischen Sozialismus' (PDS): 21 Abgeordnete
Bündnis 90/DIE GRÜNEN 5 Abgeordnete

Der Landesvorsitzende des PDS, der Landtagsabgeordnete C., hatte vor der Wahl im März 1994 erklärt, er sehe seine Partei am liebsten auf der Oppositionsbank, könne sich aber auch vorstellen, daß die PDS eine sozialdemokratische Minderheitsregierung dulde.

Die Landesverbände der Parteien SPD und Bündnis 90/DIE GRÜNEN kamen durch Vereinbarung vom Juli 1994 überein, eine Koalitionsregierung zu bilden. Der Vertrag enthält den Passus, zu seiner Durchsetzung solle um parlamentarische Mehrheiten geworben werden. Diese Koalitionsvereinbarung überbrachte der Vorsitzende der Fraktion Bündnis 90/DIE GRÜNEN, T., der PDS-Fraktion vor der konstituierenden Sitzung des neuen Landtags.

Die Landesverfassung sieht für die Wahl des Ministerpräsidenten eine geheime Abstimmung ohne Aussprache vor (Art. 65 Abs. 1); sie verlangt in den ersten beiden Wahlgängen die Mehrheit der Stimmen, bezogen auf die Gesamtzahl der Abgeordneten (Art. 65 Abs. 2 Satz 1, 2), sieht eine Zwischenentscheidung über die vorzeitige Beendigung der Wahlperiode („Auflösung des Landtags") vor, wenn auch im zweiten Wahlgang diese sog. „absolute" Mehrheit nicht erreicht worden ist (Art. 65 Abs. 2 Satz 3), und läßt erst für einen dritten Wahlgang die Mehrheit der abgegebenen Stimmen genügen, wenn die Auflösung nicht beschlossen worden ist.

In der konstituierenden Sitzung des Landtags vom 21. 7. 1994 waren 95 Abgeordnete anwesend; die vier damals fehlenden Abgeordneten gehören der PDS-Fraktion an.

Der Abgeordnete Dr. H. erhielt im ersten Wahlgang 40 Stimmen (bei 17 Enthaltungen und 38 Stimmen für den Gegenkandidaten Dr. B.), im zweiten Wahlgang 45 Stimmen (bei 13 Enthaltungen und 37 Stimmen für den Gegenkandidaten).

Den zweiten Wahlgang noch am selben Tag durchzuführen, hatte der Landtag in namentlicher Abstimmung auf Antrag der Koalitionsfraktionen mit 58 Stimmen (Koalitionsfraktionen und Fraktion der PDS) gegen 37 Stimmen (CDU-Fraktion) beschlossen.

Die Wahlperiode vorzeitig zu beenden, lehnte der Landtag (mit 37 gegen 58 Stimmen) ab.

Im dritten Wahlgang wurde der Abgeordnete Dr. H. und 48 Stimmen (bei 10 Enthaltungen und 37 Stimmen für den Gegenkandidaten Dr. B.) zum Ministerpräsidenten gewählt.

Wegen weiterer Einzelheiten, insbes. wegen der Erklärung des gewählten Ministerpräsidenten, wird auf den stenographischen Bericht über die

1. Sitzung des Landtags der 2. Wahlperiode (LdTg-StenBer 2/1 vom 21. 7. 1994), wegen der Regierungserklärung und der Aussprache über sie auf die Niederschrift über die 3. Sitzung vom 8. 9. 1996 (LdTg-StenBer 2/3) Bezug genommen.

Ferner wird auf die Stenographischen Berichte über die folgenden Landtagssitzungen verwiesen: 24. 11. 1994 (LdTg-StenBer 2/9 [Debatte um die Entlassung des Wirtschaftsministers]), vom 20. 1. 1995 (LdTg-StenBer 2/13 [Wiederbesetzung des Ressorts]) und vom 31. 8. 1995 (LdTg-StenBer 2/25 [weitere Arbeit der Landesregierung]).

Der Nachtragshaushalt für das Jahr 1994 sowie die Haushalte für die Jahre 1995 und 1996 wurden jeweils mit Mehrheit beschlossen: auf Antrag der CDU-Fraktion lehnte es der Landtag ab, einen Doppelhaushalt für 1997/98 aufzustellen. Wegen der Einzelheiten dieser Haushaltsdebatten wird auf die Stenographischen Berichte über die Landtagssitzungen vom 29. 9. 1994 (LdTg-StenBer 2/5), vom 3. 11. 1994 (LdTg-StenBer 2/7), vom 6. 12. 1994 (LdTg-StenBer 2/11), vom 9. 3. 1995 (LdTg-StenBer 2/16), vom 28. 9. 1995 (LdTg-StenBer 2/27), vom 13. 12. 1995 (LdTg-StenBer 2/32) und vom 8. 2. 1996 (LdTg-StenBer 2/35) Bezug genommen.

Am 27. 10. 1994 fand ein Gespräch des Ministerpräsidenten mit der PDS-Fraktionsvorsitzenden statt.

Wegen der Debattenbeiträge zu Gesetzesvorhaben wird auf die Stenographischen Berichte über die folgenden Landtagssitzungen Bezug genommen: vom 3. 11. 1994 und vom 15. 12. 1994 (LdTg-StenBer 2/7 und 2/10 [Finanzausgleich]), vom 9. 2. 1995 und vom 15. 6. 1995 (LdTg-StenBer 2/14 und 2/23 [Volksabstimmungsgesetz]).

Auf dem Landesparteitag der PDS im Februar 1995 erklärte die PDS-Fraktionsvorsitzende Dr. S., das Stimmverhalten sei in erster Linie sachbezogen, erst in zweiter Linie auch von den politischen Konsequenzen für die Stabilität des Regierungsbündnisses abhängig; mit der Sonderstellung der PDS im Landtag gehe die klassische Aufgabenteilung zwischen Regierung und Opposition nicht mehr auf; die oppositionelle PDS fühle sich dem heutigen Regierungsbündnis prinzipiell inhaltlich näher als dem anderen Oppositionsflügel.

Am 9. 5. 1995 war der Ministerpräsident Gast bei der PDS-Fraktion.

In einem Interview erklärte der Ministerpräsident („Neue Presse Hannover" vom 20. 6. 1995), die Koalitionsfraktionen verfügten mit ihren 41 Abgeordneten über eine strategische Mehrheit und es sei immer gelungen, in Sachfragen auch eine sachliche Mehrheit zu finden; innerhalb der PDS-Fraktion lägen Zustimmung und Ablehnung dicht beieinander.

2. Die Fraktionen der Antragstellerin und der PDS erhalten Zuschläge als „Oppositionsfraktionen".

Art 48 der Landesverfassung lautet:

> (1) Die Fraktionen und die Mitglieder des Landtages, die die Landesregierung nicht stützen, bilden die parlamentarische Opposition.
>
> (2) Die Oppositionsfraktionen haben das Recht auf Chancengleichheit in Parlament und Öffentlichkeit sowie Anspruch auf eine zur Erfüllung ihrer bes Aufgaben erforderliche Ausstattung.

§ 3 Abs. 1 des Fraktionsgesetzes (vom 5. 11. 1992 – LSA-GVBl 768) lautet:

> Fraktionen erhalten monatliche Zuschüsse, deren Höhe im Haushaltsplan festgelegt wird. Der Zuschuß setzt sich aus einem Grundbetrag für jede Fraktion, aus einem Betrag für jedes Mitglied und einem weiteren Zuschlag für jede Fraktion zusammen, die nicht die Regierung trägt (Oppositionszuschlag).

§ 47 Abs. 1 Satz 1 des Abgeordnetengesetzes (i. d. F. der Bek. v. 21. 7. 1994, LSA-GVBl 908, geändert durch Gesetz vom 15. 12. 1994, LSA-GVBl 1042) hat den Wortlaut:

> Die Fraktionen erhalten zur Durchführung ihrer Aufgaben Zuschüsse; Oppositionsfraktionen erhalten zusätzlich einen angemessenen Zuschlag.

Das Begehren der Antragstellerin, der PDS keinen Oppositionszuschlag mehr zu zahlen, lehnte der Präsident des Antragsgegners im Benehmen mit dem Ältestenrat durch Schreiben vom 24. 8. 1995, auf das verwiesen wird, im wesentlich mit der Begründung ab, der Oppositionsartikel der Verfassung müsse im Zusammenhang mit anderen Regelungen gesehen werden; die Landesverfassung gebe zwar einer Mehrheitsregierung den Vorzug, schließe aber die Minderheitsregierung nicht aus.

Mit ihrem Entschließungsantrag vom 23. 8. 1995 (LdTgDrucks 2/1259) verlangte die Antragstellerin, der Landtag möge feststellen, daß die PDS-Landtagsfraktion keine Oppositionsfraktion i. S. des Art. 48 der Landesverfassung sei.

In der Beratung über diesen Antrag stellte die PDS-Fraktionsvorsitzende das „Magdeburger Projekt" den Modellen absoluter Mehrheiten und großer Koalitionen in den anderen neuen Bundesländern als „dritte Regierungsform" gegenüber, in welchem die Entscheidungsmacht nicht bei der Koalition liege, sondern der Ausgang der Abstimmung im Parlament oft genug offen sei, und warf der Antragstellerin „Schubladendenken der Machtpolitik" vor. Sie hielt ferner Demokratie für einen Prozeß, betonte als allgemeines Politikprinzip, sach- und interessenbezogen im Sinne der Bürger(innen) zu entscheiden, und forderte die Antragstellerin auf, „Oppositionsgespräche" mit der PDS zu führen, wenn denn die reine Lehre der Opposition durchgesetzt werden solle.

Der Landtag lehnte den Entschließungsantrag am 1. 9. 1995 mit Mehrheit ab. Wegen weiterer Einzelheiten wird auf den Stenographischen Bericht über die Landtagssitzung vom 1. 9. 1995 (LdTg-StenBer 2/26) Bezug genommen.

3. Die Antragstellerin hat am 15. 2. 1996 das Organstreitverfahren eingeleitet, als Streitgegenstand die „Aberkennung des Oppositionsstatus' einer Fraktion" benannt und als Antrag angekündigt, dem Antragsgegner aufzugeben, die PDS-Fraktion nicht mehr als Oppositionsfraktion zu behandeln sowie sie bei der Anwendung von Bestimmungen, welche an den Oppositionsstatus anknüpfen, nicht mehr zu berücksichtigen. Wegen der Einzelheiten wird auf den Schriftsatz vom 14. 2. 1996 und die dazu eingereichten Anlagen sowie auf die mit den späteren Schriftsätzen vom 4. 11. 1996 und vom 1. 2. 1997 überreichten weiteren Anlage Bezug genommen.

Die Antragstellerin macht geltend:

Die PDS-Fraktion sei dauerhaft als verläßliche „Stütze" in das Regierungslager übergetreten. Damit sei die CDU-Fraktion die einzige parlamentarische Opposition, der nicht zugemutet werden könne, Befugnisse und Kompensationen, die allein der „Opposition" zuständen, mit der PDS-Fraktion zu teilen.

Der Antrag sei zulässig:

Die CDU-Fraktion sei in ihren eigenen Rechten aus Art. 48 LVerf-LSA verletzt und in der Wirksamkeit ihres Oppositionshandelns unmittelbar gefährdet.

Bei der Enquête-Kommission „Schule mit Zukunft" habe sie mit dem Anspruch, einzige Oppositionsfraktion zu sein, zwei Sachverständige benannt. Für einen nach dem zweiten zu bildenden neuen parlamentarischen Untersuchungsausschuß werde das Benennungsrecht für den Vorsitz und für dessen Vertretung davon abhängen, ob auch die PDS der Opposition zuzurechnen sei. Fraktionszuschüsse seien an den Oppositionsstatus geknüpft. Kämen sie einer Fraktion zugute, welche die Voraussetzungen nicht erfülle, so verstoße dies gegen das Willkürverbot und gegen die Chancengleichheit des Art. 48 LVerf-LSA.

Der Antrag sei rechtzeitig eingegangen, weil der Antragsgegner das formell zur Entscheidung gestellte Begehren am 1. 9. 1995 abgelehnt habe. Es handele sich um keine bloße Verwaltungstätigkeit, für welche der Landtagspräsident zuständig sei.

Der Antrag sei auch begründet.

Die PDS-Fraktion sei nicht (mehr) als „Opposition" i. S. der Definition des Art. 48 Abs. 1 LVerf-LSA anzusehen. Diese Voraussetzungen erfülle nur, wer nach seiner Grundeinstellung und seiner parlamentarischen Aktivität nicht zu den „stützenden" Kräften gehöre. Was dieser Begriff meine, gehe deutlich aus den Materialien hervor. Im Verfassungsausschuß habe die Lehrmeinung von H.-P. Sch. eine prägende Bedeutung gehabt.

In kürzester Zeit sei die PDS-Fraktion vom passiven Dulden der Minderheitsregierung dazu übergegangen, die Politik der Landesregierung und der Koalitionsfraktionen, welche sie zunehmend mehr schon in Vorfeld in ihre Entscheidungsprozesse einbezögen, zu unterstützen. Die Zusammenarbeit sei inzwischen so intensiv und verläßlich, daß der Ministerpräsident und die Fachminister sowie die Vorsitzenden der Koalitionsfraktionen das Votum der PDS-Fraktion in der Regel bereits einholten, bevor im Kabinett oder im Koalitionsausschuß entschieden werde. Dies gelte namentlich für die Haushaltsberatungen. Über die Gegenleistungen für die Unterstützung verhandelten PDS sowie Koalition und Landesesregierung in „Quasi-Koalitions-Gesprächen" mit dem Ziel, für diese Legislaturperiode effektiv die Handlungsfähigkeit einer Mehrheitsregierung zu sichern.

Die PDS gehe nach ihren Beiträgen insbes. zum Entschließungsantrag nicht einmal selbst mehr davon aus, daß sie die Voraussetzungen des Art. 48 Abs. 1 LVerf-LSA erfülle. Dieser Eindruck habe sich bei den Haushaltsberatungen für 1996 sowie auf dem Landesparteitag der PDS am 27./28. 1. 1996 in Magdeburg verstärkt. Die Gegenschaft reduziere sich auf die ominöse „Kraft der gesellschaftlichen Opposition", welche die PDS selbst dann bleiben wolle, wenn sie förmlich in eine Koalition eingebunden wäre.

Die Oppositionsregelung sei vor dem Hintergrund parlamentarischer Demokratie zu verstehen. Wesentliches Prinzip sei, daß alle legislativen Akte einer ausreichenden parlamentarischen Mehrheit bedürften. Die Verfassung nehme eine Minderheitsregierung lediglich in Kauf, deren Erfolgschancen indessen dann davon abhingen, ob sie direkt und verläßlich auf die Gesetzgebung zugreifen könne. Wer der Regierung diese Hilfe oder überhaupt das von der Verfassung vorausgesetzte „Vertrauen" gebe, könne nicht zugleich „Opposition" sein. Der Regierung „vertraue" auch, wer sie nur „toleriere". Maßstab sei die Stimmabgabe. Beim Gesetzgebungsverfahren komme es nicht entscheidend auf das Verhalten während des Gesetzgebungsprozesses – auf eigene Vorlagen, Anträge – an, sondern darauf, ob die Regierungsvorlage schließlich die Zustimmung finde.

Die Antragstellerin beantragt,

> festzustellen, daß der Landtag von Sachsen-Anhalt das Recht der Antragstellerin auf zusätzliche Ausstattung auf ihren Oppositionzuschlag zu den Fraktionszuschüssen aus Art. 48 Abs. 2 der Landesverfassung und auf Chancengleichheit dadurch verletze, daß diese Ausstattung auch der Fraktion der PDS, die nicht Oppositionsfraktion sei, gewährt werde.

Der Antragsgegner beantragt, den Antrag abzulehnen, und entgegnet:

Der Antrag vom 14. 2. 1996 sei unzulässig, weil er ein Leistungsbegehren verfolge, während das Landesverfassungsgericht lediglich eine Feststellung treffen könne. Ein konkreter Verfassungsstreit könne nur den Anlaß des Verfahrens bilden, nicht dessen Gegenstand werden. Mit Rücksicht auf das Begehren, wie es zusätzlich in der Bezeichnung des Gegenstands zum Ausdruck komme, sei der Antrag auch nicht umdeutbar.

Für die allein möglichen Feststellungsanträge sei die Frist inzwischen abgelaufen.

Der Landtagspräsident habe es bereits am 24. 8. 1995 abgelehnt, Leistungen wegen des Oppositionsstatus' an die PDS-Fraktion einzustellen. Dies sei die Maßnahme i. S. des Art. 75 Abs. 1 LVerf-LSA und des § 36 Abs. 1 LVerfG-LSA gewesen. Der Antrag sei auch dann verspätet erhoben, wenn von dem Datum 1. 9. 1995 ausgegangen werde, an dem der Entschließungsantrag abgelehnt worden sei. Die Frist könne nicht dadurch umgangen werden, daß auch spätere Zahlungen an die PDS berücksichtigt würden; Gegenstand sei nur die ursprüngliche Maßnahme, welche eine selbständige Beschwer enthalte. Bei den späteren Zahungen handele es sich um reine Verwaltungsmaßnahmen, die nur im Streit mit dem Landtagspräsidenten angegriffen werden könnten.

Bei den Benennungsrechten fehle bereits die Antragsbefugnis, die sich ausschließlich aus Normen mit Rang unterhalb der Verfassung herleiteten. Soweit eine Verletzung der Chancengleichheit geltend gemacht werden solle, sei deren Gefährdung i. S. des § 36 Abs. 1 LVerfGG-LSA ausgeschlossen: Daß die Einsetzung eines Untersuchungsausschusses konkret bevorstehe, sei nicht ersichtlich. Für die Enquête-Kommission „Schule mit Zukunft" sei der Antragstellerin eingeräumt worden, die von ihr vorgeschlagenen zwei Sachverständigen zu benennen. Angesichts des § 17 Abs. 3 Satz 4 GO-LdTg drohe ihr auch bei der Bildung der Enquête-Kommission „Zukunftsfähiges Sachsen-Anhalt' keine Verletzung ihrer verfassungsrechtlichen Zuständigkeiten.

Der Antrag sei jedenfalls unbegründet.

Zu den Oppositionsfraktionen i. S. des Art. 48 Abs. 1 LVerf-LSA gehörten unbezweifelbar diejenigen nicht, welche an der Regierung beteiligt seien. Für die Abgrenzung im einzelnen seien aber andere formale Kriterien wie die Wahl des Ministerpräsidenten – die geheim sei – oder eine „Vereinbarung" – die vermieden werden könne – untauglich. Die Regelung des Oppositionsartikels lege nahe, auf das „Näheverhältnis" zur Regierung abzustellen. Anzeichen für das „Stützen" könnten sich daraus ergeben, in welchem Umfang die Fraktion in die Regierungspolitik eingebunden sei und zu den Politikressourcen Zugang habe. Weiter könne in Rechnung gestellt werden, inwieweit die Fraktion bereit sei, einen Machtwechsel herbeizuführen; dabei sei aber zu beachten, daß im Mehr-Fraktionen-Parlament diese Funktion komplexer erscheine als im klassischen Vorbild, denn die Parlamentspluralität führe auch zu einer Vielfalt der Machtstrategien. Typischerweise wollten sich Oppositionsgruppen im Parlament gerade auch den Eintritt in eine spätere Koalition offenhalten. Art. 48 Abs. 1 LVerfG-LSA verlange deshalb nicht notwendig den Sturz der Regierung um jeden Preis, sondern toleriere die ganze Breite oppositioneller Machtwechselstrategien, die sich unter den Sammelbegriffen „Kontrolle", „Kritik" und „Alternativenbildung" zusammenfassen ließen.

Für die Beurteilung maßgeblich sei allein das tatsächliche Verhalten der Fraktion, nicht die politischen oder journalistischen Erklärungen zum Verhalten. Nach diesen Grundsätzen beurteilt, sei die PDS-Fraktion „Opposition" geblieben.

Sie habe keinen Zugang zur Ministerialbürokratie und sei nicht in die interne Zusammenarbeit zwischen Regierungsfraktionen und Regierung einbezogen. Sie habe bei den Haushalten 1994–1996 bloß keine „Blockadepolitik" betrieben, sondern versucht, ihre Politikfähigkeit durch einen konstruktiven Umgang mit den Regierungsfraktionen zu beweisen. Andererseits habe die PDS auch die Zusammenarbeit mit den Regierungssfraktionen verweigert, so im Zusammenhang mit der Änderung des Kommunalabgabengesetzes, und zum Teil zusammen mit der Antragstellerin der Regierung Vorschläge der Opposition aufgezwungen. Auch die Haushaltspläne der Regierung habe sie durch Änderungsanträge – zum Teil zusammen mit der Antragstellerin – modifiziert. Die PDS-Fraktion sei deshalb als konstruktiver politischer Gegner anzusehen. Daß die PDS im übrigen von den der Opposition bevorzugt angewandten Mitteln der parlamentarischen Kontrolle Gebrauch mache, zeigten ihre eigenen Gesetzentwürfe, ihr Antrags- und Abstimmungsverhalten sowie ihre Großen und Kleinen Anfragen.

Wegen weiterer Einzelheiten wird auf die dem Schriftsatz des Antragsgegners vom 15. 8. 1996 beigefügten Anlagen verwiesen.

Zur Ergänzung des Vortrags der Antragstellerin wird ferner auf den in der mündlichen Verhandlung am 30. 4. 1997 überreichten Schriftwechsel zwischen dem Ministerpräsidenten und der CDU-Fraktion vom Oktober 1994 sowie auf die schriftliche Fixierung des Redebeitrags für diese Sitzung Bezug genommen.

4. Die Landesregierung und die PDS-Fraktion hatten Gelegenheit zur Stellungnahme.

Die Landesregierung hat sich nicht geäußert.

Die PDS-Fraktion meint, der Antrag sei nicht zulässig.

Das Landesverfassungsgericht könne über den Antrag nicht entscheiden; es sei nicht ermächtigt, der PDS-Fraktion Oppositionsrechte abzuerkennen. Darauf ziele der Antrag; dessen ausdrückliche Intention sei politischer Natur. Er solle offenbar die Regierung Sachsen-Anhalts in „Schwierigkeiten" bringen. Wegen dieser ausdrücklichen Zielrichtung könne er die Voraussetzungen des § 36 Abs. 1 LVerfGG-LSA nicht erfüllen und auch nicht umgedeutet werden.

Im übrigen sei der Antrag jedenfalls nicht begründet.

§ 3 Abs. 1 Satz 1 des Fraktionsgesetzes gewähre den Zuschuß allen Fraktionen, welche die Regierung nicht „tragen". Dies setze die aktive Teilnahme an der Regierung voraus. Aus der Verfassung folge nichts anderes. Der Begriff des „Stützens" sei während der Beratungen im Verfassungsausschuß nicht präzisiert worden. Entscheidend sei das Bedürfnis gewesen, die Opposition überhaupt als Verfassungseinrichtung mit besonderen Rechten zu garantieren. Absicht sei aber nicht gewesen, die Opposition in deren Verhalten Regeln zu unterwerfen oder sie gar auf bestimmte Möglichkeiten einzuschränken. Das berühre anderenfalls die Oppositionsfreiheit. Die von der Antragstellerin vorgenommene Auslegung könne dazu führen, daß eine Fraktion, welche die Regierung nicht trage, gleichwohl nicht als Opposition behandelt werden dürfe.

Bei der Ministerpräsidentenwahl habe es den Mitgliedern der PDS-Fraktion freigestanden, für den Kandidaten Dr. H. zu stimmen. Es habe keinen Beschluß der Fraktion gegeben. Die Fraktion habe auch nicht etwa von Anfang an Gesetzesentwürfe mitgetragen. Bei den Haushaltsentwürfen habe sich die PDS an den Regierungsvorlagen gleichfalls nicht beteiligt. Die Regierung habe im übrigen allen Fraktionen eine umfassende Information in Aussicht gestellt. Erst nach der ersten Lesung habe es Verhandlungen gegeben, und zwar über die Änderungsanträge der PDS. Die Zustimmung habe darauf beruht, daß der Haushaltsausschuß wesentliche Anliegen übernommen habe.

Bei allen Abstimmungen hätten sich unterschiedliche Ergebnisse gezeigt. In der 14. Sitzung des Ältestenrats habe der Präsident des Antragsgegners bestätigt, daß bei der PDS-Fraktion ein uneinheitliches Abstimmungsverhalten zu beobachten sei. Äußerungen von Politikern oder einzelnen Abgeordneten der PDS seien für die Fraktion nicht bindend.

5. Während dieses Verfahrens wurden der Nachtragshaushalt 1996 und der Haushalt 1997 mit Mehrheit verabschiedet. Wegen der Einzelheiten der Haushaltsdebatten wird auf die Stenographischen Berichte über die Landtagssitzungen vom 19. 9. 1996 (LdTg-StenBer 2/44), vom 17. 10. 1996 (LdTg-StenBer 2/46) und vom 12. 12. 1996 (LdTg-StenBer 2/52), wegen der Einzelheiten der Debatten über weitere Gesetzesvorhaben auf die Stenographischen Berichte über die Landtagssitzungen vom 19. 1. 1995, vom 28. 3. 1996 und vom 25. 4. 1996 (LdTg-StenBer 2/12, 2/38 und 2/39 [Änderung des

Kommunalabgabengesetzes]), vom 8. 2. 1996 und vom 30. 5. 1996 (LdTg-STenBer 2/35 und 2/40 [Änderung des Gesetzes über die kommunale Gemeinschaftsarbeit]) sowie wiederum vom 30. 5. 1996 (LdTg-StenBer 2/40 [Änderung des Kindertageseinrichtungengesetzes]) Bezug genommen. Schließlich wird auf die Stenographischen Berichte über die folgenden Sitzungen verwiesen: vom 8. 3. 1996 (LdTg-StenBer 2/37 [Regierungserklärung zur aktuellen wirtschaftlichen Lage]), vom 21. 6. 1996 (LdTg-StenBer 2/43 [Antworten auf Anfragen]), vom 14. 11. 1996 (LdTg-StenBer 2/49 [Mißbilligung der Regierung]) und vom 22. 11. 1996 sowie vom 26. 11. 1996 (LdTg-StenBer 2/50, 2/51 [beide zum „konstruktiven Mißtrauensvotum"]).

Gegen die Stimmen der PDS-Fraktion und mit den Stimmen der CDU-Fraktion verabschiedete der Landtag am 25. 4. 1996 das Gesetz über die Änderung des Kommunalabgabengesetzes. Die Änderung des Gesetzes über die kommunale Gemeinschaftsarbeit fand eine Mehrheit bei einer erheblichen Zahl von Gegenstimmen; zuvor hatte ein Änderungsantrag der CDU-Fraktion in namentlicher Abstimmung bei einer Enthaltung gegen die Stimmen der Koalitionsfraktionen und der Fraktion der PDS keinen Erfolg.

Gegen die Stimmen der Koalitionsfraktionen mißbilligte der Landtag am 14. 11. 1996 auf Antrag der CDU-Fraktion mangelndes Engagement der Landesregierung im Fall „SKET" sowie eine „permanente Ignorierung" der Landtagsentschließung vom 14. 12. 1995 (LdTgDrucks 2/33/1682B, Punkt 2).

Der Antrag der CDU-Fraktion vom 18. 11. 1996 (LdTgDrucks 2/2881), dem Ministerpräsidenten dadurch das Mißtrauen auszusprechen, daß er den Abgeordneten Dr. B zum Ministerpräsidenten wählt, fand am 26. 11. 1996 keine Mehrheit.

6. Das Landesverfassungsgericht hat Beweis darüber erhoben (Beschluß vom 6. 2. 1997),

1. ob Absprachen zwischen der Regierung und/oder den Regierungsfraktionen mit der PDS-Fraktion bestehen, wonach die PDS-Fraktion ihre Bereitschaft zugesichert hat, dem Haushalt und den von den Koalitionsfraktionen verabredeten Gesetzesvorhaben zur erforderlichen parlamentarischen Mehrheit zu verhelfen,

2. gegebenenfalls:
wann, wo und zwischen welchen Personen eine solche Vereinbarung getroffen worden ist,

durch Vernehmung des Ministerpräsidenten Dr. H. sowie der Fraktionsvorsitzenden der SPD, Dr. F., der PDS, Dr. S. und von Bündnis 90/DIE GRÜNEN, T., als Zeugen.

Wegen des Ergebnisses der Beweisaufnahme wird auf die Niederschrift vom 25. 4. 1997 Bezug genommen.
Die Beteiligten hatten Gelegenheit zur Stellungnahme.

Entscheidungsgründe:

Der Antrag ist zulässig (1), aber unbegründet (2).

1. Das Landesverfassungsgericht ist zur Entscheidung über den Gegenstand befugt (1.1). Der Antrag ist als sog „Organklage" statthaft (1.2). Die Antragstellerin macht eine denkbare Verletzung ihrer (Verfassungs-)Rechte geltend (1.3). Gegenstand ist ein fristgerechtes Feststellungsbegehren (1.4), das eine Maßnahme des Antragsgegners zum Anlaß hat (1.5). Die übrigen Zulässigkeitsvoraussetzungen sind erfüllt (1.6).

1.1 Die Befugnis des Landesverfassungsgerichts, über das Begehren der Antragstellerin zu entscheiden, folgt aus der Verfassung selbst. Ohne Bedeutung ist, aus welchem Motiv die Antragstellerin den Streit vor das Verfassungsgericht bringt. Daß die Entscheidung des Gerichts Auswirkungen auf das politische Geschehen hat, reicht angesichts der Rechtsschutzgarantie nicht aus, den Streit als einen „rein politischen" unentschieden zu lassen.

1.2 Es handelt sich um einen „Organstreit" i. S. des Art. 75 Nr. 1 der Verfassung des Landes Sachsen-Anhalt – LVerf-LSA – vom 16. 7. 1992 (LSA-GVBl 600) und § 2 Nr. 2 des Gesetzes über das Landesverfassungsgericht – LVerfGG-LSA – vom 23. 8. 1993 (LSA-GVBl, S. 441), geändert durch Gesetze vom 14. 6. 1994 (LSA-GVBl, S. 700) und vom 22. 10. 1996 (LSA-GVBl 332), an welchem der Antragsgegner nach § 35 Nr. 1 LVerfGG-LSA und die Antragstellerin nach § 35 Nr. 3 LVerfGG-LSA als „Fraktion", ein von der Verfassung selbst (vgl. Art. 47 LVerf-LSA) mit eigenen Rechten ausgestatteter Teil des Landtags, i. S. des § 2 Nr. 2 LVerfGG-LSA „beteiligt" sein können. Die Regelungen des einfachen Gesetzes halten sich im Rahmen des Art. 75 Nr. 1 LVerf-LSA.

Soweit Art. 75 Nr. 1 LVerf-LSA und §§ 2 Nr. 2; 36 Abs. 1 LVerfGG-LSA auf verfassungsrechtliche „Zuständigkeiten" und nicht auf Verfassungs- „Rechte" abstellen, ist bereits geklärt (LVfG-LSA, Urteil v. 22. 2. 1996 – LVG 8/95 –, LVerfGE 3, 261, 269), daß daraus keine Einschränkung gegenüber den Regelungen über die Organklage im Bundesrecht hergeleitet werden kann (vgl. dazu etwa: BVerfG, Beschluß v. 3. 11. 1982 – 2 BvH 3/ 80 –, BVerfGE 62, 194 , 201 m. w. Nachw.; Urteil vom 18. 12. 1984 – 2 BvE 13/83 –, BVerfGE 68, 1, 65; Urteil v. 14. 1. 1986 – 2 BvE 14/83, 4/84 –, BVerfGE 70, 324, 350; Urteil v. 16. 7. 1991 – 2 BvE 1/91 –,

BVerfGE 84, 304, 318; Beschluß v. 10. 3. 1992 – 2 BvH 3/90 –, BVerfGE 85, 353, 358; Beschluß v. 22. 12. 1992 – 2 BvQ 14/91, 2 BvH 6/91 –, BVerfGE 88, 63, 67 f; Urteil v. 12. 7. 1994 – 2 BvE 3/92, 5, 7, 8/93 –, BVerfGE 90, 286, 342 ff).

1.3 Die Antragstellerin kann durch eine gegenwärtige Maßnahme in der ihr durch Art. 48 Abs. 2 LVerf-LSA oder durch den allgemeinen Gleichheitssatz garantierten „Chancengleichheit" betroffen sein. Daß eine solche Rechtsverletzung nur möglich erscheint, reicht für die Zulässigkeit des Antrags aus.

Auch soweit die Antragstellerin neben dem Anspruch auf „Oppositionsausstattung" oder „Chancengleichheit" der Verfassung (Art. 48 Abs. 2 LVerf-LSA) einfache Landesgesetze (§ 3 Abs. 1 Satz 2 des Fraktionsgesetzes – FraktG-LSA – vom 5. 11. 1992, LSA-GVBl 768; vgl. auch § 47 Abs. 1 des Abgeordnetengesetzes Sachsen-Anhalt – AbgG-LSA – i. d. F. der Bek. v. 21. 7. 1994, LSA-GVBl 908, geändert durch Gesetz vom 15. 12. 1994, LSA-GVBl 1042) zitiert, beruft sie sich letztlich auf Verfassungsrecht i. S. des Art. 75 Nr. 1 LVerf-LSA und § 36 Abs. 1 LVerfGG-LSA; denn die Gewährung dieser Leistung und damit die Anwendung der einfach-gesetzlichen Bestimmungen ist von der Vorgabe des Art. 48 LVerf-LSA abhängig.

Allerdings können eigene Rechte der Antragstellerin nicht verletzt sein, soweit es um den durch § 3 Abs. 1 Satz 2 FraktG-LSA näher bestimmten „Ausstattungsanspruch" aus Art. 48 Abs. 2 LVerf-LSA geht; denn diese Leistungen erhält sie, weil der Anspruch nur voraussetzt, daß die Antragstellerin selbst „Oppositionsfraktion" ist. Die ihr dann zustehende Leistung wird in ihrer Höhe nicht dadurch geschmälert, daß auch eine andere Fraktion diese Förderung erhält; denn § 3 Abs. 1 Satz 2 FraktG-LSA bestimmt die Höhe nach objektiven Kriterien für jeden Fall gesondert und verteilt nicht etwa einen festen Ausgangsbetrag unter „Konkurrenten". Ein „Abwehrrecht" folgt aus Art. 48 Abs. 2 LVerf-LSA, 2. Variante, nicht; denn an dem Rechtsverhältnis einer anderen Fraktion mit dem Antragsgegner ist die Antragstellerin nicht unmittelbar beteiligt.

Es mag auch zweifelhaft erscheinen, ob sich eine Fraktion, die selbst den ihr nach Art. 48 Abs. 2 LVerf-LSA, 2. Variante, zustehenden Anspruch voll durchsetzen kann, die Leistung an eine andere Fraktion unter Hinweis auf die ausdrücklich und besonders in Art. 48 Abs. 2 LVerf-LSA, 1. Variante, geregelte „Chancengleichheit" abwehren kann. Immerhin zieht Art. 48 Abs. 2 LVerf-LSA dem Wortlaut nach („sowie") zwei getrennte Folgerungen aus dem nach Art. 48 Abs. 1 LVerf-LSA zu beurteilenden „Oppositionsstatus": einerseits das Recht auf Chancengleichheit „in Parlament und Öffentlichkeit" sowie andererseits eine Förderung der Fraktion, und beide sollen die Arbeitsfähigkeit der „Oppositionsfraktion" erhöhen. Gedachter „Gegner" ist hierbei aber „die Regierung", nicht notwendig eine andere Fraktion. Da Art. 48 Abs. 2 LVerf-LSA begrifflich die Zugehörigkeit zur „Opposition" voraussetzt, ist leichter denkbar, „Chancengleichheit im Parlament" innerhalb mehrerer „Oppositionsfraktionen" zu begründen, als anzunehmen, mit dieser Verfassungsbestimmung solle auch die Feststellung durchgesetzt werden, eine andere Fraktion gehöre gar nicht zur „Opposition". Um einer (konkurrierenden) Fraktion die besonderen „Oppositions"-Rechte aus Art. 48 Abs. 2 LVerf-LSA zu bestreiten, müßte dann wohl ergänzend mitgedacht werden, daß durch die „Ausstattung" auch Vorteile ausgeglichen werden sollen, welche „Regierungsfraktionen" dadurch haben, daß ihnen das Wirken der Regierungsmitglieder insbesondere bei der Öffentlichkeitsarbeit zugute kommt, weil die Regierung und der sie tragende Teil des Parlaments faktisch als Einheit erscheinen (vgl. zu dieser Fragestellung etwa: BVerfG, Urteil v. 14. 1. 1959 – 2 BvE 2, 3/58 –, BVerfGE 10, 4, 16 bei „Redezeit"; Urteil v. 2. 3. 1977 – 2 BvE 1/76 –, BVerfGE 44, 125, 150 zur „Öffentlichkeitsarbeit" der Regierung, welche den Mehrheitsparteien zu Hilfe kommt; vgl. zur Rechtfertigung von verfassungsrechtlichen „Oppositionsartikeln" mit diesem Gegensatz zwischen Regierung und Opposition immerhin gerade auch: *Hans-Peter Schneider* Die parlamentarische Opposition im Verfassungsrecht der Bundesrepublik Deutschland, Band I, 1974 – im folgenden: „Opposition" –, S. 67, 70 ff, 76, 88, m. w. Nachw.).

Dies kann indessen offenbleiben; denn jedenfalls müßte es als „ungleiche" Behandlung gelten, wenn eine die Regierung „stützende" Fraktion faktisch dieselbe Ausstattung erhielte, die gerade nur einer „Oppositionsfraktion" zustehen soll. Die besonderen Rechte aus Art. 48 Abs. 2 LVerf-LSA würden dadurch in einer von der Verfassung nicht gewollten Art und Weise entwertet. Dies wird am deutlichsten, wenn eine Fraktion, aus deren Reihen der Ministerpräsident gewählt worden ist, zugleich die Förderung nach Art. 48 Abs. 2 LVerf-LSA erhielte. Gerade wenn die bes Zuschüsse aus Art. 48 Abs. 2 LVerf-LSA, 2. Variante, einen „Chancenausgleich" bewirken sollen, liegt es nahe, diesen Teil der „Oppositionsrechte" nur als besonderen Fall der im übrigen durch Art. 48 Abs. 2 LVerf-LSA, 1. Variante, garantierten (allgemeinen) Chancengleichheit anzusehen.

Legte man Art. 48 Abs. 2 LVerfG nicht dergestalt im Zusammenhang und damit den Begriff „Chancengleichheit im Parlament" erweiternd aus, dann wäre ein Rückgriff auf den allgemeinen Gleichheitssatz unausweichlich, wie er insbes. in den Art. 7, 8, 42 LVerf-LSA seinen Ausdruck gefunden hat (so bereits LVfG-LSA, Urteil v. 27. 10. 1994 – LVG 14, 17, 19/94 – LVerfGE 2, 345, 358; Urteil v. 27. 10. 1994 – LVG 18/94 –, LVerfGE 2, 378, 388; Urteil v. 22. 2. 1996 – LVG 8/95 –, LVerfGE 3, 261, 270).

Als besondere Förderungsmaßnahme um der Anerkennung der „Opposition" im parlamentarischen System willen bedarf der Zuschuß gerade auch im Verhältnis zu den anderen Fraktionen der Rechtfertigung; denn deren eigene Rechte auf Gleichbehandlung setzen voraus, daß gleiche Leistungen nur unter gleichen Voraussetzungen gewährt werden und Ungleichbehandlungen auf der verfassungsrechtlich anerkannten Sondersituation beruhen. Auch das Bundesverfassungsgericht hat einer Gruppe im Deutschen Bundestag das eigene Recht zuerkannt, die Ausstattung anderer Teile des Parlaments mit besonderen Haushaltsmitteln auf die Vereinbarkeit mit dem Gleichheitssatz prüfen zu lassen (BVerfGE 84, 304, 319; vgl. auch: BVerfG, Urteil v. 9. 4. 1992 – 2 BvE 2/89 –, BVerfGE 85, 264, 297; zur Chancengleichheit der einzelnen Partei bei der Parteienfinanzierung sowie zu deren „Wettbewerbslage").

1.4 Gegenstand des Verfahrens ist ausschließlich ein Feststellungsbegehren, das auch fristgerecht geltend gemacht worden ist.

Maßgeblich ist das „Begehren", nicht die Formulierung des nur angekündigten Antrags. Das ergibt sich aus dem über § 33 Abs. 2 LVerfGG-LSA entsprechend anwendbaren § 88 VwGO. Erst in der mündlichen Verhandlung hat das Gericht auf sachdienliche „Anträge" hinzuwirken (§ 86 Abs. 3 VwGO i. V. m. § 33 Abs. 2 LVerfGG-LSA). Der Rückgriff auf die Verwaltungsgerichtsordnung ist nicht ausgeschlossen; denn für den „Antrag" enthält das Landesverfassungsgerichtsgesetz keine eigenständige Regierungelung. Soweit §§ 16 Abs. 1, 2; 21 Abs. 1; 36 LVerfGG-LSA den Begriff „Antrag" verwenden, meinen sie den Rechtsbehelf, der vor dem Verfassungsgericht ergriffen werden kann, aber nicht die mit demselben Wort gekennzeichnete konkrete Umschreibung des prozessualen Anspruchs innerhalb der Antragsschrift.

Die beiden angekündigten „Anträge" i. S. der §§ 82 Abs. 1 Satz 2; 86 Abs. 3 VwGO (i. V. m. § 33 Abs. 2 LVerfGG-LSA) und der in der mündlichen Verhandlung gestellte Antrag umschreiben dasselbe „Begehren" (i. S. des entsprechend heranzuziehenden § 88 VwGO).

Maßgeblich für die Auslegung ist das im Zeitpunkt der mündlichen Verhandlung zum Ausdruck kommende Rechtsschutzziel (*Kopp* VwGO, 10. Aufl., § 88 Rn. 3; *Redeker/von Oertzen* VwGO, 11. Aufl., § 88 Rn. 1; BVerwG, Urteil vom 22. 5. 1980 – BVerwG 2 C 30.78 –, BVerwGE 60, 144, 149, m. w. Nachw.; BVerfG, Beschluß vom 29. 10. 1975 – BVerfGE 40, 272, 275, zur Auslegung des Revisionsbegehrens unter Beachtung des Art. 19 Abs. 4 GG; vgl. auch *Schmid* in: Sodan/Ziekow, VwGO, § 88 Rn. 7).

Schon dem Gesamtinhalt der Antragsschrift ist zu entnehmen, daß es der Antragstellerin um die Wahrung eigener Rechte ging und daß sie vor allem den Grundsatz der Chancengleichheit als verletzt angesehen hat.

Zwar hat der Antragsgegner zu Recht darauf hingewiesen, daß es dem Landesverfassungsgericht nicht zukommen kann, ein „Leistungsurteil" zu erlassen. Dabei kann offenbleiben, ob dies bereits die Stellung der Verfassungsgerichte in der gewaltenteilenden Demokratie oder die besonders verfassungsrechtlichen Bestimmungen über den Organstreit in Sachsen-Anhalt verbieten; denn jedenfalls beschränkt § 38 Satz 1 LVerfGG-LSA das insoweit auch an einfaches Recht gebundene Landesverfassungsgericht auf den bloßen Feststellungsausspruch. Die Antragsschrift und das übrige Prozeßverhalten lassen aber nicht die Auslegung zu, die Antragstellerin habe gleichwohl über diese Vorschrift hinaus (nur oder doch „in erster Linie") eine Leistung verlangt.

Da auf das „Begehren" i. S. des § 88 VwGO abzustellen ist, handelt es sich bei dem in der mündlichen Verhandlung gestellten Antrag um keinen „anderen" Gegenstand als den von Anfang an geltend gemachten.

Damit erledigt sich der Gedanke, ob eine Antragsänderung entsprechend § 91 Abs. 1 VwGO (i. V. m. § 33 Abs. 3 LVerfGG-LSA) anzunehmen ist oder ob die Antragstellerin ihr Begehren (teilweise) zurückgenommen hat (§ 92 VwGO i. V. m. § 33 Abs. 2 LVerfGG-LSA).

Das Begehren ist schließlich auch fristgerecht geltend gemacht worden; denn für diese Beurteilung kommt es nicht auf den in der mündlichen Verhandlung gestellten oder den zuvor mit Schriftsatz vom 22. 10. 1996 angekündigten Antrag an, sondern auf die das Begehren bereits beschreibende Antragsschrift vom 14. 2. 1996.

Sie hat die Sechs-Monats-Frist des § 36 Abs. 3 LVerfGG-LSA auch dann gewahrt, wenn als die entscheidende „Maßnahme" i. S. des § 36 LVerfGG-LSA bereits die Ablehnungsentscheidung des Landtagspräsidenten vom 24. 8. 1995 angesehen wird. Dies ist das Ereignis, das die Frist zum erstmöglichen Zeitpunkt in Lauf gesetzt haben kann.

1.5. Die in § 36 Abs. 1 LVerfGG-LSA vorausgesetzte „Maßnahme" ist vom Antragsgegner zu verantworten und nicht gesondert allein dem Präsidenten des Landtags als dem Leiter der „Landtagsverwaltung" eigenständig zuzurechnen.

Die Aufgabe einer „Auszahlungsstelle" für Fraktions- und Oppositionszuschüsse kommt dem Landtagspräsidenten zwar nach Art. 49 Abs. 3 LVerf-LSA im Rahmen der „Verwaltung" zu; sie betrifft aber die rein abgeleitete Anwendung einfachen Gesetzesrechts. Wie sich aus den übrigen Bestimmungen der Verfassung über die Aufgaben des Präsidenten ergibt (vgl. etwa Art. 44 Abs. 2; 45; 49 Abs. 2; 52 Abs. 2; 55; 56 Abs. 5 LVerf-LSA), kommen dem Präsidenten in erster Linie das Hausrecht sowie die Ordnungsbefugnis als Bestandteile der Sitzungsleitung im Verhältnis zu den Abgeordneten, zur

Landesregierung und zu außenstehenden Personen zu. Soweit es sich nicht um reine Verwaltungsaufgaben oder um das Außenvertretungsrecht für den Landtag handelt, kann dieser durch die in Art. 46 Abs. 1 LVerf-LSA vorbehaltene Geschäftsordnung Regelungen treffen (vgl. insoweit auch Art. 49 Abs. 2 Satz 1 LVerf-LSA).

Dieser Ansatz wird durch die konkrete „Geschäftsordnung des Landtages von Sachsen-Anhalt" vom 21. 7. 1994 – GO-LdTg –, i. d. F. der Änderung vom 29. 9. 1994, zuletzt geändert am 4. 5. 1995 (LdTg-StenBer 2/20, TOP 6, S. 1336), bestätigt; § 5 Abs. 3 Satz 2 GO-LdTg verlangt bei „Verwaltungsangelegenheiten von erheblicher Bedeutung" die Beteiligung des Ältestenrats an der Entscheidungsfindung. So ist auch im hier anhängigen Fall verfahren worden.

Gerade weil das Verfahrensrecht durch den Landtag beeinflußt werden kann, darf auch nicht als ausgeschlossen angesehen werden, daß sich der Landtag im Plenum mit einer wichtigen Frage befaßt und dadurch den Kern des Streits zur Entscheidung „an sich zieht". Im Vorfeld dieses Verfassungsstreits hat der Landtag deshalb auch nicht auf die Entscheidung des Präsidenten und damit auf dessen Allein-Zuständigkeit verwiesen, sondern „in der Sache entschieden".

Wenigstens wegen dieser Besonderheit ist jedenfalls auch seine Regierungelung Gegenstand des Streits geworden. Da die Frage der reinen Auszahlung wesentlich davon abhing, wie der „Oppositionsbegriff" ausgelegt wurde und weil der Antragsgegner hierzu entschieden hat, stellt sich der Vorgang als Fortsetzung eines zunächst bei der Landtags-„Verwaltung" begonnenen Verfahrens dar.

1.6 Die Antragsschrift erfüllt die formellen Voraussetzungen des § 36 Abs. 2 LVerfGG-LSA und wahrt die allgemeinen Anforderungen des § 19 LVerfGG-LSA.

Die Bezeichnung des Art. 48 LVerf-LSA als verletzte Verfassungsnorm reicht auch dann aus, wenn tatsächlich nicht diese, sondern nur der allgemeine Gleichheitssatz verletzt sein sollte; denn § 36 Abs. 2 LVerfGG-LSA verlangt nur die Bezeichnung der „Vorschrift, die verletzt sein soll", und läßt damit ausreichen, daß die Anwendung dieser Bestimmung überhaupt in Erwägung zu ziehen ist (vgl. im übrigen zu den Anforderungen, das verletzte Recht zu bezeichnen: LVfG-LSA, LVerfGE 2, 345, 361).

2. Am Maßstab der vorzunehmenden Auslegung des „Oppositionsartikels" (2.1) ist die PDS-Fraktion „Oppositionsfraktion" i. S. des Art. 48 Abs. 1 LVerf-LSA geworden und hat diesen Status nicht verloren (2.2).

2.1 Die Inhalte der in Art. 48 Abs. 1 LVerf-LSA verwendeten Begriffe des „Stützens" (Hilfsbegriff) oder der „Opposition" (Hauptbegriff) lassen sich nicht bereits eindeutig nach dem Wortlaut (2.1.1) oder auf der Grundlage einer einhelligen oder wenigstens überwiegenden Lehrmeinung oder Rechtsprechung (2.1.2) bestimmen, stehen aber auch nicht schon aufgrund des Sinnzusammenhangs mit anderen Verfassungsregelungen (2.1.3) oder nach der Entstehungsgeschichte (2.1.4) eindeutig fest, sondern müssen aus objektiven Kriterien gewonnen werden und dabei ein Mindestmaß an Anwendungssicherheit des Art. 48 Abs. 2 LVerf-LSA erlauben (2.1.5).

2.1.1 Der Wortsinn des Hauptbegriffs „Opposition" im Art. 48 Abs. 1 LVerf-LSA liegt nicht schon durch den Inhalt der verwendeten Hilfsbegriffe fest; denn es kommt dafür wesentlich auf den Begriffsinhalt des Wortes „stützen" an, dessen Sinn nicht eindeutig ist.

Der Verfassungstext selbst definiert den Hilfsbegriff nicht. Der Landtag, der als Verfassungsgeber die „Opposition" mit „die Regierung nicht ‚stützen'" umschrieben hat, benutzt als einfacher Gesetzgeber für die Regierungelung des Oppositionszuschusses das Wort „tragen" (§ 3 Abs. 1 FraktG-LSA). Auch wenn der Vorrang der Verfassung vor dem einfachen Gesetz zu beachten ist, hat der Gesetzgeber offenbar beide Begriffe für inhaltsgleich gehalten.

Davon ist im Ergebnis auch auszugehen, wenn der allgemeine Wortsinn der beiden Verben ermittelt wird.

Allerdings haben die aus diesen abgeleiteten Substantive im fachspezifischen Sprachgebrauch unterschiedliche Bedeutungen:

„Träger" meint vor allem in der Bautechnik, der Physik und Chemie sowie im Nachrichtenwesen (vgl. dazu: *Brockhaus*-Enzyklopädie, 19. Aufl., 22. Bd., S. 295 f) Teile oder Stoffe zur Aufnahme von Streckenlasten oder (anderen) Stoffen oder Nachrichten, aber auch (physikalisch / chemisch:) ein Gerüst für Wirkstoffe; „Stütze" ist als bautechnischer Begriff davon abweichend definiert als Bauteil, der Belastung von oben nach unten weiterleitet (*Brockhaus*-Enzyklopädie, 19. Aufl., 21. Bd., S. 386).

Diese besonderen Bedeutungsinhalte geben allerdings für die verfassungsrechtliche Auslegung keine Hilfe.

Nach *Grimm* (*J. und W. Grimm*, Deutsches Wörterbuch, dtv-Ausgabe, Bd. 21, Sp. 1047 ff) geht das heutige Verb „tragen" auch auf die Bedeutung „halten" zurück (aaO; Sp. 1047, 1051, 1065 ff) und kann sogar im Sinne von „stützen" verwendet werden (aaO, Sp. 1078 f). Ein „Träger" kann deshalb nicht nur ein „Baustein", sondern gerade auch eine Person sein, die etwas „hält" (aaO, Sp. 1119). Das Verb „stützen" meint, etwas oder jemanden von außen oder unten her zu „unter-stützen", was gleichgesetzt ist mit „tragen", „halten", „unterstützen" (*Grimm* aaO, Bd. 20, Sp. 773). Beim Begriff „stützenlos" (aaO, Sp. 782) ist ausdrücklich als Beispiel angegeben: „die landtägliche Regierung".

Diesem allgemeinen Sprachgebrauch entspricht, daß auch die lexikalischen Definitionen für „Opposition" durchaus gleichwertig den Hilfsbegriff „tragen" anstelle von „stützen" verwenden, sofern diese Elemente als für die Begriffsbestimmung überhaupt bedeutsam angesehen worden sind. Nach *Grimm* (aaO, Bd. 13, Sp. 1313 f) ist „Opposition" allerdings nur die „gegen die herrschende Partei im Staate oder in der Kirche sich geltend machende Richtung, eine widersetzliche Partei". Nach *Brockhaus* (Enzyklopädie, 19. Aufl., 16. Bd., S. 219) handelt es sich um den Teil des Parlaments, der den die Regierung „tragenden" Abgeordneten entgegensteht.

Andere stellen lediglich auf die „Beteiligung" an der Regierung ab (so *Duden*-Bedeutungswörterbuch und -Herkunftswörterbuch; *Köbler* Etymologisches Rechtswörterbuch, S. 294; *Köbler/Pohl* Deutsch – Deutsches Rechtswörterbuch, S. 363; *Köst* Juristisches Wörterbuch, 6. Aufl., S. 343). *Creifeld*s (Rechtswörterbuch, 13. Aufl., S. 897), der in erster Linie gleichfalls die Beteiligung an der Regierung in den Vordergrund stellt, rechnet indessen auch solche Gruppen nicht zur „Opposition", welche die Regierung „stützen" oder „tolerieren".

Der Wortsinn des Hilfsbegriffs „stützen" legt zwar eine Gleichsetzung mit „halten" oder „unterstützen" nahe, läßt damit aber einmal offen, ob das Weiterregieren (i. S. von an der Macht „halten") gewollt sein muß oder der bloße Erfolg ausreicht, und bleibt zum zweiten offen sowohl für eine Auslegung, die aus mehreren Einzelfällen ein Gesamturteil bildet, als auch für eine weite Handhabung, die jeden Einzelfall punktuell untersucht. Bei einer solch weiten Auslegung müßte für jede Wahl oder Abstimmung im Landtag – u. U. sogar für mehrere Ereignisse desselben Tages – unterschiedlich beantwortet werden, welche Fraktion im Einzelfall „gestützt" hat.

Daß eine solche Betrachtung der „Oppositionsregelung" nicht gerecht werden kann, ist angesichts der Folgerungen offenkundig, die Art. 48 Abs. 2 LVerf-LSA daraus zieht. Könnten die Fragen der Chancengleichheit noch punktuell beantwortet werden, so ist jedenfalls der außerdem gewährte „Oppositionsbonus" auf gewisse Dauer angelegt. Auch wenn die Rechtsfolgenelemente des Art. 48 Abs. 2 LVerf-LSA nicht herangezogen werden können, um den Inhalt des Tatbestandsbegriffs zu bestimmen, beeinflussen sie doch die Auslegung deshalb, weil die Folgen einen Rückschluß auf den Zweck der Regelung erlauben; die Leistungen sollen nicht „punktuell" für eine jeweilige Tätigkeit, sondern „berechenbar" einer Fraktion wegen ihrer Gesamterscheinung („Opposition als Institution") gewährt werden.

Die zum Hauptbegriff der „Opposition" gegebenen Definitionen beantworten die beiden aufgeworfenen Fragen (auch subjektives Element einerseits, enge oder weite Auslegung andererseits) gleichfalls nicht eindeutig: Soweit sie an die Frage der Regierungsbeteiligung anknüpfen, verwenden sie bereits einen anderen Hilfsbegriff, der enger erscheint, als der im spezifisch sachsen-anhaltischen Verfassungstext verwendete; soweit auch Tolerieren für ausreichend gehalten wird, ist der eingeführte Hilfsbegriff eher weiter als „Stützen".

2.1.2 Eine eindeutige Inhaltsbestimmung des Hilfs- oder des Hauptbegriffs haben auch Rechtsprechung und verfassungsrechtliche Literatur nicht vorgenommen.

Da die Bundesverfassung keine Regelung über „Opposition" kennt, liegt keine präzisierende Rechtsprechung des Bundesverfassungsgerichts vor; zum Hauptbegriff ist lediglich entschieden: Bildung und Ausübung von „Opposition" sei ein wesentliches Konstruktionsmerkmal parlamentarischer Demokratie (BVerfG, Urteil vom 23. 10. 1952 – 1 BvB 1/51 –, BVerfGE 2, 1, 13, dann st. Rspr.; vgl. etwa noch: BVerfGE 70, 324, 363; es sei die Aufgabe der „Opposition", ja geradezu ihre Pflicht, ihre politischen und verfassungsrechtlichen Bedenken geltend zu machen (BVerfG, Urteil vom 7. 3. 1953 – 2 BvE 4/52 –, BVerfGE 2, 143, 171). Die für Sachsen-Anhalt durch Art. 48 Abs. 2 LVerf-LSA positiv entschiedene Frage, ob sich die „Opposition" gegenüber der Regierung auf Chancengleichheit berufen könne, ist für die Bundesverfassung offen geblieben (BVerfGE 10, 4, 16). Nicht zur Begriffsbestimmung der „Opposition", sondern im Rahmen seiner Rechtsprechung zur Bedeutung der Parteien hat das Bundesverfassungsgericht entschieden, diese stellten die Verbindung zwischen Volk und politischer Führung her und hielten sie aufrecht, soweit sie die Regierung „stützten", und bildeten „als Parteien der Minderheit" die politische Opposition (BVerfG, Urteil vom 19. 7. 1966 – 2 BvF 1/65 –, BVerfGE 20, 56, 101; Beschluß vom 9. 2. 1982 – 2 BvK 1/81 –, BVerfGE 60, 53, 66 f). Das Begriffsmerkmal „stützen" ist nicht näher erläutert.

Für die Bundesländer Berlin und Brandenburg, deren Verfassungsrecht die „Opposition" nicht definiert, sondern sie und ihr Recht auf Chancengleichheit lediglich anerkennt, liegt noch keine einschlägige Rechtsprechung zum „Oppositionsbegriff" vor (vgl.: VfGH Berlin, Beschluß vom 22. 11. 1993 – VerfGH 18/92 –, LVerfGE 1, 160, 167; Urteil vom 28. 7. 1994 – VerfGH 47/92 –, LVerfGE 2, 43, 56; VfG Brandenburg, Urteil vom 10. 11. 1994 – VfGBbg 4/94 –, LVerfGE 2, 201, 210).

Die staatsrechtliche Literatur hat sich – ausgehend vom Vorbild in England (*Lord Bolingbroke* spirit of patriotism, 1736) – bei ihrer Auseinandersetzung vorwiegend von einem Bild leiten lassen, in welchem eine Mehrheitsfraktion „die Regierung stellt" und eine Minderheitsfraktion dazu in Opposition steht. Soweit auch Parlamente mit mehr als zwei Fraktionen behandelt sind, ist zwar bedacht, daß auf beiden Seiten an die Stelle nur einer Fraktion auch eine Mehrheit von Fraktionen treten kann, aber zugleich vorausgesetzt, daß die „Regierungsfraktionen" zusammen jedenfalls die Mehrheit bilden und die Minderheit in Opposition bleiben muß (vgl. insbesondere die Darstellungen bei: *Peters* Die Opposition in der parlamentarischen Demokratie, in: ÖZöR 10, 1960, S. 424 ff; *Gehrig* Parlament – Regierung – Opposition, 1969; *Hereth* Die parlamentarische Opposition, in: Geschichte und Staat, Bd. 147, 1969; *H. P. Schneider* Die parlamentarische Opposition im Verfassungsrecht der Bundesrepublik Deutschland, Band I, 1974; *derselbe* Das parlamentarische System, in: Benda/Maihofer/Vogel, Handbuch des Verfassungsrechts, 2. Aufl. – im folgenden „Handbuch" –, § 13, S. 537 ff; *derselbe* Verfassungsrechtliche Bedeutung und politische Praxis der parlamentarischen Opposition, in: Schneider/Zeh, Parlamentsrecht und Parlamentspraxis, 1989 – im folgenden „Schneider/Zeh" –, § 38, S. 1055 ff; *derselbe* Parlamente, Wahlen und Parteien, in: Landesverfassungsgerichtsbarkeit, Teilband III, S. 122 ff; *Hesse* Grundzüge des Verfassungsrechts der Bundesrepublik Deutschland, 18. Aufl., Rn. 157, 169; *Stern* Das Staatsrecht der Bundesrepublik Deutschland, 2. Aufl., 1984, Bd. I, § 23, S. 1022 ff; *Badura* Die parlamentarische Demokratie, in: Isensee/Kirchhof, Handbuch des Staatsrechts, 1987, Bd. I, § 23, S. 953 ff).

Die Zuordnung der Fraktionen nach „Regierungsmehrheit" und „Opposition" liegt erkennbar auch der Rechtsprechung des Bundesverfassungsgerichts zugrunde (BVerfGE 20, 56, 101; 60, 53, 66 f).

Hintergrund dieser Überlegung ist die Erfahrung mit dem Deutschen Bundestag, in welchem die Parteien, die in sämtlichen Sitzungsperioden im Parlament vertreten waren, untereinander jeweils koalitionsfähig waren, so daß diejenige Partei in die Opposition gehen mußte, die nicht an der Regierung beteiligt wurde und diese deshalb auch prinzipiell weder stützte noch trug. Wesentliches Merkmal für die Zugehörigkeit zur „Regierungsmehrheit" war in der Regel die förmliche Bindung durch einen Koalitionsvertrag, im Ausnahmefall der sog. „Großen Koalition" jedenfalls durch Bildung eines „Koalitionsausschusses" (*H. P. Schneider/W. Zeh* Koalitionen, Kanzlerwahl und Kabinettsbildung, in: Schneider/Zeh, Parlamentsrecht und Parlamentspraxis, S. 1323, Rn. 71 zu § 48).

Peters (ÖZöR 10, 1960, 424, 426), hat sogar für „begrifflich notwendig" gehalten, daß die „Opposition" aus nur einer Minderheit bestehe, und hat deshalb in die „regierungsbildende Mehrheit" auch diejenigen Gruppen oder Abgeordneten einbezogen, die eine „Minderheitsregierung" nur „tolerieren" und ihr „nicht die Macht zu entwinden suchen".

Dieser Grundannahme folgt das Landesverfassungsgericht indessen nicht, weil die Verfassungen sowohl des Bundes als auch einzelner Bundesländer verfassungsrechtliche Situationen zulassen, in welchen die Regierung

„in die Minderheit gerät" oder sich in dieser Rolle von Anfang an befindet, wie die Untersuchung von *Finkelnburg* (Die Minderheitsregierung im deutschen Staatsrecht, 1982) und die Kommentierung von *Herzog* (in Maunz/ Dürig, GG, Art. 63 Rn. 53 ff) nachgewiesen haben.

Die zum Grundgesetz getroffenen Aussagen können für die Auslegung der Landesverfassung deshalb herangezogen werden, weil diese in den wesentlichen Punkten, die eine „Minderheitsregierung" zur Folge haben, mit der Bundesverfassung vergleichbar ist.

Wie nach Art. 62 GG besteht auch nach Art. 64 Abs. 1 LVerf-LSA zwar eine „Regierung" als Kollegium; aber nur der Regierungschef und nicht auch die Minister bedürfen des Vertrauens des Parlaments (Art. 63, 64 GG einerseits, Art. 65 Abs. 1, 3 LVerf-LSA andererseits). Obgleich als Regelfall vorgesehen ist, daß der Regierungschef mit der Mehrheit der Mitglieder des Parlaments gewählt wird, lassen beide Verfassungen in einem letzten Wahlgang auch eine sog. „einfache Mehrheit" genügen (Art. 63, Abs. 4 GG wie Art. 65 Abs. 2 LVerf-LSA), also weniger, als die Mehrheit der gesetzlichen Zahl der Abgeordneten ausmacht. Auch für den zweiten Fall entsprechen sich die Verfassungslagen: Ein Regierungschef, dem das Parlament das Vertrauen entzieht, bleibt gleichwohl so lange im Amt, bis ein anderer mit „absoluter Mehrheit" zum neuen Regierungschef gewählt wird (Art. 67 Abs. 1 GG wie Art. 72 Abs. 1 LVerf-LSA).

Die Möglichkeit einer „Minderheitsregierung" bedeutet zugleich, daß dann rein rechnerisch die „Opposition" die Mehrheit hat. Da Art. 48 Abs. 1 LVerf-LSA ohne Einschränkung auf das Verhältnis der einzelnen Fraktion (oder des einzelnen Abgeordneten) zur Regierung abstellt, muß die Definition auch die Fälle der „Minderheits-Regierungen" mit zwangsläufiger „Mehrheits-Opposition" erfassen. Daß eine solche Mehrheit trotzdem wegen ihrer Heterogenität unfähig sein kann, einen neuen Regierungschef durchzusetzen, hält zutreffend auch *Hans-Peter Schneider* der Ausgangsthese von *Peters* entgegen (*H. P. Schneider* Opposition, S. 118 f).

Ähnlich wie schon bei den Wörterbüchern ist auch bei den Definitionsversuchen in den Abhandlungen über „Opposition" keine Einheitlichkeit zu erkennen. Im wesentlichen lassen sich aber zwei Gruppen bilden, deren erste nach „Beteiligung" an der Regierung fragt und deren zweite auch danach, ob die Regierung auf andere Weise „getragen", „gestützt" oder nur „toleriert" wird.

Ausgangsbeispiel für die erste Ansicht ist die das Verhältnis der Parteien zum Staat regelnde Badische Verfassung vom 22. 5. 1947 (Regierungsblatt der Landesregierung Baden 1947, 129, 139). Sie hatte den Parteien Gründung und Betätigung garantiert und dann mittels ihres Art. 120:

(1) Parteien müssen sich als mitverantwortlich für die Gestaltung des politischen Lebens und für die Lenkung des Staates fühlen, gleichgültig, ob sie an der Bildung des Landesregierung mitbeteiligt sind oder zu ihr in Opposition stehen.

(2) Haben sie sich an der Bildung der Regierung beteiligt, so ist es ihre Pflicht, das Interesse des Landes über das Interesse der Partei zu stellen. Sie müssen bereit sein, die Verantwortung abzugeben, sobald sich eine neue Mehrheit bildet.

(3) Stehen sie in Opposition zur Regierung, so obliegt es ihnen, die Tätigkeit der Regierung und der an der Regierung beteiligten Parteien zu verfolgen und nötigenfalls Kritik zu üben. Ihre Kritik muß sachlich, fördernd und aufbauend sein. Sie müssen bereit sein, gegebenenfalls die Mitverantwortung in der Regierung zu übernehmen.

versucht, die gesellschaftlichen Kräfte gleichsam in die staatliche Organisation einzubinden und ihnen zu diesem Zweck im Gemeinwohl-Interesse vor allem Pflichten aufzuerlegen. Darin und nicht in der Abgrenzung von „Regierungs-" zu „Oppositionsfraktionen" liegt der Schwerpunkt.

An diese die unterschiedlichen Rollen der Parteien umschreibende Bestimmung hat *Carlo Schmid* erkennbar angeknüpft und unter „Opposition" die „Gruppe des Parlaments" verstanden, „die an der Regierungsbildung und an der Führung der Regierungsgeschäfte nicht beteiligt ist, sei es, weil eine anders denkende Mehrheit sie nicht haben will, sei es, weil sie selber nicht glaubt, mit anderen Parteien zusammen eine Mehrheit bilden zu können" (*Carlo Schmid* Die Opposition als Staatseinrichtung, in: „Der Wähler" 5, 1955, S. 498).

Die Haltung, sich bei der Regierungsbildung selbst auszuschließen, oder der Umstand, von anderen ausgeschlossen worden zu sein, ist auch für *Peters* (ÖZöR 10, 1960, 424, 426) wesentliches Merkmal für die Zugehörigkeit zur „Opposition".

Sicherlich handelt es sich bei der „Beteiligung" an einer Regierung – von der Partei her, nicht einer Fraktion als Teil des Parlaments her verstanden – um den immer noch wichtigsten und auch offensichtlichsten Fall einer „Unterstützung". Allerdings verwendet die Landesverfassung von Sachsen-Anhalt den Begriff der „Beteiligung" nicht und beschreibt die Beziehung auch nicht aus der Sicht der Partei, sondern von Teilen des Parlaments (der Fraktion bzw. des Abgeordneten).

Soweit „Opposition" aus der Sicht nicht der Parteien im Gesellschaftsleben, sondern von Parlamentsteilen und deren Haltung zur Regierung definiert worden ist, findet sich das Wort „tragen" neben „stützen", ohne daß damit erkennbar andere Inhalte verbunden werden.

Reich (Verfassung des Landes Sachsen-Anhalt, Art. 48 Rn. 1) hält den Begriff „nicht stützen" nur für die negative Umschreibung eines von den bisher an der Regierung nicht beteiligten Fraktionen getragenen, konstruktiven Mißtrauensvotums. „Stützen" bedeute, ein solches Votum nicht anzustreben.

Meyer (Die Stellung der Parlamente in der Verfassungsordnung des Grundgesetzes, in: Schneider/Zeh, Parlamentsrecht und Parlamentspraxis, S. 125, 144, 147, Rn. 19, 68, 78 zu § 4) unterscheidet nach der Regierungierungsfunktion „regierungstragenden Fraktion[en] und Opposition".

Nach *Stern* (aaO, § 23 III 1, S. 1038) „tragen und stützen" die parlamentarische(n) (Mehrheits-)Fraktion(en) die Regierung in der Gesetzgebung und sonstigen parlamentarischen Beschlußfassung; ihr (ihnen) stehen die „die Regierung nicht unterstützenden" Fraktionen als Opposition gegenüber. Diese sei die Gruppierung (Fraktion), welche die Regierung und die sie „stützenden" Fraktion(en) im Rahmen der verfassungsrechtlichen Ordnung politisch bekämpfe (aaO, § 23 III 3 b, S. 1039).

Hans-Peter Schneider hat in seinen zahlreichen Beiträgen sich im wesentlichen Kern gleichende, sich aber gleichwohl unterscheidende Umschreibungen von Opposition gegeben und in den Beratungen zu Art. 40 der Verfassung des Freistaates Sachsen vom 27. 5. 1992 (SäGVBl 243), mit der Formulierung

> Das Recht auf Bildung und Ausübung parlamentarischer Opposition ist wesentlich für die freiheitliche Demokratie. Die Regierung nicht tragende Teile des Landtages haben das Recht auf Chancengleichheit in Parlament und Öffentlichkeit.

erklärt, niemand könne die parlamentarische Opposition konkret definieren; deshalb müsse man eine Formulierung wie in Sachsen-Anhalt finden (Verfassungs- und Rechtsausschuß des Sächsischen Landtags, Protokoll der 7. Klausurtagung vom 31. 1. 1992, S. 23, Gesamtseitenzahl 883). Auch *Stern* (aaO, § 23 III 2, S. 1038) meint, was unter Opposition zu verstehen sei, lasse sich leicht beschreiben, aber schwieriger definieren.

Neben dem an *Peters* und *Carlo Schmid* erinnernden „Arbeitsbegriff", parlamentarische Opposition meine die Gesamtheit aller nicht an der Regierung „beteiligten", aber potentiell regierungsfähigen Gruppen im Parlament (*H. P. Schneider* Opposition, S. 121; *derselbe* Handbuch, S. 577, Rn. 98 zu § 13), findet sich die Formulierung, die Opposition stehe „den die Regierungierung tragenden Abgeordneten und Fraktionen" als Alternative gegenüber (aaO, S. 593, Rn. 133 zu § 13). Während das in dem Arbeitsbegriff verwendete Element der „Nichtbeteiligung" später (*H. P. Schneider* Handbuch, S. 577, Rn. 98 zu § 13) zum Bestandteil der Definition erhoben und als Ausschluß von den Machtbefugnissen des Art. 65 GG umschrieben ist, diente Art. 65 GG ursprünglich nur als „Orientierungsrahmen" (*H. P. Schneider* Opposition,

S. 120) für den „Arbeitsbegriff" (aaO, S. 121), und zwischen beide Passagen war im Anschluß an *Peters* (ÖZöR 10, 1960, 424, 426) gestellt (aaO, S. 120, mit Fn. 355), daß nicht zuletzt auf die politische Einstellung der Fraktion selbst abzuheben sei, so daß auch Gruppen, welche die Regierungierungstätigkeit in personeller oder sachlicher Sicht aktiv unterstützten oder passiv duldeten, nicht zur Opposition rechnen könnten. An anderer Stelle (*H. P. Schneider* in: Schneider/Zeh, S. 1070/1071, Rn. 33 zu § 38) ist dem Grundbegriff der Verzicht auf Duldung einer Minderheitsregierung hinzugefügt; dies bedeute, daß der Regierungschef mitgewählt werde, ein Machtwechsel unmittelbar nicht beabsichtigt sei, was dazu führe, „dadurch indirekt die Regierung" zu „stützen" (aaO, S. 1070, Rn. 33 zu § 38).

Badura (in Isensee/Kirchhof, Bd. I, § 23, S. 962, Rn. 18; vgl. auch Staatsrecht, 1986, Abschn. E Rn. 19) versteht Opposition als Minderheit, die einer die Regierung und einer diese stützenden Mehrheit gegenüberstehe, ohne daß „Stützen" als eigenständiger Begriff definiert wäre. Allerdings ist vorausgeschickt, es gehöre – ähnlich wie bei *Peters* – „zur inneren Logik der parlamentarischen Demokratie, daß die Regierung sich auf eine Mehrheit in der Volksvertretung stützt" (*derselbe* bei Isensee/Kirchhof, aaO). Damit sind dieselben Einschränkungen zu machen, die bereits oben wegen der Struktur der Landesverfassung mit Ministerpräsidentenwahl auch durch einfache Mehrheit und lediglich „konstruktivem Mißtrauensvotum" zur Lehransicht von *Peters* erhoben worden sind.

Soweit *Hans-Peter Schneider* und *Peters* zusätzlich den Begriff des „Tolerierens" verwenden, den sie mit „passivem Dulden" gleichzusetzen scheinen (vgl. *H. P. Schneider* Opposition, S. 120 mit Fn. 355; zuvor bereits *Peters* ÖZöR 10, 1960, 424, 426; vgl.. auch *H. P. Schneider* in: Schneider/Zeh, S. 1070, Rn. 32, 33 zu § 38), muß angemerkt werden, daß dieser Begriff dem Verfassungsverständnis zur Zeit der Weimarer Verfassung entsprach, nach der die Reichsregierung vom Reichspräsidenten eingesetzt wurde, aber zusätzlich für ihre Amtsführung vom Vertrauen des Reichstags abhängig war (vgl. Art. 53; 54 Satz 1 der Verfassung des Deutschen Reichs vom 11. 8. 1919, RGBl 1383 – WV –); außerdem mußte jedes Mitglied der Regierung zurücktreten, wenn ihm der Reichstag das Vertrauen entzog (Art. 54 Satz 2 WV). Anstelle eines ausdrücklichen Vertrauensbeschlusses nach Art. 54 Satz 1 WV wurde auch für verfassungsgemäß gehalten, daß eine Reichstagsmehrheit die Amtsführung der Regierung jedenfalls nicht durch ein Mißtrauensvotum in Frage stellte, weil Art. 54 Satz 1 WV (anders als Art. 54 Satz 2 WV für das Mißtrauen; vgl. dazu *Anschütz* Die Verfassung des Deutschen Reiches, 14. Aufl., Art. 54 Anm. 3, S. 319 f) keine besonderen Förmlichkeiten verlange; diese abgeschwächte Form eines Vertrauensvotums galt als „Tolerieren" (*E. R. Huber* Deutsche Verfassungsgeschichte, Bd. 6,

S. 330 ff, mit Beispielsfällen; vgl. auch Bd. 7, S. 802; vgl. ferner *Finkelnburg* aaO, S. 7/8; BVerfGE 62, 1, 37), Insoweit konsequent meint *Schneider* zur Situation in der Weimarer Republik, die Minderheitsregierungen seien von der Duldung sämtlicher ‚oppositioneller' Fraktionen gegen die extremen Gruppen abhängig" gewesen (*H. P. Schneider* Opposition, S. 61). Der Begriff „tolerieren" ist aber deshalb nicht übertragbar, weil sich die Verfassungslage entscheidend geändert hat. Eine Regierung kann – auch als „Minderheitsregierung" – erst ins Amt gelangen, wenn der Regierungschef durch formelle Wahl wenigstens eine einfache Mehrheit der Stimmen auf sich vereinigt hat (vgl. Art. 63 Abs. 2–4 GG, Art. 65 Abs. 2 LVerf-LSA); der Bundespräsident hat im Gegensatz zum Reichspräsidenten nach der Bundesverfassung kein Einsetzungs-, sondern nur ein Vorschlagsrecht (vgl. Art. 63 Abs. 1 GG). Ein wesentlicher Unterschied ist ferner, daß kein Mitglied der Regierung mehr durch „Vertrauensentzug" unmittelbar „gestürzt" werden kann (so noch Art. 54 Abs. 2 WV); vielmehr kann auch ein „Mißtrauen" gegen einen einzelnen Minister verfassungsrechtlich nur dann durchgesetzt werden, wenn eine (absolute) Mehrheit einen neuen Regierungschef wählt (Art. 67 Abs. 2 GG und ebenso Art. 72 Abs. 1 LVerf-LSA); dann endet zugleich das Amt aller bisherigen Minister (inhaltlich gleich: Art. 69 Abs. 2 GG und Art. 71 Abs. 1 Satz 3 LVerf-LSA).

Soweit sich die verfassungsrechtliche Literatur mit gerade der gegen eine Minderheitsregierung stehenden (Mehrheits-)Opposition beschäftigt hat, ist der Begriff des „Stützens" gleichfalls teils gar nicht benutzt, teils nicht definiert.

Finkelnburg (aaO) zeigt für die Minderheitsregierung die Gefahr auf, außerhalb der ihr als Regierung zukommenden Verfassungskompetenz (dazu aaO, S. 11 ff) gleichwohl nicht umfassend handlungsfähig zu sein, weil sie im Parlament nicht über die Mehrheit der Stimmen verfüge (aaO, S. 13, 15), und erwähnt schließlich nur ergänzend aus Anlaß der seinerzeitigen konkreten Berliner Verhältnisse eines von einigen Abgeordneten der F.D.P. tolerierten CDU-Senats, dieser besitze in Wahrheit einen „stillen Teilhaber an der Regierungsmacht, der ihm jederzeit zur notwendigen parlamentarischen Mehrheit verhelfen kann" (aaO, S. 15), so daß dieser Ausnahmefall dem gewonnenen Ergebnis nicht widerspreche. *Finkelnburg* meint, die (echte) Minderheitsregierung sei zwar denkbar, sie müsse aber weitestgehend auf den Willen der Parlamentsmehrheit Rücksicht nehmen, ohne daß die (damals bekannten) Länderverfassungen und das Grundgesetz ausreichende Instrumentarien zur Überwindung dieser Schwäche böten, was ein großes Maß staatsmännischen Verantwortungsbewußtseins auf seiten sowohl der Regierung als auch des Parlaments voraussetze (aaO, S. 17).

Was zu der Annahme führen muß, die Minderheitsregierung habe einen „stillen Teilhaber", ist nicht präzisiert. Allerdings dürfte dem Zusammenhang zu entnehmen sein, wesentliches Merkmal sei, daß sich die Minderheitsregierung „jederzeit" darauf „verlassen" kann, die Mehrheit zu finden. Eine Besonderheit der von *Finkelnburg* beschriebenen Berliner Situation war, daß der F.D.P.-Parteitag eine Koalition mit dem Kabinett v. W. ausgeschlossen hatte, aber vier von sieben F.D.P.-Abgeordneten die Regierung gleichwohl unterstützten (vgl. dazu *Puhl* Die Minderheitsregierung nach dem Grundgesetz, Schriften zum Öffentlichen Recht, Bd. 501, 1986, S. 26 f). Damit konnte sich die Regierung zwar auf bestimmte einzelne Abgeordnete „unbedingt verlassen", nicht aber auf eine „stützende" Fraktion.

Puhl (aaO) spricht von einer Minderheitsregierung, die er für die Bundesverfassung mit jeder Regierung gleichsetzt, deren Chef ein Minderheitskanzler ist, wenn die Regierung nicht das gegenwärtige Vertrauen der Mehrheit der Mitglieder des Parlaments besitzt, und meint mit „Vertrauen" die Bereitschaft der Abgeordneten, die Personen und das Sachprogramm der Regierung parlamentarisch zu unterstützen (aaO, S. 20, 236). Er hat in seiner Untersuchung für die damaligen Länderparlamente insbesondere die Konstellation vor Augen, daß durch den Einzug einer neuartigen Gruppe in die Parlamente – damals die GRÜNEN – eine Situation entsteht, in welcher die etablierten Parteien – außer als „Große Koalition" – nicht mehr „regierungsfähig" sind, weil ihnen die notwendige Mehrheit fehlt, andererseits aber keine etablierte Partei eine Koalition mit dem nicht für koalitionsfähig gehaltenen Neuling eingehen will (aaO, S. 29, zuvor, S. 25 ff).

Herzog in: Maunz/Dürig, GG, Art. 63 Rn. 53 ff) behandelt beide Fälle (nur mit einfacher Mehrheit gewählter „Minderheitskanzler" und Kanzler, welcher seine ursprüngliche Mehrheit verloren hat) gleich (aaO, Rn. 54), bestätigt die volle Rechtsstellung der Regierung (aaO, Rn. 55), sieht gleichfalls die Schwäche im Fehlen einer verläßlichen parlamentarischen Mehrheit für die Umsetzung von Politik (aaO, Nr. 56), hält aber die Aussichten einer Minderheitsregierung, sich die notwendigen Gesetze zu verschaffen, durchaus nicht für aussichtslos (aaO, Rn. 56, 57, 58, 59), weil eine vollständige Blockade der Gesetzgebung durch die Opposition erfahrungsgemäß nicht möglich sei (aaO, Rn. 59), und sieht einen gewissen Druck in der drohenden Parlamentsauflösung, der dazu führen könne, einen Regierungschef überhaupt in das Amt zu bringen und ihn – wenn auch nicht immer durch die gleichen Mehrheiten – zu unterstützen (aaO, Rn. 54).

Für die Frage, ob es sich um eine Minderheitsregierung handelt oder ob diese zur Mehrheitsregierung wird, stellt *Herzog* (aaO, Rn. 54, Abschn. c)) darauf ab, ob eine Koalition vereinbart oder eine „Zusage zu unbedingter parlamentarischer Unterstützung" gegeben wird.

2.1.3 Für die Auslegung des Begriffs „Opposition" geben die übrigen Verfassungsregelungen gewisse Anhaltspunkte; indessen vermögen sie nicht schon eindeutig festzulegen, wie der Hilfsbegriff „stützen" auszulegen ist. Ausgangspunkt hat zu sein, daß es für Art. 48 Abs. 1 LVerf-LSA auf das Verhältnis einer bestimmten Fraktion oder von einzelnen Abgeordneten zur Regierung ankommt, die ihrerseits für ihren Bestand vom Vertrauen der Mehrheit im Parlament abhängig ist (Art. 65 Abs. 2; 72 Abs. 1; 73 Abs. 1 LVerf-LSA) und ihre Politik erfolgreich nur mit den für die Gesetzgebung notwendigen Mehrheiten umsetzen kann (Art. 77 Abs. 1; 51 Abs. 1 LVer-LSA); das gilt gerade auch für den Haushalt (Art. 93 Abs. 2 Satz 1 LVerf-LSA), der vom Parlament mit Gesetzgebungsmehrheit beschlossen wird.

Allerdings ist systematisch zu unterscheiden:

Gesetzgebung (Kompetenz, sog. „formelle Gesetze" zu erlassen) und Budgetrecht sind eigenständige Rechte des Landtags. Er hat dabei die Entscheidungsmacht und steht als Parlament gleichberechtigt neben der mit „vollziehender Funktion" ausgestatteten Regierung sowie der Rechtsprechung (sog. „Grundsatz der Gewaltentrennung" aus Art. 20 Abs. 2 GG als „tragendes Organisationsprinzip des Grundgesetzes"; vgl. insoweit BVerfG, Urteil vom 18. 12. 1953 – 1 BvL 106/53 –, BVerfGE 3, 225, 247; Urteil vom 17. 7. 1984 – 2 BvE 11, 15/83 –, BVerfGE 67, 100, 130; entsprechend dem sog. Homogenitätsgebot des Art. 28 Abs. 1 GG bindender Inhalt auch der Landesverfassung; vgl. hier im übrigen: Art. 2 Abs. 2 LVerf-LSA). Die Entscheidungsmacht im „vollziehenden" Bereich liegt bei der Regierung (vgl. Art. 64 Abs. 1 Satz 1 LVerf-LSA). „Mitwirkungs-"Möglichkeiten des Landtags bestehen hier aus Anlaß der Regierungsbildung sowie allgemein nach dem Grundsatz der sog. „parlamentarischen Verantwortlichkeit der Regierung", der wie das „Mehrheitsprinzip" des Demokratiegebot des Art. 20 Abs. 1 GG (BVerfG 2,1, 12/13) konkretisiert; die entsprechenden Bestimmungen der Landesverfassung (Art. 2 Abs. 1, 2 LVerf-LSA) sind wegen Art. 28 Abs. 1 GG in gleichem Sinn auszulegen.

Wie sich aus einerseits dem Unterschied zwischen sachbezogener Gesetzgebung und personenbezogener Abhängigkeit sowie andererseits aus den Begriffen des „Vertrauens" (Art. 73 Abs. 1 LVerf-LSA) bzw des „Mißtrauens" (Art. 72 Abs. 1 LVerf-LSA) ergibt, beinhaltet nicht jede Zustimmung zu einem Gesetz notwendig auch den „Vertrauensbeweis", der für die Wahlentscheidungen nach Art. 65 Abs. 2; 72 Abs. 1 LVerf-LSA oder den Beschluß nach Art. 73 Abs. 1 LVerf-LSA typisch ist, mag auch der politische Erfolg des Regierungsprogramms rein faktisch davon abhängen, in welchem Umfang der Landtag dieses bei der Gesetzgebung mitträgt. Anders ist es nur, wenn die „Vertrauensfrage" des Art. 73 Abs. 1 LVerf-LSA mit einer Regierungsvorlage für eine Sachentscheidung verbunden wird (vgl. den nur in der Bundesverfassung besonderen geregelten Fall, der den sog. „Gesetzgebungsnotstand" auslösen kann [Art. 81 Abs. 1 Satz 2 GG]).

Nur im Rahmen der „Verantwortlichkeit" der Regierung gegenüber dem Parlament läßt sich davon sprechen, daß die Regierung rechtlich des „Vertrauens" der Mehrheit bedarf; das sind die Instrumente der Wahl, der Vertrauensfrage und des sog. „Mißtrauensvotums". Ausschließlich im Rahmen der „personenbezogenen" Abhängigkeit vom Parlament hat auch das Bundesverfassungsgericht Vertrauen als besondere Art der Stimmabgabe erwähnt, welche förmlich und gegenwärtig die Zustimmung des Abgeordneten zu Person und Sachprogramm des Regierungschefs bekundet und damit darauf schließen läßt, daß er bereit ist, ein zumindest in Umrissen vorgezeichnetes Regierungsprogramm oder ein konkretes Verhalten grundsätzlich zu „unterstützen" bzw. – im Fall des Mißtrauensvotums – zu „dulden" (BVerfGE 62, 1, 37/38, 61).

Soweit mit der Wahlentscheidung für den Regierungschef auch ein Sachprogramm gebilligt wird, geht es doch nur um das „Vertrauen" in die Person des Kandidaten, dieser werde das versprochene Sachprogramm nach seinen Kräften erfüllen, mithin um eine durch Stimmabgabe ausgedrückte „Erwartung", die sich deutlich vom Gesetzesbeschluß für ein konkretes Vorhaben unterscheidet.

Dieser Denkansatz legt zumindest nahe, eher den Entscheidungen des Landtags im Rahmen der Art. 65, 72, 73 LVerf-LSA Bedeutung für die Auslegung des Begriffs „stützen" im Art. 48 Abs. 1 LVerf-LSA beizumessen als einer Teilhabe an einzelnen Mehrheiten im Gesetzgebungsverfahren.

Allerdings bestehen zwei Unsicherheiten:

Der Oppositionsbegriff stellt auf die Einstellung der Abgeordneten oder Fraktionen zur Regierung ab; die Entscheidung nach Art. 65, 72, 73 LVerf-LSA beziehen sich aber nur auf den Ministerpräsidenten. Die „Regierung" als Kollegium i. S. des Art. 64 Abs. 1 Satz 2 LVerf-LSA bildet der gewählte Ministerpräsident endgültig nach seinen Vorstellungen; denn er allein beruft die Minister, die keines weiteren Vertrauens durch das Parlament mehr bedürfen (Art. 65 Abs. 3 LVerf-LSA). Damit riskiert ein Ministerpräsident, der sich nicht an Vorabsprachen hält oder die Erwartungen nicht erfüllt, zwar – als „politische" Sanktion – ein Mißtrauensvotum nach Art. 72 Abs. 1 LVerf-LSA; hingegen ist die Regierung rechtlich unangreifbar gebildet, wenn er nach seinem politischen Ermessen die übrigen Mitglieder berufen hat. Dieser Zusammenhang läßt dann aber offen, ob sich die Frage des „Stützens" erst stellt, wenn die Regierung endgültig gebildet ist, oder aber ob „Regierung" i. S. des Art. 48 Abs. 1 LVerf-LSA mit „Ministerpräsident" i. S. der Art. 65, 72, 73 LVerf-LSA gleichzusetzen ist.

Eine weitere Unsicherheit liegt darin begründet, daß der Ministerpräsident weder nach dem Wortlaut der Verfassung noch nach den Grundsätzen über seine „parlamentarische Verantwortlichkeit" das Vertrauen der **Fraktionen** benötigt, sondern ausschließlich der **Abgeordneten** als Einzelpersonen. Gleichwohl wirft Art. 48 Abs. 1 LVerf-LSA nicht nur für sie, sondern gleichberechtigt auch für die Fraktionen die Frage ihres Verhältnisses zur Regierung auf. Dem ersten Anschein nach ist das Fraktionsverhalten sogar von größerer Bedeutung als das der Abgeordneten; denn nur die Fraktion erhält den sog. „Oppositionsbonus".

2.1.4 Die Materialien zu Art. 48 Abs. 1 LVerf-LSA führen hierbei und bei den oben außerdem aufgeworfenen Fragen zu keiner eindeutigen Klärung; denn sie ergeben, daß im Vordergrund die Aufnahme eines „Oppositionsartikels" überhaupt gestanden hat, es aber nicht um die Einzelheiten der Definition von „Opposition" gegangen ist.

Dieser Befund relativiert die Bedeutung der vom Bundesverfassungsgericht für die einfache Gesetzesauslegung mit engen Vorgaben versehene, für die Verfassungsauslegung weiter gehandhabte Frage, in welchem Umfang der Wille des sog. „historischen Gesetzgebers" für die Auslegung maßgeblich sein kann (BVerfGE 62, 1, 45, m. w. Nachw.). Für Verfassungstexte darf die Entstehungsgeschichte jedenfalls dann berücksichtigt werden, wenn sich – wie hier – für die Auslegung einer Verfassungsnorm noch keine festen Grundsätze haben bilden können (BVerfGE 62, 1, 45, m. w. Nachw.).

Im einzelnen:

Der am 4. 4. 1990 von der Arbeitsgruppe „Neue Verfassung der DDR" des „Zentralen Runden Tisches" Berlin-Niederschönhausen vorgelegte Entwurf einer „Verfassung der Deutschen Demokratischen Republik" sah die Opposition in Art. 51 Abs. 2 Satz 1 als notwendigen Bestandteil einer demokratischen Verfassung an und formulierte in Art. 51 Abs. 2 Satz 2 (zitiert nach: JöR n. F. 39, 1990, 350 ff) nur:

> Sie steht der Regierungsmehrheit als Alternative gegenüber und hat das Recht auf Chancengleichheit.

Der erste, von der „Arbeitsgruppe Landtag, Unterabteilung Verfassung" erarbeitete Entwurf einer „Verfassung Sachsen-Anhalt" von 1990 enthielt nur eine Regelung über Fraktionen, nicht aber über die Opposition (vgl. Art. 52 Abs. 2, in: JöR n. F. 39, 1990, 455 ff). Auch im zweiten Entwurf aus dem Jahr 1990 fehlt eine eigene Regelung; es findet sich nur ein Auftrag an das Parlament, das Recht der Opposition auf Chancengleichheit durch die Geschäftsordnung zu sichern (vgl. Art. 52 Abs. 2; 54, in: JöR n. F. 40, 1991/1992, 441 ff).

Von den in einem dritten Vorbereitungsabschnitt eingebrachten Entwurf für eine Verfassung Sachsen-Anhalts enthielt der Gemeinschaftsentwurf der CDU/F.D.P. keinen „Oppositionsartikel" (vgl. LdTgDrucks 1/253; JöR n. F. 41, 1993, 219 ff); der Entwurf der Fraktion Bündnis 90/DIE GRÜNEN nahm die ehemalige Formulierung des „Runden Tisches" wieder auf, behielt aber das Recht auf Chancengleichheit einer Regelung durch Geschäftsordnung vor (Art. 46 Abs. 2; vgl. LdTgDrucks 1/78; JöR 41, 1993, 205 ff). Im SPD-Entwurf (LdTgDrucks 1/260; JöR nach Fassung 41, 1993, 228 ff) war als Art. 32 formuliert:

(1) Die Fraktionen, die die Landesregierung nicht stützen, bilden die parlamentarische Opposition.

(2) Die Oppositionsfraktionen haben das Recht auf Chancengleichheit in Parlament und Öffentlichkeit sowie Anspruch auf eine zur Erfüllung ihrer besonderen Aufgaben erforderliche Ausstattung.

Auf der Grundlage dieser Vor-Entwürfe und der Beschlüsse des Verfassungsausschusses mit Stand vom 24. 9. 1991 brachten die Fraktionen der CDU, SPD, F.D.P., PDS und Bündnis 90/DIE GRÜNEN am 1. 4. 1992 einen gemeinsamen Entwurf für die Verfassung des Landes Sachsen-Anhalt ein (LdTgDrucks 1/1334), der erneut im Verfassungausschuß behandelt wurde und als Entwurf einer Verfassung dem Landtag vorlag (LdTg Drucks 1/1579; JöR n. F. 41, 1993, 245 ff); Art. 47 des Gemeinschaftsentwurfs enthielt bereits die dem Art. 32 des SPD-Entwurfs entsprechende Formulierung, in die im Abs. 1 nach „Fraktionen" lediglich noch eingefügt war „und die Mitglieder des Landtages".

Mit dieser Änderung ist der Verfassungstext in Kraft getreten. Die „Mitglieder des Landtages" sind nach den Beratungen im Verfassungsausschuß lediglich deshalb eingefügt worden, weil außer den in eine Fraktion eingebundenen Abgeordneten auch fraktionslose Abgeordnete die Opposition (mit-)bilden könnten (vgl. Niederschriften des Verfassungsausschusses – hier zitiert nach der dreibändigen „Zusammenstellung" des Landtags über die Materialien zur Verfassung [= „Z", Band und S.] – „III/16" vom 25. 4. 1991 [*Bl.* in Z 1, 261] und „IV/6" vom 18. 7. 1991, S. 70 [Prof Dr. *S.* in Z 2, 780]).

Der Ausgleich hingegen sollte ganz bewußt nur den Fraktionen als „Organisationszuschlag" zustehen (vgl. Niederschrift „III/11" vom 25. 4. 1991 [Prof. Dr. *Sch.* in Z 1, 256; Prof. Dr. *S.* in Z 1, 256]; Niederschrift „IV/8" vom 18. 7. 1991, S. 72 [Prof. Dr. *Sch.* in Z 2, 782]) und ihnen nach Auffassung von *Sch.* als „Institution", nicht um ihrer Oppositions-„Funktion" willen gewährt werden (Niederschrift vom 20. 5. 1992, S. 12, = Z 2, 1028).

In den Erläuterungen zum Oppositionsbegriff findet sich „stützen" neben „tragen" (vgl. Niederschriften „III/13" vom 25. 4. 1991 [Prof. Dr. *Sch.* in Z 1, 258]; „IV/7" vom 18. 7. 1991, S. 71 [*B.* in Z 2, 781]; vom 20. 5. 1992, S. 11 f (*N.* in Z 2, 1027 f]), ohne daß dabei inhaltliche Unterschiede erkennbar werden.

In seinen Beratungen ist der Verfassungsausschuß vom Normalfall der Mehrheitsregierung ausgegangen, gegen die eine Minderheit opponiert. Thematisiert wurde, daß der Verfassungstext die Möglichkeit einer All-Parteien-Regierung nicht ausschließch dürfe (Niederschrift „III/10" vom 25. 4. 1991 [Prof. Dr. *S.* in Z 1, 255]); ohne daß dies allerdings problematisiert worden ist, wurde lediglich festgestellt, der Sonderfall sei nicht erfaßt, daß eine Minderheitsregierung von Teilen der Opposition geduldet werde (Niederschrift „III/6" vom 14. 3. 1991 [*Bl.* in Z 1, 26]). Andererseits wies *S.* darauf hin, Opposition müsse keinesfalls „gebündelt" erscheinen, sondern könne geradezu ein Interesse daran haben, nicht so aufzutreten (Niederschrift „III/9" vom 25. 4. 1991 [Prof. Dr. *S.* in Z 1, 254]). *Sch.* verlangte zwar von der Opposition, daß sie den Ministerpräsidenten nicht mitwähle (Niederschrift vom 20. 5. 1992, S. 12 = Z 2, 1028) und daß sie ihre Kontrolle mit dem Ziel ausübe, die Regierung abzulösen (Niederselbechrift „III/14" vom 25. 4. 1991 in Z 1, 259), räumte aber ein, es sei ein politisches Ziel, das u. U. erst durch eine Neuwahl erreicht werden könne (Niederschrift „III/16" vom 25. 4. 1991 in Z 1, 261).

Wie sich sowohl aus den Beratungen (vgl. insoweit Niederschriften vom 25. 4. 1991, „III/8, 9, 12, 15, 17" = Z 1, 253 f, 257, 260, 262 [Prof. Dr. *Sch.*, Prof. Dr. *S.*, Dr. *H.*], vom 18. 7. 1991, „IV/5" [Dr. *H.* in Z 2, 779, am Ende]) als auch aus der Einbringungsrede des Vorsitzenden des Verfassungsausschusses (LdTg-StenBer 1/31 vom 9. 4. 1992, Vorabdruck, S. 236 ff, 243 [Dr. *H.*]) ergibt, war es dem Verfassungsausschuß ein wesentliches Anliegen, durch den Verfassungstext die Abkehr von den „Block-Parlamenten" mit ihrem Schein-Parlamentarismus zu dokumentieren; andererseits hielt man auch die Zeit aufgrund des wissenschaftlichen Dialogs für reif, die Rechte der Opposition ausdrücklich festzuschreiben.

2.1.5 Das Landesverfassungsgericht geht davon aus, daß „Stützen" i. S. des Art. 48 Abs. 1 LVerf-LSA eng mit dem Begriff des „Vertrauens" verknüpft ist und daß die für den Normalfall einer „Minderheits-Opposition" gegen eine „Mehrheits-Regierung" zu entwickelnden Grundsätze (2.1.5.1) auch im umgekehrten Fall einer „Mehrheits-Opposition" gegen eine „Minderheits-Regierung" zu gelten haben (2.1.5.2).

2.1.5.1 „Stützen" bedeutet, „Vertrauen" zu „geben" (2.1.5.1.1); das Handeln des einzelnen Abgeordneten gilt nicht ohne weiteres zugleich als Handlung der Fraktion (2.1.5.1.2).

2.1.5.1.1 Der Hilfsbegriff „stützen" erfaßt wegen seines voluntativen Elements nur Handlungen, die bezwecken, eine Regierung zu bilden oder im Amt zu „halten"; hinter dieser Anforderung bleiben Handlungen zurück, die lediglich in ihrer Auswirkung geeignet sind, dies zu leisten, oder die für einen solchen Erfolg nur ursächlich sind. Das entspricht am ehesten dem allgemeinen Sprachgebrauch des Hilfsbegriffs, und zwar gerade dann, wenn dessen Nebenbedeutungen „tragen" oder „unterstützen" mitgedacht werden. Das subjektive Element darf auch deshalb nicht vernachlässigt werden, weil die Handlungen, welche die Regierung „stützen", solche sind, die „Personen" in deren Amt bringen oder darin halten sollen; deren Tätigkeit wird von subjektiven „Erwartungen" getragen, welche die „Vertrauensentscheidung" determinieren. Dies ist die Grundlage der „Verantwortlichkeit" in den Fällen der Wahlentscheidung nach Art. 65 Abs. 2 LVerf-LSA, der Stimmabgabe über die Vertrauensfrage nach Art. 73 Abs. 1 LVerf-LSA wie auch (im Ansatz) beim sog. „Mißtrauensvotum", für die zusammen sich der Begriff eingebürgert hat, die Regierung bedürfe „des Vertrauens" (vgl. etwa: *Badura* in: Isensee/Kirchhof, Handbuch des Staatsrechts, Bd. I, 1987, S. 960, Rn. 12 zu § 23) und „Vertrauen" sei ein sowohl von politischen Umständen, aber auch gerade von „persönlichen" Auffassungen des Abgeordneten abhängiger staatsrechtlicher Tatbestand (*Badura* aaO, S. 960 f, Rn. 13 zu § 23).

Solches „Vertrauen" ist dann zugleich eine einzelnen Rechtsträgern zurechenbare Handlung; sie „stützt" die „verantwortlichen" Personen. Diesen Hintergrund verliert der Begriff „stützen" auch dann nicht, wenn er vom ursprünglichen Verhältnis des einzelnen Abgeordneten zur „Regierung" auf das im Art. 48 Abs. 1 LVerf-LSA völlig gleichartig behandelte der „Fraktion" zur „Regierung" übertragen wird.

Daß die Landesverfassung den eher eine dienende, helfende Haltung kennzeichnenden Hilfsbegriff („stützen") statt eines auf eine Teilhabe (an politischer Macht) deutenden („beteiligt") verwendet, verlangt der Systemzusammenhang. Wegen der Funktionstrennung zwischen Landtag und Regierung kann eine Fraktion als solche nicht Teil der Regierung, sondern allein des Parlaments sein. Nur die dahinter stehende politische Partei ist allenfalls an beiden Institutionen sowie an einer Parlamentsmehrheit „beteiligt"; Fraktionen sind – auch wenn Art. 47 LVerf-LSA dies nicht als notwendig voraussetzt – in der Regel Zusammenschlüsse von Abgeordneten derselben Partei und repräsentieren diese gleichsam im Parlament. Nach *W. Schmidt* (Chancengleichheit der Fraktionen unter dem Grundgesetz, „Der Staat", Bd. 9, 1970, S. 481, 488) sind „Fraktionen nichts anderes als die Parteien im Parlament". Damit respektiert „stützen" einerseits den Grundsatz der Gewaltentrennung, kennzeichnet aber andererseits den durch die Partei hergestellten Zusammenhang im gemeinsamen politischen Konzept, den auch das Bundesverfassungsgericht für wesentlich gehalten hat (BVerfGE 20, 56, 101; 60, 53, 66 f).

In demselben Umfang, in welchem ein Abgeordneter oder eine Fraktion die Regierung „unterstützt", kann diese sich auf die ihr „vertrauenden" Personen oder die Fraktion „abstützen". Dieses Bild, das zunächst nur für die Abgeordneten-Mehrheit oder für eine einzelne Mehrheitsfraktion gilt, paßt genau so für eine Fraktion als Teil einer Parlamentsmehrheit. Es kennzeichnet den Grundinhalt von „Vertrauen" als gegenseitiger Basis, so daß „unter-"stützen mit Vertrauen „geben" und „ab-"stützen mit Vertrauen „nehmen" gleichzusetzen ist.

Die Regierung stützt sich auf eine für sie „verläßliche", über die Einzelabrede für jedes Einzelprojekt hinausreichende und in diesem Sinn „dauerhafte" Mehrheit.

Mit dem „Unterstützen" verbinden die Abgeordneten und die Fraktion zugleich die Erwartung, die Regierung werde ein Sachprogramm umsetzen, das auf einer wenigstens im wesentlichen übereinstimmenden politischen Grundüberzeugung der Regierungs- und der Fraktionsmitglieder beruht. Da der Abgeordnete und die Fraktion ihre „Unterstützung" beenden können, gewinnen sie faktisch Einfluß auf die Zusammensetzung der Regierung und deren Amtsausübung. Dieser Einfluß kann in einem weiten Sinn als „Beteiligung" an der Regierung bezeichnet werden. Deshalb ist gerade *Schneider* zuzustimmen, der die „Opposition" in erster Linie als „an der Regierung nicht beteiligt" ansieht, weil sie keinen („politischen") Einfluß auf die Richtlinienkompetenz des Regierungschefs, die Ressortverantwortungen der Minister oder überhaupt auf die Zusammensetzung des Kabinetts hat (*H. P. Schneider* Opposition, S. 121; *derselbe* Handbuch, S. 577, Rn. 98 zu § 13).

Diesen „faktischen Teilhabevorsprung" der die Regierung „stützenden" Fraktionen soll Art. 48 Abs. 2 LVerf-LSA zugunsten der von dieser politischen Teilhabe ausgeschlossenen „Opposition" ausgleichen.

„Vertrauen" entsteht über die Wahl des Regierungschefs (Art. 65 Abs. 2 LVerf-LSA) und über eine positiv beantwortete, vom Regierungschef gestellte Vertrauensfrage (Art. 73 Abs. 1 LVerf-LSA).

„Unterstützt" wird aber in beiden Fällen nicht „die Regierung", sondern nur der Regierungschef, worauf bereits oben hingewiesen war. Dieser vermeintliche Systembruch ist für den Regelfall durch Auslegung zu überwinden.

Für die Landesverfassung von Sachsen-Anhalt kann die Rechtsprechung des Bundesverfassungsgerichts zur Bundesverfassung (BVerfGE 62, 1, 37) herangezogen werden, weil sich die Regelungen gleichen. Mittels seiner Wahlstimme für den Ministerpräsidenten (Art. 65 Abs. 2 LVerf-LSA) oder mittels seiner Stimme für die von diesem gestellte Vertrauensfrage (Art. 73

Abs. 1 LVerf-LSA) „gibt" der Abgeordnete „Vertrauen" normalerweise auch für die übrigen, vom Regierungschef abhängigen Minister (Art. 65 Abs. 3 LVerf-LSA) und damit für die Regierung insgesamt (Art. 64 Abs. 1 LVerf-LSA). Seine Stimmabgabe umfaßt in diesem Regelfall die „Erwartung", der Regierungschef werde nach seiner Wahl die übrigen Mitglieder entsprechend seinen Ankündigungen oder anders abschätzbaren Kriterien berufen (Art. 65 Abs. 3 LVerf-LSA). Zwar ist die „vollziehende Gewalt" insgesamt „parlamentarisch verantwortlich", d. h. vom Vertrauen einer Mehrheit der Abgeordneten abhängig, und „vollziehende Gewalt" hat nach Art. 64 Abs. 1 Satz 1 LVerf-LSA die Landesregierung als Kollegium; nach der Verfassungslage kann der Abgeordnete der „Regierung" i. S. des Art. 48 Abs. 1 LVerf-LSA das diese „stützende" Vertrauen aber nur dadurch aussprechen, daß er den Ministerpräsidenten wählt und davon ausgeht, dieser werde „erwartungsgemäß" handeln.

Allerdings läßt der auf die „Regierung" abstellende Art. 48 Abs. 1 LVerf-LSA zu, daß nicht jede Stimme für den Ministerpräsidenten auch als „Vertrauens-Beweis" für die Regierung und deren Sachprogramm insgesamt gewertet werden muß, sondern bloße „Verlegenheitslösung" sein kann, im äußersten Fall weil der Abgeordnete nur im eigenen Interesse handelt und den Bestand des Landtags und damit das eigene Mandat erhalten will.

Ein Abgeordneter, der sich weigert, überhaupt einen Ministerpräsidenten zu wählen, riskiert immerhin, daß sich eine Mehrheit von Abgeordneten für die Auflösung des Landtags entscheidet (Art. 65 Abs. 2 Satz 3 LVerf-LSA). Ein Abgeordneter, der dem bereits amtierenden Ministerpräsidenten die Stimme verweigert, riskiert die Auflösung des Landtags auf Antrag des Regierungschefs ohne Mehrheit (Art. 73 Abs. 1 LVerf-LSA).

Mit Recht haben deshalb *Herzog* (in: Maunz/Dürig, GG, Art. 63 Rn. 54) und *Mahnke* (LVerf-LSA, Art. 65 Rn. 7) in diesen Regelungen ein Druckmittel gesehen, das den Abgeordneten dazu bewegen kann, sich gegen seine innere Einstellung trotzdem zu beugen und einen der vorgeschlagenen Kandidaten „aus Not" zu wählen.

Da „Stützen" als „Handlung" auch den Willen voraussetzt, der Regierung „Vertrauen" zu „geben", kann schon zweifelhaft sein, ob eine solche „erzwungene" Stimmabgabe bereits den Ministerpräsidenten nur rein faktisch an die Macht bringt. Jedenfalls kann nicht angenommen werden, daß ein solcher Abgeordneter einer Regierung insgesamt oder gar noch deren wesentlichem Programm „Unterstützung" gewähren will; denn er verbindet mit seiner Stimme schon keinerlei „Erwartung" für die Regierungsbildung nach Art. 65 Abs. 3 LVerf-LSA mehr. Ein so „handelnder" Abgeordneter zahlt den Preis, daß er um des Verbleibs im Landtag willen regiert „wird", aber er „stützt" nicht und ist deshalb gezwungen, seinen Einfluß „als Opposition" geltend zu machen.

Auf ihn kann sich auch die Regierung nicht „abstützen"; denn die einmalige Stimmabgabe für den Regierungschef läßt nicht erwarten, daß sich die Regierung bei ihrem Sachprogramm auf diesen Abgeordneten „verlassen" kann.

Mit Recht hat *Herzog* (bei: Maunz/Dürig, aaO, Art. 63 Rn. 54) Abgeordnete des Bundestages der „Opposition" zugerechnet, wenn sie zwar den Kanzler mitgewählt haben, aber anschließend die Regierung und deren Programm nicht unterstützen.

Die „Vertrauen" bildende Handlung ist für die Anwendung des Art. 48 Abs. 1 LVerf-LSA in diesem Umfang „teilbar"; denn der Vertrauensgeber bestimmt nach seinen „Erwartungen", wie weit seine „Unterstützung" reichen soll; daraus ergibt sich zugleich, wie weit die „Verläßlichkeit" reicht. Diese Möglichkeit, inhaltlich einzuschränken, klingt auch in der Rechtsprechung des Bundesverfassungsgerichts zur „provozierten Vertrauensfrage" des Art. 68 GG an; denn das Gericht hat die gegen den zuvor mit Mehrheit gewählten Kanzler abgegebenen Stimmen für verfassungsgemäß gehalten, obgleich das Hauptziel nicht „Mißtrauen" war, sondern zu einer Neuwahl zu gelangen, weil das dem Kanzler zuvor erteilte „Vertrauen" nur ein Notprogramm habe tragen sollen und von der Bedingung abhängig gewesen sei, Neuwahlen einzuleiten (BVerfGE 62, 1, 38, 53 ff, 59, 61).

Wird zwischen dem Vertrauen für einerseits einen Regierungschef und andererseits der mit dessen Wahl verknüpften „Erwartung" (in dessen Regierungsbildung und das Regierungs[sach]programm) differenziert, so zwingt das andererseits nicht auch, zwischen einem „Einsetzungsakt" (Wahl des Ministerpräsidenten) und einem späteren „Vertrauensakt" für die Regierung zu unterscheiden sowie – darauf aufbauend – wie bei der Weimarer Verfassungslage späteres „Tolerieren" dem „Stützen" im Art. 48 Abs. 1 LVerf-LSA gleichzuachten; denn der oben abgelehnte Vergleich verbietet sich auch hier. Die Konstruktion ist deshalb entstanden, weil der Reichskanzler von z w e i ihn „stützenden" Handlungen unterschiedlicher Verfassungsorgane (Reichspräsident und Reichtstag [Mehrheit von Abgeordneten]) abhängig war, der Ministerpräsident hingegen allein des Vertrauens e i n e r ihn „stützenden" (normalerweise „absoluten", im Ausnahmefall der Minderheitsregierung eben gerade auch „relativen") Mehrheit im Landtag bedarf. Damit geht es bei der oben vorgenommenen Differenzierung bloß um die R e i c h w e i t e einer einzigen Handlung.

Systematische Gründe oder Gemeinwohl-Gesichtspunkte zwingen zu keiner Korrektur dieses Ergebnisses (vgl. insoweit den Ansatz bei BVerfGE 62, 1, 42, 51); denn eine etwa drohende „Blockade" zwischen einem amtierenden Ministerpräsidenten, der keine Mehrheit für sein Sachprogramm findet, und einem Landtag, dessen Mehrheit „destruktiv" bleibt, weil er den Ministerpräsidenten nicht zu stürzen vermag (Art. 72 Abs. 1 LVerf-LSA), kann der Ministerpräsident beenden, indem er die Vertrauensfrage stellt und bei deren Verneinung die Auflösung des Landtags verlangt (Art. 73 Abs. 1 LVerf-LSA); der Landtag kann sich mit qualifizierter Mehrheit selbst auflösen (Art. 60 Abs. 1 LVerf-LSA).

Aufklärbar ist nicht immer, ob der Abgeordnete hat in vollem Umfang „Vertrauen gegeben" oder „in Opposition bleiben" wollen; denn jedenfalls die Wahl des Ministerpräsidenten ist geheim (Art. 65 Abs. 1 LVerf-LSA).

Rückschlüsse als Indizien bis hin zu einem „Beweis des ersten Anscheins" sind allerdings möglich, wenn und soweit dem Abgeordneten bestimmte Äußerungen oder Erklärungen zugerechnet werden können oder weil sich der Abgeordnete wegen seiner „Einbindung in seine Fraktion" deren Willensbildung zurechnen lassen muß.

2.1.5.1.2 Daß eine Fraktion „stützt", ist nicht schon allein mit dem Verhalten ihrer Mitglieder zu belegen, weil Art. 48 Abs. 1 LVerf-LSA beide als selbständige Rechtsträger behandelt. „Vertrauensgeber" wiederum können die Fraktionen aus eigener Macht nicht sein, soweit gerade die Wahlentscheidungen beurteilt werden, sondern nur die Abgeordneten als Teil einer Mehrheit. Das verlangt eine besondere „Zurechnung" an die Fraktion, wenn auch sie selbst i. S. des Art. 48 Abs. 1 LVerf-LSA „stützen" soll. In diesem Sinn setzt das „Stützen" bei der Fraktion eine „eigene Handlung" voraus. Selbst wenn eine Mehrheit von Angehörigen derselben Fraktion „für die Regierung stimmt" – und dies trotz Art. 65 Abs. 1 LVerf-LSA nachweisbar wäre –, könnte allein dieser Umstand noch nicht als Fraktionsverhalten gewertet werden. Die Verfassung sieht in der Fraktion nur ein Instrument, vor allem die parlamentarische Willensbildung zu unterstützen (Art. 47 Abs. 2 Satz 2 LVerf-LSA), und behandelt sie zu diesem Zweck als selbständige Gliederung mit eigenen Rechten (Art. 47 Abs. 2 S. 1, 2 LVerf-LSA).

Die Zurechnung erfordert damit eine interne Willensbildung innerhalb der Fraktion, um die „fremde" Handlung ihrer Mitglieder zugleich als ihre „eigene" gelten zu lassen. Das erscheint vor allem auch deshalb nötig, weil die Landesverfassung immerhin die Eigenständigkeit des Abgeordneten als des „Vertrauens-Gebers" für die Wahlentscheidung nach Art. 65 Abs. 2 LVerf-LSA zusätzlich dadurch betont, daß sie diese wichtige Abstimmung geheim hält (Art. 65 Abs. 1 LVerf-LSA), und dadurch sogar in Kauf nimmt, daß sich Abgeordnete nicht „fraktionskonform" verhalten.

Auch Art. 48 Abs. 1 LVerf-LSA läßt keinen Rückschluß darauf zu, daß – über das durch Art. 47 LVerf-LSA umschriebene Verhältnis zwischen der

Fraktion und ihren Mitgliedern hinaus – bereits die (vermutete) Stimmabgabe einzelner Abgeordneter der Fraktion zugerechnet werden kann; denn die Definition führt den Abgeordneten neben der Fraktion auf und läßt für beide gerade eine unterschiedliche Zuordnung zu. Soweit die Materialien darauf deuten, die Einfügung der „Mitglieder des Landtages" in diese Bestimmung meine nur die „fraktionslosen" Abgeordneten, während die anderen als durch ihre Fraktion repräsentiert zu gelten hätten, hat dies keinen Niederschlag im Wortlaut gefunden und ist auch mit den Regelungen der Art. 65, 73 LVerf-LSA systematisch nicht zu vereinbaren, die allein eine Abgeordneten- und keinerlei Fraktionskompetenz(en) kennen: Die hier zu beurteilenden Wahlen und Abstimmungen sind ausschließlich unabhängigen (vgl. Art. 41 Abs. 2 LVerf-LSA) Abgeordneten als Entscheidungsträgern anvertraut. Die Bündelung dieser Willensbildung ist (davon unabhängig) allein der Fraktion überlassen (vgl. Art. 47 Abs. 2 Satz 2 LVerf-LSA).

Ein Rückschluß auf das für Art. 48 Abs. 1 LVerf-LSA wesentliche Verhalten der Fraktion ist nur möglich, soweit diese die Willensbildung ihrer Abgeordneten für die Wahlentscheidung bewußt hat „binden" wollen und sie versucht hat zu „strukturieren". Daß der „unabhängige" Abgeordnete daran rechtlich tatsächlich nicht gebunden ist, bleibt hierfür ohne Belang.

Hinzu kommt: Von den Verfassungsbestimmungen über eine drohende Auflösung des Landtags geht nicht nur Druck auf einzelne Abgeordnete aus, überhaupt einen Ministerpräsidenten zu wählen, sondern auch auf die ihre Gesamtpartei repräsentierende Fraktion, wenn zu befürchten ist, daß sie nach einer drohenden Neuwahl die gegenwärtige Position nicht wiedererlangen kann oder doch befürchten muß, nicht denselben politischen Einfluß nehmen zu können. Auch ein solcher Umstand kann – worauf *Herzog* zutreffend hingewiesen hat (in: Maunz/Dürig, GG, Art. 63 Rn. 54, Abschn. c)) – für eine Fraktion Anlaß sein, zwar den Ministerpräsidenten „mitzuwählen", sich aber anschließend nicht an der Regierung zu „beteiligen" und die „Oppositionsrolle" anzunehmen.

Da die Fraktion in diesem Fall höchstens den Ministerpräsidenten „unterstützt", falls sie ihren Abgeordneten empfiehlt, ihn nur ins Amt zu bringen, um der Verfassung Genüge zu tun und die Neuwahl zu vermeiden, nicht aber auch seine Regierungsbildung oder gar sein Programm zu billigen, kann sich ein „Vertrauen" wiederum (wie schon oben beim Abgeordneten aufgeführt ist) allenfalls auf den Ministerpräsidenten beziehen und umfaßt nicht den üblichen vollen „Vertrauensbeweis" für die Regierung, die als „vollziehende Gewalt" insgesamt vom Vertrauen abhängig ist. Da „Vertrauen" und „Stützen" kongruent sein müssen, verläßt die Fraktion in diesem Fall ihre „Oppositionsrolle" nicht, da auch für die Teilbarkeit des „Vertrauens" bei der Zurechnung an die Fraktion dieselben Grundsätze gelten, wie sie oben für den Abgeordneten entwickelt worden sind.

Schließen aber weder die (vermutete) Mitwirkung von Abgeordneten als den Mitgliedern einer bestimmten Fraktion noch sogar eine dieser zuzurechnende Wahlempfehlung ausschließlich für die Wahl des Ministerpräsidenten die „Oppositionsrolle" aus, dann bedarf es zur Begründung des „Stützens" einer ausdrücklich oder stillschweigenden Erklärung dahin, daß die Fraktion die Regierung insgesamt und deren Politik mittrage.

Der stärkste Hinweis auf eine „Zusammenarbeit" zwischen mehreren Fraktionen und der Regierung ist der „Koalitionsvertrag", dessen Bindungswirkung umstritten ist, der aber die für die Anwendung des Art. 48 Abs. 1 LVerf-LSA erforderliche „Zurechnung" für die „stützenden" Handlungen der Fraktionsmitglieder zulasten der Fraktion zu liefern vermag (vgl. zum Charakter von „Koalitionsvereinbarungen" i. e.: *H. P. Schneider* Alternativ-Kommentar zum Grundgesetz, Art. 64 Rn. 3, m. w. Nachw. in Fn. 4; *Herzog* in: Maunz/Dürig, GG, Art. 63 Rn. 9 ff; *Pieroth* in: Jarass/Pieroth, GG, 3. Aufl., Art. 65 Rn. 3, m. w. Nachw.; vgl. auch: *H. P. Schneider/W. Zeh* Koalitionen, Kanzlerwahl und Kabinettsbildung, in: Schneider/Zeh, Parlamentsrecht und Parlamentspraxis, S. 1311, Rn. 39 § 48: „Zweck, nicht nur die Mitglieder der Regierung, sondern auch die Mehrheitsfraktionen an ein bestimmtes politisches Sach- und Personalprogramm zu binden"). Diese Vereinbarung kann auch dann der Fraktion zugerechnet werden, wenn diese einen von der hinter ihr stehenden Partei abgeschlossenen „Vertrag" ohne weiteres übernimmt. Die Zurechnung wird unterbleiben müssen, wenn die Fraktion erkennbar das von der Partei ausgehandelte Ergebnis nicht tragen will. Für den einzelnen Abgeordneten als Fraktionsmitglied stellt sich diese Frage nicht, weil seine Beziehung zur Regierung wegen Art. 48 Abs. 1 LVerf-LSA eigenständig zu klären ist.

Eine Fraktion kann i. S. des Art. 48 Abs. 1 LVerf-LSA „stützen", wenn sie zu einer bestehenden Koalition ihren „Beitritt" erklärt oder wenn aus ihrem Gesamtverhalten darauf geschlossen werden kann, sie wolle künftig die Zusammensetzung der Regierung und deren Politik „mittragen".

Eine einseitige Erklärung reicht aber noch nicht aus:

Da nicht nur die Fraktion in der „Opposition" bleibt, die sich selbst nicht an der Regierung beteiligen will, sondern auch diejenige in die „Opposition" gedrängt wird, mit der die andere(n) Fraktion(en) nicht zusammenarbeiten wollen, verlangt „Stützen" auch, daß die Regierung den „Vertrauens-Beweis" entgegennimmt, um davon künftig Gebrauch zu machen. Darin zeigt sich die Parallele zum „Koalitionsvertrag", der gleichfalls Übereinstimmung voraussetzt.

Der Hilfsbegriff „Stützen" verlangt andererseits nicht, daß eine Fraktion mit Angehörigen ihrer politischen Richtung personell in der Regierung vertreten – und damit „an ihr beteiligt" – ist; denn es reicht aus, daß die Fraktion einer bestimmten Zusammensetzung der Regierung insgesamt „Vertrauen" entgegenbringt (vgl. auch BVerfGE 62, 1, 37), für die gleiche Problematik bei der Bundesverfassung).

Solche Erklärungen über eine politische Zusammenarbeit müssen sich die beteiligten Fraktionen für die Anwendung des Art. 48 LVerf-LSA zurechnen lassen, wenn und weil der in Aussicht genommene Regierungschef durch die erforderliche Mehrheit der Abgeordnetenstimmen tatsächlich gewählt worden ist. Welchem „Lager" die einzelne Stimme zuzurechnen ist, bedarf (wegen Art. 65 Abs. 1 LVerf-LSA) dann – nach den Grundsätzen des Beweises des „ersten Anscheins" – keiner Klärung mehr.

Ist „Stützen" i. S. des Art. 48 Abs. 1 LVerf-LSA ein „Vertrauensfall", dann werden die Folgen des Art. 48 Abs. 2 LVerf-LSA entsprechend seinem Sinn handhabbar; denn sie lassen sich für eine notwendige relative Dauer abschätzen. Zwar werden die Vertrauens-„Beweise" nach Art. 65, 73 LVerf-LSA nur punktuell zu einem bestimmten Zeitpunkt abgegeben; sie vermögen aber zugleich Beginn und Ende der für den Hilfsbegriff des „Stützens" wesentlichen „Vertrauenslage" zu markieren. Eine Fraktion ist keine „Stütze" mehr, sobald sie sich aus Anlaß einer Abstimmung nach Art. 73 Abs. 1 LVerf-LSA dafür ausspricht, dem Regierungschef das Vertrauen entziehen zu wollen, oder sobald sie auf andere Weise den (nach außen erkennbaren) „Koalitionsbruch" – etwa durch ausdrückliche Ablehnung eines Gesetzesvorhabens wegen Vertrauensentzugs (vgl. dies als Gegenstück zur Möglichkeit des Ministerpräsidenten, mit einem Gesetzesvorhaben die Vertrauensfrage nach Art. 73 LVerf-LSA zu verbinden) oder durch eine „Aufkündigung" ihrer „verläßlichen" Bereitschaft, zu den notwendigen Mehrheiten für das Sachprogramm der Regierung beizutragen – herbeiführt.

2.1.5.2 Diese Grundsätze sind auf den Fall einer von der Verfassung zugelassenen „Mehrheits-Opposition" übertragbar und lassen auch verschiedenartige „Strategien" mehrerer „Oppositions-"Fraktionen (konkurrierend) nebeneinander zu (2.1.5.2.1). Maßgeblich für den „Übertritt" in das „Regierungslager" ist auch hier allein ein „Vertrauenstatbestand" (2.1.5.2.2). Dieser kann nicht in der Ablehnung eines „Mißtrauens-"Antrags nach Art. 72 Abs. 1 LVerf-LSA gesehen werden (2.1.5.2.3) und ergibt sich in der Regel auch nicht aus der Art, wie parlamentarische Kontrollrechte ausgeübt werden (2.1.5.2.4), oder aus der Zustimmung zu Gesetzesvorhaben, sofern diese nicht „koalitionsähnlich" erwartet werden darf (2.1.5.2.5).

2.1.5.2.1 Da „Opposition" begrifflich nicht nur als Minderheit denkbar ist, unterscheidet sich der Fall des Minderheits-Kabinetts mit „Mehrheits-

Opposition" vom eben dargestellten Normalfall der Mehrheits-Regierung mit Minderheits-Opposition allein dadurch, daß die Opposition hier rein rechnerisch stärker ist als die Zahl der Abgeordneten, welche die Regierung „stützen".

Anders als eine „Koalition" benötigt die „Opposition" für ihre allein parlamentarische Arbeit aber auch dann keine gemeinsame Basis, keinen Vertrag oder sonstiges Bündnis; denn „Opposition" wird nicht „gebildet", sondern „entsteht": es handelt sich um den Teil des Parlaments, der – aus welchen Gründen auch immer – an der Regierung (in dem beschriebenen, die politische Mitverantwortung kennzeichnenden, weiten Sinn) „nicht beteiligt" ist.

Die Verfassung stellt jeder „Oppositionsfraktion" gesondert jeweils selbständig alle Mittel zur Verfügung, die dem Parlament insgesamt oder einer Fraktion als Teil des Landtags dazu dienen sollen, die Regierung zu kontrollieren. Es sind – außer dem „Mißtrauensvotum" – dieselben Befugnisse, die sogar den „Regierungsfraktionen" (im prinzipiell gleichen Umfang) zustehen. Jede Fraktion macht davon nach ihrer eigenen politischen Einstellung (tendenziell unterschiedlichen) Gebrauch.

Sonderrechte hat die „Opposition" nur nach Art. 48 Abs. 2 LVerf-LSA, deren Wahrnehmung allerdings gleichfalls keinerlei „Kooperation" verlangt. Unter mehreren Fraktionen wird auch keine (etwa die stärkste) herausgehoben; die Landesverfassung kennt keine „Oppositions-" oder sonstige „Meinungsführerschaft".

Die Verfassung hält den Grundsatz, „Opposition" nur „entstehen" zu lassen, auch beim sog. „Fernziel" durch. Soweit es zur Aufgabe der „Opposition" gehört, die amtierende Regierung „abzulösen", enthält Art. 72 Abs. 1 LVerf-LSA nur die Möglichkeit, dieses Ziel „konstruktiv" zu erreichen, verbietet aber damit keinesfalls zugleich „destruktive" Eigenständigkeit. Die Bestimmung über das „Mißtrauensvotum" erhält damit nicht das verfassungsrechtliche Gebot, sämtliche „Oppositionsfraktionen" seien um des „gemeinsamen Fernziels" willen verpflichtet, alles in ihrer Macht Stehende zu versuchen, um „konsensual" die Regierung zu stürzen. Jede Fraktion darf vielmehr ihren eigenen Weg suchen, um das „Fernziel" eines Regierungswechsels zu erreichen.

Meyer (in: Schneider/Zeh, S. 161, Rn. 118 zu § 4) hält es zutreffenderweise geradezu für verfassungsrechtlich unzulässig, „die Opposition" als eine Einheit zu betrachten. Davon dürften sich *Schneider* und *Zeh* unterscheiden; denn sie gehen von einem „verfassungsrechtlichen Auftrag" aus, den politischen Machtwechsel herbeizuführen (*H. P. Schneider/W. Zeh* Koalitionen, Kanzlerwahl und Kabinettsbildung, in: Schneider/Zeh, S. 1303, Rn. 22 zu § 48). Selbst ein solcher „Auftrag" – bestände er denn als rechtliche

Verpflichtung – kann aber nicht schon über den Wortlaut des Art. 72 Abs. 1 LVerf-LSA hinaus auch eine „Verpflichtung zum Sturz" begründen. Außerdem ist das konstruktive „Mißtrauensvotum" nicht die einzige Möglichkeit, auf die Zusammensetzung der Regierung Einfluß zu nehmen, nur die einzige gegen den Willen des amtierenden Ministerpräsidenten. Dieser könnte nämlich durchaus seine Regierung auf der Grundlage des Art. 65 Abs. 3 LVerf-LSA umbilden. Schon diese Konkurrenz macht deutlich, daß die Verfassung die „Opposition" nicht verpflichtet, das „Fernziel" gerade gemeinsam durchzusetzen. Ein solches Gebot läßt sich auch weder aus dem Grundsatz „parlamentarischer Verantwortlichkeit der Regierung" oder sonst aus dem „Demokratiegebot" herleiten; denn diesen Verfassungsprinzipien ist mit der Abhängigkeit der Regierung vom „Vertrauen" des Landtags und mit den Regeln über die Gesetzgebung genügt. Die Garantie von „Opposition" setzt gleichfalls nicht voraus, daß innerhalb der laufenden Legislaturperiode nur auf „Sturz der Regierung" hinzuarbeiten ist. Auch wenn es die wesentliche Aufgabe der Opposition ist, „politische Alternativen" zu bilden, belegt dies keine Rechtspflicht zum Regierungssturz.

Nach alledem erweist sich das Schlagwort als unrichtig: „Wer nicht stürzt, stützt."

Die „Oppositionsfraktion" bestimmt ferner allein nach ihrer Vorstellung, in welchen Politikfeldern sie die Regierung bekämpft und in welchen sie nach ihrem Eigenverständnis und nach ihrer Grundkonzeption sachbezogen kooperieren will. Andererseits ist die Bereitschaft zu „konstruktiver Zusammenarbeit" keineswegs „zwingend" – wie *Schneider* zu Recht meint (*H. P. Schneider* Opposition, S. 76) – mit dem Oppositionsbegriff zu verbinden, weil Opposition eher im Gegenteil von der „konkreten Gegenposition zu dominanten Kräften" lebe. Aus dieser grundsätzlichen Einordnung ist wiederum für die „Mehrheits-Opposition" nichts zu gewinnen, deren „Gegenkraft", einer „Minderheits-Regierung", die Dominanz gerade fehlt.

Sowohl beim „Fernziel" als auch bei der „Strategie" können mehrere Fraktionen innerhalb der „Opposition" ohne weiteres nicht nur unterschiedlicher Auffassung sein, sondern sich sogar als Konkurrenten gegenseitig zu behindern suchen, ohne bereits deswegen – jeder für sich – die „Oppositionsrolle" zwangsläufig aufzugeben.

Da außerhalb des Art. 72 Abs. 1 LVerf-LSA auch der amtierende Ministerpräsident politisch gezwungen sein kann, seine Regierung auf der Basis des Art. 65 Abs. 3 LVerf-LSA umzubilden, kann die einzelne „Oppositionsfraktion" das „Fernziel" nicht nur durch „Sturz", sondern gerade auch mit dem Bestreben verfolgen, selbst in die Regierung einzutreten, wie *Hereth* (Die parlamentarische Opposition in der Bundesrepublik Deutschland) für die Oppositionsrolle der SPD im Deutschen Bundestag vor deren Eintritt in die sog. „Große Koalition" im Jahr 1966 überzeugend nachgewiesen hat. Um den Regierungswechsel mit oder ohne den Sturz des amtierenden Regierungschefs vorzubereiten, kann sich die Fraktion – aus ihrem verfassungsrechtlichen „Oppositionsstatus" heraus, der dadurch unangetastet bleibt – entschließen, nicht die Regierung oder einzelne Mitglieder anzugreifen, sondern die praktische Politik der Regierung zu ändern (aaO, S. 63), damit deren „Sachprogramm" nach eigenem Ermessen zu beeinflussen und der Regierung den eigenen Willen aufzuzwingen (aaO, S. 16, 76). Die Chance hierfür hat die „Oppositionsfraktion" desto eher, je mehr das Parlament in verschiedene Gruppen mit jeweils unterschiedlichen Zielsetzungen zerfallen ist (aaO, S. 63).

*Hereth*s Aussagen zur Strategie sind mit der Auslegung des Art. 48 Abs. 1 LVerf-LSA vereinbar, obwohl er bei seinem Oppositionsbegriff davon ausgeht, daß eine die Regierung nicht „tragende" Parlamentsgruppe nicht an der Regierung „beteiligt" ist; denn er verlangt zusätzlich, daß diese Gruppe sich der Regierung „bewußt entgegenstellt", sie „kritisiert" und „Alternativen bildet" (aaO, S. 10). Damit knüpft er letztlich gleichfalls an die Zielrichtung („nicht stützen") an und bezieht in seine Strategie-Überlegungen jedenfalls kein Mittel ein, das als „Vertrauensbeweis" zur personellen Zusammensetzung der Regierung oder zu gerade deren Sachprogramm gewertet werden muß. Dies wird dadurch bestätigt, daß auch *Schneider* einer von ihm so bezeichneten „loyalen" oder „kooperativen" Opposition durchaus die Möglichkeit offenläßt, „mit der Regierung zusammenzuarbeiten und so die eigenen politischen Ziele schon vor ihrer möglichen Regierungsübernahme zu verwirklichen" (*H. P. Schneider* Opposition, S. 108). Damit grenzt er eine der denkbaren Oppositionsstrategien (vgl. deshalb auch z. B. Opposition, S. 114) von insbesondere der „absoluten" Variante ab, die sich etwa gegen eine bestimmte Gesellschaftsordnung, eine Wirtschaftsform oder ein Bildungssystem wendet (aaO, Opposition, S. 107 f). Das gilt insbesondere für sog. „Weltanschauungs- oder Interessenparteien", die in einer Massendemokratie regelmäßig in der Minderheit sind (für das Beispiel BHE [= Bund der Heimatvertriebenen und Entrechteten] vgl. *Gehrig* aaO, S. 141 f).

Hereth, der es – wie *Schneider* (vgl. etwa *H. P. Schneider* Handbuch, S. 578, Rn. 99 zu § 13; *derselbe* in: Schneider/Zeh, S. 1070, Rn. 32, 33 zu § 38) – für das Hauptziel der „Opposition" hält, die Regierung im Amt abzulösen (*Hereth* aaO, S. 10, 12), hat einen Zweifel an der „Oppositionszugehörigkeit" der damaligen SPD-Bundestagsfraktion gelassen; dies auch nicht etwa deshalb, weil sie versucht hat, die damals amtierende (Bundes-)Regierung durch eine neue unter ihrer Beteiligung abzulösen (aaO, S. 77 f; vgl. immerhin insoweit auch *H. P. Schneider* Opposition, S. 122).

2.1.5.2.2 Eine „Oppositionsfraktion" kann allerdings nicht nur (wie im Normalfall bei einer Mehrheitsregierung) die schon vorhandene „Regierungierungsmehrheit" verbreitern, sondern auch einer bisherigen Minderheitsregierung erst zur Mehrheit verhelfen. Da hierfür die Wahl eines anderen Regierungierungschefs nicht Bedingung ist, geschieht dies nach den Regeln des Art. 48 Abs. 1 LVerf-LSA dadurch, daß die Fraktion aus dem Lager der „nicht stützenden" Fraktionen in das der „stützenden" wechselt. Nach dem eindeutigen Wortlaut des Art. 48 Abs. 1 LVerf-LSA kann keine Fraktion „beiden Lagern" zugerechnet werden; denn entweder „stützt" sie die Regierung oder sie gehört zur „Opposition".

Diesem Fall ähnlich und nur systematisch von ihm zu unterscheiden ist die Konstellation, daß eine Regierung in erster Linie durch Koalitionspartner „gestützt" wird, gleichwohl keine „verläßliche" Mehrheit besitzt und eine weitere Fraktion zusätzlich ihre „Unterstützung" von Anfang an erklärt; dann handelt es sich um eine Mehrheitsregierung i. S. des zunächst erörterten „Normalfalls", der dann eine „Minderheits-Opposition" gegenübersteht. Der Unterschied ist danach allein, ob die „Unterstützung" bereits zum Zeitpunkt der Wahl des Ministerpräsidenten (und im vollen Umfang) vorliegt oder nicht.

Eine Fraktion, die einer Minderheitsregierung zur Mehrheit verhilft, wechselt das „Lager" nicht schon dadurch, daß sie punktuell oder wiederholt mit den die Regierung stützenden Fraktionen eine „Gesetzgebungsmehrheit" bildet, sondern erst dann, wenn sie außerdem (nunmehr) die Regierung „stützt". Diese Frage beurteilt sich allein nach den für die Auslegung des Art. 48 Abs. 1 LVerf-LSA entwickelten Regeln, setzt deshalb zunächst einen „Vertrauensbeweis" voraus und weiter, daß dieser der Fraktion und nicht nur einzelnen Abgeordneten zugerechnet werden kann. Dies verlangt eine wenigstens „koalitionsähnliche" Handlung.

Daß die Regierung „gestützt" wird, muß positiv festgestellt werden können. Ist das nicht möglich, spricht die Vermutung für die weitere Zugehörigkeit zur „Opposition". Das folgt daraus, daß sich aus der Zahl der Abgeordneten eine positive Mehrheit für den „Vertrauensbeweis" finden muß und daß „Regierungsmehrheiten" gebildet werden, während „Opposition" entsteht.

Solche erkennbaren Handlungen sind insbesondere die Erklärung, die Fraktion werde dem Vertrauensantrag nach Art. 73 Abs. 1 LVerf-LSA zustimmen, der Abschluß eines Koalitionsvertrags durch die Fraktion oder die hinter ihr stehende Partei oder einseitige, der Fraktion zuzurechnende und die Unterstützung für die Zukunft „verläßlich" zusagende Erklärungen. Wie schon oben zum „Vertrauen-Nehmen" festgestellt ist, muß sich aus dem

Verhalten ergeben, daß sich die Regierung (nunmehr auch) auf diese Fraktion („ab-")stützen kann.
Art 48 Abs. 1 LVerf-LSA setzt auch hier voraus, daß sich die Regierung „abstützen" will. Anderenfalls bleibt die „stützungswillige" Fraktion in die „Opposition" gedrängt, und der versuchte „Lager-Übertritt" ist nicht gelungen.
Die „Minderheitsregierung" erlangt deshalb eine „verläßliche" parlamentarische Mehrheit mit Hilfe einer bisherigen „Oppositionsfraktion" entgegen *Schneider* (Opposition, S. 120; *Schneider/Zeh*, S. 1070, Rn. 32, 33 zu § 38) nicht schon dadurch, daß sie lediglich „passiv geduldet" oder nur „toleriert" wird, weil das Merkmal „stützen" bei Art. 48 Abs. 1 LVerf-LSA nicht erfolgs-, sondern zielgerichtet auszulegen ist und eine (evtl. nur zurechenbare) H a n d l u n g voraussetzt. Daran fehlt es, wenn „Dulden" oder „Tolerieren" nicht auf ein „Vertrauen-Geben" (für die personelle Zusammensetzung der Regierung und deren „Sachprogramm") schließen lassen. Allein das „verursachte Ergebnis" – daß die Regierung sich im Amt „hält" – reicht nicht aus, zumal auch *Schneider* einräumt, die Regierung werde im Fall der „Duldung" nur „i n d i r e k t [ge]stützt" (*H. P. Schneider* in: Schneider/Zeh, S. 1070, Rn. 32 zu § 38).

2.1.5.2.3 Anders als bei der positiven Beantwortung der vom Regierungschef gestellten „Vertrauensfrage" (Art. 73 Abs. 1 LVerf-LSA) wechselt eine „Oppositionsfraktion" nicht dadurch in das „Unterstützungslager", daß sie den von einer anderen „Oppositionsfraktion" eingebrachten sog. „Mißtrauensantrag" nach Art. 72 Abs. 1 LVerf-LSA nicht mitträgt.
Der wesentliche Teil des nicht korrekt bezeichneten „Mißtrauens"-Votums ist nämlich nicht („destruktiv") ein dem bisherigen Amtsinhaber gegenüber ausgesprochener „Vertrauensentzug", sondern („konstruktiv") das dem Nachfolge-Kandidaten zu „g e b e n d e Vertrauen". Diese, dem Kandidaten gegenüber vorzunehmende „Stütz-Handlung" ist aber nach denselben Grundsätzen zu beurteilen, die gelten müßten, wenn dieser sich nach Art. 65 Abs. 1 LVerf-LSA hätte (als erster Regierungschef) wählen lassen wollen: Dem n e u e n Regierungschef, der von ihm zu ernennenden Regierung und deren Sachprogramm muß „Vertrauen gegeben" werden. Allenfalls wenn sie sich in diesem Ausnahmefall entschließt, den Sturz gemeinsam herbeizuführen, benötigt „die Opposition" eine einheitliche Strategie und einen koalitionsähnlichen Zusammenhalt, verliert aber beim Erfolg des „Mißtrauensvotums" auch genau deshalb (gemeinsam) ihre bisherige Oppositionsrolle, weil sie jetzt die (neue) Regierung „stützt". Andererseits muß eine „Oppositionsfraktion" selbst beim „konstruktiven Mißtrauensvotum" nicht unbedingt mit einer weiteren „Oppositionsfraktion" zusammenarbeiten, sondern kann

auch versuchen, den Sturz des bisherigen Ministerpräsidenten mit Hilfe von Kräften zu erreichen, die ihn bislang getragen haben.

Hat eine weitere (Oppositions-)Fraktion zu dem von einer agierenden ersten vorgeschlagenen (neuen Regierungschef-)Kandidaten hingegen genauso wenig „Vertrauen" wie zu dem bisherigen Amtsinhaber, dann kann sie den Nachfolger nicht „unterstützen" und verweigert bei der Abstimmung nach dem Art. 72 Abs. 1 LVerf-LSA allein deshalb die Wahlstimmen ihrer Abgeordneten. Dies mag den Amtsinhaber faktisch im Amt halten; aber das reicht für ein „Stützen" i. S. des Art. 48 Abs. 1 LVerf-LSA nicht aus, weil ihm gegenüber kein „Vertrauen" „gegeben" wird und deshalb seine „Unterstützung" nicht gewollt ist.

Das Ergebnis wird zudem durch folgende Kontroll-Überlegung erhärtet: Wäre es anders, dann hätte es die agierende Fraktion in der Hand, ihren Kandidaten durchzusetzen, obwohl ihre eigenen Kräfte nicht ausreichten und obwohl die „gezwungene Fraktion" zu dem Kandidaten (ebenfalls) kein Vertrauen hat. Die agierende könnte sogar die weitere Fraktion aus der „Oppositionsrolle" drängen, gleichgültig ob diese mitstimmte oder nicht, denn entweder „stützt" sie den Kandidaten oder „duldet" den Amtsinhaber.

Die „Richtung" der Handlung „Vertrauensgabe" unterscheidet die Konstruktion des Art. 72 Abs. 1 LVerf-LSA von derjenigen des Art. 73 Abs. 1 LVerf-LSA: Die „Vertrauensfrage" wird allein gegenüber dem Amtsinhaber beantwortet; das „konstruktive Mißtrauen" ist aber nur dadurch möglich, daß einem anderen „Vertrauen" gegeben wird. Eine bisher zur „Opposition" rechnende Fraktion, welche – ihr zurechenbar – die Vertrauensfrage nach Art. 73 Abs. 1 LVerf-LSA befürwortet, „wechselt die Seiten" und „stützt" fortan die Regierung (zusätzlich).

Auch das Bundesverfassungsgericht hat in seiner Wortwahl deutlich differenziert: Es verwendet das Wort „stützen", um die Vertrauenssituation zu kennzeichnen, und spricht nur von „dulden", wenn die Fraktion das konstruktive Mißtrauensvotum nicht unterstützt (vgl. BVerfGE 62, 1, 37 f, 61).

2.1.5.2.4 Die verfaßten Kontrollrechte des Parlaments wie das Informationsrecht aus Art. 53; 62 LVerf-LSA, das Recht, Untersuchungsausschüsse (Art. 54 LVerf-LSA) oder Enquête-Kommissionen (Art. 55 LVerf-LSA) einzusetzen, und die abgeleiteten Befugnisse, die sich in den zwei Gruppen Kritik und Kontrolle (*H. P. Schneider* Handbuch, S. 578, Rn. 100 zu § 13; *Stern* aaO, § 23 III 5, S. 1044) zusammenfassen lassen, können den Begriff „stützen" i. S. des Art. 48 Abs. 1 LVerf-LSA nicht erläutern, weil sie dem einzelnen Abgeordneten, der Fraktion oder dem Parlament als Ganzem bzw. unter Wahrung von Quoren unabhängig davon zustehen, ob der diese

Rechte ausübende Abgeordnete oder die davon Gebrauch machende Fraktion dem „Regierungs-" oder dem „Oppositionslager" angehört. Diese „Parlamentsrechte" sind im Ansatz für die Abgrenzung nach Art. 48 Abs. 1 LVerf-LSA gleichsam „wertneutral".

Das gilt nicht für die dritte Gruppe „Alternativenbildung" (vgl. *H. P. Schneider* aaO); die damit zusammenhängenden Fragen betreffen die bereits gesondert betrachteten „Oppositionsstrategien" und die Auslegung des Art. 72 Abs. 1 LVerf-LSA.

Nur ausnahmsweise könnten Rückschlüsse daraus gezogen werden, daß eine bestimmte Gruppe im Parlament von den Kontrollrechten überhaupt keinen oder einen ausschließlich „regierungsfreundlichen" Gebrauch macht. Dann aber muß es sich um Indizien handeln, die darauf schließen lassen, daß die Fraktion – „koalitionsähnlich" – Kontrolle „von innen" und nicht – wie bei der Opposition üblich – „von außen" betreibt.

Im übrigen ist ohne Belang, ob eine bestimmte Fraktion „fleißig" ist oder auf welchen Politikfeldern sie den Schwerpunkt ihrer (dann eben auch „Oppositions-")Arbeit setzt. Dies ist allein von der durch sie selbst bestimmten „Strategie" abhängig.

2.1.5.2.5 Differenzierter ist das Verhalten bei der Gesetzgebung zu beurteilen.

Ausgangspunkt ist zwar auch hier, daß die punktuelle oder sogar wiederholte Zustimmung einer Fraktion zu Gesetzen wegen der systematischen Unterscheidung der eigenen Gesetzgebungszuständigkeit des Parlaments von andererseits der „Verantwortlichkeit der Regierung gegenüber dem Parlament" für die Frage des Art. 48 Abs. 1 LVerf-LSA an sich „wertneutral" ist; dies schließt aber nicht aus, daß sich aus einer „permanenten Zustimmung" Indizien dafür herleiten lassen können, daß die Fraktion darüber hinaus die Regierung „stützt". Diese Frage beantwortet sich nicht aufgrund statistischer Häufigkeit, sondern allein nach den für die Auslegung des Art. 48 Abs. 1 LVerf-LSA entwickelten Regeln und setzt deshalb einen „Vertrauensbeweis" voraus; dies verlangt eine wenigstens „koalitionsähnliche" Handlung.

Aus dem Grundsatz, die Staatsleitung stehe Regierung und Parlament „zur gesamten Hand" zu (im Anschluß an *Friesenhahn* Parlament und Regierung im modernen Staat, VVDStRL 16, 1958, S. 9, 38), folgt nichts anderes; denn er vermag nur zu erläutern, daß die politische Gruppe, welche die Regierung stellt, auf Parlamentsmehrheiten angewiesen ist, weil sie ihre Politik gerade auch durch Gesetzgebung umsetzen muß und weil sie einen Haushalt benötigt. Damit ist aber nur eine materiale Teilhabe des Gesamtparlaments am Staatsganzen beschrieben, ohne daß zugleich die Opposition als „Teilmenge" gegenüber dem Rest des Parlaments abgegrenzt wird. Die Regierung ist zwar für bestimmte Vorhaben auf eine Parlamentsmehrheit angewiesen, aber nur politisch und nicht rechtlich auf eine feste, „verläßliche". *Schneider* (*H. P. Schneider* Entscheidungsdefizite der Parlamente, AöR 105, 1980, S. 4, 15) meint sogar, das Bild der „Staatsleitung zur gesamten Hand" laufe Gefahr, eher einer Verwischung der politischen Verantwortlichkeiten Vorschub zu leisten.

Inhalt der Abstimmung über einen Gesetzesvorschlag ist kein jeweils neuer „Vertrauensbeweis" für die Regierung, sondern die konkrete Regelung eines Politikgegenstands. Grundsätzliche Einstellungen der politischen Gruppen, die sich auch in Regierung einerseits und Fraktionen andererseits widerspiegeln, werden dabei im Parlament „kontrovers" erörtert, um akzeptable Lösungen zu erreichen. Dabei mag sich eine unterschiedliche „Nähe" zur Regierungsposition zeigen; im Vordergrund steht aber die Entscheidung über die Sachfrage, nicht über die Regierung.

Die Verfassung gewährleistet nicht nur die Entscheidung als Abstimmung (Art. 51 LVerf-LSA), sondern vor allem auch die vorangehende „Verhandlung" (vgl. Art. 50 Abs. 1 LVerf-LSA), welche die Abstimmung vorbereiten und das Abstimmungsverhalten beeinflussen soll. Das Verhandeln von Argument und Gegenargument sowie die öffentliche Diskussion dienen dem Ausgleich widerstreitender Interessen und sind die wesentlichen Elemente des demokratischen Parlamentarismus' (BVerfGE 70, 324, 355). Sind Diskussion, Überzeugungsbildung und der Wille, eigene Standpunkte durchzusetzen, wesentlich für diesen Prozeß, dann kann für die Frage des „Stützens" i. S. des Art. 48 Abs. 1 LVerf-LSA jedenfalls nicht allein ausschlaggebend sein, ob eine „Oppositionsfraktion" einer Regierungs- und Koalitionsvorlage am Ende der Beratung zugestimmt hat, insbesondere dann nicht, wenn sie es unternommen hat, eigene Vorstellungen in der Beratung durchzusetzen. Immerhin fanden sogar im ersten Deutschen Bundestag 83,9% der Gesetzesvorlagen die Zustimmung der damals oppositionellen SPD, weil diese der Ansicht war, wenigstens einen Teil ihrer Vorstellungen umgesetzt zu haben oder durch das Abstimmungsergebnis in ihrer Grundanschauung nicht beeinträchtigt zu sein (*Gehrig* aaO; S. 135 f). Indiz für eine vom „Sachprogramm der Regierung" politisch unabhängige Position ist insbesondere, daß die Fraktion eigene Vorlagen erarbeitet, eingebracht und durchzusetzen versucht hat. Ein wesentlicher Teil parlamentarischer Sacharbeit wird als Vorbereitung für die spätere „Verhandlung" und Abstimmung im Landtag in den Fachausschüssen geleistet (Art. 46 Abs. 2 LVerf-LSA). Diese haben als unabhängige Institutionen ein „beträchtliches Eigengewicht" (*Hereth* aaO, S. 58, 71) und können deshalb von der „Oppositionsfraktion" für ihre eigenen Zwecke gleichsam instrumentalisiert werden.

Sofern sich eine „Oppositionsfraktion" entschlossen hat, ihre eigenen Vorstellungen durch Veränderung der Regierungspolitik durchzusetzen, gelingt ihr dies am ehesten durch die Ausschußarbeit (vgl. *Hereth* aaO, S. 78 ff). Dies kann ohne Auswirkung auf die Position nach Art. 48 Abs. 1 LVerf-LSA dazu führen, daß die Fraktion je nach dem Grad des erzielten oder von ihr für erzielbar gehaltenen Kompromisses auch einer Vorlage zustimmt, die von der Regierung eingebracht worden war, was als „kooperatives" Verhalten gewertet werden mag (aaO, S. 80 ff). Bei dieser Strategie liegt der Schwerpunkt der (gleichwohl von einer „Oppositionsfraktion" geleisteten) Arbeit im „Verhandeln" über den konkreten Politikgegenstand (aaO, S. 85 ff), ohne daß damit bereits das „Regierungssachprogramm" insgesamt befürwortet wird.

Noch innerhalb einer solchen „beeinflussenden Strategie" und nicht bereits außerhalb der „Oppositionsrolle" liegt neben einer Mitarbeit an Gesetzen auch diejenige am Haushaltsgesetz. Dieser Auffassung steht nicht schon entgegen, daß der Haushaltsplan als „Wirtschaftsplan und zugleich ein staatsleitender Hoheitsakt in Gesetzesform" (BVerfGE 70, 324, 355) eine mit den anderen Gesetzen nicht unbedingt vergleichbare besondere Bedeutung hat, wie sich auch verfahrensrechtlich an dem sog. „Bepackungsverbot" (Art. 93 Abs. 4 LVerf-LSA) einerseits sowie andererseits daran zeigt, daß er ausschließlich von der Regierung eingebracht werden kann (Art. 93 Abs. 3 LVerf-LSA) und nicht auch „aus der Mitte des Landtags" oder durch Volksbegehren (Art. 77 Abs. 2 LVerf-LSA); denn für seinen Inhalt, der die Regierung schließlich bindet, gelten die für die Gesetzgebung vorgesehenen Regeln, insbesondere diejenigen über die Mitwirkung von Ausschüssen sowie diejenigen über die „Verhandlung" vor der Abstimmung im Parlament. Damit können alle Abgeordneten und Fraktionen gleichberechtigt und rechtlich gleichgewichtig auf den Inhalt des Haushaltsgesetzes wie sonst auf Gesetze Einfluß nehmen, und zwar unabhängig von der Zugehörigkeit zum „Regierungs-" oder „Oppositionslager".

Zwar meint *Gehrig* (aaO, S. 283 f), auch wenn jeder Regierungsentwurf durch das Parlament Änderungen erfahre, ständen doch substantielle Änderungen einem Mißtrauensvotum gleich und kämen deshalb in einem „funktionierenden parlamentarischen System nicht vor"; gleichwohl räumt er ein, daß es sich hierbei nur um eine „politische", keine auch „rechtliche" Bewertung handele (aaO, S. 284).

Eine aus einer Koalition hervorgegangene Minderheitsregierung, die als solche über keine Mehrheit im Parlament verfügt, wird nicht bereits dadurch zur „faktischen Mehrheitsregierung", daß sie wiederholt Mehrheiten in Sachfragen gefunden hat. Der Hilfsbegriff des Art. 48 Abs. 1 LVerf-LSA („stützen") kann nicht mit Hilfe eines Zusatzbegriffs „Parlamentskoalition" erläutert werden (a. A.: *Plöhn* Mehrheitswechsel in Sachsen-Anhalt — Modellfall oder Sackgasse ? —, Verlag Peter Lang, Frankfurt/M, 1996). Ein die Auslegung des Art. 48 Abs. 1 LVerf-LSA erhellender Gegensatz zwischen „Regierungskoalitionen" (nach *Plöhn* aaO, S. 69 ff, 77, gleichzusetzen mit „unter den im Kabinett vertretenen Parteien") und „Parlamentskoalitionen" (nach *Plöhn* aaO, S. 74 ff, 77: „sowohl in Personal- als auch in Sachfragen möglich") besteht in Wahrheit nicht. Dazu ist der Begriff der „Regierungierungskoalition" zu eng; denn er stellt auf die „Beteiligung" an der Regierung ab. Andererseits ist der Begriff der „Parlamentskoalition" zu unscharf; denn er beurteilt nur ein Ergebnis, kann aber nicht erklären, ob dieses auch auf einem für das „Stützen" wesentlichen (zusätzlichen) „Vertrauensbeweis" gerade gegenüber der Regierung beruht.

Die Untersuchung von *Schütt-Wetschky* (Verhältniswahl und Minderheitsregierungen. Unter besonderer Berücksichtigung Großbritanniens, Dänemarks und der Bundesrepublik Deutschland, ZParl 1987, 18. Jahrg., Heft 1, S. 94, 104 ff), auf die *Plöhn* sich bei der Begriffsbildung und für seine Untersuchung beruft (*Plöhn* aao, S. 74), spricht eher für die hier vertretene Ansicht; denn dort ist die Bewertung mit einerseits „parlamentarisch gestützt" und andererseits „parlamentarisch" nur „geduldet" gerade davon abhängig, ob sich eine Regierung „von Streitfrage zu Streitfrage" um die Mehrheit bemühen muß, „wobei offen ist, ob es überhaupt zur Mehrheitsbildung kommt" (*Schütt-Wetschky* aaO, S. 105: dann „bloß toleriert"), oder ob es gelingt, eine „Vereinbarung" auszuhandeln, die es ermöglicht, daß eine „Mehrheit von Abgeordneten kontinuierlich zu Kompromissen ... bereit" ist (so — unter besonderem Hinweis auf die Regierung Jörgensen in Dänemark, mit konträrem Ergebnis für den Zeitraum vor und nach 1981 —: *Schütt-Wetschky* aaO, S. 105 f). Dies wird dadurch bestätigt, daß *Schütt-Wetschky* (aaO, S. 106) zwar den „Berliner Fall" [Kabinett v. W.; vgl. bereits oben] im Einklang mit der hier und von *Finkelnburg* (aaO) vertretenen Lösung für (parlamentarisch) „gestützt" gehalten hat, nicht aber die Minderheitsregierung in Hamburg, weil keine Einigung auf ein Sachprogramm stattgefunden hatte.

Die Grenze zwischen der beschriebenen, die „Oppositionsrolle" aufrecht erhaltenden Strategie einerseits zu andererseits einer parlamentarischen „Unterstützung" der Regierung „durch Gesetzgebung" wird erst überschritten, wenn die Zustimmung der Fraktion zu einem von der Regierung oder der sie stützenden Gruppe von Abgeordneten eingebrachten Gesetzesvorschlag nicht Ergebnis eines der Regierung („von außen") „abgetrotzten Kompromisses" ist, sondern — trotz allem vorgebrachten „Änderungsverlangen" (über eine „Kritik von innen") — nur das Einzelergebnis einer „koalitionsähnlich verläßlichen" Umsetzung von grundsätzlich einvernehmlich abgestimmter Politik.

Zwar bedarf es hierfür keines ausdrücklichen „Vertrags", wohl aber einer der Koalitionsvereinbarung wenigstens ähnlichen Abrede, welche die Regierung erwarten lassen kann, ihre Politik werde nicht „von außen bekämpft", sondern „von innen (mit-)getragen". „Koalitionsähnlich" ist dabei nur die Geschäftsgrundlage, welche sich aus einer über konkrete Einzelvorhaben hinaus weiter reichenden, eben „grundsätzlichen" Übereinstimmung ergibt.

2.2 Die PDS-Fraktion ist „Oppositionsfraktion" i. S. des Art. 48 Abs. 1 LVerf-LSA geworden (2.2.1) und es bis zum Zeitpunkt der letzten mündlichen Verhandlung geblieben (2.2.2).

2.2.1 Weder das Wahlverfahren in der konstituierenden Sitzung des Landtags noch das Ergebnis der Beweisaufnahme führt zu der Feststellung, die PDS-Fraktion sei gar nicht „Opposition" i. S. der Landesverfassung geworden.

Die PDS-Fraktion hat nicht bereits deshalb die Regierung i. S. des Art. 48 Abs. 1 LVerf-LSA „gestützt", weil zu vermuten ist, daß der Ministerpräsident im dritten Wahlgang entscheidende Stimmen auch von PDS-Abgeordneten erhalten hat.

Das wegen der namentlichen Abstimmung nachweisbare Stimmverhalten der Abgeordneten und damit auch der Fraktionen bei der Frage, ob ein zweiter Wahlgang bereits am Tag des ersten durchgeführt werden solle, deutet darauf, daß in gleicher Weise auch bei der späteren, nicht namentlich abgestimmten Auflösungsfrage (Art. 65 Abs. 2 S. 3, 4 LVerf-LSA) die 37 Stimmen der Antragstellerin geschlossen abgegeben worden sind. Aber auch dies läßt allenfalls vermuten, daß der Ministerpräsident im dritten Wahlgang nur mit (einzelnen) Stimmen von PDS-Abgeordneten gewählt worden sein kann; das ist indessen nicht aufklärbar, weil die Wahl geheim war (Art. 65 Abs. 1 LVerf-LSA).

Unabhängig davon könnte das Stimmverhalten einzelner, namentlich nicht bekannter PDS-Abgeordneter nicht zugleich als „Stützhandlung" der Fraktion gelten; denn es fehlt an einem besonderen Umstand, welcher die Zurechnung an die Fraktion bewirkt.

Wenn die Vermutung, es hätten sämtliche CDU-Abgeordneten gegen den Kandidaten Dr. H. gestimmt, aus dem früheren Abstimmungsverhalten gewonnen wird, hat „die PDS-Fraktion" nicht einmal mehrheitlich den Kandidaten Dr. H. mitgewählt; denn es genügten bereits sieben von 21 PDS-Abgeordneten, um die 41 „Basisstimmen" der Koalition auf die im dritten Wahlgang festgestellten 48 Stimmen für den Ministerpräsidenten zu erhöhen.

Auch die vor der Wahl abgegebenen Äußerungen des PDS-Landesvorsitzenden (und -Abgeordneten) C. bewirken keine „Zurechnung"; denn diese Erklärung hatte kein über eine bloße „Tolerierung" hinausreichendes „Vertrauen" in Aussicht gestellt, das allein „stützendes" Verhalten begründen könnte.

Aus dem Zusammenhang ergibt sich, daß der Landesvorsitzende der PDS eine „Oppositionsrolle" zugeschrieben hatte, mit welcher er höchstens ein „Gewähren-Lassen" als gleichsam äußerste Grenze für vereinbar hielt, keinesfalls aber eine „(Mit-)Verantwortung" für die künftige Politik der Regierung.

Die PDS-Fraktion muß sich das evtl. Wahlverhalten einiger ihrer Mitglieder auch nicht deshalb zurechnen lassen, weil die Fraktion vor der Wahl Kenntnis von der „Koalitionsvereinbarung" erhalten hatte, welche Grundlage für die Politik der „künftigen Regierung H." sein sollte.

Die PDS-Fraktionsvorsitzende Dr. S. ist nach ihrer Aussage zum erstenmal im Oktober 1994 mit dem Ministerpräsidenten zusammengetroffen, und der Besuch des Fraktionsvorsitzenden von Bündnis 90/DIE GRÜNEN vor der konstituierenden Sitzung hatte in erster Linie atmosphärischen Charakter (Niederschrift über die Beweisaufnahme vom 25. 4. 1997, S. 5). Es seien auch keine Verhandlungen über die Regierungszusammensetzung oder über die Inhalte geführt worden (Niederschrift, S. 5). Dr. S. hat ausgeschlossen, daß es bei Übergabe der Koalitionsvereinbarung zu einer „Vereinbarung" mit dem Fraktionsvorsitzenden T. gekommen sei, „gemeinsam" Verantwortung zu übernehmen. Sie hat vielmehr deutlich gemacht, die PDS, die mit einigem Gewicht in den Landtag eingezogen sei, habe sich vor allem durch den Gang der Verhandlungen über die Regierungsbildung politisch ausgegrenzt gefühlt und durch das Verhalten des Fraktionvorsitzenden T. die bislang vermißte Anerkennung ihrer politischen Bedeutung erfahren.

Dies wird durch die Aussage des Ministerpräsidenten bestätigt, der seinerseits Verhandlungen mit der PDS vor seiner Wahl ausgeschlossen hat (Niederschrift, S. 2 mit Anlage). Das entspricht seinen früheren Erklärungen in der Öffentlichkeit (vgl. etwa „Berliner Zeitung" vom 22. 4. 1996; „Süddeutsche Zeitung" vom 1. 11. 1995).

Zwar ging die PDS-Fraktionsvorsitzende offenbar davon aus (vgl. etwa die Berichterstattung in der „Mitteldeutschen Zeitung" vom 20. 7. 1994: „T. brach das Eis zur PDS-Fraktion"), Dr. H. werde zum Ministerpräsidenten gewählt werden; der Artikel läßt aber auch mangelnde Geschlossenheit der PDS-Fraktion erkennen und berichtet im übrigen, die Fraktionsvorsitzende habe nur die Bereitschaft signalisiert, „über die Koalitionsvereinbarung ... zu sprechen". Mit diesem Ausschnitt und der weiteren Passage wird die Aussage Dr. S. nicht widerlegt, die „Koalitionsvereinbarung" sei die Mindestvoraussetzung gewesen, um überhaupt Gespräche über Einzelprojekte zwischen Koalition und PDS zu führen. Daß die PDS-Fraktion keine generelle Billigung eines Sachprogramms beschlossen habe, hat Dr. S. unwidersprochen vor allem damit erklärt, daß den Parteigremien ein erhebliches Maß von Mitbestimmung zukomme und daß die Fraktion diese Rückbindung an die Willensbildung innerhalb der Partei habe respektieren wollen.

Die Folgerungen von *Plöhn* (vgl. aaO, bes. S. 55 f, 80, 86, 120), wonach sowohl die Koalition durch ihre Koalitionsaussage als auch die PDS politische Gegner der CDU seien, gibt dem Gespräch zwischen den Fraktionsvorsitzenden T und Dr. S. kein für die Anwendung des Art. 48 Abs. 1 LVerf-LSA entscheidendes Gewicht; denn damit kann allenfalls erklärt werden, daß die PDS-Abgeordneten auf keinen Fall den CDU-Kandidaten Dr. B. zum Ministerpräsidenten wählen würden, sondern allenfalls den SPD- und Koalitions-Kandidaten Dr. H. Dabei bleibt aber offen, wie diese unterschiedliche „Nähe" der PDS zu den beiden Kandidaten bewertet werden muß. Nicht schon (negativ) aus der Gegnerschaft zum CDU-Kandidaten beurteilt sich, ob sich die PDS auf „Tolerieren" beschränken oder darüber hinaus „Vertrauen geben" würde. Von bloßem „Tolerieren" geht aber offenbar auch *Plöhn* aus (aaO, S. 56), wenn er von der Klärung T. spricht, ob PDS-Abgeordnete die Wahl „behindern" wollten.

Daß die PDS keine „Fraktionsempfehlung" für die Wahl Dr. H.'s zum Ministerpräsidenten beschlossen hat, ergibt sich auch aus der Stellungnahme der PDS-Fraktion für dieses Verfahren.

Ohne Bedeutung ist, ob vor der konstituierenden Sitzung nur die PDS-Fraktion oder auch die CDU-Fraktion von dem Inhalt der Koalitionsvereinbarung informiert worden ist; denn auch wenn „die Koalition" dies unterlassen hätte, könnte dieser Umstand allenfalls ein Indiz dafür sein, daß sie davon ausging, Dr. H. werde eher von der PDS als von der CDU „geduldet" (= „toleriert") werden.

Für eine solche Einschätzung sprach nicht nur, daß die beabsichtigte Politik sich bewußt von der bisherigen der 1. Legislaturperiode abkehren wollte, die von den CDU-geführten Regierung verantwortet worden war, sondern auch, daß eine „kleine Koalition" beabsichtigt war, die als deutliche Absage an eine „große Koalition" verstanden werden mußte, welche die politische Mitbestimmung der CDU zugelassen hätte. Hinzu kam, daß die CDU als stärkste Fraktion gerade auch Anspruch auf die Regierungsleitung erhoben hatte und deshalb die „Gegenkandidatur" politisch abzuwehren bestrebt war.

All dieses vermag aber nur zu erklären, daß die CDU-Fraktion aus allein ihrer Interessenlage heraus nicht daran interessiert sein konnte, dem politischen Gegner das Feld zu überlassen. Damit ist nicht zugleich schon der

Nachweis erbracht, die PDS-Fraktion müsse gleichsam zwangsläufig „Partnerin" der Koalition werden, wenn der Koalitionskandidat auch Stimmen aus ihrem Lager erhalten würde; denn auch dann blieb offen, ob der künftigen Regierung Dr. H. „Vertrauen gegeben" oder ob diese nur „toleriert" werden sollte.

Daß die PDS-Fraktion bei der Wahl des Ministerpräsidenten tatsächlich i. S. des Art. 48 Abs. 1 LVerf-LSA „gestützt" hat, wird auch nicht bereits durch das Schlagwort vom sog. „Magdeburger Modell" belegt, denn damit wird lediglich der politische Sachverhalt bezeichnet, daß die Regierung auf „Mehrheiten" im Parlament hofft, die sich aus Abgeordneten der Koalitionsfraktionen auf der einen und der PDS-Fraktion (nicht immer und nicht notwendig geschlossen) auf der anderer Seite zusammensetzen. Es handelt sich damit um einen lediglich „politischen Begriff", für dessen konkreten Sachverhalt die rechtliche Bewertung am Maßstab des Art. 48 Abs. 1 LVerf-LSA offen ist; denn – ohne seine „Schlagkraft" in der Auseinandersetzung unter Beteiligten und Gegnern sowie in der Öffentlichkeit einzubüßen – kann er sowohl das „Modell Minderheitsregierung" kennzeichnen, bei dem die PDS-Fraktion „Opposition" bleibt, als auch ein „Modell unechter Mehrheitsregierung", bei dem die PDS-Fraktion „stützt".

Es kann auch nicht davon ausgegangen werden, daß Regierungsmitglieder, Landtagsabgeordnete der Koalition oder die PDS-Fraktion in Landtagsdebatten mit der Wortwahl „Magdeburger Modell" eine auf eine „unechte Mehrheitsregierung" zielende Bedeutung verbunden haben. Soweit der Ministerpräsident in seinem Bericht über die Entlassung des Wirtschaftsministers Dr. G. (LdTg-StenBer 2/9 vom 24. 11. 1994, S. 475, 476) von dessen „Fehleinschätzung" spricht, die amtierende Landesregierung sei nur ein kurzes Zwischenspiel auf dem Weg zu einer anderen Konstellation [gemeint: „Große Koalition"], vielmehr sei der „Magdeburger Weg" ernst gemeint und auf Dauer angelegt, ist dies ausdrücklich auf die „rot-grüne Landesregierung", also auf das „Modell Minderheitsregierung" bezogen, ohne daß dabei die Rolle der PDS erwähnt wird. Die Replik der PDS-Fraktionsvorsitzenden (Dr. S., LdTg-StenBer 2/9, aaO, S. 479), die zwar das „für die Bundesrepublik in dieser Form" wegen der Rolle der PDS „neue" Regierungsprojekt, aber gerade auch insbesondere den PDS-Einfluß als ursächlich für die Entlassung des bisherigen Wirtschaftsministers ansieht, bestätigt dies, zumal zugleich erhebliche Bedenken gegen den Nachfolger Dr. S. geltend gemacht werden, dessen Nominierung (aus Sicht der PDS) „eher von der CDU als von der SPD [habe] erwartet" werden können.

Schließlich läßt sich aus dem Verhalten des Empfängers, des später gewählten Ministerpräsidenten, nichts gegen die Richtigkeit der von Dr. S. gemachten Aussage herleiten, die durch den „Vermittler T." überbrachte Koalitionsvereinbarung habe den Umfang der „Tolerierung" begrenzt, sei aber nicht verbindliche „Basis" für eine beabsichtigte „Unterstützung" gewesen. Der Ministerpräsident hat sich im Anschluß an seine Wahl auf die Absicht der Koalitionspartner bezogen, die Sacharbeit nicht auf eine die Regierung von vornherein tragende Mehrheit zu stützen, sondern „ein Maß an Zusammenarbeit zu organisieren, das Solidarität bei der Problemlösung" im einzelnen schaffe, und dafür um Mitarbeit und um Mitstreiter geworben (LdTg-StenBer 2/1 vom 21. 7. 1994, S. 25). Dies steht eher in der Tradition der „Runden Tische" und ist auch vom Vorsitzenden der CDU-Fraktion, dem Abgeordneten Dr. B., so benannt und kommentiert worden (LdTg-StenBer 2/1 vom 21. 7. 1994, S. 19 [im Zusammenhang mit der Debatte um die Auflösung des Landtags]). Arbeit am historischen „Runden Tisch" läßt aber gerade punktuelle Problemlösungen unter Einbeziehung des politischen Gegners zu und setzt nicht denknotwendig feste „Mehrheiten" voraus, welche bestimmte „Personen" verläßlich auf Dauer „stützen".

Diese Aussage steht nicht im Widerspruch zur Regierungserklärung (Ministerpräsident Dr. H., LdTg-StenBer 2/3 vom 8. 9. 1996, S. 33), wonach die Regierung davon ausging, die Wähler hätten den „politischen Wechsel" gewollt; denn mit der folgenden Passage, die gebotenen Chancen sollten auch dann wahrgenommen werden, wenn es unmöglich erscheine, knüpft der Regierungschef an seine frühere Äußerung an und bezieht sich dann ausdrucklich auf die Erfahrungen des Herbstes 1989 (aaO, S. 33 f). Die PDS-Fraktionsvorsitzende hatte in der Aussprache die Rolle ihrer Fraktion als „Opposition" in einer „Verantwortung" beschrieben (Dr. S., LdTg-StenBer 2/3 vom 8. 9. 1996, S. 65, l. Sp.), welche sie dadurch geprägt sah, daß „Diskussionen über Alternativen" mit dem Ziel geführt werden sollten, „Akzeptanz" zu finden und sie „durchzusetzen" (aaO, S. 65, r. Sp.). Um dies zu erreichen, wolle die PDS „mit parlamentarischen Kräften, Verbänden, Organisationen parlamentarisch und insbesonder außerparlamentarisch Druck auf die Regierung aus[üben], um sie zu Änderungen zu zwingen" (aaO, S. 65, r. Sp.).

Bei diesem Hintergrund ist die von der Antragstellerin betonte Äußerung der PDS-Fraktionsvorsitzenden in der Debatte um die vorzeitige Landtagsauflösung (Dr. S., LdTg-StenBer 2/1 vom 21. 7. 1994, S. 22 [in der konstituierenden Sitzung des Landtags]) nicht als „Stützverhalten" zu werten: Das Motiv, „schnell stabile politische Verhältnisse" zu schaffen und „eine in Kürze arbeitsfähige Landesregierung" zu etablieren, läßt sich gerade auch mit einer bloßen „Tolerierungs-"Geschäftsgrundlage vereinbaren; denn die Rednerin konnte dafür werben, unter den Kandidaten nach dem Gesichtspunkt des „kleinsten Übels" zu wählen, so daß auf jeden Fall „instabile Verhältnisse" verhindert werden, die zu einer Neuwahl mit ungewissem Ausgang (auch für die Erwartungen gerade der PDS) führen können.

Dieses Verhalten steht im Einklang mit der Äußerung innerhalb der Aussprache zur Regierungserklärung, wonach die Koalitionsvereinbarung zusammen mit der Regierungserklärung zwar als „Ausdruck eines gegenüber der CDU – F.D.P.-Politik ernstzunehmenden Reformgeistes" gewürdigt ist, indessen auch klargestellt wird, es gebe nicht nur „ein Reformprojekt, von dem alle anderen abzuleiten" seien, und die Koalitionsvereinbarung zeige nur „eine Reihe von Ansätzen" (Dr. S., LdTg-StenBer 2/3 vom 8. 9. 1996, S. 66).

Daß die zwischen SPD und Bündnis 90/DIE GRÜNEN abgeschlossene „Koalitionsvereinbarung" keine auch die PDS-Fraktion umfassende „gemeinsame Basis" gewesen ist, wird durch die Zeugenaussagen bestätigt. Die PDS-Fraktionsvorsitzende hat sie als eine Art Grenze angesehen, über welche hinaus die Regierung nicht gehen könne, wenn sie in einem Einzelfall bei der PDS um Stimmen für ein bestimmtes Vorhaben werbe (Niederschrift, S. 4 und 5).

Der Ministerpräsident hat (unter Hinweis auf die ihn zitierende „dpa-" Meldung vom 23. 12. 1996 hin, die PDS habe ihr Wort gehalten) erklärt, es gebe auch in diesem Punkt keine Abrede mit der PDS (Niederschrift über die Beweiserhebung, S. 2, mit Anlage).

Dieses Ergebnis wird durch die dem Fraktionvorsitzenden T. zugeschriebenen Äußerungen nicht in Zweifel gezogen, wonach die ursprünglich erklärte Absicht, sich für das Sachprogramm „wechselnde Mehrheiten" zu besorgen, lediglich eine „Schutzbehauptung" für die „Gesamt-Bundesrepublik" gewesen sei („Sächsische Zeitung" vom 27. 6. 1996); denn dieses Zitat steht in einem lediglich durch indirekte Rede übermittelten Teil, und der Fraktionsvorsitzende T. hat auf Befragen erklärt (Niederschrift, S. 6), er habe wechselnde Mehrheit durchaus für möglich gehalten, aber es habe sich bald herausgestellt, daß die Koalition mit wenigen Ausnahmen auf die PDS angewiesen gewesen sei.

Dieser Aussage steht die Berichterstattung im Anzeigenblatt „Elbe-Report" (v 13. 10. 1996) nicht entgegen, wonach der Zeuge gesagt haben soll (referiert ist in indirekter Rede), „faktisch gebe es ... keine Minderheitsregierung", sondern ein „Bündnis mit der PDS"; denn der Bericht bezieht sich nicht auf die Einschätzung zum Zeitpunkt der Wahl, sondern bewertet einen Zeitraum von zwei Jahren, so daß das Schwergewicht auf der Mitteilung liegt, die Landesregierung habe sich nicht „je nach Lage abwechselnd auf die CDU und die PDS stütze(n)" können. Der Bericht läßt nicht vermuten, daß sich der Fraktionsvorsitzende um eine den Sachverhalt wertende juristisch präzise Begrifflichkeit bemüht hat, sondern daß es ihm darauf ankam, die ursprünglichen Erwartungen mit der jetzigen Realität zu vergleichen. Diese hat er in seiner Aussage vor Gericht als „von einer Koalition wesentlich verschieden" beschrieben, und er hat hinzugefügt, erst aus den Verhandlungen im Parlament habe sich ergeben, was aus dem einzelnen Vorhaben werde. Damit kennzeichnet der in der Presse verwendete Begriff des „Bündnisses" eher eine rein faktische Notwendigkeit, sich auf Kompromisse mit der PDS einzulassen.

Die „veröffentlichte Meinung" belegt allenfalls auch Unterschiede in der Bedeutung des Schlagworts vom „Magdeburger Modell". Während dabei üblicherweise ein bestimmter „Mehrheitsbeschaffer", nämlich die PDS-Fraktion, mitgedacht ist, deuten die Äußerungen des Ministerpräsidenten – vom „Runden Tisch" ausgehend – eher auf eine Gleichsetzung mit dem „Modell Minderheitsregierung", für welche auch die CDU-Fraktion als „Mehrheitsbeschaffer" in Frage kommt.

2.2.2 Die PDS-Fraktion hat ihren „Oppositionsstatus" nicht nachträglich verloren. Die Presseveröffentlichungen, auf die sich die Antragstellerin zur Untermauerung ihrer These berufen hat, können diesen Nachweis nicht erbringen (2.2.2.1). Es läßt sich keine „koalitionsähnliche Abrede" feststellen, welche die parlamentarischen Änderungsbegehren der PDS-Fraktion gegenüber den Regierungsvorhaben als bloße ‚Kritik von innen" erscheinen läßt (2.2.2.2). Besondere Abstimmungen oder Debattenbeiträge rechtfertigen nicht schon – für sich genommen – die Feststellung, die PDS-Fraktion habe der Regierung Dr. H.'s „Vertrauen" durch Zustimmung zum Personal- oder Sachprogramm der Koalition „gegeben" (2.2.2.3).

2.2.2.1 Die als Anlage überreichten Pressemitteilungen hat das Landesverfassungsgericht als nicht erheblich für seine Entscheidung angesehen, soweit sie keine eigenständigen, über das durch Stenographische Berichte des Landtags belegte Verhalten hinausreichenden Tatsachen enthalten oder soweit sie nicht ausdrücklich bei der Beweisaufnahme als „Vorhalt" gedient haben:

Presseveröffentlichungen, welche das Verhalten der PDS-Fraktion als die Regierung „(unter-)stützend" beschreiben, enthalten nur eine Wertung, welche nicht auf dem Maßstab des Art. 48 Abs. 1 LVerf-LSA beruht, sondern im wesentlichen gleichzusetzen ist mit „tolerieren" oder „dulden" (vgl. etwa: „FOCUS" vom 25. 7. 1994). Die Gleichsetzung dieser Begriffe wird bes deutlich im Vergleich von Presseartikeln über dasselbe Geschehen oder innerhalb desselben Presseorgans (vgl. insoweit etwa: „Wernigeröder Zeitung" vom 16. 2. 1994 und „Magdeburger Volksstimme" vom 17. 3. 1994 sowie vom 20. 6. 1994).

Bei den „Verhandlungen" ist nicht danach unterschieden, ob sie einzelne Vorhaben betreffen oder darüber hinaus auf eine grundsätzliche, die Mehrheit über Einzelvorhaben hinaus sichernde Abrede gezielt haben (vgl. insoweit etwa: „Express" vom 26. 8. 1994; „Neues Deutschland" vom 27. 2. 1995). Das gilt insbesondere für die Berichte über Haushaltsdebatten (vgl. etwa: „Magdeburger Volksstimme" vom 4. 8. 1995 und vom 12. 8. 1995; „Mitteldeutsche Zeitung" vom 12. 8. 1995, 18. 9. 1995 und vom 1. 12. 1995; „dpa Sachsen-Anhalt" vom Januar 1996).

Ohne Abgrenzungswert sind Berichte über Äußerungen von PDS-Mitgliedern, welche deren Grundhaltung belegen, eine CDU-Regierung zu verhindern oder die Koalitionsregierung nicht „ohne Not" scheitern zu lassen (vgl. etwa: „Neues Deutschland" vom 17. 3. 1994; „Mitteldeutsche Zeitung" vom 29. 8. 1994 und vom 2. 9. 1994; „Der Tagesspiegel" vom 27. 2. 1995; „Mitteldeutsche Zeitung" vom 9. 12. 1994; „Presse-Service" der PDS-Fraktion [Anlage 20 der Antragstellerin]); denn eine „koalitionsähnliche Abrede" wird nicht bereits durch eine politische Gegnerschaft zur CDU belegt, sondern es kommt auf die Qualität der Beziehungen von Koalition und PDS zueinander an.

Auch Artikel, die aufgrund von Äußerungen einzelner Politiker aus Regierung oder Parlament die „Normalität" des „Reformmodells" betonen oder von „Stabilität", „Zuverlässigkeit" oder „Verläßlichkeit" berichten (vgl. etwa:. „dpa Sachsen-Anhalt" vom Juni 1995; „DER SPIEGEL" vom 30. 10. 1995; „Mitteldeutsche Zeitung" vom 29. 12. 1995; „Mitteldeutsche Zeitung" vom 6. 3. 1996; „Mitteldeutsche Zeitung" vom 6. 4. 1996; „Neues Deutschland" vom 10. 6. 1996; „Mitteldeutsche Zeitung" vom 24. 6. 1996; „Neues Deutschland" vom 26. 6. 1996; „Mitteldeutsche Zeitung" vom 12. 10. 1996; „DLF [Informationen am Morgen] vom 15. 11. 1996; „dpa-Gespräch" vom Dezember 1996; „Berliner Zeitung" vom 2. 1. 1997), enthalten – soweit es sich nicht um bloße Wertungen handelt – keine Tatsachen, die sich nicht bereits aus den Landtagsdebatten ergäben.

Gleichermaßen unerheblich bleiben Bewertungen des „Madgeburger Modells", auch soweit sie sich mit dem Einfluß der PDS beschäftigen (vgl. etwa: „Mitteldeutsche Zeitung" vom 5. 9. 1995; „Neues Deutschland" vom 11. 9. 1995; „Frankfurter Allgemeine" vom 29. 1. 1996; „Junge Welt" vom 19. 2. 1996; „Mitteldeutsche Zeitung" vom 22. 5. 1996) oder die innerparteiliche Auseinandersetzung betreffen (vgl. etwa: „Neue Presse Hannover" vom 20. 6. 1995; „Magdeburger Sonntag" vom 10. 9. 1995; „Neues Deutschland" vom 14. 9. 1995; „Fernseh-/Hörfunkspiegel Inland II" vom 24. 10. 1995; „Süddeutsche Zeitung" vom 1. 11. 1995; „Mitteldeutsche Zeitung" vom 15. 1. 1996; „Magdeburger Volksstimme" vom 27. 1. 1996; „Frankfurter Allgemeine" vom 29. 1. 1996; „Mitteldeutsche Zeitung" vom 30. 9. 1996; „Magdeburger Volksstimme" vom 1. 10. 1996; „Junge Welt" vom 17. 10. 1996 und vom 20. 1. 1997).

Landesverfassungsgericht Sachsen-Anhalt 339

Ohne Relevanz für die gegenwärtige Haltung der PDS zum „Magdeburger Modell" sind Berichte, die zum Gegenstand haben, welche Rolle die PDS künftig haben könnte, ob „Verträge" möglich erscheinen oder ob sogar eine „Koalition" in Frage käme (vgl. dazu etwa: „Mitteldeutsche Zeitung" vom 15. 1. 1996 [Regieren, wenn es zum Tolerieren nicht mehr reicht]; „ZDF-Heute-Journal" vom 16. 1. 1996; „Neues Deutschland" vom 22. 1. 1996; „Welt am Sonntag" vom 28. 1. 1996; „Magdeburger Volksstimme" vom 29. 1. 1996; „Mitteldeutsche Zeitung" vom 9. 7. 1996 [Anspruch auf Mitsprache]; „Magdeburger Volksstimme" vom 26. 7. 1996; „Mitteldeutsche Zeitung" vom 5. 8. 1996, vom 7. 8. 1996, 19. 8. 1996 und vom 24. 8. 1996).

2.2.2.2.2 Es läßt sich keine „koalitionsähnliche Abrede" feststellen, welche die parlamentarischen Änderungsbegehren der PDS-Fraktion gegenüber den Regierungsvorhaben als bloße „Kritik von innen" erscheinen läßt.

Die Beweisaufnahme läßt eine solche Feststellung nicht zu (2.2.2.2.2.1). Dieses Ergebnis wird durch das dokumentierte Verhalten der PDS-Fraktion im Parlament nicht in Frage gestellt (2.2.2.2.2.2).

2.2.2.2.2.1 Die Beweisaufnahme hat die ausdrücklich oder mit Hilfe von Indizien aufgestellten Behauptungen nicht bestätigt, es gebe eine den einzelnen Mehrheitsbeschlüssen des Landtags zugrunde liegenden „koalitionsähnliche Absprache", die die Regierung oder den sie tragenden Koalitionsfraktionen einerseits und der PDS-Fraktion andererseits zugerechnet werden kann. Dies ergibt sich aus den übereinstimmenden Aussagen der Zeugen.

Der Ministerpräsident hat betont, mangels einer generellen Absprache müsse sich die Regierung ihre Mehrheiten im Parlament von Fall zu Fall suchen; um dieser Mehrheitsbeschaffungen für einzelne Gegenstände willen seien Gespräche mit einzelnen Abgeordneten der PDS-Fraktion geführt worden (Niederschrift, S. 2, Anlage).

Die Fraktionsvorsitzende der PDS hat das Fehlen einer die Regierungsarbeit insgesamt tragenden Unterstützungsabrede zusätzlich damit belegt, daß die Fraktion – was auch die Grundlage ihres Handelns sei – in wichtigen politischen Fragen jeweils die Meinungsbildung innerhalb der Partei berücksichtige, daß es aber im Parteivorstand oder beim Parteitag zu keinem Zeitpunkt eine Mehrheit für eine solche Vereinbarung gegeben hätte (Niederschrift, S. 4).

Auch die beiden Fraktionsvorsitzenden haben eine solche generelle Vereinbarung ausgeschlossen (T., Niederschrift, S. 6; Dr. F., Niederschrift, S. 6).

Der Ministerpräsident und die PDS-Fraktionsvorsitzende haben übereinstimmend verneint (Niederschrift, S. 2, 4), daß es bei Gelegenheit des „Vier-Augen-Gesprächs" im Oktober 1994 zu einer generellen Abrede gekommen sei. Dr. S. hat dem Besuch, wie sie bei ihrer Vernehmung erläutert hat (Niederschrift, S. 4), vor allem atmosphärischen Charakter beigemessen, weil sich die PDS-Fraktion trotz ihrer Bedeutung im Parlament bislang ausgegrenzt gefühlt habe. Dies dürfte die als wörtliches Zitat wiedergegebene Darstellung in der „Magdeburger Volksstimme" (vom 28. 10. 1994) erklären, das „Eis" sei „gebrochen".

Nichts anderes hat sich auf den Vorhalt der Antragstellerin hin ergeben, der Ministerpräsident habe (vgl. z. B. ZDF-Heute-Journal vom 16. 1. 1996; vgl. Niederschrift, S. 3) von einer „Geschäftsgrundlage" gesprochen; denn der Zeuge hat erklärt, daß damit die Arbeit einer Minderheitsregierung zutreffend beschrieben werde, die um Mehrheiten bemüht sein müsse (Niederschrift, S. 3). Die konkrete (wohl auf einer wörtlichen Übertragung beruhende) Textstelle im ZDF-Heute-Journal kann dies nicht widerlegen; denn sie ist offen für eine mit der Aussage übereinstimmende Auslegung: Der Ausdruck „ordentliche Geschäftsgrundlage" findet sich in einem Zusammenhang, in welchem zuvor ausgeführt ist, es sei trotz der Schwierigkeit der Partner, die allerdings die Regierung „nicht über den Tisch gezogen" hätten, gelungen, „die sachliche Politik" zu betreiben, „welche wir in der Koalitionsvereinbarung vereinbart haben"; der Sinnzusammenhang legt nahe, daß mit „wir" die Koalitionsfraktionen gemeint gewesen sind.

Auf Vorhalt des Berichts über seinen ersten Gastbesuch bei der PDS-Landtagsfraktion in der „Magdeburger Volksstimme" (vom 10. 5. 1995) hat der Ministerpräsident ausdrücklich auf seine zuvor gemachten Aussagen Bezug genommen und erklärt, der Haushaltsplanentwurf beruhe auf einer Meinungsbildung innerhalb der Koalition; diese klare Linie habe der Artikel eher verwischt. Aus der Zeitungsmeldung ergibt sich indessen auch nichts für eine übergreifende Vereinbarung, sondern der Journalist meint eher, „Spektakuläres" habe es bei dem einstündigen Termin nicht gegeben; er berichtet dann lediglich, die PDS solle in die Haushaltsberatungen „rechtzeitig" einbezogen werden; der Ministerpräsident hatte nach dem Artikel zudem lediglich zugesichert, „Eckdaten" des Haushalts bekanntzugeben.

Daß solche „Informationsangebote" jeweils zur Vorbereitung der Fraktionen auf die Haushaltsberatungen gemacht worden sind, ergibt sich aus der Aussage Dr. S. (Niederschrift, S. 4).

Anderes ist auch aus dem Vorhalt nicht zu gewinnen, es hätten bereits im Vorfeld Haushaltsberatungen mit der PDS stattgefunden („Magdeburger Volksstimme" vom 4. 8. 1995: „Minister kritisiert ,Gruselliste': Mit der Axt gewütet"); denn der Ministerpräsident hat solche Gespräche nicht ausgeschlossen, sich aber zugleich auch auf den Grundsatz berufen, es habe sich um eine Mehrheitssuche aus konkretem Anlaß gehandelt. Die Berichterstattung in der Zeitung gibt keinen Anlaß, dies in Frage zu stellen; denn allein aus Gesprächen mit der PDS vor der „Klausurtagung" der Landesregierung läßt sich nicht herleiten, es habe einen über diesen Anlaß hinausreichenden generellen Konsens gegeben. Das anzunehmen, liegt schon deshalb nicht nahe, weil der Zeitungsbericht gerade auch die Unterschiede in den Positionen der Regierung und der PDS herausstellt und sowohl „härtere Verhandlungen" als auch die Bindung der PDS an die Grundsätze ihres Parteiprogramms betont.

Eine generelle Abrede ist auch nicht dadurch bewiesen, daß der Finanzminister (aus Anlaß des Haushalts 1996; vgl. Vorhalt in der Niederschrift, S. 3) im Kabinett über zwischen den Fraktionen geführte Gespräche berichtet hat.

Sowohl der Ministerpräsident (Niederschrift, S. 3) als auch die PDS-Fraktionsvorsitzende (Niederschrift, S. 4) haben verneint, daß die Abgeordneten B. (SPD) und G. (PDS), die zugleich Fraktiongeschäftsführer sind, den „Durchbruch in der Datsche" des (PDS-)Abgeordneten und Landesvorsitzenden C. „im Auftrag" der (Koalitions-)Regierung bzw. der (PDS-)Fraktion versucht haben. Dr. S. hat zudem darauf verwiesen, die vor der „Klausurtagung" der Landesregierung in Barleben geführten Gespräche mit der PDS hätten rein informellen Charakter gehabt, wenngleich wohl die Koalition gern bereits Zusagen erhalten hätte.

Ebenso wenig kann festgestellt werden, daß ein „enger Führungszirkel" als vereinbarte Institution besteht (vgl. Vorhalt der Äußerung in der „Mitteldeutschen Zeitung" vom 23. 6. 1995 [„Verzwicktes Spiel mit roter Karte"]), zumal dort lediglich aus der Sicht von Abgeordneten beschrieben wird, sie fühlten sich durch „Verhandlungen fünf Minuten vor zwölf" unter Druck gesetzt. Selbst wenn der Ministerpräsident aus Anlaß solcher Einzelverhandlungen in die Ergebnisse eingebunden wird, stellt dies seine Grundaussage nicht in Frage, daß jeweils Mehrheiten für bestimmte Vorhaben der Minderheitsregierung gefunden werden müssen.

Nicht bestätigt hat sich auch der behauptete Konsens darüber, die „Tolerierung" durch die PDS sei davon abhängig, daß die Koalition keine wesentlichen Entscheidung mit der CDU treffe (vgl. Vorhalt des Berichts der „Mitteldeutschen Zeitung" vom 7. 3. 1996 [H. will immer zuerst mit der PDS reden]). Der Ministerpräsident hat eine solche Zusage verneint (Niederschrift, S. 3). Die PDS-Fraktionsvorsitzende hat zwar bestätigt, daß ihre Fraktion dies zur Forderung erhoben und „als politische Herausforderung" auch ernst gemeint habe (Niederschrift, S. 5); sie hat sich jedoch an keine Zusage des Ministerpräsidenten erinnern können (Niederschrift, S. 5). Soweit der Regierungssprecher F. nach diesem Artikel darauf verwiesen hat, es „bleibe bei der bisherigen Praxis", eine Übereinkunft zunächst mit der PDS zu suchen, vermag dies allenfalls die Lage zu kennzeichnen, daß die

PDS eher für Mehrheiten zur Verfügung steht als die CDU; zusätzlich kann darauf noch auf das Interesse der PDS geschlossen werden, ihre Einflußmöglichkeit zu erhalten. Dies alles rechtfertigt aber die Feststellung noch nicht, es bestehe eine Übereinkunft über das Personal- und Sachprogramm der Regierung.

Nichts anderes ergibt die in dem Presseartikel dem PDS-Abgeordneten G. zugeschriebene Äußerung, bei wichtigen Fragen solle mit der PDS ein „Kompromiß angestrebt" werden.

Die Berichterstattung vom 26. 6. 1996 („Neues Deutschland"; vgl. Vorhalt, Niederschrift, S. 3), wonach der Ministerpräsident von einer „verläßlichen Basis" für seine Regierung ausgeht, widerspricht seiner Aussage deshalb nicht, weil der Artikel ihn zugleich mit der weiteren Bemerkung zitiert, er halte „diese Art der PDS-Opposition" für nicht weniger anstrengend, „weil man oft genug Abstriche machen muß"; dies deutet eher auf punktuelle Mehrheitssuche.

Die Beweisfrage ist auch nicht mit Rücksicht auf den vorgehaltenen (Niederschrift, S. 3) Bericht der „Berliner Zeitung" (vom 2. 1. 1997: „Magdeburger Modell ist für Bonn abwegig") zugunsten der Antragstellerin zu beantworten. Der Ministerpräsident hat klargestellt, daß er unter dem „Modell", das „getragen" wird, dasjenige einer Minderheitsregierung verstehe, die sich ihre Mehrheiten von Fall zu Fall suchen müsse, sowie daß das (verglichen mit dem Informationsstand der „Öffentlichkeit") „frühere" Wissen um Mehrheiten aus der normalen Regierungstätigkeit komme (Niederschrift, S. 3), welche den Werdegang der einzelnen Vorlage begleite. Auch mit der weiteren Passage dieses Artikels („Berliner Zeitung", aaO) wird kein „koalitionsähnliches" „Stützen" i. S. des Art. 48 Abs. 1 LVerf-LSA belegt: Danach bestehe „keine Notwendigkeit", „irgend etwas schriftlich zu fixieren", weil sich die rot-grüne Minderheitsregierung über zwei Jahre hindurch als „stabil" erwiesen habe; denn diese Antwort bezog sich auf die Frage, ob es nicht „einfacher" sei, einen „Tolerierungsvertrag" zu schließen oder eine „Koalition" zu vereinbaren, um damit die PDS in eine „Zusammenarbeit" „fester ein[zu]binden". Die Antwort hierauf kennzeichnet danach nur das Ergebnis einer „stabil" gebliebenen (Minderheits-)Regierung, ohne die Ursachen dafür anders zu beschreiben, als dies in der Aussage zum Ausdruck kommt.

Die Aussagen erscheinen plausibel; denn sie sind mit dem insbesondere durch die Erklärungen der Beteiligten vor dem Landtag von Sachsen-Anhalt vermittelten Gesamtbild (vgl. dazu auch 2.2.2.2.2) vereinbar. Das Landesverfassungsgericht hat keinen Anlaß, die Richtigkeit der Zeugenaussagen in Zweifel zu ziehen. Soweit die Zeugen Darstellungen in Presseberichten kommentiert oder relativiert haben, gibt das Gericht der Zeugenaussage größeres

Gewicht, weil sie in einem förmlichen Verfahren auf konkrete Nachfrage hin gegeben worden ist.

2.2.2.2.2 Die „Oppositionsrolle" der PDS-Fraktion ist auch nicht schon zu verneinen, weil sich Gesetzgebungs- und Haushaltsvorschläge der Regierung im Ergebnis rein faktisch wiederholt als „mehrheitsfähig" erwiesen haben. Die Zustimmung zu den einzelnen Vorhaben ist vielmehr – wie sich gezeigt hat – im Grundsatz „wertneutral"; auch eine Summe von Zustimmungen kann – für sich genommen und absolut gesetzt – noch keinen entscheidenden Hinweis auf eine vereinbarte, den Grund legende Basis liefern.

Das dem widersprechenden Ergebnis von *Plöhn* (aaO, S. 100 ff, bes. 102) beruht auf einem anderen, von Art. 48 Abs. 1 LVerf-LSA abweichenden Prüfungsmaßstab, der von einer „Parlamentskoalition" neben einer „Regierungskoalition" ausgeht (aaO, S. 69 ff, bes. S. 77). Anders als nach *Plöhn* kommt dem Umstand kein entscheidendes Gewicht, daß Regierungierungsvorlagen im Ergebnis die Zustimmung von PDS-Abgeordneten gefunden haben; denn dieser Ansatz läßt Veränderungen während des parlamentarischen Verfahrens, insbesondere durch die Ausschußarbeit, unberücksichtigt. Die von *Plöhn* (aaO, S. 81, 86, 102) lediglich auf Pressebericht gestützte Behauptung, es sei eine Zusammenarbeit vereinbart worden, hat die Beweisaufnahme nicht bestätigt.

Die Einzelwürdigung des PDS-Verhaltens bei Haushaltsberatungen [unten a)] und Gesetzesbeschlüssen [unten b)] sowie die Bewertung, wie „Kontrollrechte" ausgeübt worden sind [unten c)], läßt die Annahme zu, die PDS-Fraktion habe die „Tolerierungs-"Geschäftsgrundlage nicht überschritten und „Kritik von außen" geübt. Das ergibt sich nicht zuletzt aus der folgenden Grundeinschätzung:

In der 2. Legislaturperiode stehen den im wesentlichen konsensual agierenden Koalitionsfraktionen, welche keine Mehrheit haben, tendenziell zwei „Mehrheitsbeschaffer" gegenüber, die aus programmatischen Gründen politisch nicht zusammenarbeiten können und gleichsam die auch innerhalb der Koalition vorhandenen Richtungen verstärken. Diese Situation hat *Plöhn* zutreffend dahin beschrieben, daß die Regierung und die „Regierungsfraktionen" faktisch eine „Mitte-"Position innehaben und aus dieser heraus „Flügel-"Positionen umwerben (aaO, S. 79), während üblicherweise eine die „Außen-"Position besetzende Gruppe um die „Mitte" wirbt (vgl. insoweit die Rolle der F.D.P. in der Bundespolitik als „Zünglein an der Waage"). *Plöhn* kann auch darin gefolgt werden, daß die Minderheitsregierung in Sachsen-Anhalt eben diesen „strategischen Vorteil" einer tendenziell „starken" Position der Mitte durch ihre eigene Grundaussage gegen eine der „Flügel-

"Fraktionen (CDU) gemindert hat; danach ist „die Koalitionsregierung strukturell ... darauf angewiesen", daß gerade „die PDS an ihrem Sturz nicht mitzuwirken bereit ist" (aaO, S. 78). Entgegen *Plöhn* (aaO, S. 78) wird aber „die Landtagsfraktion der PDS" durch diesen Umstand allein nicht schon „integraler Bestandteil der Regierungsmehrheit"; denn „Opposition" kann auch die Fraktion sein, deren „Strategie" nicht um jeden Preis – vor allem um den einer „starken Verhandlungsposition gegenüber der Regierung" willen – den „Sturz" der Regierung zum Ziel hat, weil sie sonst gegen eigene Interessen zu handeln gezwungen wäre. Nach dieser durch Art. 48 Abs. 1 LVerf-LSA geforderten Korrektur an dem empirischen Ansatz von *Plöhn* bleibt erhalten:

Einer durch Koalitionsvertrag und äußeren Druck tendenziell „geschlossen" aus der „Mitte" heraus die Regierung „tragenden" Koalition steht die Antragstellerin im Grundsatz „ferner" als die PDS-Fraktion. Gleichwohl stehen der „Koalition" die „Flügel-"-Fraktionen bei einzelnen Politikfeldern (vgl. die Äußerung des Innenministers, zitiert nach *Plöhn* aaO, S. 79; vgl. auch den Debattenbeitrag des Vorsitzenden der Antragstellerin zum „konstruktiven Mißtrauensvotum" [LdTg-StenBer 2/50 vom 22. 11. 1996, S. 3831 ff]) mit ihren Vorstellungen zur Lösung konkreter Fragen im Einzelfall unterschiedlich nahe.

Dies mag einerseits erklären, daß der Ministerpräsident seinen früheren Ansatz (LdTg-StenBer 2/1 vom 21. 7. 1994, S. 25 [„Werben um Sachlösungen"]) gerade nach Scheitern des „konstruktiven Mißtrauensvotums" wiederholt hat (vgl. Debattenbeitrag in LdTg-StenBer 2/51 vom 26. 11. 1996, S. 3854 [mit dem Symbol „ausgestreckter Hand": konstruktive Zusammenarbeit nach vorn]), andererseits aber auch, daß die „umworbenen Mehrheitsbeschaffer" die Konkurrenz-Angebote des jeweils anderen auszuschalten versuchen (vgl. in diesem Zusammenhang den Streit um die „[Anti-]Reform-Koalition" und die Drohung mit der „Aufkündigung des ‚Magdeburger Modells' " aus Anlaß des Zusammengehens der Koalition mit der CDU bei der Änderung des Kommunalabgabengesetzes; vgl. C. [PDS], LdTg-StenBer 2/38 vom 28. 3. 1996, S. 2846).

Zugleich sind hierdurch Stärken und Schwächen von drei nebeneinander stehenden Parlamentsgruppen bedingt, der „Koalition" als „Trägerin" der Regierung, sodann der CDU- und der PDS-Fraktion:

Die Stärke der Minderheitsregierung ist, daß ihr von den Gruppen außerhalb der Koalition die PDS näher steht, die den Sturz nicht „ohne Not" beabsichtigt, andererseits aber auch keine Regierungs[mit]verantwortung übernehmen will. Außerdem ist der Regierung grundsätzlich aus ihrer „Mittelrolle" heraus auch ein Zusammengehen mit der CDU möglich, die sie aber durch ihr bewußte Entscheidung für die „kleine Koalition" ausgegrenzt hat, die ihr deshalb ferner und folglich bei Sachfragen tendenziell eher nicht zur Verfügung steht. Das Vorhandensein der CDU ist andererseits ein wichtiger Faktor, um der PDS bei „überzogenen Forderungen" mit der CDU-Option zu „drohen".

Die Stärke der PDS-Position ist, daß sie als „näherstehender" Mehrheitsbeschaffer eigene Forderungen mit der Drohung einer „Verweigerung" oder „Aufkündigung" künftiger Tolerierung durchsetzen kann, indessen an die Grenzen dieser „Druckmittel" gerät, wenn sich die Regierung mit der CDU arrangieren kann. Die eigene Position wird desto stärker, je weniger Kompromisse die Koalition mit der CDU erreichen kann. Um diese Position zu festigen, sucht sie die Zusammenarbeit zwischen Koalition und CDU zu verhindern.

Die Schwäche der PDS- und gleichermaßen der CDU-Position ist, daß beide Fraktionen keine gemeinsame „Strategie" entwickeln können, um so die Stärkefaktoren der Minderheitsregierung an der Wurzel zu beseitigen. Zu der eben beschriebenen Schwäche kommt bei der CDU-Position hinzu, daß sie als Mehrheitsbeschaffer nur „ersatzweise" gebraucht wird, was ihre Einflußmöglichkeiten im Vergleich zur PDS-Fraktion schmälert und sie tendenziell „oppositioneller" werden läßt.

An dieser Einschatzung ändert der von der Antragstellerin überreichte Briefwechsel vom Oktober 1994 mit dem Ministerpräsidenten nichts; denn er vermag nur zu belegen, daß die Regierung auch der CDU Gespräche angeboten hatte (13. 10. 1994), daß die Antragstellerin aber wegen ihrer eben beschriebenen Situation meinte, davon keinen Gebrauch machen zu sollen (28. 10. 1994).

Das Ergebnis wird auch nicht durch die Begründung zum Leitantrag „Opposition mit gestaltender Verantwortung" für den 4. Landesparteitag vom 28./29. 9. 1996 (Anlage 99 der Antragstellerin) in Frage gestellt; das gilt auch, soweit dort einzelne Zeiträume plakativ bewertet werden (zunächst „kooperative Zusammenarbeit", gefolgt von „kritischer Begleitung", Einbruch durch „Anti-Reform-Allianz", die zur „Stagnation" führt, sowie zur Forderung nach einem „Kompromiß zwischen Koalition und PDS", von dessen Zustandekommen die Weiterführung des „Magdeburger Modells" abhängen soll); denn dies kennzeichnet sowohl Anspruch als auch Grenzen der PDS-Position im Landtag und bestätigt eher die oben vorgenommene Ableitung als daß daraus Argumente für das Gegenteil gewonnen werden können.

Die vor diesem Hintergrund zu würdigende parlamentarische Tätigkeit der PDS(-Fraktion) schließt trotz aller kritischen „Begleitung" (vgl. etwa C. [PDS], LdTg-StenBer 2/10 v. 15. 12. 1994, S. 592 [aus Anlaß der Diskussion um das Finanzausgleichsgesetz]) nicht aus, daß um gerade „eigener" Politikvorstellungen willen, die aufzugeben vor der Parteibasis nicht gerechtfertigt werden könnte, die Regierung eher „von außen bekämpft" als „von ihnen (mit-) getragen" wird, was als entscheidendes Abgrenzungskriterium dafür zu gelten hat, ob aus sachbezogenen parlamentarischen Abstimmungen zugleich auf eine „Vertrauensgabe" geschlossen werden darf.

Im einzelnen:

a) Das Verhalten der PDS-Fraktion bei der Haushaltsgesetzgebung zwingt nicht zu der Feststellung, daß sie die Regierung i. S. des Art. 48 Abs. 1 LVerf-LSA „stützt".

Das Verhalten der PDS-Fraktion beim Nachtragshaushalt 1994 läßt ausreichend Raum für die Beurteilung, die PDS-Fraktion habe sich um einen eigenen Standort bemüht, aus dem sich „ihr Abstimmungsverhalten" ableiten läßt, und im übrigen die Regierung lediglich „toleriert":

Bei der ersten Lesung des Nachtragshaushalts 1994 hatte der PDS-Sprecher begrüßt, daß gerade die Vorschläge der PDS „endlich auf fruchtbaren Boden gefallen" seien und daß sich die größere Regierungsfraktion „unserem Standpunkt angeschlossen" hatte (Dr. K. [PDS], LdTg-StenBer 2/5 vom 29. 9. 1994, S. 241).

Der zweiten Lesung lagen außer dem bereits ursprünglich eingebrachten CDU-Änderungsantrag (LdTgDrucks 21/195) neben weiteren CDU-Änderungsanträgen (LdTgDrucks 2/290, 291, 293–295, 299, 300) auch solche der PDS (LdTgDrucks 2/292, 296–298) zugrunde.

Die Zustimmung von Teilen der PDS-Fraktion beruhte nach den ihr zuzurechnenden Erklärungen vor allem darauf, daß sie meinte, aus „pragmatischen Gründen" in einem „Minimalkonsens" einen „Handlungsspielraum" geben zu sollen (Dr. S., LdTg-StenBer 2/7 vom 3. 11. 1994, zu TOP 4, S. 369, 372). Umstritten waren insbesondere der Einzelplan 03 [Ministerium des Innern], der eine Mehrheit von 42 gegen 34 Stimmen bei 17 Enthaltungen (LdTg-StenBer 2/7, aaO, S. 385) findet, der Einzelplan 07 [Bildung und Kultur], bei dem der PDS-Änderungsantrag (LdTgDrucks 2/292) in namentlicher Abstimmung bei Enthaltungen der CDU (LdTg-StenBer 2/7, aaO, S. 385 f) angenommen wird, der Einzelplan 08 [Wirtschaft und Technologie], bei welchem der CDU-Änderungsantrag (LdTgDrucks 2/294) in namentlicher Abstimmung bei Enthaltung der PDS keine Mehrheit findet (LdTg-StenBer 2/7, aaO, S. 387 f), sowie der Einzelplan 20 [Hochbauten], bei welchem der PDS-Änderungsantrag (LdTgDrucks 2/296) in namentlicher Abstimmung bei CDU-Enthaltungen mehrheitsfähig ist (LdTg-StenBer 2/7, aaO, S. 389).

Die Debatte um den Haushalt 1995 zwingt zu keiner anderen Beurteilung:

In der ersten Lesung (LdTg-StenBer 2/11 v. 6. 12. 1994, zu TOP 16) kritisiert die Fraktionsvorsitzende, Akzente einer „rot-grünen Reformpolitik" seien unterentwickelt geblieben, und macht die Zustimmung der PDS davon abhängig, daß „sich eine Richtungsentscheidung für das Reformprojekt erkennbar abzeichne"; dazu sei wenigstens notwendig, daß „erste wichtige Eckpunkte der Koalitionsvereinbarung umsetzbar" würden (Dr. S., LdTg-StenBer 2/11, aaO, S. 688, 689); sie sieht es als die Aufgabe einer „Kontrahentin" wie der PDS an, die offenbar zu schwache Regierung auf den von ihr selbst propagierten Weg „vorwärtszudrängen", meint, die CDU stehe der Regierungspolitik viel näher, und hält aus Regierungssicht die Rolle der PDS für viel schwieriger als diejenige der „Kontrahentin CDU", weil sich die PDS-Fraktion „nicht in diesem Nullzustand einnisten", sondern ihre Chance wahrnehmen wolle, ihre „Ansprüche geltend zu machen".

Der zweiten Lesung für die Haushaltsberatung 1995 lagen außer Entschließungsanträgen der PDS- (LdTgDrucks 2/710), der CDU-Fraktion (LdTgDrucks 2/729) und der Koalitionsfraktionen (LdTgDrucks 2/689 [zum Haushaltsgesetz]) neben Änderungsanträgen der Koalitionsfraktionen (LdTgDrucks 2/709, 730, 743–747) solche der PDS- LdTgDrucks 2/701– 708, 710, 734) und der CDU-Fraktion (LdTgDrucks 2/711–728, 731–733) zugrunde (LdTg-StenBer 2/16 v. 9. 3. 1995, TOP 3).

In der Debatte über den Einzelplan 02 [Staatskanzlei] bestätigt die PDS-Fraktionsvorsitzende ihre in der ersten Lesung zum Ausdruck gekommene Grundeinstellung (Dr. S., LdTg-StenBer 2/16, aaO, S. 1036), die Fraktion habe prinzipiell PDS-Positionen verfolgt und zugleich darauf gedrungen, daß die Landesregierung in möglichst vielen Punkten ihre eigene Koalitionsvereinbarung umsetze. Soweit sie ferner ausführt, der „Machtwechsel in Sachsen-Anhalt" sei „unterstützt" worden, um dem „Reformprojekt ... eine Chance zu geben" (aaO, S. 1036, r. Sp., unten), deutet schon die Wortwahl auf eine bloße Tolerierung; im übrigen muß diese Stelle im Zusammenhang mit den übrigen Aussagen des Redebeitrags gesehen werden, der die PDS-Position zwar „im Grenzbereich zwischen Landesparlament und Regierung" sieht, die sich über „Gespräche" verwirkliche (aaO, S. 1036, r. Sp., Mitte), diese Verbindungen aber mit dem „Politikansatz Sachbezogenheit" rechtfertigt, der als „kritisch-konstruktive und zugleich konsequente Opposition" verstanden werde (aaO, S. 1036, l. Sp.).

Diese Haltung hat nicht den von der Antragstellerin in Anspruch genommenen eindeutigen Gehalt. Zwar ist damit eine „politische Nähe" umschrieben, die aber die Grenze einer bloßen „Tolerierung" nicht überschreiten muß, weil in erster Linie die Grundposition der PDS nicht aufgegeben werden soll. Die PDS will eigenen Einfluß auf die vom Landtag zu verantwortende „Sachpolitik" nehmen und sieht die Möglichkeit dafür wohl bei

der vorhandenen, zum Verhandeln „gezwungenen" Koalitions(minderheits)-
regierung, nicht aber im Zusammengehen mit der CDU (durch „gemeinsame
Oppositionspolitik"); sie kann befürchten, diese Position, aus der heraus sie
„Ansprüche" geltend macht, zu verlieren, sobald es zu einer auf eine breite
Mehrheit gegründeten „großen Koalition" käme. Eine solche Grundeinstellung ist mit einer Würdigung vereinbar, die den Standort von Kritik „außen"
beläßt und deshalb mit einer bloßen „Kritik von innen" nicht gleichgesetzt
werden muß.

Daß der Finanzausschuß die ursprüngliche Vorlage der Regierung verändert hat, wird in dem Beitrag des Berichterstatters (Dr. K. [CDU], LdTg-
StenBer 2/16, aaO, S. 1025 f) deutlich; er markiert auch die vor allem zwischen (CDU,) Koalition und PDS streitige Frage des „Verfassungsschutzes"
(aaO, S. 1026) sowie die Kritik der CDU zu den „Lehrerstellen" (aaO,
S. 1027). An der Kontroverse zwischen dem Finanzminister und der PDS-
Fraktionsvorsitzenden (Sch., LdTg-StenBer 2/16, aaO, S. 1029: Anträge vom
„linken Stürmerflügel ohne Deckungsvorschlag") und an den von der PDS
erhobenen Forderungen (Dr. S., aaO, S. 1037 ff) zeigen sich zusätzlich die
politischen Gegensätze. Auch der Redebeitrag des Fraktionsvorsitzenden T.,
der die „Koalition der Vernunft" lobt und eine „strukturelle Mehrheit" entdeckt (LdTg-StenBer 2/16, aaO, S. 1040 f), kann nicht ausschließlich für die
von der Antragstellerin für zutreffend gehaltene Wertung in Anspruch genommen werden; denn der Redner sieht in der parlamentarischen Arbeit
vor allem auch „eine unglaubliche Aufwertung des Parlaments", was eher
bei einer „Regierung in der Minderheit" verständlich erscheint, die von „Verhandlungen" über Mehrheiten im Einzelfall abhängig ist. Dies wiederum
wird durch die Schlußäußerung der PDS-Fraktionsvorsitzenden bestätigt, die
meint, die PDS-Fraktion habe „sich in noch keiner Haushaltsberatung insgesamt mit derart vielen landespolitischen Entwicklungsvorstellungen verwirklichen" können (Dr. S., LdTg-StenBer 2/16, aaO, S. 1040). Diese Ansicht
der PDS-Fraktionsvorsitzenden wird nicht dadurch in Frage gestellt, daß die
Presse berichtet, andere PDS-Abgeordnete hätten die Forderungen des PDS
eher als zurückhaltend angesehen („Magdeburger Volksstimme" vom
10. 5. 1995); denn dies ist lediglich ein Beleg für die in der PDS vorhandenen
unterschiedlichen Standpunkte zur Rolle der Partei im Parlament, zumal im
selben Bericht mitgeteilt ist, künftige „Haushaltsverhandlungen" dürften
„nicht einfacher werden".

Die Würdigung durch den Ministerpräsidenten LdTg-StenBer 2/16,
aaO, S. 1091) schließlich, der einerseits „den Koalitionsfraktionen" seinen
besonderen Dank ausspricht und andererseits den Hoffnungen eine Absage
erteilt, die „Koalition" könne zerbrechen, lassen gleichfalls keinen eindeutigen Schluß zugunsten der Antragstellerin zu; denn mit „Koalitionsfraktio-

nen" sind an beiden Stellen nur die Fraktionen SPD und Bündnis 90/DIE GRÜNEN gemeint, wie der Zusammenhang ergibt, und die weitere Schlußfolgerung, die Regierung sei handlungsfähig, ist eher eine positive Umschreibung des Ergebnisses, die Minderheitsregierung sei jedenfalls nicht daran gescheitert, daß kein Haushalt hat beschlossen werden können.

Beim Haushalt 1996 läßt sich keine Veränderung der beschriebenen Grundposition erkennen:

Zwar betont der SPD-Fraktionsvorsitzende in der ersten Lesung, der Haushaltsentwurf sei Ausdruck eines politischen Programms; dies ist aber nur auf die durch die Koalition vereinbarte Politik bezogen, und außerdem hebt er die „maßgeblich sozialdemokratische Handschrift" hervor (Dr. F., LdTg-StenBer 2/27 v. 28. 9. 1995, TOP 1, S. 1912). Die PDS-Fraktionsvorsitzende warnt im wesentlichen vor dem „Verzicht auf Reformpolitik" (Dr. S., LdTg-StenBer 2/27, aaO, S. 1912, 1914 ff).

Der zweiten Lesung lagen außer Entschließungsanträgen der Koalitionsfraktionen (LdTgDrucks 2/1723), der CDU- (LdTgDrucks 2/1710) und der PDS-Fraktion (LdTgDrucks 2/1687, 1689) und Änderungsanträgen der SPD-Fraktion (LdTgDrucks 2/1716) sowie der Koalitionsfraktionen (LdTgDrucks 2/1686, 1717–1720, 1727) Änderungsanträge sowohl der PDS-Fraktion (LdTgDrucks 2/1683–1685, 1688neu) als auch der CDU-Fraktion (LdTgDrucks 2/1690–1709, 1735) zugrunde (LdTg-StenBer 2/32 vom 13. 12. 1995, TOP 2, S. 2270 ff).

Der Berichterstatter (Dr. K. [CDU], LdTg-StenBer 2/32, aaO, S. 2270) macht deutlich, Einsparvorschläge der Regierung seien nicht mehrheitsfähig gewesen; dies habe ein neues Gesamtkonzept der Koalition erfordert (aaO, S. 2271).

Nach dem Debattenbeitrag der PDS-Fraktionsvorsitzenden zum Einzelplan 02 [Staatskanzlei] (Dr. S., LdTg-StenBer 2/32, aaO, S. 2264 ff) hatte sich ihre Fraktion dem Begehren der Koalition verschlossen, eine „Generallinie bereits im Vorfeld [zu] akzeptieren" (aaO, S. 2264), und dagegen die bisherige Grundeinstellung der PDS gesetzt (aaO, S. 2265). Allerdings hätten bei diesem Haushalt „konstruktive Konfliktverhandlungen" Ergebnisse gebracht (aaO, S. 2285, r. Sp.). Der Haushalt sei in den Sitzungen des Finanzausschusses „umstrukturiert" worden (aaO), so daß es – von den Schwerpunkten der PDS aus – „positive Leistungen" gebe (aaO, S. 2287); die PDS sei deshalb für den Entwurf „in besonderer Weise verantwortlich" (aaO, S. 2288). Diese hervorgehobenen Passagen kennzeichnen den Kern des Gesamtbeitrages, der die für Art. 48 Abs. 1 LVerf-LSA entscheidende Grenze zum „Stützen" nicht überschreitet. Dies wird auch durch den Teil der Rede nicht bewirkt, der sich mit dem „Magdeburger Modell" beschäftigt (aaO, S. 2290); denn der Haushaltskompromiß wird nur als Zusammenarbeit „einer Mehrheit von Abgeordneten" beschrieben, und außerdem ist angekündigt, der Grad der „persönlichen Zustimmung" werde unterschiedlich sein. Die Vorstellung der Landesregierung, einen Doppelhaushalt 1997/98 zu verabschieden, ist auch an den Stimmen der PDS gescheitert (vgl. Dr. S., LdTg-StenBer 2/35 vom 8. 2. 1996, TOP 9, S. 2610 f; Abstimmung über die [CDU-]LdTgDrucks 2/1831 in LdTg-StenBer 2/35, aaO, S. 2611 f).

Die erste Lesung des Nachtragshaushalts 1996 liefert keine selbständigen Erkenntnisse (LdTg-StenBer 2/44 vom 19. 9. 1996, TOP 1a, S. 3384 ff), weil sie zeitlich mit derjenigen über den Haushalt 1997 zusammenfällt (LdTg-StenBer 2/44 vom 19. 9. 1996, TOP 2) und die Rede der PDS-Fraktionsvorsitzenden sich darauf beschränkt, sich gegen Versuche von Nötigung zu wehren, die inhaltlichen Aussagen aber der Diskussion um den Haushalt 1997 vorbehält (Dr. S., aaO, S. 3391).

In der zweiten Lesung (LdTg-StenBer 2/46 v. 17. 10. 1996, TOP 4, S. 3597 ff) lagen nur Änderungsbegehren der CDU-Fraktion (LdTgDrucks 2/2657 – 2662) vor (LdTg-StenBer 2/46, aaO, S. 3598), und der Nachtragshaushalt wurde „bei zahlreichen Gegenstimmen und Enthaltungen mit Mehrheit beschlossen" (LdTg-StenBer 2/46, aaO, S. 3606); dieses Ergebnis gibt dem PDS-Abgeordneten Dr. L. indessen Anlaß zu einer kritischen Erklärung für sein eigenes Abstimmungsverhalten, die er zugleich in Namen des PDS-Abgeordneten K abgibt und die „Zustimmung bei der PDS und bei der CDU" findet (LdTg-StenBer 2/46, aaO, S. 3606). Die PDS-Fraktionsvorsitzende hatte in ihrem Debattenbeitrag (Dr. S., LdTg-StenBer 2/46, aaO, S. 3602 f) die von ihr für notwendig gehaltenen Kreditaufnahmen vor allem damit gerechtfertigt, daß sonst Streichungen bei den sozialen Ausgaben, bei der Lehrer(innen)gleichstellung, der Schulreform und bei Leistungen nach dem Kindertagesstättengesetz hätten hingenommen werden müssen. Damit bleibt die PDS-Haltung auf vorgezeichneten, wiederholt für wichtig gehaltenen eigenen Politiklinien, ohne als „Unterstützung der Regierungierungsposition" angesehen werden zu müssen. Eine von der Regierung abgesetzte Position läßt auch der Eingangsbericht erkennen (Dr. K. [CDU], Berichterstatter des Ausschusses für Finanzen, LdTg-StenBer 2/46, aaO, S. 3598), wonach die PDS den Haushaltsplan 1996 nicht habe zeitnah korrigieren wollen, um der Regierung nicht die Verantwortung für den laufenden Haushaltsvollzug abzunehmen oder zu erleichtern.

Beim Haushalt 1997 zeigt sich für die erste Lesung (LdTg-StenBer 2/44 v. 19. 9. 1996, TOP 2, S. 3396 ff) bei den Vorlagen ein ähnliches Bild wie für den Nachtragshaushalt 1996; es lagen nur Gegenanträge der CDU-Fraktion vor (LdTgDrucks 2/2613). Die PDS-Fraktionsvorsitzende greift vor allem die Auswirkungen der Bundespolitik an (aaO, S. 3415 ff), kritisiert indessen auch, daß eine „aktive Form des Widerstands" mittels „andere[r]

Haushaltsansätze in den Ländern" nicht erkennbar sei, daß „sich gerade die Landesregierung ziemlich einfallslos gezeigt" und „wesentliche Positionen des Haushalts von 1996 verlassen" habe (aaO, S. 3417); sie wendet sich dann gegen „den Versuch der Landesregierung, Reformprojekte und Sicherung kommunaler Selbstverwaltung einer höchst fragwürdigen Scheinkonsolidierung des Haushalts zu opfern" (aaO). Dieser Beitrag entspricht dem bislang von der PDS gezeigten Verhalten. Er wird auch nicht dadurch umgewertet, daß der Ministerpräsident „Kooperation statt Konfrontation" anmahnt, insoweit Unterschiede in den Redebeiträgen zu erblicken meint (aaO, S. 3422) und erwartet, durch intensives Bemühen von Landesregierung und Fraktionen eine solide Mehrheit finden zu können (aaO, S. 3423); denn beide Beiträge kennzeichnen unterschiedliche Ausgangspositionen einer um Mehrheiten bemühten Landesregierung einerseits und einer eigene Vorstellungen entwickelnden Fraktion andererseits.

Zum Entwurf eines Haushaltsbegleitgesetzes und zum eigentlichen Haushaltsgesetz 1997 lagen in der zweiten Lesung Änderungsanträge sowohl der CDU- als auch der PDS-Fraktion vor (vgl. i. e. LdTg-StenBer 2/52 v. 12. 12. 1996, TOP 1[a) und b)], S. 3857).

Nach der Darstellung des Berichterstatters (Dr. K. [CDU], LdTg-StenBer 2/52 aaO, S. 3858 ff) handelt es sich bei dem „Haushaltsbegleitgesetz", welches Leistungsgesetze ändern solle (vgl. aaO, S. 3859) um ein Novum, und die Empfehlungen des Ausschusses für Finanzen weichen teilweise beträchtlich von den in der ersten Lesung übergebenen Regierungsvorlagen ab, dabei seien gravierende Änderungen „am Finanzminister vorbei" (aaO, S. 3858) vorgenommen worden. Die Koalitionsfraktionen hätten „in Vorbereitung dieser Ausschußsitzungen zusammen mit einer befreundeten Partei" Schwerstarbeit geleistet (aaO). Insbesondere Änderungen am Finanzausgleichsgesetz mit drastischen Reduzierungen von Finanzzuweisungen an die Gemeinden seien auf Widerstand von CDU und PDS getroffen; die CDU-Fraktion habe sich zudem gegen die zu bildenden „Sondervermögen" gewandt (aaO, S. 3859).

Der Debattenbeitrag der PDS-Fraktionsvorsitzenden hebt nochmals Kritik an CDU, SPD und Teilen von Bündnis 90/DIE GRÜNEN hervor (Dr. S., LdTg-StenBer 2/52, aaO, S. 3875) und weist auf „den Streit der letzten Monate und Wochen zwischen den Koalitionsfraktionen, der Landesregierung und der PDS-Fraktion" (aaO) hin. Soweit die PDS-Sprecherin Vorwürfe dann besonders gegenüber der CDU-Fraktion erhebt, die versuche, „die politische Konstellation des Magdeburger Modells parteipolitisch zu instrumentalisieren" (aaO), steht dies im Zusammenhang mit der Beschreibung von unterschiedlichen Oppositionsstrategien, einer „kooperativen" der PDS und einer „konfrontativen" der CDU (aaO). Daß das Haushaltsergebnis auf keiner von Anfang an bestehenden Gemeinsamkeit „innerhalb des ‚Magdeburger Modells'" beruht hat, macht die PDS-Fraktionsvorsitzende deutlich, indem sie dem ursprünglichen Entwurf erhebliche Gemeinsamkeiten zwischen SPD- und CDU-Positionen zuschreibt und meint, „das Gesicht des Magdeburger Modells" habe „Falten bekommen, auch Zornesfalten", was ein „abgestimmtes Pflegeprogramm" erfordere (aaO). Für das erzielte Ergebnis sei wesentlich die Prioritätenliste der PDS geworden (aaO, S. 3875 ff).

b) Nichts anderes läßt sich auf der Grundlage von Debatten über wichtige, von der CDU-Fraktion (fast ausnahmslos) abgelehnte Gesetzesvorhaben der Regierung feststellen.

Überwiegendes spricht dafür, das Finanzausgleichsgesetz (FAG), das zu den für die PDS-Politik besonders wichtigen „kommunalpolitischen" Gesetz gehört (vgl. die Zeugenaussage Dr. S.), habe Stimmen von PDS-Abgeordneten nicht „wie aus einer Koalition heraus", sondern erst nach einem „Konfliktverfahren" erhalten:

In der ersten Lesung (LdTg-StenBer 2/7 v. 3. 11. 1994, zu TOP 8) weist der PDS-Abgeordnete C. (aaO, S. 398) auf „erhebliche Schwierigkeiten" sowie darauf hin, daß „Reformen auch bei den Kommunen ankommen" müßten; er fordert, der (Koalitions-)Entwurf müsse noch erheblich verändert werden, und erwägt sogar, ob sich nicht CDU und PDS auf einen Entwurf einigen könnten, „den die Landesregierung dann irgendwie tragen muß".

Der zweiten Debatte, die der Endabstimmung vorausging, lagen die Gesetzentwürfe der CDU (LdTgDrucks 2/78) und der Koalitionsfraktionen (LdTgDrucks 2/251) sowie außer Entschließungsanträgen der CDU (LdTgDrucks 2/79) und der PDS (LdTgDrucks 2/445) Änderungsanträge dieser Fraktionen (LdTgDrucks 2/432 [CDU] und 2/444 [PDS] neben solchen der Koalitionsfraktionen (LdTgDrucks 2/433, 443) zugrunde.

Zwar erklärt der PDS-Sprecher in dieser zweiten Debatte nunmehr (C., LdTg-StenBer 2/10 v. 15. 12. 1994, TOP 7, S. 591 f), die Abgeordneten seiner Fraktion würden „den SPD-Anträgen" weitgehend zustimmen oder sich enthalten, rechtfertigt dies aber erstens damit, daß es mit der PDS-Linie unvereinbare Standpunkte der CDU gegeben habe, und zweitens damit, daß sich seine Fraktion um erhebliche Veränderungen des Koalitionsentwurfs bemüht habe und in mehreren „Konfliktberatungen" mit den Koalitionsfraktionen „bis an den Rand des mit dieser Regierung verhandelbaren Spielraums" gegangen sei.

Eine solche Absprache über eine Sachfrage, welche der CDU-Abgeordnete Sch. bereits als „Koalitionsvereinbarung" gewertet hatte (Zuruf in LdTg-StenBer 2/10, aaO, S. 592), läßt aber Teilvorbehalte gegen das Vorhaben nicht bloß als eine „koalitionsähnliche" Kritik „von innen" erscheinen, sondern gerade auch die Deutung als Versuch zu, der Regierung „von außen" in einer Sachfrage einen Kompromiß „aufzuzwingen". Diese Wertung wird nicht durch den Redeteil in Frage gestellt, der die „Absicht" beschreibt, „diese Landesregierung auf lange Sicht kritisch zu begleiten" (C., aaO). Die „Begleitung" ist auch bei bloßem „Tolerieren" denkbar; das wiederum hängt davon ab, wie weit sich „Kritik-"Ansätze verwirklichen lassen.

Nichts anderes ergibt sich beim „Gesetz über das Verfahren bei Volksinitiative, Volksbegehren und Volksentscheid (Volksabstimmungsgesetz)".

In der ersten Beratung (LdTg-StenBer 2/14 v. 9. 2. 1995, TOP 11, 920 ff) erklärt der PDS-Abgeordnete C. (LdTg-StenBer, aaO, S. 921), trotz der Kritikpunkte sei der Koalitionsentwurf dadurch legitimiert, „daß das Volksabstimmungsverhinderungsgesetz der CDU nun wirklich beseitigt werden muß"; allerdings werde sich die PDS im Ausschuß für erhebliche Korrekturen des „Gesetzentwurf[s] eines CDU-tolerierten Innenministers" einsetzen; dabei hoffe sie, „daß Sie in diesem Falle nicht darauf setzen, mit der CDU eine Annäherung in der Mitte zu suchen". Soweit in diesem Redebeitrag die politische Gegenposition zur CDU zum Ausdruck kommt, richtet sie sich gegen die bisherige, CDU-geführte Regierung im früheren Landtag und belegt nicht schon dadurch auch, daß die CDU-Fraktion des neuen Landtags nunmehr als „die einzige Opposition" angesehen werden muß. Der Redebeitrag läßt vielmehr als Wertung zu, die PDS-Fraktion wolle lediglich eine in Fragen der Innenpolitik von ihr so eingeschätzte besondere Nähe der Regierung bzw. der SPD zur CDU-Position verhindern und ihren „eigenen" Einfluß auf den Regierungsentwurf (als Sachlösung) wahren.

Der zweiten Lesung lagen außer Änderungsanträgen der CDU-Fraktion (LdTgDrucks 2/1034) sowie „mehrerer Abgeordneter" (LdTgDrucks 2/1048) auch Änderungsverlangen der PDS-Fraktion (LdTgDrucks 2/1050) zugrunde (LdTg-StenBer 2/23 v. 15. 6. 1995, TOP 4, S. 1581 ff).

Der PDS-Abgeordnete C. meint, von der früher geäußerten Kritik sei nicht viel zurückzunehmen; das Hauptinteresse sei aber nach wie vor, das frühere CDU-Gesetz zu beseitigen, weil es Volksinitiativen verhindere (aaO, S. 1585). Von der an die Koalition und an die CDU gegebenen Wunschliste sei nur einiges aufgenommen worden (aaO, S. 1585); die Fraktion werbe um Zustimmung für ihre Änderungsanträge, werde sich aber im übrigen weitgehend enthalten, weil sie Mißtrauen in die CDU-Fraktion setze (aaO, S. 1586).

Dies läßt die Bewertung zu, mit dieser Einstellung bekräftige die PDS einerseits ihren schon in der ersten Lesung gezeigten eigenen Weg sowohl gegen den Entwurf als auch vor allem gegen das geltende Gesetz und gebe andererseits zugleich der Sorge Ausdruck, es könne zu einem Zusammengehen „von Koalition und CDU-Fraktion" kommen. Soweit in dem Redebeitrag auch markiert ist, die PDS helfe der Regierung über manche Hürde hinweg (C., LdTg-StenBer 2/23, aaO, S. 1585), muß diese „Hilfe" nicht als generelle „Stützung" gewertet werden, sondern kann − eher „erfolgsbezogen" − ebenso als Hinweis auf eine bereits in der Vergangenheit wiederholte Mehrheitsbeschaffung bei einzelnen Sachfragen verstanden werden.

Die Abstimmung läßt kein einheitliches Vorgehen der PDS erkennen: Der Entwurf wird schließlich mit 41 gegen 24 Stimmen bei 16 Enthaltungen angenommen (LdTg-StenBer 2/23, aaO, S. 1589). Dabei entsprächen 41 Stimmen der vollen Zahl der Koalitionsabgeordneten, 24 Stimmen erreichten die Zahl von 37 CDU-Abgeordneten nicht, und 16 Enthaltungen wären weniger als die Stärke der PDS-Fraktion (21 Abgeordnete).

Wesentlich neue Erkenntnisse sind auch durch die Debatte über das Änderungsgesetz zum Kommunalabgabenrecht nicht zu gewinnen, das schließlich in einer dritten Beratung mit einer aus den Koalitionsfraktionen und der CDU-Fraktion bestehenden Mehrheit beschlossen worden ist (LdTg-StenBer 2/39 v. 25. 4. 1996, TOP 3, S. 2949):

Ausgangsgrundlagen waren der in der 12. Sitzung des Landtags (LdTg-StenBer 2/12 v. 19. 1. 1995, TOP 3, S. 764 ff) eingebrachte Entwurf der PDS (LdTgDrucks 2/479) sowie der in der 30. Sitzung (LdTg-StenBer 2/30 v. 9. 11. 1995, TOP 6, S. 2172 ff) eingebrachte Regierungsentwurf (LdTgDrucks 2/1556), die jeweils in erster Lesung dem Innenausschuß überwiesen worden waren, der Regierungsentwurf auch dem Ausschuß für Umwelt, Energie und Raumordnung (LdTgDrucks 2/31/1589B).

In der zweiten Beratung über beide Gesetzesvorlagen (LdTg-StenBer 2/38 v. 28. 3. 1996, TOP 2, S. 2843 ff) kommt es gleichwohl zu keiner Sachabstimmung, weil die SPD-Fraktion die Rücküberweisung in den Ausschuß beantragt, nachdem feststeht, daß die CDU-Fraktion im Plenum die auf einer Annäherung zwischen SPD- und CDU-Positionen beruhende Beschlußvorlage des Ausschusses nicht mittragen wird (H., aaO, S. 2846 ff); die Rücküberweisung wird mehrheitlich beschlossen (LdTg-StenBer 2/38, aaO, S. 2852).

Die PDS-Fraktion hatte ihre Mitwirkung im Innenausschuß nach einem Streit um den Begriff der „Sozialverträglichkeit" der Abgaben aufgegeben (H. [SPD, als Berichterstatter des Ausschusses für Inneres], LdTg-StenBer 2/38, aaO, S. 2843); gleichwohl sieht der PDS-Sprecher die Möglichkeit, einen „neuen Kompromiß zwischen Koalition und PDS" auszuhandeln, nachdem „eine Antireformallianz ... gescheitert" sei (C., LdTg-StenBer 2/38, aaO, S. 2845; vgl. auch aaO, S. 2846, l. Sp.). Dieser Begriff sowie die weiteren Formulierungen, die CDU habe „doch nur den Crash von Magdeburg als

Bedingung" gesetzt (aaO, S. 2845) und die PDS sei „bereit, auch unpopuläre Entscheidungen mitzutragen" (aaO, S. 2846), lassen sich nicht schon als Ringen um den Bestand eines die PDS einschließenden („koalitionsähnlichen") Bündnisses verstehen, sondern gerade auch als Bestätigung der bisherigen PDS-Positionen gegenüber der eine Minderheitsregierung tragenden Koalition; dafür spricht immerhin, daß die Bereitschaft, Entscheidungen „mitzutragen" zusammen mit dem Satz davor gelesen werden muß: „Wir wollen tatsächliche Reformalternativen durchsetzen." (aaO, S. 2846). Außerdem betont der Redner, die PDS habe sich erst der Zusammenarbeit entzogen, als die Koalition nicht einmal mehr ihren eigenen Entwurf habe verteidigen wollen (aaO, S. 2846, l. Sp.); die Fraktion habe sich zu den angebotenen „Konfliktverhandlungen" mit der Koalition vor allem auch dadurch bewegen lassen, daß ein Kompromiß der Koalition mit CDU habe verhindert werden sollen (aaO, S. 2846, r. Sp.). Dies bewegt sich noch auf der oben beschriebenen Grundposition, die durch die sie balancierenden Gegenkräfte beeinflußt wird, und kann auch dahin verstanden werden, daß die PDS um ihren Einfluß besorgt war, ohne den sie Sachänderungen nicht durchsetzen kann. Die SPD-Fraktion versteht ihr Zusammengehen mit der CDU in einer Sachfrage ausdrücklich nicht als Beginn der von der PDS beschworenen „Anti-Reform-Allianz", sondern weiterhin als Teil einer „sachorientierten" Politik (H., aaO, S. 2848, l. Sp., unten) und bleibt damit auf dem vom Ministerpräsidenten eingeschlagenen Kurs der Mehrheitssuche nach beiden Seiten.

Der dritten Beratung (LdTg-StenBer 2/39 v. 25. 4. 1996, TOP 3, S. 2942 ff) lagen außer den bisherigen Materialien und der neuen Beschlußempfehlung des Ausschusses (LdTgDrucks 2/2071neu) neben einem Antrag „mehrerer Abgeordneter" (LdTgDrucks 2/2178) und einem gemeinsamen Änderungsantrag der CDU-Fraktion und der Koalitionsfraktionen (LdTgDrucks 2/2182) mehrere Änderungsanträge der PDS-Fraktion (LdTgDrucks 2/2188–2202, 2204) zugrunde.

Der PDS-Sprecher nennt die Träger der späteren Mehrheitsentscheidung „KAG-Koalitionäre" (Dr. Sch, LdTg-StenBer 2/39, aaO, S. 2944) und macht damit deutlich, daß der Begriff der „Koalition" auch von ihm in erster Linie als „Schlagwort" benutzt wird; er begründet im übrigen die den Änderungsanträgen zugrunde liegende PDS-Position. Der SPD-Fraktionsvorsitzende kündigt an, seine Fraktion werde den PDS-Änderungsanträgen nicht zustimmen (Dr. F., LdTg-StenBer 2/2946, aaO). Das Gesetz wird in namentlicher Abstimmung mit 71 gegen 18 Stimmen angenommen (LdTg-StenBer 2/39, aaO, S. 2951 f).

Auch die im zeitlichen Zusammenhang mit der Kommunalabgabenrechtsnovelle stehende Änderung des Gesetzes über die kommunale Gemeinschaftsarbeit (GKG) vermittelt keine neuen Erkenntnisse:

Die auf einer Vorlage der Landesregierung beruhende Änderung (LdTgDrucks 2/1882) war in der ersten Lesung (vor dem Gesetzesbeschluß über die Kommunalabgabenrechtsänderung) in den Ausschuß verwiesen worden (LdTg-StenBer 2/35 v. 8. 2. 1996, TOP 5, S. 2598).

In der 40. Sitzung fand die zweite, abschließende Lesung des GKG-ÄndG statt (LdTg-StenBer 2/40 v. 30. 5. 1996, TOP 5, S. 3067 ff), der kein Änderungsantrag der PDS-Fraktion zugrunde lag.

Der PDS-Sprecher wendet sich vor allem gegen Vorstellungen der CDU-Fraktion, die Austrittsmöglichkeiten der Gemeinden aus den Zweckverbänden einzugrenzen (Dr. Sch., LdTg-StenBer 2/40, aaO, S. 3078), sowie gegen den Änderungsantrag der Koalitionsfraktionen (LdTgDrucks 2/2301), den Regierungspräsidien die Entscheidung zu übertragen, ob ein Austritt wirksam ist (LdTg-StenBer 2/40, aaO, S. 3078). Der CDU-Änderungsantrag (LdTgDrucks 2/2309) wird in namentlicher Abstimmung im wesentlichen mit den Stimmen der Koalition und der PDS abgelehnt (LdTg-StenBer 2/40, aaO, S. 3079). Nachdem der Änderungsantrag der Koalition angenommen ist, findet auch das Gesetz selbst die Mehrheit der Stimmen (LdTg-StenBer 2/40, aaO, S. 3080). Fragen zum „Magdeburger Modell" sind nicht diskutiert; das Abstimmungsverhalten zu dieser Sachfrage läßt sich mit einer Grundlinie vereinbaren, die auf keinen Fall bei den Austrittsmöglichkeiten nachgeben will und deshalb die Zuständigkeitsverschiebung von der unteren auf die höhere Kommunalaufsichtsbehörde „in Kauf nimmt".

Die Änderung des aus dem Jahr 1991 stammenden Gesetzes zur Förderung von Kindern in Tageseinrichtungen geht auf einen Regierungsentwurf zurück (LdTgDrucks 2/1640); er trägt nach den Äußerungen des Berichterstatters in der zweiten Lesung (Prof. Dr. B. [CDU], LdTg-StenBer 2/40 v. 30. 5. 1996, TOP 4, S. 3054) nach einer Vorbereitung durch die PDS im außerparlamentarischen Bereich die Handschrift der PDS-Sprecherin und stellt sich als Kompromiß aus ursprünglich divergierenden Interessen dar. Die PDS-Sprecherin betont diesen Kompromiß-Charakter (Dr. H., LdTg-StenBer 2/40, aaO, S. 3055) und kündigt an (aaO, S. 3056), die PDS werde sich auch künftig widersetzen, wenn der erreichte Finanzierungsstandard verschlechtert werde. Der Rücküberweisungsantrag und die Änderungsanträge der CDU-Fraktion (LdTgDrucks 2/2307, 2308) werden mehrheitlich abgelehnt, die Gesetzesvorlage in Form der Ausschußbeschlußvorlage wird mit Mehrheit beschlossen (LdTg-StenBer 2/40, aaO, S. 3066 f). Die Debattenbeiträge zeigen, daß die PDS-Fraktion von einer „eigenen" Position her den „Kompromiß" gesucht und auf dieser Grundlage der Regierungsvorlage im Ergebnis (nach Ausschußarbeit) zur Mehrheit verholfen hat.

c) Soweit es um die Ausübung von parlamentarischen Kontrollrechten gegenüber der Regierung geht, läßt sich nicht erkennen, daß die PDS-Fraktion sich zurückgehalten hat, um die Regierung zu schonen, oder daß sie diese Rechte mit dem offenkundigen Ziel ausgeübt hat, die Arbeit der Regierung zu unterstützen.

Nach einer von der Landtagsverwaltung verfaßten und unwidersprochen gebliebenen Aufstellung mit Stand vom 12. 8. 1996 (vgl. Anlage 7 zum Schriftsatz des Antragsgegners vom 15. 8. 1996) liegt die PDS-Fraktion mit sechs großen und 365 kleinen Anfragen zwar unterhalb der für die CDU-Fraktion ermittelten Quote (16 bzw. 568), aber deutlich über derjenigen für die beiden Koalitionsfraktionen zusammen (2 bzw. 190).

Ähnliches ergibt die Aufstellung von Gesetzentwürfen. Nach der auch insoweit unwidersprochen gebliebenen Aufstellung des Antragsgegners (vgl. Anlage 3 zum Schriftsatz v. 15. 8. 1996) erreichen die Initiativen der PDS-Fraktion (15) nicht den Umfang der Regierungsvorlagen (39), sind aber der Aktivität der CDU-Fraktion (14) vergleichbar.

Nicht ohne Berücksichtigung bleiben kann in diesem Zusammenhang ferner das Abstimmungsverhalten der PDS-Fraktion; danach können die Stimmen der PDS-Abgeordneten nicht einfach der Zahl der Koalitionsabgeordneten angefügt werden. Die unwidersprochen gebliebene Aufstellung des Antragsgegners (Anlage 6 zum Schriftsatz vom 15. 8. 1996, dort Nr. 1.2) belegt vielmehr einerseits, daß die PDS-Fraktion ganz oder in Teilen häufig gegen die durch Abgeordnete der Koalition vertretenen Ansichten gestanden und andererseits auch zusammen mit der CDU-Fraktion wiederholt mehrheitlich gegen die Koalition gestimmt hat (vgl. etwa Hochschulhaushalt, SKET, Regierungionalentwicklung, Investitionszuweisung an Kommunen).

2.2.2.3 Schließlich ist das Verhalten bei besonderen Abstimmungen nicht schon als „Vertrauen" für Zusammensetzung und Programm der Regierung zu werten:

Aus der Debatte (LdTg-StenBer 2/13 v. 20. 1. 1995, TOP 20, S. 860 ff) zur Abstimmung über den Antrag der CDU-Fraktion, das Verhalten des Ministerpräsidenten im Zusammenhang mit der Besetzung des Wirtschaftsressorts zu mißbilligen (LdTgDrucks 2/2503), läßt sich keine solche Billigung herleiten:

Einerseits hat sich der PDS-Sprecher (Dr. Sü., LdTg-StenBer 2/13, aaO, S. 865) der Kritik angeschlossen, weil der designierte Wirtschaftsminister sein Amt zu spät antrete und weil dies die Haushaltsentscheidungen beeinflussen könne; andererseits hat er den Kritikpunkt für nicht bedeutsam genug gehalten und gemeint, „öffentliches Schaulaufen" helfe niemandem (aaO). Ein gewichtiges Indiz dafür, daß die PDS „Vertrauen" in die Personalpolitik des Regierungschefs setzt oder gar den designierten Minister unterstützen will, ist darin nicht zu sehen.

Weder die Regierungserklärung des Ministerpräsidenten zu „Schwerpunkten der weiteren Arbeit der Landesregierung" in der 25. Sitzung des Landtags noch die anschließende Debatte (LdTg-StenBer 2/25 v. 31. 8. 1995, TOP 1, S. 1721 ff, 1733 ff) belegen ein „Überwechseln" der PDS-Fraktion in das „Lager der Koalition".

Die Regierungserklärung bezeichnet einzelne Vorhaben der Landesregierung, welche sie umsetzen will.

Der Debattenbeitrag der PDS-Fraktionsvorsitzenden (LdTg-StenBer 2/25, aaO, S. 1747 ff), den der Vorsitzende der Bündnis 90/DIE GRÜNEN anschließend „verblüfft" als „eine Art zweite[r] Regierungserklärung" bewertet (LdTg-StenBer 2/25, aaO, S. 1749), betont gerade in diesem Verständnis gewollte Eigenständigkeit der PDS „neben" der die Regierung tragenden Koalition. Der Beitrag selbst geht nicht über frühere Darstellungen hinaus und kennzeichnet keine Bewegung in Richtung auf ein „Bündnis" mit den Koalitionsfraktionen. Das gilt auch für die Formel von der „Oppositionspolitik mit gestalterischer Verantwortung" (LdTg-StenBer 2/25, aaO, S. 1748, r. Sp.), die den bisherigen Standort beschreibt, von einer Stelle außerhalb der Koalition Einfluß zu nehmen. Soweit sich die PDS den „Druck" zurechnet, „um Vorhaben aus Koalitionsvereinbarungen auf den Weg zu bringen" (aaO), wird damit nicht die Koalitionsvereinbarung zur gemeinsamen Basis, sondern es bleibt ganz ausdrücklich bei einer betont „selbstbestimmten" (aaO, unter „drittens"; vgl. – weitergehend in den Forderungen – auch unter „viertens" und „fünftens") Rolle, die „ausgewählte Regierungsvorhaben" „unterstützt" (aaO, unter „erstens") und dabei danach unterscheidet, in welchem Maß PDS-Forderungen berücksichtigt sind (aaO, unter „zweitens"). Diesen „Druck von außen" stellt die Formel nicht in Frage, die PDS sei „Kontrahentin oder Partnerin" (aaO, S. 1748, l. Sp.). Angesichts der konkreten Ausführungen kann auch die Eingangspassage über das „Magdeburger Projekt" (aaO, S. 1747) nicht dahin verstanden werden, es habe eine Einigung auf das „Magdeburger Modell" als gemeinsame Programmatik stattgefunden, so daß dadurch eine die Regierung i. S. des Art. 48 Abs. 1 LVerf-LSA „stützende" Mehrheit entstanden sei. Zwar wird die Verständigung auf dieses „Projekt" nicht als „zufällig" angesehen, wohl aber das Modell selbst als „Sonderfall" einer Minderheitsregierung und als Alternative für die PDS beschrieben, eine „große Koalition" zu verhindern, zumal „die CDU für die SPD insgesamt eigentlich immer noch das kleinere Übel" sei (aaO, r. Sp.). Nicht zuletzt sieht die PDS-Fraktionsvorsitzende ihren Einfluß auf die Landesregierung als Vehikel an, „um Landespolitik gegenüber dem republikweit dominanten Kurs eines neokonservativen Staatsumbaus ein[zu-

]setzen (aaO, S. 1748, r. Sp.). Damit wird eher eine von außen nur beeinflussende als eine Binnen-Rolle beschrieben, wie sie einer Koalitionsfraktion eigen wäre. Dieser grundsätzliche Standpunkt wird auch nicht dadurch verlassen, daß die PDS-Fraktionsvorsitzende auf der Grundlage der Entwicklungen von einer „neue[n], produktive[n] Grundeinstellung zum Magdeburger Regierungsprojekt" (aaO, S. 1749) ausgeht.

Die Bewertung durch den Fraktionsvorsitzenden T. (LdTg-StenBer 2/25, aaO, S. 1749) bestätigt dies eher („zweite Regierungserklärung"), als daß sich aus seiner Einschätzung Argumente für die Gegenposition herleiten ließen. Das gilt auch, soweit er einen Veränderungsprozeß bei den Parteien, insbesondere bei der PDS, feststellt.

Weder aus dem Umstand, daß der Antrag der CDU-Fraktion zum (fehlenden) Oppositionsstatus der PDS mit den Stimmen dieser Fraktion abgelehnt worden ist (LdTg-StenBer 2/26 vom 1. 9. 1995, TOP 20, S. 1862), noch aus den Debattenbeiträgen lassen sich eindeutige Rückschlüsse auf ein „Stützen" der Regierung ziehen.

Die PDS-Fraktionsvorsitzende wiederholt lediglich die bisherige Linie der Fraktion; das gilt auch, soweit sie den bekannten Regierungsmodellen das „Magdeburger Modell" ausdrücklich gegenüberstellt (Dr. S., LdTg-StenBer 2/26, aaO, S. 1860 f); denn sie betont das „sach- und interessenbezogene" „Politikprinzip" (aaO, S. 1861). In der Formulierung, die Verfassung müsse geändert werden, wenn sie die Wirklichkeit [wohl: „gestaltender Opposition"] nur unvollkommen widerspiegele (aaO, S. 1860), liegt kein „Eingeständnis", die Oppositionsrolle bereits aufgegeben zu haben, sondern eher die „Rechtsbedingung": Wenn denn „gestaltende Opposition" von dem geltenden Verfassungstext nicht erfaßt würde, dann müsse dieser eben geändert werden.

Ein „Überwechseln" der PDS-Fraktion in das „Regierungslager" läßt sich auch mit der Debatte über die „Regierungserklärung zur aktuellen wirtschaftlichen Lage in Sachsen-Anhalt" (LdTg-StenBer 2/37 v. 8. 3. 1996, TOP 1, S. 2753 ff) oder der anschließenden Beratung über die „wirtschaftspolitischen Ziele" der Regierung (LdTg-StenBer 2/37 v. 8. 3. 1997, TOP 2, S. 2775 ff) nicht belegen:

Der Ausschnitt aus der Rede des PDS-Abgeordneten Dr. S, die PDS habe „ja vieles unterstützt und mitgetragen" (LdTg-StenBer 2/37, aaO, S. 2770), bezieht sich auf staatliche Beihilfen und damit konkrete Maßnahmen der Wirtschaftsförderung. Er kann aber auch schon deshalb nicht als „Unterstützung" etwa wenigstens der Wirtschaftspolitik angesehen werden, weil in dieser Rede neben der Landesregierung gerade der Wirtschaftsminister besonderer Kritik durch die PDS ausgesetzt ist. In gleichem Sinn ist deshalb auch der weitere Ausschnitt (aaO, S. 2770) zu verstehen, „Berechenbarkeit" zähle zum Investitionsklima eines Landes; denn damit wird eine Verknüpfung im selben Satz mit der „Gewißheit" [hier: für die konkrete unternehmerische Entscheidung] hergestellt, daß sich „ehrliches Engagement auszahlt und lohnt". Dieser Deutung steht auch die Schlußpassage nicht entgegen, die PDS werde dem CDU-Fraktionsvorsitzenden „nicht helfen, ... diese rot-grüne Koalition zu stürzen" (aaO, S. 2773); denn „die Opposition" bedarf keiner „gemeinsamen" Strategie, die auf den Sturz der amtierenden Regierung zielt.

Der Beitrag der PDS-Abgeordneten B. zum Tagesordnungspunkt 2 derselben Sitzung (LdTg-StenBer 2/37 v. 8. 3. 1996, TOP 2, S. 2780) setzt die erhebliche Kritik an der Wirtschaftspolitik (aus Anlaß der Situation bei den Madgeburger Armaturenwerken [MAW]) fort.

„Stützendes" Verhalten kann nicht deshalb festgestellt werden, weil der Mißbilligungsantrag der CDU-Fraktion (LdTgDrucks 2/2377) in der 43. Sitzung des Landtags nur im Punkt 3 (Aufforderung zu künfiger unverzüglicher und vollständiger Antwort auf Abgeordnetenfragen und parlamentarische Anfragen [LdTgDrucks 2/43/2377B]) mehrheitliche Zustimmung erfahren hat, nachdem die PDS-Fraktion die getrennte Abstimmung verlangt hatte (G., LdTg-StenBer 2/43 v. 21. 6. 1996, TOP 35, S. 3364, 3366 f); denn die beiden vorausgegangenen Punkte (LdTgDrucks 2/2377, Nr. 1 und 2) betrafen lediglich Anlässe zu der unter 3 verlangten Forderung für ein künftiges Verhalten, und diese Forderung ist von der PDS unterstützt worden.

Die auf Antrag der CDU-Fraktion beschlossene Mißbilligung der Regierung (LdTg-StenBer 2/49 v. 14. 11. 1996, TOP 12, S. 3798) kann die Feststellung nicht begründen, weil sie bei nur zwei Enthaltungen eine Mehrheit gefunden und gerade auch von PDS-Abgeordneten gegen die Koalitionsfraktionen mitgetragen worden ist (vgl. den Debattenbeitrag von B [PDS], aaO, S. 3795).

Die Weigerung der PDS, den „konstruktiven Mißtrauensantrag" der CDU zu unterstützen und dadurch die Regierung Dr. H.'s zu stürzen, kann nicht als „Vertrauensbeweis" gegenüber dem Ministerpräsidenten und damit zugleich gegenüber der Regierung gewertet werden. Das verbietet der Regelungsgehalt des Art. 72 LVerf-LSA, der kein echtes „Mißtrauens-"Votum gegenüber dem amtierenden Regierungschef zuläßt, sondern dessen Regierung nur dadurch beendet, daß eine (absolute) Mehrheit einem anderen Kandidaten „Vertrauen gibt".

Daß von „der Opposition" gerade keine „gemeinsame" Sturzstrategie verfolgt werden muß, weil sonst die „Teile der Opposition" gezwungen würden, gegen ihre eigenen Interessen zu handeln, wird durch die Zielrichtung des CDU-Antrags deutlich bestätigt: Gewollt war keineswegs die von beiden Seiten für politisch unvorstellbar gehaltene Bildung einer gemeinsamen Regierung aus CDU und PDS, sondern eine Regierung aus CDU und (wenigstens Teilen der) SPD (vgl. die Debattenbeiträge Dr. B.'s, LdTg-StenBer 2/50 v. 22. 11. 1996, S. 3831, 3834, 3835, jew. r. Sp., 3836; Dr. F.'s, aaO, S. 3836, 3837 r Sp; Dr. S., aaO, S. 3841, 3843, mit Zwischenruf Dr. B.'s). Gleichfalls bestätigt wird, daß eine „Oppositionsfraktion" (hier die CDU) mit Hilfe der Mittel über die „parlamentarische Verantwortlichkeit" (hier: Art. 72 Abs. 1 LVerf-LSA) bestrebt sein kann, in die Regierungsverantwortung gerade mit der Hilfe von bislang den amtierenden Regierungschef tragenden politischen Kräften (hier Teilen der SPD) zu gelangen.

Damit setzt sich die seit Konstituierung des 2. Landtags bestehende „Alternativbildung" („große" statt „kleiner" Koalition; Stellenwert der PDS-Einflußmöglichkeiten) fort, ohne daß diese allein der Antragstellerin zuzurechnende „Strategie" damit notwendig Einfluß darauf hat, wie die verfassungsrechtliche Rolle der (innerhalb der [Mehrheits-]Opposition durchaus konkurrierenden) PDS nach Art. 48 Abs. 1 LVerf-LSA zu bewerten ist.

Nach alledem ließ sich keine Feststellung treffen, daß das Verhalten der PDS-Fraktion im Landtag auf einer „koalitionsähnlichen Abrede" beruht, die die Grenze vom „Tolerieren" zum „Stützen" überschritten hat. Damit ist das Begehren der Antragstellerin unbegründet geblieben; der Feststellungsantrag war deshalb abzulehnen.

3. Die Kostenentscheidung beruht auf § 32 Abs. 1, 3 LVerfGG-LSA.

Da der Antrag keinen Erfolg hat, muß das Land Sachsen-Anhalt die notwendigen Auslagen der Antragstellerin nicht erstatten.

Entscheidungen des Thüringer Verfassungsgerichtshofs

Die amtierenden Richter des Thüringer Verfassungsgerichtshofs

Gunter Becker, Präsident
Hans-Joachim Bauer
Christian Ebeling
Dr. Hans-Joachim Jentsch (bis 5. Juni 1996)
Reinhard Lothholz
Thomas Morneweg
Gertrud Neuwirth
Prof. Dr. Ulrich Rommelfanger
Manfred Scherer (ab 21. Juni 1996)
Prof. Dr. Rudolf Steinberg

Stellvertretende Richter

Dr. Hans-Joachim Strauch
Dr. Hartmut Schwan
Prof. Dr. Erhard Denninger
Dipl.-Ing. Christiane Kretschmer
Renate Hemsteg von Fintel
Rudolf Metz
Manfred Scherer (bis 21. Juni 1996)
Dr. Dieter Lingenberg (ab 6. September 1996)
Prof. Dr. Heribert Hirte
Prof. Dr. Karl-Ulrich Meyn

Nr. 1

Eine Verfassungsbeschwerde gegen die letztinstanzliche Versagung vorläufigen Rechtsschutzes ist unter Rückgriff auf § 31 Abs. 3 Satz 2 ThürVerfGHG dann zulässig, wenn die Entscheidung von keiner weiteren tatsächlichen Aufklärung abhängt und wenn die Verfassungsbeschwerde entweder von allgemeiner Bedeutung ist oder dem Beschwerdeführer im Falle der Verweisung auf den Rechtsweg ein schwerer und unabwendbarer Nachteil entsteht.

Thüringer Verfassungsgerichtshofsgesetz § 31 Abs. 3

Beschluß vom 30. Januar 1997 – VerfGH 20/96 –

in dem Verfahren über die Verfassungsbeschwerde des Kindes J. F., vertreten durch seine Eltern, wegen Einstufung in die Haupt- oder Realschulklasse der Regelschule

Entscheidungsformel:
Die Verfassungsbeschwerde wird zurückgewiesen.

Gründe:

A.

Der Beschwerdeführer hat im Ausgangsverfahren erfolglos den Erlaß einer einstweiligen Anordnung erstrebt, die ihm gestattet, im neuen Schuljahr entgegen der Entscheidung des Schulleiters nicht der Hauptschulklasse, sondern der Realschulklasse der von ihm besuchten Schule anzugehören. Mit seiner Verfassungsbeschwerde hat der Beschwerdeführer den Antrag auf Erlaß einer einstweiligen Anordnung verbunden.

1. Der Beschwerdeführer ist Schüler der G-Schule in G. Er hat im Schuljahr 1995/96 die Klassenstufe 7 besucht. Die Schulkonferenz der G-Schule hat beschlossen, mit dem Schuljahr 1996/97 die Schüler nicht mehr in Kursen, sondern in Klassen zu unterrichten. Die hierfür sprechenden Gründe hat die Schulleitung in einem Elternrundschreiben ausführlich dargelegt.

a) Die G-Schule ist eine staatliche Regelschule. Die Regelschule vermittelt gemäß § 4 Abs. 3 des Thüringer Schulgesetzes vom 6. 8. 1993 (GVBl. S. 445 – ThürSchulG) eine allgemeine berufsvorbereitende Bildung und schafft die Voraussetzungen für eine qualifizierte berufliche Tätigkeit. Sie umfaßt die Klassenstufen 5 bis 9 und 10. Die Regelschule vermittelt mit dem erfolgreichen Besuch der Klassenstufe 9 den Hauptschulabschluß; aufgrund einer Zusatzprüfung kann der Qualifizierende Hauptschulabschluß erworben werden, welcher gemäß § 6 Abs. 5 ThürSchulG einen Weg zum Realschulabschluß eröffnet. Der erfolgreiche Besuch der Klassenstufe 10 und eine bestandene Prüfung vermitteln den Realschulabschluß (§ 4 Abs. 3 ThürSchulG).

aa) Für die Regelschule sieht § 6 ThürSchulG – nach den in Klassen zu unterrichtenden Klassenstufen 5 und 6 (§ 6 Abs. 1 S. 1 ThürSchulG) – für die Klassenstufen 7 bis 9 ein alternatives Unterrichtssystem vor. Die Schulkonferenz als „Organ der Mitwirkung und Mitbestimmung von Schülern, Eltern und Lehrern an der Schule" (§ 38 Abs. 1 S. 1 ThürSchulG) bestimmt, ob in diesen Jahrgangsstufen der Unterricht in *fächerbezogenen Kursen* (integrative Form) oder in *Klassen* (additive Form) erteilt wird. Der *verschiedenen Befähigung* der Schüler wird im Kurssystem dadurch Rechnung getragen, daß gemäß §§ 6 Abs. 3 ThürSchulG, 45 Abs. 2 ThürSchulO der Schulleiter für einen Kernfachbereich bestehend aus Deutsch, der ersten Fremdsprache, Mathematik sowie in der Klassenstufe 9 auch aus Biologie, Chemie und Physik die Schüler entweder einem *Kurs I*, dessen Anforderungsprofil dem der *Hauptschule* entspricht, oder einem *Kurs II* mit dem Anforderungsprofil der *Realschule* (bestimmt gemäß den Vereinbarungen der Kultusministerkonferenz) zuweist. In den übrigen Fächern wird die Jahrgangsklasse gemeinsam unterrichtet. Im Klassensystem gehören die leistungsstärkeren Schüler der *Realschulklasse*, die anderen Schüler einer *Hauptschulklasse* an (§ 6 Abs. 1 ThürSchulG). Die Einstufung in einen Kurs oder in eine Klasse erfolgt nach Befähigung und Leistung des Schülers bei Erfüllung bestimmter Leistungsvoraussetzungen auf Empfehlung der Klassenkonferenz und nach Beratung mit den Eltern durch den Schulleiter (§ 6 Abs. 3 ThürSchulG). Entsprechendes gilt für die bis zum Beginn der Klassenstufe 9 zulässige Umstufung zwischen Kursen oder Klassen verschiedener Anforderungsstufen derselben Klassenstufe (§ 6 Abs. 3 ThürSchulG). Gemäß § 6 Abs. 7 ThürSchulG wird Näheres zu den Leistungsvoraussetzungen und zur Einstufung bzw. Umstufung durch Rechtsverordnung des Kultusministers geregelt. Derartige Bestimmungen sind in § 54 der Thüringer Schulordnung für die Grundschule, die Regelschule, das Gymnasium und die Gesamtschule vom 20. 1. 1994 (GVBl. S. 186 – ThürSchulO) enthalten.

bb) Nach § 54 ThürSchulO beruht die Entscheidung des Schulleiters über die *Einstufung der Schüler* in die Kurse I oder II bzw. in die Real- oder Hauptschulklasse der Regelschule auf einer Empfehlung der Klassenkonferenz, bestehend aus den Lehrern, welche die Schüler der Jahrgangsklasse in Klassen oder Kursen unterrichten (§ 37 Abs. 3 ThürSchulG). Die Klassenkonferenz empfiehlt einen Schüler für einen Kurs II, wenn seine Leistung im Kursfach mindestens mit „befriedigend" benotet ist und wenn sein Lernverhalten eine erfolgreiche Mitarbeit erwarten läßt (§ 54 Abs. 2 ThürSchulO). Die Empfehlung für eine Einstufung in die Realschulklasse setzt einen aus den Leistungen in allen Fächern (außer Religion/Ethik und Sport) ermittelten Notendurchschnitt von 3,0 voraus (§ 54 Abs. 3 ThürSchulO). Ein Schüler kann entsprechend seinem aktuellen Leistungsbild aus einem Kurs I in den Kurs II des Faches nach Maßgabe des § 54 Abs. 4 bis 6 ThürSchulO umgestuft werden. Entsprechendes gilt für die *Umstufung* in die Realschulklasse.

cc) Die *Versetzung* eines Schülers in die nächste Klassenstufe erfolgt gemäß §§ 49 ThürSchulG, 51 ThürSchulO. Maßgeblich sind die durch das Jahreszeugnis nachgewiesenen Leistungen des Schülers während des Schuljahres (§§ 48, 49 ThürSchulG). Genügen bei integrativem Unterricht die Noten eines Schülers der Regelschule nicht den Versetzungsvoraussetzungen, sind die in einem auf den Realschulabschluß bezogenen Kurs erteilten Noten gemäß § 51 Abs. 3 S. 1 ThürSchulO um eine Note höher anzusetzen (meint: zu verbessern). Sodann ist gemäß § 51 Abs. 1, 2 ThürSchulO über den Verbleib des Schülers in der Jahrgangsklasse zu entscheiden. Bei additiv in Klassen erteiltem Unterricht kann ein Schüler der Realschulklasse bei dort ungenügenden Leistungen in die Hauptschulklasse versetzt werden; eine automatische Notenerhöhung findet hier nicht statt (§ 51 Abs. 3 S. 2, Abs. 4 ThürSchulO).

dd) Entscheidet die Schulkonferenz, daß die Regelschule von *dem bisherigen integrativen Kurssystem in das additive Klassensystem übergeht,* sind die Schüler nach Maßgabe des § 54 Abs. 8 ThürSchulO ein-/umzustufen. Gemäß § 54 Abs. 8 S. 1 ThürSchulO wird ein Schüler der neu gebildeten Realschulklasse zugewiesen, wenn er bisher in mindestens zwei Fächern in einen Kurs II eingestuft war.

b) Der Beschwerdeführer hat in der Klassenstufe 7 in Deutsch den Kurs I, in Englisch den Kurs I und in Mathematik den Kurs II besucht. Mit Bescheid vom 19. 6. 1996 hat der Leiter der G-Schule in G. den Beschwerdeführer für das neue Schuljahr in die Hauptschulklasse eingestuft. ... Seit dem 8. 8. 1996 besucht der Beschwerdeführer die Hauptschulklasse der 8. Klassenstufe der G-Schule in G.

2. Dem Bescheid vom 19. 6. 1996 hat der Beschwerdeführer widersprochen. Das Staatliche Schulamt E. hat den Widerspruch zurückgewiesen, weil nach §§ 6 Abs. 3, 7 ThürSchulG i. V. m § 54 ThürSchulO die angefochtene Zuweisung in die Hauptschulklasse rechtens sei. Am 23. 7. 1996 hat der Beschwerdeführer beim Verwaltungsgericht M. den Erlaß einer einstweiligen Anordnung mit dem Ziel der vorläufigen Einstufung in die Realschulklasse der Jahrgangsstufe 8 beantragt. Diesen Antrag hat das Verwaltungsgericht mit Beschluß vom 31. 7. 1996 abgelehnt. Dagegen hat der Beschwerdeführer sich am 1. 8. 1996 beim Thüringer Oberverwaltungsgericht beschwert. ... Das *Thüringer Oberverwaltungsgericht* hat die Beschwerde ... zurückgewiesen. Seine Entscheidung hat das Thüringer Oberverwaltungsgericht im wesentlichen damit begründet, daß § 6 ThürSchulG wegen der relativ großen Durchlässigkeit des in ihm angelegten Systems der abschlußbezogenen Differenzierung die Voraussetzungen der Ein- und Umstufung von Schülern in dem Kurs-/Klassensystem der Regelschule in einer dem Rechtsstaats- und Demokratieprinzip noch genügenden Weise bestimme; die insoweit in einem OVG-Beschluß vom 14. 3. 1995 (1 EO 522/94) zu § 7 Abs. 2 ThürSchulG geäußerten Zweifel bestünden hier nicht. Auch sei das dem Verordnungsgeber zugewiesene Regelungsfeld nach Inhalt, Zweck und Ausmaß ausreichend eingegrenzt. Der Beschwerdeführer erfülle nicht die Voraussetzungen der Einstufung in eine Realschulklasse und sei nach seinem Leistungsbild auch nicht in eine solche Klasse umzustufen. Der Verbleib in der Hauptschulklasse bedeute wegen des im Jahreszeugnis für die 7. Klassstufe mitgeteilten Leistungsvermögens und Lernverhaltens für den Beschwerdeführer keine unverhältnismäßige Beeinträchtigung des Rechts auf freie Wahl des Bildungsgangs.

...

3. Gegen den Beschluß des Thüringer Oberverwaltungsgerichts vom 27. 8. 1996 und die ihm vorausgehende Entscheidung des Verwaltungsgerichts M. und gegen die Bescheide des Leiters der G-Schule G. und des Staatlichen Schulamtes E. hat der Beschwerdeführer Verfassungsbeschwerde erhoben. Der Beschwerdeführer bezeichnet Art. 3 Abs. 2, 20 Abs. 1 und 35 Abs. 1 ThürVerf sowie Art. 2 Abs. 1, 12 Abs. 1 GG als verletzt. ...

4. Der Beschwerdeführer hat den Erlaß einer einstweiligen Anordnung beantragt, wonach dem Freistaat Thüringen aufzugeben sei, ihn bis zur rechtskräftigen Entscheidung des vor dem Verwaltungsgericht M. anhängigen Hauptsacheverfahrens am Unterricht der Realschulklasse der Klassenstufe 8 der G-Schule (Regelschule) G. teilnehmen zu lassen. Hierzu hat der Freistaat Thüringen durch die Landesregierung, diese durch den Chef der Staatskanzlei, Stellung genommen. Der Antrag ist durch Beschluß des Thüringer Verfassungsgerichtshofs vom 29. 11. 1996 zurückgewiesen worden.

B.

I.

Die Verfassungsbeschwerde ist unzulässig. Dies kann der Verfassungsgerichtshof durch Beschluß ohne mündliche Verhandlung entscheiden; eine mündliche Verhandlung erscheint zur Aufklärung des Sachverhalts oder zur Erörterung des Sach- und Streitstoffes nicht erforderlich (§§ 37 Abs. 1, 20 Abs. 2 des Gesetzes über den Thüringer Verfassungsgerichtshof − Thüringer Verfassungsgerichtshofsgesetz − ThürVerfGHG − vom 28. Juni 1994, GVBl. S. 781).

1. Soweit die Verfassungsbeschwerde sich gegen die Bescheide des Leiters der G-Schule G. vom 19. 6. 1996 und des Staatlichen Schulamtes E. vom 9. 7. 1996 richtet, folgt ihre Unzulässigkeit daraus, daß das verwaltungsgerichtliche Rechtsschutzverfahren zur Hauptsache, das der Beschwerdeführer gegen diese Verwaltungsentscheidungen eingeleitet hat, noch nicht durchgeführt worden ist. Ist gegen die behauptete Grundrechtsverletzung, wie hier, der Rechtsweg zulässig, so kann die Verfassungsbeschwerde gemäß § 31 Abs. 3 Satz 1 ThürVerfGHG erst nach dessen Erschöpfung erhoben werden. Gründe, die im Sinne von § 31 Abs. 3 Satz 2 ThürVerfGHG eine sofortige Entscheidung des Verfassungsgerichtshofs über die vor Erschöpfung des Rechtswegs gegen die genannten Bescheide eingelegte Verfassungsbeschwerde rechtfertigten, liegen nicht vor. Dies kann im einzelnen den folgenden Ausführungen zur Unzulässigkeit der Verfassungsbeschwerde gegen die im verwaltungsgerichtlichen Eilverfahren ergangene Entscheidung entnommen werden.

2. Auch soweit die Verfassungsbeschwerde gegen den Beschluß des Thüringer Oberverwaltungsgerichts vom 27. 8. 1996 und gegen die ihm vorausgehende Entscheidung des Verwaltungsgerichts M. gerichtet ist, ist sie unzulässig.

a) In bezug auf den vorläufigen Rechtsschutz ist zwar der Rechtsweg erschöpft, seit der Beschluß des Thüringer Oberverwaltungsgerichts vom 27. 8. 1996 ergangen ist. Im Zusammenhang mit § 31 Abs. 3 ThürVerfGHG kann aber nicht unbeachtet bleiben, daß dem Beschwerdeführer das verwaltungsgerichtliche Hauptsacheverfahren noch offensteht, um eine etwaige Grundrechtsverletzung auszuräumen. Der Beschwerdeführer rügt nicht Verfassungsverstöße, welche das vorläufige Rechtsschutzverfahren vor dem Thüringer Oberverwaltungsgericht und dem Verwaltungsgericht M. betreffen; vielmehr stützt er seine Verfassungsbeschwerde auf dieselben verfassungsrechtlichen Einwände, wie er sie im verwaltungsgerichtlichen Hauptsacheverfahren erhebt. Die von ihm aufgeworfenen Fragen, ob die Thüringer Schulordnung eine wirksame Ermächtigungsgrundlage für die fragliche Ein- oder Umstufungsentscheidung bildet oder ob deren Bestimmungen verhältnismäßig sind, sind dem Hauptsacheverfahren zugeordnet und vorrangig dort zu klären. In einem solchen Fall erlangt der aus dem Gebot der Rechtswegerschöpfung abzuleitende Grundsatz der Subsidiarität der Verfassungsbeschwerde besondere Bedeutung. Danach muß vor der Erhebung der Verfassungsbeschwerde jede anderweitig bestehende Möglichkeit benutzt werden, um die behauptete Grundrechtsverletzung zu beseitigen oder ohne Inanspruchnahme der Verfassungsgerichtsbarkeit im praktischen Ergebnis dasselbe zu erreichen (grundlegend hierzu BVerfGE 22, 287, 290 f). Im Hinblick auf den Grundsatz der Subsidiarität der Verfassungsbeschwerde versteht der Thüringer Verfassungsgerichtshof § 31 Abs. 3 ThürVerfGHG in gleicher Weise wie das Bundesverfassungsgericht die wortgleiche Bestimmung des § 90 Abs. 2 BVerfGG. Mit diesem (vgl. z. B. BVerfGE 58, 257, 263; 86, 15, 22 f) läßt er eine Verfassungsbeschwerde gegen die letztinstanzliche Versagung vorläufigen Rechtsschutzes unter Rückgriff auf § 31 Abs. 3 Satz 2 ThürVerfGHG dann zu, wenn die Entscheidung von keiner weiteren tatsächlichen Aufklärung abhängt und wenn die Verfassungsbeschwerde entweder von allgemeiner Bedeutung ist oder dem Beschwerdeführer im Falle der Verweisung auf den Rechtsweg ein schwerer und unabwendbarer Nachteil entsteht. Diese Voraussetzungen sind im vorliegenden Fall nicht gegeben.

b) Zwar mag die Entscheidung im verwaltungsgerichtlichen Hauptsacheverfahren und damit auch diejenige im Verfassungsbeschwerde-Verfahren nicht von weiterer Sachverhaltsaufklärung abhängen. Da der Beschwerdeführer seine Behauptung, die Noten des Jahreszeugnisses 1995/96 entsprächen nicht seinen in diesem Schuljahr gezeigten Leistungen, in keiner Weise näher ausgeführt hat, wäre für eine verfassungsgerichtliche Entscheidung derzeit von der Einschätzung des Oberverwaltungsgerichts auszugehen, daß der Beschwerdeführer nach den bestehenden einfachrechtlichen Regelungen keinen Anspruch auf Ein- oder Umstufung in eine Realschulklasse zum Schuljahresbeginn 1996/97 hat. Allerdings erscheint auch im vorliegenden Fall eine eingehende Aufarbeitung der mit der Verfassungsbeschwerde aufgeworfenen rechtlichen Problematik durch die Fachgerichte in einem Hauptsacheverfahren vor einer etwaigen Entscheidung durch den Verfassungsgerichtshof dringend wünschenswert (vgl. BVerfGE 77, 381, 401). Ungeachtet dessen ist die Verfassungsbeschwerde aber weder von allgemeiner Bedeutung, noch hat der Beschwerdeführer infolge der Verweisung auf den Rechtsweg einen schweren und unabwendbaren Nachteil zu gewärtigen.

c) Die Verfassungsbeschwerde ist nicht in einem solchen Sinne von allgemeiner Bedeutung, daß es gerechtfertigt wäre, von einer Verweisung des Beschwerdeführers auf den Rechtsweg in der Hauptsache abzusehen und auf diese Weise den Grundsatz der Subsidiarität der Verfassungsbeschwerde zu durchbrechen. Zwar mag die der Verfassungsbeschwerde zugrundeliegende Fragestellung von allgemeiner, deutlich über den Einzelfall des Beschwerdeführers hinausgehender Bedeutung sein. Es sind aber keine Gründe erkennbar, weshalb der Verfassungsgerichtshof – die eigenständige Prüfungsbefugnis der Verwaltungsgerichte zurückstellend – diese Frage im allgemeinen Interesse gerade jetzt sofort entscheiden müßte. Ein solcher Schritt erforderte ein über das mögliche Betroffensein einer größeren Zahl von Einzelfällen hinausgehendes Bedürfnis nach alsbaldiger letztverbindlicher Klärung des streitigen Problems. Dieses Bedürfnis ist für die vom Beschwerdeführer angesprochenen schulrechtlichen Fragen nicht gegeben. Insoweit ist weder eine Häufung entsprechender Verfahren bei den Verwaltungsgerichten oder Schulbehörden bekannt geworden, noch wird sonstwie eine Entwicklung faßbar, die ein über den vorliegenden Einzelfall hinausgehendes Interesse an der beschleunigten Klärung der aufgeworfenen verfassungsrechtlichen Fragen begründete.

d) Durch die Verweisung auf den Rechtsweg zur Hauptsache droht dem Beschwerdeführer aber auch kein schwerer und unabwendbarer Nachteil.

Hätte der Beschwerdeführer von Rechts wegen mit Beginn des Schuljahres 1996/97 in die Realschulklasse aufgenommen werden müssen, so erlitte er dadurch zwar einen Rechtsverlust, der tendenziell um so größer würde, je länger der Beschwerdeführer in der Hauptschulklasse verbleiben müßte. Immerhin kann er aber bis zum Ende der 8. Klassenstufe, also bis zum Ende des jetzt laufenden Schuljahres, bei entsprechenden eigenen Anstrengungen noch die Umstufungsmöglichkeit gemäß § 54 Abs. 4 Nr. 2 ThürSchulO nutzen, um in eine zum Realschulabschluß führende Klasse zu gelangen. Gelingt dies nicht, kann er den Realschulabschluß über den Qualifizierenden Hauptschulabschluß gemäß §§ 6 Abs. 5, 4 Abs. 3 ThürSchulG anstreben. Der Nachteil, jetzt der Hauptschulklasse anzugehören, ist also nicht irreparabel. Entspricht die Leistungsfähigkeit des Beschwerdeführers, wie dieser für sich in Anspruch nimmt, den Anforderungen der Realschulkurse bzw. -klasse, dürfte es ihm bei entsprechenden eigenen Bemühungen möglich sein, die Umstufungsqualifikation eines Notendurchschnittes von 2,5 zu erreichen. Diese Konsequenz der mit der Verfassungsbeschwerde bekämpften Maßnahme, nämlich ein leistungsorientiertes Lernverhalten, ist dem Beschwerdeführer zuzumuten. Treffen hingegen die der Umstufungsentscheidung zugrundeliegenden Feststellungen über die Befähigung und das

Lernvermögen sowie die Lernbereitschaft des Beschwerdeführers zu, so ist dieser bereits deshalb nicht der Gefahr eines unzumutbaren Nachteils ausgesetzt, weil die Einstufung dann seinen persönlichen Anlagen entspricht und eine aus pädagogischer Sicht gebotene oder aber doch zumindest sachgerechte Entscheidung darstellt.

Soweit der bisherige Vortrag des Beschwerdeführers von verfassungsrechtlicher Relevanz ist, ist er im übrigen nicht geeignet, einen Anspruch auf Einstufung in die Realschulklasse – und in dessen Folge hier die Notwendigkeit einer Ausnahme vom Grundsatz der Subsidiarität der Verfassungsbeschwerde zu erweisen. Er zielt lediglich darauf ab, daß die konkret getroffene Entscheidung mangels einer hinreichenden verfassungsmäßigen Ermächtigungsgrundlage rechtswidrig und daher aufzuheben sei. Damit allein gelangte der Beschwerdeführer indessen noch nicht in eine Realschulklasse. Dies erforderte vielmehr eine Neuregelung der Materie durch den Gesetzgeber. Ob der Beschwerdeführer die dort festzulegenden Voraussetzungen für eine Zuweisung zur Realschulklasse erfüllt, steht derzeit nicht fest. Im einstweiligen Anordnungsverfahren vor den Verwaltungsgerichten hat der Beschwerdeführer zwar gewissermaßen hilfsweise geltend gemacht, daß er auch bei Zugrundelegung der von ihm für verfassungswidrig gehaltenen Bestimmungen des Schulgesetzes und der Schulordnung in die Realschulklasse einzustufen sei. Das Thüringer Oberverwaltungsgericht hat einen Anspruch des Beschwerdeführers auf Ein- oder Umstufung in eine solche Klasse auf dieser Grundlage aber verneint, ohne daß der Beschwerdeführer dagegen verfassungsrechtlich relevante Einwendungen erhoben hat oder ein Verfassungsverstoß insoweit sonst ersichtlich ist.

Im vorliegenden Verfassungsbeschwerde-Verfahren ist daher keine Ausnahme vom Grundsatz der Subsidiarität der Verfassungsbeschwerde gerechtfertigt. Dem Beschwerdeführer ist vielmehr zuzumuten, zunächst das verwaltungsgerichtliche Verfahren zur Hauptsache zu betreiben und dort um Rechtsschutz auch gegenüber der geltend gemachten Verfassungsverletzung nachzusuchen (vgl. BVerfGE 68, 376, 380; 77, 381, 401).

3. Mit dieser Entscheidung in der Hauptsache erübrigt sich eine Begründung des Beschlusses vom 29. 11. 1996, durch den der Antrag auf Erlaß einer einstweiligen Anordnung zurückgewiesen worden ist.

II.

Das Verfahren ist gemäß § 28 Abs. 1 ThürVerfGHG kostenfrei. Von der Auferlegung einer Gebühr nach § 28 Abs. 2 Satz 1 ThürVerfGHG hat der Verfassungsgerichtshof abgesehen.

Nr. 2

Hält der Gesetzgeber im Rahmen einer landesweiten kommunalen Neugliederung zwei Gestaltungsalternativen bereit, die unterschiedlich stark in das kommunale Selbstverwaltungsrecht betroffener Gemeinden eingreifen, so muß der Anwendung dieser Alternativen auf die einzelnen Neugliederungsfälle eine sachgerechte, unter Wahrung des Gleichbehandlungsgebots umzusetzende Konzeption zugrunde liegen.

Verfassung des Freistaats Thüringen Art. 91 Abs. 1

Thüringer Verfassungsgerichtshofsgesetz § 26

Thüringer Gemeindeneugliederungsgesetz § 18 Abs. 1 und 4

Urteil vom 20. Februar 1997 – VerfGH 24/96 bis 30/96 –

in den Verfahren über die Anträge auf Erlaß einer einstweiligen Anordnung der Gemeinden Unterkoskau, Seubtendorf, Künsdorf, Stelzen, Mielesdorf, Zollgrün und Rothenacker, vertreten jeweils durch die Bürgermeisterin oder den Bürgermeister, betreffend § 18 des Thüringer Gesetzes zur Neugliederung kreisangehöriger Gemeinden (Thüringer Gemeindeneugliederungsgesetz – ThürGNGG –) vom 23. Dezember 1996 (GVBl. S. 333)

Entscheidungsformel:

1. Für die Gebiete der Antragstellerinnen ist bis zum Erlaß der Entscheidung über die Verfassungsbeschwerden jeweils die Ortschaftsverfassung eingeführt.

2. Die neugebildete Stadt Tanna wird verpflichtet, bis zum Erlaß der Entscheidung über die Verfassungsbeschwerden keine aufschiebbaren Entscheidungen oder Maßnahmen zu treffen, die den Antragstellerinnen im Falle ihres Obsiegens nicht wiedergutzumachende Nachteile einbringen würden. Bis zu den Entscheidungen in der Hauptsache hat die neugebildete Stadt Tanna bei Aufstellung und Abwicklung des Haushalts alle Vorgänge, die die Antragstellerinnen betreffen, zu kennzeichnen, soweit dies vom Aufwand her vertretbar ist.

3. Im übrigen werden die Anträge auf Erlaß einer einstweiligen Anordnung abgelehnt.

4. Der Freistaat Thüringen hat den Antragstellerinnen die Hälfte der auf sie in den Verfahren auf Erlaß einer einstweiligen Anordnung entstandenen notwendigen Auslagen zu erstatten.

Gründe:

A.

Die Antragstellerinnen wenden sich im Wege von Anträgen auf Erlaß einer einstweiligen Anordnung gemäß § 26 des Gesetzes über den Thüringer Verfassungsgerichtshof (Thüringer Verfassungsgerichtshofsgesetz – ThürVerfGHG –) vom 28. Juni 1994 (GVBl. S. 781) gegen § 18 Abs. 1 und 4 des Thüringer Gesetzes zur Neugliederung kreisangehöriger Gemeinden (Thüringer Gemeindeneugliederungsgesetz – ThürGNGG –) vom 23. Dezember 1996 (GVBl. S. 333). In § 18 Abs. 1 ThürGNGG ist (u. a.) bestimmt, daß die Verwaltungsgemeinschaft „Tanna", bestehend aus der Stadt Tanna und den Gemeinden Künsdorf, Mielesdorf, Rothenacker, Seubtendorf, Unterkoskau und Zollgrün, aufgelöst wird. In § 18 Abs. 4 ThürGNGG ist geregelt, daß die Stadt Tanna und die Gemeinden Künsdorf, Mielesdorf, Rothenacker, Seubtendorf, Stelzen, Unterkoskau und Zollgrün aufgelöst werden und aus dem Gebiet der aufgelösten Gemeinden eine neue Gemeinde gebildet wird, die Rechtsnachfolgerin der aufgelösten Gemeinden sowie der aufgelösten Verwaltungsgemeinschaft „Tanna" ist.

I.

Die Antragstellerinnen liegen im südlichen Saale-Orla-Kreis rings um die Stadt Tanna. Zusammen mit dieser bildeten sie mit Ausnahme der Antragstellerin zu 4.) bis zum Inkrafttreten des Thüringer Gemeindeneugliederungsgesetzes die Verwaltungsgemeinschaft „Tanna". Diese umfaßte 4.106 Einwohner (Tanna: 2.308, Künsdorf: 202, Mielesdorf: 280, Rothenacker: 331, Seubtendorf: 244, Unterkoskau: 406, Zollgrün: 355 Einwohner). Die 340 Einwohner zählende Antragstellerin zu 4.) gehörte bislang der Verwaltungsgemeinschaft „Gefell" an. An das Gebiet der neugebildeten Einheitsgemeinde Tanna grenzen im Osten der Freistaat Sachsen, im Norden die Stadt Schleiz, im Westen die Stadt Saalburg und im Süden die neugebildete Einheitsgemeinde Gefell an. Für die Stadt Saalburg mit 1.514 Einwohnern nimmt gemäß § 17 Abs. 4 ThürGNGG die neue Gemeinde Remptendorf (vgl. § 17 Abs. 2, 3 ThürGNGG) als erfüllende Gemeinde die Aufgaben der Verwaltungsgemeinschaft gemäß § 51 ThürKO wahr; die Stadt Saalburg beabsichtigt, im Wege der Verfassungsbeschwerde gegen diese Regelung vor-

zugehen, und strebt den Anschluß an eine fortbestehende Verwaltungsgemeinschaft Tanna an.
Das Thüringer Gemeindeneugliederungsgesetz ist am 19. Dezember 1996 vom Landtag verabschiedet und am 23. Dezember 1996 vom Landtagspräsidenten ausgefertigt worden. Nach seiner Veröffentlichung im GVBl. Nr. 20 vom 30. Dezember 1996 ist es im wesentlichen – so auch § 18 Abs. 1 und 4 – am 1. Januar 1997 in Kraft getreten (vgl. § 49 ThürGNGG).

II.

Die Antragstellerinnen haben beim Thüringer Verfassungsgerichtshof allesamt bereits am 23. Dezember 1996 den Erlaß einstweiliger Anordnungen beantragt. Ihre Anträge haben sich zunächst darauf gerichtet, das Inkrafttreten des § 18 Abs. 1 und 4 ThürGNGG bis zum Abschluß eines Hauptsacheverfahrens einstweilen auszusetzen. Nunmehr beantragen sie, den Vollzug des § 18 Abs. 1 und 4 ThürGNGG bis zum Abschluß des Hauptsacheverfahrens über ihre am 19. Februar 1997 erhobenen Verfassungsbeschwerden einstweilen auszusetzen.

Zur Begründung machen die Antragstellerinnen im wesentlichen geltend: Würden sie jetzt in die neue Einheitsgemeinde Tanna eingegliedert, so seien die damit verbundenen Umstellungen nur noch schwer wieder rückgängig zu machen. Ihre Auflösung sowie die Auflösung der Verwaltungsgemeinschaft Tanna zugunsten der Einheitsgemeinde Tanna verursache nach der erst vor gut 6 Jahren wiedergewonnenen kommunalen Autonomie einen so großen Aufwand, daß es kaum vernünftig und effektiv erscheine, danach – im Falle eines Erfolgs in der Hauptsache – erneut eine Umstellung durchzuführen. Sie hätten sich freiwillig zur Mitgliedschaft in einer Verwaltungsgemeinschaft entschlossen. Nunmehr werde ohne erkennbare Notwendigkeit ihre rechtliche Identität aufgehoben. Sei die Verwaltungsgemeinschaft erst einmal aufgelöst, so sei deren spätere Wiederherstellung im Falle eines Erfolges der Verfassungsbeschwerden nur noch unter großen Schwierigkeiten möglich. Eine sie konkret belastende Folge des Gesetzes sei die auf den 6. April 1997 festgesetzte Kommunalwahl in der neugebildeten Stadt Tanna. Die Wahl eines Bürgermeisters und seine Berufung in ein Beamtenverhältnis verursachten nicht zuletzt finanzielle Verbindlichkeiten, die zumindest für die Dauer der Amtszeit nicht mehr rückgängig gemacht werden könnten. Außerdem sei ein schwerwiegender, nicht wiedergutzumachender Schaden für ihre Identität und für ihre kommunalpolitische Entwicklung zu befürchten. Der Gesetzgeber habe sich offenbar nicht mit den Gründen auseinandergesetzt, die sie gegen ihre Eingliederung in die Einheitsgemeinde Tanna vorgebracht hätten. Alternativen seien nicht erwogen, die Rechte der 1994 gewählten Mandatsträger nicht in die Abwägung einbezogen worden.

III.

Zu den Anträgen hat die Thüringer Landesregierung Stellung genommen. Sie sieht auf seiten der Antragstellerinnen keine Nachteile, die den Erlaß einer einstweiligen Anordnung rechtfertigen könnten. Zur Sicherung der Aktivlegitimation oder der Vertretung der Antragstellerinnen in einem Verfassungsbeschwerde-Verfahren gegen ihre Auflösung bedürfe es keiner einstweiligen Anordnung. Dies folge bereits aus § 41 Satz 2 ThürGNGG und § 45 Abs. 8 Satz 2 und 3 ThürKO. Diese Bestimmungen gewährleisteten, daß die für eine funktionsfähige Selbstverwaltung erforderlichen Strukturen und das identitätsstiftende Merkmal der Zugehörigkeit bis zum Abschluß eines Verfassungsbeschwerde-Verfahrens keinen erheblichen Schaden erleiden. Ein etwaiges derartiges Verfahren werde bis zur Neuwahl der Gemeinderäte im Jahre 1999 abgeschlossen sein. Aus der Auflösung der Verwaltungsgemeinschaften, an denen die Antragstellerinnen beteiligt seien, könne sich bereits im Ansatz ein erheblicher Nachteil, der den Erlaß einer einstweiligen Anordnung notwendig mache, nicht ergeben (BVerfGE 91, 70, 81).

IV.

In den einstweiligen Anordnungsverfahren hat der Verfassunggerichtshof am 19. Februar 1997 eine mündliche Verhandlung durchgeführt. Dort hatten die Antragstellerinnen Gelegenheit, die befürchteten negativen Folgen des Vollzugs von § 18 Abs. 1 und 4 ThürGNGG näher darzulegen. Ferner nahmen der Vorsitzende des Innenausschusses des Thüringer Landtags sowie Vertreter der Thüringer Landesregierung, der Stadt Tanna und der Stadt Saalburg diese Möglichkeit zur Äußerung wahr.

Die Antragstellerinnen heben insbesondere die angespannte Finanzlage und die ihrer Auffassung nach hohe Verschuldung der ehemaligen Stadt Tanna hervor, die nunmehr auf die neue Einheitsgemeinde übergehe, so daß sie im Endeffekt zur Bereinigung des „Sanierungsfalles Tanna" herangezogen würden. Dies beeinträchtige ihre eigene positive Entwicklung erheblich. Es gebe in Zukunft nur noch einen einheitlichen Haushalt. Bestimmte Vorhaben, die bei Bewahrung ihrer Selbständigkeit ohne weiteres hätten in Angriff genommen werden können, seien jetzt wegen fehlender Finanzmittel nicht mehr durchführbar oder verzögerten sich zumindest erheblich. Insbesondere gelte dies für die Dorferneuerung, die zu 60% aus Eigenmitteln und zu 40% über Kredite finanziert werde. Tanna sei in einem solchen Maß überschuldet, daß keine Kredite mehr aufgenommen werden dürften.

Daher werde die Dorferneuerung, die auf dem Gebiet einiger Antragstellerinnen bereits angelaufen sei, jetzt gestoppt.

B.

Die Anträge auf Erlaß einer einstweiligen Anordnung nach § 26 ThürVerfGHG sind zulässig, aber nicht in vollem Umfang begründet.

I.

Der Zulässigkeit der Anträge steht nicht entgegen, daß sie bereits zwischen Verabschiedung und Verkündung des Thüringer Gemeindeneugliederungsgesetzes gestellt worden sind; mit der Verkündung des Gesetzes sind sie jedenfalls zulässig geworden. Ferner spielt es für die Zulässigkeit der Anträge keine Rolle, daß sie schon vor Erhebung der Verfassungsbeschwerden zur Hauptsache bei dem Verfassungsgerichtshof eingereicht worden sind.

II.

In der Sache haben die Anträge nur teilweise Erfolg.

1. Sie sind allerdings nicht bereits deshalb abzulehnen, weil die gegen § 18 Abs. 1 und 4 ThürGNGG gerichteten Verfassungsbeschwerden der Antragstellerinnen offensichtlich unbegründet wären; nach derzeitigem Erkenntnisstand läßt sich nicht feststellen, daß die dortigen Regelungen die Antragstellerinnen ersichtlich nicht in ihrem gemäß Art. 91 Abs. 1 der Verfassung des Freistaats Thüringen vom 25. Oktober 1993 (GVBl. S. 625) garantierten Recht auf kommunale Selbstverwaltung verletzen. Zwar ist der Gesetzgeber trotz des verfassungsrechtlich abgesicherten Rechts einer jeden Gemeinde auf kommunale Selbstverwaltung grundsätzlich befugt, Gebietsänderungen bis hin zur Auflösung von Gemeinden auch gegen deren Willen anzuordnen. Ihm ist dabei jedoch von Verfassungs wegen keine unbeschränkte Gestaltungsfreiheit eingeräumt. Vielmehr folgt aus der kommunalen Selbstverwaltungsgarantie, daß Bestands- und Gebietsänderungen von Gemeinden nur aus Gründen des öffentlichen Wohls und nur nach einer Anhörung der betroffenen Gebietskörperschaften zulässig sind (vgl. ThürVerfGH, Urteil vom 18. Dezember 1996 – VerfGH 2/95 und 6/95 – LVerfGE 5, 391, 411).

Ob die in § 18 Abs. 1 ThürGNGG vorgesehene Auflösung der Verwaltungsgemeinschaft „Tanna" sowie die in § 18 Abs. 4 ThürGNGG unter gleichzeitiger Bildung einer neuen Gemeinde angeordnete Auflösung aller Antragstellerinnen durch Gründe des öffentlichen Wohls gerechtfertigt ist, steht indessen nicht außerhalb jeglichen Zweifels, sondern ist im Hauptsacheverfahren erst noch zu klären. Der Verfassungsgerichtshof wird – vornehmlich auf der dritten Stufe des von ihm angewandten Drei-Stufen-Modells zur verfassungsgerichtlichen Überprüfung kommunaler Neugliederungsmaßnahmen des Gesetzgebers (vgl. ThürVerfGH, LVerfGE 5, 391, 419 f) – zu prüfen haben, ob den angegriffenen gesetzlichen Bestimmungen eine den verfassungsrechtlichen Anforderungen genügende gesetzgeberische Abwägung zugrunde liegt. Dabei wird insbesondere der Frage nachzugehen sein, ob der Gesetzgeber zur Neugliederung in dem gebotenen Umfang Alternativen in gebietlicher Hinsicht erwogen hat (vgl. ThürVerfGH, LVerfGE 5, 391, 427) und ob er von der Bildung einer Verwaltungsgemeinschaft im Raum Tanna – ggf. unter Berücksichtigung der Ausnahmemöglichkeit gemäß § 46 Abs. 2 Satz 4 ThürKO – aus Gründen abgesehen hat, die von Verfassungs wegen nicht zu beanstanden sind. Hält der Gesetzgeber, wie hier, im Rahmen einer landesweiten kommunalen Neugliederung zwei Gestaltungsalternativen bereit, die unterschiedlich stark in das kommunale Selbstverwaltungsrecht betroffener Gemeinden eingreifen, so muß der Anwendung dieser Alternativen auf die einzelnen Neugliederungsfälle eine sachgerechte, unter Wahrung des Gleichbehandlungsgebots umzusetzende Konzeption zugrunde liegen.

2. Eine vollständige oder teilweise Aussetzung des Vollzugs von § 18 Abs. 1 und 4 ThürGNGG im Wege des Erlasses einer einstweiligen Anordnung kann im vorliegenden Fall nicht erfolgen. Hingegen sind die in der Entscheidungsformel ausgesprochenen vorläufigen Regelungen zur Sicherung der Wirksamkeit und Umsetzbarkeit der Hauptsacheentscheidung geboten, aber auch ausreichend. Weitergehende Anordnungen zum Schutz der Interessen der Antragstellerinnen sind nicht gerechtfertigt.

Bei der Prüfung der Voraussetzungen für den Erlaß einer einstweiligen Anordnung durch ein Verfassungsgericht ist regelmäßig ein strenger Maßstab anzulegen, was insbesondere dann gilt, wenn die Suspendierung eines Gesetzes in Rede steht (vgl. BVerfGE 82, 310, 312 f; 91, 70, 75; st. Rspr.). Von seiner Befugnis, den Vollzug eines Gesetzes auszusetzen, darf der Verfassungsgerichtshof nur mit großer Zurückhaltung Gebrauch machen (vgl. BVerfGE 82, 310, 313). Ist das einstweilige Anordnungsverfahren, wie hier, einer Verfassungsbeschwerde zugeordnet, die nicht von vornherein unzulässig oder offensichtlich unbegründet ist, so kommt es nach der ständigen Rechtsprechung des Bundesverfassungsgerichts, der sich der Verfassungsgerichtshof anschließt, auf eine Abwägung der Folgen an, die eintreten würden, wenn die einstweilige Anordnung nicht ergeht, die Verfassungsbeschwerde aber Erfolg hätte, gegenüber den Nachteilen, die entstünden, wenn die begehrte einstweilige Anordnung erlassen würde, der Verfassungsbeschwerde der Erfolg aber zu versagen wäre (vgl. BVerfGE 91, 70, 75). Dabei ist von entscheidender Bedeutung, ob für den Fall, daß sich die angegriffenen Vorschriften als verfassungswidrig erweisen, ohne die begehrte einstweilige Anordnung ein endgültiger und nicht wiedergutzumachender Schaden eintritt oder nur unter ganz erheblichen Schwierigkeiten wieder ausräumbare vollendete Tatsachen geschaffen werden; eine – auch mit Hilfe entsprechender verfassungsgerichtlicher Anordnungen ggf. offenzuhaltende – Möglichkeit, den vorherigen Zustand mit zumutbarem Aufwand wiederherzustellen, reduziert die Schwere des Nachteils, der infolge der Ablehnung einer einstweiligen Anordnung zu befürchten ist (vgl. BVerfGE 91, 70, 77). Gegenüber kommunalen Neugliederungsgesetzen ist daher vorrangig zu prüfen, ob unterhalb der Schwelle einer generellen Vollzugsaussetzung gewisse Anordnungen zur Sicherung einer eventuellen Rückabwicklung erforderlich erscheinen (vgl. BVerfGE 91, 70, 76).

Die besonderen Erwägungen, die insoweit im Falle einer sogenannten Rück-Neugliederung anzustellen sind (dazu vgl. BVerfGE 82, 310, 314; 91, 70, 77 f), haben hier außer Betracht zu bleiben. Denn bei den im Thüringer Gemeindeneugliederungsgesetz angeordneten Maßnahmen handelt es sich um eine erstmalige Neugliederung, der gegenüber auch die spezifische Situation der Gemeinden in den neuen Bundesländern keinen Anlaß für eine vom Regelfall abweichende Beurteilung bietet (BVerfGE 91, 70, 78; ThürVerfGH, LVerfGE 5, 391, 418). Daran vermag grundsätzlich auch der Umstand nichts zu ändern, daß die Antragstellerinnen vor einiger Zeit freiwillig der Verwaltungsgemeinschaft „Tanna" beigetreten sind, die durch das Thüringer Gemeindeneugliederungsgesetz aufgelöst wird. Für den Fall, daß bei Verfassungswidrigkeit der gesetzlichen Regelung die angeordnete Neugliederung im Raum Tanna nach relativ kurzer Zeit wieder rückgängig gemacht würde, besteht kein Anlaß zu zweifeln, daß nicht nur die ursprüngliche örtliche Gemeinschaft, für deren Bestand die Antragstellerinnen vor Gericht gezogen sind, sondern auch das Wiederaufleben einer Verwaltungsgemeinschaft „Tanna" von der Bevölkerung wieder angenommen wird (vgl. BVerfGE 91, 70, 78).

Allerdings erscheint es zum Schutz der örtlichen Identität (dazu vgl. BVerfGE 91, 70, 78 f) geboten, die durch §§ 41 Satz 1 und 2 ThürGNGG, 45 Abs. 8 ThürKO bewirkte Einführung der Ortschaftsverfassung für die Gebiete der Antragstellerinnen ggf. über den gesetzlich festgelegten Zeitpunkt hinaus bis zur Entscheidung über die Verfassungsbeschwerden der Antragstellerinnen zu erstrecken. Daß die Antragstellerinnen in ihrem Status als Ortschaften über handlungsfähige Organe verfügen, stellt bereits die Bestimmung des § 45 Abs. 8 Satz 2 und 3 ThürKO sicher.

Eine Aussetzung der gemäß § 39 Abs. 1 ThürGNGG vorgeschriebenen Wahl des Bürgermeisters und der Gemeinderatsmitglieder in der neugebildeten Stadt Tanna ist nicht geboten. Diese Wahl ist erforderlich, um die neugebildete Einheitsgemeinde mit demokratisch legitimierten Organen auszustatten. Darauf kann nicht verzichtet werden; es kommt nicht in Betracht, die Funktion des Bürgermeisters bis zur Entscheidung in der Hauptsache von einem Beauftragten wahrnehmen zu lassen. Wertete man die Wahl und ihre Folgen für die Antragstellerinnen als schweren, nicht wiedergutzumachenden Nachteil, so müßte dies vielmehr zur Suspendierung des § 18 Abs. 4 ThürGNGG und in der Folge auch des — dann seiner Grundlage beraubten — § 18 Abs. 1 ThürGNGG hinsichtlich der Verwaltungsgemeinschaft „Tanna" führen. Der Verfassungsgerichtshof vermag jedoch nicht zu erkennen, daß die Wahl des Bürgermeisters und des Gemeinderats der neugebildeten Einheitsgemeinde für die Antragstellerinnen, gemessen an den oben dargestellten Grundsätzen, eine derart gravierende Belastung mit sich bringt, daß für den Fall ihres Obsiegens im Hauptsacheverfahren von einer unzumutbaren Erschwerung der Wiederherstellung ihrer Selbständigkeit zu sprechen wäre. Gewisse Erschwernisse, die sich aufgrund der Ernennung des gewählten Bürgermeisters zum Beamten auf Zeit im Falle eines Erfolges der Verfassungsbeschwerden ergäben, müssen mit Rücksicht auf die strengen Voraussetzungen, unter denen der Erlaß einer einstweiligen Anordnung durch den Verfassungsgerichtshof steht, hingenommen werden.

Entsprechendes gilt für die weiteren Überlegungen, aus denen heraus die Antragstellerinnen die Aussetzung des Gesetzesvollzugs für geboten erachten. Prinzipiell steht die Eingliederung der Antragstellerinnen in die neue Einheitsgemeinde der Durchführung oder Fortführung der Dorferneuerung im Bereich der Antragstellerinnen nicht entgegen. Insoweit kann für den Fall des Erfolges der Verfassungsbeschwerden ungünstigstenfalls eine gewisse Verzögerung eintreten, die noch nicht als schwerer Nachteil zu qualifizieren ist. Die vom Verfassungsgerichtshof unter Ziffer 2 des Entscheidungsausspruchs erlassene „Wohlverhaltensanordnung" soll im übrigen sicherstellen, daß die aufgelösten Antragstellerinnen durch die Verwaltungstätigkeit der neuen Einheitsgemeinde nicht in wichtigen Angelegenheiten präjudiziert werden und daß durch organisatorische Maßnahmen nicht eine eventuell erforderliche Rückabwicklung der angegriffenen Neugliederungsmaßnahmen übermäßig erschwert wird. Sie bringt zum Ausdruck, daß die Lage der eingegliederten Gemeinden bis zur abschließenden Klärung der Verfassungsmäßigkeit von § 18 Abs. 1 und 4 ThürGNGG offen und folglich bei der Verwaltung hierauf Rücksicht zu nehmen ist. Im Zweifelsfall wird sich eine Abstimmung mit dem Ortsbürgermeister bzw. Ortschaftsrat empfehlen. Die Anordnung einer Kennzeichnungspflicht bei Aufstellung und Abwicklung des Haushalts soll insbesondere eine später möglicherweise notwendig werdende Auseinandersetzung in finanzieller Hinsicht erleichtern. Die Einhaltung der Anordnungen werden die Kommunalaufsichtsbehörden zu überwachen haben (zum Ganzen vgl. BVerfGE 91, 70, 81 f).

C.

Das Verfahren ist gemäß § 28 Abs. 1 ThürVerfGHG kostenfrei. Die Anordnung der Auslagenerstattung beruht auf § 29 Abs. 2 ThürVerfGHG.

Nr. 3

(Einzel-)Fall eines unbegründeten Antrags auf Erlaß einer einstweiligen Anordnung gemäß § 26 ThürVerfGHG einer durch das Thüringer Gemeindeneugliederungsgesetz aufgelösten und in eine neugebildete Einheitsgemeinde eingegliederten Gemeinde.

Verfassung des Freistaats Thüringen Art. 91 Abs. 1

Thüringer Verfassungsgerichtshofsgesetz § 26

Thüringer Gemeindeneugliederungsgesetz § 12 Abs. 2

Beschluß vom 28. April 1997 – VerfGH 3/97

in dem Verfahren über den Antrag auf Erlaß einer einstweiligen Anordnung der Gemeinde Werther, vertreten durch den Bürgermeister, betreffend § 12 Abs. 2 des Thüringer Gesetzes zur Neugliederung kreisangehöriger Gemeinden (Thüringer Gemeindeneugliederungsgessetz – ThürGNGG –) vom 23. Dezember 1996 (GVBl. S. 333)

Entscheidungsformel:

Der Antrag auf Erlaß einer einstweiligen Anordnung wird abgelehnt.

Gründe:

A.

Die Antragstellerin wendet sich mit einer Verfassungsbeschwerde und im Wege eines Antrags auf Erlaß einer einstweiligen Anordnung gemäß Art. 26 des Gesetzes über den Thüringer Verfassungsgerichtshof (Thüringer Verfassungsgerichtshofsgesetz – ThürVerfGHG –) vom 28. Juni 1994 (GVBl. S. 781) gegen § 12 Abs. 2 des Thüringer Gesetzes zur Neugliederung kreisangehöriger Gemeinden (Thüringer Gemeindeneugliederungsgesetz –

ThürGNGG –) vom 23. Dezember 1996 (GVBl. S. 333). Dort ist bestimmt, daß die Gemeinden Großwechsungen, Günzerode, Haferungen, Immenrode, Kleinwechsungen, Mauderode, Pützlingen und Werther – die bis dahin der gemäß § 12 Abs. 1 ThürGNGG aufgelösten Verwaltungsgemeinschaft „Helmetal" angehört hatten – aufgelöst werden und daß aus dem Gebiet der aufgelösten Gemeinden eine neue Gemeinde gebildet wird, die Rechtsnachfolgerin der aufgelösten Gemeinden ist. Diese Gemeinde führt gemäß § 12 Abs. 3 ThürGNGG den Namen Werther.

I.

Die 1.595 Einwohner zählende Antragstellerin liegt unmittelbar südwestlich der Stadt Nordhausen im gleichnamigen Landkreis. Zusammen mit den sieben anderen eben aufgezählten Gemeinden und mit der gemäß § 12 Abs. 4 ThürGNGG in die Stadt Nordhausen eingegliederten Gemeinde Hesserode bildete sie die Verwaltungsgemeinschaft „Helmetal", die 4.348 Einwohner umfaßte. Die neugebildete (Einheits-) Gemeinde Werther hat 3.844 Einwohner. An das Gebiet der Antragstellerin grenzen im Süden die der Verwaltungsgemeinschaft „Hainleite" angehörenden Gemeinden Nohra, Wolkramshausen und Kleinfurra an. Die Verwaltungsgemeinschaft „Hainleite" besteht aus sechs Gemeinden mit insgesamt 6.835 Einwohnern; sie wurde durch das Thüringer Gemeindeneugliederungsgesetz nicht verändert.

Das Thüringer Gemeindeneugliederungsgesetz ist am 19. Dezember 1996 vom Landtag verabschiedet und am 23. Dezember 1996 vom Landtagspräsidenten ausgefertigt worden. Nach seiner Veröffentlichung im GVBl. Nr. 20 vom 30. Dezember 1996 ist es im wesentlichen – so auch § 12 – am 1. Januar 1997 in Kraft getreten (vgl. § 49 ThürGNGG).

II.

Die Antragstellerin hat beim Thüringer Verfassungsgerichtshof am 14. Februar 1997 Verfassungsbeschwerde eingelegt (Verfahren VerfGH 4/97) und einen Antrag auf Erlaß einer einstweiligen Anordnung gestellt. Sie beantragt,

> der neugebildeten Gemeinde Werther im Wege des Erlasses einer einstweiligen Anordnung aufzugeben, bis zum Abschluß des Verfassungsbeschwerdeverfahrens keine aufschiebbaren Entscheidungen oder Maßnahmen zu treffen, die im Falle ihres, der Antragstellerin, Obsiegens die Wiederherstellung ihrer Selbständigkeit unzumutbar erschweren oder ihr nicht wiedergutzumachende Nachteile einbringen würden, sowie der neugebildeten Gemeinde Werther aufzugeben, bis zur Entscheidung in der Hauptsache bei Aufstellung und Abwicklung des Haus-

halts alle Vorgänge, die sie, die Antragstellerin, betreffen, zu kennzeichnen, soweit dies vom Aufwand her vertretbar ist.

Zur Begründung macht die Antragstellerin im wesentlichen geltend: Die Eingliederung in die neugebildete Einheitsgemeinde Werther verletze sie in ihrem Recht auf kommunale Selbstverwaltung. Zwar habe sie ausreichend Gelegenheit gehabt, zu der beabsichtigten gesetzgeberischen Regelung Stellung zu nehmen; auch stehe die Auflösung der Verwaltungsgemeinschaft „Helmetal" außer Streit. Die aus dieser Auflösung sich ergebenden Probleme seien aber nicht ordnungsgemäß bewältigt worden. Ihre Eingliederung in die neue Gemeinde Werther entspreche nicht dem öffentlichen Wohl. Es bestehe ein Ermittlungs- und Abwägungsdefizit. Insbesondere sei nicht zu erkennen, daß der Gesetzgeber sich mit den von ihr und verschiedenen anderen Gemeinden vorgeschlagenen Neugliederungsalternativen konkret auseinandergesetzt habe und von welchen sachlichen Erwägungen er sich bei seiner Entscheidung habe leiten lassen. Zusammen mit den beiden Nachbargemeinden Großwechsungen und Kleinwechsungen trete sie für einen Anschluß an die fortbestehende Verwaltungsgemeinschaft „Hainleite" ein. Im Umkreis bestünden zahlreiche Verwaltungsgemeinschaften weiter; zu Einheitsgemeinden seien im wesentlichen nur traditionelle Städte geworden, die durch Eingliederungen verstärkt worden seien. Im Vergleich zu einer schwachen Einheitsgemeinde Werther sei eine vergrößerte und dadurch gestärkte Verwaltungsgemeinschaft „Hainleite" die bessere Gliederungsalternative. Die Ausführungen in der Begründung zum Gesetzentwurf der Landesregierung, wonach die neue Gemeinde leistungsstark sei und dem historischen Zusammenhalt entspreche, seien unzutreffend. In den betroffenen Gemeinden bestehe kein historisch gewachsener, infrastrukturell begründeter Wille zu einer Einheitsgemeinde, der der Bevölkerung vermittelbar sei.

Die begehrte einstweilige Anordnung sei erforderlich, weil ansonsten Maßnahmen zu befürchten seien, die eine Wiederauflösung der neugebildeten Gemeinde unmöglich machen oder zumindest erheblich erschweren könnten, wie z. B. ortsübergreifende Planungen für Baugebiete oder gemeinsame Versorgungseinrichtungen. Um nicht die Durchführung des Verfassungsbeschwerde-Verfahrens von vornherein zu entwerten, müßten Folgen, die eine Rückgliederung über das normale Maß hinaus erschwerten, vermieden werden; die Handlungsfreiheit der neugebildeten Gemeinde müsse insoweit einstweilen eingeschränkt werden.

III.

Zu dem Antrag auf Erlaß einer einstweiligen Anordnung hat die Thüringer Landesregierung Stellung genommen. Sie sieht auf seiten der Antragstellerin keine Nachteile, die den Erlaß einer einstweiligen Anordnung rechtfertigen könnten. Schon in Anbetracht des Umstandes, daß die Antragstellerin die größte Ortschaft der neugebildeten Einheitsgemeinde sei, sei es wenig wahrscheinlich, daß letztere sich bis zur Entscheidung über die Verfassungsbeschwerde der Antragstellerin gegenüber nachteilig verhalte. Konkrete Angaben zu gleichwohl zu befürchtenden Nachteilen fehlten. Gegen eine Regelung entsprechend Ziffer 3 des Beschlusses des Bundesverfassungsgerichts vom 3. Mai 1994 (BVerfGE 91, 70 ff) habe man indessen nichts einzuwenden, wenn der Verfassungsgerichtshof die Voraussetzungen dafür als erfüllt ansehe.

B.

Der Antrag auf Erlaß einer einstweiligen Anordnung nach § 26 ThürVerfGHG ist zulässig, aber nicht begründet.

I.

Die Antragstellerin ist befugt, ihre durch § 12 Abs. 2 ThürGNGG angeordnete Auflösung als Gemeinde im Wege der Verfassungsbeschwerde gemäß Art. 80 Abs. 1 Nr. 2 der Verfassung des Freistaats Thüringen (ThürVerf) vom 25. Oktober 1993 (GVBl. S. 625), §§ 11 Nr. 2, 31 Abs. 2 ThürVerfGHG vor dem Verfassungsgerichtshof anzugreifen und im Zusammenhang damit einen Antrag auf Erlaß einer einstweiligen Anordnung zu stellen. Der Umstand, daß ihre Auflösung zugunsten einer neugebildeten (Einheits-) Gemeinde gleichen Namens erfolgt, steht dem nicht entgegen; die neugebildete Gemeinde Werther und die Antragstellerin sind unterschiedliche Rechtssubjekte.

II.

In der Sache hat der Antrag keinen Erfolg.

1. Dies ergibt sich allerdings nicht bereits daraus, daß die gegen § 12 Abs. 2 ThürGNGG gerichtete Verfassungsbeschwerde der Antragstellerin von vornherein unzulässig oder offensichtlich unbegründet wäre.

Für diese Verfassungsbeschwerde besteht ein Rechtsschutzbedürfnis; ein etwaiger Erfolg im Verfassungsbeschwerde-Verfahren ist geeignet, den Eingriff in den durch Art. 91 ThürVerf geschützten Bereich der gemeindlichen Selbstverwaltung rückgängig zu machen und die Antragstellerin damit ihrem eigentlichen Ziel näherzubringen, als selbständige Gemeinde der Verwaltungsgemeinschaft „Hainleite" angegliedert zu werden.

Nach derzeitigem Erkenntnisstand läßt sich auch nicht feststellen, daß die Antragstellerin durch die in § 12 Abs. 2 ThürGNGG enthaltenen Regelungen ersichtlich nicht in ihrem gemäß Art. 91 Abs. 1 ThürVerf garantierten Recht auf kommunale Selbstverwaltung verletzt wird. Zwar ist der Gesetzgeber trotz des verfassungsrechtlich abgesicherten Rechts einer jeden Gemeinde auf kommunale Selbstverwaltung grundsätzlich befugt, Gebietsänderungen bis hin zur Auflösung von Gemeinden auch gegen deren Willen anzuordnen. Ihm ist dabei jedoch von Verfassungs wegen keine unbeschränkte Gestaltungsfreiheit eingeräumt. Vielmehr folgt aus der kommunalen Selbstverwaltungsgarantie, daß Bestands- und Gebietsänderungen von Gemeinden nur aus Gründen des öffentlichen Wohls und nur nach einer Anhörung der betroffenen Gebietskörperschaften zulässig sind (vgl. ThürVerfGH, Urteil vom 18. Dezember 1996 – VerfGH 2/95 und 6/95 – LVerfGE 5, 391, 411).

Ob die in § 12 Abs. 2 ThürGNGG unter gleichzeitiger Bildung einer neuen (Einheits-) Gemeinde angeordnete Auflösung der Antragstellerin durch Gründe des öffentlichen Wohls gerechtfertigt ist, steht indessen nicht außerhalb jeglichen Zweifels, sondern ist im Hauptsacheverfahren erst noch zu klären.

2. Die beantragte einstweilige Anordnung kann nicht ergehen, weil die Vollziehung des § 12 Abs. 2 ThürGNGG auch dann, wenn die Verfassungsbeschwerde der Antragstellerin später Erfolg hat, für die Antragstellerin nach derzeitigem Erkenntnisstand keine schwerwiegenden Nachteile hervorruft, zu deren Vermeidung der Erlaß einer einstweiligen Anordnung erforderlich ist.

Bei der Prüfung der Voraussetzungen für den Erlaß einer einstweiligen Anordnung durch ein Verfassungsgericht ist regelmäßig ein strenger Maßstab anzulegen, was insbesondere dann gilt, wenn die Suspendierung eines Gesetzes in Rede steht (vgl. BVerfGE 82, 310, 212 f; 91, 70, 75; st. Rspr.). Von seiner Befugnis, den Vollzug eines Gesetzes auszusetzen, darf der Verfassungsgerichtshof nur mit großer Zurückhaltung Gebrauch machen (vgl. BVerfGE 82, 310, 313).

Gemessen daran ist es nicht geboten, zur Sicherung der Interessen der Antragstellerin unterhalb einer vorläufigen teilweisen Außerkraftsetzung der Bestimmung des § 12 Abs. 2 ThürGNGG die begehrte Anordnung zu erlassen. Denn auch wenn sich § 12 Abs. 2 ThürGNGG im Hauptsacheverfahren der Antragstellerin gegenüber als verfassungswidrig erweisen sollte, träte für diese gleichwohl kein endgültiger und nicht wiedergutzumachender Schaden ein, der einen Erfolg im Verfahren zur Hauptsache entwerten würde.

Es ist vielmehr zu erwarten, daß die Antragstellerin nach einem solchen Erfolg auch ohne die beantragte einstweilige Anordnung ihre Funktionsfähigkeit als selbständige Gemeinde wiedererlangen wird, ohne dabei unzumutbaren Schwierigkeiten ausgesetzt zu sein. Dem Interesse an einem vorläufigen Schutz der für eine lebensfähige Selbstverwaltung erforderlichen Strukturen und der Zugehörigkeit zur örtlichen Gemeinschaft (dazu vgl. BVerfGE 91, 70, 78 f) tragen vorliegend bereits die gesetzlichen Regelungen gemäß §§ 41 Satz 1 und 2 ThürGNGG, 45 Abs. 8 ThürKO Rechnung. Gewisse Erschwernisse müssen im übrigen mit Rücksicht auf die strengen Voraussetzungen, unter denen der Erlaß einer einstweiligen Anordnung durch den Verfassungsgerichtshof steht, hingenommen werden. Zu berücksichtigen ist ferner, daß eine uneingeschränkte Selbständigkeit der Antragstellerin als letzte Konsequenz eines erfolgreich durchgeführten Hauptsacheverfahrens im Hinblick auf die Bestimmung des § 46 Abs. 1 Satz 3 ThürKO ohnehin nicht in Betracht kommt und von ihr auch gar nicht angestrebt wird.

Es erscheint eher unwahrscheinlich und ist konkret nichts dazu vorgetragen, daß die Planungs- und Verwaltungstätigkeit der neugebildeten Einheitsgemeinde Werther Zustände herbeiführen wird, die einen etwaigen Erfolg der Antragstellerin im Hauptsacheverfahren entwerten. Zum einen handelt es sich bei dieser Gemeinde um eine relativ kleine Gemeinde im ländlichen Raum. Dies unterscheidet den vorliegenden Sachverhalt erheblich von den Verfahren, die das Bundesverfassungsgericht durch Beschluß vom 3. Mai 1994 (BVerfGE 91, 70) entschieden hat; in jenen Verfahren war in beträchtlich höherem Maße von der Gefahr auszugehen, „daß die eingegliederten Gemeinden durch die konkrete Verwaltungstätigkeit der aufnehmenden (kreisfreien) Städte in wichtigen Angelegenheiten präjudiziert und durch organisatorische Maßnahmen eine Rückabwicklung der Eingemeindung übermäßig erschwert werden könnten" (BVerfGE 91, 70, 81 f). Zum anderen ist die Antragstellerin mit gut 40 % der Einwohner der neugebildeten Gemeinde Werther deren größte Ortschaft und es steht zu erwarten, daß auch ein entsprechend hoher Anteil an Gemeinderäten aus dieser Ortschaft kommt. Im Hinblick darauf erscheint es wenig wahrscheinlich, daß die neugebildete Gemeinde Entscheidungen oder Maßnahmen trifft, die sich gegen gewichtige Interessen der Antragstellerin richten und ihr für den Fall eines Erfolges der Verfassungsbeschwerde erheblichen, nicht wiedergutzumachenden Schaden zufügen. Überdies müßte die neugebildete Gemeinde in Anbetracht der Verfassungsbeschwerden der Antragstellerin und der Gemeinde Kleinwechsungen gegen § 12 Abs. 2 ThürGNGG sowie der Bestimmung des § 46 Abs. 1 Satz 3 ThürKO ohnehin zu der Einsicht gelangen, daß ihre eigene Existenz bis zum Abschluß der Verfassungsbeschwerde-Verfahren unter einem gewissen Vorbehalt steht, was eine entsprechend behutsame Ortspolitik in Abstimmung mit den Ortsbürgermeistern bzw. Ortschaftsräten erforderlich macht.

C.

Das Verfahren ist gemäß § 28 Abs. 1 ThürVerfGHG kostenfrei.

Nr. 4

1. Der Begriff „Wohnsitz" in Art. 46 Abs. 2 ThürVerf ist nicht inhaltsgleich mit dem Wohnsitzbegriff in § 7 BGB. Es handelt sich um einen ausfüllungsbedürftigen Begriff, dessen Konkretisierung unter Beachtung sämtlicher Verfassungsnormen gemäß Art. 46 Abs. 3 ThürVerf dem einfachen Gesetzgeber obliegt.

2. Der Gesetzgeber des Thüringer Landeswahlgesetzes hat sich in grundsätzlich zulässiger Weise bei der Bestimmung des wahlrechtlichen Wohnsitzbegriffes an den Regelungen des Melderechts orientiert. Würde § 13 Satz 2 ThürLWG für den zur Begründung des aktiven und passiven Wahlrechts erforderlichen Wohnsitz jedoch uneingeschränkt und zwingend den Begriff der melderechtlichen Hauptwohnung übernehmen, wäre er mit dem Grundsatz der Allgemeinheit der Wahl und dem Gebot des Schutzes von Ehe und Familie (Art. 46 Abs. 1, 17 Abs. 1 und 2 Abs. 1 ThürVerf) nicht vereinbar.

3. Art. 17 Abs. 1 ThürVerf erlaubt den Familienmitgliedern, selbst zu bestimmen, wie sie den geschützten Bereich gestalten wollen, wie sie ihre Freiheit nutzen wollen, welche Ziele und Leitbilder maßgeblich sein sollen. Die zunehmende Vielfalt von Familienbildern ist von der Rechtsordnung bei der Bestimmung des Schutzbereiches von Art. 17 Abs. 1 ThürVerf zu berücksichtigen.

4. Bei uneingeschränkter Übernahme des Hauptwohnungsbegriffs des § 12 Abs. 2 Satz 2 MRRG in das Wahlrecht würde § 13 Satz 2 ThürLWG einseitig eine familiäre Lebensgestaltung berücksichtigen, die möglicherweise das Bild von Familie nach wie vor maßgebend bestimmt, jedoch keineswegs mehr das Gewicht hat, andere Formen familiären Lebens zu verdrängen. Das Bild des sich in *einer* Wohnung

und von dort aus entfaltenden Familienlebens trifft dann nicht mehr zu, wenn beide Ehegatten oder einer von ihnen seinen Beruf an einem anderen Ort als dem der Familienwohnung ausübt, am Ort seines beruflichen Wirkens aus dem Beruf heraus Aktivitäten entfaltet, die über die eigentliche Berufsausübung hinausgehend ein Engagement für die allgemeinen Belange einschließen, und damit den Ort dieses Engagements als echtes Lebenszentrum gestaltet.

5. Die uneingeschränkte Übernahme des melderechtlichen Hauptwohnungsbegriffs in § 12 Abs. 2 Satz 2 MRRG in das Wahlrecht würde zu einer Ungleichbehandlung von Verheirateten gegenüber Unverheirateten, ebenso wie von Bürgern mit Kindern gegenüber Kinderlosen führen, die nicht durch sachlich anerkennenswerte Gründe gerechtfertigt und deshalb mit Art. 17 Abs. 1 in Verbindung mit Art. 2 Abs. 1 ThürVerf unvereinbar wäre.

6. § 13 Satz 2 ThürLWG kann unter Berücksichtigung der genannten Vorgaben der Thüringer Verfassung verfassungskonform ausgelegt werden.

Die Erfordernisse des Wahlrechts gebieten es, die von der Regel, daß ein Bürger am Ort seiner melderechtlichen Hauptwohnung seinen Lebensmittelpunkt hat, abweichenden Fälle nicht zu ignorieren. Diese sind daher aus Rechtsgründen des Landeswahlrechts als Zweifelsfälle im Sinne von § 12 Abs. 2 Satz 5 MRRG anzusehen und entsprechend zu lösen.

Verfassung des Freistaats Thüringen Art. 2 Abs. 1, 17 Abs. 1, 46 Abs. 1, 2, 3

Thüringer Landeswahlgesetz §§ 13 S. 2, 16 Nr. 2

Urteil vom 12. Juni 1997 – VerfGH 13/95 –

in dem Verfahren über die Wahlprüfungsbeschwerde der Fraktion der Sozialdemokratischen Partei im Thüringer Landtag, vertreten durch den Vorsitzenden, wegen Anfechtung des Beschlusses des Thüringer Landtags im Mandatsprüfungsverfahren betreffend den Abgeordneten N.

Entscheidungsformel:

Die Beschwerde wird zurückgewiesen.

Gründe:

A.

Das Verfahren betrifft eine von der sozialdemokratischen Fraktion des Thüringer Landtages gemäß §§ 48 ThürVerfGHG, 64 ThürLWG eingelegte Beschwerde gegen den Beschluß des Thüringer Landtages vom 19. 5. 1995. Mit dem angefochtenen Beschluß ist der Einspruch des Präsidenten des Thüringer Landtages vom 4. 1. 1995 gegen die Gültigkeit der Wahl des Abgeordneten N. in den zweiten Thüringer Landtag zurückgewiesen worden.

I.

1. Bei der Landtagswahl am 16. 10. 1994 ist N. – damals Innenminister des Freistaates Thüringen – als Direktkandidat des Wahlkreises 14 (Gotha I) zum Mitglied des zweiten Thüringer Landtages gewählt worden. Der Wahlvorschlag N. war am 19. 8. 1994 von dem zuständigen Wahlkreisausschuß zugelassen worden. Am gleichen Tag hatte der Landeswahlausschuß N. als Kandidaten auf der Landesliste der CDU zur Landtagswahl zugelassen. Der Zulassungsentscheidung hat eine Wählbarkeitsbescheinigung der Stadtverwaltung Erfurt – Einwohner- und Meldeamt – vom 29. 7. 1994 zugrunde gelegen.

2. Der Abgeordnete N. ist verheiratet und lebt nicht von seiner Ehefrau getrennt. Bis 30. 11. 1993 war er, ebenso wie seine Ehefrau und seine drei damals minderjährigen Kinder, mit Hauptwohnung in S. (Nordrhein-Westfalen) gemeldet. Er selbst war außerdem bis zu diesem Zeitpunkt mit Nebenwohnung in Erfurt gemeldet.

Am 30. 11. 1993 erklärte N. gegenüber der Meldebehörde die Erfurter Wohnung zu seiner Hauptwohnung, die Wohnung in S. zur Nebenwohnung. Dies wurde in das Melderegister der Stadt Erfurt übernommen. Die weiteren Familienmitglieder blieben ausschließlich in S. gemeldet. Das Anmeldeformular enthält die Frage an Verheiratete, die nicht dauernd getrennt leben, welche Wohnung von der Familie vorwiegend genutzt werde. Unter der Rubrik „bisher" trug er „S.", unter der Rubrik „künftig" trug er „nach Baufertigstellung Erfurt" ein.

3. a) Am 4. 1. 1995 hat der Präsident des Thüringer Landtages gemäß §§ 51 Ziff. 3, 52, 53 ThürLWG Einspruch gegen die Gültigkeit der Wahl des Abgeordneten N. erhoben. Er war der Ansicht, N. sei nicht in den Thüringer Landtag wählbar gewesen, denn er habe seine Hauptwohnung nicht im Wahlgebiet, sondern in S.

b) In dem nachfolgenden Wahlprüfungsverfahren hat der Wahlprüfungsausschuß das Thüringer Innenministerium, das Thüringer Ministerium für Justiz und Europaangelegenheiten, sowie den Landeswahlleiter um Stellungnahmen ersucht. Die Ministerien sowie der Landeswahlleiter kamen zu dem Ergebnis, der Abgeordnete N. sei nicht wählbar gewesen, denn seine Hauptwohnung habe sich zum Stichtag 12. 12. 1993 in S. befunden. Ein Zweifelsfall im Sinne von § 15 Abs. 2 Satz 5 Thüringer Meldegesetz (ThürMeldeG) habe nicht vorgelegen.

Der Wahlprüfungsausschuß beschloß, Ministerialdirektor a. D. *Dr. Schreiber* mit der Erstattung eines Rechtsgutachtens zu beauftragen. *Dr. Schreiber* kam zu dem Ergebnis, der Abgeordnete N. sei nicht wählbar gewesen. Er führt aus, durch die Seßhaftigkeitsvoraussetzung in § 16 Nr. 2 ThürLWG seien Grundrechte nicht betroffen bzw. in ihrem Kernbereich eingeschränkt. Der Begriff „Wohnsitz" in Art. 46 Abs. 2 ThürVerf verbiete nicht die Anknüpfung an die Hauptwohnung im Sinne des Melderechts gemäß § 13 Satz 2 ThürLWG. § 15 Abs. 2 Satz 2 ThürMeldeG enthalte eine unwiderlegbare Vermutung dahingehend, daß ein verheirateter, nicht von seiner Familie dauernd getrennt lebender Einwohner seine Hauptwohnung in der von der Familie vorwiegend benutzten Wohnung habe. Da die Familie des Abgeordneten N. zweifelsfrei vorwiegend die Wohnung in S. benutze, liege ein Zweifelsfall im Sinne von § 15 Abs. 2 Satz 5 ThürMeldeG nicht vor. Auf den dauernden Aufenthalt komme es nur bei wohnsitzlosen Personen an.

Mit Schreiben vom 7. 3. 1995 hat der Abgeordnete N. Stellung genommen. Er hat vorgetragen, an sechs von sieben Wochentagen dienstlich in Erfurt bzw. in Thüringen tätig zu sein. An Sonntagen halte er sich meistens entweder in S. oder in Erfurt oder bei seinen Schwiegereltern in G. (Thüringen) auf. Während er zu Beginn seiner beruflichen Tätigkeit in Thüringen regelmäßig am Wochenende nach S. gereist sei, komme seit eineinhalb Jahren seine Frau mit oder ohne Kinder immer häufiger am Wochenende nach Erfurt oder G. (Thüringen). Auch sein Freundes- und Bekanntenkreis habe sich zunehmend nach Thüringen verlagert.

In einem vom Wahlprüfungsausschuß eingeholten weiteren Rechtsgutachten von *Professor Dr. Würtenberger,* das insbesondere zum Wohnsitzbegriff in Art. 46 Abs. 2 ThürVerf Stellung nehmen sollte, kam dieser zu dem Ergebnis, der Abgeordnete N. sei bei der Landtagswahl am 16. 10. 1994 wählbar gewesen. Art. 46 Abs. 2 ThürVerf verwende den Begriff des Wohnsitzes mit gleichem Inhalt wie § 7 BGB. § 16 Nr. 2 i. V. m. § 13 Satz 2 ThürLWG sei verfassungsrechtlich bedenklich, da er an den melderechtlichen Hauptwohnungsbegriff anknüpfe. Die Vorschriften seien verfassungskonform dahingehend auszulegen, daß nur bei mehreren Wohnungen innerhalb Thüringens der für das Wahlrecht maßgebliche Wohnsitz nach den melderechtlichen Regelungen bestimmt werde. § 15 Abs. 2 Satz 2 ThürMeldeG verstoße bei wörtlicher Anwendung gegen Art. 6 Abs. 1 GG, sowie gegen Art. 2 Abs. 1 i. V. m. 1 Abs. 1 GG. Die melderechtlichen Vorschriften seien jedoch verfassungskonform auszulegen; das Merkmal „dauernd getrennt von seiner Familie lebend" sei immer dann zu bejahen, wenn in der räumlichen, auf die Wohnung bezogenen Gemeinschaft der Ehegatten eine Trennung eingetreten sei. Auch könne § 15 Abs. 2 Satz 2 ThürMeldeG nicht als unwiderlegbare Fiktion, sondern lediglich als Beweisregel für die in Satz 5 der Vorschrift genannten Zweifelsfälle verstanden werden.

c) Nach mündlicher Verhandlung am 4. 5. 1995 hat der Wahlprüfungsausschuß beantragt, der Thüringer Landtag möge beschließen, den Einspruch des Landtagspräsidenten zurückzuweisen. Begründet wurde diese Entscheidung damit, daß Art. 46 Abs. 2 ThürVerf an den Wohnsitzbegriff des § 7 BGB anknüpfe. Eine verfassungskonforme Auslegung von § 16 Nr. 2 ThürLWG sei geboten. Auch sei Art. 6 Abs. 1 GG zu beachten. Hiernach zählten auch die Lebensbereiche einzelner Familienmitglieder, die auf die politische Öffentlichkeit gerichtet seien, zum Familienleben. Außerdem genössen sowohl der Abgeordnete N. als auch seine Wähler Vertrauensschutz.

d) Der Thüringer Landtag hat in seiner 13. Plenarsitzung am 19. 5. 1995 unter Übernahme der Begründung des Entscheidungsvorschlags des Wahlprüfungsausschusses den Einspruch des Landtagspräsidenten zurückgewiesen.

II.

1. Gegen diesen Beschluß hat die SPD-Fraktion im Thüringer Landtag mit am 19. 7. 1995 eingegangenem Schriftsatz Beschwerde gemäß §§ 63, 64 ThürLWG, 48 Abs. 1 ThürVerfGHG zum Thüringer Verfassungsgerichtshof eingelegt.

Sie vertritt die Ansicht, der Abgeordnete N. sei nicht wählbar gewesen, da er zu keinem Zeitpunkt vor der Wahl des zweiten Thüringer Landtags in Thüringen einen Wohnsitz im Sinne von Art. 46 Abs. 2 ThürVerf gehabt habe. Für die Bestimmung des wahlrechtlichen Wohnsitzbegriffes werde Art. 46 Abs. 2 ThürVerf durch §§ 16 Nr. 2, 13 Satz 2 ThürLWG konkretisiert. § 13 Satz 2 ThürLWG verweise auf das Melderecht in dem Sinne, daß bei mehreren Wohnungen der Ort der Hauptwohnung im Sinne des Melderechts maßgeblich sei. § 15 Abs. 2 ThürMeldeG enthalte eine Legaldefinition der Hauptwohnung. Diese sei gemäß § 15 Abs. 2 Satz 2 ThürMeldeG bei einem verheirateten Einwohner, der nicht dauernd getrennt von seiner Familie lebt, die vorwiegend benutzte Wohnung der Familie. Nach den Angaben des Abgeordneten N. gegenüber der Meldebehörde in Erfurt sei dies aber zum Zeitpunkt der Wahl die Wohnung in S. gewesen. Ein Zweifelsfall nach § 15 Abs. 2 Satz 5 ThürMeldeG liege nicht vor, so daß es auf den Schwerpunkt der Lebensbeziehungen des Abgeordneten N. nicht ankomme. Ebensowenig komme es auf den gewöhnlichen Aufenthalt in Thüringen an, da die zweite Alternative des § 16 Nr. 2 ThürLWG nur jene Fälle erfasse, in denen Bürger überhaupt keinen festen Wohnsitz hätten.

Diese gesetzliche Regelung entspreche der Ausgestaltungs- und Konkretisierungsermächtigung des Art. 46 Abs. 2 ThürVerf. Ein anderes Verständnis des Begriffs „Wohnsitz" in Art. 46 Abs. 2 ThürVerf, insbesondere im Sinne von § 7 BGB, sei nicht geboten.

Ein Verstoß gegen Art. 6 Abs. 1 GG, 17 Abs. 1 ThürVerf liege nicht vor.

Gesichtspunkte des Vertrauensschutzes könnten nicht ausschlaggebend sein, da sonst niemals eine Wahl für ungültig erklärt und einem Abgeordneten das Mandat entzogen werden könnte.

2. Im verfassungsgerichtlichen Wahlprüfungsverfahren haben der Präsident des Thüringer Landtages, der Abgeordnete N., der Landeswahlleiter, das Innenministerium, die CDU-Fraktion und die PDS-Fraktion des Thüringer Landtages Gelegenheit zur Stellungnahme erhalten.

Der Präsident des Thüringer Landtages hat sich in seiner schriftlichen Äußerung auf die Gründe seines Einspruchs vom 4. 1. 1995 und des Landtagsbeschlusses vom 19. 5. 1995 bezogen. Er hat auch eine das Gutachten vertiefende Stellungnahme von *Professor Dr. Würtenberger* vorgelegt.

Das Thüringer Innenministerium hat auf seine Stellungnahme im Wahlprüfungsverfahren vom 13. 3. 1995 verwiesen.

Die CDU-Fraktion hat die Ansicht vertreten, der Abgeordnete N. habe zum Stichtag einen Wohnsitz in Thüringen gehabt. Sie folgt im wesentlichen den Argumenten von *Professor Dr. Würtenberger.*

3. Der Verfassungsgerichtshof hat über die Wahlprüfungsbeschwerde am 14. 3. 1997 mündlich verhandelt.

In der mündlichen Verhandlung hat der Abgeordnete N. sich zu seiner Wählbarkeit in den Thüringer Landtag geäußert. Er hat dabei insbesondere seine persönliche und familiäre Lage geschildert.

B.

Die Beschwerde ist zulässig.

Die Beschwerde richtet sich gegen den Beschluß des Thüringer Landtages vom 19. 5. 1995, mit dem der Einspruch des Landtagspräsidenten

„gegen die Gültigkeit der Wahl" des Abgeordneten N. zurückgewiesen worden ist. In der Sache handelt es sich bei dem Beschluß des Landtages allerdings um eine konstitutive Feststellung darüber, ob der Abgeordnete N. nach der Wahl die Mitgliedschaft im Landtag verliert (§§ 51 Nr. 3, 63 Nr. 6 ThürLWG).

Der Verfassungsgerichtshof ist gemäß Art. 80 Abs. 2 ThürVerf, §§ 11 Ziffer 9, 48 ThürVerfGHG, 64 ThürLWG zur Entscheidung über diese Beschwerde berufen.

Die Beschwerdeführerin ist als Fraktion des Thüringer Landtages beschwerdeberechtigt (§ 48 Abs. 1 ThürVerfGHG).

Ihre Beschwerde ist fristgemäß und wirksam eingelegt (§ 48 Abs. 1 ThürVerfGHG).

C.

Die Beschwerde ist unbegründet.

Der angegriffene Beschluß des Thüringer Landtages vom 19. 5. 1995 ist rechtmäßig. Das Wahlprüfungsverfahren ist ordnungsgemäß durchgeführt worden. Der Abgeordnete N. hat bei seiner Wahl in den zweiten Thüringer Landtag die Wählbarkeitsvoraussetzungen erfüllt.

I.

1. Nach Art. 46 Abs. 2 ThürVerf ist in den Thüringer Landtag wählbar jeder Bürger, der das 18. Lebensjahr vollendet und seinen Wohnsitz im Freistaat hat, wobei das Nähere dem einfachen Gesetzgeber zur Regelung übertragen ist (Art. 46 Abs. 3 ThürVerf). Diese Regelung wurde im Thüringer Landeswahlgesetz getroffen.

2. Art. 46 Abs. 2 ThürVerf verpflichtet den Gesetzgeber allerdings nicht auf den Wohnsitzbegriff im Sinne von § 7 BGB. Der Begriff „Wohnsitz" in Art. 46 Abs. 2 ThürVerf ist nicht inhaltsgleich mit dem Wohnsitzbegriff des § 7 BGB. Es handelt sich um einen ausfüllungsbedürftigen Begriff, dessen Konkretisierung unter Beachtung sämtlicher Verfassungsnormen der Verfassungsgeber in Art. 46 Abs. 3 ThürVerf dem einfachen Gesetzgeber überlassen hat.

Die Konkretisierungsbedürftigkeit des verfassungsrechtlichen Wohnsitzbegriffs ergibt sich aus dem Wortlaut, dem Bedeutungszusammenhang und der Entstehungsgeschichte des Art. 46 Abs. 2 ThürVerf.

a) Nach dem allgemeinen Sprachgebrauch ist Wohnsitz „der Ort, an dem jemand seine Wohnung hat" (*Duden* Das große Wörterbuch der deutschen Sprache in acht Bänden, 2. Aufl.). Das schließt die Möglichkeit mehrerer Wohnungen und mehrerer Wohnsitze ein.

Ein eindeutiger juristischer Sprachgebrauch des Wohnsitzbegriffs besteht nicht:

Ein spezifisch verfassungsrechtliches Verständnis des Begriffs „Wohnsitz" ist nicht feststellbar. Die Verfassungen der Länder Berlin, Brandenburg, Hessen, Niedersachsen, Saarland und Sachsen-Anhalt verwenden ebenso wie die Thüringer Verfassung den Begriff des Wohnsitzes im Rahmen der Regelung des aktiven und passiven Wahlrechts, bestimmen jedoch ebenfalls in ihren jeweiligen Landeswahlgesetzen, daß bei Inhabern von Haupt- und Nebenwohnungen im Sinne des Melderechts der Ort der Hauptwohnung als Wohnsitz gilt (vgl. § 1 Abs. 2 Berliner Landeswahlgesetz, § 2 Abs. 1 Satz 2 Hessisches Landeswahlgesetz, § 8 Abs. 1 Satz 2 Saarländisches Landeswahlgesetz und § 2 Satz 2 Landeswahlgesetz von Sachsen-Anhalt) bzw. vermutet wird (§ 2 Satz 2 NiedsLWG und § 5 Abs. 1 Satz 2 BrandLWG).

Im bürgerlichen Recht wird der Wohnsitz als „der räumliche Schwerpunkt der Lebensverhältnisse einer Person" definiert (*Palandt/Heinrichs* BGB, 56. Aufl. 1997, § 7 Rn. 1). Zu seiner Begründung ist neben der tatsächlichen Niederlassung, die eine eigene Unterkunft voraussetzt, auch ein sogenannter Domizilwille erforderlich, d. h. der rechtsgeschäftliche Wille, den Ort ständig zum Schwerpunkt seiner Lebensverhältnisse zu machen (BGHZ 7, 104, 109; *Palandt* aaO Rn. 6).

Im Steuerrecht und im Sozialrecht gilt hingegen der in § 8 AO bzw. § 30 Abs. 3 Satz 1 SGB Allgemeiner Teil definierte Wohnsitzbegriff. Danach hat jemand einen Wohnsitz dort, „wo er eine Wohnung unter Umständen innehat, die darauf schließen lassen, daß er die Wohnung beibehalten und benutzen wird".

Das Melderecht (MRRG und die Meldegesetze der Länder) benutzt den Begriff „Wohnsitz" nicht, sondern verwendet nur den Begriff „Wohnung", wobei es bei Inhabern mehrerer Wohnungen zwischen einer Hauptwohnung und einer oder mehreren Nebenwohnungen unterscheidet (vgl. § 12 MRRG).

Dennoch wird nicht nur im allgemeinen Sprachgebrauch, sondern auch in der juristischen Fachliteratur der Begriff „Hauptwohnsitz" inhaltsgleich für „Hauptwohnung" und „Nebenwohnsitz" für „Nebenwohnung" gebraucht (*Palandt* aaO § 7 Rn. 5).

b) Aus dem Bedeutungszusammenhang und dem Zweck der Vorschrift ergeben sich keine Anhaltspunkte dafür, daß die Verfassung in Art. 46 Abs. 2 ThürVerf den Wohnsitzbegriff in einem eindeutigen Sinne, etwa in dem von § 7 BGB, verwandt hätte.

c) Die Entstehungsgeschichte des Art. 46 Abs. 2 ThürVerf bestätigt die Auffassung, daß weder eine Anknüpfung an den Wohnsitzbegriff des BGB, noch eine solche an das Melderecht festgeschrieben werden sollte. Vielmehr wurde der verwandte Wohnsitzbegriff als ausgestaltungsbedürftig angesehen und diese Ausgestaltung bewußt dem Wahlgesetz überlassen (vgl. Protokolle der 16. und 19. Sitzung des Verfassungs- und Geschäftsordnungsausschusses vom 20. 11. 1992 bzw. 16. 3. 1993).

3. Damit war die Bestimmung dessen, was wahlrechts- oder wählbarkeitsbegründender Wohnsitz im Sinne des Art. 46 Abs. 2 ThürVerf ist, allerdings nicht in das freie Belieben des einfachen Gesetzgebers gestellt. Dieser war bei der Regelung des wahlrechtlichen Wohnsitzes vielmehr gehalten, Wählbarkeit und Wahlrecht mit äußeren Sachverhalten so zu verbinden, daß die Grundentscheidungen der Thüringer Verfassung, inbesondere deren Grundrechte, neben den Grundsätzen des Wahlrechts gewahrt bleiben. Erlaubt Art. 46 Abs. 2 ThürVerf mit dem für die Wahl in Teilgebieten (Bundesländer) des Gesamtstaates typischen Seßhaftigkeitskriterium eine gewisse Einschränkung der Allgemeinheit der Wahl, dann darf diese doch nur so weit gehen, wie es der Zweck des Seßhaftigkeitskriteriums gebietet.

II.

Der Gesetzgeber hat sich in grundsätzlich zulässiger Weise bei der Bestimmung des wahlrechtlichen Wohnsitzbegriffs an den Regelungen des Melderechts orientiert.

1. Nach § 16 ThürLWG sind wählbar alle Deutschen i. S. d. Art. 116 Abs. 1 GG, die am Wahltag das 18. Lebensjahr vollendet haben (§ 16 Nr. 1 ThürLWG), seit mindestens einem Jahr im Wahlgebiet ihren Wohnsitz oder dauernden Aufenthalt haben (§ 16 Nr. 2 ThürLWG) und nicht nach § 17 von der Wählbarkeit ausgeschlossen sind (§ 16 Nr. 3 ThürLWG). Für den ersten nach dem ThürLWG zu wählenden Landtag, um den es hier geht, bestimmt die Übergangsregelung in § 73 Abs. 3 ThürLWG, daß abweichend von der in § 16 Nr. 2 getroffenen Regelung für den ersten, nach diesem Gesetz zu wählenden Landtag Personen wählbar sind, die seit mindestens einem Monat nach Verkündung des Gesetzes im Wahlgebiet ihren Wohnsitz (§ 13 Satz 2) oder dauernden Aufenthalt haben und bei denen die weiteren Voraussetzungen von § 16 vorliegen. Das Thüringer Landeswahlgesetz vom 9. 11. 1993 wurde am 12. 11. 1993 verkündet.

2. Der Abgeordnete N. war am 16. 10. 1994 51 Jahre alt; auch liegen keine Anhaltspunkte für Ausschlußgründe nach § 17 ThürLWG vor. Zweifelhaft ist für seine Person das Vorliegen der Wählbarkeitserfordernisse der §§ 73 Abs. 3, 16 Nr. 2 ThürLWG. Das Seßhaftigkeitskriterium hat er nicht

bereits dadurch erfüllt, daß er sich mindestens seit dem Stichtag 12. 12. 1993 überwiegend in Thüringen aufhielt. Der dauernde Aufenthalt ist nämlich nur dann wahlrechtsbegründend, wenn jemand überhaupt keinen Wohnsitz hat, nicht jedoch, wenn ein Wohnsitz innerhalb oder außerhalb des Wahlgebiets besteht. Dies ergibt sich aus der Systematik der Vorschrift und aus deren Entstehungsgeschichte (siehe Protokoll der 67. Sitzung des Innenausschusses vom 26. 10. 1993). Der Wahlbewerber N. hatte damals einen Wohnsitz zumindest außerhalb des Wahlgebietes.

3. Daß der Abgeordnete N. im Wahlgebiet seinen Wohnsitz im Sinne von § 46 Abs. 2 ThürLWG hatte, folgt nicht ohne weiteres aus § 13 Satz 2 ThürLWG.

Nach § 13 Satz 2 ThürLWG, auf den §§ 73 Abs. 3, 16 Nr. 2 ThürLWG verweisen, gilt bei Inhabern von Haupt- und Nebenwohnungen im Sinne des Melderechts der Ort der Hauptwohnung als Wohnsitz. Wenn diese Vorschrift so auszulegen wäre, daß der wahlrechtsbegründende Wohnsitz in jedem Falle zwingend dort besteht, wo der Bürger seine melderechtliche Hauptwohnung hat, wäre der Abgeordnete N. allerdings nicht in den Thüringer Landtag wählbar gewesen.

a) Am 12. 12. 1993 war die Frage, wo der Wahlbewerber N. seine Hauptwohnung unterhielt, nach § 12 Abs. 2 und 3 MRRG zu beantworten (Einigungsvertrag, Anl. II, Kap. II, Sachgeb. C, Abschn. III, Nr. 1 c).

§ 12 Abs. 2 und 3 MRRG legen unabhängig vom Willen des Inhabers mehrerer Wohnungen dessen Hauptwohnung fest (OVG NW, DVBl. 1987, 144 f; VGH Bad-Württ., DÖV 1987, 117 f; *Medert/Süßmuth/Dette-Koch* Melderecht des Bundes und der Länder, 1981/1996, § 12 MRRG, Rn. 1 und 7). So bestimmt § 12 Abs. 2 Satz 1 MRRG die vorwiegend benutzte Wohnung des Einwohners zu seiner Hauptwohnung. Als Hauptwohnung eines verheirateten, nicht dauernd von seiner Familie getrennt lebenden Einwohners bestimmt § 12 Abs. 2 Satz 2 MRRG nicht die Wohnung, in der der Bürger sich selbst überwiegend aufhält, sondern „die vorwiegend benutzte Wohnung der Familie". Unter „der Familie" wird dabei von Rechtsprechung und Literatur in den Fällen, in denen die nicht dauernd getrennt lebenden Elternteile verschiedene Wohnungen an unterschiedlichen Orten vorwiegend benutzen, der Elternteil mit den bei diesem wohnenden Kindern verstanden (OVG NW, aaO; VGH Bad.-Württ., aaO; *Medert/Süßmuth* aaO, § 12 Rn. 8).

b) Nach § 12 Abs. 2 MRRG läßt sich für den Wahlbewerber N. eine Hauptwohnung in Erfurt nicht begründen.

Zwar war ausweislich der erteilten Meldebescheinigung der Abgeordnete N. seit 30. 11. 1993, also bereits vor dem Stichtag, mit Hauptwohnung in

Erfurt gemeldet. Die Eintragung einer Hauptwohnung im Melderegister ist jedoch nur maßgebend, wenn sie auch den tatsächlichen Gegebenheiten entspricht. Dies ergibt sich bereits aus der Vorschrift des § 9 MRRG, wonach die Meldebehörden von Amts wegen unrichtige Eintragungen im Melderegister unverzüglich zu korrigieren haben.

Maßgebend sind daher die tatsächlichen Verhältnisse des Abgeordneten N.

Der Abgeordnete N. ist verheiratet. Er lebt nicht dauernd getrennt von seiner Familie in dem aus § 1567 BGB in das Melderecht übernommenen Sinn der tatsächlichen Aufhebung der ehelichen Lebensgemeinschaft. Die Hauptwohnung des Abgeordneten N. ist daher dort, wo sich die von der Familie N. vorwiegend genutzte Wohnung befindet. Das ist in S. Dort haben sich vier von fünf Mitgliedern der Familie N. zumindest fünf Tage in der Woche regelmäßig aufgehalten. Dies ergibt sich aus dem vom Abgeordneten N. ausgefüllten Meldeschein vom 30. 11. 1993 ebenso wie aus seiner schriftlichen Äußerung vom 7. 3. 1995, aus seiner Anhörung vor dem Wahlprüfungsausschuß und aus seiner Erklärung in der mündlichen Verhandlung des Verfassungsgerichtshofs.

III.

Würde § 13 Satz 2 ThürLWG für den zur Begründung des aktiven und passiven Wahlrechts erforderlichen Wohnsitz uneingeschränkt und zwingend den Begriff der melderechtlichen Hauptwohnung übernehmen, wäre er mit Art. 46 Abs. 1, 17 Abs. 1 und 2 Abs. 1 ThürVerf nicht vereinbar.

1. Art. 46 Abs. 1 ThürVerf geht vom Grundsatz der Allgemeinheit der Wahl aus.

a) Aufgrund der Allgemeinheit der Wahl haben alle Staatsbürger das Recht zu wählen und gewählt zu werden. Der Grundsatz der Allgemeinheit der Wahl ist ein Anwendungsfall des in Art. 2 Abs. 1 ThürVerf, 3 Abs. 1 GG garantierten Gleichheitssatzes. Er untersagt den unberechtigten Ausschluß von Staatsbürgern von der Teilnahme an der Wahl überhaupt und verbietet dem Gesetzgeber, bestimmte Bevölkerungsgruppen aus politischen, wirtschaftlichen oder sozialen Gründen von der Ausübung des Wahlrechts auszunehmen (*von Mangoldt/Klein* Das Bonner Grundgesetz, 3. Aufl., Art. 38 Abs. 1 Rn. 119 mRsprN; *Linck/Jutzi/Hopfe* Die Verfassung des Freistaates Thüringen, Kommentar, 1994, Art. 46 Rn. 6). Ausnahmen sind nur aufgrund zwingender rechtfertigender Gründe möglich (BVerfGE 4, 382 f; 14, 121, 133; 82, 322, 338).

b) Das sogenannte „Seßhaftigkeitserfordernis" ist zwar bereits als solches eine Einschränkung der Allgemeinheit der Wahl; es gehört jedoch zu den traditionell zulässigen Begrenzungen der Verfassungsgrundsätze der Allgemeinheit und Gleichheit der Wahl.

Da diese Grundsätze eine wichtige Ausprägung des Demokratieprinzips sind, dürfen sie nur insoweit eingeschränkt werden, als ein zwingender, sachlich anerkennenswerter Grund hierfür vorliegt (s. BVerfGE 36, 139, 141; 60, 162, 168). Ein solcher Grund ist bereits darin zu sehen, daß die in Wahlen zum Ausdruck kommende demokratische Legitimation eine gewisse Vertrautheit und Verbundenheit der wählenden Bürger mit den Verhältnissen im Wahlgebiet voraussetzt (s. BVerfGE 5, 2, 6; 36, 139, 142; 60, 162, 167).

c) Bei der nach Art. 46 Abs. 3 ThürVerf dem einfachen Gesetzgeber überlassenen Ausgestaltung durfte dieser sich am Melderecht orientieren, weil dieses mit der grundsätzlichen Anknüpfung an den durch eine Wohnungnahme kundbar gemachten dauernden Aufenthaltswillen ein typisches Merkmal lokaler persönlicher Bindung zum Regelungskriterium macht. Indem das Melderecht in Verfolgung seiner spezifischen Regelungszwecke im Fall des verheirateten, in einer Familie lebenden Bürgers dessen Hauptwohnung zwingend an die Familienwohnung anknüpft, ignoriert das Melderecht im Einzelfall vorhandene und äußerlich zum Ausdruck gebrachte Beziehungen eines Wahlbewerbers zum Wahlbezirk. Damit entfernt sich das Melderecht in einer mit Art. 46 Abs. 1 ThürVerf unvereinbaren Weise von den zentralen Grundsätzen des Wahlrechts, zumal wenn diese in Übereinstimmung mit anderen Prinzipien der Landesverfassung verstanden werden.

2. Denn auch wenn der Gesetzgeber die Allgemeinheit der Wahl durch die Seßhaftigkeitsvoraussetzung einschränken darf, hat er die Beschränkung so vorzunehmen, daß in sonstige Verfassungsnormen nicht mehr eingegriffen wird, als es der Zweck des Seßhaftigkeitserfordernisses verlangt. Mit der uneingeschränkten Übernahme des Hauptwohnungsbegriffes des § 12 Abs. 2 Satz 2 MRRG würde § 13 Satz 2 ThürLWG in die Allgemeinheit der Landtagswahl in einer Weise eingreifen, die den Schutzbereich der Art. 17 Abs. 1 und 2 Abs. 1 ThürVerf betrifft und durch das berechtigte Anliegen des Seßhaftigkeitskriteriums nicht gerechtfertigt wird.

Gemäß § 17 Abs. 1 ThürVerf stehen Ehe und Familie unter dem besonderen Schutz der staatlichen Ordnung.

Die Vorschrift enthält neben einer Institutsgarantie ein Freiheitsrecht und eine wertentscheidende Grundsatznorm (vgl. *Linck/Jutzi/Hopfe* aaO, Art. 17 Rn. 2; BVerfGE 80, 81, 92 f zum wortgleichen Art. 6 Abs. 1 GG).

a) Als Freiheitsrecht verpflichtet sie den Staat, Eingriffe in die Familie zu unterlassen. Sie erlaubt den Familienmitgliedern als Rechtsinhabern, selbst zu bestimmen, wie sie den geschützten Bereich gestalten wollen, wie sie ihre Freiheit nutzen wollen, welche Ziele und Leitbilder maßgeblich sein sollen (*Morlok* Selbstverständnis als Rechtskriterium, 1993, S. 67 f; zustimmend *Gröschner* in: H. Dreier (Hrsg.), GG-Komm, Band 1, 1996, Art. 6, Rn. 28 m. Fn. 82). Stärker als bei der Bestimmung des Schutzbereichs der grundrechtlichen Garantie der Freiheit der Familie ist die Interpretation des Familienbegriffs auf das Selbstverständnis der Träger der grundrechtlichen Gewährleistung angewiesen. Dies ergibt sich zum einen daraus, daß der Familienbegriff rechtlich weniger exakt definiert ist als etwa derjenige der Ehe. Dies ist aber auch zum zweiten in der tatsächlichen Vielfalt der Erscheinungsformen begründet, welche familiäres Zusammenleben heute kennt (*Morlok* aaO, S. 105). So beschreibt die Soziologie als einen der Bereiche, in denen die Prozesse der Individualisierung zu einer Auflösung überkommener sozialer Formen geführt haben, Ehe und Familie: „Was Familie, ... meint, sein sollte oder sein könnte, kann nicht mehr vorausgesetzt werden, abgefragt, verbindlich verkündet werden, sondern variiert in Inhalten, Ausgrenzungen, Normen, Moral, Möglichkeiten, am Ende eventuell von Individuum zu Individuum, Beziehung zu Beziehung, ... Die Individuen selbst, die zusammenleben wollen, sind oder, genauer: werden mehr und mehr die Gesetzgeber ihrer eigenen Lebensform, ..." (*Beck/Beck-Gernsheim* Das ganz normale Chaos der Liebe, 1990, S. 13; *Beck* Das Zeitalter der Nebenfolgen und die Politisierung der Moderne, in: *ders/Giddens/Lash* Reflexive Modernisierung, 1996, S. 13 ff, 22, spricht gar von „dem anheimelnden Nischenwort ,Familie' "). Die soziale Realität stimmt daher nicht mehr mit dem Familienbild überein, das – soweit erkennbar – der verwaltungsgerichtlichen Rechtsprechung zugrunde liegt (deutlich BayVGH, NVwZ 1985, 846 f).

Die Erscheinungform der Familie hat sich aber nicht nur infolge stärkerer Individualisierung gewandelt, sondern ist auch durch eine zunehmende Differenzierung und Vielfalt ihrer sozialen Ausprägungen gekennzeichnet. Das „Familienbild" ist in den letzten Jahrzehnten nicht zuletzt durch Berufstätigkeiten der Ehegatten bedingt „auf Distanz gegangen", ohne daß der räumlichen Entfernung eine emotionale Entfernung der Ehegatten entspräche. Das Bild des sich in *einer* Wohnung und von dort aus entfaltenden Familienlebens prägt zwar weithin die Vorstellung dessen, was im Alltag wie im Recht zu einer Familie gehört. Es trifft jedoch dann nicht mehr zu, wenn beide Ehegatten oder nur einer von ihnen seinen Beruf an einem Ort ausübt, von dem aus er nicht täglich zur „Stammwohnung" zurückkehren kann, eine Erscheinung, die mit den sich wandelnden Lebens- und Gesellschaftsverhältnissen ebenso in Verbindung steht, wie mit den Gegebenheiten des Arbeitsmarktes. Einem solchen Ehepartner ist nicht verwehrt, am Ort seines beruflichen Wirkens aus dem Beruf heraus Aktivitäten zu entfalten, die über die eigentliche Berufsausübung hinausgehend ein Engagement für die allgemeinen Belange einschließen. Dies führt dazu, den Ort dieses Engagements als echtes Lebenszentrum zu gestalten. Besteht der berufliche Inhalt eines solchen weiteren Lebenszentrums darin, daß ein Bürger sich mit seinem Beruf in einer sehr entscheidenden und herausgehobenen politischen Funktion befindet, daß also sein Engagement für die allgemeinen Belange sich gewissermaßen professionalisiert hat, liegt die Unangemessenheit einer Betrachtung auf der Hand, die das Lebenszentrum allenfalls als Nebenwohnung anerkennt. Das hier fragliche Familienbild verdient nicht lediglich als soziale Tatsache Respekt, es ist auch vom Recht zur Kenntnis zu nehmen und im Falle eines rechtlichen Gestaltungsbedarfs zu befriedigen. Ein solcher Bedarf ist stets dort anzuerkennen, wo ohne eine Rechtsregel eine Diskriminierung stattfände. Diese Voraussetzung tritt ein, wenn das Wahlrecht sich weigert, aus der Tatsache des weiteren Lebenszentrums Konsequenzen zu ziehen. Ist demnach der von der Stammwohnung entfernte Aufenthaltsort als weiterer, gewissermaßen öffentlicher Lebensmittelpunkt gestaltbar und im konkreten Fall gestaltet worden, kann er nicht als Wohnung im wahlrechtlichen Sinn ignoriert werden.

Aus diesen Erwägungen hat das Bremer Wahlprüfungsgericht II. Instanz unter Berufung auf die Rechtsprechung des Bundesverfassungsgerichts (etwa BVerfGE 80, 81, 92) einen derart pluralistischen Familienbegriff seiner Auslegung der entsprechenden Vorschrift des BremMeldeG zugrundegelegt. In einer dem vorliegenden Fall vergleichbaren Konstellation, in der eine Familienwohnung in dem überkommenen melderechtlichen Verständnis neben dem politisch bestimmten Lebensmittelpunkt vorhanden war, kam es zu dem Ergebnis, daß die in dem „Verhalten der Eheleute ... erkennbare Funktionsteilung zwischen öffentlich-politischer und häuslicher Sphäre .... nicht dazu führen [kann], daß nur die letztere als Lebensäußerung der Familie angesehen wird". Wenn die Eheleute, wenn auch nicht ohne Konflikte, eine bestimmte familieninterne Abgrenzung der miteinander in Widerstreit liegenden Formen der individuellen Lebensgestaltung fänden, so verbiete es die Bremische Verfassung dem Gesetzgeber und anderen staatlichen Organen, darin einzugreifen (NJW 1994, 1526 f; zustimmend BremStGH, DÖV 1994, 517 f).

Eine derartige Bedeutung kommt auch Art. 17 Abs. 1 ThürVerf zu.

Geschützt ist daher auch eine familiäre Lebensgestaltung, die – wie die der Familie N. – unterschiedliche Lebensmittelpunkte der Familienmitglieder beinhaltet.

Bei uneingeschränkter Übernahme des Hauptwohnungsbegriffs des § 12 Abs. 2 Satz 2 MRRG in das Wahlrecht würde § 13 Satz 2 ThürLWG hingegen einseitig eine familiäre Lebensgestaltung berücksichtigen, die möglicherweise das Bild von Ehe und Familie nach wie vor maßgebend bestimmt, jedoch keineswegs mehr das Gewicht hat, andere Formen familiären Lebens zu verdrängen.

Die Lebensplanung der Familie N., nach der der Abgeordnete N. sein politisches Wirken in Thüringen entfaltet, während Ehefrau und Kinder (jedenfalls vorerst) in Nordrhein-Westfalen verbleiben, könnte nicht wie vorgesehen durchgeführt werden, wenn dem Abgeordneten N. das aktive und passive Wahlrecht in Thüringen nur deshalb versagt würde, weil die Mehrzahl der Familienmitglieder überwiegend eine Wohnung außerhalb Thüringens nutzt. Darin läge ein Eingriff in den Schutzbereich der Freiheit der Familie, da eine derartige Regelung des Wahlrechts an die Differenzierung der häuslichen von der politischen Familienfunktion negative Konsequenzen anknüpfte. Einem Familienmitglied würde nämlich angesonnen, wesentliche Formen politischer Betätigung ausschließlich an dem Ort wahrzunehmen, an dem seine übrigen Familienmitglieder ihren Wohnsitz haben. Auch durchaus einvernehmliche anderweitige Gestaltungen des Familienlebens, die aus zahlreichen Gründen von den Eheleuten mehr oder weniger freiwillig gewählt werden, würden damit ausgeschlossen.

Die damit verbundene erhebliche Einschränkung der grundrechtlich geschützten freien Selbstgestaltung des Familienlebens könnte nur durch gewichtige öffentliche Interessen gerechtfertigt werden. Solche Belange, welche durch die fragliche Anknüpfung an die melderechtliche Regelung verfolgt würden, sind jedoch nicht erkennbar. Als solche könnten zwar die den Seßhaftigkeitsregelungen zugrunde liegenden Erwägungen (s. o.) in Betracht kommen. Als Rechtfertigungsgrund nicht ausreichend sind jedoch Überlegungen bloßer melderechtlicher Zweckmäßigkeit. Im Gegenteil: Durch das pauschale Anknüpfen der Wählbarkeitsregelung an den melderechtlichen Familienwohnsitz wird — wie der vorliegende Fall zeigt — das Anliegen des Seßhaftigkeitserfordernisses, nämlich eine enge Vertrautheit der Abgeordneten mit den Wählern sicherzustellen, verfehlt. Denn da der tatsächliche Lebensmittelpunkt des Abgeordneten N. zum maßgeblichen Zeitpunkt ganz eindeutig nicht an dem Wohnsitz der übrigen Familienmitglieder, sondern in Thüringen lag, würde bei Zugrundelegung des engen melderechtlichen Begriffs des Familienwohnsitzes das Ziel der Deckung von Lebensmittelpunkt und politischer Aktivität konterkariert.

Die Einschränkung des Begriffs des Familienwohnsitzes durch das Anknüpfen an die melderechtliche Regelung läßt sich auch nicht mit der unvermeidlichen Befugnis des Gesetzgebers zu typisierenden Regelungen gerade bei einer außerordentlich großen Vielzahl und Vielfältigkeit der erfaßten Sachverhalte rechtfertigen. Denn es handelt sich dabei auch nicht um ganz seltene Ausnahmefälle, die der Gesetzgeber aus Gründen der notwendigen Bestimmtheit und Praktikabilität der Vorschrift vernachlässigen dürfte (so aber OVG NW DVBl. 1987, 144, 145; BayVGH, BayVBl. 1985, 274). Insbesondere durch die politische und wirtschaftliche Entwicklung nach der Wiedervereinigung Deutschlands haben die Fälle, in denen ein Familienmitglied an einem anderen Ort als dem der von der Familie vorwiegend genutzten Wohnung seinen Lebensmittelpunkt hat, erheblich zugenommen. Außerdem waren die familiären Strukturen in den letzten Jahrzehnten starken Wandlungen unterworfen. Das traditionelle Leitbild der Familie wird zunehmend abgelöst von der Vorstellung einer Vielfalt möglicher Formen des Familienlebens, nicht zuletzt bedingt durch die immer häufigere Berufstätigkeit beider Partner.

b) Art. 17 Abs. 1 i. V. m. Art. 2 Abs. 1 ThürVerf verbietet ferner die Benachteiligung von Ehegatten gegenüber Unverheirateten, ebenso wie die von Bürgern mit Kindern gegenüber Kinderlosen. Eine derartige Ungleichbehandlung wäre nur dann mit der Verfassung vereinbar, wenn sie sich durch einleuchtende Sachgründe (so BVerfGE 78, 128, 130) oder gar – so die bei einer Ungleichbehandlung von Personengruppen vom Bundesverfassungsgericht entwickelte „neue Formel" (zusammenfassend BVerfGE 88, 87, 96 ff; dazu *K. Hesse* Der allgemeine Gleichheitssatz in der neueren Rechtsprechung des Bundesverfassungsgerichts zur Rechtsetzungsgleichheit, Festschrift für Lerche, 1993, S. 121 ff) – nach Maßgabe des Verhältnismäßigkeitsgrundsatzes rechtfertigen läßt.

Eine solche Ungleichbehandlung würde aber durch die uneingeschränkte Übernahme des melderechtlichen Hauptwohnungsbegriffs in § 12 Abs. 2 Satz 2 MRRG in das Wahlrecht bewirkt. Allein die Tatsache, daß der Abgeordnete N. Ehefrau und Kinder hat, die nicht in Thüringen leben, würde ihn daran hindern, eine Hauptwohnung in Thüringen und damit das aktive und passive Wahlrecht zu erlangen.

Ein sachlich anerkennenswerter Grund für diese Ungleichbehandlung liegt nicht vor. Insbesondere rechtfertigt das Bedürfnis nach einfach überprüfbaren Kriterien des aktiven und passiven Wahlrechts es nicht, Bürgern das Wahlrecht an dem Ort zu versagen, an dem sie nach der Art und Weise ihrer Lebensgestaltung eindeutig und zweifelsfrei ihren persönlichen Lebensmittelpunkt haben, nur weil die anderen Familienmitglieder überwiegend eine Wohnung an einem anderen Ort nutzen. Kommt schon nach dem Maßstab der Sachgerechtigkeit eine Rechtfertigung nicht in Betracht, so kann es dahinstehen, ob die Differenzierung dem strengeren Maßstab der Verhältnismäßigkeit standhält.

IV.

Die Vorschrift des § 13 Satz 2 ThürLWG ist jedoch nicht verfassungswidrig und damit ungültig, weil sie verfassungskonform ausgelegt werden kann.

Die verfassungskonforme Auslegung von § 13 Satz 2 ThürLWG wird nicht dadurch ausgeschlossen, daß diese Norm des Landesrechts auf eine Norm des Bundesrechts Bezug nimmt. Denn durch diese Verweisung gilt die Norm, auf die verwiesen wird, als Landesrecht (*Karpen* Die Verweisung als Mittel der Gesetzgebungstechnik, 1970, S. 64, 198 f). Der Verfassungsgerichtshof legt damit insgesamt eine landesrechtliche Norm aus, nicht jedoch – was ihm verwehrt wäre (dazu *Steinberg* Landesverfassungsgerichtsbarkeit und Bundesrecht, in: 50 Jahre Verfassung des Landes Hessen, hrsg. von Eichel/Möller, 1997, S. 373) – eine Vorschrift des Melderechtsrahmengesetzes als Bundesrecht.

1. Eine Gesetzesbestimmung ist nur dann verfassungswidrig und deshalb ungültig, wenn nach den üblichen Auslegungsmethoden nur eine Auslegung möglich und diese verfassungswidrig ist. Ist hingegen eine Auslegung, die den Verfassungsprinzipien nicht widerspricht, nach den üblichen Auslegungskriterien möglich, so ist sie jeder anderen, bei der die Bestimmung verfassungswidrig sein würde, vorzuziehen (*Larenz/Canaris* Methodenlehre der Rechtswissenschaft, 3. Aufl., 1995, S. 160). Dabei spielt es keine Rolle, ob dem Willen des Gesetzgebers eine weitergehende als die nach der Verfassung zulässige Auslegung des Gesetzes eher entsprochen hätte (BVerfGE 69, 1, 55). Allerdings darf die Auslegung nicht mit dem Wortsinn und dem klar erkennbaren Willen des Gesetzgebers in Widerspruch treten (BVerfGE 71, 81, 105).

2. Dem im Licht der Art. 17 Abs. 1, 2 Abs. 1 ThürVerf gesehenen Grundsatz der Allgemeinheit der Wahl entspricht nur eine Auslegung, die den Wohnsitz im Wahlgebiet als Voraussetzung des aktiven und passiven Wahlrechts zum Thüringer Landtag nicht in dem zwingenden Sinne der Hauptwohnung des Melderechts versteht.

Einem solchen Verständnis steht nicht ein im Wortlaut des § 13 Satz 2 ThürLWG eindeutig zum Ausdruck kommender Wille des Gesetzgebers entgegen, an dem eine verfassungskonforme Auslegung scheitern müßte mit der Folge, daß die gesetzliche Bestimmung für verfassungswidrig zu erklären wäre.

Auch die in die Form einer Fiktion gekleidete Verweisung – die in § 13 Satz 2 ThürLWG in dem Wort „gilt" zum Ausdruck kommt – darf nur so verstanden werden, daß die Norm, auf die verwiesen wird, „entsprechend" anzuwenden ist (*Larenz/Canaris* aaO, S. 84). Der Inhalt der in Bezug genommenen Regelung ist dem bezugnehmenden Rechtsgebiet anzupassen. Er ist so zu deuten, daß er dessen sonstigem Regelungsgehalt entspricht, nicht aber ihn verändert.

3. Der Hauptwohnungsbestimmung in § 12 Abs. 2 Satz 2 MRRG liegt der Gedanke zugrunde, daß der verheiratete, nicht dauernd getrennt lebende Einwohner seinen Lebensmittelpunkt typischerweise dort hat, wo die Familie sich überwiegend aufhält. Ob er im Einzelfall tatsächlich seinen Lebensmittelpunkt dort hat, ist melderechtlich unerheblich.

Zwar kennt auch das Melderecht Zweifelsfälle, in denen es für die Bestimmung der Hauptwohnung auf den Schwerpunkt der persönlichen Lebensbeziehungen abstellt (§ 12 Abs. 2 Satz 5 MRRG). Diese Vorschrift erfaßt jedoch nur Zweifel darüber, welche Wohnung die vorwiegend genutzte ist (BVerwG NVwZ 1987, 976; OVG NW, DVBl. 1987, 144 f; VGH Bad.-Württ., DÖV 1987, 117; ThürVerfGH, Urteil vom 12. 6. 1997, VerfGH 5/96).

Diese ausnahmslose Bindung der Hauptwohnung an den Ort der von der Familie vorwiegend genutzten Wohnung mag eine für den Bereich des Melderechts zulässige Regelung sein. Sie entspricht jedoch nicht den wahlrechtlichen Anforderungen (so auch *Huff* Probleme des kommunalen Wahlrechts, NVwZ 1985, S. 809 f; *Gramlich* Der Grundsatz allgemeiner Wahl und das Melderecht, DVBl. 1985, S. 425 ff, 428 f). Diese gebieten allerdings nicht, den wahlrechtsbegründenden Wohnsitz zwingend als den Ort zu bestimmen, an dem der Bürger seinen persönlichen Lebensmittelpunkt hat. Die durch die Anknüpfung an das Melderecht erstrebte und den praktischen Erfordernissen des Wahlverfahrens entsprechende Orientierung an leicht faßbaren Bestimmungskriterien des aktiven und passiven Wahlrechts stünde dem entgegen. Regelmäßig kann auch davon ausgegangen werden, daß der Bürger am Ort seiner melderechtlichen Hauptwohnung seinen Lebensmittelpunkt hat. Die Erfordernisse des Wahlrechts gebieten es jedoch, daß die von der Regel abweichenden Fälle nicht ignoriert werden. Diese sind daher aus Rechtsgründen des Landeswahlrechts, nicht etwa des Melderechts, als Zweifelsfälle im Sinne von § 12 Abs. 2 Satz 5 MRRG anzusehen und entsprechend zu lösen.

Von einem derartigen wahlrechtlichen Zweifelsfall ist auszugehen, wenn ein Bürger geltend macht, an einem anderen Ort als dem der Familienwohnung seinen Lebensmittelpunkt zu haben.

Der Versuch eines Bürgers, sich mit Hauptwohnung anzumelden, ist – soweit er nicht offensichtlich mißbräuchlich ist – ein gewichtiges Indiz dafür, daß der Schwerpunkt der Lebenbeziehungen des Bürgers an diesem Ort liegt, unabhängig davon, ob die Eintragung tatsächlich erfolgte oder nach den melderechtlichen Vorschriften erfolgen durfte. Im übrigen sind die offenkundigen Tatsachen sowie die Angaben des Bürgers – soweit sie in sich schlüssig und nicht offenbar unwahr sind – maßgebend für die Beurteilung, wo der Schwerpunkt der Lebensbeziehungen des Bürgers liegt. Das wird auch in der Rechtsprechung zum Teil unter Hinweis auf das Grundrecht der informationellen Selbstbestimmung zutreffend betont (BVerwG, DVBl. 1992, 305, 307; HessVGH, HSGZ 1991, 456; VG Gießen, HSGZ 1996, 21 ff).

4. Die hier vorgenommene Auslegung der Wohnsitzregelungen des Thüringer Landeswahlrechts führt auch in der Praxis zu keinen ernsthaften Schwierigkeiten. Es wird eine gewisse Abkoppelung der Wählerverzeichnisse von den Melderegistern eintreten.

Nicht ausgeschlossen werden kann ferner, daß jemand in Zukunft als Folge der unterschiedlichen wahlrechtlichen Regelungen in zwei Bundesländern zur Landtagswahl wahlberechtigt ist. Hiergegen sind jedoch keine durchgreifenden verfassungsrechtlichen Bedenken erkennbar.

V.

Der Abgeordnete N. hat durch die Anmeldung der Erfurter Wohnung als seiner Hauptwohnung zum Ausdruck gebracht, daß er selbst Erfurt als seinen Lebensmittelpunkt ansieht. Die Art seiner beruflichen Tätigkeit als Mitglied der Thüringer Landesregierung erfordert und bewirkt eine besonders intensive Bindung an das Wahlgebiet. Die tatsächlichen Angaben des Abgeordneten N. bezüglich seines fast ausschließlichen Aufenthalts in Thüringen, des beabsichtigten Nachzuges zumindest der Ehefrau und der Verlagerung seiner Freizeitaktivitäten und seines Freundeskreises nach Thüringen sind in sich schlüssig und nicht offensichtlich unwahr.

Der Abgeordnete N. hatte somit mindestens seit dem 12. 12. 1993 den Schwerpunkt seiner persönlichen Lebensbeziehungen nicht am Ort der Familienwohnung, sondern in Erfurt. Gemäß §§ 13 Satz 2 ThürLWG, 12 Abs. 2 Satz 5 MRRG hatte er daher auch seinen wahlrechtlichen Wohnsitz spätestens seit dem Stichtag 12. 12. 1993 in Thüringen.

D.

Das Verfahren ist gemäß § 28 Abs. 1 VerfGHG kostenfrei.
Die Entscheidung ist mit 7 : 2 Stimmen ergangen.

Sondervotum der Richter Becker und Morneweg

Die Entscheidung der Mehrheit beruht auf einer unzutreffenden Auslegung der Vorschrift des § 13 Satz 2 ThürLWG (unten unter Ziff. 1) sowie auf einer unzutreffenden Beurteilung der Anforderungen an den Grundsatz der Allgemeinheit der Wahl (vgl. unten Ziff. 2).

1. § 16 Nr. 2 ThürLWG verweist bezüglich des Wohnsitzbegriffs auf die Vorschrift des § 13 Satz 2 ThürLWG. Nach § 13 Satz 2 ThürLWG gilt bei Inhabern von Haupt- und Nebenwohnungen im Sinne des Meldegesetzes der Ort der Hauptwohnung als Wohnsitz. Entgegen der Auffassung der Mehrheit kommt in dem Wort „gilt" nicht zum Ausdruck, daß die Norm, auf die verwiesen wird, „entsprechend" anzuwenden sei. Denn Satz 2 nimmt mit dem Wort „gilt" nicht auf die Regelungen des Melderechts Bezug. Vielmehr ist nach dieser Vorschrift bei mehreren Wohnsitzen zunächst nach den Grundsätzen des Melderechts festzustellen, welcher Wohnsitz die Haupt- und welcher Wohnsitz die Nebenwohnung darstellt. Ein Beurteilungsspielraum besteht hier zunächst nicht. Denn nach dem noch anzuwendenden Melderechtsrahmengesetz (Einigungsvertrag, Anl. II, Kap. II, Sachgebiet C, Abschn. III, Nr. 1 c) ist die Hauptwohnung eines verheirateten Einwohners, der nicht dauernd getrennt von seiner Familie lebt, die überwiegend benutzte Wohnung der Familie (§ 12 Abs. 2 Satz 2 MRRG). Da der Abgeordnete N. zum maßgeblichen Zeitpunkt nicht dauernd getrennt von seiner Familie (Ehefrau und die 1977, 1979 und 1980 geborenen Kinder) lebte, und die überwiegend von seiner Familie in ihrer Gesamtheit benutzte Wohnung in Nordrhein-Westfalen lag, war auch die Hauptwohnung des Abgeordneten N. die Familienwohnung in S. Im Hinblick auf den objektivierten Wohnungsbegriff kann auch die Meldung der Hauptwohnung in Erfurt und die Tatsache, daß der Abgeordnete N. das Gästehaus der Landesregierung in Erfurt vorwiegend als Wohnung nutzte und sich auch dort vorwiegend aufhielt, nichts ändern.

Erst wenn unter Anwendung melderechtlicher Vorschriften die Hauptwohnung bestimmt ist, sieht § 13 Satz 2 ThürLWG als Rechtsfolge vor, daß die so ermittelte Hauptwohnung als Wohnsitz im Sinne des § 16 Nr. 2 i. V. m. § 73 Abs. 3 ThürLWG gilt. Allein hierauf bezieht sich die „Fiktion" des § 13 Satz 2 ThürLWG. Eine „entsprechende" Geltung oder Anwendung der Vorschriften des Melderechtsrahmengesetzes bzw. des Thüringer Meldegesetzes sieht das Gesetz hingegen nicht vor.

Eine andere Auslegung der Vorschrift des § 13 Satz 2 ThürLWG verbietet sich hier im Hinblick auf den eindeutigen Wortlaut dieser Vorschrift. Ist der Normtext klar und eindeutig, fehlt es bereits an der Auslegungsfähigkeit der Norm. Mangels verschiedener Deutungsmöglichkeiten scheidet damit eine von der Mehrheit vorgenommene verfassungskonforme Auslegung aus (vgl. *Klein* in Umbach/Clemens, BVerfGG § 80 Rn. 54 m. w. N. auf die Rechtsprechung des Bundesverfassungsgerichts zur verfassungskonformen Auslegung von Normen).

2. Die so vorgenommene, sich am Wortlaut von § 13 Satz 2 ThürLWG orientierende Auslegung führt auch nicht zu einem Verfassungsverstoß. Der

in Art. 46 Abs. 1 ThürVerf normierte Grundsatz der Allgemeinheit der Wahl ist nicht verletzt. Dieser bedeutet Gleichheit bezüglich der Fähigkeit zu wählen und gewählt zu werden. Er untersagt den unberechtigten Ausschluß von Staatsbürgern von der Teilnahme an der Wahl und verbietet damit dem Gesetzgeber, bestimmte Bevölkerungsgruppen aus politischen, wirtschaftlichen oder sozialen Gründen von der Ausübung des Wahlrechts auszuschließen und fordert, daß grundsätzlich jeder sein Wahlrecht in möglichst gleicher Weise soll ausüben können (BVerfGE 58, 202, 205; *Pieroth*, in Jarass/Pieroth, GG, 3. Aufl. 1995, Anm. 5). Die Allgemeinheit und Gleichheit werden durch staatliche Ungleichbehandlung in Zusammenhang mit der Wahl beeinträchtigt. Das kann durch die Benachteiligung eines Wählers oder Wahlbewerbers oder durch die Begünstigung eines „vergleichbaren Falls" geschehen (*Pieroth* aaO Rn. 11 unter Hinweis auf BVerfGE 64, 301, 321). Beeinträchtigungen der Allgemeinheit und Gleichheit der Wahl bedürfen eines besonderen rechtfertigenden Grundes. Dieser kann in einer speziellen Verfassungsvorschrift enthalten sein (*Pieroth* aaO Rn. 18). So durchbricht Art. 46 Abs. 2 ThürVerf diesen Grundsatz. Danach ist wahl- und stimmberechtigt sowie wählbar jeder Bürger, der das 18. Lebensjahr vollendet und seinen Wohnsitz im Freistaat hat. Das Erfordernis der Seßhaftigkeit im Sinne einer Beschränkung des Grundsatzes der Allgemeinheit der Wahl gehörte zu den traditionellen Begrenzungen der Allgemeinheit der Wahl, die der Verfassungsgeber vorgefunden hat (BVerfGE 36, 139, 205). Schon die Wahlgesetze der deutschen Länder aus den 20er Jahren kannten die Wählbarkeitsvoraussetzung des Wohnsitzes im Lande (vgl. BVerfGE 5, 2, 5 m. w. N.). Diese Begrenzung des Wahlrechts auf die Bewohner des Landes, dessen Verfassungsorgan der zu wählende Landtag sein sollte, war aus praktischen Gründen geboten. Denn das gesamte Reichsvolk kam als Wähler zum Landtag nicht in Betracht. Als einziges eine Abgrenzung ermöglichendes Kriterium bot sich daher die Seßhaftigkeit im Lande an (BVerfGE 5, 2, 6). So hat auch der Bundesgesetzgeber in § 12 Abs. 1 Nr. 2 Bundeswahlgesetz – BundeswahlG – die Seßhaftigkeit als Voraussetzung des aktiven Wahlrechts (mit Ausnahmen in § 12 Abs. 2 BundeswahlG) normiert.

Nach Art. 46 Abs. 3 ThürVerf wird das Nähere durch Gesetz geregelt. Eine solche Regelung ist die Vorschrift des § 16 Nr. 2 ThürLWG i. V. m. § 13 Satz 2 ThürLWG. Der Grundsatz der Allgemeinheit und Gleichheit der Wahl ist durch diese Regelung nicht verletzt. Denn hierin liegt nicht ein Ausschluß von Staatsbürgern von der Teilnahme an der Wahl. Dies gilt auch für den Fall des Abgeordneten N., da dieser jedenfalls an seinem Hauptwohnsitz in Nordrhein-Westfalen wählbar ist (vgl. ebenso VGH München, Urteil vom 5. 12. 1984 – 4 b 84 A.2206 – NVwZ 1985, 846). Ziel des Gesetzgebers ist die Verhinderung von Mehrfachwahlberechtigungen, nicht der Ausschluß von der Wahl selbst. Diesem Gedanken entspricht auch die Regelung, daß ein Wahlberechtigter, der in mehreren Ländern eine Wohnung unterhält, nur in dem Land das Wahlrecht hat, in dem sich seine Hauptwohnung befindet. Gegen den dadurch bewirkten Ausschluß einer mehrfachen Wahlberechtigung bestehen grundsätzlich keine verfassungsrechtlichen Bedenken (vgl. zuletzt Beschluß des 2. Senates des Bundesverfassungsgerichts vom 30. 3. 1992 – 2 BVR 1269/91 – NVwZ 1992, 55–57). Daß dabei der Gesetzgeber auf das Melderecht abgestellt hat, ist verfassungsrechtlich nicht zu beanstanden. Eine Ungleichbehandlung bestimmter Personengruppen ist hierin nicht zu sehen. Eine solche liegt dann vor, wenn wesentlich Gleiches ungleich behandelt wird oder wesentlich Ungleiches gleich behandelt wird. Eine ungleiche Behandlung vergleichbarer Sachverhalte oder die Gleichbehandlung völlig verschiedenartiger Sachverhalte verletzt nur dann das Gleichheitsgebot und damit auch den Grundsatz der Allgemeinheit der Wahl, wenn dies willkürlich geschieht. Dabei braucht der Gesetzgeber grundsätzlich nicht die zweckmäßigste, vernünftigste oder gerechteste Lösung zu wählen (vgl. Jarass/Pieroth aaO Art. 3 Rn. 11). Ausreichend ist es vielmehr, wenn sich irgendein sachlich vertretbarer zureichender Grund anführen läßt. Denn der Gesetzgeber ist grundsätzlich frei, die Merkmale der Vergleichspaare zu wählen, an denen er Gleichheit oder Ungleichheit der gesetzlichen Regelung orientiert. Dabei ist ihm eine weite Gestaltungsfreiheit eingeräumt. Als Differnzierungsgrund kommt grundsätzlich jede vernünftige Erwägung in Betracht, wobei eine objektive Betrachtung geboten ist, so daß die Erwägung nicht zwingend das Motiv des Gesetzgebers oder der sonstigen staatlichen Stellen gewesen sein muß. Eine zulässige Erwägung bzw. ein zulässiger Differenzierungsgrund kann dabei nicht nur im eigentlichen Zweck der betreffenden Regelung liegen, sondern auch – und dies ist vorliegend von wesentlicher Bedeutung –, in der Praktikabilität der Regelung und der Rechtssicherheit. Wie weit der Spielraum des Gesetzgebers geht, hängt im Ergebnis davon ab, ob Sachverhalte oder Personengruppen ungleich behandelt werden. Werden Sachverhalte ungleich behandelt, so ist der gesetzgeberische Spielraum wesentlich weiter als in den Fällen, in denen verschiedene Personengruppen eine Ungleichbehandlung erfahren. Eine Ungleichbehandlung verschiedener Personengruppen ist gegeben, wenn die Benachteiligten durchgängig von der Ungleichbehandlung belastet werden, weil sie den begünstigenden Sachverhalt in ihrer Person nicht oder nur schwer erfüllen können, also wenn es sich um personengebundene Merkmale handelt. Dies ist vorliegend zu bejahen. Der Wohnsitz knüpft an die Person des wahlberechtigten bzw. wählbaren Bürgers an. Daher ist vorliegend eine strenge Prüfung geboten. Die Unterschiede zwischen den Personengruppen müssen von solcher Art und solchem Gewicht sein, daß sie die ungleiche

Behandlung rechtfertigen. Die rechtliche Differenzierung muß in sachlichen Unterschieden eine ausreichende Stütze finden, wobei die Ungleichbehandlung und der rechtfertigende Grund im angemessenen Verhältnis zueinander stehen müssen. Ein solcher ausreichender Differenzierungsgrund ist hier zu bejahen. Denn ein solcher liegt in der Typisierung und Generalisierung von Sachverhalten, wenn der Gesetzgeber ihrer anders nur schwer Herr werden kann. Dies ist insbesondere bei Massenerscheinungen der Fall, zu denen auch die Regelung des Wahlrechts und damit zusammenhängend die Regelung über die Seßhaftigkeit zählt. Denn diese betrifft jeden Bürger im Land. Will der Gesetzgeber bei Bürgern mit mehreren Wohnungen eine Mehrfachwahlberechtigung verhindern, so ist es zulässig, daß er Gruppen bildet. Die Bildung von Gruppen hat er derart vorgenommen, daß er die Bürger mit Hauptwohnsitz einerseits von den Bürgern mit Nebenwohnsitz andererseits unterscheidet. Voraussetzung einer zulässigen Typisierung ist dabei nur, daß diese sich naturgemäß am typischen Fall orientiert. Bei Bürgern, die nicht dauernd getrennt von ihrer Familie leben, befindet sich der Schwerpunkt der Lebensbeziehungen des einzelnen Bürgers regelmäßig in der Gemeinde, in der sich die Familienwohnung befindet. Die Familie vermittelt im allgemeinen eine Vielfalt von soziologischen und anderen Verflechtungen am Ort und in der Gemeinde. Ein Verheirateter, der mit seiner Familie zusammenlebt, hat üblicherweise den gleichen Lebensmittelpunkt wie diese (vgl. VGH München aaO; OVG Münster, Urteil vom 4. September 1986 – 15 A 1274/85 – NVwZ 1987, 1005 f). Dieser Regel folgend normiert § 12 Abs. 2 Satz 2 MRRG als Hauptwohnung eines verheirateten Einwohners, der nicht dauernd getrennt von seiner Familie lebt, die vorwiegend benutzte Wohnung der Familie.

Es wird nicht verkannt, daß es von dieser Regel Ausnahmen gibt. Auch bei Verheirateten, nicht dauernd von der Familie getrennt lebenden Ehepartnern sind natürlich Fälle denkbar, in denen der Bürger ausnahmsweise seine Lebensverhältnisse schwerpunktmäßig nicht von seiner Hauptwohnung, sondern von seiner Nebenwohnung aus gestaltet. So mag auch der Fall hier liegen. Solche seltenen Ausnahmefälle darf der Gesetzgeber aus Gründen der notwendigen Bestimmtheit, der Rechtssicherheit und insbesondere der Praktikabilität der Wahlrechtsvorschriften vernachlässigen (vgl. VGH München aaO; OVG Münster aaO). Jede Typisierung oder Bildung von Gruppen setzt Grenzfälle mit für den Einzelnen bedingten Härten voraus. Eine typisierende Behandlung von Sachverhalten ist verfassungsrechtlich aber dann hinzunehmen, wenn nur eine kleine Anzahl von Personen betroffen und der Verstoß gegen den Gleichheitssatz im Einzelfall nicht sehr intensiv ist (vgl. *Jarass*, aaO Rn. 21). Selbst eine Ausnahmequote von 7,5 % wurde vom Bundesverfassungsgericht unter bestimmten Bedingungen hingenommen

(BVerfGE 17, 1, 23 f). Unbestreitbar ist zwar, daß durch die politische und wirtschaftliche Entwicklung nach der Wiedervereinigung Deutschlands die Fälle, in denen ein Familienmitglied seinen beruflichen Lebensmittelpunkt an einem anderen Ort als dem des Familiensitzes wählt, erheblich zugenommen haben und daß sich die familiären Strukturen in den letzten Jahrzehnten starken Wandlungen unterworfen sahen, dennoch handelt es sich im Verhältnis zu den übrigen Wahlberechtigten im Freistaat Thüringen um ausgesuchte Einzelfälle. Denn selbst in den Fällen, in denen ein Familienmitglied seinen Beruf an einem anderen Ort als dem Ort ausübt, an dem seine Familie wohnt, wird der Lebensmittelpunkt auch aus der Sicht des Betroffenen regelmäßig dort sein, wo er seine Familie hat. Soweit der Abgeordnete N. eine Ausnahme auch von dieser Gruppe, die ihren Beruf an einem anderen Ort als dem Wohnsitz der Familie ausübt und dort wegen der zu großen Entfernung zur Familie eine weitere Wohnung bezieht, sein sollte, so muß erst recht von einem ganz seltenen Ausnahme-, möglicherweise sogar von einem Einzelfall ausgegangen werden, der wegen seines Ausnahme- bzw. Einzelfallcharakters sogar einen intensiveren Verstoß gegen den Gleichheitssatz rechtfertigen würde. Dies gilt selbst dann, wenn Art. 17 Abs. 1 i. V. m. Art. 2 Abs. 1 der ThürVerf mit betroffen sind. Denn für die Beurteilung der Intensität des Eingriffs sind auch die mit der Typisierung verbundenen Vorteile zu berücksichtigen. Die Bestimmungen des individuellen Schwerpunktes der Lebensverhältnisse – diese Prüfung schwebt der Mehrheit der Mitglieder des Verfassungsgerichtshofs im Ergebnis vor – kann wegen dessen subjektiven Einschlags und der Vielgestaltigkeit der Lebensverhältnisse im Einzelfall schwer oder auch gar nicht zu beantwortende Fragen aufwerfen (OVG Münster aaO). Diese Schwierigkeiten können in aller Regel dadurch vermieden werden, wenn der vorrangig durch das objektive, leichter handhabbare Kriterium des Aufenthalts geprägte Begriff der Hauptwohnung im Sinne des Melderechts maßgebend ist. Die Familienwohnung kann verhältnismäßig leicht und sicher ermittelt werden (OVG Münster aaO; VGH München aaO). Denn der Nachweis, daß die Hauptwohnung nicht Familienwohnung ist, ist durch den eindeutigen Wortlaut im Melderecht ausgeschlossen. Hier wird eine unwiderlegbare Vermutung angestellt, die die Feststellung der Wählbarkeit schnell und einfach ermöglicht. Dieses dient auch der notwendigen Rechtssicherheit.

Sachregister

Abgabenerhebung
und Verfassungsbeschwerde 234
Abgeordneter
Bewerberschutz 93
Demokratieprinzip und Entschädigung von – 166
Entschädigung mit Alimentationscharakter 167
Entschädigung mit Aufwandscharakter 167
Feierabendparlamentarier 168
und Fraktion 318
Landesverfassungsrecht und Entschädigungsrahmen 167
Opposition oder Regierungsvertrauen 317
Oppositionszugehörigkeit 316
Organstreitverfahren 162
und Regierung (Oppositionsbegriff) 309
und Regierungschefwahl 315
Status nach der Hamburger Verfassung 157 ff
Stimmabgabe und Unterstützung, Vertrauen 312 ff
Stützen einer Regierung durch – 315
Teilzeitmandat 168
Unabhängigkeit sichernde Alimentation 167
Verfassungsrechtlich mögliche Nichtberücksichtigung einer Wahlentscheidung 265
Abiturprüfung
Rechtswegerschöpfung und Grundrechtsklage 212 ff
Abstimmung
Gesetzesvorschlag 328

Abstimmungsgeheimnis
und Volksabstimmung 11 ff
Abstimmungsprüfung
Staatsvertrag zur Regelung der Volksabstimmungen Berlin/Brandenburg 11 ff, 16 ff
Abstimmungsverhalten
und Regierungsverhältnis 357
Abtrennung
im Verfahren der Verfassungsbeschwerde 120
Allgemeine Bedeutung
und sofortige Entscheidung über eine Verfassungsbeschwerde als Ausnahmefall 118, 370
Amtsstellung
aufgrund Ernennung oder Wahl 262
Anfechtungsverfahren
Wahlprüfungsentscheidung des Landtags Baden-Württemberg als Gegenstand eines – 3 ff
Anleihe
Begriff in der Berliner Landesverfassung 77
Anstalt des öffentlichen Rechts
Grundrechtsträgerschaft einer rechtsfähigen – 272
Antrag
Änderung des prozeßleitenden Antrags im Verfahren der Verfassungsbeschwerde 232
Arbeitsgerichtsbarkeit
und Grundrechtsverletzung, vorrangige Inanspruchnahme der – 94
Arbeitsrecht
und Recht des öffentlichen Dienstes, Abgrenzung 197

Sachregister

Ausbildungsplätze
und Frauenförderung 210
Auslagenerstattung
nach Hauptsachenerledigung einer
Verfassungsbeschwerde wegen
überlanger Verfahrensdauer 111 ff
Auslegung
Auslegungsfähigkeit einer Norm 406
des einschlägigen europäischen Rechts
durch den EuGH 194
Verfassungskonforme 403
und Wille des historischen Gesetzgebers 310
Aussetzung
zur EuGH-Vorlage 194
Badische Verfassung (1947)
Parteien und Staat 302
Bayern (Landesverfassung)
Genuß der Naturschönheiten 238
Staatshaushalt 147
Beamtenrecht
und Bestenauslese 190
Bestenauslese und Frauenförderung 207
und Bürgermeisteramt 264
Frauenförderung und Kriterien der
Eignung, Befähigung, Leistung
208, 209
und Kommunalrecht, Vergleich 262
Beamtenrechtliches Laufbahnprinzip
und Frauenförderung 205
Beamtenverhältnis
und frühere Stasi-Tätigkeit 262, 268
Beamter auf Zeit
Bürgermeister als – 264
Bedeutung (allgemeine)
und sofortige Entscheidung über eine
Verfassungsbeschwerde als Ausnahmefall 118
Befähigung
Frauenförderung und verbleibende Bedeutung der – 208, 209
Behörde
oder oberstes Landesorgan 74

Beitrittserklärungen
Antragsberechtigung in einem Wahlprüfungsverfahren 5
Berlin
Bebauungsplan, Landschaftsplan 42
Bezirke und Gemeinden 35
Bezirksverordnetenversammlung und
Einheitsgemeinde Berlin 41
Bezirksverordnetenversammlungen,
Wahlrecht und Sperrklausel 32 ff
Bindung der Organe an Grundrechte
und Bundesrecht 64
Budgetrecht des Abgeordnetenhauses 79
Gemeinde, Gemeindeverband und
Land 41
Kommunale Selbstverwaltung 41
Kommunale Selbstverwaltung und Bezirksgliederung 35
Neugliederungs-Vertrag 15
Senatsverwaltung als Behörde 74
Sperrklausel bei Abgeordnetenhauswahlen 28 ff
Staatsvertrag zur Regelung der Volksabstimmung in den Ländern Brandenburg und – 11 ff, 16 ff
als Stadtstaat 150
Vorfinanzierung von Zins- und Tilgungsleistungen (IBB-Vereinbarung 1995) 67 ff
Wahlprüfungsverfahren 30
Berlin (Abgeordnetenhaus)
Abstimmungsprüfungsverfahren 13
Berlin (Landesverfassung)
Anleihebegriff 77
Bezirksverordnetenversammlung 39
Chancengleichheit politischer Parteien 39
Gesetzlicher Richter 64
Rechtliches Gehör 20, 26, 58, 82
Rechtsstaatsgedanke 21
Sperrklausel für die Wahlen zum Abgeordnetenhaus 28 ff
Wahlrechtsgrundsätze 40

Sachregister

Berufsausübung
Regelungszusammenhang, fehlender 243
Berufsfreiheit
und Rettungsdienst 119
Berufungszulassung
im Asylrechtsstreit 27
Bestenauslese
und Frauenförderung 207
Beweisantritt
und rechtliches Gehör 52 ff
Bezirksverordnetenversammlung (Berlin)
Funktion 42
Rechtsnatur 41
Wahlrecht und Sperrklausel 32 ff
Bindungswirkung
einer Entscheidung des BVerfG 164
Brandenburg
Neugliederungs-Vertrag 15
Polizeigesetz 1996 108 ff
Rettungsdienstgesetz 1992 102 ff 111 ff
Staatsvertrag zur Regelung der Volksabstimmung in den Ländern Berlin und – 11 ff, 16 ff
Brandenburg (Landesparlament)
Abstimmungsprüfungsverfahren 13
Brandenburg (Landesverfassung)
Ehrenamtliche Richter, besonderer Schutz 93
Bremen
EuGH zur Quotenregelung (Frauenförderung) 199
Haushalte, drei 150
und Kommunalverfassungsrecht 150
Schulunterrichtsversorgungsgesetz, Schulraumgesetz, Lernmittelfreiheitsgesetz 123 ff
Volksbegehren, Volksentscheide 123 ff
Bremen (Landesverfassung)
Demokratisches Prinzip 152
Haushaltsgesetz 146
Haushaltsplan 145, 146

Lehr- und Lernmittelfreiheit 152
Staatliche Schulaufsicht, Leitbild 152
Staatsgerichtshof und Zulassung eines Volksbegehrens 144 ff
Volksbegehren, unzulässiges 145
Volksentscheid, unzulässiger 145 147
Budget-Recht 75 ff, 146 ff
Bürgerliches Recht
Wohnsitzbegriff 394
Bürgermeister
Amtsstellung, Begründung durch Wahl 262
als Beamter auf Zeit 264
und Demokratieprinzip 263
Bürgermeisterwahl
und Demokratieprinzip 249
Verfassungsbeschwerde gegen Feststellung der Gültigkeit/Ungültigkeit 244 ff, 254 ff
Bundesamt
für die Anerkennung ausländischer Flüchtlinge 25
Bundesrecht
Frauenförderung 197
als Landesrecht aufgrund Verweisung 403
und Landesverfassungsgerichtsbarkeit 26, 64, 98, 99
Landesverfassungsgerichtsbarkeit und spätere Prüfung am Maßstab zwingenden Verfassungsrechts auch als – 119
Öffentliches Dienstrecht 197
Wahlprüfung 14
Waldgesetz 222, 223
Bundesverfassungsgericht
Bindungswirkung gem. § 31 Abs. 2 BVerfGG 164
Diätenentscheidung 163 ff
Fraktion und Regierungsvertrauen 320
Fraktionenbedeutung 168
Funktionsfähigkeit zu wählender Volksvertretung 48

Gesetzessuspendierung 378, 385
Gewaltenteilung und Grundgesetz
 308
Hauptsache und Durchentscheiden
 durch das – 105
Haushaltsgesetz und Haushaltsplan
 146
Historische Auslegung 310
Kommunale Neugliederung, Rück-
 Neugliederung 379, 386
Mfs-Mitarbeiter in der öffentlichen
 Verwaltung 268
Mißtrauensvotum 309
und Oppositionsbegriff 300
Rechtliches Gehör 21
Sperrklausel im Kommunalwahlrecht
 35
Sperrklausel in Gemeinden 44, 51
Sperrklausel, Zulässigkeit einfachge-
 setzlicher 40
Vertrauensfrage, konstruktives Miß-
 trauensvotum 326
Vertrauensfrage, provozierte 316
Wahlberechtigung, Ausschluß 408
Wahlen, Grundsatz der Allgemeinheit
 397
Wahlfreiheit 249
Wahlgrundrechte 248, 249
Wahlprüfungsbeschwerde 251
Wahlrechtsgleichheit 39, 47
Chancengleichheit
und Fraktionsstatus 293 ff
und politische Parteien 39
Sperrklausel bei Abgeordnetenhaus-
 wahl 28 ff
DDR, ehemalige
MfS/AnS-Tätigkeit und Ausschluß
 von der Wählbarkeit 254 ff
Demokratieprinzip
Allgemeinheit der Wahl 398
Bürgermeisterwahl 260
Entschädigung von Abgeordneten
 166
und Ergebnis einer Wahl 94
und Grundrecht freier Bürgermeister-
 wahl 249

und Haushaltsbewilligungsrecht 146
und kommunale Wahlbeamte 263
und Oppositionsziele 322
und Sonderstellung des Bürgermeisters 263
und Sperrklausel 31
und Wahlkorrektur 46
und Wahlrechtsgewährleistung 261
Diätenentscheidung
des Bundesverfassungsgerichts 163 ff
Diätenstaffelung
für paralamentarische Funktionsträger
 157 ff
Durchgriff
bei der Grundrechtsberechtigung
 276
Effektiver Rechtsschutz
Verweisung auf die Fachgerichtsbarkeit und Erfordernis eines – 95
EG-Richtlinie
zur Verwirklichung des Grundsatzes
 der Gleichberechtigung von Mann
 und Frau 178, 195, 198 ff
Ehe und Familie
Verfassungsrechtlicher Schutz 398
Ehrenamtliche Richter
Anfechtbarkeit bei Nichtaufnahme
 eines Bewerbers in Vorschlagsliste
 91 ff
Schutz, besonderer 93
Eignung
Frauenförderung und verbleibende Be-
 deutung der – 208, 209
von Wahlbeamten 95
Einigungsvertrag
Kündigung wegen früherer Stasi-Tätig-
 keit 268
Einstweilige Anordnung
Existenzbedrohung 107
und Gesetzessuspendierung 378
Irreversibler schwerer Nachteil 107
Kommunale Selbstverwaltung (Neu-
 gliederungsfälle) 373 ff, 381 ff
Schwerwiegende Nachteile und Vor-
 aussetzungen einer – 385

Sachregister

Überbrückung des Zeitraumes bis zur Hauptsachentscheidung 105
Verfassungsmäßigkeit als solche kein Prüfungsgegenstand 106
Voraussetzungen 106
und Vorwegnahme der Hauptsache 101 ff
Einzelfallprüfung
Gebot einer ergebnisoffenen – 269
Erholung in der freien Natur
Objektives Verfassungsrecht der – 237
Erlaubnis mit Vorbehalt
als milderes Eingriffsmittel 241
Ernennung
oder Wahl als Grundlage einer Amtsstellung 262
Europäischer Gerichtshof
Kalanke-Fall 184
Vorlage zur Frauenförderung im Hessischen Gleichberechtigungsgesetz 175 ff
Europäisches Parlament
Sperrklausel 52
Europawahlgesetz
Sperrklausel 40
Existenzbedrohung
und einstweilige Anordnung 107
Fachgerichtsbarkeit
Anrufung, offensichtlich sinn- oder aussichtslose 236
Auslegung einfachrechtlicher Vorschriften und Schutz von Grundrechten 94
und einstweilige Anordnung durch das Verfassungsgericht 104
Erfordernis effektiven Rechtsschutzes 95
Verfassungsbeschwerde und Rechtswegerschöpfung 235
und Verfassungsgerichtsbarkeit, Aufgabenverteilung 118
und verfassungsrechtlicher Prüfungsmaßstab 116, 65
Familie
und Wohnsitz 396

Familienbegriff 399
Filmfreiheit
und Rundfunkfreiheit 273
Finanzgerichtsordnung
Erledigung eines Rechtsstreites in der Hauptsache 65
Finanzwirksame Gesetzesvorhaben
und Ausschluß von Volksbegehren, Volksentscheid 146
Fraktion
und Abgeordneter 318
Chancengleichheit und Fraktionsstatus 293 ff
und Gesetzgebung 327
und Diätenregelung für Funktionsträger 168
und Fraktionsmitglieder 317
Koalitionsvertrag 319
und Minderheitsregierung 324
und Mitwirkungsbefugnis an der Gesetzgebung 75
und Opposition 319
und Oppositionsstatus 282 ff
und Organstreitverfahren 76
und Parteiendemokratie 168
Politische Zusammenarbeit 320
und Regierung 313, 319
und Regierung (Oppositionsbegriff) 309
und Regierungsunterstützung 317
Regierungsfraktionen, Vorteile 294
Zuordnung nach Regierungsmehrheit und Opposition 301
Frauenförderung
Arbeitswelt und Stellung der Frau 202
Ausbildungsplätze und Quotenvorschreibung 201, 205, 210
Auslegung, verfassungskonforme 209
Auswahlentscheidungen, Vorgaben 201
Automatik des Frauenvorrangs 201
und beamtenrechtliches Laufbahnprinzip 205

und Bestenauslese 207
und Bundesrecht 197
Eignung, Leistung, Befähigung (verbleibende Bedeutung) 208, 209
EuGH-Vorlage des Hessischen Gleichberechtigungsgesetzes 175 ff
EuGH zur Quotenregelung (Bremen) 199
durch flexible Ergebnisquote 208
Frauenbeauftragte 201
Frauenförderpläne mit verbindlichen Zielvorgaben 201 ff
Gremienbesetzung 201, 205, 211
Hochschulbereich 198, 209
Personalplanung, Personalentwicklung 206
und qualifikationsabhängige Entscheidungsquote 207, 208
Strukturelle Benachteiligungen im öffentlichen Dienst 190, 204, 206
Unterrepräsentanz von Frauen 201, 204, 205
Vorstellungsgespräche 201
Freiheitsrechte
Ehe und Familie 398
Freiheitlich demokratische Grundordnung
und Wahlrechtsgleichheit 47
Gegenstandswert
Festsetzung im Verfahren kommunaler Verfassungsbeschwerde 100, 101
Gegenwärtigkeit einer Betroffenheit
Verfassungsbeschwerde und Erfordernis – 111 234
Gemeinden
s. a. Kommunen; Kommunale Selbstverwaltung; Kommunale Verfassungsbeschwerde
Allzuständigkeit als Grundsatz 42
Berlin als Einheitsgemeinde 41
und Berliner Bezirke 35
Bürgermeisterwahl 250
Erfordernis einer gewählten Vertretung 250

Gewählte Vertretung 260
kommunale Neugliederungen 373 ff, 381 ff
Sperrklausel 44
Vorschlagsliste für die Wahl ehrenamtlicher Richter, Anfechtbarkeit der Nichtaufnahme 91 ff
Gerichtliche Entscheidungen
Anfechtungsverfahren gegen Wahlprüfungsentscheidung 3 ff
keine Richtigkeitskontrolle durch Verfassungsgerichtsbarkeit 82
Überprüfung einer Schöffen-Vorschlagsliste 95
Überraschungsentscheidung 61, 85
Gerichtsverfassungsgesetz
Vorschlagsliste für die Wahl ehrenamtlicher Richter, Anfechtbarkeit der Nichtaufnahme 91 ff
Gesetz
Auslegungsfähigkeit 406
und Verfassungsbeschwerde 234
Verfassungswidrigkeit 45, 403
Gesetzesauslegung
Historische Auslegung 310
Gesetzessuspendierung
durch einstweilige Anordnung 378, 385
Gesetzesvorschlag
und Vertrauensbeweis für die Regierung 328
Gesetzgeber
Einschätzungs- und Entscheidungsprärogative 203
Gesetzgebung
und Fraktion 75
Fraktionsverhalten 327
und Vertrauensbeweis 308
als vollziehende Gewalt 272
Gesetzgebungsbefugnis
und Landesverfassungsgerichtsbarkeit 196
Gesetzgebungsnotstand 309
Gesetzgebungstechnik
Verweisung auf Bundesrecht 403

Gewalt (vollziehende)
s. a. Regierung
Gesetzgebung, Rechtsprechung und juristische Personen des öffentlichen Rechts 272
Parlament 308
Regierung 308
Gewaltenteilung
die Regierung stürzen 313
als tragendes Grundprinzip 308
und Verfassungsgerichtsbarkeit 296
und Verfassungswidrigkeit einer Norm 45
Gewerbebetrieb
Regelungszusammenhang, fehlender 243, 244
Gleichberechtigung von Mann und Frau
Bundesgesetz zur Durchsetzung (2.GleiBG) 197
EuGH-Vorlage zur Frauenförderung im hessischen Gleichberechtigungsgesetz 176 ff
Gleichbehandlungsrichtlinie 195
Hessische Verfassung 202
Gleicher Lohn für gleiche Arbeit
Hessische Verfassung 202
Gleichheitssatz
Abgeordnetenstatus, allgemeiner und formalisierter – 165 ff
und Bürgermeisterwahlen 250
und Chancengleichheit 293 ff
Feststellung sachlicher Vertretbarkeit oder Sachfremdheit 243
und gestaffelte Diäten für parlamentarische Funktionsträger 157 ff
kommunale Neugliederungen 373 ff, 381 ff
und Wahlanfechtung 7
und Wahlrechtsfreiheit 261
und Wahlrechtsgleichheit 47
Große Koalition 1966
Oppositionsrolle der SPD vor Bildung 323

Grundgesetz
und Anwendungsvorrang des Gemeinschaftsrechts 195
Bewerbung um ein Bundestagsmandat 93
Gesetzgebungsnotstand 309
und Gewaltenteilung 308
Gleichberechtigung von Mann und Frau 190
Grundrechtnormen und Landesverfassungsgerichtsbarkeit 21
und Landesverfassungsgerichtsbarkeit 87
Landesverfassungsrecht und Kompetenzverteilung des – 93
und Oppositionsbegriff 300
Grundrechte
und Gerichtsschutzgarantie 6
und vollziehende Gewalt 272
Grundrechtsberechtigung
und Durchgriff 276
Grundrechtsbetroffenheit
durch Gesetz: Gegenwärtige, unmittelbare Betroffenheit 110, 111
Grundrechtsförderung
durch juristische Personen des öffentlichen Rechts 275
Grundsätzlich
Bedeutung des Wortes 268
Hamburg
als Stadtstaat 150
Hamburg (Landesverfassung)
Abgeordnetenstatus, besondere Ausgestaltung 166 ff
Ehrenamtliche Richter, besonderer Schutz 93
Gleichheitssatz und gestaffelte Diäten für parlamentarische Funktionsträger 157 ff
Handlungsfreiheit (allgemeine)
und Bürgermeisterwahlen 250
Persönlichkeitsentfaltung 239
Hauptsache
Dauer 117
Durchentscheiden durch das Verfassungsgericht 105

und einstweiliger Rechtsschutz, abzugrenzende Grundrechtsverletzungen 116
Überbrückung des Zeitraumes bis zur Hauptsachenentscheidung 105
Hauptsachenerledigung
Auslagenerstattung und überlange Verfahrensdauer 111 ff
Hauptsachenvorwegnahme
bei einstweiliger Anordnung 101 ff
Hauptwohnungsbestimmung
im Wahlrecht 404
Haushaltsbewilligungsrecht
Bedeutung 146
Haushaltsplan
Auslegung des Begriffs 148
Bezirksverordnetenversammlung in Berlin 44
und Budgetrecht des Parlaments 149
Gegenstand 148
Gleichgewicht des gesamten Haushalts 149
und Haushaltsgesetz 146
Inhalt, Bedeutung 79
im materiellen Sinne 145, 146
Rechtsnatur 329
Vereinbarung Land Berlin/IBB zur Vorfinanzierung von Zins- und Tilgungsleistungen 66 ff
WV 1919 und unzulässiges Volksbegehren über – 147
Hessen
Gleichberechtigungsgesetz und Frauenförderung:EuGH-Vorlage 175 ff
Hessen (Landesverfassung)
Frau und Arbeitswelt 202
Gleicher Lohn für gleiche Arbeit 202
Gleichheit vor dem Gesetz 201
Gleichheitssatz
in geschlechtsbezogener Bedeutung 202
Zugang zu öffentlichen Ämtern 203
Historische Auslegung 310

Hochschulbereich
Frauenförderung 198, 209
Individualrechtsschutz
und Gerichtsschutzgarantie 6
Instanzenzug
und Rechtsweggarantie 27
Investitionsbank Berlin
Vorfinanzierung von Zins- und Tilgungsleistungen 67 ff
Juristische Personen
und Grundrechte 272
Juristische Personen des öffentlichen Rechts
Aufsichtsklage 276
Grundrechtsförderung durch – 275
Grundrechtsträgerschaft 270 ff
als vollziehende Gewalt 272
Kalanke-Fall
des EuGH 184
Koalition
und Opposition 321
Regierungskoalition, Parlamentskoalition 330
Koalitionsvertrag
Rechtsnatur 319
Kommunale Haushalte
Bremen 150
Kommunale Selbstverwaltung
Berlin 41
und Berliner Bezirke 35
und einstweilige Anordnung 373 ff, 381 ff
als Exekutivorgan 94
und Homogenitätsargument 35
Neugliederungsfälle und Gestaltungsalternativen 373 ff, 381 ff
Wahl durch eine kommunale Vertretung als Teil der – 94
Kommunale Verfassungsbeschwerde
Gegenstandswertfestsetzung 100, 101
Kommunale Vertretung
und Ergebnis einer Wahl 94
Kommunale Wahlbeamte
und demokratisches Prinzip 263

Sachregister

Kommunalrecht
und Beamtenrecht, Vergleich 262
Kommunalwahlrecht
und Sperrklausel 35
Kommunen
s. a. Gemeinden
Bürgerschaft und Vertretungsorgan 264
und Staatskörperschaft 35
Kommunikationsgrundrechte
Rundfunkfreiheit und sonstige – 273
Kompetenzverteilung
Bindung des Landesverfassungsrechts an grundgesetzliche – 93
Konstruktives Mißtrauen
und Regierungszusammensetzung 322
Krankentransport
als staatliche, nur öffentliche Aufgabe 117
Kredit
und Gesetzesgrundlage 77
Kreditbegriff 77
Kündigung
eines Arbeitsverhältnisses in der öffentlichen Verwaltung wegen früherer Stasi-Tätigkeit 268
Landesrecht
durch Verweisung auf Bundesrecht 403
Wahlprüfung 14
Landesverfassungsgerichtsbarkeit
s. a. Verfassungsbeschwerde
und Anwendung der VwGO 26
Beschwerde gegen BVerfG-Beschluß, ausgeschlossene 260
und Bindungswirkung einer BVerfG-Entscheidung 164
und Bundesrecht 64, 98, 99
und Gesetzgebungsbefugnis des Landesgesetzgebers 196
und Grundgesetz 87
und Grundrechtsnormen 21
und Maßnahme der öffentlichen Gewalt 25

und spätere Prüfung am Maßstab zwingenden Verfassungsrechts auch des Bundes 119
Verletzung spezifischen Landesverfassungsrechts 82
Landsverfassungsrecht
Bindung an die grundgesetzliche Kompetenzverteilung 93
Laufbahnvorschriften
Bürgermeisteramt 264
Leistung
Frauenförderung und verbleibende Bedeutung der – 208, 209
Leistungsanspruch
und Verfassungsgerichtsbarkeit 296
Lohngleichheit
Hessische Verfassung 202
Magdeburger Modell
und Frage der PDS-Fraktion als Opposition 282 ff
Mandat
Bewerberschutz 93
Verfassungsrechtlich mögliche Nichtberücksichtigung einer Wahlentscheidung 265
Maßnahme
der öffentlichen Gewalt und Landesverfassungsgerichtsbarkeit 25
Mehrheitsverhältnisse
und Sperrklausel 31
Meinungs- und Informationsfreiheit
und Rundfunkfreiheit 273
Melderecht
Wahlgesetz und Wohnsitzbegriff 387 ff
MfS/AnS-Tätigkeit
und Ausschluß von der Wählbarkeit 254 ff
Minderheitsregierung 301, 302
und Tolerierung 305 ff
Mißtrauen, konstruktives
und Regierungszusammensetzung 322
Mißtrauensvotum 309

Modernisierungsaufwendungen
und Sachverständigengutachten (rechtliches Gehör) 58 ff
Nachteil (schwerer und unabwendbarer)
und sofortige Entscheidung über eine Verfassungsbeschwerde 118, 370
Naturschönheiten
Bayerische Verfassung und Genuß der − 238
Objektives Verfassungsrecht des Genusses von − 237
Neuberechung
eines Wahlergebnisses 45
Neugliederungsfälle
und kommunale Selbstverwaltung 373 ff, 381 ff
Neugliederungs-Vertrag
Berlin/Brandenburg 15
Nichtigkeit von Gesetzen
Gesetzgebungskompetenz, fehlende 198
Nichtzulassungsbeschwerde
und Rechtswegerschöpfung 261
Nordrhein-Westfalen
Sperrklausel im Kommunalwahlrecht 35, 48, 51
Sperrklausel, Zulässigkeit einfachgesetzlicher 40
Normenkontrollverfahren (abstraktes)
EuGH-Vorlage zur Frauenförderung im hessischen Gleichberechtigungsgesetz 176 ff
und Organstreitverfahren 162
Öffentliche Ämter
Gewährleistung des Zugangs 203
Öffentliche Aufgaben
und Grundrechtsschutz 272
Staatliche Aufgabe oder nur − 117
Öffentliche Gewalt
und Landesverfassungsgerichtsbarkeit 25
und Rechtsschutzverletzung 6

Öffentlicher Dienst
Frauenförderung, Vermeidung von Diskriminierungen als Teil des − 196
Kündigung wegen früherer Stasi-Tätigkeit 268
Laufbahnprinzip und Frauenförderung 205
und strukturelle Frauenbenachteiligung 190
Zugang 263
Öffentliches Amt
und Sonderstellung eines Bürgermeisters 263
Öffentliches Recht
Grundrechtsträgerschaft von juristischen Personen des − 270 ff
Öffentliches Schulwesen
und Zulassung von Volksbegehren 124 ff
Örtliche Angelegenheiten
und Berliner Bezirke 35
Opposition
Abstimmungsverhalten 357
und Koalition 321
Mehrheits-Opposition 320
und Regierung 314
Regierungseintritt 322
und Regierungsunterstützung 330
Regierungswechsel und Oppositionsstrategie 323
Staatsrechtliches Begriffsverständnis 302 ff
Sonderrechte 321
Verfassungsrechtlicher Auftrag 321
Zurechnung von Abgeordneten zur 316
Zustimmung zu einzelnen Regierungsvorschlägen 343
Oppositionsstatus
einer Fraktion 282 ff
Ordentliche Gerichtsbarkeit
Vorschlagsliste für die Wahl ehrenamtlicher Richter, Anfechtbarkeit der Nichtaufnahme 91 ff

Ordnungswidrigkeitsverfahren
und Subsidiarität der Verfassungsbeschwerde 234
Organstreitverfahren
Abgeordneter, antragsbefugter 162
Antragsbefugnis 74
Gleichstellungsanspruch eines Abgeordneten 163 ff
und Leistungsanspruch 296
und Normenkontrolle 162
Oppositionsstatus, Aberkennung 281 ff
Rechtsschutzbedürfnis 76
und Verfassungsmäßigkeit von Rechtsnormen 162
Verfassungsrechtliche Zuständigkeiten, Verfassungsrechte (keine Differenzierung) 292
Parlament
s. a. Abgeordneter
Abstimmungsverhalten 357
und Anfechtungsverfahren (Baden-Württemberg) 3 ff
Auflösung, drohende 318
Budget-Recht 146 ff
und Fraktionen 168, 169
Fraktionsstatus und Chancengleichheit 293 ff
Funktionsfähigkeit und Sperrklausel 31
Funktionsfähigkeit zu wählender Volksvertretung 48
Gesetzmäßige Zusammensetzung 6
Koalitionsvertrag 319
Kritik und Kontrolle 326
Oppositionsstatus, Frage der Aberkennung 281 ff
und Regierung 313
und Regierungsbildung 308
und Regierungsverantwortlichkeit 327
Sperrklausel (Berliner Abgeordnetenhauswahlen) 28 ff
Staatsleitung 327
und vollziehende Gewalt 308, 315
und Wahlprüfungsverfahren 30, 38

Parlamentarische Opposition
s. Opposition
Parlamentarische Funktionsträger
Gleichheitssatz und gestaffelte Diäten für – 157 ff
Parlamentskoalition
und Regierungskoalition 330
Parlamentspräsident
Entschädigung, angemessene 165
Parteiendemokratie
und Fraktionsbedeutung 168
Parteienzersplitterung
und Sperrklausel 31
PDS-Fraktion
Magdeburger Modell und Frage der Oppositionsrolle der – 282 ff
Persönlichkeitsentfaltung
Allgemeine Handlungsfreiheit und – 239
Grundrecht freier – 93
Personalplanung
und Frauenförderung 206
Personalwirtschaft
Ausrichtung an geschlechtsbezogener Ergebnisquote 186 ff
Pferdesport
Verfassungsbeschwerde gegen Waldgesetz (Sachsen) 225 ff
Politische Meinungsfindung
und Freiheit der Wahlen 252
Politische Parteien
Chancengleichheit 39
Fraktionsstatus und Chancengleichheit 293 ff
Öffentlichkeitsarbeit und Mehrheitsparteien 294
und Regierung
Sperrklausel und Wahlrechtsgleichheit 30
Politischer Beamter
und Bürgermeisteramt 264
Politische Körperschaften
Gesetzgebung zum Wahlrecht 40
Politische Zusammenarbeit
Fraktionserklärungen 320

Sachregister

Präklusionsvorschriften
  Mißbrauch 59
  Rechtliches Gehör und fehlerhafte Anwendung der – 52 ff
  Unzulässige Anwendung (BGH-Rechtsprechung) 60
Pressefreiheit
  und Rundfunkfreiheit 273
Privater Rundfunk
  und Rundfunkfreiheit 274
Quotierung
  und Frauenförderung 208
Rechtliches Gehör
  Asylrechtsstreit und Vertagungsantrag 22 ff
  Asylrechtsstreit und Vorführung aus der Untersuchungshaft 22 ff
  und Ausschöpfung aller tauglichen Mittel 22
  Kenntnisnahme von den Ausführungen der Prozeßbeteiligten 82
  Präklusionsvorschriften, unrichtige Anwendung 52 ff
  Sachverständigengutachten aufgrund Beweisantritts, nicht verwertetes 58 ff
  Überraschungsentscheidung 61, 85
Rechtsbegriff
  und Begriff des subjektiven Rechts 237
Rechtsprechung
  als vollziehende Gewalt 272
Rechtsschutz
  und Anfechtungsverfahren (Baden-Württemberg) 3 ff
  Fachgerichtsbarkeit und effektiver – 95
Rechtsschutzbedürfnis
  Grundrechtsklage wegen Versagung vorläufigen Rechtsschutzes nach Nichtbestehen des Abiturs 212 ff
  Organstreitverfahren 76
Rechtsschutzgarantie
  und Wahlprüfungsverfahren 6
Rechtsstaat
  und Haushaltsbewilligungsrecht 146

Rechtsverletzung
  und Gerichtsschutzgarantie 6
Rechtswegerschöpfung
  Allgemeine Bedeutung einer Verfassungsbeschwerde und Verzicht auf Erfordernis der – 235, 371
  Hauptsachenentscheidung vor Rechtswegerschöpfung, Ausnahmefälle 217, 371
  und Nichtzulassungsbeschwerde 261
  Prozessuale Möglichkeiten zur Korrektur geltend gemachter Grundrechtsverletzung 110, 116, 94
  Verwaltungsgerichtliches Hauptsachenverfahren, erforderliches 369
  Vorläufiger Rechtsschutz, endgültig versagter 369 ff
  Zulässigkeitsvoraussetzung einer Grundrechtsklage wegen Nichtbestehens der Abiturprüfung 212 ff, 235
  Zulassung der Berufung (VwGO) 26
Rechtsweggarantie
  und Instanzenzug 27
Regierung
  und Abgeordneter (Oppositionsbegriff) 309
  All-Parteien-Regierung 312
  und Begriff der Opposition 298 ff
  Fraktion und Minderheitsregierung 324
  und Fraktionen (Oppositionsbegriff) 309
  und Fraktionen, die Regierung stützende 313
  Gesetzesvorschlag, Abstimmung 328
  als Kollegium 302
  und konstruktives Mißtrauen 322
  und Mehrheits-Opposition 320
  in der Minderheit 301, 302
  Minderheitsregierung, faktische Mehrheitsregierung 329
  und Ministerpräsidentenwahl 316
  und Opposition 314
  Opposition, Eintritt in die 322

Sachregister

und politische Parteien 313
Öffentlichkeitsarbeit und Mehrheitsparteien 294
Parlamentarische Verantwortlichkeit 308
und Regierungschef 302
Staatsleitung 327
stützen (Regierung zu bilden, im Amt zu halten) 313 ff
Tolerierung einer Minderheitsregierung 305 ff
Verantwortlichkeit 327
Vertrauen 313
Vertrauen, Mißtrauen 308
Vertrauensfrage, provozierte 316
Vertrauensfrage und Regierungsvorlage 308
als vollziehende Gewalt 308
Wechsel mit und ohne Sturz der – 323

Regierungsbildung
und Parlament 308

Regierungsfraktion
Oppositionsfraktion, Chancengleichheit 294

Regierungskoalition
und Parlamentskoalition 320

Rheinland-Pfalz
Sperrklausel, Zulässigkeit einfachgesetzlicher 40

Richter (ehrenamtliche)
Anfechtbarkeit bei Nichtaufnahme eines Bewerbers in Vorschlagsliste 91 ff
Schutz, besonderer (LV Bbg) 93

Rundfunkfreiheit
Gegenstand 273
Grundrechtsförderung durch juristische Personen des öffentlichen Rechts 275
Pluralität 274
und privater Rundfunk 274
Schutzbereich des Grundrechts 270 ff
und sonstige Kommunikationsgrundrechte 273
Staatsfreie Organisation 271 ff

Sachsen
Privatrundfunkgesetz 271 ff
Waldgesetz, Naturschutzgesetz, Wassergesetz 222 ff

Sachsen (Landesverfassung)
Bürgermeisterwahl und Demokratieprinzip 249, 260
Durchgriff auf Grundrechtsberechtigte 276
Eigentumsrecht von Grundstückseigentümern 241
Eignung für den öffentlichen Dienst, fehlende aufgrund früherer Stasi-Tätigkeit 262, 263
Gemeindevertretung 250, 260
Genuß von Naturschönheiten und Erholung in der freien Natur 237
Gleichheitssatz 242
Grundrechte und juristische Personen 272
Handlungsfreiheit, allgemeine 241
Landtagsmitglieder, Regierungsmitglieder, Beschäftigte des öffentlichen Dienstes und frühere Stasi-Tätigkeit 265
Öffentlicher Dienst, Zugang 263
Rundfunkfreiheit 270 ff
Rundfunkfreiheit und sonstige Kommunikationsgrundrechte 273
Trennung zwischen Grundbestimmungen zur Staatsstruktur/Grundrechten 237, 238
Umweltschutz als Staatsziel 238

Sachsen-Anhalt
Magdeburger Projekt 285
PDS-Fraktion, Frage der Behandlung als Oppositionsfraktion 282 ff

Sachsen-Anhalt (Landesverfassung)
Abgeordnetenhandeln, Fraktionshandeln 312 ff
Abgeordnetenverhalten, Fraktionsverhalten 308 ff
Abgeordneter und Fraktion 318
All-Parteien-Regierung 312
Fraktion und Fraktionsmitglieder 317

Gewaltentrennung, Entscheidungs-
macht im vollziehenden Bereich
308
Haushaltsplan 329
Mißtrauensvotum 309
Opposition (Mitglieder, Fraktionen)
281 ff
Opposition, Sonderrechte 321
Oppositionsbegriff 298
Parlamentarische Kontrollrechte 326
Regierung als Kollegium 309
Regierung und Ministerpräsident 309
Regierungschef, Wahl 314 ff
Stützen der Regierung 298, 312 ff
Vertrauen, Mißtrauen 308
Vertrauensfrage 325
Vollziehende Gewalt, parlamentarische
Verantwortlichkeit 315
Sachverhaltstypisierung
Verfassungsrechtliche Zulässigkeit
403
Schleswig-Holstein
Sperrklausel, Zulässigkeit einfachge-
setzlicher 40
Schlicht hoheitliches Handeln
Aufnahme in Schöffen-Vorschlagsliste
94
Schöffen-Vorschlagsliste
Anfechtbarkeit einer Nichtaufnahme
in die Vorschlagsliste 91 ff
Schulwesen
Schulzugehörigkeit und Verfassungsbe-
schwerde 365 ff
und Zulassung von Volksbegehren
124 ff
Schwerer Nachteil
Einstweilige Anordnung und irreversi-
bler – 107
und sofortige Entscheidung über eine
Verfassungsbescwherde 118, 370
**Sozialpolitische Förderungsmaßnah-
men**
Geschlechtsspezifische Privilegierun-
gen und allgemeine – 190
Sozialrecht
Wohnsitzbegriff 394

Sperrklausel
Abgeordnetenhauswahlen (Berlin)
28 ff
Bezirksverordnetenversammlungen
(Berlin) 32 ff
Spezifisches Landesverfassungsrecht
Verletzung 82
Staatliche Aufgabe
oder nur öffentliche Aufgabe 117
Staatsfreie Organisation
Rundfunkfreiheit und Gebot der –
271 ff
Staatsleitung
Regierung, Parlament 327
Staatsverpflichtungen
und Rechtsbegriff 237
Stadtstaaten
Berlin, Hamburg und Bremer Beson-
derheiten 150
Stasi-Tätigkeit (frühere)
Ausschluß von der Wählbarkeit auf-
grund – 254 ff
Ordentliche Kündigung eines Arbeits-
verhältnisses in der öffentlichen
Verwaltung 268
Steuerrecht
Wohnsitzbegriff 394
Subjektive Rechte
und Bindung der Organe an Grundrechte und an Bundesrecht 25
64
und Gerichtsschutzgarantie 6
und Grundrechtsverletzung 86
und Rechtsbegriff 237
oder den Staat verpflichtende Norm
des objektiven Verfassungsrechts
237
Zugang zu staatlichen Ehrenämtern
95
Subjektiver Rechtsschutz
und Abstimmungsprüfung aufgrund
des Staatsvertrages zur Regelung
der Volksabstimmung in den Ländern Berlin/Brandenburg 11 ff
16 ff

Sachregister

Subsidiarität der Verfassungsbeschwerde
Ordnungswidrigkeitsverfahren und – 234
Prozessuale Möglichkeiten zur Korrektur geltend gemachter Grundrechtsverletzung 116, 94
Rechtswegerschöpfung und Grundsatz der – 370
Vorweg-Sachentscheidung über eine Verfassungsbeschwerde als Ausnahmefall 117, 118
Thüringen
Gemeindeneugliederungsgesetz 373 ff, 381 ff
Schulzugehörigkeit 365 ff
Wahlgesetz und Wohnsitzbegriff 387 ff
Thüringen (Landesverfassung)
Ehe und Familie 398
Familienbilder, Vielfalt 398 ff
Typisierung von Sachverhalten
Verfassungsrechtliche Zulässigkeit 409
Überraschungsentscheidung
und rechtliches Gehör 61, 85
Umweltschutz
als Staatsziel 238
Unabwendbarer Nachteil
und sofortige Entscheidung über eine Verfassungsbeschwerde 118, 370
Unmittelbarkeit einer Betroffenheit
Verfassungsbeschwerde und Erfordernis – 111, 234
Untersuchungshaft
Asylrechtsstreit und Vorführung aus der – 26
Unvereinbarerklärung
einer Norm mit der Verfassung 45
Verfassungsbeschwerde
Änderung des prozeßleitenden Antrags 232
als außerordentlicher Rechtsbehelf 110

Sofortige Entscheidung als Ausnahmefall 118
und Wahlen 248, 249
Verfassungsbeschwerde (Berlin)
Bindung der Organe des Landes Berlin an Grundrechte, an Bundesrecht 25
Bundesrecht, anzuwendendes und Prüfungsbefugnis des VGH 58
und Grundgesetz 87
Grundrechte, inhaltsgleiche mit bundesrechtlicher Verbürgung 20
Grundrechtsnormen des Grundgesetzes, kein zulässiger Prüfungsmaßstab 21
Maßnahme der öffentlichen Gewalt des Landes Berlin 25
Subjektive Rechtsverletzung 86
Text der Verfassung 1950, neue Verfassung 1995 25
Verletzung spezifischen Landesverfassungsrechts 82
Verfassungsbeschwerde (Brandenburg)
Bundesrechtsverletzung 98, 99
Grundrechtsbetroffenheit, gegenwärtige und unmittelbare 110, 111
Rechtswegerschöpfung 110
Sofortige Entscheidung als Ausnahmefall 118
Subsidiarität gegenüber fachgerichtlichen Kontrolle 116 94
Verfassungsbeschwerde (Hessen)
Hauptsachenentscheidung vor Rechtswegerschöpfung, Ausnahmefälle 217
Rechtswegerschöpfung und Grundrechtsklage 212 ff
Verfassungsbeschwerde (Sachsen)
Änderung des prozeßleitenden Antrags 232
Bürgermeisterwahl 244 ff, 254 ff
Verfassungsbeschwerde (Thüringen)
Subsidiarität 370
Vorläufiger Rechtsschutz, versagter und Zulässigkeit einer – 365 ff

Verfassungsgerichtsbarkeit
Durchentscheiden in der Hauptsache 105
und Fachgerichtsbarkeit 118
Fachgerichtsbarkeit und einstweilige Anordnung im Rahmen der – 104
Sofortige Entscheidung über eine Verfassungsbeschwerde in Ausnahmefällen 118
Verfassungsmäßigkeit
und einstweilige Anordnung 106
und Organstreitverfahren 162
Verfassungsrecht
Grundrecht oder den Staat verpflichtende Norm des objektiven – 237
Verfassungswidriges Gesetz
und Auslegung 403
Verfassungsgerichtliches Verfahren und – 45
Verhältnismäßigkeit
Erholungsverkehr im Wald, in anderen Naturteilen 239
Verhältniswahlrecht
und Chancengleichheit der Parteien 39
Verfahren mathematischer Proportion 34
und Wahlrechtsgleichheit 39
Vertrauen
für die Regierung 313 ff
Vertrauen, Mißtrauen
und Regierungsprogramm 308, 316
Vertrauensfrage
und Regierungsvorlage 308
Provozierte – 316
Verwaltungsgericht
und Grundrechtsverletzung, vorrangige Inanspruchnahme des – 94
Verwaltungsgerichtsordung
und Landesverfassungsgerichtsbarkeit 26
Volksabstimmung
und Abstimmungsgeheimnis 11 ff
Staatsvertrag zur Regelung der Volksabstimmung in den Ländern Berlin/Brandenburg 11 ff, 16 ff

Volksbegehren
Zulassungsprüfung durch den Staatsgerichtshof (Bremen) 144 ff
Vollmachtsmangel
Rüge im Zivilprozeß 61
Vollziehende Gewalt
Gesetzgebung, Rechtsprechung und juristische Personen des öffentlichen Rechts 272
Parlamentarische Verantwortlichkeit 315
Regierung 308
Vollzug eines Gesetzes
Aussetzung durch einstweilige Anordnung 378, 385
Vorläufiger Rechtsschutz
Grundrechtsklage wegen Versagung vorläufigen Rechtsschutzes nach Nichtbstehen des Abiturs 212 ff
und Hauptsacheverfahren, abzugrenzende Grundrechtsverletzungen 116
Verfassungsbeschwerde, Zulässigkeit bei endgültiger Versagung eines 365 ff
Vorschlagsliste
Wahl ehrenamtlicher Richter, Anfechtbarkeit der Nichtaufnahme eines Bewerbers 91 ff
Wählbarkeit
Mfs/AnS-Tätigkeit und Ausschluß von der Wählbarkeit 254 ff
Wahl
und Amtsstellung 262
des Regierungschefs (Sachsen-Anhalt) 314 ff
Wahlbeamte
Rechtliche Vorgaben an die Eignung 95
Wahlberechtigung
Ausschluß mehrfacher 408
Wahldurchführung
und Rechtsschutzverletzung 6

Wahlen
und Verfassungsbeschwerde 248, 249
Wahlentscheidung
Verfassungsrechtlich mögliche Nichtberücksichtigung einer – 265
Wahlergebnis
und Demokratieprinzip 94
Neuberechung 45, 251
Wahlfehler
und Ergebniserheblichkeit 251
Wahlfreiheit
und Ergebnisrelevanz eines Wahlfehlers 252
Grundrechtsverletzung 249
Wahlgrundrechte
Allgemeinheit der Wahl 397
Grundsatz der Freiheit und Gleichheit 250
Wahlkorrektur
und Demokratieprinzip 46
Wahlliste
Aufnahme in Schöffen-Vorschlagsliste 94
Wahlprüfung
und Abstimmungsprüfungsverfahren 14
und Anfechtungsverfahren (Baden-Württemberg) 3 ff
und betroffene Bewerber 38
Schutz des objektiven Wahlrechts 14
Sperrklausel bei Abgeordnetenhauswahl 28 ff
Wohnsitzproblematik 398 ff
Zweck 30
Wahlrecht
und Demokratieprinzip 261
und Gesetzgebung 39
Melderechtlicher Wohnsitzbegriff 387 ff
und Wahlprüfungsverfahren 38
Wahlrechtsfreiheit
und Gleichheitsgrundsatz 261

Wahlrechtsgleichheit
Formale – 47
Inhalt des Grundsatzes 39
Rechtfertigung eines Eingriffs 40
Sperrklausel bei Abgeordnetenhauswahl 28 ff
Wahlvorschläge
Erfordernis verläßlicher Unterrichtung 249
Öffentliche Bekanntmachung 253
Wasserrechtlicher Gemeingebrauch
Verfassungsbeschwerde und Rechtswegerschöpfung 235
Weimarer Reichsverfassung
Haushaltsplan und Reichshaushalt 148
Kanzlerwahl und Regierungsunterstützung 316
Volksbegehren über einen Haushaltsplan 147
Willkürverbot
Gerichtliche Entscheidung und Verstoß gegen das – 28
Verkürzte Begründung „zu Protokoll" gemäß § 495 a ZPO 96 ff
Wirtschaftliche Existenz
und einstweilige Anordnung 107
Wohnsitz
Wahlrecht und melderechtlicher Wohnsitzbegriff 387 ff
Zinsmodell
Vereinbarung Land Berlin/IBB zur Vorfinanzierung von Zins- und Tilgungsleistungen 68
Zivilprozeß
Anwaltsvollmacht, Rüge 61
Berichtigungsverfahren §§ 319, 320 ZPO 88
Präklusionsvorschriften 59
Willkürverbot und verkürzte Begründung „zu Protokoll" gemäß § 495 a ZPO 96 ff

Gesetzesregister

Bundesrecht

Bürgerliches Gesetzbuch vom 18. 8. 1896 (RGBl. S. 195, BGBl. III 400–2) - BGB -	§ 7	Nr. 4 (Thür)
Bundesgebührenordnung für Rechtsanwälte vom 26. Juli 1997 (BGBl. I S. 907) - BRAGO -	§ 11 Abs. 1 Satz 4 § 26 § 31 Abs. 1 § 113 Abs. 2	Nr. 6 (Bbg.) Nr. 6 (Bbg.) Nr. 6 (Bbg.) Nr. 3, 6 (Bbg.)
Finanzgerichtsordnung vom 6. Oktober 1965 (BGBl. I S. 1477) - FGO -	§ 5 Abs. 3 § 79a Abs. 1	Nr. 6 (B) Nr. 6 (B)
Gerichtsverfassungsgesetz i. d. F. der Bekanntmachung vom 9. Mai 1975 (BGBl. I. S. 1077) - GVG -	§ 36	Nr. 1 (Bbg.)
Gesetz zur Ordnung des Wasserhaushaltes i. d. F. der Bekanntmachung vom 23. September 1986 (BGBl. I. S. 1529, ber. S. 1654) - Wasserhaushaltsgesetz -	§ 41 Abs. 1	Nr. 1 (S)
Grundgesetz für die Bundesrepublik Deutschland vom 23. Mai 1949 (BGBl. S. 1) - GG -	Art. 3 Abs. 1 Art. 19 Abs. 4 Art. 28 Art. 115 Abs. 1 Art. 33 Abs. 2 Art. 28 Abs. 1 Art. 3 Abs. 1 Art. 6 Abs. 1	Nr. 1 (BW) Nr. 1 (BW) Nr. 4 (B) Nr. 7 (B) Nr. 1 (Bbg.) Nr. 2 (S) Nr. 4 (Thür) Nr. 4 (Thür)
Melderechtsrahmengesetz vom 24. Juni 1994 (BGBl. S. 1430) - MRRG -	§ 12	Nr. 4 (Thür)

Verwaltungsgerichtsordnung i. d. F. der Bekanntmachung vom 19. 3. 1991 - VwGO -	§ 164 § 173	Nr. 6 (Bbg.) Nr. 6 (Bbg.)
Zivilprozeßordnung i. d. F. der Bekanntmachung vom 12. September 1950 (BGBl. I S. 533) - ZPO -	§ 80 § 227 § 296	Nr. 5 (B) Nr. 2 (B) Nr. 5 (B)
	§ 308 § 495 a	Nr. 6 (Bbg.) Nr. 2 (Bbg.)

Landesrecht

Baden-Württemberg

Gesetz über die Prüfung der Landtagswahlen (Landeswahlprüfungsgesetz) vom 7. November 1955 (GBl. S. 161) - LWPrG -	§ 14	Nr. 1 (BW)
Gesetz über den Staatsgerichtshof vom 13. Dezember 1954 (GBl. S. 171) - StGHG -	§ 52	Nr. 1 (BW)
Verfassung des Landes Baden-Württemberg vom 11. November 1953 (GBl. S. 173) - LV -	Art. 31 Abs. 2	Nr. 1 (BW)

Berlin

Gesetz über den Verfassungsgerichtshof vom 8. November 1990 (GVBl. S. 2246/ GBABl. S. 510) - VerfGHG -	§ 49 Abs. 1 § 51	Nr. 9 (B) Nr. 9 (B)
Landeswahlgesetz vom 25. September 1987 (GVBl. S. 2370) - LWahlG -	§ 18 § 22 Abs. 2	Nr. 3 (B) Nr. 4 (B)
Verfassung von Berlin vom 1. September 1950 (VOBl. I S. 433) - VvB 1950 -	Art. 3 Art. 26 Abs. 2 Art. 54 Abs. 1 Art. 63 Abs. 1 Art. 73 Abs. 1 Art. 74 Abs. 1 Art. 75 Abs. 1	Nr. 4 (B) Nr. 3 (B) Nr. 4 (B) Nr. 9 (B) Nr. 7 (B) Nr. 7 (B) Nr. 7 (B)

Verfassung von Berlin vom 23. November 1995 (GVBl. S. 779) - VvB -	Art. 10 Abs. 1	Nr. 2 (B)
	Art. 15 Abs. 1	Nr. 1, 2, 5, 8 (B)
	Art. 15 Abs. 4	Nr. 2 (B)
	Art. 15 Abs. 5 Satz 2	Nr. 6 (B)
	Art. 70 Abs. 1	Nr. 4 (B)
	Art. 79	Nr. 9 (B)
	Art. 87	Nr. 7 (B)

Gemeinsames Gericht Berlin–Brandenburg

Staatsvertrag zur Regelung der Volksabstimmungen in den Ländern Berlin und Brandenburg über den Neugliederungs-Vertrag, Anlage 2 zum Neugliederungsvertragsgesetz vom 27. 6. 1995 (GVGl. I S. 150) - NVG -	Art. 18 Abs. 2	Nr. 1 (GemGer)
	Art. 21	Nr. 2 (GemGer)

Brandenburg

Gesetz über das Verfassungsgericht des Landes Brandenburg vom 8. Juli 1993 (GVBl. I S. 322) - VerfGGBbg. -	§ 13 Abs. 1	Nr. 6 (Bbg.)
	§ 30 Abs. 1	Nr. 4 (Bbg.)
	§ 45 Abs. 2 Satz 1	Nr. 1, 5 (Bbg.)
Verfassung des Landes Brandenburg vom 20. August 1992 (GVBl. I S. 298) - LV -	Art. 10	Nr. 1 (Bbg.)
	Art. 12 Abs. 1 Satz 1	Nr. 2 (Bbg.)
	Art. 12 Abs. 1 Satz 2	Nr. 2 (Bbg.)
	Art. 53 Abs. 3	Nr. 2 (Bbg.)
	Art. 110 Abs. 1	Nr. 1 (Bbg)

Bremen

Gesetz über den Staatsgerichtshof vom 18. Juni 1996 (BremGBl. S. 179; SaBremR 1102-a-1) - BremStGHG -	§ 14 Abs. 2 Satz 3	Nr. 1 (HB)
Gesetz über das Verfahren beim Volksentscheid vom 27. Februar 1996 (BremGBl. S. 41, SaBremR 112-a-1) - BremVEG -	§ 9 Nr. 1	Nr. 1 (HB)
	§ 10 Abs. 2 Nr. 1	Nr. 1 (HB)
	§ 12 Abs. 2	Nr. 1 (HB)
Landesverfassung der Freien Hansestadt Bremen vom 21. Oktober 1947 (BremGBl. 1947, S. 251; SaBremR 100-a-1) - BremLV -	Art. 28	Nr. 1 (HB)
	Art. 66	Nr. 1 (HB)
	Art. 67 Abs. 1	Nr. 1 (HB)
	Art. 70	Nr. 1 (HB)
	Art. 72 Abs. 2	Nr. 1 (HB)
	Art. 74	Nr. 1 (HB)

	Art. 87	Nr. 1 (HB)
	Art. 102	Nr. 1 (HB)
	Art. 132	Nr. 1 (HB)
	Art. 140	Nr. 1 (HB)

Hamburg

Fraktionsgesetz vom 20. Juni 1996 (GVBl. S. 134) - FraktionsG -	§ 2 Abs. 5 Satz 3	Nr. 1 (H)
	§ 3 Abs. 3 Nr. 2b	Nr. 1 (H)
	§ 4	Nr. 1 (H)
	§ 6	Nr. 1 (H)
	§ 8 Abs. 2	Nr. 1 (H)
Hamburgisches Abgeordnetengesetz vom 21. Juni 1996 (GVBl. S. 141) - HAbgG -	§ 2 Abs. 1	Nr. 1 (H)
	§ 2 Abs. 2 Satz 1	Nr. 1 (H)
Gesetz über das Hamburgische Verfassungsgericht i. d. F. vom 2. September 1996 (GVBl. S. 224) - HVerfGG -	§ 14 Nr. 1a	Nr. 1 (H)
	§ 14 Nr. 2	Nr. 1 (H)
Verfassung der Freien und Hansestadt Hamburg vom 6. Juni 1952 (Bl. I 100-a) mit Änderungen - HVerf -	Art. 6 Abs. 2	Nr. 1 (H)
	Art. 7 Abs. 1	Nr. 1 (H)
	Art. 13 Abs. 1 Satz 1	Nr. 1 (H)
	Art. 13 Abs. 2 Satz 1	Nr. 1 (H)
	Art. 23a	Nr. 1 (H)
	Art. 65 Abs. 3 Nr. 1a	Nr. 1 (H)
		Nr. 1 (H)
	Art. 65 Abs. 3 Nr. 2	Nr. 1 (H)
		Nr. 1 (H)

Hessen

Gesetz über den Staatsgerichtshof vom 30. November 1994 (GVBl. 1994, S. 684) - StGHG -	§ 43 Abs. 1	Nr. 2 (He)
	§ 44 Abs. 1	Nr. 2 (He)
	§ 44 Abs. 2	Nr. 2 (He)
Hessisches Gesetz über die Gleichberechtigung von Frauen und Männern und zum Abbau von Diskriminierungen von Frauen in der öffentlichen Verwaltung vom 21. Dezember 1993 (GVBl. I S. 729) - HGlG -	§ 1	Nr. 1 (He)
	§ 3	Nr. 1 (He)
	§ 5 Abs. 3, 4, 7	Nr. 1 (He)
	§ 7	Nr. 1 (He)
	§ 8 Abs. 1, 4	Nr. 1 (He)
	§ 9 Abs. 1	Nr. 1 (He)
	§ 10 Abs. 1–5	Nr. 1 (He)
	§ 11	Nr. 1 (He)
	§ 14	Nr. 1 (He)

Gesetzesregister

	§ 16 § 18 Abs. 6	Nr. 1 (He) Nr. 1 (He)
Verfassung des Landes Hessen vom 1. Dezember 1946 (GVBl. S. 229) - HV -	Art. 1 Art. 29 Art. 131 Art. 132 Art. 134 Art. 153	Nr. 1 (He) Nr. 1 (He) Nr. 1, 2 (He) Nr. 1 (He) Nr. 1 (He) Nr. 1 (He)

Sachsen

Beamtengesetz für den Freistaat Sachsen i. d. F. vom 16. Juni 1994 (SächsGVBl. S. 1153) -SächsBG-	§ 6 Abs. 2 Nr. 2	Nr. 3 (S)
Gemeindeordnung für den Freistaat Sachsen vom 21. April 1993 (SächsGVBl. S. 301, ber. SächsGVBl. 1993, S. 445) - SächsGemO -	§ 48 Abs. 2 Satz 2 § 49 Abs. 1	Nr. 2 (S) Nr. 3 (S)
Gesetz über die Kommunalwahlen im Freistaat Sachsen vom 18. Oktober 1993 (SächsGVBl. S. 937) - Kommunalwahlgesetz; SächsKomWG -	§ 27 Abs. 1 Nr. 1 § 38	Nr. 1 (S) Nr. 2 (S) Nr. 2 (S)
Gesetz über den privaten Rundfunk und neue Medien in Sachsen vom 16. Januar 1996 (SächsGVBl. S. 4) - Sächsisches Privatrundfunkgesetz; SächsPRG -	§ 27 Abs. 1 Satz 2 § 27 Abs. 2 Satz 1 § 28	Nr. 4 (S) Nr. 4 (S) Nr. 4 (S)
Gesetz über den Verfassungsgerichtshof des Freistaates Sachsen vom 18. Februar 1993 (GVBl. S. 177, ber. in GVBl. S. 495) - SächsVerfGHG -	§ 27 § 28 § 29 Abs. 1 § 29 Abs. 3 § 29 Abs. 4 Satz 1	Nr. 1, 2, 4 (S) Nr. 1 (S) Nr. 3 (S) Nr. 1 (S) Nr. 1 (S)
Sächsisches Gesetz über Naturschutz und Landschaftspflege; SächsNatSchG vom 28. Dezember 1992 (SächsGVBl. S. 57)	§ 31 Abs. 1 § 31 Abs. 2 Satz 1, 2	Nr. 1 (S) Nr. 1 (S)
Sächsisches Wassergesetz vom 23. Februar 1993 (SächsGVBl. S. 201) - SächsWG -	§ 34 Abs. 1 Satz 1	Nr. 1 (S)

Verfassung des Freistaates Sachsen vom 27. Mai 1992 (GVBl. S. 243) -SächsVerf-	Art. 1 Satz 2	Nr. 2, 3 (S)
	Art. 3 Abs. 1	Nr. 2, 3 (S)
	Art. 4 Abs. 1	Nr. 1(S)
	Art. 10	Nr. 1 (S)
	Art. 15	Nr. 1, 2 (S)
	Art. 18 Abs. 1	Nr. 1, 3 (S)
	Art. 20 Abs. 1 Satz 2	Nr. 4 (S)
	Art. 28 Abs. 1	Nr. 1, 3 (S)
	Art. 31 Abs. 1	Nr. 1 (S)
	Art. 36	Nr. 4 (S)
	Art. 37 Abs. 3	Nr. 4 (S)
	Art. 81 Abs. 1	Nr. 1, 2, 4 (S)
	Art. 86	Nr. 2, 3 (S)
	Art. 91 Abs. 2	Nr. 3 (S)
	Art. 116	Nr. 3 (S)
	Art. 117	Nr. 3 (S)
	Art. 118	Nr. 3 (S)
	Art. 119	Nr. 3 (S)
Waldgesetz für den Freistaat Sachsen vom 10. April 1992 (SächsGVBl. S. 137) - Sächsisches Waldgesetz; SächsWaldG -	§ 11 Abs. 4 Satz 1	Nr. 1 (S)
	§ 12 Abs. 1 Satz 1	Nr. 1 (S)
	§ 12 Abs. 3	Nr. 1 (S)

Sachsen-Anhalt

Fraktionsgesetz des Landes Sachsen-Anhalt vom 5. November 1992 (LSA-GVBl. 1992 S. 768) - Fraktionsgesetz -	§ 3	Nr. 1 (LSA)
Gesetz über das Landesverfassungsgericht vom 23. August 1993 (LSA-GVBl. 1993 S. 441) - Landesverfassungsgerichtsgesetz -	§ 2	Nr. 1 (LSA)
	§ 35	Nr. 1 (LSA)
	§ 36	Nr. 1 (LSA)
Gesetz über die Rechtsverhältnisse der Mitglieder des Landtages von Sachsen-Anhalt vom 21. Juli 1994 (LSA-GVBl. 1994 S. 908) geändert durch Gesetz vom 15. Dezember 1994 (LSA-GVBl. 1994 S. 1042)	§ 47	Nr. 1 (LSA)
Verfassung des Landes Sachsen-Anhalt vom 16. Juli 1992 (LSA-GVBl. 1992 S. 600) - LVerf-LSA -	Art. 46	Nr. 1 (LSA)
	Art. 48	Nr. 1 (LSA)
	Art. 49	Nr. 1 (LSA)
	Art. 50	Nr. 1 (LSA)
	Art. 51	Nr. 1 (LSA)
	Art. 53	Nr. 1 (LSA)
	Art. 54	Nr. 1 (LSA)

	Art. 64	Nr. 1 (LSA)
	Art. 65	Nr. 1 (LSA)
	Art. 72	Nr. 1 (LSA)
	Art. 73	Nr. 1 (LSA)
	Art. 77	Nr. 1 (LSA)
	Art. 93	Nr. 1 (LSA)

Thüringen

Gesetz über den Thüringer Verfassungsgerichtshof (Thüringer Verfassungsgerichtshofsgesetz) vom 28. Juni 1994 (GVBl. S. 781) - ThürVerfGHG -	§ 26 § 31 Abs. 3	Nr. 2, 3 (Thür) Nr. 1 (Thür)
Thüringer Gesetz zur Neugliederung kreisangehöriger Gemeinden (Thüringer Gemeindeneugliederungsgesetz) vom 23. Dezember 1996 (GVBl. S. 333) -ThürGNGG-	§ 12 Abs. 2 § 18 Abs. 1 § 18 Abs. 4	Nr. 3 (Thür) Nr. 2 (Thür) Nr. 2 (Thür)
Thüringer Wahlgesetz für den Landtag (Thüringer Landeswahlgesetz) vom 9. November 1993 (GVGl. S. 657) -ThürLWG-	§ 13 Satz 2 § 16 Nr. 2	Nr. 4 (Thür) Nr. 4 (Thür)
Verfassung des Freistaats Thüringen vom 25. Oktober 1993 (GVBl. S. 625)	Art. 2 Abs. 1 Art. 17 Abs. 1 Art. 46 Art. 91 Abs. 1	Nr. 4 (Thür) Nr. 4 (Thür) Nr. 4 (Thür) Nr. 2, 3 (Thür)

Reichsrecht

Verfassung des Deutschen Reichs vom 11. 08. 1919 (RGBl. S. 1383)	Art. 73 Abs. 4 Art. 85 Abs. 2	Nr. 1 (HB) Nr. 1 (HB)

Zwischenstaatliches Recht und Vertragsgesetze

Vertrag zwischen der Bundesrepublik Deutschland und der Deutschen Demokratischen Republik über die Herstellung der Einheit Deutschlands – Einigungsvertrag – vom 31. August 1990 (BGBl. II, S. 889)	Anlage 1, Kapitel XIX, Sachgebiet A, Abschnitt III Nr. 1 Abs. 5 Nr. 2	Nr. 3 (S)

Europäisches Recht

EG-Vertrag	Art. 177	Nr. 1 (HE)
Richtlinie 76/207/EWG des Rates der Europäischen Gemeinschaften vom 9. 2. 1976 zur Verwirklichung des Grundsatzes der Gleichbehandlung von Männern und Frauen hinsichtlich des Zugangs zur Beschäftigung, zur Berufsbildung und zum beruflichen Aufstieg sowie in bezug auf die Arbeitsbedingungen (ABl. L 39, S. 40) -Gleichbehandlungsrichtlinie-	Art. 2 Abs. 1 und Abs. 4	Nr. 1 (He) Nr. 1 (He)